Markus Bauder, Volker Holzer, Lars Klausnitzer, Thomas Paaß, Marianne Pelz,
Christian Seifritz

Holzer Stofftelegramme Kaufmann/-frau für Büromanagement

Gestreckte Abschlussprüfung Teil 2
Prüfungsbereiche: Kundenbeziehungsprozesse, Wirtschafts- und Sozialkunde

Baden-Württemberg

2. Auflage

Bestellnummer 14970

Bildungsverlag EINS
westermann

Die in diesem Produkt gemachten Angaben zu Unternehmen (Namen, Internet- und E-Mail-Adressen, Handelsregistereintragungen, Bankverbindungen, Steuer-, Telefon- und Faxnummern und alle weiteren Angaben) sind i. d. R. fiktiv, d. h., sie stehen in keinem Zusammenhang mit einem real existierenden Unternehmen in der dargestellten oder einer ähnlichen Form. Dies gilt auch für alle Kunden, Lieferanten und sonstigen Geschäftspartner der Unternehmen wie z. B. Kreditinstitute, Versicherungsunternehmen und andere Dienstleistungsunternehmen. Ausschließlich zum Zwecke der Authentizität werden die Namen real existierender Unternehmen und z. B. im Fall von Kreditinstituten auch deren IBANs und BICs verwendet.

Die in diesem Werk aufgeführten Internetadressen sind auf dem Stand zum Zeitpunkt der Drucklegung. Die ständige Aktualität der Adressen kann vonseiten des Verlages nicht gewährleistet werden. Darüber hinaus übernimmt der Verlag keine Verantwortung für die Inhalte dieser Seiten.

service@westermann.de
www.westermann.de

Bildungsverlag EINS GmbH
Ettore-Bugatti-Straße 6-14, 51149 Köln

ISBN 978-3-427-**14970**-5

westermann *GRUPPE*

Vorwort

Liebe Schüler/-innen und Lehrer/-innen,

das vorliegende Buch gewährleistet ein **systematisches Fitnesstraining** für **Unterricht, Klassenarbeit und Abschlussprüfung.** Die Stoffinhalte und deren Reihenfolge entsprechen i. d. R. den **Lehrplänen für BADEN-WÜRTTEMBERG**.

Alle Kapitel sind einheitlich aufgebaut und bestehen überwiegend aus folgenden Modulen:

Stofftelegramm	Aufgaben	Prüfungsaufgaben
Stoffinhalt in Kurzform	typische Fragestellungen zum Stoffgebiet	• **Kundenbeziehungsprozesse:** alle bisherigen kompletten originalgetreuen Prüfungsaufgaben am Ende des Buches • **WiSo:** passende originalgetreue, kapitelzugehörige Prüfungsaufgaben und die kompletten Prüfungsaufgaben Sommer 2019

Einsatzmöglichkeiten:

- **systematische** Nachbearbeitung **eines Stoffgebietes**
- eigenverantwortliche **Kontrolle** anhand der Übungsaufgaben in Kombination mit dem Lösungsbuch
- **gezielte Vorbereitung auf** Klassenarbeit und Abschlussprüfung
- **Übungsphasen** während des Unterrichts

Die Verfasser und der Verlag wünschen Ihnen viel Erfolg beim Lernen, in den Klassenarbeiten und der Abschlussprüfung. Wir freuen uns, wenn das vorliegende Buch für Sie eine entscheidende Hilfe darstellt.

Das **Lösungsbuch (Bestell-Nr. 14975)** mit **ausführlichen Antworten** ist getrennt erhältlich.

Zusätzlich ist folgender Titel erhältlich:

Holzer Stofftelegramme Kauffrau/-mann für Büromanagement
Gestreckte Abschlussprüfung Teil 1
Informationstechnisches Büromanagement, Lernfelder 2–4
(Bestell-Nr. 14960)

Viel Spaß/Glück und Erfolg bei Ihrer Ausbildung!

Inhaltsverzeichnis

Kundenbeziehungsprozesse

Lernfeld 5: Kunden akquirieren und binden

Lernfeld 6: Werteströme erfassen und beurteilen

Lernfeld 7: Gesprächssituationen gestalten

Lernfeld 8: Personalwirtschaftliche Aufgaben wahrnehmen

Lernfeld 9: Liquidität sichern und Finanzierung vorbereiten

Lernfeld 10: Wertschöpfungsprozesse erfolgsorientiert steuern

Lernfeld 11: Geschäftsprozesse darstellen und optimieren

Lernfeld 12: Veranstaltungen und Geschäftsreisen organisieren

Lernfeld 13: Ein Projekt planen und durchführen

Wirtschafts- und Sozialkunde

Kompetenzbereich I: In Ausbildung und Beruf orientieren

Kompetenzbereich II: Wirtschaftliches Handeln in der Sozialen Marktwirtschaft analysieren

Kompetenzbereich III: Wirtschaftspolitische Einflüsse auf den Ausbildungsbetrieb, das Lebensumfeld und die Volkswirtschaft einschätzen

Komplette Prüfungsaufgaben Kundenbeziehungsprozesse seit Winter 2015/2016

Komplette Prüfungsaufgaben Sommer 2019

Lernfeld 5: Kunden akquirieren und binden

1 Marktsituation analysieren

Stofftelegramm

In welcher Marktsituation befindet sich unser Unternehmen?

Hilfsmittel zur Beantwortung der Frage:

Marktforschung

= systematische Gewinnung und Auswertung von Daten/Informationen über einen bestimmten Markt

Kunden

- Bedürfnisse/Wünsche
- Kundenstruktur?
  - Privatpersonen – Unternehmen
  - alt – jung
  - Stammkunden – Neukunden,
  - ABC-Analyse in Bezug auf die Kunden (A-Kunde = Kunde mit hohem Umsatz)

Konkurrenz

- Anzahl
- Verhalten
- Strategien
- Marktanteil
- Wachstumsmarkt

Konjunktur

- allg. konjunkturelle Lage (Aufschwung, Boom, Abschwung, Tiefstand)
- Konsumklima (Bereitschaft der Verbraucher zu konsumieren)
- Geschäftsklima (Bereitschaft der Unternehmen zu investieren)

Zeitliche Einordnung der Marktforschung:

Methoden (Erhebungsarten) der Marktforschung

Sekundärforschung
(= Schreibtischforschung)

Auswertung von bereits vorhandenem Material (i. d. R. günstiges Verfahren)

Intern

- Finanzbuchhaltung
- Kundenbuchhaltung
- Vertreterberichte
- Absatz-Umsatzstatistiken

Extern

- Statistisches Bundesamt
- Zeitungen
- Wirtschaftsverbände
- Suchmaschinen

Primärforschung
(= Feldforschung)

direkte Forschung/Erhebung von Daten am Markt (i. d. R. aufwendiges und teures Verfahren)

durch eigene Mitarbeiter/ Marktforschungsinstitute

mithilfe folgender Erhebungstechniken:

- Beobachtung
  - Ort der Beobachtung (Feld-/ Laborbeobachtung)
  - Durchführung (technische Hilfsmittel, Mitarbeiter)
  - Beobachtungssituation (offen, verdeckt)
- Experiment/Test (z. B. Testmarkt)
- Befragung
  - mündlich
  - schriftlich
  - telefonisch
  - online

bei ausgewählten Zielgruppen

- Gesamtheit = Vollerhebung (aufwendig, teuer)
- Stichprobe = Teilerhebung
  - Zufallsauswahl: Personenauswahl rein zufällig
  - Quotenverfahren: Die zu befragende Teilmasse muss in ihrer Zusammensetzung der Gesamtmasse entsprechen. Vorteil: Die Teilmasse kann relativ klein sein, daher kostengünstig.

Möglicher Ablauf einer Marktforschung:

1. Marktforschungsziel formulieren
2. Festlegung der Marktforschungsmethode (Primär-/Sekundärforschung oder Kombi von beiden)
3. Durchführung und Analyse der Informationen/Daten
4. Veranschaulichung der Informationen/Daten (Grafiken, Schaubilder, Präsentationen)
5. Ableitung von geeigneten Strategien (Verhalten des Unternehmens auf dem Markt)

Marktkennzahlen:

Marktkennzahlen sind das Ergebnis der quantitativen Marktforschung und dienen der Einschätzung der Marktsituation eines Unternehmens. Beispielhaft werden hier dargestellt: Marktpotenzial, Marktvolumen, Absatzpotenzial, Absatzvolumen.

Betrachtungsgröße	Zusammenhang	
	Marktpotenzial	**Marktvolumen**
Gesamter Markt (alle Unternehmen einer Branche und einer bestimmten Produktgattung)	möglicher Gesamtabsatz bis zur vollständigen Sättigung des Marktes	tatsächlich realisierter Gesamtabsatz auf dem Markt
	Absatzpotenzial	**Absatzvolumen**
Einzelnes Unternehmen	möglicher Absatz eines Unternehmens	tatsächlich realisierter Absatz eines Unternehmens

$$\text{Marktanteil} = \frac{\text{Absatzvolumen} \cdot 100}{\text{Marktvolumen}}$$

$$\text{Sättigungsgrad des Marktes} = \frac{\text{Marktvolumen} \cdot 100}{\text{Marktpotenzial}}$$

Aufgaben

1. Definieren Sie möglichst kurz folgende Begriffe:
   a) Marktorientierung
   b) Globalisierung der Märkte
   c) Absatzmarketing
   d) Marktforschung
   e) Marktanalyse
   f) Marktbeobachtung
   g) Marktprognose
   h) Sekundärforschung
   i) Primärforschung
   j) Teilmasse
   k) Gesamtmasse
   l) Zufallsauswahl
   m) Quotenverfahren
2. Welche Datenquellen werden bei der Sekundärforschung verwendet?

3. Die Brauer GmbH aus Kirchheim stellt qualitativ hochwertiges Bier für den regionalen Markt her. Zusätzlich im Produktportfolio sind hochwertige Fruchtsäfte von Streuobstwiesen. Im vergangenen Geschäftsjahr wurden 5 Mio. EUR Umsatz in diesem Marktsegment von der Brauer GmbH erwirtschaftet. Die Wettbewerber erwirtschafteten im gleichen Zeitraum in diesem Bereich 20 Mio. EUR Umsatz. Laut einer Einschätzung eines Marktforschungsinstitutes ist im Gesamtmarkt ein Umsatz von 50 Mio. EUR möglich.
   a) Berechnen Sie den Marktanteil und die Marktsättigung in Prozent.
   b) Welche marketingpolitischen Entscheidungen sollte die Brauer GmbH treffen?
   c) Wie wäre die Lage, wenn das Marktforschungsinstitut eine Entwicklung des Gesamtmarktes von 27 Mio. EUR für möglich hielte.

2 Fragebogen erstellen und auswerten

Stofftelegramm

Ziel: neue Daten über Kunden gewinnen

Vorgehen: Ausgewählte Personen werden durch gezielte Fragen zur Herausgabe von Informationen veranlasst.

Hilfsmittel: Fragebogen → Formular (Textverarbeitung)

Grundsätzliche Überlegungen bei der Erstellung eines Formulars:

- Welche Informationen/Daten sollen gesammelt werden?
- Wie umfangreich sollen die Befragten über den Zweck der Befragung informiert werden (Ziel, Auswertung, Verwendung, Datenschutz)?
- Papierformat?
- Reihenfolge? → logischer Aufbau
- Formular (online, offline)?
- Verarbeitung der erfassten Informationen, z. B. Auswertung mit einer Tabellenkalkulation, Datenbank usw.
- Fragen eindeutig/verständlich entsprechend der Zielgruppe stellen
- Zu viele Fragen führen zu geringen Rücklaufquoten.
- Am Ende des Formulars sollte sich für das Ausfüllen bedankt werden.

<table>
<tr><th colspan="4">Frageformen</th></tr>
<tr><th colspan="2">Frageform</th><th>Merkmale</th><th>Beispiele</th></tr>
<tr><td colspan="2">Offene Frage</td><td>keine Antwortmöglichkeit vorgegeben</td><td>„Nach welchen Kriterien beurteilen Sie ein Auto?“
„Welche Kriterien sind Ihnen beim Kauf eines Autos wichtig?“</td></tr>
<tr><td rowspan="9">Geschlossene Fragen
Die möglichen Antworten sind vorgegeben.</td><td></td><td></td><td></td></tr>
<tr><td>Dichotome Frage („Ja-Nein-Frage“)</td><td>Nur ein Auswahlkriterium, mögliche Antwort: ja oder nein</td><td>„Sind Sie Eigentümer eines Autos?“
❑ ja ❑ nein</td></tr>
<tr><td>Multiple-Choice-Frage mit Ergänzungsmöglichkeit</td><td>Mehrere Alternativen stehen als Antwort zur Verfügung.</td><td>„Beim Kauf eines Autos achte ich auf ...“
❑ den Preis ❑ den Verbrauch
❑ die Farbe ❑ die Ausstattung
❑ Sonstiges, welches ....</td></tr>
<tr><td colspan="3">Skalenfragen:
Der Grad des Zutreffens einer Antwort kann
• verbal (Text, sehr wichtig, stimme gar nicht zu usw.),
• numerisch (1, 2, 3 usw.),
• oder als Symbol (Smileys) dargestellt werden.</td></tr>
<tr><td>Likert-Skala</td><td>Grad der Zustimmung bzw. Ablehnung</td><td>„Autos sind wichtige Statussymbole“
stimme voll zu … stimme gar nicht zu
<table><tr><td>4</td><td>3</td><td>2</td><td>1</td><td>0</td></tr><tr><td></td><td></td><td></td><td></td><td></td></tr></table></td></tr>
<tr><td>Gewichtungs-Skala</td><td>Gewichtung (Wichtigkeit) von Kriterien</td><td>„Der Verbrauch meines Autos ist mir ...“
☐ sehr wichtig ☐ wichtig ☐ unwichtig</td></tr>
<tr><td>Semantisches Differenzial</td><td>Einordnung eines Kriteriums auf einer Skala zwischen Extremen</td><td>„Die Farbe Ihres Autos ist Ihnen ...“
←――――――――――→
wichtig nicht wichtig</td></tr>
<tr><td>Eingruppierungsfrage</td><td>Zuordnen zu Wertebereichen</td><td>Wie alt sind Sie?
unter 18; 18–21; 22–30; über 30</td></tr>
<tr><td>Rangordnung</td><td>Reihenfolge der Antworten bilden:
1., 2., 3. usw.</td><td>Ordnen Sie folgende Antworten nach 1., 2., 3. usw.
Beim Autokauf ist mir wichtig:
Farbe, PS, Verbrauch, Extras, Marke</td></tr>
</table>

Aufgaben

1. Nennen Sie sechs Aspekte, die Sie bei der Gestaltung von Fragebögen im Vorfeld beachten sollten.
2. Welche zwei Fragearten werden grundsätzlich unterschieden? Formulieren Sie je ein Beispiel.

3 Absatzpolitische Ziele ableiten

3.1 Käufer und Verkäufermarkt

Stofftelegramm

Marketing

↓

Konzept der ganzheitlichen marktorientierten Unternehmensführung

↓

alle Maßnahmen, die ein Unternehmen treffen muss, um sich einen Markt zu schaffen, zu erhalten und zu erweitern

Unternehmen bieten auf Märkten Güter und/oder Dienstleistungen an.

Warum Marketing?

Verkäufermarkt	Käufermarkt
↓	↓
Nachfrageüberhang	Angebotsüberhang
↓	↓
Marktmacht = Verkäufer	Marktmacht = Käufer

Heute: Die meisten Märkte sind Käufermärkte!

↓

Problem aus Sicht des Unternehmens:

↓

Der Kunde hat die Wahl, welches Produkt er bei welchem Unternehmen kauft.

↓

Frage für das Unternehmen:

↓

Was will der Kunde und wie schafft es das Unternehmen, dass der Kunde bei ihm kauft?

↓

Marktorientierung

↙ ↘

Kundenorientierung | Konkurrenzorientierung

Lösung: Alleinstellungsmerkmal

= Produkte/Dienstleistungen heben sich deutlich von denen der Wettbewerber ab und werden von den Kunden wahrgenommen.

Aspekte:
- Preis
- Qualität
- Service
- Image

3.2 Absatzpolitische Ziele

Stofftelegramm

= leiten sich aus den allgemeinen Unternehmenszielen (z. B. Gewinn, Umsatz, Image, Qualität) ab.

Sollen die zukünftige Position des Unternehmens definieren. Diese soll durch den Einsatz aller absatzpolitischen Maßnahmen erreicht werden.

Qualitative Marketingziele	Quantitative Marketingziele
• Imagepflege • Marktrisiko verkleinern • Corporate Identity • Qualität • Vertrauen	• Gewinnziele • Umsatzziele • Absatzmengen • Marktanteile • Wachstumsziele

Ziele müssen operationalisiert (messbar gemacht) werden. Das heißt, sie bestehen aus einem Inhaltsteil, Verhaltensteil und Zeitbezug.

Beispiel: *Ein Unternehmen will seinen Marktanteil für ein bestimmtes Produkt im Inland um 5 % (Inhaltsteil) im nächsten Jahr (Zeitbezug) steigern. Hierzu werden die Ausgaben für Werbung um 10 % erhöht (Verhaltensteil).*

• Was?	Marktanteil steigern	Inhaltsteil
• Wie viel?	um 5 %	Inhaltsteil
• Wo?	im Inland	Inhaltsteil
• Bis wann?	im nächsten Jahr (01.01.–31.12.20..)	Zeitbezug
• Wodurch?	Werbeausgaben um 10 % erhöhen	Verhaltensteil

Messbarkeit/Vergleichbarkeit gegeben → Soll-Ist-Analyse

Soll-Ist-Analyse			
Ziel	**Soll** (Was wollten wir erreichen?)	**Ist** (Was haben wir erreicht?)	**Ziel erreicht?**
Marktanteilssteigerung	5 %	3 %	Nicht erreicht! Aber gesteigert!

Mögliche Gründe, warum das Ziel nicht ganz erreicht wurde:
- Werbeausgabenbudget zu klein
- falsche Werbestrategien
- Produkt am Markt nicht durchsetzungsfähig
- Konkurrenz zu stark
- kein Wachstumsmarkt

Verbesserungsvorschläge/Handlungsempfehlungen für nächstes Mal:
- Kundenwünsche/Marktsituation vorher durch Marktforschung besser analysieren
- Werbebudget erhöhen
- Werbestrategien besser aufeinander abstimmen

3.3 Preisfestsetzung mithilfe von Modellen[1]: Modell des vollkommen polypolistischen Marktes[2]

Stofftelegramm

3.3.1 Markt

= Ort an dem Angebot und Nachfrage aufeinandertreffen

Angebot	⇔	MARKT	⇔	Nachfrage
Anbieter: i. d. R. Unternehmen Angebot: Produkte/Dienstleistungen Ziel: Gewinnmaximierung		• Güteraustausch • Preisbildung		Nachfrager: Privatpersonen/Unternehmen Nachfrage: Produkte/Dienstleistungen Ziel: Nutzenmaximierung

Nachfrage — **Bestimmungsfaktoren** — **Angebot**

Nachfrage:

• **Preis** • Bedürfnisse • Nachfragerzahl • Preise anderer Güter	• Einkommen • Vermögen • Zukunftserwartungen

Angebot:

• **Preis** • Kosten • Kapazitäten • Anbieterzahl	• Konkurrenz • Konjunktur • Zukunftserwartungen

Kurvenverläufe

Vereinfachende Annahmen: Nachfrage- und Angebotsmenge hängen allein vom **Preis** ab! Alle anderen Bestimmungsfaktoren bleiben **konstant**.

[1] *Modell = Versuch, die Wirklichkeit/Realität abzubilden.*
[2] *Siehe auch in diesem Buch: WiSo, Kompetenzbereich II, Markt und Preis.*

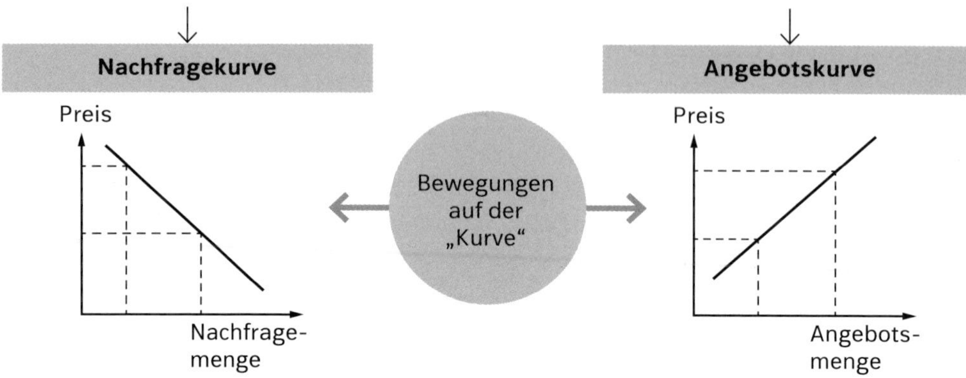

Gesetz der Nachfrage:
Preis sinkt – N’menge steigt
Preis steigt – N’menge sinkt

Gesetz des Angebots:
Preis steigt – A’menge steigt
Preis sinkt – A’menge sinkt

Marktarten

Unterteilt nach der:

- „Vollkommenheit des Marktes“: vollkommender und unvollkommener Markt (s. u.)
- Anzahl der Marktteilnehmer

3.3.2 Anzahl der Marktteilnehmer

Marktform = Anzahl der Anbieter und Nachfrager auf dem Markt

Vereinfachtes Marktformenschema	
Nachfrager / Anbieter	viele
einer	Angebotsmonopol
wenige	Angebotsoligopol
viele	**Polypol (vollständige Konkurrenz)**

3.3.3 Voraussetzungen (Prämissen) des vollkommenen Marktes

- Homogenität (Gleichartigkeit) der Güter
- Punktmarkt (Angebot und Nachfrage treffen am gleichen Ort zusammen)
- vollkomme Markttransparenz (Marktübersicht), somit unendlich schnelle Reaktionsgeschwindigkeit der Marktteilnehmer bei Änderungen
- keine Präferenzen (Anbieter und Nachfrager bevorzugen sich nicht gegenseitig)
  - sachlich (Kunde meint Qualität ist besser)
  - zeitlich (Lieferfristen)
  - räumlich (Nähe des Marktpartners)
  - persönlich (Freundlichkeit des Anbieters)

Werden die Voraussetzungen alle erfüllt ...	Mindestens eine Bedingung nicht erfüllt ...
Vollkommener Markt Folge: Einheitspreis für ein Gut, z. B. Börse	**Unvollkommener Markt** Folge: unterschiedliche Preise für ein Gut

3.3.4 Preisbildungsmodell beim vollkommenen Polypol

- **Marktsituation:**
  - Polypol = viele Anbieter – viele Nachfrager
  - vollkommener Markt (s. o.)
  - **Beispiel:** *Börsen (Aktienbörsen, Warenbörsen)*

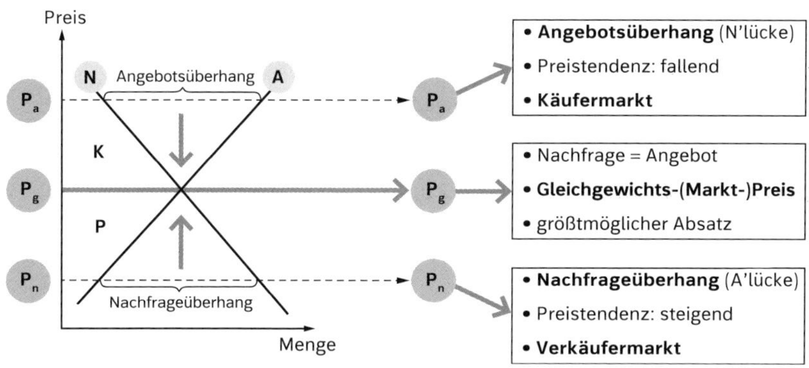

- **Auswirkungen des Gleichgewichtspreises:**
  - Anbieter, die einen höheren Preis als den Gleichgewichtspreis (Marktpreis) erzielen wollten → gehen leer aus
  - Nachfrager, die einen niedrigeren Preis als den Gleichgewichtspreis (Marktpreis) bezahlen wollen → gehen leer aus
  - K = Konsumentenrente → Käufer, die bereit sind, auch einen höheren Preis als den Gleichgewichtspreis zu bezahlen, erzielen einen zusätzlichen Nutzengewinn.
  - P = Produzentenrente → Anbieter, die bereit sind, auch zu einem niedrigeren Preis als dem Gleichgewichtspreis zu verkaufen, erzielen einen zusätzlichen Gewinn.
- **Verhalten des Polypolisten:**
  - keine Preispolitik möglich; Gleichgewichtspreis gilt für alle!
  - Preis = „Datum" (für alle Marktteilnehmer vorgegeben)
  - Zum festen Gleichgewichtspreis wird die Menge angeboten, bei der er sein Gewinnmaximum erzielt (Kapazitätsgrenze).

Die meisten Märkte in der Realität sind **unvollkommene Märkte**.

- → Preispolitik für die Unternehmen in gewissen Grenzen möglich
- → Kunden sind preissensibel und reagieren mit ihrem Nachfrageverhalten entsprechend
- → Suche/Auswahl der geeigneten Preisstrategie sehr wichtig für das Unternehmen (s. u.)

3.4 Preisstrategien

Stofftelegramm

Preisstrategien

= grundsätzliches Vorgehen zur Erreichung eines bestimmten Preisniveaus auf dem Markt

Hochpreisstrategie

Ziel:
langfristig hoher Preis am Markt

Voraussetzungen:
- Alleinstellungsmerkmal
- Preiselastizität der Nachfrager eher gering

Orientierung am Leitpreis

Ziel:
Preisbildung erfolgt über den Leitpreis/Branchenpreis der Marktführer

konkurrenzorientierte Preispolitik (s. u.)

Niedrigpreisstrategie

Ziel:
Preis unter dem der Konkurrenz
- Verdrängung von Wettbewerbern
- Marktanteil steigern
- Niedrigpreisimage aufbauen
- Markteintritte von Wettbewerbern verhindern

Prämienstrategie

Produkt wird mit einer „Prämie“ (Alleinstellungsmerkmal) ausgestattet, z. B.:
- Qualität
- Image
- Garantie
- Exklusivität

Skimmingstrategie (Abschöpfungsstrategie)

Innovationsgüter mit hohem Alleinstellungsmerkmal (z. B neue Smartphones)

↓

Einführungspreis hoch

↓

Senkung des Preises bei Absatzrückgang

↓

Gewinnung der nächsten preisbewussteren Käuferschicht

↓

Abschöpfung des Marktes

Promotionspreispolitik

niedrige Preise zur Verkaufsförderung von Massenware

Penetrationspreispolitik

niedrige Preise bei der Markteinführung neuer Produkte

↓

Ziel:
hohe Marktanteile sichern

↓

nach der Markteinführung Anhebung der Preise

3.4.1 Konkurrenzorientierte Preispolitik

Preise orientieren sich an den Preisen der Konkurrenz, insbesondere am Marktführer = Leitpreis, Branchenpreis

Mögliche Strategien

Unterbietung des Leitpreises	Orientierung am Leitpreis	Überbietung des Leitpreises
• wenn das Produkt keinen höheren Preis zulässt oder der Marktanteil gesteigert werden soll • kurzfristige Preisuntergrenze = variable Kosten • langfristige Preisuntergrenze = Selbstkosten	Wird der Leitpreis geändert (z. B. vom Marktführer), ändert auch unser Unternehmen den Preis.	Nur möglich, wenn das Produkt Alleinstellungsmerkmale besitzt, z. B.: • Image • Qualität • Service

Aufgaben

1. In welcher Marktsituation befinden sich die meisten Unternehmen heute? Was bedeutet das für Sie und wie können Sie es schaffen, dass der Kunde bei Ihnen einkauft und nicht bei der Konkurrenz?
2. Ein Unternehmen möchte im nächsten Jahr seinen Umsatz erhöhen.
   a) Was verstehen Sie unter dem Begriff „operationalisiertes Ziel"?
   b) Formulieren Sie das Ziel „Umsatzerhöhung" an einem selbstgewählten Beispiel.
3. Was wird unter einem volkswirtschaftlichen Modell verstanden?
4. Was ist ein Markt und welche Aufgaben hat er?
5. Skizzieren Sie kurz die Angebots-Nachfragekurve, wenn diese allein vom Preis abhängen. Wie verhalten sich Anbieter und Nachfrager wenn der Preis sinkt bzw. steigt?
6. Was verstehen Sie unter der Marktform Polypol und was ist genau das Gegenteil?
7. Nennen Sie die Prämissen des vollkommenen Marktes.
8. Skizzieren Sie kurz die Preisbildung beim vollkommenen Polypol.
9. Welche Märkte liegen in der Realität meisten vor? Was bedeutet diese für die Unternehmen?
10. Beschreiben und skizzieren Sie folgende Preisstrategien: Hochpreisstrategie, Niedrigpreisstrategie und Orientierung am Leitpreis.

4 Wettbewerbsstrategien ausarbeiten

Stofftelegramm

Wettbewerbsstrategien (= geplante Verhaltensweise, um sich am Markt dauerhaft einen stra**tegi**schen Wettbewerbsvorteil zu sichern)

Kostenführerschaft

Ziel: kostengünstigster Wettbewerber sein (Preis)

Zielmarkt: gesamter Markt

Voraussetzungen:
- Kunden sind preissensibel → reagieren auf einen günstigeren Preis.
- Kaufentscheidung hängt vom Preis ab → Produkte haben kein Alleinstellungsmerkmal.

Vorgehen: Kostenstruktur optimieren durch
- günstigen Einkauf,
- schlanke Prozesse im Unternehmen,
- günstige Herstellung der Produkte,
- große Mengen → Stückkostendegression

Risiken:
- Preiskampf mit anderen Wettbewerbern mit ähnlicher Kostenstruktur
- keine Kostensenkungspotentiale mehr

Beispiel: *Discounter*

Differenzierung

Ziel: Alleinstellungsmerkmale haben

Zielmarkt: gesamter Markt

Voraussetzung:
Kaufentscheidung der Kunden hängt maßgeblich von Alleinstellungsmerkmalen der Produkte ab (Marke, Qualität, Service, Design) und weniger vom Preis.

Vorgehen: Alleinstellungsmerkmale schaffen durch
- beste Produkte (Qualität, Material, Design),
- besten Service,
- beste Marke,
- qualifizierte Mitarbeiter
- Innovations- und Technologieführerschaft

Risiken:
- Kostenstruktur ist zu hoch und damit auch der Preis.
- Wettbewerber ahmen die Produkte nach.

Beispiel: *hochwertige Smartphonemarken*

Nischenstrategie

Ziel: Spezialisierung

Zielmarkt: eher Teilmarkt

Voraussetzungen:
- Kunden sind bereit, ein Nischenprodukt zu kaufen.
- Nischenanbieter schafft es, die Kundenwünsche auf dem Teilmarkt besser zu erfüllen als die anderen Anbieter, die auf dem Gesamtmarkt agieren.

Vorgehen: Der Nischenanbieter kann innerhalb der Nische zwischen Kostenführerschaft und Differenzierung wählen.

Risiken:
- Nachfrage sinkt
- Abhängigkeit vom Nischenmarkt

Beispiel: *regionale Anbieter von Backwaren, Fleisch*

Aufgaben

1. Nennen Sie drei Wettbewerbsstrategien.
2. Welche Wettbewerbsstrategie liegt bei folgenden Merkmalen vor?
   a) eher Teilmarkt, Anbieter spezialisiert sich
   b) Gesamtmarkt – beste Marke, Qualität wichtig

5 Werbung planen

Stofftelegramm

Ziel der Werbung:
Botschaften zu den Kunden transportieren und bei diesen Bedürfnisse/Kaufwünsche wecken, welche dann auch zum tatsächlichen Kauf führen.

Werbearten:
- Kundenstamm erhalten (Kundenbindung) = Erhaltungswerbung
- neue Kunden gewinnen (Kundengewinnung) = Expansionswerbung
- neue Produkte bekannt machen = Einführungswerbung

Stufenmodell der Werbung:
„**AIDA**-Regel" besagt:
- **A**ttention: Werbung soll zunächst Aufmerksamkeit erzielen.
- **I**nterest: Werbung soll Interesse wecken.
- **D**esire: Werbung soll den Kaufwunsch auslösen.
- **A**ction: Werbung soll zum Kauf (zur Handlung) führen.

5.1 Werbeplan

Stofftelegramm

... dient als Mittel für eine erfolgreiche/kontrollierbare Werbung

Werbeplan	
Inhalte	**Erläuterungen/Beispiele**
Werbeobjekt	Für welches Produkt oder welche Dienstleistung soll geworben werden?
Werbeziel **Was** soll mit der Werbung erreicht werden?	messbare (operationalisierte) Zielformulierung **Beispiele** nicht operationalisiert: • *Einführung neuer Produkte* • *Gewinnung neuer Kunden* • *Kundenbindung* • *verstärkter Absatz bestimmter Waren*

Werbeplan	
Inhalte	**Erläuterungen/Beispiele**
Werbebotschaft **Was** soll der Zielgruppe gesagt werden?	teilt den Kundennutzen des Werbeobjekts mit **Beispiele:** • *Name* • *Funktion* • *Marke* • *Qualität*
Streukreis (Zielgruppe) **Wer** soll erreicht werden?	Die Zielgruppe sollte genau bestimmt werden. Die Werbemaßnahme sollte die ausgewählten Personen/Personenkreise erreichen. • Berufsgruppen (Anwälte, Ärzte, Arbeitnehmer usw.) • Altersgruppen • Kaufkraftgruppen (hohes – mittleres – unteres Einkommen) • Geschlecht **Beispiele** für Zielgruppen: • *männliche Singles zwischen 25 und 35 Jahren* • *Eltern mit mittlerem Einkommen mit Kindern im Grundschulalter*
Streugebiet **Wo** soll geworben werden?	Das Streugebiet kennzeichnet das geografische Gebiet, in dem die Werbemaßnahmen durchgeführt werden sollen. **Beispiele:** • *Gemeinde* • *Stadt/Stadtteil* • *Region* • *Bundesland* • *Deutschland*
Streuzeit (Werbezeitraum) **Wann** und **wie oft** soll geworben werden?	legt fest, zu welchem Zeitpunkt, wie lange und in welchen zeitlichen Abständen geworben werden soll. **Beispiel:** *Ein örtliches Einzelhandelsgeschäft hat wöchentlich eine Beilage in der Tageszeitung mit Sonderangeboten.*
Werbemittel/Werbeträger (Streumedien) **Womit** soll geworben werden?	**Werbemittel:** Kommunikationsmittel, mit denen die Werbebotschaft transportiert wird. Werbemittel sprechen Sinne an: • optisch (Sehen) – Anzeigen, Plakate • akustisch (Gehör) – Werbung, Radio • geschmacklich – Kostproben • Geruch – Parfüm • Gefühl – Stoffe, Bekleidung

Werbeplan	
Inhalte	**Erläuterungen/Beispiele**
	In der Regel werden diese gemischt, z. B. Fernsehwerbung, Kostproben usw. Werbeträger: Medium für den Transport der Werbemittel • Zeitungen, Werbebriefe, Kataloge, Prospekte • Fernsehen, Radio, Kino • Bandenwerbung, Plakatanschlagstellen • Internet • Werbegeschenke (Kugelschreiber, Feuerzeug usw.)
Werbeetat **Wie viel Geld** steht für die Werbung zur Verfügung?	Summe an Geldmitteln (Budget) eines Unternehmens für Werbung

5.2 Werbung in sozialen Netzwerken

Stofftelegramm

Soziale Netzwerke sind Austauschplattformen im Internet (z. B. Facebook, Google+, Myspace, StayFriends, Xing, Twitter, YouTube usw.). Informationen in Form von Text-, Bilder-, Video- und Audiodateien werden gesendet und empfangen.

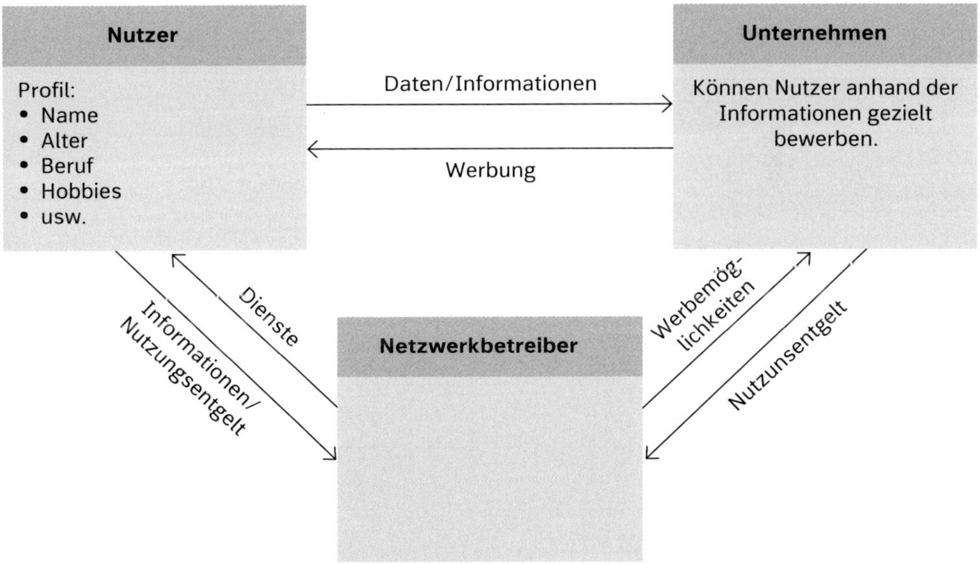

Aufgabe

Die Gaflo GmbH, ein Großhandel für Gartengeräte und -maschinen, hat ihren Sitz in Öhringen. Zu ihren Kunden zählen neben Bau- und Gartenmärkten aus dem gesamten Bundesgebiet, regionale Gärtner und die städtischen Bauämter. Passend zur neuen Gartensaison soll ein solarbetriebener Mähroboter, der Solar Greenpower, das Sortiment erweitern und bundesweit angeboten werden. Die Werbeabteilung, in der Sie nach der Ausbildung eingesetzt sind, beschäftigt sich mit dem Thema.

Durch eine geeignete Werbemaßnahme soll das Produkt bekannt gemacht und seine besonderen Eigenschaften wie Funktionalität, Qualität und das außergewöhnliche Design hervorgehoben werden. Die Geschäftsleitung hat einen Werbeetat von 85.000,00 EUR genehmigt. Zudem soll die Werbemaßnahme bereits im März pünktlich zur einsetzenden Gartensaison geschaltet werden und im Mai wieder auslaufen.

Produkteigenschaften:

> Der Solar Greenpower eignet sich für Rasenflächen bis 2.200 m^2 (24 Std. pro Tag/sieben Tage pro Woche). Die integrierten Solarzellen können – je nach Lichtverhältnissen – die Mähzeit pro Batterieladung verdoppeln, bevor ein erneutes Aufladen an der Station erforderlich ist. Somit wird der Energieverbrauch reduziert, was hervorragend ist für den Rasen, das Gewissen und die Umwelt. Der Rasen wird so bei geringerem Energieverbrauch und geringer Batteriebeanspruchung in kürzester Zeit geschnitten. GPS-Empfänger seit 2014 serienmäßig.

Erstellen Sie einen Werbeplan (siehe nachfolgende Tabelle).

Werbeplan	
Werbeobjekt	
Werbebotschaft	
Zielgruppe	
Werbemittel	
Werbeträger	
Streugebiet	
Streuzeit	
Werbeetat	

6 Marketingkonzept erstellen

Stofftelegramm

Marketing-Mix:
Zusammenspiel/Kombination aller marketingpolitischen Instrumente, um bestmöglich die definierten Ziele zu erreichen.

- **Produktpolitik**[1] (Welche Produkte will das Unternehmen verkaufen?)
- **Preispolitik** (Zu welchem Preis will das Unternehmen seine Produkte verkaufen?)
- **Kommunikationspolitik** (Wie schafft es das Unternehmen, dass die Kunden seine Produkte kaufen?)
- **Distributionspolitik**[2] (Wie kommt das Produkt zum Kunden?)

6.1 Preispolitik

Stofftelegramm

= alle Entscheidungen, die den Preis beeinflussen

6.1.1 Kostenorientierte Preispolitik

= Preisermittlung auf Basis der im Unternehmen anfallenden Kosten

- Berücksichtigung aller Kosten (fixe und variable Kosten) = Vollkostenrechnung
- Berücksichtigung eines Teils der Kosten (variable Kosten) = Teilkostenrechnung

Handelsware = Ware die im Unternehmen nicht selbst hergestellt wird, z. B. Fahrradhersteller verkauft zusätzlich Helme, Körbe, Lampen, Fahrradbekleidung usw.
Großhändler/Einzelhändler verkaufen i. d. R. ausschließlich Handelsware.

Kalkulationsbeispiel auf Basis der Vollkostenrechnung					
		Handelsware			
	Listeneinkaufspreis		60,00 EUR		
–	Liefererrabatt	10 %	6,00 EUR	=	$\frac{60{,}00\ \text{EUR} \cdot 10}{100}$
=	**Zieleinkaufspreis**		54,00 EUR		
–	Liefererskonto	3 %	1,62 EUR		
=	**Bareinkaufspreis**		52,38 EUR		
+	Bezugskosten		3,70 EUR		
=	**Einstandspreis (Bezugspreis)**		56,08 EUR		
+	Handlungskostenzuschlagsatz	25 %	14,02 EUR		

[1] *Nicht Gegenstand des Lehrplans BM.*
[2] *Nicht Gegenstand des Lehrplans BM.*

Kalkulationsbeispiel auf Basis der Vollkostenrechnung					
Handelsware					
=	**Selbstkosten**		70,10 EUR		
+	Gewinnzuschlag	50 %	35,05 EUR		
=	**Barverkaufspreis** (Listenverkaufspreis)		105,15 EUR		

Handlungskosten, z. B.:

- Verkaufskosten (Kosten für den Verkaufsprozess)
- Lagerkosten (Abschreibungen, Gehälter Lagerpersonal, Energiekosten, Miete)
- allgemeine Verwaltungskosten (Bürokosten, Abschreibungen, Miete, Gehälter)

Handlungskostenzuschlagsatz: prozentualer Zuschlag, mit dem die Handlungskosten einkalkuliert werden

$$\text{Handlungskostenzuschlag} = \frac{\text{Handlungskosten} \cdot 100}{\text{Wareneinsatz}}$$

6.1.2 Nachfrageorientierte (kundenorientierte) Preispolitik

= Preisfestsetzung in Abhängigkeit von der Nachfrage (Zahl und „Macht" der Nachfrager)
Typisch: Käufermärkte → Angebotsüberschüsse → Käufer sind kritisch, wählerisch und preisbewusst.

6.1.2.1 Festlegung der preispolitischen Obergrenze

- „Normale" Reaktion der Nachfrager (Kunden) auf Preisänderungen:
  - Preis steigt → Nachfrage sinkt
  - Preis sinkt → Nachfrage steigt
- Die genaue Entwicklung der Wechselwirkung zwischen Preis und Menge ist dem Unternehmen bekannt und wird in der **Preis-Absatz-Funktion** dargestellt.

Aufgabe

Ein Konzertveranstalter will seinen Verkaufspreis planen.
Die maximale Kapazität der Halle beträgt 7.000 Plätze.
Die fixen Kosten (K_{fix}) für das Mieten der Halle betragen 3.500,00 EUR.
Es fallen noch zusätzlich pro verkaufter Karte Kosten (k_v) in Höhe von 1,00 EUR an.
Er kennt die Reaktion seiner Kunden auf Preiserhöhungen aufgrund von ähnlichen Veranstaltungen.

a) Berechnen Sie den gewinnmaximalen Preis pro Karte .
b) Stellen Sie die Nachfragekurve (Preis-Absatz-Funktion) grafisch dar und zeichnen Sie den gewinnmaximalen Preis/Menge sowie die Konsumentenrente ein.

Preis/Stück in Euro	Absetzbare Menge in Stück	Umsatz/Erlös in Euro	Gesamtkosten in Euro	Gewinn/Verlust in Euro
p	x	$U = p \cdot x$	$K = K_{fix} + k_v \cdot x$	$G = U - K$
21,00	0			
18,00	1.000			
15,00	2.000			
12,00	3.000			
9,00	4.000			
6,00	5.000			
3,00	6.000			
0,00	7.000			

Zu b)

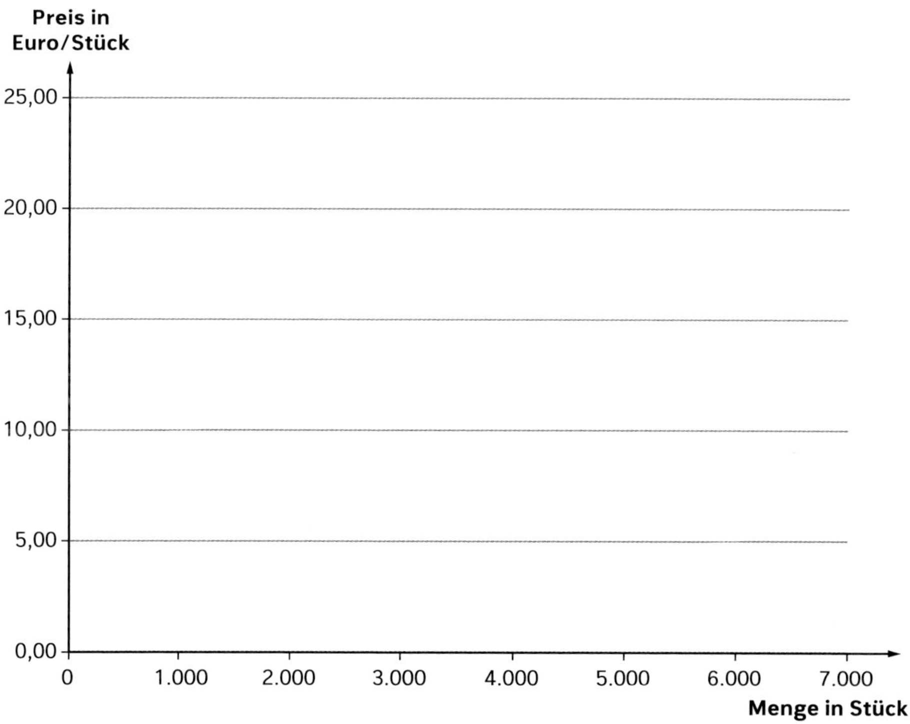

6.1.2.2 Preisdifferenzierung

- Das gleiche Produkt wird zu unterschiedlichen Preisen verkauft.
- Preisdifferenzierung als Mittel, die Konsumentenrente auf Teilmärkten abzuschöpfen.
- Arten der Preisdifferenzierung
  - **Räumliche Preisdifferenzierung:** unterschiedliche Preise an verschiedenen Orten (z. B. Inlands-, Auslandsmarkt)
  - **Zeitliche Preisdifferenzierung:** unterschiedliche Preise zu verschiedenen Zeiten (z. B. Sommer-, Winterpreise bei Ski ...)
  - **Sachliche Preisdifferenzierung:** Angebot desselben Produktes mit unterschiedlicher Aufmachung zu unterschiedlichen Preisen (z. B. Angebot als Markenartikel und No-Name-Ware)
  - **Persönliche Preisdifferenzierung:** unterschiedliche Preise für verschiedene Personen (z. B. Schülerermäßigungen ...)
  - **Umsatzorientierte Preisdifferenzierung:** Mengenrabatte ...
  - **Verwendungsorientierte Preisdifferenzierung:** Haushalts- und Gewerbetarife beim Strom ...

Aufgaben

1. Ein Konzertveranstalter will seinen Verkaufspreis planen.
   Die maximale Kapazität der Halle beträgt 7.000 Plätze.
   Die fixen Kosten (K_{fix}) für das Mieten der Halle betragen 3.500,00 EUR.
   Es fallen noch zusätzlich pro verkaufter Karte Kosten (k_v) in Höhe von 1,00 EUR an.
   Er kennt die Reaktion seiner Kunden auf Preiserhöhungen aufgrund von ähnlichen Veranstaltungen.
   Es gelingt dem Veranstalter durch Preisdifferenzierung zwei Preise durchzusetzen:

Preis I	15,00 EUR	(Erwachsene)
Preis II	12,00 EUR	(Jugendliche, Familien, Senioren)

   a) Berechnen Sie, ob durch die Preisdifferenzierung eine Gewinnsteigerung erreicht wird.
   b) Stellen Sie den Sachverhalt grafisch dar.

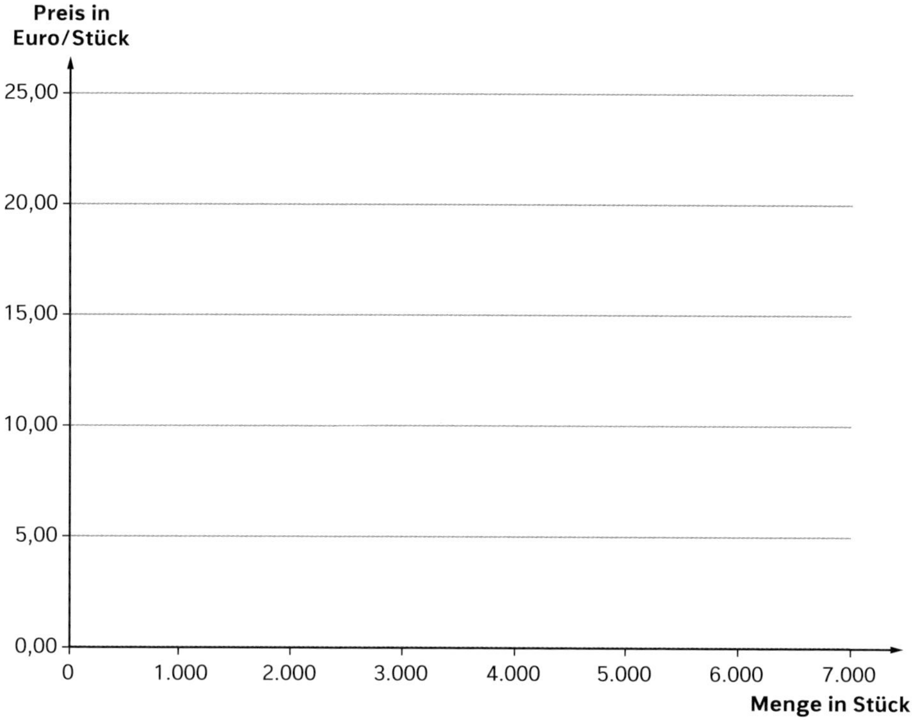

2. Die Kelterei Möhring GmbH, Radolfzell, ist ein traditionsreicher Fruchtsafthersteller aus der Bodenseeregion. Zahlreiche Auszeichnungen unterstreichen die Qualität und Güte der Produkte. Für den Großteil der 20 verschiedenen Säfte wird überwiegend heimisches Obst verwendet. Bisher wurden Direktsäfte und Säfte aus Konzentrat nur in Literflaschen abgefüllt und über den Fachhandel und die Gastronomie ausschließlich über Handelsvertreter vertrieben. Das Vertriebsgebiet erstreckte sich bisher auf den süddeutschen Raum. Durch das Vordringen der Discounter und der Lebensmittelketten gestaltet sich der Absatzmarkt für Getränke zunehmend schwieriger. Um die eigene Stellung am Markt besser ausbauen zu können, berichtet der Marketingleiter in einer der wöchentlichen Sitzungen mit der Geschäftsleitung, dass sich in einem optimierten Marketing-Mix die Umsatzzahlen in Zukunft deutlich verbessern werden.

a) Welche Bedeutung kommt der Marktforschung im Zusammenhang mit Entscheidungen über das Marketing-Mix eines Unternehmens zu?

b) Die Kelterei Möhring hat sich entschlossen, eine Kombikiste mit 12 × 0,2 Liter Gebinden verschiedener Biosäfte für die hochpreisige Gastronomie anzubieten. Erklären und begründen Sie, welche Preisstrategie Sie für die Einführung der neuen Produktgruppe wählen würden.

c) Als weiteres Instrument der Preispolitik wird die Preisdifferenzierung diskutiert. Prüfen Sie die Arten der Preisdifferenzierung daraufhin, ob mit ihrer Hilfe zusätzliche Anreize für die Kunden geschaffen werden können.

6.1.3 Konkurrenzorientierte Preispolitik

→ siehe Preisstrategien (LF 5, Kap. 3.4)

- Orientierung am Leitpreis
- Unterbietung des Leitpreises
- Überbietung des Leitpreises

6.2 Kommunikationspolitik

Stofftelegramm

= alle marketingpolitischen Maßnahmen, die das Unternehmen und seine Produkte in der Öffentlichkeit bekannt machen

6.2.1 Kommunikationspolitische Maßnahmen

- **Werbung** (siehe LF 5, Kap. 5)
- **Verkaufsförderung/Sales Promotion**
  = Maßnahmen am Ort des Verkaufs (Point of Sale), um den Umsatz zu steigern und das Unternehmen bekannt zu machen.
  - zeitlich begrenzte Aktionen
  - dienen der Profilierung und mittel/langfristigen Umsatzsteigerung des Unternehmens
  - Hersteller und/oder Händler und/oder Privatkunden

  Verkaufsförderung zwischen Hersteller und Händler (Einzel-/Großhandel, Absatzmittler)
  Zweck: Verbesserung des Verkaufsvorganges

  Beispiele:

  - *Verkäuferschulung*
  - *Bereitstellung von Displaymaterial, z. B. Verkaufsständer, Plakate usw.*
  - *Verkaufsveranstaltungen*
  - *Produktproben*
  - *Händlerberatung*

  Verkaufsförderung zwischen Hersteller/Händler und Privatkunde
  Zweck: Umsatz steigern

  Beispiele:
  - *Haushaltswarengeschäft – Koch (Showcooking)*
  - *Sportgerätehersteller – bekannter Sportler*
  - *Autohersteller – Rennfahrer*

- **Merchandising**
  = zusätzlicher Verkauf von Produkten rund um das Hauptprodukt, z. B. Fußballvereine verkaufen in ihren Fanshops Fanartikel (Trikots, Aufkleber, Wimpel, Stofftiere usw.)

- **Public Relations (Öffentlichkeitsarbeit)**
  Ziel: positives Image, Erscheinungsbild in der Öffentlichkeit als soziales, ökologisches, gerechtes und innovatives Unternehmen

Maßnahmen:
- Pressekonferenzen
- Tag der offenen Tür
- Betriebsbesichtigungen
- Medienarbeit (Zeitung, Rundfunk, Fernsehen, Internet)

- **Sponsoring**

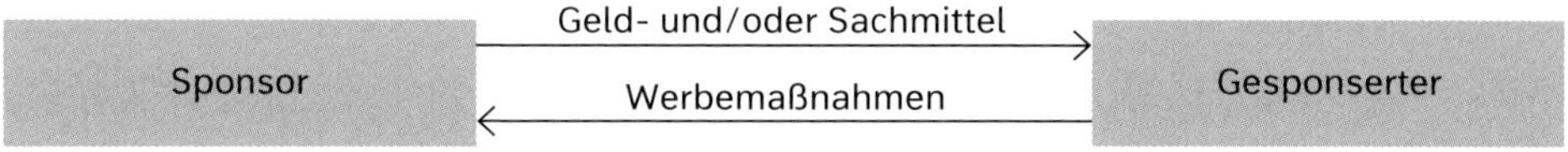

- Sportsponsoring (Bandenwerbung, Trikotwerbung usw.)
- Kultur-/Kunstsponsoring
- Sozialsponsoring
- Ökosponsoring

- **Product Placement**
Produkte werden in z. B. Filme eingebaut → Imagetransfer durch den Film und die Schauspieler auf das Produkt/Unternehmen (**Beispiel:** *Automodelle in James-Bond-Filmen*)

- **Direktmarketing**

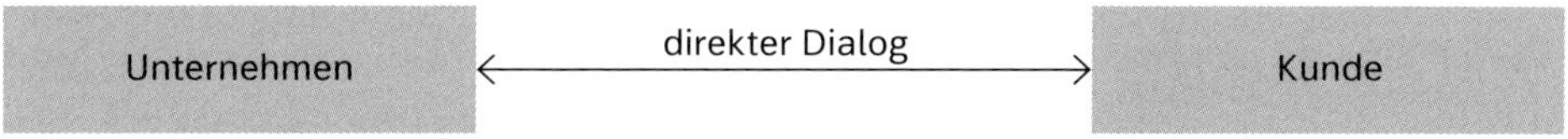

Ziel: individuelle Beziehung herstellen

Formen:
- Direct Mailing (persönlicher Werbebrief, E-Mail)
- Kundenzeitschrift
- Telefonmarketing (Privatkunden nur mit vorherigem Einverständnis)

- **Eventmarketing**
Erlebnisorientierte Darstellung des Unternehmens. Kombination aus Information, Aktion, Emotion und Motivation, z. B. Familientag.

7 Werbemittel kundenorientiert gestalten

Stofftelegramm

Werbemittel: Kommunikationsmittel, mit denen die Werbebotschaft transportiert wird
Werbemittel sprechen Sinne an:
- optisch (Sehen) – Anzeigen, Plakate
- akustisch (Gehör) – Werbung, Radio
- geschmacklich – Kostproben
- Geruch – Parfüm
- Gefühl – Stoffe, Bekleidung

Werbemittel mithilfe eines Textverarbeitungsprogrammes erstellen/gestalten[1]:

- Flyer
- Plakat
- Gutschein
- Banner
- Werbebrief

7.1 Werbebrief

Stofftelegramm

Sender (Unternehmen) ← Verbindung zum Empfänger? Dialog? → Empfänger (möglicher Kunde)

↓

Anforderungen an den Werbebrief:

- Wer ist der Absender?
- Was bietet er mir an?
  Produkt/Dienstleistung
- Welchen Nutzen habe ich davon? Formulieren Sie die Nutzenargumente:
  - bildhaft
  - mit konkreten Zahlen
  - Verpacken Sie die Informationen in eine Geschichte.
  - Sprechen Sie die Verlustängste des Empfängers an.
- Womit kann er seine Versprechen beweisen?
  z. B. Verweis auf Stiftung Warentest, Fachzeitschriften, zufriedene Kunden
- Was soll ich jetzt tun?
  Aufforderung zur Fortsetzung des Dialogs. Wie soll der Kunde in Kontakt treten?
  Response Element (Antwort-Element) → Mailen, Faxen, Unterlagen anfordern, Anrufen, Beratungstermin ausmachen

Hürden beim erfolgreichen Dialog mit dem möglichen Kunden:

- Umschlag
  Wird der Umschlag als offensichtliche Werbung vom Empfänger wahrgenommen → Mülleimer → dezent gestalten, gutes Papier, schöne Briefmarke
- Zwei Sekunden „Scanner-Blick" des Empfängers nach dem Öffnen des Werbebriefs: Nach Öffnen des Umschlags überfliegt der Empfänger den Werbebrief im Zick-Zack-Kurs. Fühlt er sich ausreichend angesprochen, dann liest er aufmerksam.
  - Absenderfeld und Logo
  - Anschrift
  - persönliche Anrede
  - Headline
  - PS = Postskriptum
  - Hervorhebungen
- Möglichkeit zum Antworten (Response Element)

[1] *Siehe auch Ihr Unterricht in BFK – Textverarbeitung. Insbesondere Seriendruck!*

Hilfsmittel um die Aufmerksamkeit und das Interesse des Empfängers am Werbebrief zu gewährleisten:

- AIDA-Formel (Attention, Interest, Desire, Action)
- 4 Ps
  - **P**ride
  - **P**leasure
  - **P**rofit
  - **P**eace

Werden im Werbebrief eines oder mehrere dieser Bedürfnisse angesprochen → Interesse des Empfängers weiter zu lesen.

7.2 Aktuelle Kommunikationswege im Rahmen der Kommunikationspolitik

Stofftelegramm

Customer Relationship Management (CRM)

Ziel: individuelle persönliche Werbung entsprechend den Wünschen/Bedürfnissen des Kunden

Grundlage: Kundendatenbank mit entsprechenden Informationen über die Kunden

Personifizierte Anwendung auch möglich im Rahmen von
1. viralem Marketing
2. Couponing
3. Newsletter (Direkt Mailing)

- **Virales Marketing (Video)**
  = eine Art „Mund-zu-Mund-Marketing", aber nicht persönlich
  Einordnung: Kommunikationspolitik → Onlinemarketing

  Ziele:
  - Steigerung der Markenbekanntheit/Unternehmensbekanntheit
  - Gewinnung von Kundeninformationen
  - Verkaufsförderung

  Voraussetzung: Kunde (Kunde erlebt etwas Interessantes) und Unternehmen (Unternehmen wird weiterempfohlen) profitieren gleichermaßen (Win-Win-Situation)

  Medium: Internet (E-Mail, Webseiten, Foren, Weblogs; Unterhaltungsseiten: YouTube, SMS, Soziale Netzwerke)

  Verbreitung: virusartig

  Erfolgsfaktoren:
  - einzigartig
  - kostenlos
  - Weiterempfehlungsfunktion
  - Nutzen
  - technische Umsetzbarkeit (keine langen Ladezeiten)

- **Couponing**
  = Coupon mit Geldwert oder anderen Leistungsansprüchen, diese können i. d. R. direkt eingelöst werden.

  Ziele:
  - Kundenbindung
  - Verkaufsförderung

  Grundlagen:
  - besitzen einen bestimmten Wert (Geld- oder Prozentwert)
  - gelten für bestimmte Produkte
  - haben ein Ablaufdatum/einen Einlösezeitraum
  - dürfen nur von bestimmten Personen eingelöst werden (Bestands-/Neukunden)

  Verbreitung:
  - Instore-Couponing (Verteilung im Laden: Kasse, Regal)
  - Onpack-Couponing (am Produkt)
  - über E-Mail, SMS, Post
  - Medien: Zeitungen, Magazine, Newsletter, Internet (Gutscheinportale)
  - Mobile Couponing (Smartphone)

  Vorteile:
  - hohe Aufmerksamkeit, einfach, unkompliziert, machen neugierig → unmittelbarer Nutzen für den Kunden
  - schnelle Reaktion auf die Konkurrenz
  - Möglichkeit der Analyse des Kaufverhaltens der Kunden
  - eventuell Erhalt personalisierter Kundendaten

- **Newsletter**
  = Informationen werden per E-Mail, SMS an den Kunden versendet.
  Einordung: Kommunikationspolitik → Onlinemarketing → direktes Marketing

  Ziele:
  - Kundenbindung
  - Verkaufsförderung

  Vorteile:
  - einfaches Mittel
  - hoher Verbreitungsgrad
  - geringe Kosten

  Nachteil: Empfänger nimmt Newsletter als Spam wahr.

Aufgaben

1. Ordnen Sie die Werbemittel den menschlichen Sinnen zu.
2. Welche Vorüberlegungen sollten Sie im Rahmen eines Werbebriefs treffen?

8 Grenzen der Werbung festlegen

Stofftelegramm

Grenzen der Werbung

Wirtschaftliche	Rechtliche	Ethische
Kosten/Nutzen der Werbung	Gesetz gegen den unlauteren Wettbewerb (UWG)	Grundwerte der Gesellschaft berücksichtigen • Moral • Anstand • Fairness • soziale Verantwortung

Werbung kann vieles sein: laut, schrill, humorvoll, inspirierend, provozierend, sachlich. Manchmal werden dabei auch Grenzen überschritten. Was dann?

8.1 Gesetz gegen den unlauteren Wettbewerb (UWG)

Stofftelegramm

- **Schutz der (§ 1 UWG)**
  - Verbraucher
  - Mitbewerber (Wettbewerber)
  - sonstigen Marktteilnehmer (alle Unternehmen)
  - Allgemeinheit (alle)
- **Verbot unlauteren Wettbewerbs (§ 3 UWG)**
  Wettbewerbshandlungen, die geeignet sind, Verbraucher unangemessen und unsachlich zu beeinflussen, sowie Handlungen, welche die Unerfahrenheit von Kindern und Jugendlichen und die Ängste und Zwangslagen ausnutzen, sind verboten.
- **Irreführende Werbung (§ 5 UWG)**
  Irreführende Werbung liegt vor, wenn zu nachprüfbaren Tatsachen falsche Angaben gemacht werden.

  Beispiele:
  - *Eine billige Uhr aus Südostasien wird als „Schweizer Original" angeboten.*
  - *Produkte werden mit Auszeichnungen beworben, die sie nicht erzielt haben.*
  - *Werbung mit mehrdeutigen Aussagen*
  - *Werbung mit Mengenbeschränkungen auf wenige Stunden*
  - *Werbung mit Mondpreisen*

- **Unlautere vergleichende Werbung (§ 6 UWG)**
  Beispiele:
  - *Vergleiche von Waren und Dienstleistungen nicht des gleichen Bedarfs oder Zwecks*
  - *Ruf des Mitbewerbers nicht verunglimpfen bzw. herabsetzen*
  - *keine Verwechslungen zwischen Werbendem und Konkurrent entstehen lassen*
  - *Preisvergleiche mit unterschiedlichen Waren, Mengen oder Qualitäten*

- **Unzumutbare Belästigungen (§ 7 UWG)**
  Beispiele:
  - *Werbung mittels Telefon, Fax, elektronische Nachrichten, ohne Einwilligung des Adressaten*
  - *elektronische Nachrichten ohne Identitätsnachweis des Absenders*

- **Rechtsfolgen**
  - Beseitigung und Unterlassung (Wiederholungsgefahr) (§ 8 UWG)
  - Schadenersatz (§ 9 UWG)
  - Gewinnabschöpfung (§ 10 UWG)

8.2 Organisationen zur Überwachung des Wettbewerbs

Stofftelegramm

- **Deutscher Werberat**
  Gegründet: durch Zentralverband der deutschen Werbewirtschaft
  Aufgabe: regelt Konflikte zwischen den werbenden Unternehmen und den Beschwerdeführern (Privatpersonen, andere Unternehmen)
  Grundlage: Verhaltensregeln/Grundregeln, was Werbung darf bzw. nicht darf:
  - das Vertrauen der Verbraucher nicht missbrauchen und mangelnde Erfahrung oder fehlendes Wissen nicht ausnutzen
  - Kindern und Jugendlichen weder körperlichen noch seelischen Schaden zufügen
  - keine Form der Diskriminierung anregen oder stillschweigend dulden, die auf Abstammung, Religion, Geschlecht, Alter, Behinderung oder sexuelle Orientierung beziehungsweise die Reduzierung auf ein sexuelles Objekt abzielt
  - keine Form gewalttätigen, aggressiven oder unsozialen Verhaltens anregen oder stillschweigend dulden
  - keine Angst erzeugen oder Unglück und Leid instrumentalisieren
  - keine die Sicherheit der Verbraucher gefährdenden Verhaltensweisen anregen oder stillschweigend dulden

  Basis: Freiwillige Selbstkontrolle – der Werberat kann keine Werbung verbieten.
  Vorgehen:
  - Beschwerde entgegennehmen und die Werbung überprüfen
  - dem werbenden Unternehmen die Möglichkeit geben, die Werbung vom Markt zu nehmen oder nachzubessern
  - öffentliche Rüge

- **Verbraucherschutzverein (VSV)**
  Gegründet: durch die Verbraucherzentralen
  Schwerpunkte: unlauterer Wettbewerb, Klauseln in den allgemeinen Geschäftsbedingungen

  Der VSV hat wichtige höchstrichterliche Entscheidungen erstritten, z. B. bezüglich
  - Telefonwerbung,
  - Gewinnspielwerbung,
  - Gesundheitswerbung,
  - den AGB von Banken, Versicherungen und Reiseveranstaltern.

- **Zentrale zur Bekämpfung unlauteren Wettbewerbs e. V.**
  Gegründet: durch IHK, HWK, Verbände, Unternehmen
  Aufgabe: Wettbewerbsverstöße verfolgen, Musterprozesse führen, Beratung der Mitglieder in wettbewerbsrechtlichen Fragen

Aufgabe

Das Modefachgeschäft „Bella Moda e. K." führt Mode von italienischen Bekleidungsherstellern in der gehobenen Preisklasse. Das elegant eingerichtete Geschäft befindet sich in der Innenstadt von Heilbronn und zwar in einer Seitengasse der Hauptgeschäftsstraße. Das Modefachgeschäft hat viele Stammkunden mit mittlerem und höherem Einkommen. Beim letzten Teamgespräch haben sich Ihre Kolleginnen Mären und Lena bereit erklärt, eine Werbeanzeige für die örtliche Tageszeitung zu entwickeln **(Anlage 1).** Ziel dieser Anzeige soll es sein, verstärkt Laufkundschaft anzulocken. Sie werden gebeten, Ihre rechtliche Meinung **(Anlage 2)** zu dieser Anzeige zu äußern. Sie bereiten sich auf das Gespräch vor, indem Sie sich Notizen machen.

Anlage 1

> Wir führen Mode von Da Veneto – Prado – Renata Cavalli – Gucci. Haben Sie schon einmal versucht, bei Weidner Discountmoden in der Tübinger Straße echte italienische Designer-Mode zu kaufen? Das geht gar nicht!
>
> Kommen Sie zu uns! Bei uns sind Sie willkommen und gut beraten! Wir laden Sie auch kostenlos zu einem Espresso ein! Bella Moda – Mode aus Italien – Gabriela Schneider – Hofgasse 1 – Heilbronn

Anlage 2: Auszug aus dem Gesetz gegen den unlauteren Wettbewerb (UWG)

§ 3 Verbot unlauterer geschäftlicher Handlungen
(1) Unlautere geschäftliche Handlungen sind unzulässig.
[...]

§ 6 Vergleichende Werbung
(1) Vergleichende Werbung ist jede Werbung, die unmittelbar oder mittelbar einen Mitbewerber oder die von einem Mitbewerber angebotenen Waren oder Dienstleistungen erkennbar macht.

(2) Unlauter handelt, wer vergleichend wirbt, wenn der Vergleich

1. sich nicht auf Waren oder Dienstleistungen für den gleichen Bedarf oder dieselbe Zweckbestimmung bezieht,
2. nicht objektiv auf eine oder mehrere wesentliche, relevante, nachprüfbare und typische Eigenschaften oder den Preis dieser Waren oder Dienstleistungen bezogen ist,
3. im geschäftlichen Verkehr zu einer Gefahr von Verwechslungen zwischen dem Werbenden und einem Mitbewerber oder zwischen den von diesen angebotenen Waren oder Dienstleistungen oder den von diesen verwendeten Kennzeichen führt,
4. den Ruf des von einem Mitbewerber verwendeten Kennzeichens in unlauterer Weise ausnutzt oder beeinträchtigt,
5. die Waren, Dienstleistungen, Tätigkeiten oder persönlichen oder geschäftlichen Verhältnisse eines Mitbewerbers herabsetzt oder verunglimpft oder
6. eine Ware oder Dienstleistung als Imitation oder Nachahmung einer unter einem geschützten Kennzeichen vertriebenen Ware oder Dienstleistung darstellt.

9 Marketingmaßnahmen bewerten

9.1 Werbeerfolgskontrolle

Stofftelegramm

→ überprüft, ob

- die Werbeziele erreicht worden sind,
- die Werbemaßnahmen erfolgreich sind.
  - Kundenstamm erhalten = Erhaltungswerbung
  - neue Kunden gewinnen = Expansionswerbung
  - neue Produkte bekannt machen = Einführungswerbung

Messverfahren

Pre-Test-Verfahren

Einsatz der Maßnahmen im Testmarkt bevor die Maßnahmen im Gesamtmarkt eingesetzt werden.

Testmarkt erfolgreich?
=
Einsatz im Gesamtmarkt

Post-Test-Verfahren

nach dem Einsatz der Maßnahmen im Gesamtmarkt

Einsatz im Gesamtmarkt erfolgreich?

Werbeerfolgskontrolle – Kennzahlen

Wirtschaftlicher Werbeerfolg
=
Auswirkungen der Werbung auf den Gewinn/Erfolg des Unternehmens

$$\text{Wirtschaftlichkeit der Werbung} = \frac{\text{Umsatzzuwachs}}{\text{Werbeaufwand}}$$

Dient der Feststellung des Werbegewinns mit Methoden der Marktforschung. Hierzu ist immer eine strukturgleiche Kontrollgruppe notwendig, die nicht von der Werbung berührt wird.

Nichtwirtschaftlicher Werbeerfolg
=
Auswirkungen der Werbung auf die Zielpersonen in Bezug auf das Produkt oder Unternehmen

$$\text{Berührungserfolg} = \frac{\text{Zahl der Werbeberührten}}{\text{Zahl der Werbegemeinten}}$$

$$\text{Beeindruckungserfolg} = \frac{\text{Zahl der Werbebeeindrucken}}{\text{Zahl der Werbegemeinten}}$$

$$\text{Erfüllungserfolg} = \frac{\text{Zahl der Werbeerfüller}}{\text{Zahl der Werbegemeinten}}$$

Werbegemeinte = Adressaten

Werbegemeinte = Adressaten

Werbeberührte = Interessierte

Werbebeeindruckte = Adressaten, die auf das Produkt aufmerksam geworden sind

Werbeerfüller = Käufer

Probleme der Interpretation/Analyse der Werbeerfolgskennzahlen:
- Besteht ein Zusammenhang zwischen den Marketing-Mix-Maßnahmen und dem unternehmerischen Erfolg?
- Gesamtwirtschaftliche Faktoren wie Kaufkraftveränderungen, verändertes Konkurrenz- und Kundenverhalten etc. überlagern und beeinflussen den Werbeerfolg.
- Time lag (Zeitverzögerung) zwischen Messzeitpunkt – Durchführung und Dosierung der Werbemaßnahmen –, dem Eintritt sowie der Höhe der Wirkung.

9.2 Auswirkungen der Marketingmaßnahmen auf die Gesellschaft

Stofftelegramm

Ausgangspunkt: Werbung ist allgegenwärtig

Negative Auswirkungen von Werbung:
- verändert die gesellschaftliche Sicht aller Altersgruppen auf das, was „normal" ist (z. B. jung, schön, dynamisch, erfolgreich)
- Wie das Individuum zu sein hat bzw. was es zu konsumieren hat → Zwänge für den Einzelnen dazu zu gehören
  - Essverhalten → vorwiegend wird Essen mit viel Zucker, Fett und Salz beworben,
  - Kleidung,
  - Statussymbole (bestimmte Smartphonemarke, Auto usw.)
- verringert die Unabhängigkeit der Medien (Grund: Haupteinnahmequelle für die Medien)
- vorzeitiges Wegwerfen von alten funktionierenden Produkten zugunsten neuer beworbener Produkte

Aufgaben

1. Wozu dient die qualitative Werbeerfolgskontrolle?

2. Wozu dient die quantitative Werbeerfolgskontrolle?

3. Ein Haushaltswarengeschäft veranstaltet für seine Kunden ein Eventcooking und stellt ein neues Topfset vor. 100 Kunden werden eingeladen. 50 Kunden kommen zur Veranstaltung. 20 Kunden nehmen Informationsmaterialien mit. 10 Kunden kaufen ein neues Topfset.
   a) Ordnen Sie folgende Begriffe zu: Werbeberührte, Werbeerfüller, Werbegemeinte, Werbeeindruckte.
      - 100 Kunden werden eingeladen.
      - 50 Kunden kommen zur Veranstaltung.
      - 20 Kunden nehmen Informationsmaterialien mit.
      - 10 Kunden kaufen ein neues Topfset.

   b) Berechnen Sie folgende Kennzahlen: Berührungserfolg, Beeindruckungserfolg und Erfüllungserfolg.

4. Die Wirkung einer Werbebriefaktion soll getestet werden. Es wird eine Versuchsgruppe gebildet. Diese wird mit dem Werbebrief „Sonderangebot: Dein neues Auto" beworben. Die Kontrollgruppe bekommt keinen Werbebrief.

Zeitpunkt	**Autokäufe pro 1.000 Einwohner in Stück**	
	Versuchsgruppe	**Kontrollgruppe**
vor Beginn der Werbeaktion	2	2
nach Durchführung der Werbeaktion	6	3
Kaufänderung	4	1
Kaufänderung durch Werbung =	Kaufänderung Versuchsgruppe – Kaufänderung Kontrollgruppe 4 – 1 3	

Der zusätzliche Autoabsatz im untersuchten Zeitraum beträgt 400 Stück. Reingewinn pro Auto: 2.000,00 EUR. Kosten der Werbeaktion: 100.000,00 EUR.

a) Berechnen Sie die auf die Werbeaktion im untersuchten Zeitraum zurückzuführende Absatzsteigerung der Autos.
b) Berechnen Sie den auf die Werbeaktion zurückzuführenden Umsatzzuwachs.
c) Berechnen Sie die Wirtschaftlichkeit der Werbung. Interpretieren Sie das Ergebnis.
d) Wie wäre die Bewertung einer Werbemaßnahme, wenn das Ergebnis der Wirtschaftlichkeit = 0,50 EUR lautet.

Lernfeld 6: Werteströme erfassen und beurteilen

1 Kurzüberblick des Geschäftsprozesses

Stofftelegramm

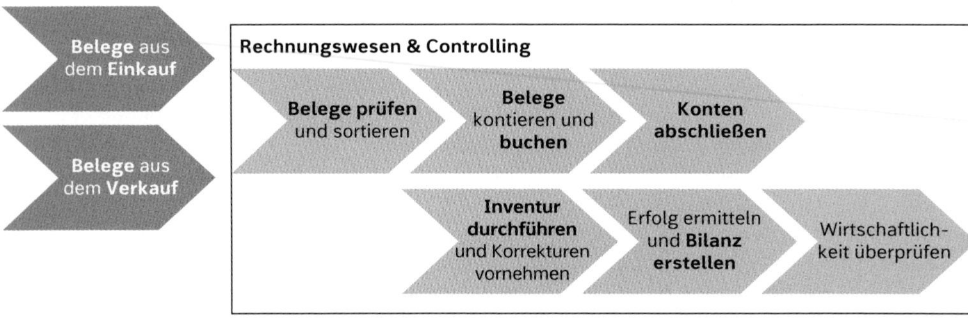

2 Bedeutung und Notwendigkeit des Rechnungswesens

2.1 Stellung eines Unternehmens im Wirtschaftsprozess

Stofftelegramm

Märkte als Bindeglied

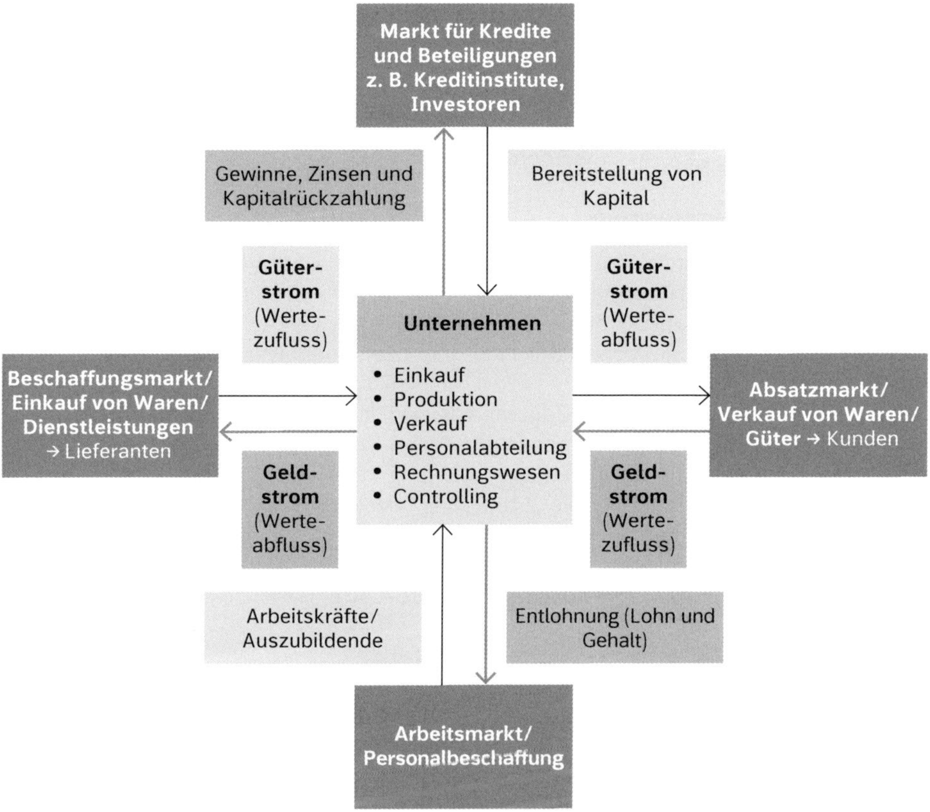

Güterstrom: ⟶ Wertezu- bzw. Abfluss bei Gütern: **LEISTUNGSPROZESS**

Geldstrom: ⟶ Wertezu- bzw. Abfluss bei Geld: **FINANZIERUNGSPROZESS**
(Zahlungseingänge und -ausgänge)
(Erträge und Aufwendungen)

Erfolg

Im Leistungsprozess werden jene Werte, welche vom Beschaffungsmarkt dem Unternehmen zugeflossen sind, verzehrt **(Werteverzehr = Aufwand [z. B. Abschreibungen])**. Die erstellten Leistungen werden an den Absatzmarkt veräußert **(Wertezuwachs = Ertrag [z. B. Umsatzerlöse])**.
Es gilt: Erfolg ist die Differenz aus Wertezuwachs und Werteverzehr.

2.2 Funktionen und Aufteilung des Rechnungswesens

Stofftelegramm

Funktionen des Rechnungswesens

- **Information:** Interne und externe Informanten profitieren von den Ergebnissen aus dem Rechnungswesen (Jahresabschlussdaten).
- **Dokumentation:** Innerhalb des Unternehmens werden sämtliche Vorgänge mit finanziellem Hintergrund anhand von Belegen im Rechnungswesen dokumentiert.
- **Kontrolle:** Überprüfung der vorgegebenen Ziele (Soll-Ist-Abgleich)
- **Planung:** Das Rechnungswesen dient auch als Grundlage für die strategische Ausrichtung des Unternehmens. Aufgrund der Daten und Zahlen aus der Vergangenheit können für die Zukunft Rückschlüsse gewonnen werden.

Gliederung des Rechnungswesens

- **Finanzbuchhaltung:** Durchführung von Geschäftsvorfällen, Mitarbeit bei der Aufstellung des Jahresabschlusses („Geschäftsbuchführung")
- **Kostenrechnung:** „Betriebsbuchführung": Kalkulation der Verkaufspreise mit Kosten
- **Statistik:** Überprüfung der Wirtschaftlichkeit (Kennzahlenanalyse); Branchenvergleiche/ Zeitvergleiche
- **Planungsrechnung:** Aufgrund der Zahlenbasis der Finanzbuchhaltung, der Kostenrechnung und der Statistik werden Diagnosen und Prognosen (z. B. Absatzpläne) erstellt.
- **Controlling:** Wenn es eine eigenständige Abteilung „Controlling" im Unternehmen gibt, dann übernimmt diese Abteilung die „Steuerung" der betrieblichen Entscheidungen auf der Zahlenbasis der oben genannten Abteilungen.

2.3 Belege als Grundlage für Geschäftsvorfälle

Stofftelegramm

Unter **Geschäftsvorfällen** versteht man Vorgänge, die die Vermögens- bzw. Schuldensituation im Unternehmen beeinflussen (**Geld- und Güterströme**). Alle Geschäftsvorfälle müssen in beleghafter Form erfasst werden, damit die finanzielle Situation des Unternehmens ersichtlich wird. Die Belege dienen auch als Grundlage für spätere interne und externe Kontrollen (z. B. Steuerprüfungen durch das Finanzamt).

→ keine Buchung ohne Beleg

Die Belege aller Geschäftsvorfälle werden in der Finanzbuchhaltung wertmäßig erfasst (d. h. in Euro).

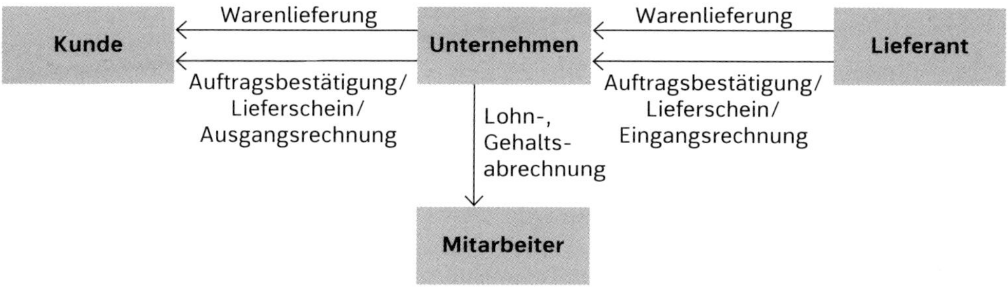

Belegarten

- **Eigenbelege:** Diese Belege werden durch das Unternehmen **selbst** hergestellt.
  Beispiele: *Lohn- und Gehaltsabrechnungen, Materialentnahmeschein, Ausgangsrechnung*
- **Fremdbelege:** Diese Belege entstehen durch entsprechende Geschäftsvorfälle mit Kreditinstituten, Kunden oder Lieferanten und werden von außen in das Unternehmen hineingetragen.
  Beispiele: *Kontoauszüge, Eingangsrechnung*
- **Sonstige Belege:** Sie werden auch „Notbelege" genannt und nur erstellt, wenn keine anderen Belege vorliegen.

2.4 Grundsätze ordnungsmäßiger Buchführung (GoB)

Stofftelegramm

Adressaten von Informationen

- **Interne:** Die Eigentümer haben ein natürliches Interesse daran, dass sie sich in regelmäßigen Abständigen über die finanzielle Situation des Unternehmens einen Überblick verschaffen.
- **Externe:** Kreditinstitute, andere Gläubiger, das Finanzamt oder potentielle Investoren möchten über die finanzielle und wirtschaftliche Lage informiert werden.

Gesetzliche Regelungen zur Buchführungspflicht

- **Handelsgesetzbuch (HGB)**
  § 238 Abs. 1:
  - Jeder Kaufmann ist verpflichtet, Bücher zu führen.
  - Die Vermögenslage muss nach den Grundsätzen ordnungsmäßiger Buchführung ersichtlich sein.
- **Ausgabenordnung (AO)**
  § 141 Abs. 1: Gewerbliche Unternehmen sind buchführungspflichtig, wenn sie pro Kalenderjahr folgende Voraussetzungen erfüllen:
  → Umsatz > 500.000,00 EUR
  → Gewinn > 50.000,00 EUR

Ordnungsmäßigkeit der Buchführung

Ein sachverständiger Dritter (z. B. Betriebsprüfer des Finanzamtes) muss sich in angemessener Zeit einen Überblick über die vorgefallenen Geschäftsvorfälle verschaffen können. Damit dies gelingt, müssen allgemein anerkannte und sachlogische Regeln eingehalten werden.

Die **Grundsätze ordnungsmäßiger Buchführung (GoB)** haben sich aus der täglichen Praxis und der Rechtsprechung entwickelt:

- **Vollständigkeit und Aufbewahrung:** Sämtliche Vorgänge müssen verständlich dokumentiert und über bestimmte Zeiträume hin aufbewahrt werden (§§ 239, 257 HGB).
- **Wahrheit und Nachprüfbarkeit:** Die Eintragungen in den Büchern müssen richtig, zeitgerecht und geordnet vorgenommen werden. Sämtliche Änderungen müssen nachvollziehbar sein. **Keine Buchung ohne Beleg**.
- **Klarheit und Kontinuität:** Keine Verrechnung zwischen Vermögen und Verbindlichkeiten bzw. zwischen Aufwendungen und Erträgen. Die Bilanz und die GuV müssen nach bestimmten Rechtsnormen geordnet werden (§§ 266, 267 ff., 275 HGB).
- **Einzelbewertung:** Alle Vermögensgegenstände und Schulden sind unabhängig voneinander zu bewerten. Davon gibt es allerdings einige Ausnahmen (z. B. § 240 Abs. 3 HGB).

Konsequenzen einer nicht ordnungsgemäßen Buchführung

- **Strafrechtliche Konsequenzen:** Bußgelder, Freiheitsstrafen
- **Finanzielle Konsequenzen:** finanzielle Engpässe (z. B. Verweigerung von Krediten)
- **Betriebswirtschaftliche Konsequenzen:** falsche Kalkulation von Verkaufspreisen, falsche Angaben über Gewinne oder Verluste

Aufgaben

1. Erstellen Sie eine Skizze über die Verbindungen zwischen dem eigenen Unternehmen, externen Kunden und Lieferanten. Unterscheiden Sie, ob dabei das Zu- oder Abflussprinzip gilt bzw. ob es sich dabei um einen Geld- oder Güterstrom handelt.
   - Unternehmen → Kunde
   - Unternehmen → Lieferant
   - Lieferant → Unternehmen
   - Kunde → Unternehmen
2. Unterscheiden Sie die Begriffe „Geldstrom“ und „Güterstrom“.
3. Was versteht man unter Investitionsgütern?
4. Erklären Sie, was man unter einem Investitionsprozess versteht.

5. Die Mayer GmbH vertreibt industrielle Handelswaren. Sie bekommt von der Schmidt GmbH einen Auftrag zur Lieferung von 1.000 Haltezwingen, nachdem die Schmidt GmbH per Geschäftsbrief eine Anfrage an die Mayer GmbH versendet hat. Die Haltezwingen werden ordnungsgemäß geliefert. Welche Belege werden hier zwischen den Geschäftspartnern ausgetauscht?
   Unterscheiden Sie dabei, ob es sich jeweils um einen Eigen- bzw. Fremdbeleg handelt.
6. Erklären Sie, welche Belegart hier vorliegt.

Privatgirokonto 304618250 BLZ 123 456 78 Kontoauszug 25
Finanz Informatik GmbH & Co.KG USt-ID DE124123456 Blatt 1

Datum	Erläuterungen		Betrag
Kontostand in EUR am 14.07		Auszug 24	2.154,44+
15.07	Zahlungseingang Karl-Peter-Müller	Wert: 15.07 Miete und Nebenkosten	175,00+

Herrn 123 45 67 Testhausen, den 29.07
Norbert Mustermann 00
Nevinghoff 25
48145 Münster

Int. Bank Account Number:
DE75 1234 5678 0304 6182 50
SWIFT-BIC.: 1234DES1XX1
Mietkonto Schillerstrasse 14 www.internetadresse.de

3 Buchen auf Bestandskonten

3.1 Kurzüberblick zur Bilanz

Stofftelegramm

Pflicht zur Aufstellung

§ 242 Abs. 1 HGB: Der Kaufmann hat zu Beginn seines Handelsgewerbes und für den Schluss eines jeden Geschäftsjahrs einen das **Verhältnis seines Vermögens und seiner Schulden darstellenden** Abschluss (**Eröffnungsbilanz, Bilanz**) aufzustellen.

Aufbau und Aussagewert

Die Bilanz ist eine strukturierte Gegenüberstellung von Vermögen und Schulden bzw. Verbindlichkeiten. Der Saldo daraus ist das Eigenkapital (Ausgleich).

Die Bilanz ist in Kontoform aufzustellen (§ 266 Abs. 1 HGB). Der Aufbau ist in § 266 Abs. 2 und 3 HGB festgelegt.

- Die Vermögensseite (links) nennt man Aktiva.
- Die Kapitalseite (rechts) nennt man Passiva.
- Beide Seiten müssen gleich groß sein.

Aktiva **Bilanz zum 31.12.** **Passiva**

I. Anlagevermögen		**I. Eigenkapital**	...
Grundstücke	...		
Gebäude	...	**II. Fremdkapital**	
Fuhrpark	...	Hypothekenschulden	...
Betriebs- und		Verb. gg. Kreditinst.	...
Geschäftsausstattung (BGA)	...	Verb. a. LL.	...
II. Umlaufvermögen			
Vorräte (R/H/B-Stoffe, UF, FE)	...		
Forderungen a. LL.	...		
Bank	...		
Kasse	...		
Investitionsseite/ Kapitalverwendung		**Finanzierungsseite/ Kapitalherkunft**	
Ordnung: nach **Flüssigkeit**		Ordnung: nach **Fälligkeit**	

Bilanzgleichungen

Vermögen (Aktiva)	= Schulden bzw. Kapital (Passiva)
Vermögen	= Eigenkapital + Fremdkapital
Anlagevermögen + Umlaufvermögen	= Eigenkapital + Fremdkapital
Eigenkapital	= Anlagevermögen + Umlaufvermögen – Fremdkapital

Aufgaben

1. Wie werden die Aktivseite und die Passivseite jeweils gegliedert?
2. Warum wird der Fuhrpark nach den Gebäuden in der Bilanz gegliedert?
3. Unterscheiden Sie die Begriffe „Eigenkapital“ und „Fremdkapital“.
4. Berechnen Sie die Höhe des Anlagevermögens, wenn folgende Daten gegeben sind:
   Umlaufvermögen: 150.000,00 EUR
   Eigenkapital: 80.000,00 EUR
   Fremdkapital: 320.000,00 EUR
5. Warum „müssen“ beide Seiten der Bilanz die gleiche Bilanzsumme ausweisen?

3.2 Werteveränderungen in der Bilanz

Stofftelegramm

Jeder Geschäftsvorfall hat Konsequenzen auf die Bilanz. Immer mindestens **zwei** Bilanzpositionen sind davon betroffen.

Vier Fälle der Werteveränderungen in der Bilanz können auftreten:

- **AKTIVTAUSCH**
  Beispiel: *Das Unternehmen kauft ein Notebook und bezahlt bar.*
  → **Nur** die **Aktivseite** ist betroffen. Die **Bilanzsumme** bleibt **gleich!**

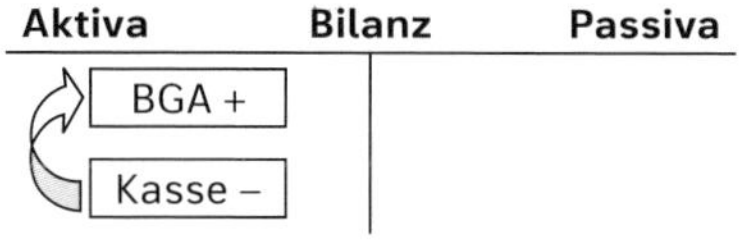

- **PASSIVTAUSCH**
  Beispiel: *Das Unternehmen wandelt eine Verbindlichkeit a. LL. in eine Verbindlichkeit bei der Bank um.*
  → **Nur** die **Passivseite** ist betroffen. Die **Bilanzsumme** bleibt **gleich**!

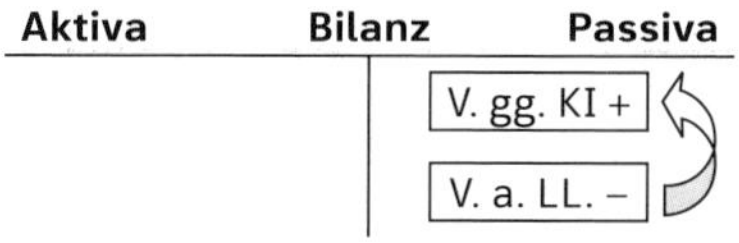

- **AKTIV-PASSIV-MEHRUNG**
  Beispiel: *Das Unternehmen kauft Rohstoffe für die Produktion auf **Ziel (Kredit)** ein.*
  → **Beide Seiten** der **Bilanz** sind betroffen. Die **Bilanzsumme** nimmt **zu**!

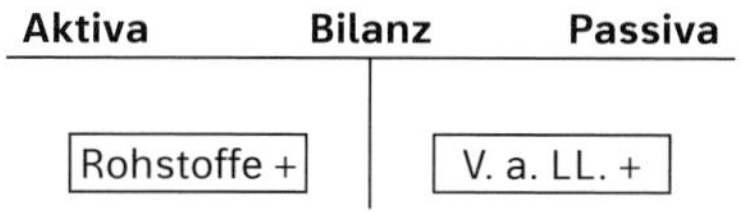

- **AKTIV-PASSIV-MINDERUNG**
  Beispiel: *Das Unternehmen begleicht seine Verbindlichkeiten a. LL. mit einer Banküberweisung.*
  → **Beide Seiten** der **Bilanz** sind betroffen. Die **Bilanzsumme** nimmt **ab**!

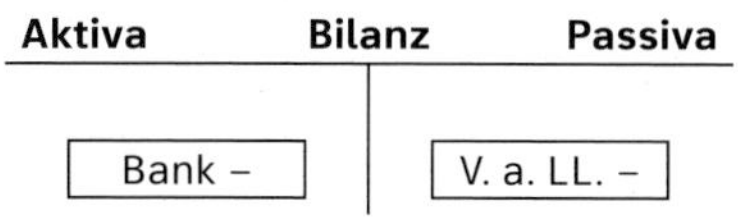

Nach jedem Geschäftsvorfall ist zu klären:

1. Welcher Bilanzposten ist betroffen (z. B. Bank, Verbindlichkeiten a. LL. ...)?
2. Handelt es sich bei dem Bilanzposten um einen Aktiv- oder Passivposten?
3. Wie verändert der Geschäftsvorfall die Werte in der Bilanz?
4. Welche der vier Werteveränderungsmöglichkeiten ist betroffen?

Aufgabe

Welche Werteveränderungen ergeben sich (Bilanz), wenn folgende Geschäftsvorfälle vorliegen?

a) Das Unternehmen begleicht eine Eingangsrechnung durch Banküberweisung.
b) Es wird eine Barzahlung auf das Bankkonto vorgenommen.
c) Wir verkaufen Handelswaren auf Ziel.
d) Durch Banküberweisung wird ein Darlehen bei der Bank abgelöst.
e) Wir kaufen Rohstoffe für die Produktion auf Ziel ein.
f) Eine Lieferverbindlichkeit wird in eine Verbindlichkeit für Kreditinstitute umgewandelt.

3.3 Auflösung der Bilanz in Bestandskonten

Stofftelegramm

In der täglichen Praxis ist es nicht praktikabel, dass alle Geschäftsvorfälle direkt in der Bilanz gebucht werden. Man löst deshalb die Bilanz in Einzelkonten auf.

- Jeder Bilanzposten bekommt sein „eigenes“ Konto.
- Konten, welche auf der Aktivseite stehen, nennt man **Aktivkonten**.
- Konten, welche auf der Passivseite stehen, nennt man **Passivkonten**.
- **Jedes Konto in der Bilanz hat einen Anfangs- und einen Schlussbestand. Deshalb nennt man sie auch Bestandskonten.**

Ein Konto hat folgenden schematischen Aufbau:

Soll	**Konto**	**Haben**

- Die **linke** Seite eines Kontos nennt man **„Soll“ (S)**.
- Die **rechte** Seite eines Kontos nennt man **„Haben“ (H)**.

Bestandskonten

Vermögenskonten (Aktivkonten)

z. B. Fuhrpark

Soll Fuhrpark	Haben
Anfangsbestand (AB)	Abgänge (–)
Zugänge (+)	Schlussbestand (SB)

Schuldkonten (Passivkonten)

z. B. Verbindlichkeiten a. LL.

Soll Verbindlichkeiten a. LL.	Haben
Abgänge (–)	Anfangsbestand (AB)
Schlussbestand (SB)	Zugänge (+)

- Die Anfangsbestände der Bestandskonten stehen immer auf jener Seite, auf welcher das Konto auch in der Bilanz steht.
- Die Zugänge der Bestandskonten stehen immer auf jener Seite, auf welcher auch die Anfangsbestände stehen, da dadurch die Bestände jeweils erhöht werden.
- SB = (AB + Zugänge) – Abgänge
  Am Periodenende muss das Konto ausgeglichen sein
  → **Summe der Soll-Seite = Summe der Haben-Seite**

Beispielaufgabe:

Gegeben ist folgende Eröffnungsbilanz mit den **Anfangsbeständen (AB):**

Aktiva	**Eröffnungsbilanz zum 01.01. (in Tausend Euro)**		**Passiva**
I. Anlagevermögen		**I. Eigenkapital**	200
Grundstücke	0		
Gebäude	0	**II. Fremdkapital**	
Fuhrpark	0	Hypothekenschulden	0
Betriebs- und		Verb. gg. Kreditinstituten	80
Geschäftsausstattung (BGA)	180	Verb. a. LL.	200
II. Umlaufvermögen			
Vorräte (R/H/B-Stoffe, UF, FE)	0		
Forderungen a. LL.	200		
Bank	100		
Kasse	0		
	480		480

Folgende Geschäftsvorfälle liegen vor:

1. Ein Kunde begleicht unsere Forderungen a. LL. durch Banküberweisung: 40.000,00 EUR.
2. Wir bezahlen unsere Verbindlichkeiten a. LL. durch Banküberweisung: 30.000,00 EUR.

Soll	BGA		Haben
AB	180	Abgänge	0
Zugänge	0	SB	180
	180		180

Soll	Eigenkapital		Haben
Abgänge	0	AB	200
SB	200	Zugänge	0
	200		200

Soll	Ford. a. LL.		Haben
AB	200	Abgänge (1)	40
Zugänge	0	SB	160
	200		200

Soll	Verb. g. KI		Haben
Abgänge	0	AB	80
SB	80	Zugänge	0
	80		80

Soll	Bank		Haben
AB	100	Abgänge (2)	30
Zugänge	40	SB	110
	140		140

Soll	Verb. a. LL.		Haben
Abgänge (2)	30	AB	200
SB	170	Zugänge	0
	200		200

Wenn keine anderen Geschäftsvorfälle vorgefallen wären, dann ergäbe sich daraus folgende Schlussbilanz mit **Schlussbestandwerten (SB)**:

Aktiva	**Schlussbilanz zum 31.12. (in Tausend Euro)**		**Passiva**
I. Anlagevermögen		**I. Eigenkapital**	200
Grundstücke	0		
Gebäude	0	**II. Fremdkapital**	
Fuhrpark	0	Hypothekenschulden	0
Betriebs- und Geschäftsausstattung (BGA)	180	Verb. gg. Kreditinstituten	80
		Verb. a. LL.	170
II. Umlaufvermögen			
Vorräte (R/H/B-Stoffe, UF, FE)	0		
Forderungen a. LL.	160		
Bank	110		
Kasse	0		
	450		450

Aufgaben

1. Bei der Mayer GmbH wird das Bestandskonto „Forderungen aus Lieferungen und Leistungen" für den unteren Zeitraum beansprucht.

   Stellen Sie nur das Bestandskonto in Kontoform dar und berechnen den Schlussbestand zum 17.05.

Datum	**Geschäftsvorfall**	**Betrag in Euro**
13.05.	Anfangsbestand aus der Vorperiode	17.850,00
14.05.	Verkauf von Handelswaren auf Ziel lt. Eingangsrechnung Nr. 4	35.000,00
15.05.	Der Kunde Müller begleicht unsere Ausgangsrechnung Nr. 8.	28.500,00
17.05.	Verkauf von Handelswaren auf Ziel lt. Eingangsrechnung Nr. 5	43.000,00

   Das Konto soll folgendes Schema haben:

Soll	**Forderungen aus Lieferungen und Leistungen**				**Haben**
Datum	Geschäftsvorfall	Betrag in Euro	Datum	Geschäftsvorfall	Betrag in Euro
	Anfangsbestand				

2. Notieren Sie, ob jeweils auf der Soll- oder der Haben-Seite gebucht wird.
   a) Schlussbestand des Kontos Verbindlichkeiten aus Lieferungen und Leistungen
   b) Abgänge des Kontos Forderungen aus Lieferungen und Leistungen
   c) Anfangsbestand des Kontos Bank
   d) Zugänge des Kontos Fuhrpark
   e) Anfangsbestand des Kontos Eigenkapital

f) Schlussbestand des Kontos Kasse
g) Abgänge des Kontos Verbindlichkeiten aus Lieferungen und Leistungen
h) Zugänge des Kontos Verbindlichkeiten gegenüber Kreditinstituten

3.4 Durchführung einer Buchung mit Buchungssätzen

Stofftelegramm

Zur Aufzeichnung der Geschäftsvorfälle in zeitlicher Reihenfolge und zur leichteren Buchung der Geschäftsvorfälle auf den Konten wurde eine besondere Darstellung entwickelt: **der Buchungssatz** (Buchungen im Journal bzw. **Grundbuch**).

Buchungssätze werden in den T-Konten gebucht (im **Hauptbuch** [sachliche Ordnung]).

Regel für die Buchung ⟶ **Soll** an **Haben**

Einfacher Buchungssatz

Beispiel: *Wir kaufen Rohstoffe auf Ziel für 9.800,00 EUR.*

Folgende Fragen sind zu stellen:	Jeweilige Antwort:
1. Welche **Konten** werden berührt?	• Roh-, Hilfs-, Betriebsstoffe • Verbindlichkeiten a. LL.
2. Um welche **Kontenart** handelt es sich jeweils?	• Roh-, Hilfs-, Betriebsstoffe → **Aktivkonto** • Verb. a. LL. → **Passivkonto**
3. Welche **Veränderungen** ergeben sich jeweils auf den Konten?	• Roh-, Hilfs-, Betriebsstoffe → Zufluss von Gütern (**Zugang**) • Verb. a. LL. → Abfluss von Zahlungsverpflichtungen (**Abgang**)
4. Welche **Kontenseiten** werden angesprochen?	• **Soll** → da Zugang eines **Aktivkontos** • **Haben** → da Abgang eines **Passivkontos**
5. Wie lautet der **Buchungssatz**?	**Soll** an **Haben** **Roh-, Hilfs-, Betriebsstoffe** an **Verb. a. LL. 9.800,00**

Merke:
1. Der Buchungssatz ruft die Konten an, die durch den Geschäftsvorfall **berührt** werden.
2. Zuerst wird das Konto, auf dem im **Soll**, dann das Konto, auf dem im **Haben** gebucht wird, genannt.
3. Beide Konten werden mit dem Wort „an“ verbunden und mit dem Betrag ergänzt.
4. Jedem Wertezugang im **Soll** steht ein **Werteabgang** im **Haben** in **gleicher** Höhe gegenüber.
5. Buchungssätze bilden die zeitliche Ordnung der Belegbuchungen (Grundbuch).
6. Die Buchung in den T-Konten bilden die sachliche Ordnung von Belegbuchungen (Hauptbuch).

Zusammengesetzter Buchungssatz

Beispiel: *Wir begleichen eine Eingangsrechnung über 5.200,00 EUR, und zwar 4.500,00 EUR durch Banküberweisung und in bar 700,00 EUR.*

Verb. a. LL. 5.200,00	*an*	*Bank*	*4.500,00*
		Kasse	*700,00*

Erklärung:	Verb. a. LL.	→ Passivkonto, Abgang	→ Buchung im Soll
	Bank	→ Aktivkonto, Abgang	→ Buchung im Haben
	Kasse	→ Aktivkonto, Abgang	→ Buchung im Haben

Merke:
Einfache Buchungssätze betreffen nur zwei Konten. Zusammengesetzte Buchungssätze entstehen, wenn durch einen Geschäftsfall **mehr** als **zwei Konten** berührt werden (z. B. Berücksichtigung von Umsatzsteuer, Preisnachlässen).

Prinzip der doppelten Buchführung

Die Auswirkungen eines Geschäftsvorfalls werden nun nicht mehr nur aus der Sicht eines Kontos, sondern aus der Sichtweise des Geschäftsvorfalls gesehen: Jeder Geschäftsvorfall wird doppelt gebucht und führt dazu, dass mindestens zwei Konten berührt werden.

Aufgaben

1. Buchen Sie mithilfe des vorgegebenen Schemas die nachfolgenden Geschäftsvorfälle.

a)	Einkauf von Handelswaren auf Ziel	5.000,00 EUR
b)	Umwandlung einer Verb. a. LL. in eine Bankverbindlichkeit	3.000,00 EUR
c)	Verkauf eines nicht mehr benutzten Büroregals gegen bar	1.000,00 EUR
d)	Zahlung einer Liefererrechnung durch Banküberweisung	9.000,00 EUR

Schema: 4-Schritte-Methode

Geschäfts-vorfall	1. Welche **Konten** werden berührt?	2. Um welche **Kontoart** handelt es sich?	3. Wie verändern sich die Kontobestände? (**Zugang** oder **Abgang**)	4. Auf welcher Kontoseite wird gebucht? **Soll** oder **Haben**	
1					
2					
3					
4					

2. Stellen Sie die folgenden Geschäftsvorfälle als Buchungssatz dar.
   Es gilt: Soll **an** Haben (Betrag)
   a) Wir kaufen einen Aktenvernichter gegen bar. 370,00 EUR
   b) Der Kunde Müller bezahlt seine Rechnung durch Banküberweisung. 1.250,00 EUR
   c) Vom Bankkonto wird bar abgehoben und in die Geschäftskasse gelegt. 2.500,00 EUR
   d) Verkauf einer Maschine gegen Bankscheck 7.690,00 EUR
   e) Kauf von Handelswaren auf Ziel 3.330,00 EUR
   f) Kauf einer PC-Anlage: Die Bezahlung erfolgt mit 3.000,00 EUR per Bank-überweisung und mit 700,00 EUR Anzahlung 3.700,00 EUR
   g) Kauf eines Grundstücks durch Banküberweisung 100.000,00 EUR
   h) Wir bezahlen unsere Rechnung durch Banküberweisung. 9.000,00 EUR
   i) Verkauf eines alten Lkw auf Rechnung 5.600,00 EUR
   j) Kunde Schmidt bezahlt seine Rechnung: 1.500,00 EUR in bar und 300,00 EUR mit Banküberweisung. 1.800,00 EUR

3.5 Eröffnung und Abschluss der Bestandskonten (Eröffnungsbilanz- und Schlussbilanzkonto)

Stofftelegramm

Regeln

Ausgangspunkt: Prinzip der doppelten Buchführung

- Für die Gegenbuchungen der Anfangsbestände der Aktiv- und Passivkonten wird das **Eröffnungsbilanzkonto (EBK)** genommen.
- Für die Gegenbuchungen der Schlussbestände der Aktiv- und Passivkonten wird das **Schlussbilanzkonto (SBK)** genommen.

Buchungssätze für die Anfangsbestände

- **Aktivkonto:** Aktivkonto an EBK
- **Passivkonto:** EBK an Passivkonto

Buchungssätze für die Schlussbestände

- **Aktivkonto:** SBK an Aktivkonto
- **Passivkonto:** Passivkonto an SBK

Soll		Eröffnungsbilanzkonto	Haben
Eigenkapital	...	Grundstücke	...
		Gebäude	...
Hypothekenschulden	...	Fuhrpark	...
Verb. gg. Kreditinstituten	...	Betriebs- und	
Verb. a. LL.	...	Geschäftsausstattung (BGA)	...
		Vorräte (R/H/B-Stoffe, UF, FE)	...
		Ford. a. LL.	...
		Bank	...
		Kasse	...
	...		...

Soll	Grundstücke		Haben
EBK	...	Abgänge	...
Zugänge	...	SBK	...
	...		...

Soll	Hypothekenschulden		Haben
Abgänge	...	EBK	...
SBK	...	Zugänge	...
	...		...

Aufgaben

Bei der Mayer GmbH sind folgende **Anfangsbestände** gegeben.
Grundstücke: 850.000,00 EUR; Maschinen: 350.000,00 EUR; Fuhrpark: 90.000,00 EUR; BGA: 25.000,00 EUR; Handelswaren: 28.000,00 EUR; Forderungen a. LL.: 8.000,00 EUR; Bank: 190.000,00 EUR; Kasse: 3.700,00 EUR; Eigenkapital: 921.000,00 EUR; Verb. gg. Kreditinstituten: 422.000,00 EUR; Verb. a. LL.: 201.700,00 EUR.

Folgende Geschäftsvorfälle sind zu bearbeiten:

a)	Kauf von Bürostühlen (bar)	2.500,00 EUR
b)	Ein Kunde begleicht eine Forderung in bar.	910,00 EUR
c)	Kauf eines Nachbargrundstückes im Wert von 120.000,00 EUR. Wir bezahlen einen Teil mit Banküberweisung (90.000,00 EUR) und den anderen Teil auf Ziel.	120.000,00 EUR
d)	Wir verkaufen eine nicht mehr gebrauchte Maschine auf Ziel.	8.900,00 EUR
e)	Wir kaufen Waren auf Ziel.	10.000,00 EUR
f)	Von uns wird eine Verbindlichkeit per Banküberweisung bezahlt.	7.500,00 EUR

Folgende Aufgaben sind zu durchzuführen.
1. Bilden Sie die Buchungssätze zu den Geschäftsvorfällen.
2. Eröffnen Sie die Konten unter Verwendung des Eröffnungsbilanzkontos.
3. Buchen Sie auf den Konten.
4. Schließen Sie die Konten über das Schlussbilanzkonto ab.

4 Buchen auf Erfolgskonten (Ergebniskonten)

4.1 Kurzüberblick zur Gewinn-und-Verlust-Rechnung (GuV)

Stofftelegramm

Pflicht zur Aufstellung

§ 242 Abs. 2 HGB: Der Kaufmann hat für den Schluss eines jeden Geschäftsjahrs eine Gegenüberstellung der **Aufwendungen** und **Erträge** des Geschäftsjahrs (**Gewinn-und-Verlust-Rechnung**) aufzustellen.

Ursache

Im Mittelpunkt steht das **bisher nicht benutzte** Bestandskonto **„Eigenkapital"**. Geschäftsvorfälle, welche bewirken, dass sich eine Änderung dieses Kontos ergibt, nennt man **erfolgswirksam**.

Arten

- **Aufwendungen:** Abgang beim Eigenkapitalkonto → z. B. Aufwendungen für Miete, Löhne
- **Erträge:** Zugang beim Eigenkapitalkonto → z. B. Umsatzerlöse aus dem Verkauf von Handelswaren, Zinserträge

→ Wenn alle diese Geschäftsvorfälle über das Eigenkapitalkonto gebucht werden würden, dann wäre dieses Konto **unübersichtlich**.

Folgen

- Alle Aufwendungen und Erträge werden als Unterkonten des Kontos Eigenkapital erfasst.
- Die Salden werden dann im **Gewinn-und-Verlust-Rechnung**-(GuV-Konto) erfasst.

Aufbau und Aussagewert

Das GuV-Konto ist eine strukturierte Gegenüberstellung von Aufwendungen und Erträgen.

- Aufwendungen > Erträge = Verlust
- Aufwendungen < Erträge = Gewinn

Soll	Gewinn- und Verlustkonto (GuV-Konto)		Haben
Materialaufwand	...	Umsatzerlöse	...
Mietaufwendungen	...	Mieterträge	...
Zinsaufwendungen	...	Zinserträge	...
Personalaufwand (Löhne/Gehälter)	...		

Aufgaben

1. Auf welcher Seite des GuV-Kontos werden die Aufwendungen bzw. Erträge gebucht?
2. Warum sollten die Umsatzerlöse aus dem Verkauf von z. B. Handelswaren der größte Posten auf der Haben-Seite des GuV-Kontos sein?
3. Angenommen, ein Unternehmen erzielt einen Gewinn. Auf welcher Seite des GuV-Kontos erscheint der Gewinn?
4. Auf welcher Seite nimmt das Eigenkapitalkonto ab?
5. Warum werden nicht alle erfolgswirksamen Geschäftsvorfälle über das Eigenkapitalkonto gebucht?

4.2 Auflösung der GuV in Unterkonten

Stofftelegramm

Ablauf

Eigenkapitalkonto: Soll → Minderungen → Aufwandskonten
Haben → Mehrungen → Ertragskonten

Aufwandskonten

z. B. Materialaufwand

Soll	**Materialaufwand** **Haben**
Zugänge (+)	Abgänge (–)
	Saldo (GuV)

Aufwandskonto: Saldo = Haben

Ertragskonten

z. B. Umsatzerlöse a. LL.

Soll	**Umsatzerlöse a. LL.** **Haben**
Abgänge (–)	Zugänge (+)
Saldo (GuV)	

Ertragskonto: Saldo = Soll

Soll — Gewinn- und Verlustkonto (GuV-Konto) — Haben

Soll		Haben	
Materialaufwand	...	**Umsatzerlöse a. LL.**	...
Mietaufwendungen	...	Mieterträge	...
Zinsaufwendungen	...	Zinserträge	...
Personalaufwand	...		

Saldo (Erträge > Aufwendungen) → **Mehrung des Eigenkapitalkontos**

Saldo (Erträge < Aufwendungen) → **Minderung des Eigenkapitalkontos**

Aufgaben

1. Warum werden im Soll die Aufwendungen und im Haben die Erträge gebucht?
2. Warum dürfen im GuV-Konto nicht einfach die Aufwendungen mit den Erträgen verrechnet werden?
3. Über welches Konto wird das GuV-Konto abgeschlossen?
4. Wie lauten die Buchungssätze für die Abschlussbuchungen von den Unterkonten in das GuV-Konto und vom GuV-Konto ins EK-Konto (allgemeine Form)?
5. Nennen Sie für die Bestandskonten und die Erfolgskonten die jeweilige allgemeine Form.

4.3 Buchen mit Buchungssätzen

Stofftelegramm

Regeln

- Aufwandskonten: Aufwendungen (Zugänge) werden im Soll gebucht.
- Ertragskonten: Erträge (Zugänge) werden im Haben gebucht.

Beispiele:

1. *Geschäftsvorfall: Die Mieteinnahmen durch die Vermietung der Lagerhalle gehen auf dem Bankkonto ein.*
   Buchungssatz: ***Bank*** *(= Zugang Aktivkonto)* ***an Mieterträge*** *(= Zugang Ertragskonto)*
2. *Geschäftsvorfall: Aus Marketinggründen wird in der örtlichen Zeitung eine Anzeige geschaltet. Die Rechnung dafür wird durch Banküberweisung beglichen.*
   Buchungssatz: ***Werbung*** *(= Zugang Aufwendungen)* ***an Bank*** *(= Abgang Aktivkonto)*
3. *Geschäftsvorfall: Die Wartung einer Maschine wird bar bezahlt. Buchungssatz:* ***Fremdinstandhaltung*** *(= Zugang Aufwendungen)* ***an Kasse*** *(= Abgang Aktivkonto)*

Aufgabe

Bilden Sie zu den folgenden erfolgswirksamen Geschäftsvorfällen die Buchungssätze:

a)	Die Grundsteuer für die Lagerhalle wird mit Banküberweisung beglichen.	9.800,00 EUR
b)	Die Auszubildenden bekommen ihr Gehalt am Monatsende überwiesen.	7.500,00 EUR
c)	Für die Termingeldanlage bekommen wir eine Zinsgutschrift.	1.690,00 EUR
d)	Per Banküberweisung werden die Reisekosten unserer Handelsvertreter bezahlt.	8.770,00 EUR
e)	Die Telefonrechnung wird vom Bankkonto abgebucht.	890,00 EUR
f)	Ein Rechtsanwalt für eine Beratung wird bar bezahlt.	350,00 EUR
g)	Die IHK-Beiträge werden überwiesen vom Bankkonto.	650,00 EUR
h)	Barkauf von Büromaterial	60,00 EUR

4.4 Doppelte Erfolgsermittlung

Stofftelegramm

Leitfrage

Auf welchen Wegen kann das Ergebnis der geschäftlichen Tätigkeit (Gewinn/Verlust) bestimmt werden?

1. **Möglichkeit:** Summe aller Erträge – Summe aller Aufwendungen
2. **Möglichkeit:** Schlussbestand des EK-Kontos – Anfangsbestand des EK-Kontos

Aufgabe

Bei der Müller GmbH sind folgende **Zahlen** gegeben.
Materialaufwand: 65.000,00 EUR; Gehälter: 39.000,00 EUR; Zinsaufwendungen: 18.000,00 EUR; Aufwendungen für Fremdinstandhaltung: 2.500,00 EUR; Büromaterial: 1.120,00 EUR; Werbung: 7.500,00 EUR; Umsatzerlöse a. LL.: 119.000,00 EUR; Eigenkapital am Jahresanfang: 900.000,00 EUR.

Folgende Aufgaben sind zu durchzuführen:

a) Erstellen Sie das GuV-Konto und ermitteln Sie den Gewinn bzw. Verlust.
b) Schließen Sie das GuV-Konto über das Eigenkapitalkonto ab.
c) Ermitteln Sie den Gewinn bzw. Verlust über den Eigenkapitalvergleich.

4.5 Vollständiger Geschäftsgang

Aufgaben

Bei der Mayer GmbH sind folgende **Anfangsbestände** gegeben.
BGA: 100.000,00 EUR; Forderungen a. LL.: 8.000,00 EUR; Bank: 190.000,00 EUR; Kasse: 3.700,00 EUR; Eigenkapital: 121.000,00 EUR; Verbindlichkeiten gegenüber Kreditinstituten: 82.000,00 EUR; Verbindlichkeiten a. LL.: 98.700,00 EUR.

Folgende Geschäftsvorfälle sind zu bearbeiten:

a)	Barkauf von Büromaterial	500,00 EUR
b)	Ein Kunde begleicht eine Forderung in bar.	910,00 EUR
c)	Die Bank schreibt uns Zinserträge gut.	120,00 EUR
d)	Wir verkaufen unsere Erzeugnisse auf Ziel.	8.900,00 EUR
e)	Wir bezahlen die Gewerbesteuer mit Banküberweisung.	1.300,00 EUR
f)	Von uns wird eine Verbindlichkeit a. LL. per Banküberweisung bezahlt.	7.500,00 EUR
g)	Die Telefonrechnung wird vom Bankkonto abgebucht.	980,00 EUR

Folgende Aufgaben sind zu durchzuführen:

1. Bilden Sie die Buchungssätze zu den Geschäftsvorfällen.
2. Eröffnen Sie die Konten unter Verwendung des Eröffnungsbilanzkontos.
3. Buchen Sie auf den Konten.
4. Schließen Sie die Erfolgskonten über das GuV-Konto ab.
5. Schließen Sie das GuV-Konto über das Eigenkapitalkonto ab.
6. Schließen Sie die Bestandskonten über das Schlussbilanzkonto ab.
7. Nennen Sie die Buchungssätze für die Abschlussbuchungen.

5 Kontenrahmen und Kontenplan

Stofftelegramm

Kontenrahmen

- Innerhalb eines Wirtschaftszweiges (z. B. Industrie – Einzelhandel) werden alle Kontoarten zusammengefasst (aber keine gesetzliche Verpflichtung).
- Dadurch wird eine einheitliche **Organisation** und **Übersichtlichkeit** gewährleistet.
- Es werden Zeitvergleiche (innerhalb eines Unternehmens) und Betriebsvergleiche (außerhalb eines Unternehmens) zur Überprüfung der Wirtschaftlichkeit möglich.

Kontenplan

- Anpassung des Kontenrahmens an die eigenen betrieblichen Bedürfnisse (ggfs. Auszug)
- Gliederung: zehn **Kontenklassen** von 0–9 → jede Kontenklasse wird in **Kontengruppen** gegliedert → jede Kontengruppe wird in **Kontenarten** gegliedert → jede Kontenart wird in **Kontenunterarten** gegliedert
- Kontenunterarten haben vierstellige Ziffern.

Beispiel „2800 – Bank (z. B. Kreissparkasse ...)“:

Kontenklasse: ***2*** *Umlaufvermögen und ARA*
Kontengruppe: ***28*** *Flüssige Mittel*
Kontenart: ***280*** *Guthaben bei Kreditinstituten*
Kontenunterarten: ***2800*** *Bank*

Aufgaben

1. Begründen Sie die Notwendigkeit eines Kontenrahmens.
2. Für welche anderen Wirtschaftszweige wurden noch Kontenrahmen entwickelt?
3. Unterscheiden Sie Kontenrahmen und Kontenplan.
4. Wie lauten die Kontenbezeichnungen und die dazugehörigen Geschäftsvorfälle?
   a) 4400 an 2800
   b) 2800 an 2880
   c) 6300 an 2800
5. Bilden Sie mithilfe der Kontennummern die Buchungssätze für folgende Geschäftsvorfälle.
   a) Wir kaufen einen Drucker und Scanner, Bezahlung per Banküberweisung. 599,00 EUR
   b) Die Bank überweist uns Zinserträge. 388,00 EUR
   c) Banküberweisung an einen Lieferer 690,00 EUR
6. In welcher Kontenklasse und Kontengruppe befindet sich das Konto „5710“?

6 Buchen mit Umsatzsteuer

Stofftelegramm

Besteuerungsgrundlage

Nach § 1 Abs. 1 Nr. 1 Umsatzsteuergesetz (UStG) unterliegen folgende Leistungen, die ein Unternehmer im Rahmen seines Unternehmens ausführt, der Umsatzsteuer:
- entgeltliche Lieferungen
- Leistungen oder Eigenverbrauch Unternehmer

Höhe Steuersatz

- Regelsteuersatz (Normalfall): **19 %** (§ 12 Abs. 1 UStG)
- Ermäßigter Steuersatz (in besonderen Fällen, z. B. Blumen): **7 %** (§ 12 Abs. 2 UStG)

Berechnungsgrundlage

- Die Umsatzsteuer wird vom Entgelt berechnet (Nettopreis).
- Erlösminderungen (Skonti, Rabatte, Preisnachlässe) mindern die Berechnungsgrundlage.
- Nebenkosten (Bezugskosten) erhöhen die Berechnungsgrundlage.

Gesamtzusammenhang

Fall: Ein Handelsunternehmen kauft von seinem Lieferanten Waren zum Nettopreis von 1.000,00 EUR und verkauft an einen Kunden die Waren zum Nettopreis von 2.000,00 EUR weiter.

Frage: In welcher Höhe muss das Unternehmen Steuern an das Finanzamt bezahlen?

Lösung: Es muss nur die Besteuerung des **„Mehrwertes“** aus beiden Geschäften an das Finanzamt bezahlen.

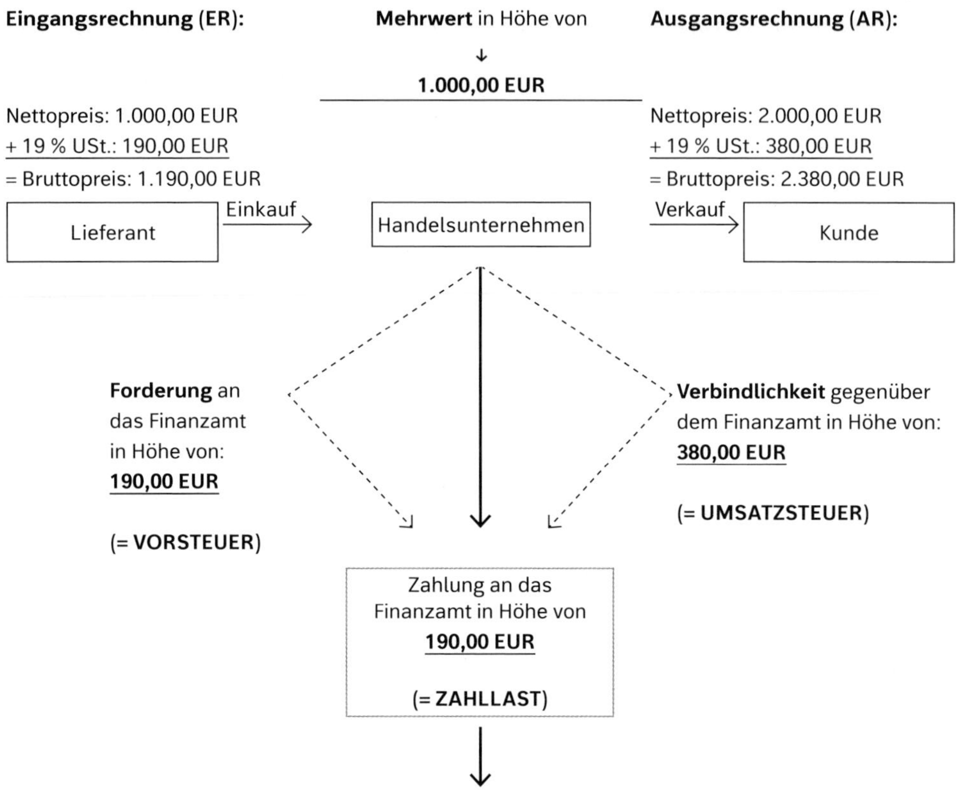

oder Besteuerung des Mehrwertes: 19 % von 1.000,00 EUR = 190,00 EUR

Die Umsatzsteuer wird deshalb auch als **Mehrwertsteuer** bezeichnet.

Buchung der Vorsteuer für den Einkauf

Vorsteuer = Aktivkonto → Kontonummer: „2600 Vorsteuer“

Fall 1: Die Schmidt GmbH kauft einen Scanner für das Büro in Höhe von 928,20 EUR (brutto – inklusive 19 % Umsatzsteuer) in bar in einem Elektromarkt.

Buchungssatz:

	Soll	Haben
0860 Betriebs- und Geschäftsausstattung	780,00 EUR	
2600 Vorsteuer	148,20 EUR	
an 2880 Kasse		928,20 EUR

Buchung der Umsatzsteuer für den Verkauf

Umsatzsteuer = Passivkonto → Kontonummer: „4800 Umsatzsteuer“

Fall 2: Die Schmidt GmbH verkauft Handelswaren auf Rechnung in Höhe von 900,00 EUR (netto – zuzüglich 19 % Umsatzsteuer).

Buchungssatz:

	Soll	Haben
2400 Forderungen a. LL.	1.071,00 EUR	
an 5010 Umsatzerlöse für Handelswaren		900,00 EUR
an 4800 Umsatzsteuer		171,00 EUR

Buchung der Zahllast

Umsatzsteuer > Vorsteuer → Zahllast → **Verbindlichkeit** gegenüber dem Finanzamt

S	**2600 Vorsteuer**		H
2880 Kasse	148,20		

S	**4800 Umsatzsteuer**		H
		2400 F. a. LL.	171,00

Das Konto „2600 Vorsteuer“ wird über das Konto „4800 Umsatzsteuer“ abgeschlossen:
→ Buchungssatz: **4800 Umsatzsteuer** an **2600 Vorsteuer** 148,20 EUR

S	**2600 Vorsteuer**		H
2880 Kasse	148,20	4800 USt.	148,20

S	**4800 Umsatzsteuer**		H
2600 VSt.	148,20	2400 F. a. LL.	171,00

Die Zahllast in Höhe von 22,80 EUR wird direkt an das Finanzamt überwiesen:
→ Buchungssatz: **4800 Umsatzsteuer** an **2800 Bank** 22,80 EUR

S	**2600 Vorsteuer**		H
2880 Kasse	148,20	4800 USt.	148,20

S	**4800 Umsatzsteuer**		H
2600 VSt.	148,20	**2400 F. a. LL.**	**171,00**
2800 Bank	22,80		
	171,00		**171,00**

Die Konten „2600 Vorsteuer“ und „2800 Umsatzsteuer“ sind nun für diese Periode abgeschlossen.
Die Differenz/Zahllast ist an das Finanzamt überwiesen.

Buchung des Vorsteuerüberhangs

Umsatzsteuer < Vorsteuer → Vorsteuerüberhang → **Forderung** an das Finanzamt

Buchungssatz: **4800 Umsatzsteuer** an **2600 Vorsteuer** → Das Umsatzsteuerkonto ist nun abgeschlossen.

Zahlungseingang des Finanzamtes geht auf dem Konto „2600 Vorsteuer“ ein.
→ Buchungssatz: 2800 Bank an 2600 Vorsteuer

Beide Steuerkonten sind nun für diese Periode abgeschlossen.

Umsatzsteuervoranmeldung

- Die **Zahllast** oder der **Vorsteuerüberhang** wird monatlich ermittelt und bis zum 10. Tag des Folgemonats online per Elster dem Finanzamt mitgeteilt.
- Die endgültige Festlegung der Umsatzsteuer erfolgt am Jahresende durch die **Umsatzsteuerjahreserklärung** des Unternehmens in Form eines **Umsatzsteuerbescheids** des Finanzamts.

Aufgaben

1. Warum wird die Umsatzsteuer auch als Mehrwertsteuer bezeichnet?
2. Wie kann ein Vorsteuerüberhang entstehen?
3. Wie beeinflusst die Umsatzsteuer bzw. die Vorsteuer den Erfolg des Unternehmens?
4. Wer trägt letztlich die Steuer?
5. Ordnen Sie die Kontenarten „Aktivkonto" und „Passivkonto" den Konten „2600 Vorsteuer" und „4800 Umsatzsteuer" zu.
6. Was versteht man unter einer Umsatzsteuervoranmeldung?
7. Herr Renner hat bei Büro-Hansmann ein modernes Kassensystem für seinen neuen Laden gekauft. Buchen Sie die Rechnung aus Sicht der Renner GmbH im Kontierungsstempel.

Büro-Hansmann GmbH
Georg-Fischer-Str. 13
78224 Singen

Büro-Hansmann GmbH, Georg-Fischer-Str. 13, 78224 Singen

Gewürz-Renner GmbH
Kabisländer 4
78315 Radolfzell

Ihr Zeichen:
Ihre Nachricht vom:
Unsere Zeichen: PH
Unsere Nachricht vom:

Name: Petra Hansmann
☎ 07731 237-40
Fax 07731 237-50
✉ info@buerohansmann.de
USt-IdNr. DE455663321
Datum: 03.05.

Rechnung Nr. 9711

Sehr geehrter Herr Renner,

für die Lieferung des Kassensystems am 03.05. berechnen wir Ihnen:

Kassensystem easy-pay, netto	1.560,00 EUR
+ Umsatzsteuer	296,40 EUR
Summe, brutto	1.856,40 EUR

Bitte überweisen Sie den Betrag bis zum 12.05. auf unser Bankkonto.

Wir bedanken uns für Ihren Einkauf.

Mit freundlichen Grüßen
Petra Hansmann

Konto Nr.	Kontobezeichnung	Soll Wertezufluss (+)	Haben Werteabfluss (–)

8. Max Mustermann kauft für sein gleichnamiges Unternehmen eine neue Stereo-Anlage für das Büro ein. Er bezahlt sofort in bar. Buchen Sie den Kassenbeleg.

Quittung			
Netto	**MwSt. %**	**MwSt. in Euro**	**Brutto**
1.000,00 EUR	19 %	190,00 EUR	1.190,00 EUR

Euro in Worten: Eintausendeinhundertneunzig
Von: Max Mustermann **dankend erhalten.**
Für: Stereo-Anlage

Petra Hausmann
....
Ort, Datum, Unterschrift

7 Buchungen im Einkauf und Verkauf

7.1 Überblick Materialarten

Stofftelegramm

Materialart	Erklärung
Rohstoffe	gehen direkt in das Endprodukt ein (z. B. Holz)
Hilfsstoffe	gehen indirekt in das Endprodukt ein (z. B. Nägel)
Betriebsstoffe	werden für die Produktion benötigt (z. B. Schmieröl)
Handelswaren	werden eingekauft; ergänzen das Produktprogramm und werden weiterverkauft
bezogene Fertigteile	werden hinzugekauft und in das Endprodukt integriert

7.2 Aufwandsrechnerisches Verfahren

Stofftelegramm

Wareneinkauf

Werden die o.g. Materialarten eingekauft, dann werden sie nicht auf dem Bestandskonto (z. B. „2000 Rohstoffe") gebucht.

Die Buchung erfolgt auf dem jeweiligen **Aufwandskonto „just-in-time"** (z. B. „6000 Aufwendungen für Rohstoffe"): **Bewertung = Einstandspreis**

Grund: Überlegung, dass alle in der Periode eingekauften Produkte auch wieder verkauft werden. Zum Periodenende werden die gebuchten Bestände mit den tatsächlich vorhandenen Beständen abgeglichen.

Beispiel: *Die Müller KG* ***kauft*** *Handelswaren im Wert von 9.000,00 EUR netto zzgl. 19 % Umsatzsteuer auf Ziel ein.*

Buchungssatz:

	Soll	Haben
6080 Aufwendungen für Waren	9.000,00 EUR	
2600 Vorsteuer	1.710,00 EUR	
an 4400 Verbindlichkeiten a. LL.		10.710,00 EUR

Warenverkauf

Die Buchung erfolgt auf dem jeweiligen **Ertragskonto** (z. B. „5100 Umsatzerlöse für Waren"):
Bewertung = Verkaufspreis

Beispiel: *Die Müller KG **verkauft** Handelswaren im Wert von 18.000,00 EUR netto zzgl. 19 % Umsatzsteuer auf Rechnung.*

Buchungssatz:

	Soll	Haben
2400 Forderungen a. LL.	21.420,00 EUR	
an 5100 Umsatzerlöse für Waren		18.000,00 EUR
an 4800 Umsatzsteuer		3.420,00 EUR

Rohgewinn

Die Differenz aus dem Verkaufserlös und dem Wareneinsatz bezeichnet man als Rohgewinn.

Beispiel: *18.000,00 EUR – 9.000,00 EUR = 9.000,00 EUR*

Abschluss

Am Ende der Abrechnungsperiode müssen die durch die Inventur festgestellten Bestandsmehrungen bzw. Bestandsminderungen der jeweiligen Handelswaren bzw. Werkstoffe durch eine Umbuchung berücksichtigt werden (SBK = Schlussbilanzkonto).

Bestandskonto, z. B. „2280 Waren": vgl. AB und SB

S	8010 SBK		H
2280 Waren			
(– SB)			

S	8020 GuV-Konto		H
6080 Aufwand W.		5100 UE für Waren	

Abschlussbuchungen

- Warenendbestand lt. Inventur: **8010 SBK** an **2280 Waren**
- Abschluss Aufwandskonto: **8020 GuV-Konto** an **6080 Aufwendungen für Waren**
- Abschluss Ertragskonto: **5100 Umsatzerlöse für Waren** an **8020 GuV-Konto**

7.3 Preisnachlässe beim Einkauf

Stofftelegramm

Rabatte und Bezugskosten

- **Rabattarten:** Mengenrabatte oder Treuerabatte (langjährige Geschäftsbeziehung)
- Rabatte **verringern** den Einkaufspreis, werden aber **nicht gesondert gebucht!**

- **Bezugskosten:** Fracht, Verpackung und Transportversicherung
- Bezugskosten **erhöhen** den Einkaufspreis, werden aber **gesondert gebucht**
- Bezugskosten werden am Geschäftsjahresende abgeschlossen:
  z. B. 6000 Aufwendungen für Rohstoffe an 6001 Bezugskosten

Geschäftsvorfall:
Die Müller KG kauft Waren im Wert von 9.000,00 EUR netto zzgl. 19 % Umsatzsteuer auf Ziel ein. Als langjährige Kundin bekommt die KG von ihrem Lieferanten einen Treuerabatt von 5 % auf den Nettowarenwert. An Frachtkosten fallen 250,00 EUR an.

Nettowarenwert	9.000,00 EUR
– 5 % Treuerabatt	450,00 EUR
Zwischensumme	8.550,00 EUR
+ Frachtkosten	250,00 EUR
Zwischensumme	8.800,00 EUR
+ 19 % USt.	1.672,00 EUR
Rechnungsbetrag	10.472,00 EUR

Buchungssatz:

	Soll	Haben
6080 Aufwendungen für Waren	8.550,00 EUR	
6081 Bezugskosten	250,00 EUR	
2600 Vorsteuer	1.672,00 EUR	
an 4400 Verbindlichkeiten a. LL.		10.472,00 EUR

Warenrücksendungen

- Falsche oder nicht geeignete Ware wird an den Lieferanten zurückgesendet.
- Lieferant erstellt eine Rechnungskorrektur.
- Buchungssatz aus der Eingangsrechnung wird umgekehrt gebucht.

Geschäftsvorfall:
Die Müller KG sendet einen Teil ihres Einkaufs an den Lieferanten im Wert von 1.190,00 EUR brutto inkl. 19 % Umsatzsteuer zurück.

Buchungssatz:

	Soll	Haben
4400 Verbindlichkeiten a. LL.	1.190,00 EUR	
an 6080 Aufwendungen für Waren		1.000,00 EUR
an 2600 Vorsteuer		190,00 EUR

Rechnungskorrektur bei mangelhafter Warenlieferung

- Auslöser: mangelhafte Ware des Lieferers, welche aber trotzdem im Unternehmen verwendet werden soll → Folge: **Preisnachlass**
- Ein Preisnachlass mindert den Warenaufwand, die Vorsteuer und die Verbindlichkeiten.
- Separate Buchung auf eigenem Unterkonto: z. B. „6082 Nachlässe für Waren“
- Am Jahresende wird das Unterkonto „Nachlässe“ über das jeweilige Aufwandskonto abgeschlossen.

Geschäftsvorfall:
Die Müller KG bekommt aufgrund einer Mängelrüge von ihrem Lieferanten (schlechte Qualität der Waren) einen Preisnachlass in Höhe von 800,00 EUR netto (zzgl. 19 % USt.).

Buchungssatz:

	Soll	Haben
4400 Verbindlichkeiten a. LL.	952,00 EUR	
an 6082 Nachlässe für Waren		900,00 EUR
an 2600 Vorsteuer		52,00 EUR

Lieferantenskonto

- Skonto: Kunde darf die Rechnung um einen prozentualen Anteil kürzen, wenn er innerhalb einer bestimmten Frist (z. B. zehn Tagen) die Rechnung begleicht.
- Ein Preisnachlass mindert den Warenaufwand und die Vorsteuer muss korrigiert werden, da sie zunächst auf den höheren Warenwert berechnet wurde.
- Separate Buchung auf eigenem Unterkonto: z. B. „6082 Nachlässe für Waren"
- Am Jahresende wird das Unterkonto „Nachlässe" über das jeweilige Aufwandskonto abgeschlossen.

Geschäftsvorfall:
Die Müller KG bezahlt die Rechnung innerhalb der Skontofrist unter Abzug von 3 % Skonto per Banküberweisung. Der Bruttorechnungsbetrag beträgt 10.472,00 EUR.

Buchungssatz:

	Soll	Haben
4400 Verbindlichkeiten a. LL.	10.472,00 EUR	
an 2800 Bank		10.157,84 EUR
an 6082 Nachlässe für Waren		264,00 EUR
an 2600 Vorsteuer **(Vorsteuerkorrektur!)**		50,16 EUR

Lieferantenbonus

- Bonus: Kunden bekommen einen Nachlass → Gründe: Firmenjubiläum, bestimmte Umsatzgrenzen werden erreicht etc.
- Ein Preisnachlass mindert den Warenaufwand, die Vorsteuer und die Verbindlichkeiten.
- Separate Buchung auf eigenem Unterkonto: z. B. „6082 Nachlässe für Waren"
- Am Jahresende wird das Unterkonto „Nachlässe" über das jeweilige Aufwandskonto abgeschlossen.

Geschäftsvorfall:
Die Müller KG bekommt von ihrem Lieferanten einen Umsatzbonus in Höhe von 892,50 EUR brutto.

Buchungssatz:

	Soll	Haben
4400 Verbindlichkeiten a. LL.	892,50 EUR	
an 6082 Nachlässe für Waren		750,00 EUR
an 2600 Vorsteuer		142,50 EUR

Aufgaben

1. Ein Handelsbetrieb bekommt 10 % Händlerrabatt auf seine eingekauften Handelswaren. Der Nettowarenwert beträgt 8.900,00 EUR. An Frachtkosten fallen 750,00 EUR an. Ermitteln Sie den Rechnungsbetrag und bilden Sie den Buchungssatz für die Eingangsrechnung.

2. a) Wir kaufen Handelswaren auf Ziel (Warenwert: 4.760,00 EUR brutto) ein.
   b) Wegen Beschädigung schicken wir einen Teil der Handelswaren zurück (Warenwert: 560,00 EUR zzgl. 19 % USt.).
   Bilden Sie die Buchungssätze für beide Geschäftsvorfälle.

3. Die Alexander Michler GmbH kauft Sperrholzplatten ein (siehe nachfolgender Beleg). Buchen Sie den Geschäftsvorfall.

RECHNUNG

Michael Schmidt GmbH
Waldallee 22, 80335 München
Deutschland

Empfänger:
Alexander Michler GmbH

Blumengasse 15
10585 Berlin-Charlottenburg
Deutschland

Rechnungsdatum:	23.03.20..
Rechnungsnummer:	123
Kundennummer:	A00342
Zahlungsziel:	siehe unten
Säumniszuschlag:	8,5 %
Ansprechpartner:	Richard Grumm

Zusätzliche Informationen
Zahlungsbedingungen 14 Tage 3 % Skonto, 30 Tage netto

Das Rechnungsdatum entspricht dem Leistungsdatum.

Bezeichnung	Anzahl	Einheit	Preis/Einheit	USt. %	USt.	Gesamt
Sperrholzplatten	1.000	Stück	29,90 EUR	19	5.681,00 EUR	35.581,00 EUR

Nettobetrag	29.900,00 EUR
Umsatzsteuer	5.681,00 EUR
Rechnungsbetrag	35.581,00 EUR

Bitte überweisen Sie den Rechnungsbetrag innerhalb der Zahlungsfrist.

Michael Schmidt GmbH	Kontaktinformation	Bankverbindung	
Waldallee 22	Richard Grumm	Bankname	Deutsche Bank
80335 München	Phone +49 30 12345678	IBAN	DE21 1007 0848 1234 4567 89
Deutschland	E-Mail: richard.grumm@mschmidt.de	SWIFT/BIC	DEUTDEDB110
USt-IdNr. DE999999999	www.mschmidt.de		

4. Die Alexander Michler GmbH bezahlt innerhalb der Skontofrist per Banküberweisung (siehe Aufgabe 3). Buchen Sie den Geschäftsvorfall mit Skonto.

5. Die Alexander Michler GmbH bekommt von ihrem Lieferanten Michael Schmidt GmbH einen Umsatzbonus in Höhe von 900,00 EUR netto. Buchen Sie den Geschäftsvorfall.
6. Am 31.12. soll das Konto „6002 Nachlässe für Rohstoffe" (Saldo: 8.700,00 EUR) abgeschlossen werden. Buchen Sie die Abschlussbuchung.

7.4 Preisnachlässe beim Verkauf

Stofftelegramm

Rabatte und Nebenkosten

- Rabatte **verringern** den Verkaufspreis, werden aber **nicht gesondert gebucht!**
- **Nebenkosten:** Fracht, Verpackung und Transportversicherung; sie stellen für den Verkäufer zunächst einen Aufwand dar, den er später dem Kunden in Rechnung stellen, aber vorab bezahlen muss.

  Beispiel: *Verpackungsmaterial*

  Buchungssatz:
  6040 Aufwendungen für Verpackungsmaterial
  2600 Vorsteuer
  an 4400 Verbindlichkeiten a. LL.
  Am Jahresende wird z. B. dieses Aufwandskonto über die GuV abgeschlossen.
- **Warenschulden sind Holschulden:** Der Käufer trägt alle für den Transport anfallenden Nebenkosten.
- Nebenkosten **erhöhen** den Verkaufspreis (Umsatzerlöse), werden aber **nicht gesondert gebucht!**

Geschäftsvorfall:
Die Müller KG verkauft Waren im Wert von 11.000,00 EUR netto zzgl. 19 % Umsatzsteuer auf Ziel. Der Kundin Schmidt GmbH wird ein Mengenrabatt in Höhe von 8 % auf den Nettowarenwert gegeben. An Frachtkosten fallen 150,00 EUR an. Ferner werden 100,00 EUR für die Verpackung berechnet.

Nettowarenwert	11.000,00 EUR
– 8 % Treuerabatt	880,00 EUR
Zwischensumme	10.120,00 EUR
+ Frachtkosten	150,00 EUR
+ Verpackung	100,00 EUR
Zwischensumme	10.370,00 EUR
+ 19 % USt.	1.970,30 EUR
Rechnungsbetrag	12.340,30 EUR

Buchungssatz:

	Soll	Haben
2400 Forderungen a. LL.	12.340,30 EUR	
an 5100 Umsatzerlöse für Waren		10.370,00 EUR
an 4800 Umsatzsteuer		1.970,30 EUR

Rückgabe von Leihverpackung

- Verpackungsmaterial wird zunächst dem Kunden in Rechnung gestellt und dann von ihm an uns zurückgegeben.
- Der Buchungssatz aus der Ausgangsrechnung wird umgekehrt gebucht.

Geschäftsvorfall:
Die Schmidt GmbH sendet Kisten zur Verpackung an die Müller KG im Wert von 190,00 EUR netto zzgl. 19 % Umsatzsteuer zurück.

Buchungssatz:

	Soll	Haben
5100 Umsatzerlöse für Waren	190,00 EUR	
4800 Umsatzsteuer	36,10 EUR	
an 2400 Forderungen a. LL.		226,10 EUR

Warenrücksendungen

- Falsche oder nicht für die Produktion geeignete Waren werden vom Kunden zurückgesendet.
- Der Lieferant storniert die Rechnung.
- Der Buchungssatz aus der Ausgangsrechnung wird umgekehrt gebucht.

Geschäftsvorfall:
Die Schmidt GmbH sendet einen Teil ihres Einkaufs an die Müller KG im Wert von 3.570,00 EUR brutto inkl. 19 % Umsatzsteuer zurück.

Buchungssatz:

	Soll	Haben
5100 Umsatzerlöse für Waren	3.000,00 EUR	
4800 Umsatzsteuer	570,00 EUR	
an 2400 Forderungen a. LL.		3.570,00 EUR

Rechnungskorrektur bei mangelhafter Warenlieferung

- Auslöser: mangelhafte Ware des Lieferers, welche aber trotzdem im Unternehmen verwendet werden soll → Folge: **Preisnachlass**
- Ein Preisnachlass mindert die Umsatzerlöse, die Umsatzsteuer und die Forderungen.
- Separate Buchung auf eigenem Unterkonto: z. B. „5101 Erlösberichtigungen für Waren"
- Am Jahresende wird das Unterkonto „Erlösberichtigungen" über das jeweilige Ertragskonto abgeschlossen.

Geschäftsvorfall:
Die Schmidt GmbH bekommt aufgrund einer Mängelrüge von ihrem Lieferanten Müller KG einen Preisnachlass in Höhe von 900,00 EUR netto (zzgl. 19 % Umsatzsteuer).

Buchungssatz:

	Soll	Haben
5101 Erlösberichtigungen für Waren	900,00 EUR	
4800 Umsatzsteuer	171,00 EUR	
an 2400 Forderungen a. LL.		1.071,00 EUR

Buchungssatz am Geschäftsjahresende (31.12.):

	Soll	Haben
5100 Umsatzerlöse für Waren	...	
an 5101 Erlösberichtigungen für Waren		...

Lieferantenskonto

- Skonto: Kunde darf die Rechnung um einen prozentualen Anteil kürzen, wenn er innerhalb einer bestimmten Frist (z. B. zehn Tagen) die Rechnung begleicht.
- Ein Preisnachlass mindert die Umsatzerlöse, die Umsatzsteuer und die Forderungen.
- Separate Buchung auf eigenem Unterkonto: z. B. „5101 Erlösberichtigungen für Waren"
- Am Jahresende wird das Unterkonto „Erlösberichtigungen" über das jeweilige Ertragskonto abgeschlossen.

Geschäftsvorfall:
Die Schmidt GmbH bezahlt ihre Rechnung innerhalb der Skontofrist unter Abzug von 2 % Skonto per Banküberweisung. Der Bruttorechnungsbetrag beträgt 9.520,00 EUR.

Buchungssatz:

	Soll	Haben
2800 Bank	9.329,60 EUR	
5101 Erlösberichtigungen für Waren	160,00 EUR	
4800 Umsatzsteuer	30,40 EUR	
an 2400 Forderungen a. LL.		9.520,00 EUR

Kundenbonus

- Bonus: Kunden bekommen einen Nachlass → Gründe: Firmenjubiläum, bestimmte Umsatzgrenzen werden erreicht etc.
- Ein Preisnachlass mindert die Umsatzerlöse, die Umsatzsteuer und die Forderungen.
- Separate Buchung auf eigenem Unterkonto: z. B. „5101 Erlösberichtigungen für Waren"
- Am Jahresende wird das Unterkonto „Erlösberichtigungen" über das jeweilige Ertragskonto abgeschlossen.

Geschäftsvorfall:
Die Schmidt GmbH bekommt von der Müller KG einen Umsatzbonus in Höhe von 892,50 EUR brutto. Der Bonus wird von der Müller KG per Banküberweisung getätigt.

Buchungssatz:

	Soll	Haben
5101 Erlösberichtigungen für Waren	750,00 EUR	
4800 Umsatzsteuer	142,50 EUR	
an 2800 Bank		892,50 EUR

Aufgaben

1. Ein Kunde begleicht eine Rechnung über 6.664,00 EUR unter Abzug von 2 % Skonto durch Banküberweisung. Buchen Sie den Geschäftsvorfall.

2. Ein Kunde sendet einen Teil seines Einkaufs an den Lieferanten im Wert von 2.100,00 EUR brutto inkl. 19 % Umsatzsteuer zurück.

3. Ein Unternehmen verkauft seine Waren auf Ziel:

Nettowarenwert	22.000,00 EUR
– 10 % Mengenrabatt	2.200,00 EUR
Zwischensumme	19.800,00 EUR
+ Frachtkosten	250,00 EUR
+ Verpackung	400,00 EUR
Zwischensumme	20.450,00 EUR
+ 19 % USt.	3.885,50 EUR
Rechnungsbetrag	24.335,50 EUR

Buchen Sie den Geschäftsvorfall.

4. Der Einstandspreis der Waren aus Aufgabe 3 betrug 11.800,00 EUR. Buchen Sie.

5. Ein Unternehmen gewährt seinem Unternehmen auf den Umsatz von 101.150,00 EUR (inkl. 19 % Umsatzsteuer) einen Bonus von 9 % per Banküberweisung. Buchen Sie.

6. Die SMV der Kaufmännischen Schule Stuttgart möchte bei der nächsten Sitzung ihre Mitglieder mit je einer Pizza verwöhnen. Sie geben eine Großbestellung bei Pizzabäcker Luca Cavallo auf. Dieser macht einen Sonderpreis: 20 Stück zu je 2,14 EUR (inkl. 7 % Umsatzsteuer). Die SMV bezahlt bei Abholung in bar. Füllen Sie die Quittung aus, die Luca Cavallo am 03.06. für die SMV ausstellt, und buchen Sie für Luca Cavallo den Warenverkauf.

	Quittung	
	Netto Euro	
	+ 7 % MwSt./Euro	
Nr. 2345	**Gesamt Euro**	
Euro **In Worten**		**Cent** **wie** **oben**
von		
für		
		dankend erhalten.
Ort/Datum		
Buchungsvermerke	Stempel/Unterschrift des Empfängers	

8 Periodenabschluss durchführen

8.1 Inventur und Inventar

Stofftelegramm

Inventur

Mengen- und wertmäßige Bestands**aufnahme** aller Vermögensteile und aller Schulden eines Unternehmens zu einem bestimmten Zeitpunkt (Stichtag). Es wird gezählt, gemessen, gewogen und die erfassten Mengen in Euro bewertet (§ 240 HGB). → TÄTIGKEIT

Arten:

- **Stichtagsinventur:** Erfassung der Werte an einem bestimmten Stichtag (Zeitraum möglich: zehn Tage vor bzw. zehn Tage nach Bilanzstichtag)
- **Permanente Inventur:** fortlaufende Aufnahme/Kontrolle der Bestände; mind. 1–2 Mal pro Jahr tatsächliche (= körperliche) Bestandsaufnahme notwendig
- **Stichprobeninventur:** Wenn ca. 20 % des Bestandes mindestens 80 % des Lagerwertes decken, dann kann bei den weniger hochwertigen Artikeln nach dem Zufallsprinzip eine Stichprobe genommen werden, welche dann auf den Gesamtbestand hochgerechnet wird.
- **Verlegte Inventur:** Bei sehr großen Beständen kann die Aufnahme am Stichtag schwierig werden, weshalb man mehr Zeit benötigt (Zeitraum: drei Monate vor oder zwei Monate nach Bilanzstichtag).

Inventar

Wertmäßiges Ergebnis der Inventur. Es ist ein ausführliches Bestands**verzeichnis**, das alle Vermögensteile und Schulden eines Unternehmens zu einem bestimmten Zeitpunkt (Stichtag) nach Art, Menge und Wert ausweist. → ERGEBNIS DER TÄTIGKEIT

Aufbau:

A. Vermögen
   1. Anlagevermögen (Grundstücke, Maschinen, Fuhrpark ...) (**bleibt dem Geschäftsbetrieb dauernd erhalten**)
   2. Umlaufvermögen (Vorräte, Forderungen, Bank ...) (**kurzfristiger Charakter: laufende Änderungen**)

   } *Gliederung nach Flüssigkeit (von wenig zu mehr)*

B. Schulden
   1. Verbindlichkeiten gegenüber Kreditinstituten
   2. Verbindlichkeiten aus Lieferungen und Leistungen

   } *Gliederung nach Fälligkeit (von lang zu kurz)*

C. Reinvermögen (= Eigenkapital): → Vermögen – Schulden

Aufgaben

1. Erläutern Sie die Unterschiede zwischen den Begriffen „Inventur" und „Inventar".
2. Welche Bedeutung hat die Inventur im Rahmen der Buchführung?

3. Was passiert, wenn es zu Differenzen zwischen Soll-Werten (Buchführung) und Ist-Werten (Inventur) kommt?

4. Berechnen Sie die Höhe des Reinvermögens, wenn folgende Zahlen gegeben sind. Anlagevermögen: 1.500.000,00 EUR; Verbindlichkeiten gegenüber KI: 700.000,00 EUR; Umlaufvermögen: 800.000,00 EUR; Verbindlichkeiten a. LL.: 400.000,00 EUR.

5. Die Müller KG ermittelt zum 31.12. folgende Inventurergebnisse. Bebaute Grundstücke: 530.000,00 EUR; Betriebsgebäude: 1.750.150,00 EUR; Büromaschinen: 120.000,00 EUR; Maschinen für Wärmeprozesse: 3.500.450,00 EUR, Büroeinrichtung: 66.500,00 EUR; Werkzeuge: 185.000,00 EUR; Betriebsstoffe: 65.000,00 EUR; Guthaben bei der Kreissparkasse: 25.400,00 EUR; Hilfsstoffe: 33.000,00 EUR; Kassenbestand: 7.800,00 EUR; Fertige Erzeugnisse: 1.890.000,00 EUR; Verbindlichkeiten aus Lieferungen und Leistungen: 450.000,00 EUR; Verbindlichkeiten gegenüber Kreditinstituten: 4.800.000,00 EUR, Rohstoffe: 1.350.000,00 EUR.

   Leider sind die Ergebnisse etwas durcheinander gekommen. Stellen Sie zur besseren Übersicht ein Inventar inkl. der richtigen Kontonummern auf.

8.2 Notwendigkeit von Korrekturen

Stofftelegramm

Der Gewinn bzw. Verlust einer Periode wird korrekt ermittelt, wenn man neben den Erträgen und Aufwendungen aus dem regulären Geschäftsbetrieb auch jene Aufwendungen und Erträge berücksichtigt, welche sich aus der Inventur ergeben.

Folgende Schritte sind dazu notwendig:
1. Durchführung einer Inventur
2. Vergleich der Inventurergebnisse (Ist-Werte) mit den Kontensalden (Soll-Werte)
3. Korrekturbuchungen: Anpassung der Soll- an die Ist-Werte bei **Differenzen**
4. Erstellung der GuV-Rechnung und der Bilanz

8.3 Veränderungen der Materialbestände

Stofftelegramm

Beispiel:

Die Inventur brachte folgende Ergebnisse:

Kontennr.	***Kontenbez.***	***Inventur (Ist-Wert)***	***Kontenwert (Soll-Wert)***	***Differenz***
2280	*Waren*	*10.900,00 EUR*	*11.000,00 EUR*	*–100,00 EUR*
2000	*Rohstoffe*	*200,00 EUR*	*195,00 EUR*	*5,00 EUR*

Folge: *2280 Waren → Fehlbestand „ausbuchen“ → Gegenkonto Aufwandskonto*
2000 Rohstoffe → Bestand „anpassen“ → Gegenkonto Aufwandskonto

Abschlussbuchungen

Buchungssatz Bestandsveränderung:

	Soll	Haben
6080 Aufwendungen für Waren	100,00 EUR	
an 2280 Waren		100,00 EUR
2000 Rohstoffe	5,00 EUR	
an 6000 Aufwendungen für Rohstoffe		5,00 EUR

S **2280 Waren** H

AB (Saldo alt)	11.000,00	SB lt. Inventur	10.900,00
		Bestands-minderung (Korrektur)	**100,00**
	11.000,00		**11.000,00**

S **2000 Rohstoffe** H

AB (Saldo alt)	195,00	SB lt. Inventur	200,00
Bestands-mehrung (Korrektur)	**5,00**		
	200,00		**200,00**

S **6080 Aufwendungen für Waren** H

Einkäufe	101.000,00	Saldo in GuV	101.100,00
Bestands-minderung (Korrektur)	**100,00**		

S **6000 Aufwendungen für Rohstoffe** H

Einkäufe	8.500,00	**Bestands-mehrung (Korrektur)**	**5,00**
		Saldo in GuV	8.495,00

Buchungssatz Abschluss:

	Soll	Haben
8020 GuV-Konto	101.100,00 EUR	
an 6080 Aufwendungen für Waren		101.100,00 EUR
8020 GuV-Konto	8.495,00 EUR	
an 6000 Aufwendungen für Rohstoffe		8.495,00 EUR

8.4 Bestandsveränderungen an unfertigen und fertigen Erzeugnissen

Stofftelegramm

Beispiel:

Die Inventur brachte folgende Ergebnisse:

Kontennr.	***Kontenbez.***	***Inventur (Ist-Wert)***	***Kontenwert (Soll-Wert)***	***Differenz***
2100	*Unfertige Erz.*	*1.090,00 EUR*	*1.690,00 EUR*	*–600,00 EUR*
2200	*Fertige Erz.*	*2.000,00 EUR*	*1.200,00 EUR*	*800,00 EUR*

Folge: 2100 Unfertige Erzeugnisse → Bestandsminderung → Gegenkonto 5210 Bestandsv.
2200 Fertige Erzeugnisse → Bestandsmehrung → Gegenkonto 5220 Bestandsv.

Abschlussbuchungen

Buchungssatz Bestandsveränderung:

	Soll	Haben
5210 Bestandsveränderungen UE	600,00 EUR	
an 2100 Unfertige Erzeugnisse		600,00 EUR
2200 Fertige Erzeugnisse	800,00 EUR	
an 5220 Bestandsveränderungen FE		800,00 EUR

S **2100 Unfertige Erzeugnisse** H

AB (Saldo alt)	1.690,00	SB lt. Inventur	1.090,00
		Bestands-minderung (Korrektur)	**600,00**
	1.690,00		**1.690,00**

S **2200 Fertige Erzeugnisse** H

AB (Saldo alt)	1.200,00	SB lt. Inventur	2.000,00
Bestands-mehrung (Korrektur)	**800,00**		
	2.000,00		**2.000,00**

S **5210 Bestandsveränderungen UE** H

Bestands-minderung (Korrektur)	**600,00**	**Saldo in GuV**	**600,00**

S **5220 Bestandsveränderungen FE** H

Saldo in GuV	**800,00**	**Bestands-mehrung (Korrektur)**	**800,00**

Buchungssatz Abschluss:

	Soll	Haben
8020 GuV-Konto	600,00 EUR	
an 5210 Bestandsveränderungen UE		600,00 EUR
5220 Bestandsveränderungen FE	800,00 EUR	
an 8020 GuV-Konto		800,00 EUR

8.5 Abschreibungen beim Anlagevermögen

Stofftelegramm

Das Anlagevermögen (z. B. Maschinen) unterliegt aufgrund der Nutzung einer **dauernden Wertminderung**. Insofern sind diese Vermögensgüter am Ende einer Periode nicht mehr gleich viel „wert" wie zu Beginn einer Periode. Deshalb erfassen die **Abschreibungen** als Aufwand den natürlichen Verschleiß und müssen am Ende einer Periode gebucht werden.

Für jedes Anlagegut wird bei der Anschaffung eine **Anlagekarte** geführt. Diese dient als Basis für die Abschreibungsbuchung:

Kontennr.	**Kontenbez.**	**Aktueller Saldo**	**Abschreibung des Geschäfts-jahres**	**Neuer Saldo**
0710	Maschinen	109.000,00 EUR	10.900,00 EUR	98.100,00 EUR

Abschlussbuchungen

Buchungssatz:

	Soll	Haben
6500 Abschreibungen	10.900,00 EUR	
an 0710 Maschinen		10.900,00 EUR

Buchungssatz Abschluss:

	Soll	Haben
8020 GuV-Konto	10.900,00 EUR	
an 6500 Abschreibungen		10.900,00 EUR

9 Jahresabschluss erstellen

9.1 Zusammenhang Inventur, Inventar und Bilanz

Stofftelegramm

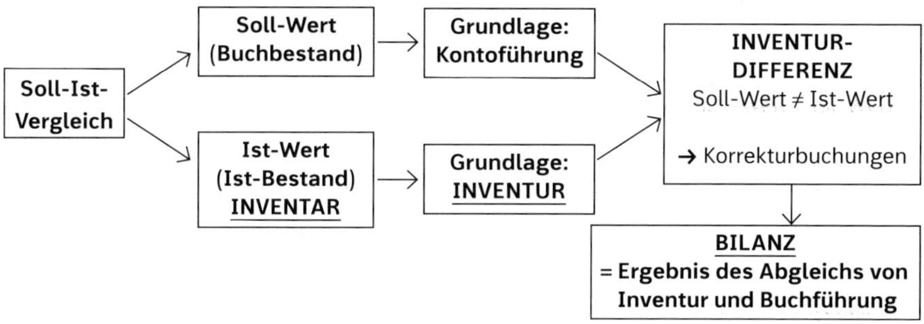

Aufgaben

1. Die Müller KG hat folgende Saldenliste der **Ergebniskonten** zum 31.12. anhand einer Inventur aufgestellt:

Nr.	Bezeichnung	Soll (in Euro)	Haben (in Euro)
5000	Umsatzerlöse Fertigerzeugnisse		60.000,00
5100	Umsatzerlöse für Waren		170.000,00
5210	Bestandsveränderungen UE	250,00	
5220	Bestandsveränderungen FE		300,00
5710	Zinserträge		237,50
6000	Aufwendungen für Rohstoffe	9.400,00	
6020	Aufwendungen für Hilfsstoffe	3.700,00	
6030	Aufwendungen für Betriebsstoffe	1.350,00	
6080	Aufwendungen für Waren	53.500,00	

Nr.	Bezeichnung	Soll (in Euro)	Haben (in Euro)
6130	Instandhaltung und Reparaturen	2.000,00	
6200	Löhne	65.400,00	
6300	Gehälter	32.400,00	
6500	Abschreibungen	18.500,00	
6700	Mietaufwendungen	17.200,00	
6800	Aufwendungen Büromaterial	8.300,00	
7510	Zinsaufwendungen	2.300,00	

Stellen Sie die GuV-Rechnung in Kontoform dar und ermitteln Sie den Jahresüberschuss

2. Die Müller KG hat nun auch die Saldenliste der **Bestandskonten** zum 31.12. aufgestellt

Nr.	Bezeichnung	Soll (in Euro)	Haben (in Euro)
0710	Maschinen	116.500,00	
0840	Fuhrpark	40.800,00	
0870	BGA	15.760,00	
2000	Rohstoffe	20.800,00	
2020	Hilfsstoffe	1.700,00	
2030	Betriebsstoffe	400,00	
2100	Unfertige Erzeugnisse	480,00	
2200	Fertige Erzeugnisse	2.400,00	
2400	Forderungen a. LL.	21.280,00	
2600	Vorsteuer	1.340,00	
2800	Bank	16.500,00	
2820	Kasse	8.667,50	
3000	Eigenkapital		85.000,00
4200	Darlehen		110.000,00
4400	Verbindlichkeiten a. LL.		32.750,00
4800	Umsatzsteuer		2.640,00
4830	Verbindlichkeiten gg. Finanzbehörden	0,00	

a) Schließen Sie die Konten „2.600 Vorsteuer" und „4.800 Umsatzsteuer" ab.
b) Stellen Sie die Schlussbilanz in Kontoform dar.

9.2 Grundlagen des Jahresabschlusses

Stofftelegramm

Aufgaben

- legt Rechenschaft ab über das vergangene Geschäftsjahr
- liefert Informationen zur Kontrolle und Steuerung des Unternehmens
- Informationsgrundlage für die Ermittlung des Gewinns und seiner Verwendung

Pflicht zur Aufstellung

- alle Kaufleute (GoB/§ 242 HGB)
- Befreiung: Einzelkaufleute, die eine gewisse Größe von Umsatzerlösen (500.000,00 EUR) und Jahresüberschuss (50.000,00 EUR) nicht überschreiten (§ 242 Abs. 4 HGB)

Zeitpunkt

- Erstellung einer Bilanz: Beginn eines Handelsgewerbes und Schluss eines jeden Geschäftsjahres (§ 242 HGB)
- unterschiedliche Fristen bei mittelgroßen, großen Kapitalgesellschaften bzw. kleineren Kapitalgesellschaften (§ 264 HGB)

Umfang

Kapitalgesellschaften (z. B. AG, GmbH) müssen einen umfangreicheren Jahresabschluss erstellen; zusätzlich ist ein Anhang zu erstellen, welcher die einzelnen Posten der Bilanz und GuV näher erläutert.

Inhalt und Gliederung

Bilanz	• § 264 Abs. 1 HGB: Pflicht zur Aufstellung • § 266 HGB: Gliederungsprinzip in Kontenform – Vermögen nach Flüssigkeit, Schulden nach Fälligkeit
GuV	• § 264 Abs. 1 HGB: Pflicht zur Aufstellung • § 275 HGB: Gliederung in Staffelform • Vorteil: Erfolgslage ist leichter zu interpretieren, größere Übersichtlichkeit durch Zwischensummen
Anhang	• § 264 Abs. 1 HGB: Pflicht zur Aufstellung • erläutert einzelne Positionen der Bilanz und der GuV • Angabe der Bilanzierungs- und Bewertungsmethoden

Lagebericht (§ 289 HGB, gehört nicht zum Jahresabschluss)

- Darstellung von Geschäftsverlauf und Lage der Kapitalgesellschaft
- Lagebericht soll informieren über:
  - Vorgänge von besonderer Bedeutung nach dem Bilanzstichtag
  - voraussichtliche Entwicklung der Gesellschaft
  - Bereich Forschung und Entwicklung

Aufgaben

1. Aus welchen Teilen besteht der Jahresabschluss einer Kapitalgesellschaft?
2. Wie werden Vermögen und Schulden gegliedert?
3. Welche Aufgaben hat
   a) der Anhang?
   b) der Lagebericht?
4. Welche Vorteile hat die Staffelform der GuV im Vergleich zur Kontenform?

9.3 Wertansätze im Handelsrecht (Überblick)

Stofftelegramm

9.3.1 Ziele der Bewertung

Überblick über Vermögen, Schulden, Ertragslage → Eigentümer, Gläubiger, Finanzbehörden

Zur Erreichung der Ziele sind Rechtsnormen für die Buchführung und Bilanzierung notwendig (**Bewertungsvorschriften**).

Schutzfunktion der Bewertungsvorschriften

Teilhaberschutz	Gläubigerschutz	Steuergerechtigkeit
Interesse an stabilen Gewinnausschüttungen, insbesondere Kleinaktionäre. Somit Schutz vor Unterbewertung des Vermögens (= Gewinnverringerung).	Interesse, dass Tilgungen problemlos möglich. Notwendigkeit: Schutz vor zu hohen Gewinnausschüttungen (Vorsichtsprinzip)	Unterbewertung des Vermögens und Überbewertung der Schulden verringern den Gewinn. Ziel einer gerechten Besteuerung muss es sein, Betriebe vergleichbarer Ertragsstärke auch gleichartig zu besteuern.

Aufgaben

1. Aus welchem Motiv heraus hat der Gesetzgeber Bewertungsvorschriften erlassen?
2. Welche Adressatengruppe soll durch die Vorschriften geschützt werden?
3. Erklären Sie das Schutzbedürfnis gegenüber einem Teilhaber und einem Gläubiger.

9.3.2 Bewertungsgrundsätze nach § 252 HGB

- Die **Wertansätze** in der **Eröffnungsbilanz** des Geschäftsjahres müssen mit denen der **Schlussbilanz** des vorhergehenden Geschäftsjahres übereinstimmen.
- Bei der Bewertung ist von der **Fortführung der Unternehmenstätigkeit** auszugehen (Ausnahme: Rechtliche Gegebenheiten stehen dem entgegen.).
- Die Vermögensgegenstände und Schulden sind **einzeln zu bewerten**.
- **Gewinne** sind nur zu berücksichtigen, wenn sie am Abschlussstichtag **realisiert** sind.
- Aufwendungen und Erträge des Geschäftsjahres sind **unabhängig** von den **Zeitpunkten** der entsprechenden **Zahlungen** im Jahresabschluss zu berücksichtigen.
- Die auf den vorhergehenden Jahresabschluss angewandten **Bewertungsmethoden** sind **beizubehalten**.
- Von den genannten **Grundsätzen** darf nur in begründeten **Ausnahmefällen abgewichen** werden.
- Es ist **vorsichtig zu bewerten**, namentlich sind vorhersehbare Risiken und Verluste, die bis zum Abschlussstichtag entstanden sind, zu berücksichtigen → **Vorsichtsprinzip**. (wichtigstes Prinzip; Grundgedanke: Bei Vermögenswerten ist eher der niedrigere, bei Schuldenbewertung eher der höhere Wert anzusetzen.)

Aus dem Vorsichtsprinzip lassen sich folgende Prinzipien ableiten:

Anschaffungs-wertprinzip	Die Anschaffungskosten dürfen nie überschritten werden, auch dann nicht, wenn der Wiederbeschaffungswert über den Anschaffungskosten liegt.
Höchst-wertprinzip	Schulden sind eher zu hoch als zu niedrig anzusetzen, daher mit ihrem Erfüllungsbetrag. Dabei sind Preis- und Kostenverhältnisse zum Erfüllungszeitpunkt zu berücksichtigen.
Niederst-wertprinzip	Bei voraussichtlich dauernder Wertminderung muss beim Anlagevermögen der niedrigere Wert angesetzt werden.
Realisations-prinzip	Gewinne dürfen erst dann ausgewiesen werden, wenn sie realisiert sind, z. B. durch Verkauf.
Imparitäts-prinzip	Da drohende Verluste ausgewiesen werden, ergibt sich eine ungleiche Behandlung von • noch nicht eingetretenen Verlusten (werden ausgewiesen) und • noch nicht eingetretenen Gewinnen (werden nicht ausgewiesen).

Aufgabe

Erklären Sie folgende Begriffe:
a) Vorsichtsprinzip
b) Anschaffungswertprinzip
c) Höchstwertprinzip
d) Niederstwertprinzip
e) Realisationsprinzip
f) Imparitätsprinzip

10 Anlagevermögen bewerten

10.1 Anschaffungskosten

Stofftelegramm

Kaufpreis (ohne Umsatzsteuer)

+ Anschaffungsnebenkosten → einmalige Ausgaben im Zusammenhang mit der Anschaffung, z. B.
  - Montagekosten
  - Transportkosten
  - Verpackungskosten
  - Zölle
  - Notariatskosten
  - Grunderwerbsteuer (**nicht** Grundsteuer)

– Anschaffungskostenminderungen → Skonti, Rabatte, Boni

= **Anschaffungskosten** → Aktivierungsbetrag (= gebuchter Betrag auf dem Aktivkonto)

Merke:
- Beim Kauf werden Gegenstände des Sachanlagevermögens zu den Anschaffungskosten bewertet.
- Spätere Nachlässe, z. B. Skontoabzug, werden auf dem entsprechenden Anlagekonto gebucht.
- Finanzierungskosten zählen nicht zu den Anschaffungskosten.

Aufgaben

1. Kauf eines Lkw: Kaufpreis netto 120.000,00 EUR; Spezialaufbau 11.000,00 EUR netto; Anhängerkupplung 1.200,00 EUR netto; Überführungskosten 1.000,00 EUR netto; Zulassungskosten 400,00 EUR netto.
   Wir überweisen die Kfz-Steuer in Höhe von 1.600,00 EUR sowie die Haftpflichtversicherungsprämie in Höhe von 2.300,00 EUR. Tankfüllung: 500,00 EUR + 19 % USt.
   a) Ermitteln Sie die Anschaffungskosten.
   b) Buchen Sie den Kauf auf Ziel sowie die Nebenkosten.
2. Was versteht man unter Aktivierung?
3. Wie wird der aktivierungspflichtige Betrag beim Kauf von Anlagen ermittelt?
4. Erklären Sie den Begriff **„Anschaffungsnebenkosten“**. Nennen Sie fünf Beispiele.
5. Nennen Sie drei Beispiele für Anschaffungskostenminderungen.

6. Welche der folgenden Kosten sind **nicht** Bestandteil der Anschaffungskosten, also nicht aktivierungsfähig (Begründung)?
   a) Kfz-Versicherung
   b) Kfz-Steuer
   c) Transportversicherung
   d) Finanzierungskosten im Zusammenhang mit der Anschaffung
   e) Fundamentierungskosten
   f) Erschließungskosten
   g) Baugenehmigungsgebühr
   h) Grundsteuer
   i) Grunderwerbsteuer

7. Warum muss der Wert eines **bebauten Grundstücks** in Bodenwert und Gebäudewert aufgeteilt werden?

8. Beim Kauf eines Grundstücks fallen folgende Ausgaben an.

Anschaffungspreis	200.000,00 EUR	
+ Grunderwerbsteuer	10.000,00 EUR	
+ Notariats-, Vermessungs- u. Grundbuchkosten	6.000,00 EUR	
	216.000,00 EUR	
gezahlte Grundsteuer		200,00 EUR
Fremdkapitalzinsen zur Finanzierung des Grundstücks		800,00 EUR

   a) Mit welchem Wert ist das Grundstück zu aktivieren?
   b) Begründen Sie Ihre Entscheidung.

10.2 Abschreibung zur Erfassung der Wertminderung

Stofftelegramm

Begriff

Durch die Abschreibung werden die Anschaffungskosten (ohne USt.) von abnutzbaren Gütern aufgrund der geschätzten jährlichen Wertminderung auf die Jahre der Nutzung als Aufwand verteilt.

Ursachen

- Gebrauch
- technischer Fortschritt
- wirtschaftliche Überholung
- natürlicher Verschleiß

Anschaffungskosten – Abschreibung = Buchwert (§ 253 HGB)
→ Buchwert = Ansatz in Bilanz (direkte Methode)

Lineare Abschreibungsmethode

Die Anschaffungskosten werden in **gleichen Jahresbeträgen** auf die Nutzungsdauer des Anlagegutes verteilt.

Jährlicher Abschreibungsbetrag: $\frac{\text{Anschaffungskosten}}{\text{Nutzungsdauer}}$

Abschreibungssatz in Prozent: $\frac{100}{\text{Nutzungsdauer}}$

Beginn der Abschreibung im ersten Jahr

monatsanteilige Abschreibung im ersten Jahr der Nutzung

Beispiel:

Die Anschaffungskosten einer neuen Maschine betrugen 300.000,00 EUR. Die Maschine wurde am 12.10. gekauft. Die Maschine hat eine Nutzungsdauer von zwölf Jahren.

Abschreibung im ersten Jahr: drei Zwölftel des Abschreibungsbetrages

→ *Jährlicher regulärer Abschreibungsbetrag:* $\frac{300.000{,}00 \text{ EUR}}{12 \text{ Jahre}} = 25.000{,}00 \text{ EUR/Jahr}$

→ *Monatsanteilige Abschreibung im ersten Jahr:* $\frac{25.000{,}00 \text{ EUR} \cdot 3}{12} = 6.250{,}00 \text{ EUR}$

Anschaffungskosten	*300.000,00 EUR*
– Abschreibung	*6.250,00 EUR*
Buchwert 31.12.	*293.750,00 EUR*

Buchungssatz
6500 Abschreibungen **an** Anlagenkonto (hier z. B. 0710)

Vorteile der linearen Methode
- einfache und einmalige Berechnung des Abschreibungsbetrages
- gute Vergleichbarkeit mehrerer GUV-Rechnungen
- gleichmäßige Aufwandsbelastung

Aufgaben

1. Warum sind Abschreibungen beim Anlagevermögen notwendig?
2. Wie wirken sich Abschreibungen erfolgsmäßig aus?
3. Kauf einer Druckmaschine am 17.04. Die Anschaffungskosten betragen 59.500,00 EUR einschließlich 19 % Umsatzsteuer. Die betriebsgewöhnliche Nutzungsdauer beträgt zehn Jahre.
   a) Ermitteln Sie den Buchwert zum 31.12.
   b) Wie lautet der Buchungssatz für die Abschreibung?
4. Welche Bedeutung haben Abschreibungen für die steuerliche Belastung eines Unternehmens? Verdeutlichen Sie die Zusammenhänge in einem Pfeildiagramm.
5. Abnutzbare Sachanlagen werden planmäßig nach ihrer Nutzungsdauer abgeschrieben. Warum können nicht abnutzbare Anlagen nur außerplanmäßig abgeschrieben werden?

10.3 Geringwertige Wirtschaftsgüter

Stofftelegramm

Begriff

Bewegliches, abnutzbares Anlagegut → selbstständig bewertbar und nutzbar (§ 6 Abs. 2 EStG)

Möglichkeiten

- Bis 250,00 EUR Anschaffungskosten (netto): Buchung als Aufwand oder Aktivierung in der Bilanz und Abschreibung über die betriebsgewöhnliche Nutzungsdauer
- Über 250,00 EUR bis 1.000,00 EUR (netto) Anschaffungskosten: Aktivierung bei Kauf auf Sammelposten GWG → pauschale, lineare Abschreibung über fünf Jahre

ODER

- Über 250,00 EUR bis 800,00 EUR (netto) Anschaffungskosten: Buchung als Aufwand oder Aktivierung in der Bilanz und Abschreibung über die betriebsgewöhnliche Nutzungsdauer

10.4 Bewertungsmaßstäbe

Stofftelegramm

	Kauf
	Nettolistenpreis
+	**Anschaffungsnebenkosten** (Bezugs-, Transportkosten, Versicherung, Fundamentierung, Notar, Grunderwerbsteuer)
–	**Anschaffungskostenminderung** (Rabatte, Skonto, Boni, Subventionen)
=	**Anschaffungskosten**

	Fortschreibung der Werte
	Anschaffungskosten bzw. Herstellungskosten
–	**Abschreibungen**
+	**Zuschreibungen**
=	**fortgeführte Anschaffungs- bzw. Herstellungskosten (bis max. AK/HK)**

11 Rückstellungen

Stofftelegramm

Begriff

Rückstellungen sind Schulden (daher Passivseite der Bilanz), welche

- wirtschaftlich ins alte Geschäftsjahr gehören,
- deren genaue Höhe
- und/oder deren Fälligkeit am Jahresende noch nicht feststeht.

Gründe für Rückstellungen

Ungewisse Verbindlichkeiten	Garantieverpflichtungen, Steuernachzahlungen, drohende Prozesskosten
Unterlassene Instandhaltungsaufwendungen	falls diese innerhalb der ersten drei Monate des folgenden Geschäftsjahres nachgeholt werden
Gewährleistungen ohne rechtliche Verpflichtung	Kulanzleistungen
Drohende Verluste aus schwebenden Geschäften	Für den Rohstoffkauf wurde ein Preis vereinbart. Vor der Lieferung sinkt der Preis.

In der Bilanz (Passiva) sind nach § 266 Abs. 3 B. HGB folgende Rückstellungen auszuweisen:
- Rückstellung für Pensionen
- Steuerrückstellungen
- sonstige Rückstellungen

Bewertung

- Rückstellungen sind zu ihrem Erfüllungsbetrag anzusetzen (Grundlage: vernünftige kaufmännische Beurteilung/Erfahrung)
- Rückstellungen mit einer Restlaufzeit von mehr als einem Jahr sind abzuzinsen (§ 253 Abs. 2 HGB).
- Rückstellungen mit einer Restlaufzeit von einem Jahr und weniger sind **nicht** abzuzinsen.

Bildung und Auflösung

→ einerseits Ausweis in der Bilanz (Passiva) – andererseits Erfassung als Aufwand (GuV)

Beispiel: *Aufgrund eines Wintereinbruchs wurde das Dach des Carports für die Geschäftsfahrzeuge beschädigt. Die Reparaturkosten werden voraussichtlich 15.000,00 EUR betragen.*

Aufgaben:

1. Bilden Sie den Buchungssatz für die Rückstellung.
2. Wir überweisen die Rechnung nach Abschluss der Reparatur per Banküberweisung.
   a) 20.825,00 EUR einschl. 19 % USt.
   b) 17.255,00 EUR einschl. 19 % USt.

   Bilden Sie hierfür die Buchungssätze.

Lösungen:

Buchungssatz:

		Soll	Haben
1.	6130 Instandhaltung u. Reparaturen	15.000,00 EUR	
	an 3900 Sonst. Rückstellungen		15.000,00 EUR
2.	a) Der geschätzte Betrag war **zu niedrig** angesetzt:		
	3900 Sonst. Rückstellungen	15.000,00 EUR	
	6130 Instandhaltung und Reparaturen	2.500,00 EUR	
	2600 Vorsteuer	3.325,00 EUR	
	an 2800 Bank		20.825,00 EUR
	b) Der geschätzte Betrag war **zu hoch** angesetzt:		
	3900 Sonst. Rückstellungen	15.000,00 EUR	
	2600 Vorsteuer	2.755,00 EUR	
	an 2800 Bank		17.255,00 EUR
	an 5480 Erträge aus der Auflösung oder Herabsetzung von RS		500,00 EUR

Aufgaben

1. Für ein laufendes Gerichtsverfahren, für welches wir für den Januar des kommenden Jahres das Urteil erwarten, bilden wir eine Rückstellung über 6.000,00 EUR. Bilden Sie den Buchungssatz für die Rückstellung.
2. Nach Abschluss des Verfahrens (aus Aufgabe 1) erhalten wir eine Rechnung über die Prozesskosten, die wir per Banküberweisung begleichen.
   a) 6.426,00 EUR einschl. 19 % USt.
   b) 8.092,00 EUR einschl. 19 % USt.

   Bilden Sie hierfür die Buchungssätze.
3. Die Müller KG schätzt für das laufende Geschäftsjahr die Gewerbesteuerhöhe auf 7.500,00 EUR.
   a) Bilden Sie den Buchungssatz für die Rückstellung.
   b) Im neuen Geschäftsjahr erhält die Müller KG den Gewerbesteuerbescheid in Höhe von 7.100,00 EUR. Bilden Sie den Buchungssatz für die Banküberweisung an das Finanzamt.

12 Auswertung von Bilanz und GuV (Jahresabschlussanalyse)

12.1 Problemstellung

Stofftelegramm

Um die Ergebnisse des Jahresabschlusses eines Unternehmens beurteilen zu können, benötigt man Vergleichswerte als Vergleichsmaßstab.

- **Zeitvergleich:** Vergleich der Ergebnisse der Vorjahre mit dem aktuellen Geschäftsjahr (**innerbetrieblicher Vergleich**)
- **Branchenvergleich:** Vergleich der Ergebnisse des aktuellen Geschäftsjahres mit den durchschnittlichen Werten der eigenen Branche (**zwischenbetrieblicher Vergleich**)

Begriff:
In der Jahresabschlussanalyse werden die Bilanz und die GuV anhand von Kennzahlen beurteilt. Damit soll die wirtschaftliche Situation des Unternehmens analysiert werden.

12.2 Vorbereitende Maßnahmen

Stofftelegramm

Bilanzbereinigung

Berichtigung verschiedener Bilanzpositionen:
- Aktive Rechnungsabgrenzungsposten: Zurechnung zu den kurzfristigen Forderungen
- Passive Rechnungsabgrenzungsposten: Zurechnung zu den kurzfristigen Verbindlichkeiten
- Bilanzverlust vom Eigenkapital abziehen
- Bilanzgewinn: **Auszuschüttende Dividende den kurzfristigen Verbindlichkeiten zurechnen**; nicht ausgeschüttete Dividende dem Eigenkapital zurechnen
- Rückstellungen: Einteilung in kurzfristige und langfristige Rückstellungen

Bilanzaufbereitung

Hier werden Bilanzpositionen zusammengefasst und gruppiert zu einer **Strukturbilanz**. Dadurch wird die Bilanz besser analysierbar und man kann bessere Vergleiche durchführen.

Aktiva	Strukturbilanz	Passiva
...		...

Investitionsseite/Kapitalverwendung | **Finanzierungsseite/Kapitalherkunft**

Aufgabe

Die Schmidt GmbH stellt folgende Bilanz zum Geschäftsjahresende auf.

Aktiva	Schlussbilanz zum 31.12. (in Tausend Euro)		Passiva
I. Anlagevermögen		**I. Eigenkapital**	680
Grundstücke und Gebäude	310		
Technische Anlagen/Maschinen	605	**II. Fremdkapital**	
Andere Anlagen; Betriebs- und Geschäftsausstattung (BGA)	179	Verb. gg. Kreditinstituten	450
		Verbindlichkeiten a. LL.	381
II. Umlaufvermögen			
R/H/B-Stoffe	245		
UF, FE	109		
Forderungen a. LL.	50		
Bank	10		
Kasse	3		
	1.511		1.511

Erstellen Sie eine Strukturbilanz für die Schmidt GmbH. Fassen Sie dabei die einzelnen Positionen zur besseren Übersicht zusammen.

12.3 Kennzahlenanalyse

Stofftelegramm

Kennzahlen der Vermögensstruktur

Anlagequote, -intensität	$\frac{\text{Anlagevermögen} \cdot 100}{\text{Gesamtvermögen}}$
Umlaufquote, -intensität	$\frac{\text{Umlaufvermögen} \cdot 100}{\text{Gesamtvermögen}}$

Aussagen:
- Die Summe aus Anlage- und Umlaufvermögen entspricht dem Gesamtvermögen.
- Dominiert besonders die Anlagequote, dann handelt es sich i. d. R. um ein Industrieunternehmen, welches seinen Schwerpunkt auf die Herstellung eigener Erzeugnisse legt.

Kennzahlen der Kapitalstruktur

Eigenkapitalquote	$\frac{\text{Eigenkapital} \cdot 100}{\text{Gesamtkapital}}$
Fremdkapitalquote	$\frac{\text{Fremdkapital} \cdot 100}{\text{Gesamtkapital}}$
Verschuldungsgrad	$\frac{\text{Fremdkapital} \cdot 100}{\text{Eigenkapital}}$

Aussagen:
- Die genauere Betrachtung der Kapitalstruktur gibt Auskunft über die Herkunft des Kapitals.
- Je höher der Eigenkapitalanteil an einem Unternehmen ist, desto krisensicherer ist es.
- Nachteilig bei einer zu hohen Fremdkapitalquote wirken sich die entsprechend hohen Zins- und Tilgungsbelastungen aus.
- In deutschen Unternehmen ist eine überwiegende Fremdfinanzierung festzustellen.

Investierung (Anlagendeckung)

Deckungsgrad I	$\frac{\text{Eigenkapital} \cdot 100}{\text{Anlagevermögen}}$
Deckungsgrad II	$\frac{(\text{Eigenkapital} + \text{langfristiges Fremdkapital}) \cdot 100}{\text{Anlagevermögen}}$

Aussagen:
- Inwieweit wird das langfristig gebundene Vermögen durch Eigenkapital (und langfristiges Fremdkapital) gedeckt?
- **Goldene Bilanzregel:** Grundsatz der Fristengleichheit; Überlassungsfristen der Finanzmittel sollten mit den Bindungsfristen des finanzierten Vermögens übereinstimmen.
- **Konsequenz:** Deckungsgrad II muss mindestens 100 % betragen.

Liquidität (Zahlungsbereitschaft)

Liquidität 1. Grades (Barliquidität)	$\frac{\text{flüssige Mittel} \cdot 100}{\text{kurzfristiges Fremdkapital}}$
Liquidität 2. Grades (einzugsbedingte Liquidität)	$\frac{(\text{flüssige Mittel} + \text{Forderungen}) \cdot 100}{\text{kurzfristiges Fremdkapital}}$

Aussagen:
- Bei der Barliquidität werden als Deckungsmittel nur Bargeld (Kasse) und die Bankguthaben einbezogen.
- Zur Liquidität 2. Grades werden die Forderungen einbezogen. Da diese eigentlich keinen Geldcharakter haben, sondern noch eingezogen werden müssen, nennt man diese Kennzahl auch einzugsbedingte Liquidität.
- Mindestanforderung Liquidität 2. Grades: 100 % → Im Prinzip sollte jedes Unternehmen jederzeit seinen Zahlungsverpflichtungen vollkommen nachkommen können.

Aussagekraft der Bilanzkennzahlen ist eingeschränkt,
- weil wichtige Daten fehlen (z. B. Fälligkeiten, Kreditzusagen),
- die Kennzahlen durch Transaktionen am Bilanzstichtag leicht manipulierbar sind,
- und es vergangenheitsorientierte Kennzahlen sind.

Rentabilitätskennziffern

Eigenkapitalrentabilität	$\frac{\text{Jahresergebnis} \cdot 100}{\text{Ø Eigenkapital}}$
Gesamtkapitalrentabilität	$\frac{(\text{Jahresergebnis} + \text{Zinsaufwendungen}) \cdot 100}{\text{Ø Gesamtkapital}}$
Umsatzrentabilität	$\frac{\text{Jahresergebnis} \cdot 100}{\text{Umsatzerlöse}}$

Aussagekraft ist eingeschränkt
- Allgemein: Rentabilität vergleicht das Ergebnis zum Mitteleinsatz.
- Da sich das Eigen- bzw. Gesamtkapital zwischen dem Jahresanfang und dem Geschäftsjahresende dauernd verändert, wird der Durchschnitt genommen.
- Bei der Gesamtkapitalrentabilität wird das durchschnittliche Gesamtkapital herangezogen (also auch Fremdkapital). Deswegen muss neben dem Jahresergebnis auch der „Gewinn" des FK-Gebers berücksichtigt werden (Zinsaufwendungen).

Cashflow-Analyse

Jahresüberschuss
+ Abschreibungen auf Anlagen
+ Zuführung zu langfristigen Rückstellungen (bzw. – Verminderungen)
= Cashflow

Aussagen:
- vorhandener Betrag für Dividendenzahlungen, Schuldentilgung oder Investitionen
- Maßstab für die Ertrags- und Selbstfinanzierungskraft eines Unternehmens

Wirtschaftlichkeit

$$\frac{\text{Leistung (betriebliche Erträge)}}{\text{Kosten (betriebliche Aufwendungen)}}$$

Aufgaben

1. Gegeben ist von der Schmidt GmbH folgende Strukturbilanz zum 31.12.

Aktiva	Strukturbilanz Schmidt GmbH (in Tausend Euro)		Passiva
I. Anlagevermögen	181,4	**I. Eigenkapital**	96,0
II. Umlaufvermögen		**II. Fremdkapital**	
1. Vorräte	25,1	1. langfristig	119,8
2. kurzfristige Forderungen	23,2	2. kurzfristig	36,2
3. liquide Mittel	22,3		
	252,0		252,0

Weiter gegeben:
ø Eigenkapital: 82.200,00 EUR; ø Gesamtkapital: 199.000,00 EUR

Umsatzerlöse	459.000,00 EUR
– Materialaufwendungen	111.200,00 EUR
– Personalaufwendungen	198.000,00 EUR
– Abschreibungen	35.200,00 EUR
– Zinsaufwendungen	6.500,00 EUR
– Sonstige Aufwendungen	95.000,00 EUR
= Jahresüberschuss	13.100,00 EUR

Berechnen und beurteilen Sie jeweils
a) die Kennzahlen der Kapitalstruktur,
b) die Kennzahlen der Investierung (Anlagendeckung),
c) die Kennzahlen der Liquidität,
d) die Kennzahlen der Rentabilität,
e) den Cashflow.

2.

	Jahr 1	Jahr 2
Eigenkapital	300.000,00 EUR	350.000,00 EUR
Fremdkapital	340.000,00 EUR	350.000,00 EUR
Umsatzerlöse	1.050.000,00 EUR	1.200.000,00 EUR
Aufwendungen	960.000,00 EUR	1.060.000,00 EUR
davon Zinsaufwand	31.000,00 EUR	33.250,00 EUR

Berechnen Sie für die beiden Jahre die

a) Eigenkapitalrentabilität,
b) Gesamtkapitalrentabilität,
c) Umsatzrentabilität.
d) Beurteilen Sie die Entwicklung der Rentabilitätskennziffern in den beiden Jahren.

3. Erklären und begründen Sie den Begriff der Fristenparallelität.

4. Welche Bedeutung hat das Eigenkapital?

5. Erläutern Sie, ob die Formeln des Deckungsgrades die horizontale oder die vertikale Bilanzstruktur ansprechen.

6. Von der Calwer Möbelfabrik GmbH sind folgende Werte gegeben:

	Jahr 1	Jahr 2
Rohstoffverbrauch	100.000 m	120.000 m
Produzierte Schränke	50.000 Stück	70.000 Stück
Rohstoffpreis je m	2,00 EUR	3,00 EUR
Verkaufspreis je Schrank	300,00 EUR	300,00 EUR

Ermitteln Sie für die beiden Jahre die Wirtschaftlichkeit.

Lernfeld 7: Gesprächssituationen gestalten

1 Grundlagen der Kommunikation

1.1 Interne und externe Kommunikation

Stofftelegramm

Eine zielgerichtete, gute Unternehmenskommunikation trägt wesentlich zum Erfolg eines Unternehmens bei. Von ihr hängt es ab, wie ein Unternehmen nach innen und außen wahrgenommen wird.

- **Interne Kommunikation**
  Sie bezieht sich auf die Verständigung mit Mitarbeitern und Kollegen und ist eine der wichtigsten Aufgaben im Personalbereich. Voraussetzung dazu ist ein optimaler Informationsfluss.
- **Externe Kommunikation**
  Sie zielt auf Kunden, Lieferanten und Geschäftspartner ab und zeigt das Image des Unternehmens nach außen auf. Bei einer perfekten Unternehmenskommunikation sind Wettbewerbsvorteile zu erwarten.

1.2 Kommunikationsmodelle

Stofftelegramm

Kommunikationsmodelle stellen dar, was in der Kommunikation zwischen Gesprächspartnern abläuft.

1.2.1 Sender-Empfänger-Modell

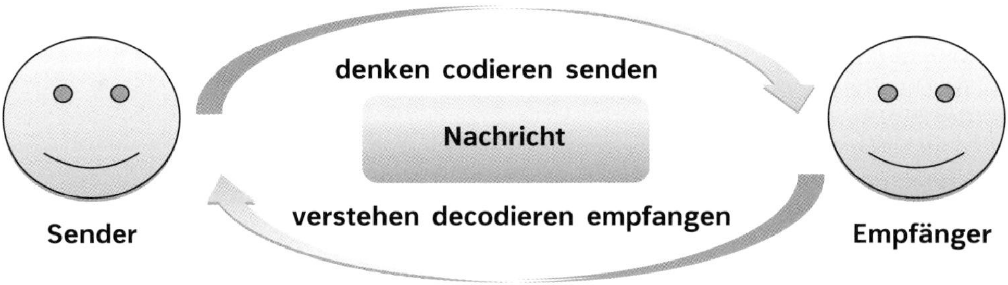

Im Idealfall läuft ein Gespräch zwischen zwei Personen folgendermaßen ab: Der Sender überlegt und denkt, was er dem Empfänger mitteilen oder ihn fragen möchte. Diese Gedanken werden in Worte codiert und an den Empfänger gesendet. Dieser nimmt die Nachricht auf, decodiert sie für sich und versteht ihre Bedeutung. In diesem Fall haben beide Gesprächspartner dasselbe Codeschema verwendet, sodass die Nachricht vor dem Codieren und nach dem Decodieren noch dieselbe ist.

Weicht das Codeschema auch nur leicht hiervon ab, so entsteht eine Störung, die zu einem Konflikt führen kann.

1.2.2 Vier-Ohren-Modell bzw. Kommunikationsquadrat

Der Psychologe und Kommunikationswissenschaftler Friedemann Schulz von Thun unterscheidet vier Ebenen einer Botschaft im Kommunikationsprozess, d. h., dass jede Äußerung vier verschiedene Botschaften enthält. Da der Sender sich auf diesen vier Ebenen äußert (er spricht sozusagen mit vier Schnäbeln) und der Empfänger die Äußerung auf vier verschiedene Arten hören kann (er hört mit vier Ohren), kann es bei der Kommunikation Missverständnisse geben.

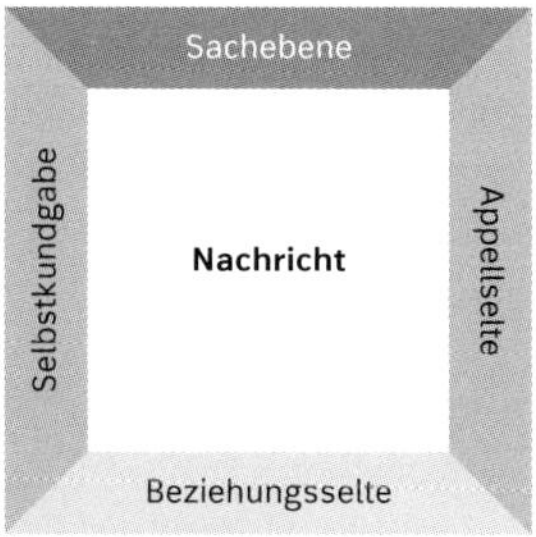

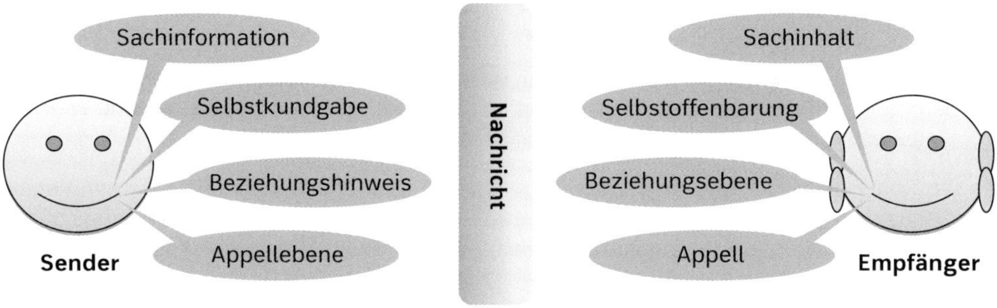

- **Sachinformation – Sachinhalt**
  Wie ist der Sachverhalt zu verstehen? Informationen sollten vom Empfänger auf der Sachebene und ohne eigene Interessen übermittelt werden, also durch Fakten und Daten. Der Empfänger wiederum sollte die Nachricht aktiv, konzentriert und analytisch aufnehmen.
- **Selbstkundgabe – Selbstoffenbarung**
  Welche Erwartungen hat der Gesprächspartner? Dabei geht es um Bedürfnisse, Werte, Gefühle, Ansichten, Überzeugungen und allgemeine Erwartungen von Sender und Empfänger. Wie viel will ich davon dem anderen preisgeben?
- **Beziehungshinweis – Beziehungsebene**
  Wie steht der Gesprächspartner zu mir? Die Art der Nachrichtenübermittlung sagt aus, in welcher Beziehung die Gesprächsteilnehmer zueinander stehen. Durch die Wortwahl, aber auch durch Mimik, Gestik und Tonfall, kann der Empfänger sich wertgeschätzt oder erniedrigt, geachtet oder missachtet sowie respektiert oder abgelehnt fühlen.
- **Appellebene**
  Was möchte der Sender erreichen? Was soll der Empfänger tun? Auf der Appellebene will der Sender mit seiner Nachricht den Empfänger zu einer Aktion bewegen. Dieser hört mit dem Appellohr, dass von ihm eine Aussage oder eine Handlung erwartet wird.

1.2.3 Eisberg-Modell

Die Metapher des Eisbergs, die auf den Psychoanalytiker Sigmund Freud zurückgeht, veranschaulicht, dass nur etwa 20 % der Informationen direkt wahrnehmbar sind und sich auf die Sachebene beziehen, und der wesentlich größere Teil, der sich auf der Beziehungsebene abspielt (etwa 80 %), unter der Oberfläche verborgen ist. Dieser Teil beeinflusst jedoch den Inhalt einer Nachricht wesentlich.

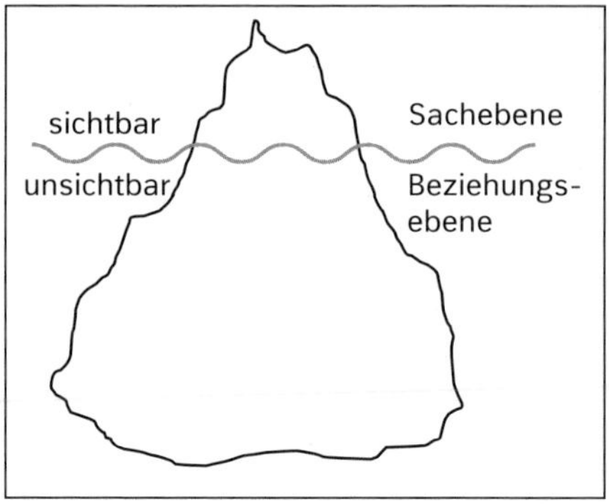

- **Sachebene → *Was*** wird kommuniziert?
  Auf der sichtbaren kleineren Ebene wird der Sachinhalt der Kommunikation in Form von Zahlen, Daten und Fakten übermittelt, die vom Verstand her gesteuert werden.
- **Beziehungsebene → *Wie*** wird kommuniziert?
  Der unsichtbare größere Teil, der sich beim Eisberg unterhalb der Wasseroberfläche befindet, stellt unser Unterbewusstsein dar, das stark von Gefühlen, Wertvorstellungen und Stimmungen geleitet wird. Dieser Teil ergänzt die Informationen der Sachebene.

Fazit
In der Kommunikation sind immer zwei Ebenen wirksam: die kognitive und die emotionale Ebene. Beide sind untrennbar miteinander verbunden. Wenn beide Ebenen eine Einheit bilden und in die gewünschte Richtung laufen, spricht man von einer gelungenen Kommunikation.

1.3 Gesprächsarten

Stofftelegramm

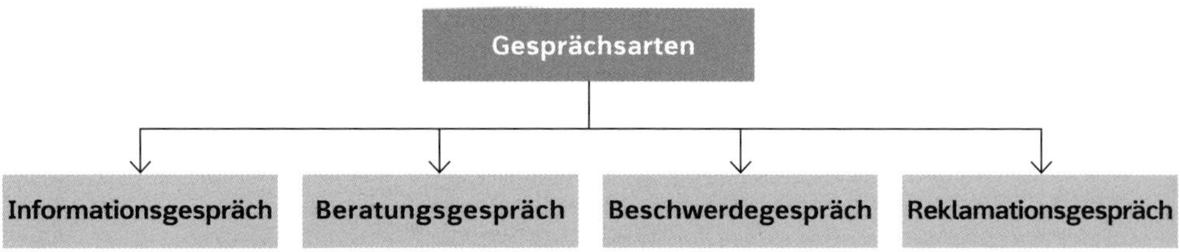

- **Informationsgespräch**
  Hier geht es um die Weitergabe von Informationen.
- **Beratungsgespräch**
  In diesem Falle werden Empfehlungen bzw. Ratschläge für bestimmte Situationen gegeben.
- **Beschwerdegespräch**
  Anstehende Beschwerden werden weitergegeben und nach einer Lösung gesucht.
- **Reklamationsgespräch**
  Bei Reklamationsgesprächen muss die juristische Seite berücksichtigt werden.

Aufgaben

1. In der Kommunikation kommt es häufig zu Missverständnissen in den zwischenmenschlichen Beziehungen. Um Ursachen für die Unstimmigkeiten zu erkennen, haben Kommunikationsforscher Modelle entwickelt, die aufzeigen, wie Kommunikation erfolgreich funktioniert. Nennen Sie drei Kommunikationsmodelle und erläutern Sie diese jeweils.
2. Gespräch ist nicht gleich Gespräch. Es gibt viele unterschiedliche Arten von Gesprächen. Nennen Sie die in Unternehmen am häufigsten vorkommenden Gesprächsarten.

2 Techniken und Regeln der Gesprächsführung

2.1 Aktives Zuhören

Stofftelegramm

Für ein gut funktionierendes und verständnisvolles Gespräch ist aktives Zuhören eine Grundvoraussetzung. Nur dadurch kann eine Vertrauensebene aufgebaut und können Missverständnisse vermieden werden. Beim aktiven Zuhören soll der Gesprächspartner nicht nur hören oder hinhören, sondern **zuhören**. Das bedeutet, er zeigt durch verbale und nonverbale Reaktionen, dass er wirklich zuhört. Beim aktiven Zuhören geht es nicht nur um eine Technik, sondern vor allem um Einfühlungsvermögen (Empathie).

Regeln für aktives Zuhören:

- volle Aufmerksamkeit und Interesse am Gespräch zeigen
- Blickkontakt mit dem Gesprächspartner halten
- eine positive Körperhaltung einnehmen
- versuchen, sich in den anderen hineinzuversetzen, um dessen Ansicht verstehen zu können
- geduldig sein und den Sprechenden nicht unterbrechen, sondern grundsätzlich ausreden lassen
- gedanklich dem Gespräch folgen und nicht abschweifen
- keine Werturteile über die Äußerungen des Gegenübers abgeben
- dem Gesprächspartner nicht widersprechen
- sich mit eigenen Meinungen vorsichtig zurückhalten
- keine Belehrungen, Vorhaltungen oder Warnungen aussprechen
- die Ausführungen des Sprechenden zwischendurch mit eigenen Worten zusammenfassen
- zwischendurch nicken bzw. durch Mimik zeigen, dass man aufmerksam zuhört
- Pausen des Gesprächspartners ohne Äußerungen aushalten

Signale für aktives Zuhören:

Verbal

- durch Zustimmung („Ja“, „Ich verstehe„)
- durch Nachfragen („Habe ich das richtig verstanden, dass Sie ... ?“)
- durch kurze Kommentare
- durch eigene Interpretationen
- durch Ansprechen von Gefühlen

Nonverbal

- durch positive Körperhaltung
- durch Halten des Blickkontakts
- durch Mimik und Gestik
- durch freundliches Zunicken
- durch aufmunterndes Lächeln
- durch Erstellen von Notizen

2.2 Ich-Botschaften

Stofftelegramm

In Gesprächen wird vielfach mit sogenannten **„Du-Botschaften"** kommuniziert. Du-Botschaften enthalten negative Assoziationen, die der Gesprächspartner als Wertung, Urteil oder Beschuldigung wahrnimmt. Keiner möchte gerne hören, wie er sich verhalten soll oder was er alles falsch gemacht hat. Das kann verletzend oder verallgemeinernd wirken und beim Gegenüber sogar Aggressionen auslösen. Bei der Anwendung von **„Ich-Botschaften"** werden die eigenen Gefühle offen gelegt und dem Partner aufgezeigt, wie sein Verhalten wirkt und welche Befindlichkeiten es auslöst.

Bei richtiger Formulierung von Ich-Botschaften wird eine mögliche Eskalation vermieden und das Gespräch wird persönlicher und verbindlicher. So kann ein Problem sachlich korrekt besprochen werden, ohne dass ein Widerstand beim Gegenüber entsteht. Ich-Botschaften sind immer ohne Vorwürfe und zeigen dem Gesprächspartner die eigenen Empfindungen und Emotionen auf, die auf diese Weise Vertrauen schaffen.

Kernpunkte einer Ich-Botschaft:
1. eine konkrete Beschreibung des Verhaltens oder der Sachlage
2. die Auswirkungen, die sich durch die Situation ergaben, beschreiben
3. die eigenen Gefühle darlegen, die durch den Zustand ausgelöst wurden
4. Wünsche oder Erwartungen für die Zukunft formulieren

1. „Sie erstellen nie die monatliche Abrechnung. Immer muss ich das für Sie machen."
2. „Sie sind nie pünktlich an Ihrem Arbeitsplatz wie die anderen."

Diese Aussagen greifen den Angesprochenen an und könnten zu Konflikten führen.

1. „Ich ärgere mich darüber, dass Sie keine monatliche Abrechnung erstellen. Ich möchte sie nicht immer selbst machen müssen."
2. „Ich finde es nicht gut, wenn Sie immer zu spät kommen. Das wirft kein gutes Bild auf die anderen."

Bei diesen Formulierungen stehen die eigenen Gefühle und Bedürfnisse im Vordergrund. Sie lösen beim Gegenüber keine Verteidigungshaltung aus.

Nicht jede Aussage, die ein „Ich" enthält, ist schon eine Ich-Botschaft. Grundvoraussetzung ist, die Ich-Botschaft so zu formulieren, dass der Gesprächspartner erfährt, was er durch sein Verhalten ausgelöst hat, welche Gefühle dadurch entstanden sind und welche Bedürfnisse demzufolge bedroht sind.

2.3 Fragetechniken

Stofftelegramm

Fragetechniken werden als Hilfsmittel bei der Kommunikation eingesetzt, damit ein Gespräch in die gewünschte Richtung gelenkt werden kann. Diese lösen beim Gesprächspartner bestimmte Reaktionen aus, die letztendlich zu den gewünschten Informationen führen. Durch

Abwechseln und Variieren von verschiedenen Fragetechniken fühlt sich der Gefragte partnerschaftlich behandelt und das Gespräch wirkt sich positiv auf das Ergebnis aus.

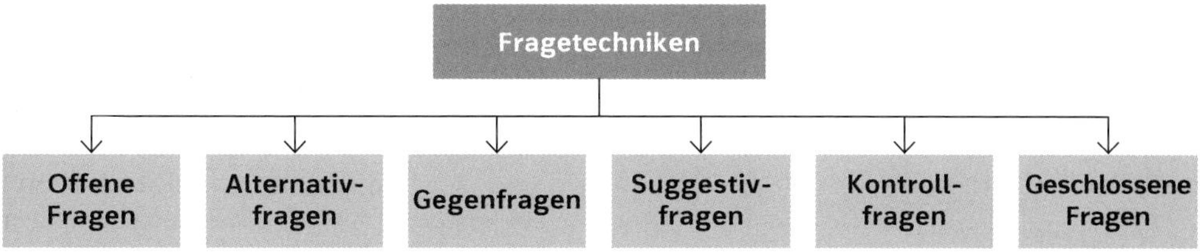

- **Offene Fragen**
  Offene Fragen ermöglichen dem Gesprächspartner einen breiten Spielraum in der Beantwortung. Sie werden auch W-Fragen genannt, da sie immer mit einem Fragewort (wie, warum, was, wozu) beginnen. Wenn man ausführliche Informationen oder Hintergründe erhalten möchte, sind offene Fragen ein bewährtes Mittel. Auch bei Gesprächsteilnehmern, die grundsätzlich nicht sehr mitteilsam sind, lässt sich dadurch ein Kontakt schneller und besser herstellen.

  Beispiele:
  - *„Wie war Ihr Wochenende?"*
  - *„Worin sehen Sie die Ursache?"*
  - *„Was sagen Sie zu dem Artikel?"*

- **Geschlossene Fragen**
  Diese Fragen werden auch als Entscheidungsfragen bezeichnet, da sie kurz und prägnant mit Ja oder Nein, Grün oder Rot, Eins oder Zwei zu beantworten sind. Sie beginnen mit einem Verb oder Hilfsverb. Bei Verwendung von zu vielen geschlossenen Fragen könnte beim Gesprächspartner der Eindruck eines Verhörs erweckt werden bzw. könnten sie einengend und manipulierend auf ihn wirken und damit sogar Widerstand provozieren.

  Beispiele:
  - *„Hatten Sie ein schönes Wochenende?"*
  - *„Sehen Sie XYZ als Ursache an?"*
  - *„Gefällt Ihnen dieser Artikel?"*

- **Alternativfragen**
  Alternativfragen sind eine Mischform zwischen offenen und geschlossenen Fragen und lassen dem Gesprächspartner zwei Wahlmöglichkeiten zu.

  Beispiele:
  - *„Fahren Sie heute oder morgen nach ...?"*
  - *„Möchten Sie die Ordner in Grün oder in Gelb?"*

- **Kontrollfragen**
  Sie dienen während des Gesprächs zur Verständnissicherung. Kontrollfragen können auch für den Abschluss eines Gesprächs verwendet werden.

  Beispiele:
  - *„Habe ich Sie richtig verstanden, dass Sie ...?"*
  - *„Heißt das also, dass wir künftig ...?"*

- **Gegenfragen oder Rückfragen**
  Eine Gegenfrage ist eigentlich keine Antwort. Trotzdem wird sie verwendet, wenn man Zeit gewinnen möchte, um die Antwort zu überlegen, die Initiative zurückgewinnen oder noch zusätzliche Informationen erhalten möchte. Wichtig dabei ist, den richtigen Tonfall zu wählen und dem Gesprächspartner den Sinn und Zweck dieser Frage aufzuzeigen. Ansonsten könnte eine Gegenfrage als aggressiv empfunden werden.

  Beispiele:
  - *„Wie ist Ihre Meinung dazu?"*
  - *„Worauf wollen Sie mit dieser Frage hinaus?"*

- **Suggestivfragen**
  Mit dieser Fragetechnik will man den Gesprächspartner im eigenen Sinne beeinflussen. Die Antwort, die man hören möchte, ist bereits vorgegeben. Man will eigentlich nicht fragen, sondern den Gefragten manipulieren. Diese Fragen sollten deshalb selten eingesetzt werden.

  Beispiele:
  - *„Glauben Sie nicht auch, dass dies für alle die bessere Lösung ist?"*
  - *„Sie haben doch bestimmt nichts dagegen, wenn wir diesen Programmpunkt auf die nächste Sitzung verschieben?"*

2.4 Argumentation

Stofftelegramm

Eine treffende und erfolgreiche Argumentation bedarf einer guten Vorbereitung. Wer schlagkräftig argumentieren kann, wird den Gesprächspartner überzeugen und begeistern. Jede Argumentation besteht aus drei Teilen mit entsprechenden Verbindungen der Elemente.

Behauptung	→	Begründung	→	Beispiel
Aufstellen einer These, von der man überzeugt ist		definiert und erläutert die Behauptung		konkretisiert und veranschaulicht die Behauptung

2.4.1 Vorbereiten einer Argumentation

- Recherchieren und Sichten von Fakten und Informationen
- Argumente herausarbeiten zur Begründung und Beweislage
- Auflisten aller möglicher Detailfragen, die der Gesprächspartner stellen könnte
- Überlegen, welche Einwände seitens des Gesprächspartners kommen könnten und welche weiteren Argumente dazu notwendig sind
- Ziele festlegen und dabei berücksichtigen, welche Teilziele bzw. Alternativen infrage kommen könnten
- Abwägen, in welchen Bereichen vom Standpunkt nicht abgewichen werden kann und mit welchen Argumenten diese untermauert werden könnten
- Untermauern des Arguments mit einer starken Aussage am Schluss der Ausführungen

2.4.2 Aufbau einer Argumentation

Um sich für eine stichhaltige Argumentation vorzubereiten, verwendet man die sog. **„Fünf-Satz-Methode“,** die in folgenden fünf Schritten aufgebaut wird.

1. **Einstieg/Einleitungssatz:** Daten, Fakten
2. **Argument 1:** starke Aussage
3. **Argument 2:** schwächere Aussage
4. **Argument 3:** stärkste Aussage
5. **Zielsatz/These:** Appell, Zusammenfassung

2.5 Gesprächsregeln

Stofftelegramm

Jeder, der einen sicheren Umgang in der Kommunikation mit Gesprächstechniken praktiziert, kann die eigene Position überzeugender darstellen und seine Gesprächspartner besser einschätzen. Dazu müssen Gesprächsregeln beachtet werden.

- aktiv zuhören (siehe LF 7, Kap. 2.1)
- Blickkontakt zum Gesprächspartner halten
- verständlich reden ohne viele Fremdwörter und Fachbegriffe
- kurze und einfache Sätze statt lange und verschachtelte Satzgebilde
- den roter Faden erkennen lassen
- nonverbale Ausdrucksmittel des Sprechenden wahrnehmen
- weitschweifige Ausführungen vermeiden → Gespräch heißt Dialog und nicht Monolog
- Gesprächspartner nicht unterbrechen, sondern ausreden lassen
- Sprechpausen einlegen, aber auch Pausen des anderen bewusst akzeptieren
- Verständnis signalisieren
- sich wertschätzend und respektvoll dem anderen gegenüber verhalten
- Ich-Botschaften statt Du-Botschaften verwenden
- Provokation durch sachliche Freundlichkeit entschärfen und positiv bleiben

Aufgaben

1. Bei jedem Gespräch gibt es eine Grundvoraussetzung: aktiv zuhören. Nennen Sie sechs Regeln für aktives Zuhören.

2. Verbale und nonverbale Signale zeichnen aktives Zuhören aus. Überlegen Sie sich je vier verbale und nonverbale Signale und stellen Sie diese in einer Tabelle dar.

3. Zeigen Sie den Unterschied auf zwischen „Ich-Botschaften“ und „Du-Botschaften“.
4. Nicht jede Aussage, die ein „Ich“ enthält, ist eine Ich-Botschaft. Begründen Sie diesen Satz und nennen Sie die Kernpunkte einer Ich-Botschaft.
5. Im Kommunikationsprozess werden zum besseren Verständnis gezielt Fragetechniken verwendet. Bestimmen Sie bei den nachstehenden Fragen die jeweilige Fragetechnik.
   a) „Sind Sie mit diesem Artikel einverstanden?“
   b) „Sehen Sie nicht auch, dass wir die Sache so nicht weitergeben können?“
   c) „Was kann ich für Sie tun?“
   d) „Können Sie am Freitag etwas länger hier sein oder ist es für Sie am Montag besser?“
   e) „Sind wir uns einig, dass Sie nächste Woche mit dem Projekt beginnen werden?“
6. Um treffend und erfolgreich zu argumentieren, bedarf es einer guten Vorbereitung. Stellen Sie den Aufbau einer Argumentation in einer gestalteten Tabelle oder einer anderen grafischen Abbildung dar.
7. Gespräche erfolgreich zu führen, ist eine hohe Kunst. Werden Gesprächsregeln angewandt, lassen sie sich effizient durchführen. Zeigen Sie die für Sie wichtigsten Gesprächsregeln auf.

3 Vorbereitung von Gesprächen

Stofftelegramm

Die Grundvoraussetzung für jedes erfolgreiche Gespräch ist eine gezielte Vorbereitung. Zunächst muss geklärt werden,

- **wann** und **wo** das Gespräch stattfinden soll,
- welche **Themen** angesprochen werden sollen,
- wie viel **Zeit** dafür eingeplant werden muss,
- welches **Ziel** mit dem Gespräch erreicht werden soll,
- ob evtl. **Hilfsmittel**, Materialien oder Präsentationsmedien dazu benötigt werden.

Darüber hinaus wird sich der Gesprächseinladende möglichst viele Informationen und Unterlagen beschaffen, die sich auf die Gesprächsinhalte beziehen. Zudem überlegt und notiert er sich vorab zu den jeweiligen Themen entsprechende Fragen, Argumente und eventuelle Kompromisse und bereitet sich auf mögliche Einwände seines Gesprächspartners vor.

3.1 Gesprächsziele

Stofftelegramm

Gespräche werden immer mit einer bestimmten Absicht geführt, die sich aus dem jeweiligen Gesprächsanlass ergibt. Die Gesprächspartner verfolgen ihre vorher festgelegten Ziele. Nur wer ein klares Gesprächsziel verfolgt, kann die Gesprächsführung entsprechend darauf ausrichten. Daher ist es wichtig, Gesprächsziele präzise zu formulieren und sie in eine Rangordnung einzuteilen.

Was muss auf jeden Fall erreicht werden? → **Idealziel**
Was sollte unbedingt erreicht werden? → **Kernziel**
Was wäre generell wünschenswert? → **Minimalziel**

3.2 Gesprächsstrukturierung

Stofftelegramm

Da jedes Gespräch durch verschiedene Gesprächspartner und -ziele anders verläuft, sollte es bei der Vorbereitung gut strukturiert werden.

Gesprächseröffnung

- stellt eine Beziehung her
- wirkt gesprächsfördernd
- verschafft Sicherheit
- fördert ein gutes Gesprächsklima

↓

Gesprächsinhalt

- Situation darstellen
- Analyse der Ursachen
- nach Lösungen bzw. Alternativen suchen
- Zwischenergebnisse zusammenfassen

↓

Gesprächsabschluss

- Ergebnisse zusammenfassen
- weitere Schritte besprechen
- Gespräch positiv abschließen
- Feedback der Teilnehmer einholen

3.3 Gesprächsumgebung

Stofftelegramm

Die äußeren Rahmenbedingungen können einen wesentlichen Einfluss auf einen positiven Gesprächsablauf haben und sollten entsprechend berücksichtigt werden. Ein ungestörter Raum ohne Durchgangsverkehr mit einem angenehmen Raumklima ist dabei genauso wichtig wie die räumliche Gestaltung selbst.

- mögliche Störfaktoren beseitigen
- Gesprächsraum vorher lüften
- dafür sorgen, dass keine Besucher unerwartet anklopfen
- keine Telefonate vom Festnetz oder Handy empfangen
- Lärm von außen durch geschlossene Fenster vermeiden
- kalte oder warme Getränke bereitstellen
- bei länger geplanten Gesprächen evtl. einen kleinen Imbiss vorsehen
- Sitzposition beim Gespräch besser über Eck als nebeneinander oder gegenüber
- je nach Gesprächssituation evtl. Präsentationsmedien bereitstellen
- besser ein neutraler Besprechungstisch als ein vollgepackter Schreibtisch

Aufgaben

1. Welche Überlegungen sind für eine gezielte Vorbereitung von Gesprächen notwendig?
2. Gesprächsziele sollten präzise formuliert und in eine Rangordnung eingeteilt werden. Beschreiben Sie die Abstufungen, in die Gesprächsziele gegliedert werden können.
3. Ihr Kollege wurde vom Abteilungsleiter gerügt, da sein letztes Kundengespräch in eine ganz falsche Richtung lief und der Kunde sich deshalb beschwerte. Sie sollen Ihrem Kollegen nun aufzeigen, wie ein Gespräch sinnvoll strukturiert werden kann. Fertigen Sie dazu eine Übersicht des Strukturablaufs mit sinnvollen Hinweisen an.
4. Zu einem erfolgreichen Gespräch gehören nicht nur eine gute Vorbereitung und Strukturierung, sondern auch eine angenehme Gesprächsumgebung. Erstellen Sie eine Checkliste, worauf Sie bei wichtigen Gesprächen achten sollen.

4 Durchführung von Gesprächen

Stofftelegramm

Die Gesprächsdurchführung wird in der Regel in vier Gesprächsabschnitte eingeteilt.

- **Eröffnungsphase:**
  - Begrüßung der Gesprächspartner mit Namensnennung
  - Einleitung durch ein paar persönliche Worte
  - kurzer Small Talk
  - erster Eindruck entscheidet über den weiteren Gesprächsverlauf
- **Informationsphase:**
  - Vorstellung des geplanten Gesprächsablaufs
  - Klärung der Gesprächsziele
  - Verständnisfragen der Gesprächspartner klären
- **Argumentationsphase:**
  - Sachthemen inhaltlich besprechen
  - Ist-Soll-Situation analysieren
  - Standpunkte und deren Hintergründe klären
  - Entscheidungen und Vereinbarungen treffen
  - Gesprächsanteile der Partner berücksichtigen
- **Abschlussphase:**
  - Ergebnisse und Beschlüsse zusammenfassen
  - weitere Vorgehensweise besprechen
  - Motivation erwecken
  - Gespräch positiv beenden, auch dann, wenn es nicht wunschgemäß verlaufen ist
  - Optimismus verbreiten

4.1 Körpersprache

Stofftelegramm

In der zwischenmenschlichen Kommunikation wird nicht nur verbal (Sprache, Inhalt) kommuniziert, sondern auch nonverbal (nichtsprachlich) durch den Ausdruck des Körpers. Die Körpersprache wird meist unbewusst verwendet und doch bestimmt sie zu einem Großteil das Gesamtbild eines Menschen. Sie drückt in erster Linie die Gefühle des Sprechenden aus und teilt dem Gegenüber Botschaften auf der Beziehungsebene mit. Wichtige Elemente der Körpersprache sind die Körperhaltung und -bewegung, die Gestik und Mimik, der Blickkontakt, die Stimme und die Distanz.

4.1.1 Körperhaltung und -bewegung

Körper	Signale	Bedeutung
Kopf	• erhoben mit lässigem Blick • gesenkt ohne Blickkontakt • nach rechts neigen • nach links neigen	• Überheblichkeit • Unterwürfigkeit • Kontaktsuche, Gefühlsseite öffnen • kritisches Zuhören
Schultern	• gerade stehend • herabhängend • hochgezogen	• Belastbarkeit • weniger belastbar • angstvoll
Oberkörper	• vorgeneigt • zurückgeneigt • abwenden, Gesicht zuwenden	• Annäherung, Interesse • Rückzug, Desinteresse • Interesse und Missachtung
Beine im Stand	• auf beiden Beinen sicher stehen • leicht gespreizt • wechseln von links nach rechts	• mit beiden Beinen im Leben stehen • Standpunkt behaupten • Unsicherheit
Beine im Sitzen	• angewinkelt, Füße zum Körper • angewinkelt, Füße um Stuhlbeine • übereinandergeschlagen	• Aktionsbereitschaft • Suche nach Halt- und Sicherheit • Sicherheit, auch Überheblichkeit
Hände und Arme	• beide unter dem Tisch • beide auf dem Tisch • verschränkte Arme	• will sich nicht öffnen, Nervosität • Kontaktsuche • Zurückhaltung oder Wohlbefinden

4.1.2 Gestik

Der Körper ist ein wirksames Kommunikationsmittel, das auch ohne Sprache verstanden wird. Gesten bestehen aus Bewegungen der Arme, Hände und Finger, sowie aus Kopf- und Rumpfbewegungen. Sie können beim Kommunizieren eine bestimmte Einstellung aufzeigen oder die zu vermittelnde Botschaft unterstützen. Dazu zählen z. B. Kopfnicken als bejahend und zustimmend oder Kopfschütteln als verneinend und ablehnend, aber auch das Reiben des Kinns kann Zufriedenheit oder Nachdenklichkeit bedeuten, sowie ein ständiges Spielen mit den Fingern Desinteresse oder Langeweile signalisieren.

4.1.3 Mimik

Während es sich bei der Gestik um körperliche Bewegungen handelt, findet die Mimik auf der Gesichtsoberfläche statt. Das Gesprochene vermittelt durch den Gesichtsausdruck mit Mund, Augen und der Ausstrahlung dem Gesprächspartner zusätzlich nonverbale Botschaften und macht damit einen Redebeitrag interessanter und überzeugender. Ein Lächeln z. B. wirkt angenehm und verbindlich, dagegen zeigt Stirnrunzeln entweder Zweifel an oder angestrengtes Nachdenken.

4.1.4 Distanz

Jeder Mensch benötigt einen ganz persönlichen Abstand, der sich nach der jeweiligen Beziehung zum Gegenüber richtet. Es ist überaus wichtig, dass das Distanzbedürfnis der Menschen respektiert wird.

- **Intime Distanzzone → 0 m bis zu ca. 0,6 m**
  In dieser Zone kommunizieren Menschen, die sich besonders nahe stehen: Familie und engste Freunde.
- **Persönliche Distanzzone → ca. 0,6 m bis ca. 1,20 m**
  Dieser Abstand ist angemessen im Gespräch mit guten Freunden und Kollegen oder beim Small Talk oder auf einer Party.
- **Gesellschaftliche oder soziale Distanzzone → ca. 1,20 m bis ca. 3 m**
  Dieser Bereich ist für Kontakte zu Menschen, die man zwar kennt, aber keine persönliche Beziehung zu ihnen hat, z. B. Gespräch mit Handwerkern oder Geschäftsleuten.
- **Öffentliche Distanzzone → ab ca. 3 m**
  Diese Distanzzone ist für Einzelagierende wie z. B. ein Redner vor einem Publikum oder der Lehrer vor einer Klasse.

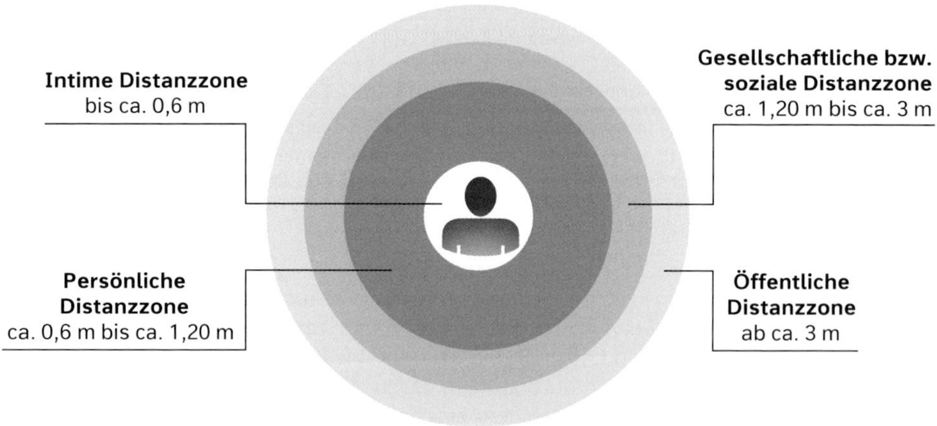

4.2 Informations- und Beratungsgespräche

Stofftelegramm

Eine grundlegende Bedingung für Gespräche ist immer eine sorgfältige Vorbereitung. Sowohl beim Informations- als auch beim Beratungsgespräch übernimmt die einladende Person die Gesprächsführung. Im ersten Fall werden an die Teilnehmer Informationen weitergegeben, über die anschließend diskutiert werden kann, und beim Beratungsgespräch, das in den meisten Fällen ein Verkaufsgespräch ist, steht zunächst das Anliegen des Gesprächspartners im Vordergrund. Nach Kenntnisnahme des Problems wird dazu eine optimale Beratung stattfinden.

Ablauf eines Informations- und Beratungsgesprächs:

1. **Vorbereitung:**	Rahmenbedingungen schaffen, Gesprächsziel festlegen
2. **Eröffnung:**	Begrüßung, persönliche Worte, Small Talk
3. **Bedarfsermittlung:**	Bedürfnisse klären, Fragetechniken anwenden, aktiv zuhören
4. **Produktpräsentation:**	Verkaufsargumentation, Einwände prüfen, Preis mitteilen
5. **Abschluss:**	Kaufsignale erkennen und bestätigen, Verabschiedung
6. **Nachbereitung:**	Gesprächsnotiz anfertigen, Reflexion

Aufgaben

1. Welche Elemente gehören zur Körpersprache?
2. Wie verhalten Sie sich mit nonverbalen Signalen, wenn Sie einen sympathischen Eindruck vermitteln möchten?
3. Der persönliche Abstand zu einem Gesprächspartner kann je nach Beziehung und Anlass sehr unterschiedlich sein. Welche vier Distanzzonen lassen sich unterscheiden?
4. Jedes wichtige Gespräch muss vorbereitet werden. Zählen Sie die Punkte auf, die speziell bei einem Informations- und Beratungsgespräch wichtig sind.

5 Nachbereitung von Gesprächen

Stofftelegramm

So wichtig wie die Vorbereitung eines Gesprächs ist auch die Nachbereitung. Die Gesprächspartner sollten unmittelbar nach dem Gespräch den Gesprächsverlauf reflektieren und persönlich überdenken, was künftig vielleicht positiv geändert werden kann. Zudem ist ein Gesprächsprotokoll anzufertigen, bei dem die während des Gesprächs notierten Punkte herangezogen werden. Termine, Vereinbarungen, Absprachen und Beschlüsse müssen festgehalten und umgesetzt, sowie andere, nicht am Gespräch beteiligte Kollegen und Mitarbeiter informiert werden.

Für immer wiederkehrende Gespräche, z. B. Mitarbeitergespräche, Bewerbungsgespräche, ist eine jeweils darauf abgestimmte Checkliste hilfreich. Zur Nachbereitung gehören folgende Fragen:

- Sind alle Themen besprochen worden?
- Wurde das geplante Ziel erreicht?

- War das Verhalten während des Gesprächs korrekt?
- Was ist besonders gut gelungen?
- Was hätte man besser machen können?
- Worauf hat der Gesprächspartner positiv oder negativ reagiert?
- War die Gesprächsvorbereitung ausreichend?
- Welche Verbesserungen sind für weitere Gespräche notwendig?

Feedback
Feedback ist im Kommunikationsprozess ein wichtiges Hilfsmittel, um einer Person sachliche Hinweise zu geben, wie ihr Verhalten von anderen Menschen wahrgenommen wird. Allerdings spielt hierbei immer die subjektive Wahrnehmung des Feedback-Gebers eine bedeutende Rolle. Ein Feedback, sofern es überhaupt erwünscht ist, bietet aber auch die Möglichkeit, das gegenseitige Verständnis zu fördern, den Umgang miteinander zu verbessern sowie die eigene Selbsteinschätzung zu analysieren.

Feedbackregeln:
- anfragen, ob ein Feedback erwünscht ist
- dem Feedback-Empfänger Zeit geben, die Situation aus seiner Sicht zu erläutern
- ein Feedback grundsätzlich positiv beginnen
- die gemachten Beobachtungen beschreiben und nicht bewerten
- Ich-Botschaften formulieren
- konkret bleiben, z. B. „Heute haben Sie ...“, statt „immer“ oder „nie“
- wenn nötig, Verbesserungsvorschläge unterbreiten
- Feedback zeitnah zum Gespräch geben

Aufgaben

1. Bei wichtigen Gesprächen sollte auf jeden Fall eine Gesprächsnachbereitung erfolgen. Erstellen Sie dazu eine Checkliste, die Sie in Zukunft für weitere Gespräche verwenden können.
2. Was versteht man unter einem Feedback?
3. Worauf müssen Sie achten, wenn Sie ein Feedback geben sollen?

6 Konfliktgespräche

Stofftelegramm

Bei einem Konflikt treffen unterschiedliche Ansichten oder Interessen aufeinander. Meist entsteht ein Konflikt aus kleinen, nicht geklärten Meinungsverschiedenheiten. Die Folge sind Vorurteile und eine schlechte Stimmung. Wird ein Konflikt unter „den Teppich gekehrt“, schwelt er dort weiter, bis ein handfester Streit entsteht. Wichtig ist, Konflikte rechtzeitig zu erkennen und nach einer Lösung zu suchen.

Konflikte sollten jedoch nicht als entbehrliches Missgeschick angesehen werden, sondern als Chance für die eigene persönliche Weiterentwicklung. Sie können das eigene Profil schärfen und neue Energie für weitere Tätigkeiten freisetzen. Ein Konfliktgespräch trägt durch eine förderliche und positive Auseinandersetzung zur Klärung der bestehenden Kontroverse bei.

Dazu sollte das Gespräch unbedingt zeitnah erfolgen. Der wichtigste Punkt ist eine gute Vorbereitung, bei der man sich folgende Fragen stellt:
- Wie kam es überhaupt zu diesem Konflikt?
- Worum geht es bei diesem Konflikt?
- Wer ist an dem Konflikt beteiligt?
- Welchen Standpunkt vertreten die Konfliktparteien?
- Welche Lösungsmöglichkeiten kommen infrage?
- Welchen Vertrag könnte man aushandeln?

6.1 Ablauf eines Konfliktgespräches

Stofftelegramm

- immer mit einer positiven Einleitung beginnen, z. B. „Ich freue mich, dass wir uns heute über Sache xyz aussprechen."
- das Problem beschreiben, aber nicht be- oder abwerten
- die Gründe und Ursachen für bestimmte Verhaltensweisen klären
- Ich-Botschaften verwenden
- die Sichtweise der anderen Konfliktpartner anhören
- unbedingt sachlich, respektvoll und fair bleiben
- eigene Gefühle mitteilen und evtl. Fehler einräumen
- nachfragen, wenn etwas unklar ist
- die unterschiedlichen Interessen der einzelnen Konfliktparteien nebeneinander aufzeigen und nicht gegeneinander ausspielen
- hilfreich sind Visualisierungswerkzeuge wie Flipchart oder Moderationstafel
- aufzeigen von möglichen Lösungsmöglichkeiten
- Vereinbarungen treffen
- das Gespräch klärend zusammenfassen
- mit einem positiven Satz das Gespräch beenden

6.2 Kritikfähigkeit

Stofftelegramm

Viele Menschen empfinden kritische Äußerungen als Angriff auf das eigene Selbstwertgefühl und auf das natürliche Bedürfnis nach Anerkennung. Man sollte jedoch Kritik nie negativ wahrnehmen, sondern sie positiv betrachten, um sich weiterzuentwickeln und damit mehr Erfolg zu erreichen. Den richtigen Umgang mit Kritik kann man lernen und trainieren.

Kritikfähigkeit bedeutet, gerechtfertigte Kritik anzunehmen, zu akzeptieren und mit ihr konstruktiv umzugehen. Sie ist eine der wichtigsten Soft Skills im zwischenmenschlichen Bereich. Zunächst sollte man sich folgende Fragen stellen:
- Wer übt Kritik an mir?
- Warum werde ich kritisiert?
- In welchem Zusammenhang steht die Kritik?
- Was will man mit dieser Kritik erreichen?

Dann kann konstruktive Kritik eine wertvolle Information und gleichzeitige Motivation sein, um in Zukunft effizientere Leistungen zu erzielen.

Tipps im Umgang mit Kritik:

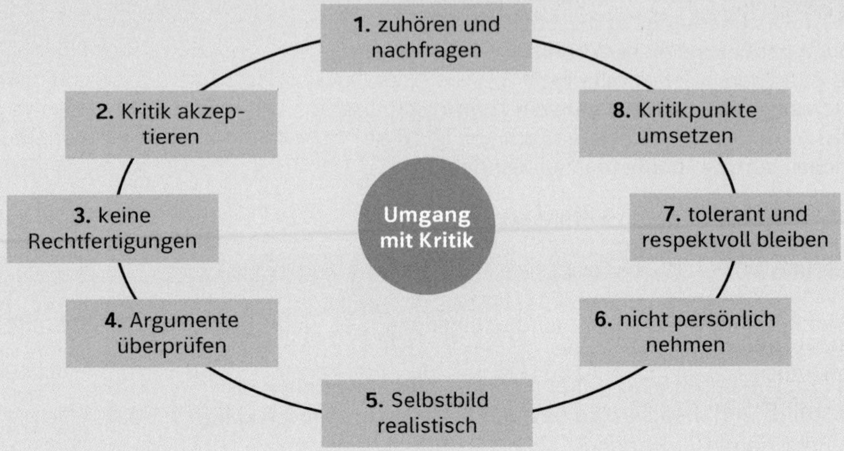

6.3 Gewaltfreie Kommunikation

Stofftelegramm

Der amerikanische Psychologe Marschall B. Rosenberg entwickelte das Modell der Gewaltfreien Kommunikation (engl. Nonviolent Communication). Es soll der Verbesserung der zwischenmenschlichen Beziehungen dienen. Rosenberg ist überzeugt, dass eine erfolgreiche Kommunikation nur mit Empathie, also mit Einfühlungsvermögen, erreicht werden kann. Die gegenseitige Wertschätzung zwischenmenschlicher Verständigung ist die Grundlage eines Konfliktmanagements in Unternehmen oder Organisationen. Nach Rosenberg läuft die Konfliktbewältigung in vier Schritten ab.

1. den konkreten Konflikt beobachten und beschreiben → nicht bewerten
2. die momentanen Gefühle äußern → nicht die Gedanken
3. die betroffenen Bedürfnisse erkennen und benennen → keine Strategien
4. um die Erfüllung der Bedürfnisse bitten → nicht fordern

Die Anwendung dieses Modells ermöglicht es, sich selbst besser wahrzunehmen, die eigenen Reaktionen zu erkennen und der Auseinandersetzung die emotionale Schärfe zu nehmen.

6.4 Beschwerde- und Reklamationsgespräch

Stofftelegramm

Als **Beschwerde** wird die Äußerung eines Kunden bezeichnet, die seine Unzufriedenheit ausdrückt, und die eine Forderung nach sich zieht. Eine Beschwerde hat jedoch keinen Rechtsanspruch gegenüber dem Beschwerdeempfänger. Trotzdem müssen Beschwerden sorgfältig analysiert und bearbeitet werden, um den Qualitätsstandard zu erhöhen und eine Kundenabwanderung zu vermeiden.

Eine **Reklamation** bezieht sich auf eine vom Kunden beanstandete ungenügende Leistung oder ein fehlerhaftes Produkt, wofür der Kunde einen konkreten Rechtsanspruch auf Abhilfe hat, z. B. in Form eines Umtauschs, einer Reparatur, Wandlung oder Minderung.

Wenn Beschwerden und Reklamationen als Chance genutzt werden, kann die Kundenzufriedenheit wiederhergestellt und Verbesserungen im Unternehmen vorgenommen werden. Generell muss eine gewissenhafte Fehleranalyse erfolgen und mit dem Kunden ein Kompromiss ausgehandelt werden.

Wie verhält man sich bei einer Beschwerde oder Reklamation?

- freundlich und verständnisvoll auf die Beschwerde oder Reklamation reagieren
- sich in die Lage des Beschwerdeführers versetzen
- dem Kunden aktiv zuhören und ihn ausreden lassen
- in kritischen Situationen ruhig bleiben
- den Kunden ernst nehmen und keine Schuldzuweisungen äußern
- eine Entschuldigung aussprechen
- dem Kunden eine adäquate Lösungsmöglichkeit anbieten
- nachfragen, ob der Kunde mit dem Vorschlag einverstanden ist
- das Gespräch zusammenfassen, um neue Missverständnisse zu vermeiden
- das Gespräch auf jeden Fall positiv beenden

Nachbereitung von Beschwerde- und Reklamationsgesprächen

Wie bei jedem Gespräch sollte ein Gesprächsprotokoll erstellt werden, in dem die folgenden Punkte aufgeführt sind.

- Wer hat das Gespräch geführt?
- Welche Personen waren an dem Gespräch beteiligt?
- Wie ist das Gespräch verlaufen?
- Welche Vereinbarungen wurden getroffen?
- Welche Termine müssen eingehalten werden?
- Wer muss über das Gespräch noch informiert werden?

Aufgaben

1. Wie entsteht ein Konflikt?
2. In Ihrem Ausbildungsbetrieb wurden Sie Zeuge eines Konflikts zwischen zwei Kollegen. Sie überlegen nun, wie Sie reagieren würden, wenn Sie an dem Konflikt beteiligt wären. Welche Fragen sollte man sich vor einem klärenden Konfliktgespräch stellen?
3. Keiner möchte gerne kritisiert werden und doch bleibt es im Berufsalltag nicht aus. Zeigen Sie auf, wie man am besten mit Kritik umgeht.
4. Sie sollen einer Kollegin/einem Kollegen das Modell „Gewaltfreie Kommunikation" vorstellen. Erklären Sie, nach welchem Schema die Konfliktbewältigung abläuft.
5. In Ihrer Abteilung fallen immer wieder die Begriffe Beschwerde und Reklamation. Ein/-e neue/-r Auszubildende/-r möchte von Ihnen den Unterschied wissen. Erklären Sie den wichtigsten Punkt der Unterscheidung.

7 Technische Medien der Kommunikation

Stofftelegramm

Kommunikation findet nicht nur durch persönliche Gespräche (Face-to-Face-Kommunikation) statt. In Unternehmen werden die meisten Gespräche per Telefon geführt. Eine weitere Möglichkeit ist die Videokonferenz, bei der sich die Teilnehmer mithilfe von technischen Einrichtungen **für Bild- und Tonübertragung sehen und hören können.**

7.1 Telefongespräche

Stofftelegramm

Trotz vielfältiger digitaler Medien ist das Telefon nach wie vor das wichtigste Kommunikationsinstrument. Der Vorteil ist eine schnelle, kostengünstige und wirkungsvolle Kommunikation mit Kunden und Geschäftspartnern.

Wer seine Gesprächsziele effizient erreichen möchte, muss wichtige Regeln kennen und anwenden, die bei Telefongesprächen für die zwischenmenschlichen Beziehungen von Bedeutung sind. Nur so kann eine gute Kommunikation erfolgreich sein, wenn ein Kunde gewonnen werden soll, Missverständnisse vermieden oder die Geschäftsbeziehungen gestärkt werden sollen. Die eigene Stimmung und Stimme können den Gesprächsverlauf positiv oder negativ beeinflussen.

Vorbereitung eines Telefongespräches

- Telefonnummer mit Vorwahl, Name des Gesprächspartners heraussuchen und notieren
- Firma und Name des Gesprächsteilnehmers aufschreiben
- Schreibmaterial bereitlegen
- benötigte Unterlagen (Gesprächspunkte, Akte, bisherige Korrespondenz) bereithalten
- Geschäftszeit des Gesprächspartners beachten, vor allem bei Auslandsgesprächen

- Ziel des Gesprächs überlegen
- Stichpunkte für das Gespräch notieren, um nichts zu vergessen
- falls vorhanden, Vordruck zur Gesprächsvorbereitung verwenden
- für wichtige Gespräche vorher per E-Mail Termin vereinbaren

Durchführung eines Telefongespräches

- Hörer möglichst nach ein- oder zweimaligem Klingeln abnehmen
- beim Melden deutlich den Namen der Firma, Abteilung und eigenen Namen angeben
- den Gesprächspartner höflich begrüßen
- nicht verstandenen Namen des Gesprächspartners erfragen
- langsam, deutlich, mittellaut und lebendig sprechen, ohne starken Dialekt
- sollten beim Weiterverbinden Wartezeiten entstehen, unbedingt Zwischenbescheid geben
- bei zu langen Wartezeiten fragen, ob erneut angerufen wird, oder Rückruf anbieten
- das Anliegen des Gesprächspartners in den Vordergrund stellen
- dem Gesprächspartner aktiv zuhören und keine anderen Arbeiten nebenher erledigen
- das Gespräch nicht ständig unterbrechen, sondern den anderen ausreden lassen
- bei Unklarheiten sofort nachfragen und Zahlen und Daten wiederholen
- schwierige Namen buchstabieren nach der amtlichen Buchstabiertafel
- sich höflich und freundlich verabschieden, auch wenn das Gespräch nicht wunschgemäß ablief

Nachbereitung eines Telefongespräches

Nach einem Telefongespräch sind wichtige Informationen schriftlich festzuhalten, um später darauf zurückgreifen zu können. Vorteilhaft ist ein Vordruck für eine Telefonnotiz in digitaler Darstellung mit Stoppstellen oder zum handschriftlichen Ausfüllen. Folgende Punkte sollten enthalten sein:

- Datum und Uhrzeit des Gesprächs
- Name und Telefonnummer des Gesprächspartners
- kurze Inhaltsangabe mit Ergebnissen über das Gespräch
- Angaben über weitere Veranlassungen und notwendige Erledigungen
- Unterschrift

Tipp:
Anlegen einer Sammlung von persönlichen Informationen der regelmäßigen Gesprächsteilnehmer, z. B. Hobby, Urlaubsziel, Auto etc., dann kann bei nachfolgenden Gesprächen durch den Hinweis der privaten Vorlieben gleich ein Bezug hergestellt werden.

Mouse & Co.

Telefonnotiz

Firma	Datum
Ort, Straße	Uhrzeit
Name, Abt.	Telefon-Nr.

Gesprächsinhalt

....

....

....

....

....

....

....

Besonderheiten: ....

....

ruft wieder an	❑	zur Erledigung	❑
bittet um Rückruf	❑	zur Kenntnisnahme	❑
hat zurückgerufen	❑	zur Prüfung	❑

Weitergeleitet an: ....

Unterschrift: ....

7.2 Videokonferenzen

Stofftelegramm

Videokonferenzen ermöglichen, mit einem oder mehreren Teilnehmern an verschiedenen Standorten so zu konferieren, als wenn alle in einem Raum wären, und das weltweit. Die Gesprächspartner können sich sehen und hören, Dokumente austauschen oder zusammen bearbeiten. Die technische Voraussetzung ist eine sehr leistungsfähige audiovisuelle Telekommunikationstechnologie von hoher Qualität und kommt hauptsächlich für wiederkehrende Meetings im Top-Management zum Einsatz.

Vorteile der Videokonferenz:
- Reduzierung der Reisekosten
- schnelle und einfache Kommunikation
- Personaloptimierung durch Wegfall der Reisezeit
- direkte und persönliche Zusammenarbeit möglich
- sofortiger Austausch von Daten und Unterlagen
- Umweltverantwortung
- Wettbewerbsvorteile gegenüber Mitbewerbern
- Reaktionen des Gegenübers können besser eingeschätzt werden

7.3 Webkonferenzen

Stofftelegramm

Während bei den Videokonferenzen eine lebensechte Interaktion als Nachahmung eines persönlichen Gesprächs stattfindet, basiert die Webkonferenz normalerweise auf einer Software und wird über den PC oder das Notebook geführt, also eine virtuelle Konferenz über das Internet.

Webkonferenzen werden vor allem für regelmäßige Projektmeetings eingesetzt, für Produktschulungen der Mitarbeiter sowie für Anpassungen von Entwürfen. Je nach Auswahl und Anbieter des Software-Programms kann jeder Teilnehmer auf die Daten des anderen interaktiv zugreifen. Auch weitere Software-Programme können bei der Webkonferenz von allen Teilnehmern genutzt werden, ohne dass sie auf allen Computern installiert sind.

Auch wenn ein persönliches Gespräch immer die bessere Lösung ist, so können Gespräche durch Webkonferenzen flexibel und ortsunabhängig geführt werden. Zudem werden Kosten eingespart und die Umwelt weniger belastet.

Aufgaben

1. Sie haben in die Abteilung Auftragsannahme gewechselt, bei der sehr viele Telefongespräche geführt werden müssen. Schildern Sie, was beim den Ablauf eines Telefongesprächs beachtet werden muss.

2. Um den Inhalt eines Gesprächs festzuhalten, ist es sinnvoll, mit einem Vordruck zu arbeiten. Erstellen Sie eine Telefonnotiz, die für eingehende und ausgehende Gespräche eingesetzt werden kann.

3. Ihr Ausbildungsbetrieb beabsichtigt, einen Videokonferenzraum einzurichten. Beschreiben Sie die Vorteile einer Videokonferenz.

4. Sie hören zum ersten Mal, dass ein Unterschied besteht zwischen einer Video- und einer Webkonferenz, und haben im Internet recherchiert. Schildern Sie, was eine Webkonferenz ist.

Lernfeld 8: Personalwirtschaftliche Aufgaben wahrnehmen

1 Personalwirtschaft

1.1 Der Geschäftsprozess der Personalwirtschaft

Stofftelegramm

Personalbedarfsplanung	Personalbeschaffung	Personalverwaltung	Personalabrechnung	Personalfreisetzung
• Welches Personal ist vorhanden? • Wie viel Personal mit welcher Qualifikation wird benötigt?	• Wo wollen wir Personal suchen? intern/extern • Wer wird gesucht und wie viel? – Qualifikation – Anzahl – Zeitpunkt • Stellenanzeige • Bewerberauswahl • Bewerbungsgespräch • Arbeitsvertrag schließen • Sozialversicherungsmeldung	• Personalakten • Arbeitszeitmodelle • Personaleinsatzplanung • Personalstatistik • Personalbeurteilung • Personalentwicklung	• Entgeltberechnung • Tariflöhne • Entgeltarten	• Gründe für die Beendigung – Kündigung – Auflösungsvertrag – Tod • Beteiligung des Betriebsrates • Arbeitszeugnis erstellen

1.2 Aufgaben und Ziele

Stofftelegramm

Die Personalwirtschaft oder Human Resource bezeichnet den Bereich (Abteilung) im Unternehmen, der für die Einstellung und Betreuung der Mitarbeiter sowie für deren Einsatzplanung und Abrechnung zuständig ist.

Hauptziel: Ausreichend Personal, zur richtigen Zeit mit der richtigen Qualifikation für die betrieblichen Prozesse zur Verfügung zu stellen.

Nebenziele sind u. a. Qualifikation der Mitarbeiter, Steigerung der Mitarbeiterzufriedenheit (Personalentwicklung), Entgeltabrechnung und bei Bedarf Mitarbeiterfreisetzung (Entlassungen).

2 Personalbedarfsplanung

2.1 Personalbestandsplanung

Stofftelegramm

Personalveränderungen	
planbare	**nicht planbare**
• Mitarbeiter gehen in den Ruhestand • Mitarbeiterin geht in den Mutterschutz • Inanspruchnahme von Elternzeit • Azubis haben ausgelernt • befristete Arbeitsverträge enden	• Kündigung • Tod • Krankheit (kurzfristige Veränderung) • Inanspruchnahme von Pflegezeit

führen zu

Ersatzbedarf:

Bei gleichbleibender Geschäftslage scheidet Personal aus.
Ausgleich des Ersatzbedarfes durch:
- Neueinstellung
- Übernahme von Azubis
- Rückkehr eines Mitarbeiters/einer Mitarbeiterin aus Elternzeit oder Mutterschutz

Neubedarf:

entsteht durch Produktions- und Angebotsausweitung, Errichtung von Filialen oder neuen Produktionsstätten oder bei steigender Kundenzahl

Minderbedarf:

auch Freisetzungsbedarf; entsteht durch Rationalisierungsmaßnahmen, Rückgang von Auftragseingängen, Angebots-/Produktionseinschränkungen, Schließung von Produktionsstätten.

	Ist-Personalbedarf am Anfang der Periode
–	voraussichtliche Personalabgänge
+	erwartete Personalzugänge
+/–	Neubedarf/Minderbedarf
=	erforderlicher Personalbedarf (ggf. Personalabbau oder Neueinstellung)

2.2 Quantitative Personalbedarfsplanung

Stofftelegramm

2.2.1 Kennzahlenmethode

Aufgrund der gewünschten oder prognostizierten Änderung von Unternehmenskennzahlen (z. B. Umsatz, Umsatz je Mitarbeiter, Zeitbedarf je Produktionseinheit) erfolgt die Planung des Personalbedarfes.

Beispiel: *Die Dreier GmbH hat im Webshop für Bastelbedarf zurzeit einen Bestelleingang von 2.600 Bestellungen pro Monat. Die durchschnittliche Anzahl der Artikel pro Bestellung beträgt zehn und in der Bestellbearbeitung arbeiten zwölf Mitarbeiter in Vollzeit. Aufgrund umfangreicher Marketingaktivitäten rechnet die Geschäftsleitung mit 1.000 Bestellungen mehr im Monat. Durch Einführung einer versandkostenfreien Lieferung ab 35,00 EUR Bestellwert soll die durchschnittliche Anzahl der Artikel pro Bestellung auf 15 erhöht werden.*

Zwei Mitarbeiter wollen künftig nur noch 50 % arbeiten und einer geht nächsten Monat in den Ruhestand. Für vier Azubis aus anderen Versandabteilungen wurde eine Übernahme im Onlinehandel zugesagt.

Die Geschäftsleitung steht vor der Frage, wie viel Personal sie in der Bestellabwicklung benötigt.

Berechnung: Unter der Annahme, dass sich am Verhältnis von Artikel zu Mitarbeitern nichts ändern, ergibt sich folgende Berechnung:

JETZT: 2.600 Bestellungen · 10 Artikel → 26.000 Artikel im Monat; bei 12 Mitarbeitern wären das 2.166,67 ≈ 2.167 Artikel pro Mitarbeiter

KÜNFTIG: 3.600 Bestellungen · 15 Artikel → 54.000 Artikel im Monat; diese durch die Artikel pro Monat (2.167) geteilt ergibt einen Soll-Bestand (Bruttopersonalbedarf) von 24,91 ≈ 25 Mitarbeitern.

Soll-Bestand (Bruttopersonalbedarf)	25 Mitarbeiter
– Ist-Bestand	15 Mitarbeiter
– Zugänge	4 Mitarbeiter
+ Abgänge	2 Mitarbeiter (2 · 50 % weniger → 1 MA + 1 MA im Ruhestand)
= **Unter**- bzw. Überdeckung **Neubedarf/Ersatzbedarf** bzw. Minderbedarf (Nettopersonalbedarf)	8 Mitarbeiter

Diese Methode setzt nur einen groben Richtwert für den künftigen Personalbestand. Geplante Zu- und Abgänge von Mitarbeitern werden zwar übersichtlich erfasst, jedoch kann der Soll-Bestand nur eine Schätzung sein. Kennzahlen wie Umsatz je Mitarbeiter sind nur teilweise vorherseh- und beeinflussbar.

2.2.2 Stellenplanmethode

In den Fällen, in denen die Kennzahlenmethode ungeeignet ist, findet die Stellplanmethode Anwendung. Für z. B. Verwaltungsangestellte lässt sich kein unmittelbarer Zusammenhang zwischen betrieblichen Kennzahlen und Anzahl der Mitarbeiter herstellen.

Organigramm

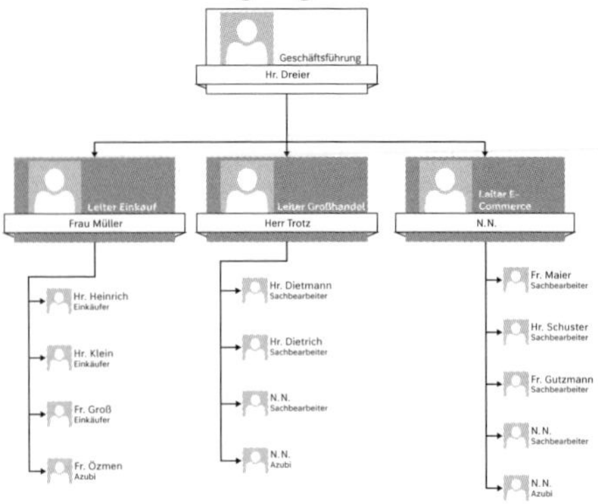

→

Stellenplan

Bezeichnung	Soll-Bestand	Ist-Bestand	Differenz
Abteilungsleiter Einkauf	1	1	0
Abteilungsleiter Großhandel	1	1	0
Abteilungsleiter E-Commerce	1	0	1
Sachbearbeiter	10	8	2
Azubi	3	1	2

Zusätzlich kann man den Stellenplan mit Vergütungsgruppen ergänzen.

2.3 Qualitative Personalbedarfsplanung

Stofftelegramm

→ Für welche Arbeit, wird welche Qualifikation benötigt?

Erstellen von Anforderungsprofilen

Qualifikation:

Gelernte Arbeit	Ungelernte Arbeit	Angelernte Arbeit
mit abgeschlossener Berufsausbildung (z. B. Kauffrau für Büromanagement)	ohne Ausbildung (z. B. Lagerhilfskraft)	angelernte Tätigkeiten (z. B. angelernter Raumpfleger, angelernter Kellner)

Kompetenzen:

Sozialkompetenz	Fachkompetenz	Selbstkompetenz
die Fähigkeit, in Beziehung zu anderen Menschen situationsgerecht handeln zu können	die Fähigkeit, Wissen zu verknüpfen und anzuwenden	Persönlichkeitsmerkmale, die das Wollen und Können einer Person definieren (Einsatzbereitschaft, Selbstorganisation, Verhalten bei Stress ...)
Methodenkompetenz	**Handlungskompetenz**	
Lernbereitschaft und Problemlösefähigkeit	Verbindung der anderen Kompetenzen. Ausgeprägt in: Durchsetzungsvermögen, unternehmerisches Denken und Handeln, Verantwortungsbewusstsein	

Stellenbeschreibung:

Stellenbezeichnung	Wie heißt die Stelle? (z. B. Abteilungsleiter Einkauf)
Stelleneinordnung	Wie ist die Stelle in die Hierarchie eingebunden? • untergeordnete Mitarbeiter/Stellen • übergeordnete Mitarbeiter/Stellen • gleichgestellte Mitarbeiter/Stellen
Stellenvertretung	Wer vertritt den Stelleninhaber bei Krankheit/Urlaub?
Tätigkeit	• Welche Aufgabe ist mit der Stelle verbunden? • Welche Ziele soll der Stelleninhaber erreichen? • Welche Verantwortung hat der Stelleninhaber?
Stellenbefugnisse	Welche Befugnis hat der Stelleninhaber? (z. B. Einkauf von Waren bis 20.000,00 EUR)
Stellenanforderungen	Welche Ausbildung, Erfahrung und Kenntnisse muss ein Mitarbeiter für diese Stelle mitbringen?

Die Stellenbeschreibung dient als Grundlage für eine Stellenanzeige und später für die Personalentwicklung.

Aufgaben

1. Welche Aufgaben gehören zur Personalbedarfsplanung?

2. Wie unterscheiden sich quantitative und qualitative Personalbedarfsplanung voneinander?

3. Welche Inhalte und welchen Zweck hat eine Stellenbeschreibung?

4. Die Widmer & Söhne GmbH ist ein in Friedrichshafen ansässiges Unternehmen, das sich auf die Herstellung von Zahnrädern spezialisiert hat. Diese werden in der Region in großen Stückzahlen von führenden Getriebeherstellern nachgefragt und weiterverarbeitet.

   Die Personalabteilung der Widmer & Söhne GmbH ist derzeit damit beschäftigt, den Personalbedarf für das nächste Jahr zu ermitteln.
   a) Nennen Sie drei Aufgaben der Personalbedarfsplanung.
   b) Die Leiterin der Personalabteilung hat ihre Überlegungen bezüglich des Netto-Personalbedarfes bislang stichwortartig notiert:
      - Abzubauende Planstellen: 10
      - Zugänge: 15
      - Abgänge: 10
      - Neue Planstellen: 30
      - Aktueller Personalbestand: 105
      - Planstellenbestand: 110

      Berechnen Sie anhand dieser Angaben den Netto-Personalbedarf für den Bereich Distribution und Logistik.

5. Die Max Asal GmbH[1] plant die Errichtung eines Zweigbetriebes. Im gesamten Unternehmen werden durchschnittlich 1.890 Mitarbeiter beschäftigt. Sie werden beauftragt, den Personalbedarf festzustellen. Für diese neue Fertigungsstätte errechnen Sie folgenden Planstellenbedarf.

[1] *Basiert auf Aufgabe „Spezielle BWL Bürokaufmann-/frau“ Winter 2005/2006 Personal.*

Beschaffung: 8
Produktion: 75
Vertrieb: 9
Verwaltung: 10

Zurzeit sind 60 Auszubildende beschäftigt, von denen nach Ende der Ausbildungszeit zehn in den neuen Zweigbetrieb übernommen werden sollen.

Erfahrungsgemäß verlassen 90 Mitarbeiter pro Jahr auf eigenen Wunsch das Unternehmen.

a) Berechnen Sie die aktuelle Fluktuationsquote für das Stammwerk. Runden Sie das Ergebnis auf eine ganze Zahl.[1]
b) Ermitteln Sie den zukünftigen Brutto- und Netto-Personalbedarf für die neue Fertigungsstätte. Nehmen Sie an, dass Sie bereits im ersten Jahr die gleiche Fluktuation haben wie im Stammwerk.

3 Personalbeschaffung

3.1 Interne und externe Beschaffung

Stofftelegramm

	Interne Personalbeschaffung	Externe Personalbeschaffung
Möglichkeiten	• Überstunden (ohne Neueinstellungen) • Beförderungen • Versetzungen aufgrund von Reorganisation • Personalentwicklung (freiwilliger Stellenwechsel) • Anwerbung von Dritten durch Mitarbeiter	• Leiharbeit • Stellenanzeigen • Headhunter
Wege zur Beschaffung	• Schwarzes Brett • Intranet • Mitarbeiterzeitung	• Jobbörsen • Zeitungsanzeigen • Personalvermittlungen • Arbeitsagenturen • Messen
Vorteile	• Identifikation mit dem Betrieb • gute Kenntnisse der Unternehmensstruktur • Fähigkeiten des Mitarbeiters/Bewerbers sind dem Unternehmen bekannt • geringe Einarbeitungszeit • Motivation durch Aufstiegschancen • schnelle Stellenbesetzung	• große Zahl von Bewerbern • Finden von passgenauen Bewerbern möglich • Einbringen neuer Ideen in das Unternehmen
Nachteile	• Betriebsblindheit • u. U. löst eine interne Besetzung eine erneute Personalsuche aus • u. U. Interessenskonflikte, falls Mitarbeiter plötzlich Führungspositionen einnehmen	• hoher finanzieller und zeitlicher Aufwand für Personalbeschaffung • muss in das Unternehmen eingearbeitet werden • Gefahr der Fehlbesetzung

[1] *Verwenden Sie die Informationen aus LF 8, Kap. 6.4 Personalstatistik.*

3.2 Stellenanzeige

Stofftelegramm

W-Stil verwenden:

1. Wer wir sind ...
2. Wen wir suchen ...
3. Was wir erwarten ...
4. Was wir bieten ...
5. (Welche Unterlagen wir erwarten ...)

Beachtung des AGG:
Bei Stellenanzeigen ist das Allgemeine Gleichbehandlungsgesetz zu beachten.

- **keine Einschränkung auf ein Geschlecht**
  FALSCH: „Wir suchen einen Kaufmann für Büromanagement."
  RICHTG: „Wir suchen eine/-n Kauffrau/-mann für Büromanagement (bzw. m/w/d)."
- **keine Diskriminierung wegen Alter**
  FALSCH: „Unser junges dynamisches Team sucht eine Bewerberin die in unser Team passt".
  RICHTIG: „Unser Team sucht einen Kaufmann (m/w/d)."
- **keine Diskriminierung wegen Herkunft**
  FALSCH: „Wir suchen einen deutschen Zerspanungsmechaniker."
  RICHTIG: „Wir suchen einen Zerspanungsmechaniker (m/w/d)."
- **keine Diskriminierung wegen Aussehen**
  FALSCH: „Bitte sende Deine Bewerbung mit einem attraktiven Foto an ..."
  RICHTIG: „Bewerbungen ohne Fotos sind ausdrücklich erwünscht."

Ebenfalls keine Diskriminierung wegen Herkunft, Religion, Parteizugehörigkeit oder Gewerkschaftszugehörigkeit.

Ausnahme: Tendenzbetriebe (Arbeit bei Gewerkschaft, Kirchen oder Parteien) dürfen bspw. eine Religionszugehörigkeit fordern. So macht es wenig Sinn, wenn ein bekennender Atheist in einer Kirchenverwaltung arbeitet.

Die Regeln des **AGG** sind nicht nur auf die **Stellenanzeige**, sondern auch auf die **Bewerbungsauswahl** und die **Bewerbungsgespräche** anzuwenden.

So darf z. B. eine etwaige Behinderung keinen Einfluss auf die Bewerberauswahl haben, wenn die Behinderung wenig oder keinen Einfluss auf die auszuübende Tätigkeit hat.

3.3 Personalauswahl

Stofftelegramm

3.3.1 Die Bewerbung

Merke:
Die Bewerbungsunterlagen geben den ersten Eindruck über den Bewerber. Die Gestaltung und Zusammenstellung der Unterlagen zeigt, ob der Bewerber in das Unternehmen bzw. auf die Stelle passt (Stichworte: Gewissenhaftigkeit, fachliche Eignung etc.).

Wichtige Bewerbungsunterlagen:

Bewerbungsschreiben	auf Wunsch handschriftlich (eigene Handschrift!), sonst maschinengeschrieben
Lebenslauf	• mit oder ohne Bild (hier ist das AGG zu beachten) • vollständig • Lücken sind zu erklären. • wenn möglich mit aktuellen Informationen beginnen und je nach Alter des Bewerbers auf den höchsten Schulabschluss beschränken (45-jähriger Bewerber schreibt nichts mehr über Grundschule)
Berufszeugnisse, Studienabschlüsse, Schulzeugnisse	Die erworbenen Qualifikationen und Schulabschlüsse müssen durch Zeugnisse belegt werden.
Referenzen	Arbeitszeugnisse früherer Arbeitgeber
Sonstige geforderte Nachweise	z. B. polizeiliches Führungszeugnis im Sicherheitsgewerbe

3.3.2 Bewerberauswahl

Ziel: Auswahl geeigneter Bewerber anhand qualitativer Beurteilungskriterien.

Für die Auswahl des richtigen Bewerbers sind üblicherweise nicht nur die Noten in den Zeugnissen ausschlaggebend. Weitere wichtige Kriterien, wie z. B. die Qualifikationen, Zuverlässigkeit, Vollständigkeit der Unterlagen, Berufserfahrung usw., werden für die Auswahl herangezogen.

Es hat sich das Scoring-Modell bzw. die Weighted-Point-Methode (Nutzwertanalyse) für die qualitative Auswahl durchgesetzt. Diese Methode findet auch Anwendung bei anderen Bewertungen und Vergleichen (z. B. qualitativer Angebotsvergleich).

Durch das standardisierte Vorgehen werden komplexe Entscheidungen nachvollziehbarer und sind nicht so leicht von den persönlichen Entstellungen der Personalverantwortlichen abhängig (Vorurteile, Sympathie oder Antipathie für einen bestimmten Bewerber).

Qualitative Personalauswahl							
		Bewerber A		**Bewerber B**		**Bewerber C**	
(a)	(b)	(c)	= (b) · (c)	= (e)	= (b) · (e)	= (f)	= (b) · (f)
	Gewichtung (%)	Punktzahl ②	gewichtete Punkte	Punktzahl ②	gewichtete Punkte	Punktzahl ②	gewichtete Punkte
abgeschlossene Ausbildung	10,00	5	50	5	50	1	10
mind. 5 Jahre Berufserfahrung	15,00	6	90	2	30	6	90
Englischkentnisse	① 20,00	2	40	6	120	6	120
vollständige Unterlagen	15,00	3	45	5	75	6	90
Beurteilungen	15,00	5	③ 75	6	③ 90	4	③ 60
gute Officekenntnisse	25,00	3	75	5	125	6	150
	100,00		375		490		④ 520

1. Wahl geeigneter Kriterien (sollten üblicherweise bei allen Bewerbern gleich sein):
   Spalte (a)
   Gewichtung der Kriterien *(**1** unwichtig – **100** sehr wichtig):*
   Spalte (b) (Die Summe aller Kriterien muss 100 ergeben)
2. Bewertung der Bewerber *(**1** Kriterium nicht erfüllt – **6** Kriterium voll erfüllt)*[1]*:*
   Spalte (c), (e), (f)
3. Multiplikation der einzelnen Bewertungen je Bewerber mit der Gewichtung:
   Spalte (b) · (c), (b) · (e), (b) · (f)
4. Summierung der gewichteten Punkte
5. Die Bewerber mit den höchsten Punktsummen entsprechen am ehesten unseren Kriterien und sollten auf ein Bewerbungsgespräch bzw. zum Einstellungstest eingeladen werden.

Diese aufwendige Form der Bewerberauswahl wird üblicherweise erst bei vielen Bewerbern auf eine Stelle angewandt. Immer, wenn die Anzahl der Bewerbungen die Möglichkeiten Bewerbungsgespräche zu führen übersteigt, sollte eine Vorauswahl getroffen werden.

Eignungstests:
Zur Beurteilung der Allgemeinbildung, Konzentrationsfähigkeit, fachlicher Eignung aber auch Intelligenz werden Tests durchgeführt.

3.4 Bewerbungsgespräch

Stofftelegramm

Bei Bewerbungsgesprächen ist ebenfalls das **AGG** zu beachten, Bewerber müssen auf persönliche Fragen zu **Alter**, **Familienstand**, **Kindern**, **Religion** und **sexueller Orientierung** etc. nicht antworten. Zudem sind neben dem Bewerber normalerweise zwei Gesprächspartner anwesend. Sollte der Bewerber sich nach AGG diskriminiert fühlen, kann er gerichtlich gegen die Entscheidung vorgehen → hier ist das Unternehmen in der Beweispflicht (Protokollführung während des Bewerbergespräches).

Beteiligung des Betriebsrates:
In Unternehmen mit mehr als 20 Mitarbeitern ist lt. §§ 99–101 BetrVG der Betriebsrat bei Personaleinstellung zu beteiligen. Ein **Recht auf Teilnahme** am Bewerbungsgespräch ergibt sich daraus **nicht**.

[1] *Die Bandbreite, ob von 1–6 oder 1–10 etc., kann der Bewertende selbst festlegen. Dies sollte jedoch nur einmal geschehen und dann für alle Bewertungen gleich sein.*

Aufgaben

1. Welche Varianten bei der Personalbeschaffung gibt es?
   a) intern b) extern
2. Welche Vorteile und Nachteile hat die externe Personalbeschaffung für das Unternehmen?
3. Welche Vorteile und Nachteile hat die interne Personalbeschaffung?
4. Erläutern Sie das Vorgehen bei der qualitativen Bewerberauswahl.
5. Welche Unterlagen gehören zu einem Bewerbungsschreiben?
6. Beurteilen Sie, ob folgende Formulierungen in einer Stellenanzeige zulässig sind.
   a) „Wir suchen eine/-n Kauffrau/-mann für Büromanagement zum nächstmöglichen Termin."
   b) „Unser junges dynamisches Team sucht einen passenden dynamischen und jungen Kaufmann für Büromanagement (m/w/d)."
   c) „Kaufmann für Büromanagement (m/w/d) gesucht. Drei Jahre Berufserfahrung sind wünschenswert."
   d) „Wir freuen uns auf Ihr attraktives Bewerbungsfoto."
7. Wozu dienen Bewerbungsgespräche?

4 Arbeitsverträge schließen

4.1 Grundlagen der Arbeitsverhältnisse

Stofftelegramm

Günstigkeitsprinzip ↓	Arbeitsvertrag	Rangprinzip ↑
	Betriebsvereinbarung	
	Tarifvertrag	
	Arbeitsrecht (ArbZG, KSchG, BUrlG, JArbSchG, MuSchG ...)	
	Bürgerliches Recht	
	Grundgesetz, EU-Recht	

Für Arbeitsverträge müssen zwei Prinzipien beachtet werden:

- **Rangprinzip:** Grundsätzlich gelten die Regelungen und Vereinbarungen aus dem Arbeitsvertrag. Verstoßen diese jedoch gegen ein übergeordnetes Recht, z. B. Tarifvertag oder BGB, dann kommt die Regelung aus diesem Recht zum Tragen.

  Beispiel: *Der Mitarbeiter hat sich bereit erklärt eine Kündigungsfrist von sechs Wochen zu akzeptieren, während sich für den Arbeitgeber eine Kündigungsfrist von vier Wochen ergibt.* → *Die Regelung des § 622 BGB, insbesondere Absatz 6, sagt, dass der Arbeitgeber keine kürzere Frist für sich vereinbaren darf als der Arbeitnehmer.*

→ *§ 622 Abs. 4 BGB beschreibt eine Ausnahme vom Rangprinzip. Tarifverträge können andere Kündigungsfristen vereinbaren als in § 622 BGB vorgesehen. In diesen Fällen kommt auch das Günstigkeitsprinzip nicht zum Tragen.*[1]

- **Günstigkeitsprinzip:** Wird im Arbeitsvertrag eine Regelung vereinbart, die den Arbeitnehmer besserstellt als die jeweilige Regelung im Gesetz oder im Tarifvertrag, so gilt die für den Arbeitnehmer günstigerer Vereinbarung.

  Beispiel: *Der Mitarbeiter vereinbart einen Urlaubsanspruch von 30 Arbeitstagen bei einer 5-Tage-Woche. Die entsprechende gesetzliche Regelung wäre § 3 BUrlG → 24 Werktage bzw. 20 Arbeitstage. Im Beispiel gilt die vertragliche Regelung.*

4.2 Arbeitnehmerschutzrechte

Stofftelegramm

ArbZG Arbeitszeitgesetz	MuSchG Mutterschutzgesetz	JArbSchG Jugendarbeitsschutzgesetz	KSchG Kündigungsschutzgesetz
• regelt die maximale tägliche und Wochenarbeitszeit, wann gearbeitet werden darf und wann nicht • Pausen • Ausnahmen von Arbeitsverboten (z. B. Wochenend- und Feiertagsarbeit an der Tankstelle) **Beispiele:** *max. acht Std. tgl., höchstens zehn Std. bei Ausgleich; 30 Minuten Pause bei tgl. Arbeitszeit von sechs bis neun Std.*	• regelt die Gestaltung des Arbeitsplatzes, das Beschäftigungsverbot und den Kündigungsschutz von (werdenden) Müttern • keine Kündigung in der Schwangerschaft und im Mutterschutz • Beschäftigungsverbot: sechs Wochen vor Entbindung und acht bzw. zwölf Wochen nach Entbindung	regelt Arbeitszeiten, Beschäftigungsverbote, Dauer der Arbeitszeit und erlaubte Arbeiten **Beispiel:** *keine Sonn- und Feiertagsarbeit für Jugendliche (Ausnahmen: Landwirtschaft, Krankenhäuser etc.)*	regelt die Sozialauswahl und die Rechte des AN bei sozial ungerechtfertigter Kündigung
AGG Allgemeines Gleichbehandlungsgesetz	**TzBfG Teilzeit- und Befristungsgesetz**	**SGB IX Rehabilitation und Teilhabe behinderter Menschen**	**BEEG Bundeselterngeld- und Elternzeitgesetz**
Arbeitnehmer dürfen nicht diskriminiert werden (vgl. dazu LF 8, Kap. 3.2 Stellenanzeige).	regelt den Anspruch des AN auf Teilzeitbeschäftigung und die Grundlage für befristete Arbeitsverträge	• regelt die Teilhabe behinderter Menschen in der Gesellschaft • für die Arbeitswelt wichtige Regelungen (§ 71 ff. SGB IX)	Recht auf Elternzeit für Arbeitnehmer

[1] *Die Kündigungsfrist im Bauhauptgewerbe beträgt sechs Werktage und nach sechsmonatiger Dauer oder nach Übernahme aus einem Berufsausbildungsverhältnis kann beiderseitig mit einer Frist von zwölf Werktagen gekündigt werden (siehe Bundesrahmentarifvertrag für das Baugewerbe i. d. V. vom 10.07.2016 unter www.soka-bau.de/fileadmin/user_upload/Dateien/Arbeitgeber/tarifvertrag_brtv.pdf.*

Aufgaben

1. Erläutern Sie das Rangprinzip.
2. Erläutern Sie das Günstigkeitsprinzip.
3. Beurteilen Sie, welche Regelung für den Arbeitnehmer nachfolgend Anwendung findet.
   a) In einer Betriebsvereinbarung wurde geregelt, dass alle Mitarbeiter von 09:00 Uhr bis 09:20 Uhr Frühstückspause machen und die Mittagspause 45 Minuten dauert. Folgender Wortlaut steht im Arbeitszeitgesetz (ArbZG):

   § 4 Ruhepausen
   Die Arbeit ist durch im voraus feststehende Ruhepausen von mindestens 30 Minuten bei einer Arbeitszeit von mehr als sechs bis zu neun Stunden und 45 Minuten bei einer Arbeitszeit von mehr als neun Stunden insgesamt zu unterbrechen. Die Ruhepausen nach Satz 1 können in Zeitabschnitte von jeweils mindestens 15 Minuten aufgeteilt werden. Länger als sechs Stunden hintereinander dürfen Arbeitnehmer nicht ohne Ruhepause beschäftigt werden.

   b) Der Mitarbeiter hat auf eigenen Wunsch die tägliche Arbeitszeit auf zwölf Stunden verlängern lassen, um nur 3,5 Tage arbeiten zu müssen. Die Regelung des Arbeitszeitgesetzes (ArbZG) besagt:

   § 3 Arbeitszeit der Arbeitnehmer
   Die werktägliche Arbeitszeit der Arbeitnehmer darf acht Stunden nicht überschreiten. Sie kann auf bis zu zehn Stunden nur verlängert werden, wenn innerhalb von sechs Kalendermonaten oder innerhalb von 24 Wochen im Durchschnitt acht Stunden werktäglich nicht überschritten werden.

   c) Im Arbeitsvertrag wurde vereinbart, dass der Mitarbeiter eine Kündigungsfrist von acht Wochen zu beachten hat. Die Regelung des § 622 BGB „Kündigungsfristen bei Arbeitsverhältnissen“ besagt:

   § 622 Kündigungsfristen bei Arbeitsverhältnissen
   (1) Das Arbeitsverhältnis eines Arbeiters oder eines Angestellten (Arbeitnehmers) kann mit einer Frist von vier Wochen zum Fünfzehnten oder zum Ende eines Kalendermonats gekündigt werden.
   (2) Für eine Kündigung durch den Arbeitgeber beträgt die Kündigungsfrist, wenn das Arbeitsverhältnis in dem Betrieb oder Unternehmen
   1. zwei Jahre bestanden hat, einen Monat zum Ende eines Kalendermonats,
   2. fünf Jahre bestanden hat, zwei Monate zum Ende eines Kalendermonats,
   3. acht Jahre bestanden hat, drei Monate zum Ende eines Kalendermonats, [...]

   (4) Von den Absätzen 1 bis 3 abweichende Regelungen können durch Tarifvertrag vereinbart werden, [...]
   (6) Für die Kündigung des Arbeitsverhältnisses durch den Arbeitnehmer darf keine längere Frist vereinbart werden als für die Kündigung durch den Arbeitgeber.

   d) Der Mitarbeiter hat vertraglich zugesichert, dass er keine Elternzeit nehmen wird. Das Gesetz zum Elterngeld und zur Elternzeit (Bundeselterngeld- und Elternzeitgesetz – BEEG) besagt:

§ 15 Anspruch auf Elternzeit
(1) Arbeitnehmerinnen und Arbeitnehmer haben Anspruch auf Elternzeit, wenn sie
1. a) mit ihrem Kind,
   b) mit einem Kind, für das sie die Anspruchsvoraussetzungen nach § 1 Absatz 3 oder 4 erfüllen, oder
   c) mit einem Kind, das sie in Vollzeitpflege nach § 33 des Achten Buches Sozialgesetzbuch aufgenommen haben,

   in einem Haushalt leben und
2. dieses Kind selbst betreuen und erziehen. [...]

4.3 Tarifverträge und Betriebsvereinbarungen

Stofftelegramm

4.3.1 Betriebsvereinbarungen

→ eine Vereinbarung zwischen Betriebsrat und Arbeitgeber

Mögliche Inhalte: Arbeitszeitmodelle, Beginn und Ende der tgl. Arbeitszeit, Hausordnung, Einrichtung einer Kantine und Kosten für das Essen, Kinderbetreuung

Beachte: Dinge die in Tarifverträgen geregelt sind, können nicht Gegenstand von Betriebsvereinbarungen sein, es sei denn der Tarifvertrag hat hier eine Öffnungsklausel.

4.3.2 Arten von Tarifverträgen

Unterscheidung nach Geltungsbereich:

Branchentarifvertrag/ Flächentarifvertrag	Haustarifvertrag
Die Verträge haben in einem bestimmten räumlichen Gebiet und für eine bestimmte Branche ihre Gültigkeit, z. B. Einzelhandel in Baden-Württemberg.	Arbeitgeber, die nicht im Arbeitgeberverband organisiert sind oder die einen von der Branche abweichenden Tarifvertrag schließen wollen

Unterscheidung nach ihrem Inhalt:

Manteltarifverträge	Lohnrahmentarifverträge (Entgeltrahmentarifvertrag)	Entgelttarifverträge
• längerfristige Laufzeit • Regelungen wie Kündigungsfristen, Urlaub, Sonderzahlungen, Arbeitszeit etc.	• langfristige Laufzeit • Regelung der Entgeltgruppen, Leistungszulagen etc.	• i. d. R. ein- bis zweijährige Laufzeit • Regelungen über Entgelte und Azubivergütung

Darüber hinaus gibt es noch sonstige Tarifverträge. Alle Vereinbarungen zwischen einer Gewerkschaft und einem oder mehreren Arbeitgebern sind formal gesehen Tarifverträge.

4.3.3 Eigenschaften von Tarifverträgen und Tarifverhandlungen

- **Friedenspflicht**
  Während der Laufzeit eines Tarifvertrages darf nicht gestreikt werden. Ausnahme: ein Warnstreik gegen Ende der Laufzeit.
- **Tarifautonomie**
  Diese garantiert den Tarifparteien, dass sie verhandeln können ohne Einmischung des Staates.
- **Gilt weiter**
  Nach Ablaufen eines Tarifvertrages, gelten die Vereinbarungen bis zum Abschluss eines neuen weiter (§ 4 TVG Nr. 5).
- **Allgemeinverbindlichkeit**
  In bestimmten Fällen können die Landesarbeitsminister oder Bundesarbeitsminister Tarifverträge für allgemeinverbindlich erklären. In diesen Fällen gelten die Regeln des Tarifvertrages dann für alle Betriebe dieser Branche, auch für die nicht tarifgebundenen Betriebe.
  Beispiele für allgemeinverbindliche Tarifverträge[1]:
  Dachdeckerhandwerk, Deutschland: Tarifvertrag über die Berufsbildung im Dachdeckerhandwerk (BBTV) vom 8. Oktober 2014 in der Fassung des Änderungstarifvertrags vom 5. Oktober 2016, av ab 01.01.2017
  Sicherheitsdienstleistungen, Baden-Württemberg, Allgemeinverbindlicherklärung des Tarifvertrags vom 6. Dezember 2016, av ab 17.08.2017
- **Öffnungsklausel**
  Um in Zeiten wirtschaftlicher Probleme reagieren zu können, können Tarifverträge Öffnungsklauseln zulassen. Damit werden die Arbeitgeber in die Lage versetzt, vor Ort eine passende Lösung zu finden, z. B. Aussetzen einer Tariferhöhung oder unentgeltliche Mehrarbeit.

EXKURS:
Im Mai 2015 hat die Bundesregierung das Tarifeinheitsgesetz verabschiedet. Dieses Gesetz soll die Kollision verschiedener Tarifverträge in einem Unternehmen unterbinden. Wenn es zwei oder mehr Tarifverträge gibt, die denselben Inhalt regeln, z. B. die Arbeitszeiten der Lokführer und Zugbegleiter, dann soll künftig nur noch einer gelten.[2] Die Frage, welcher Tarifvertrag gilt und welche Gewerkschaft dieses verhandeln darf, soll anhand der Mitgliederzahl in der entsprechenden Berufsgruppe entschieden werden. Kleinere Gewerkschaften, wie z. B. die GDL, sehen sich dadurch in ihrer Existenz bedroht. Im Urteil vom 11.07.2017 hat das Bundesverfassungsgericht das Gesetz für weitestgehend verfassungskonform erklärt, der Gesetzgeber ist aber aufgefordert, bis zum 31.12.2018 Änderungen zum Schutz von Minderheitsberufsgruppen einzubauen.[3]

Die geplante Anpassung (Stand: 30.11.2018) sieht vor, dass Minderheitstarifverträge weiterhin gültig sind, wenn die Interessen der Berufsgruppen im Mehrheitstarifvertrag „nicht ernsthaft und wirksam berücksichtigt" worden sind.

[1] *Quelle: exemplarische Veröffentlicheungen im Bundesanzeiger, www.bundesanzeiger.de/, Stichwort: allgemeinverbindlich.*
[2] *Tarifkollision: Von einer Tarifkollision ist die Rede, wenn zwei konkurrierende Gewerkschaften jeweils unterschiedliche Tarifverträge für ein und dieselbe Berufsgruppe in einem Betrieb durchgesetzt haben oder durchsetzen wollen.*
[3] *Siehe www.bundesverfassungsgericht.de/SharedDocs/Pressemitteilungen/DE/2017/bvg17-057.html.*

Beispiel: *Ein Tarifvertrag, den die große Eisenbahngewerkschaft EVG auch für die Lokführer schließt, muss nicht zwangsläufig gelten, wenn dieser die Interessen der Lokführer nur unzureichend (schlechter als der TV der GDL) vertritt.*

4.3.4 Ablauf von Tarifverhandlungen

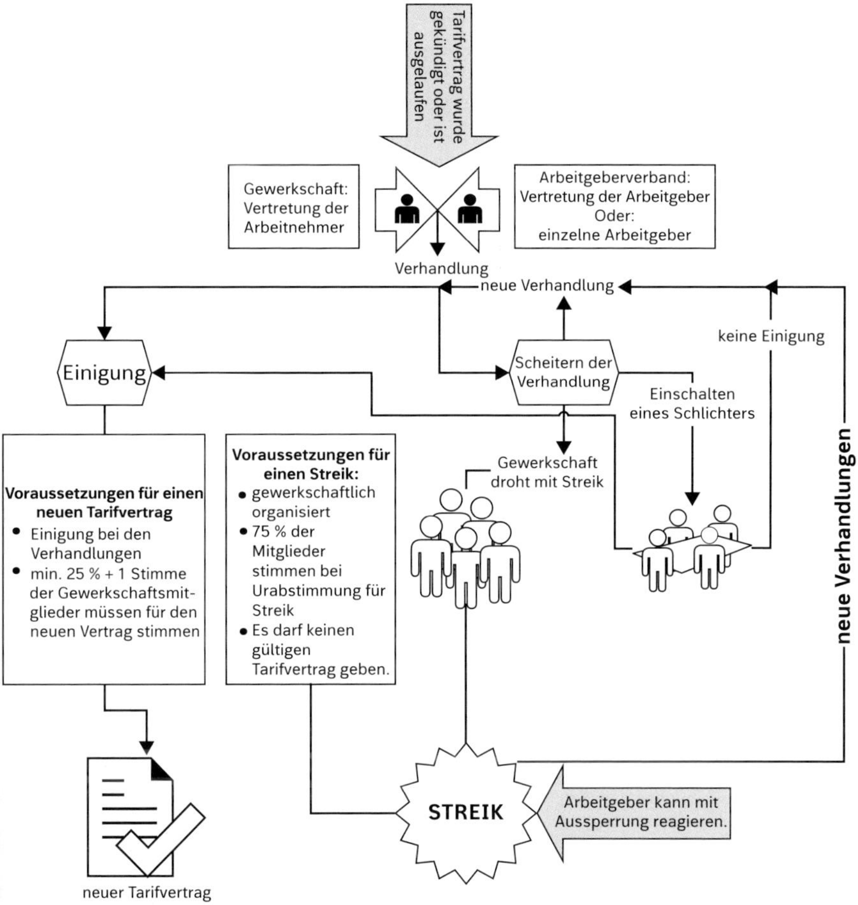

Aufgaben

1. Welche Inhalte regelt ein Lohntarifvertrag und wie lange ist die übliche Laufzeit?
2. Welche Inhalte regelt ein Manteltarifvertrag und wie lange ist die übliche Laufzeit?
3. Erläutern Sie in mindestens vier Schritten, wie es zum Abschluss eines neuen Tarifvertrages kommen kann.

4. Welchen Zweck erfüllt eine Öffnungsklausel im Tarifvertrag?
5. Erläutern Sie den Zweck der Friedenspflicht.
6. Warum führen Gewerkschaften Warnstreiks durch?
7. Welches sind die drei Voraussetzungen für einen legalen Streik?
8. Im Zuge der Lokführerstreiks 2014 fürchtete die deutsche Wirtschaft erhebliche Probleme. Daraufhin riefen Vertreter der Wirtschaft die Bundesregierung auf, sich in den Bahnstreik einzumischen und die GDL an den Verhandlungstisch zu zwingen.

   Begründen Sie, warum die Bundesregierung diese Forderung mit Nachdruck abgelehnt hat.
9. Unterscheiden Sie Betriebsvereinbarungen und Tarifvertrag.

4.4 Arbeitsverträge

Stofftelegramm

4.4.1 Grundlagen

→ § 611 ff. BGB grundsätzlich formfrei → deshalb auch mündlich gültig
Aber:

§ 2 NachwG – Nachweispflicht
(1) Der Arbeitgeber hat spätestens einen Monat nach dem vereinbarten Beginn des Arbeitsverhältnisses die wesentlichen Vertragsbedingungen schriftlich niederzulegen, die Niederschrift zu unterzeichnen und dem Arbeitnehmer auszuhändigen. In die Niederschrift sind mindestens aufzunehmen: [...]

Rechte und Pflichten aus dem Arbeitsverhältnis:

Rechte des Arbeitnehmer = Pflichten des Arbeitgebers	Rechte des Arbeitgebers = Pflichten des Arbeitnehmers
• Recht auf **Vergütung** • Recht auf **Beschäftigung** • **Fürsorge** (AG muss dafür Sorge tragen, dass die Gesundheit der Arbeitnehmer erhalten bleibt etc.) • **Erstellen** eines Arbeitszeugnisses	• **Recht auf die Arbeitskraft** des AN (Nebentätigkeiten müssen dem Arbeitgeber angezeigt werden und er kann diese auch untersagen, wenn die Hauptarbeit darunter leiden würde) • **Treuepflicht** und **Verschwiegenheitspflicht** des AN • **Wettbewerbsverbot des AN** (Nebentätigkeiten dürfen nicht in der Branche oder in Konkurrenz zum AG sein)

Merke:
Die Vereinbarung einer Probezeit ist nur beim Ausbildungsvertrag verpflichtend (§ 20 BBiG). Beim Arbeitsvertrag kann eine Probezeit von 0–6 Monaten vereinbart werden (§ 622 Abs. 3 BGB).

4.4.2 Arten

- **Unbefristete Arbeitsverträge:**
  Ein Arbeitsvertrag, bei dem kein Datum oder Ereignis[1] angegeben ist, wann dieser endet, ist ein unbefristeter Arbeitsvertrag.
- **Befristete Arbeitsverträge:**
  Ein auf Zeit oder zu einem bestimmten Zweck angelegter Arbeitsvertrag gilt als befristet.

Möglichkeiten der Befristung:

Kalendarisch befristet (§ 14 Abs. 2 TzBfG)	Zweckbefristet (§ 14 Abs. 1 TzBfG)
• Es liegt kein sachlicher Grund für die Befristung vor. • Maximale Gesamtdauer des befristeten Arbeitsverhältnisses: zwei Jahre • maximal drei Mal verlängerbar auf insgesamt max. zwei Jahre • AN darf vorher nicht bei AG unbefristet beschäftigt gewesen sein. • Ausnahmen für über 52-Jährige	• Es liegt ein sachlicher Grund vor, wenn ... **Beispiele:** – *der betriebliche Bedarf an der Arbeitsleistung nur vorübergehend besteht,* – *die Befristung im Anschluss an eine Ausbildung oder ein Studium erfolgt,* – *der Arbeitnehmer zur Vertretung eines anderen Arbeitnehmers beschäftigt wird,* – *die Befristung zur Erprobung erfolgt,* – ... • Endet mit Erreichen des Grundes, danach erneute Befristung mit anderem sachlichen Grund möglich. • Beachte: Es gibt keine Höchstgrenzen für die Dauer und die Häufigkeit der Befristungen![2]

Eine fehlerhafte Befristung führt nicht zum Ende des Arbeitsvertrages. Aus dem Arbeitsvertrag wird aber automatisch ein unbefristeter Arbeitsvertrag.

Aufgaben

1. Welche Inhalte werden in einem Arbeitsvertrag geregelt?
2. Beurteilen Sie, ob nachfolgend ein Arbeitsverhältnis vorliegt.
   a) Christine C. fragt beim Wiesnwirt Alois nach, ob sie bedienen darf. Dieser sagt ihr zu! Sie solle am ersten Wiesntag einfach da sein. Christine ist da und bedient, schriftlich hat sie aber nichts in der Hand.
   b) Zimmerergeselle Anton ist auf der Walz und arbeitet drei Tage für einen Bauschreiner in Wangen.
   c) Die Schülerin Elfriede unterschreibt am 15.02.20.. ihren Ausbildungsvertrag zur Kauffrau für Büromanagement, die Ausbildung beginnt am 01.09.20.. .
   d) Der Tischler Herr Mayer beginnt heute seine Probearbeit bei der Tischlerei Flink & Schnell. Nach zwei Wochen bekommt er einen schriftlichen Arbeitsvertrag und wird unbefristet übernommen. Lag zu Beginn der Probearbeit ein Arbeitsverhältnis vor?

[1] *Zum Beispiel die Rückkehr einer Mitarbeiterin aus dem Mutterschutz.*
[2] *Wenn die Gefahr besteht, dass der AG die Befristungen missbraucht, steht dem AN das Klagerecht offen. Insbesondere, wenn der AG den AN mehr als vier Jahre befristet hat, mit mehr als sechs Verlängerungen, und bei einer erneuten Verlängerung keinen Grund für die Befristung nennen kann.*

e) Der A-Jugendtrainer Herbert ist seit drei Jahren Rentner und betreut die Spieler seines Sportvereins TOR e. V.
f) Schüler Albert, 14 Jahre, mäht beim Nachbarn den Rasen.

3. Welche Möglichkeiten der Befristung kennt das Gesetz?
Nutzen Sie die §§ 14–16 TzBfG.[1]

4. Erläutern Sie den Effekt einer ungültigen Befristung.

5. Beurteilen Sie, ob nachfolgend eine gültige Befristung vorliegt.
a) Christine S. wird ein Jahr zur Erprobung befristet eingestellt.
b) Elisabeth C. bekommt einen befristeten Arbeitsvertrag für die Dauer der Elternzeit von Frau Müller.
c) Elisabeth C. bekommt nach der Rückkehr von Frau Müller eine Anschlussbefristung als Vertretung für den erkrankten Herrn Frohmüller.
d) Ida B. wird für die Dauer von sechs Monaten befristet.
e) Im Anschluss an die Befristung erhält Ida eine Folgebefristung von weiteren 18 Monaten.
f) Der Bedarf an der Arbeitskraft von Ida B. ist weiterhin vorhanden und ihr Arbeitgeber befristet sie ein weiteres Mal für zwölf Monate.
g) Frau Dr. Bremer bekommt für die Dauer eines Forschungsprojektes an der Uni Ulm einen befristeten Arbeitsvertrag.

5 Personalfreisetzung

5.1 Möglichkeiten der Beendigung von Arbeitsverhältnissen

Stofftelegramm

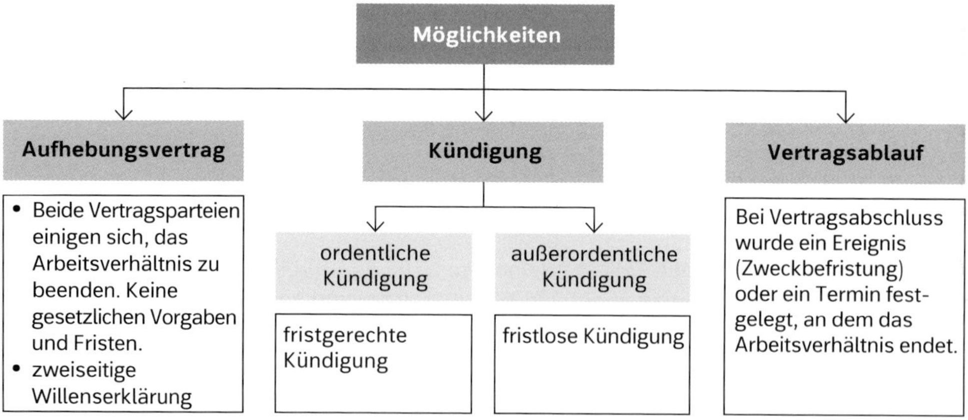

[1] *Siehe www.gesetze-im-internet.de/tzbfg/.*

5.2 Ordentliche Kündigung

Stofftelegramm

5.2.1 Fristen

Es gelten die Fristen nach § 622 BGB. Die Grundkündigungsfrist beträgt vier Wochen für Arbeitnehmer und Arbeitgeber. Nach zwei Jahren Betriebszugehörigkeit verlängert sich die Kündigungsfrist für den Arbeitgeber auf einen Monat und steigt mit der Dauer der Betriebszugehörigkeit (§ 622 Abs. 2 BGB[1]).

Fristen in der Probezeit: zwei Wochen für beide

Merke:
Wurden im Arbeitsvertrag andere Fristen als in Gesetz oder Tarifvertrag vereinbart, gelten die für den Arbeitnehmer günstigeren Fristen

Tarifverträge können die Fristen aber auch ändern, dann gilt nicht Gesetz sondern Tarifvertrag.

EXKURS: WOCHEN und MONATE
vier WOCHEN ≠ ein Monat! → eine WOCHE = 7 Tage → 4 · 7 = 28 Tage

Beispiel: *02.09.20.. → vier Wochen später → 30.09.20..*[2]
02.09.20.. → einen Monat → 02.10.20..

5.2.2 Termin

Kündigung können jeweils zum Fünfzehnten oder zum Ende eines Kalendermonats erfolgen. Nach zwei Jahren Betriebszugehörigkeit muss die Kündigung durch den Arbeitgeber immer zum Ende des Monats erfolgen.

Beispiel: *Der Mitarbeiter möchte zum **a)** 01.10. und **b)** 20.11. gehen.*

Wann muss er die Kündigung spätesten abgeben?

a) *Arbeitsverhältnis muss zum 30.09. enden → 28 Tage vorher → am 02.09. muss AG Kündigung erhalten*

b) *Arbeitsverhältnis muss zum 15.11. enden → 28 Tage vorher → am 18.10. muss AG Kündigung erhalten*

---

[1] *Die Regelung des § 622 Abs. 2 BGB, dass zur Berechnung der Betriebszugehörigkeit nur Zeiten gezählt werden, die nach dem 25. Lebensjahr des Arbeitnehmers liegen, findet keine Anwendung mehr und wurde zwischenzeitlich aus dem § 622 gestrichen. Der EuGH hat 2010 diese Regelung für diskriminierend (Verstoß gegen das AGG) erklärt.*

[2] *Laut § 187 BGB zählt der Tag des Ereignisses nicht mit (Tag der Kündigung).*

5.2.3 Gründe

Betriebsbedingte Gründe	Verhaltensbedingte Gründe	Personenbedingte Gründe
Der Betrieb hat durch z.B. Rationalisierung, Auftragsmangel, Rohstoffmangel etc. weniger Personalbedarf. → Mitarbeiter müssen gekündigt werden. **WER** soll gekündigt werden? → beachte Regel der Sozialauswahl	Gründe, die im Verhalten des Mitarbeiters liegen, führen zu einer Kündigung (z.B. Unpünktlichkeit, Internetnutzung, private Handy- und Telefonnutzung ...). Die Gründe dürfen nicht so schwerwiegend sein, dass sie einer Weiterbeschäftigung (für die Dauer der Kündigungsfrist) entgegenstehen (z.B. aufgrund Diebstahl erfolgt i.d.R. eine fristlose Kündigung).	Gründe, die nicht im Verhalten, aber in der Person des Mitarbeiters liegen (z.B. lang anhaltende Krankheit, mangelnde Qualifikationsfähigkeit; MA kann trotz mehrfacher Schulung die neuen Maschinen nicht bedienen; ein Taxifahrer verliert dauerhaft seinen Führerschein).

5.3 Außerordentliche Kündigung

Stofftelegramm

Eine außerordentliche bzw. fristlose Kündigung ist nur aus wichtigen Grund möglich (§ 626 BGB).

WARUM? → Es müssen Gründe vorliegen (im Verhalten, in der Leistung oder im Vertrauensbereich), die es dem Kündigenden unmöglich machen, die reguläre Kündigungsfrist abzuwarten, z.B. Gewalt gegen Kollegen, Diebstahl, sexuelle Belästigung ...)

WER? → Kündigung durch Arbeitnehmer und Arbeitgeber möglich

WANN? → innerhalb von zwei Wochen nach Bekanntwerden der Gründe

WIE? → schriftlich und unter Anhörung des Betriebsrates (soweit vorhanden)

ABMAHNUNG? → Nur bei Gründen, die die Leistung oder das Verhalten des Arbeitnehmers betreffen, muss eine Abmahnung erfolgen.

Beispiel: *Aufgrund wiederholten Zuspätkommens kann der Arbeitnehmer nur gekündigt werden, wenn er vorher für dieses Verhalten abgemahnt wurde.*

Bei einem Diebstahl wurde das Vertrauen zwischen Arbeitgeber und Arbeitnehmer nachhaltig gestört, hier muss nicht abgemahnt werden!

5.4 Ablauf einer Kündigung

Stofftelegramm

5.4.1 Form

Eine Kündigung muss schriftlich erfolgen → einseitige, empfangsbedürftige Willenserklärung.

5.4.2 Kündigungsschutz

Besonderer Kündigungsschutz	
Schwerbehinderte[1]	§ 85 SGB IX (Erfordernis der Zustimmung): Die Kündigung des Arbeitsverhältnisses eines schwerbehinderten Menschen durch den Arbeitgeber bedarf der vorherigen Zustimmung des Integrationsamtes.
Schwangere und Mütter nach der Entbindung	Kündigungsverbot **während der Schwangerschaft** (gilt auch zwei Wochen rückwirkend für bereits ausgesprochene Kündigungen, so denn die Schwangerschaft zum Zeitpunkt der Kündigung schon bestand) und **vier Monate** nach der Entbindung (§ 17 MuSchG).
Elternzeit	Ab dem Zeitpunkt ab dem Elterngelt verlangt wird, darf das Arbeitsverhältnis nicht mehr gekündigt werden → gilt für Männer und Frauen (§ 18 BEEG[2]).
Pflegezeit	Zwölf Wochen vor Beginn der angekündigten Pflegzeit bis zu deren Ende gilt Kündigungsschutz (§ 5 PflegeZG).
Betriebsräte und Jugend- und Auszubildendenvertreter	Für die Dauer der Amtszeit und innerhalb eines Jahres nach Beendigung gilt Kündigungsschutz (§ 15 KSchG).

Eine Außerordentliche Kündigung ist auch bei Personengruppen mit Kündigungsschutz möglich, diese Bedarf aber i. d. R. der Zustimmung des Arbeitsgerichtes bzw. des Betriebsrates.

5.4.3 Sozialauswahl

Für Betriebe mit mehr als zehn Mitarbeitern gilt § 23 KSchG → Sozialauswahl.

Problem: betriebsbedingte Kündigung → Wer soll gekündigt werden?

Lösung: Sozialauswahl

Mitarbeiter, bei denen eine Kündigung die geringsten sozialen Härten hätte, müssen gekündigt werden.

Prüfung und Vergleich der infrage kommenden Mitarbeiter:

- Dauer der **Betriebszugehörigkeit** → MA mit der geringsten Betriebszugehörigkeit finden am ehesten etwas Neues bzw. müssen als erstes gehen.
- Gesetzliche **Unterhaltspflichten** → Alleinstehende mit Kindern haben schlechtere Chancen als z. B. ein verheirateter Mitarbeiter, bei dem beide Ehegatten arbeiten.
- **Lebensalter** → Jüngere Mitarbeiter finden lt. Gesetzgeber leichter wieder eine Arbeitsstelle.
- **Schwerbehinderung** → Mitarbeiter mit Schwerbehinderung finden tendenziell schwerer wieder eine Arbeitsstelle und müssen folglich erst nachrangig gekündigt werden.

---

[1] *Personen mit einem Grad der Behinderung von mehr als 50 gelten als schwerbehindert.*
[2] *Bundeselterngeld- und Elternzeitgesetz.*

Der Mitarbeiter, der Aufgrund dieses Vergleiches die wenigstens Sozialpunkte hat, muss gekündigt werden.

Merke:
Der Arbeitgeber kann Leistungsträger von der Sozialauswahl ausschließen, wenn durch deren Ausscheiden die betriebliche Existenz gefährdet wäre.

Beispiel: *Ohne den 25-jährigen Kfz-Meister könnte der Betrieb nicht weiterarbeiten, obwohl dieser, da ledig, gut ausgebildet und ungebunden, die besten Chancen hätte, schnell wieder eine Anstellung zu finden.*

5.4.4 Mitwirken des Betriebsrates

Recht: Der Betriebsrat ist vor der Kündigung zu hören.

Konsequenz: Wird der Betriebsrat nicht gehört, ist die **Kündigung unwirksam.**

Recht: Dem Betriebsrat sind die **Gründe** für die Kündigung mitzuteilen.

Konsequenz: Widerspricht der Betriebsrat der Kündigung, so muss der Arbeitgeber den Arbeitnehmer im Falle einer Klage vor dem Arbeitsgericht, für deren Dauer, weiter beschäftigen und bezahlen.

Der Arbeitnehmer kann immer vor dem Arbeitsgericht klagen, jedoch besteht nur bei einem Widerspruch des Betriebsrates ein Anspruch auf Weiterbeschäftigung bis zum Entscheid der Sache.

5.4.5 Unterlagen für den Mitarbeiter bei Kündigung

- Arbeitszeugnis
- Arbeitsbescheinigung für die Sozialversicherungen (§ 312 SGB III) (Art, Beginn und Ende der Tätig werden verzeichnet)
- Auszug/Ausdruck der Lohnsteuerbescheinigung
- Urlaubsbescheinigung
- Unterlagen über die betriebliche Altersversorgung
- Erstbelehrung gemäß § 43 Infektionsschutzgesetz
- Bei Jugendlichen: Gesundheitsbescheinigung (Erstuntersuchung bzw. Nachuntersuchung nach dem Jugendarbeitsschutzgesetz)
- Sozialversicherungsausweis (wenn bei Einstellung abgegeben)
- Arbeitsgenehmigung (bei Arbeitnehmern außerhalb der EU, muss bei Einstellung vorgelegen haben)

Aufgaben

1. Welche Möglichkeiten der Beendigung von Arbeitsverhältnissen gibt es?
2. Welche Möglichkeiten der ordentlichen Kündigung durch den Arbeitgeber gibt es?
3. Welche Arbeitnehmer genießen Kündigungsschutz und wie lange?

4. Bei der Elektrocook GmbH müssen zum 30.09. zwei Mitarbeiter betriebsbedingt entlassen werden. Prüfen Sie anhand des Gesetzes, wann die Kündigungen spätestens ausgesprochen werden müssen.
   a) Hans Dittrich, 23 Jahre, seit einem Jahr bei der Elektrocook GmbH
   b) Kristina Schreiber, 35 Jahre, seit acht Jahren bei der Elektrocook GmbH

5. Gerhard Kunkel, 34 Jahre alt, seit zwölf Jahren bei der Elektrocook GmbH, möchte zum 31.10. kündigen, da er mit seiner Familie nach Hamburg zieht. Wann muss seine Kündigung spätestens bei der Elektrocook GmbH eingegangen sein?

   Nutzen Sie § 102 Betriebsverfassungsgesetz[1].

   § 102 BetrVG – Mitbestimmung bei Kündigungen
   (1) Der Betriebsrat ist vor jeder Kündigung zu hören. Der Arbeitgeber hat ihm die Gründe für die Kündigung mitzuteilen. Eine ohne Anhörung des Betriebsrats ausgesprochene Kündigung ist unwirksam.
   (2) Hat der Betriebsrat gegen eine ordentliche Kündigung Bedenken, so hat er diese unter Angabe der Gründe dem Arbeitgeber spätestens innerhalb einer Woche schriftlich mitzuteilen. Äußert er sich innerhalb dieser Frist nicht, gilt seine Zustimmung zur Kündigung als erteilt. [...]
   (3) Der Betriebsrat kann innerhalb der Frist des Absatzes 2 Satz 1 der ordentlichen Kündigung widersprechen, wenn
   1. der Arbeitgeber bei der Auswahl des zu kündigenden Arbeitnehmers soziale Gesichtspunkte nicht oder nicht ausreichend berücksichtigt hat,
   2. die Kündigung gegen eine Richtlinie nach § 95 verstößt,
   3. der zu kündigende Arbeitnehmer an einem anderen Arbeitsplatz im selben Betrieb oder in einem anderen Betrieb des Unternehmens weiterbeschäftigt werden kann,
   4. die Weiterbeschäftigung des Arbeitnehmers nach zumutbaren Umschulungs- oder Fortbildungsmaßnahmen möglich ist oder
   5. eine Weiterbeschäftigung des Arbeitnehmers unter geänderten Vertragsbedingungen möglich ist und der Arbeitnehmer sein Einverständnis hiermit erklärt hat.

   (4) Kündigt der Arbeitgeber, obwohl der Betriebsrat nach Absatz 3 der Kündigung widersprochen hat, so hat er dem Arbeitnehmer mit der Kündigung eine Abschrift der Stellungnahme des Betriebsrats zuzuleiten.
   (5) Hat der Betriebsrat einer ordentlichen Kündigung frist- und ordnungsgemäß widersprochen, und hat der Arbeitnehmer nach dem Kündigungsschutzgesetz Klage auf Feststellung erhoben, dass das Arbeitsverhältnis durch die Kündigung nicht aufgelöst ist, so muss der Arbeitgeber auf Verlangen des Arbeitnehmers diesen nach Ablauf der Kündigungsfrist bis zum rechtskräftigen Abschluss des Rechtsstreits bei unveränderten Arbeitsbedingungen weiterbeschäftigen. [...]

6. Welche Konsequenzen ergeben sich, wenn der Betriebsrat bei einer Kündigung nicht beteiligt wurde?

7. Nennen Sie drei Gründe, weshalb der Betriebsrat einer Kündigung widersprechen würde.

[1] *Siehe www.gesetze-im-internet.de/betrvg.*

8. Der Arbeitgeber hat den Betriebsrat ordentlich beteiligt und dieser hat der Kündigung widersprochen. Nach reiflicher Überlegung hat der Arbeitgeber die Kündigung trotz der Bedenken des Betriebsrates ausgesprochen.

   Welche Konsequenzen ergeben sich für den gekündigten Mitarbeiter und die Kündigung?

6 Personalbetreuung

6.1 Arbeitszeitmodelle

Stofftelegramm

Beispiele	Erläuterung
Teilzeitarbeit	Jede Wochenarbeitszeit, die kürzer als die „normale" Vollbeschäftigung ist, wird als Teilzeit bezeichnet.
Jobsharing	Zwei oder mehrere Arbeitnehmer teilen sich eine Stelle im Unternehmen. Die Mitarbeiter teilen i. d. R. die Arbeitszeiten und Aufgaben eigenständig unter sich auf.
Halbtagesarbeit	Ist eine Form der Teilzeitarbeit. Gearbeitet wird i. d. R. nur bis oder ab Mittag bei einer 40-Stunden-Woche sind dies vier Stunden pro Tag.
Jahresarbeitszeit und Langzeitarbeitskonten	Anfallende Mehrarbeit wird auf ein Arbeitszeitkonto gutgeschrieben und kann bei weniger Arbeitsaufkommen wieder genommen werden. Langzeitarbeitskonten dienen i. d. R. dazu, dass der Mitarbeiter Arbeitszeit anspart, um eher in den Ruhestand gehen zu können oder die Arbeitszeit bei vollem Gehalt zu reduzieren.
Gleitzeit	Die vereinbarte Arbeitszeit kann flexibel beginnen und enden. In der Regel wird eine Kernarbeitszeit vereinbart (z. B. zwischen 09:00 Uhr und 14:00 Uhr), in der alle Mitarbeiter da sein müssen.
Schichtarbeit	Aufgrund bestimmter Arbeitsabläufe oder Öffnungszeiten ist es nötig, die anfallende Arbeit auf mehrere Schichten zu verteilen. Bei drei Schichten (Früh-, Spät- und Nachtschicht) kann bis zu 24 Stunden pro Tag gearbeitet werden.
Zeitautonome Arbeitsgruppen	Für Projekte, an denen mehrere Arbeitnehmer beteiligt sind. Die Arbeitsgruppen teilen sich die zur Verfügung stehende Arbeitszeit selbst ein.
Vertrauensarbeitszeit	Es findet keine Arbeitszeiterfassung statt und die Mitarbeiter haben keine Anwesenheitspflicht. → Ziel: Arbeit muss erledigt werden, wann und wo, entscheidet der Mitarbeiter. Das hohe Vertrauen des Arbeitgebers sollte im besten Fall zu einer hohen Motivation der Mitarbeiter führen, bei Bedarf mehr zu arbeiten.
Sabbatical	Ein Mitarbeiter arbeitet z. B. drei Jahre zu 100 %, bekommt aber nur 75 % bezahlt. Im vierten Jahr arbeitet dieser dann gar nicht, bei ebenfalls 75 % Bezahlung.
Vier-Tage-Woche	Häufig in Führungs- und Leitungspositionen, bei Mitarbeitern, die weit weg vom Arbeitsplatz wohnen. Die Wochenarbeitszeit wird auf nur vier Tage verteilt. Häufig in Kombination mit Homeoffice.

Beispiele	Erläuterung
Homeoffice	Arbeit von zu Hause. Über PC-gestützte Systeme besteht i. d. R. eine Verbindung an den Arbeitsplatz. Diese Form ist verwandt mit der Heimarbeit, bei der der Mitarbeiter Arbeitsaufträge nach Hause bekommt (z. B. bestimmte Nähaufgaben) und diese dann regelmäßig abliefern muss.
Minijob	Eine geringfügige Beschäftigung wird als Minijob bezeichnet. Geringfügig entlohnte Beschäftigungen, bei denen das Arbeitsentgelt monatlich 450,00 EUR nicht übersteigen darf (450-Euro-Jobs), und zum anderen kurzfristige Beschäftigungen, die von vornherein für eine begrenzte Dauer ausgeübt werden. Für diese Beschäftigungsformen führt der Arbeitgeber pauschale Sozialversicherungen und Steuern ab. Für den Minijob gilt auch der Mindestlohn!

6.2 Personalunterlagen

Stofftelegramm

Der Arbeitgeber ist berechtigt und teilweise verpflichtet, Aufzeichnungen und Unterlagen über seine Arbeitnehmer zu führen.
Der Mitarbeiter hat die Möglichkeit, Einsicht in seine Personalakte zu nehmen (§ 83 BetrVG).

Formen der Personalakte:

Papierform	Elektronische Form
Sinnvoll für alle Originaldokumente wie: • Bewerbungsunterlagen mit Zeugnissen • Arbeitsverträge • Führungszeugnisse • Sozialversicherungsausweise • Abmahnungsschreiben (mit Unterschrift über Kenntnisnahme des Arbeitnehmers → als Beweis bei Rechtsstreitigkeiten) • evtl. Krankschreibungen	Sinnvoll für alle Unterlagen wie: • Lohn- und Urlaubsabrechnungen • Arbeitszeiteinteilung • Gleitzeiten • geleistete Überstunden • ...

Die „klassische" Papierakte und die elektronische Akte müssen dem Bundesdatenschutzgesetz entsprechen.

6.3 Personaleinsatzplanung

Stofftelegramm

6.3.1 Formen

Qualitative Personaleinsatzplanung	Quantitative Personaleinsatzplanung	Zeitliche Personaleinsatzplanung
Wer wird benötigt? **Beispiele:** *Kassierer, Pflegekraft, Vorarbeiter ...*	Wie viele Mitarbeiter werden benötigt? **Beispiel:** *im Einzelhandel Montag morgens weniger Mitarbeiter als freitags und samstags*	Wann wird das Personal benötigt? **Beispiel:** *Zeiten mit besonders hohem Kundenansturm benötigen mehr Personal.*

6.3.2 Einflussfaktoren

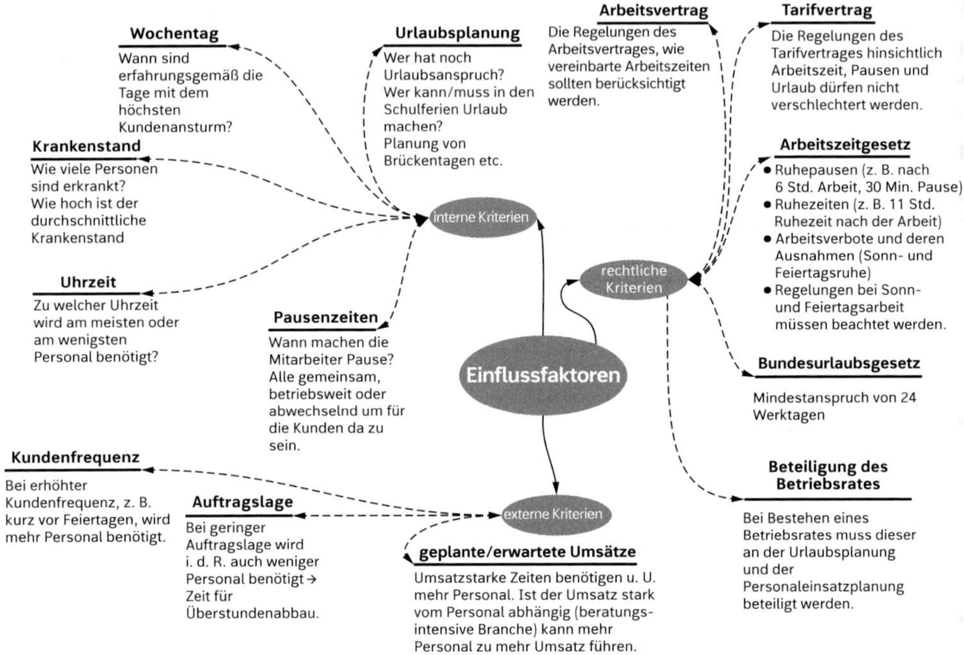

Aufgaben

1. Was versteht man unter gleitender Arbeitszeit und welche Vorteile ergeben sich für Arbeitnehmer und Arbeitgeber?
2. a) Was versteht man unter „Homeoffice“?
   b) Welche Vor- und Nachteile sind damit verbunden?
3. a) Erklären Sie, warum in vielen Industrie- und Dienstleistungsbetrieben Mehrschichtbetrieb vorliegt.
   b) Stellen Sie die Vor- und Nachteile des Mehrschichtbetriebs gegenüber.
4. Erläutern Sie, warum Arbeitszeitkonten ein gutes Mittel sind, um starke Auftragsschwankungen abzufedern.
5. a) Welche Gründe sprechen dafür, ein Sabbatical zu nehmen?
   b) Wie wirkt sich dieses auf die Arbeitsmoral des Mitarbeiters aus?
6. Welche Faktoren haben Einfluss auf die Personaleinsatzplanung?
7. Unterscheiden Sie die Formen der Personaleinsatzplanung.
8. Welche Vorteile ergeben sich aus der digitalen Personalakte?

6.4 Personalstatistik

Stofftelegramm

Es werden quantitative und qualitative Kennzahlen unterschieden. Quantitative Kennzahlen, welche messbare Werte wie Umsatz, Mitarbeiterzahlen etc. nutzen, und qualitative Kennzahlen, welche kaum messbare Größen nutzen, wie Zufriedenheit der Mitarbeiter.

Mögliche Kennzahlen (Auswahl quantitativer Kennzahlen):

- **Altersstruktur**
  Prozentuales Verhältnis der Mitarbeiter einer bestimmten Altersgruppe zur Gesamtmitarbeiterzahl:

  $$\frac{\text{Anzahl Mitarbeiter in Altersgruppe}}{\text{Gesamtanzahl der Mitarbeiter}} \cdot 100$$

  Beispiel: $\frac{\textit{120 Mitarbeiter zwischen 25 und 35 Jahren}}{\textit{800 Mitarbeiter}} \cdot 100 = 15\,\%$

- **Ausbildungsquote**
  Prozentuales Verhältnis der Auszubildenden zur Gesamtmitarbeiterzahl:

  $$\frac{\text{Auszubildende}}{\text{Gesamtanzahl der Mitarbeiter}} \cdot 100$$

  Beispiel: $\frac{\textit{25 Auszubildende}}{\textit{800 Mitarbeiter}} \cdot 100 = 3{,}12\,\%$

- **Durchschnittlicher Personalbestand**
  Die Summe aus der Anzahl der Mitarbeiter in verschiedenen Perioden geteilt durch die Anzahl der Perioden.

  $$\frac{\text{Anzahl\_Jahr}_1 + \text{Anzahl\_Jahr}_2 + \ldots + \text{Anzahl\_Jahr}_n}{n}$$

  Beispiel: $\frac{850 + 820 + 810}{3} = 827$

- **Fluktuationsquote**
  Prozentuales Verhältnis der Kündigungen zum durchschnittlichen Personalbestand:

  $$\frac{\text{Anzahl der Kündigungen}}{\text{durchschnittlicher Personalbestand}} \cdot 100$$

  Beispiel: $\frac{\textit{45 Kündigungen}}{\textit{827 (Ø Personalbestand)}} \cdot 100 = 5{,}4\,\%$

  Eine hohe bzw. eine niedrige Fluktuationsquote lässt Rückschlüsse auf die Mitarbeiterzufriedenheit zu. Im Vergleich über mehrere Perioden kann man eine Verbesserung oder Verschlechterung der Mitarbeiterzufriedenheit erkennen.

- **Umsatz je Mitarbeiter**
  Prozentuales Verhältnis des Unternehmensumsatzes (oder Abteilungsumsatzes etc.) zur Anzahl der Mitarbeiter:

  $$\frac{\text{Gesamtumsatz}}{\text{Gesamtanzahl der Mitarbeiter}}$$

$$\textbf{Beispiel: } \frac{\textit{85.000.000,00 EUR Umsatz}}{\textit{800 Mitarbeiter}} = \textit{106.250,00 EUR}$$

- **Mehrarbeitsquote**
  Die Anzahl der Arbeitsstunden in einer Periode werden ins Verhältnis zu den Regelarbeitsstunden gesetzt.

  Beispiel: *Wenn jeder Mitarbeiter lt. Arbeitsvertrag 160 Std. pro Monat arbeiten sollte, ergibt dies bei 800 Mitarbeitern insgesamt 128.000 Regelarbeitsstunden.*

$$\frac{\text{Anzahl der geleisteten Arbeitsstunden}}{\text{Regelarbeitsstunden}} \cdot 100$$

$$\textbf{Beispiel: } \frac{\textit{154.000 h}}{\textit{128.000 h}} = \textit{120 \%}$$

  Jede Zahl größer als 100 bedeutet, dass Überstunden geleistet wurden.

- **Krankenquote**
  Die Anzahl krankheitsbedingt fehlender Mitarbeiter zur Gesamtzahl der Mitarbeiter.

$$\frac{\text{krankheitsbedingt fehlende Mitarbeiter}}{\text{Gesamtanzahl der Mitarbeiter}} \cdot 100$$

$$\textbf{Beispiel: } \frac{\textit{12 Mitarbeiter}}{\textit{800 Mitarbeiter}} \cdot 100 = \textit{1,5 \%}$$

- **Fehlzeitenquote**
  Wie die Krankenquote, nur wird hier die entfallene Arbeitszeit ins Verhältnis zur Regelarbeitszeit/Soll-Arbeitszeit gesetzt.

$$\frac{\text{entfallene Arbeitsstunden}}{\text{Regelarbeitsstunden}} \cdot 100$$

$$\textbf{Beispiel: } \frac{\textit{5.000 h}}{\textit{128.000 h}} = \textit{3,90 \%}$$

- **Beschäftigungsstruktur**
  Ähnlich wie Altersstruktur; mögliche Varianten:
  - Verhältnis der Frauen zu den Männern
  - Verhältnis der Mitarbeiter in einer Abteilung zur Gesamtanzahl der Mitarbeiter
  - Verhältnis der ungelernten Mitarbeiter zur Gesamtzahl der Mitarbeiter
  - Verhältnis der Facharbeiter zur Gesamtzahl der Mitarbeiter
  - ...

Aufgabe

Anzahl der Mitarbeiter						
2011	**2012**	**2013**	**2014**	**2015**	**2016**	**2017**
150	166	180	167	157	153	170

Kündigungen von Mitarbeitern						
2011	**2012**	**2013**	**2014**	**2015**	**2016**	**2017**
3	9	4	4	3	9	8

Gesamtumsatz in Millionen Euro						
2011	**2012**	**2013**	**2014**	**2015**	**2016**	**2017**
15	25	28	20	25	26	27

Gesamtfehltage von Mitarbeitern						
2011	**2012**	**2013**	**2014**	**2015**	**2016**	**2017**
200	280	320	320	340	310	295

Anhand der Personaldaten der Dreier GmbH errechnen Sie folgende Personalkennziffern:

a) Männer- und Frauenanteil im Unternehmen
b) die Ausbildungsquote im Jahr 2017
c) Erstellen Sie mithilfe einer Tabellenkalkulation ein Balkendiagramm über die Altersstruktur des Unternehmens.
d) Errechnen Sie für die angegebenen Jahre die Fehlzeitenquoten und stellen Sie diese grafisch im Verlauf der Jahre dar. Ein Mitarbeiter arbeitet 1.700 Stunden im Jahr und ein Arbeitstag hat acht Stunden.
e) Errechnen Sie für die angegebenen Jahre die Fluktuationsquote und stellen Sie diese grafisch im Verlauf der Jahre dar.
Interpretieren Sie diese Entwicklung.
f) Errechnen Sie den durchschnittlichen Personalbestand.
g) Errechnen Sie die Umsatzentwicklung je Mitarbeiter und stellen Sie diese grafisch dar.

Merkmal	Anzahl 2017
Männer	90
Frauen	80
Vollzeit	120
Teilzeit	40
Auszubildende	10
Alter der Mitarbeiter	
bis 18 Jahre	5
18 bis 25 Jahre	10
26 bis 35 Jahre	30
36 bis 45 Jahre	31
46 bis 55 Jahre	38
56 bis 60 Jahre	40
61 bis 67 Jahre	14
über 67 Jahre	2
Summe	170

6.5 Personalentwicklung

Stofftelegramm

Durch den technologischen Fortschrift und die sich ändernde Arbeitswelt, hat erworbenes Wissen nur noch eine geringe „Halbwertszeit". Um die Mitarbeiter und damit das Unternehmen auf dem aktuellen Wissensstand zu halten, müssen die Mitarbeiter ständig gefördert werden.

Merke:
Personalentwicklung = alle Maßnahmen zur Förderung der beruflichen Qualifikation der Mitarbeiter

Ziele:

Aus Sicht des Unternehmens	Aus Sicht des Arbeitnehmers
• Fachkräftemangel vermeiden • Anpassung an technologische Veränderungen • Motivation der Mitarbeiter durch Aufstiegschancen • Steigerung der Leistungsfähigkeit der Mitarbeiter • Bindung der Mitarbeiter an das Unternehmen	• Aufstiegschancen wahrnehmen • Einkommensverbesserung • Motivationssteigerung durch anspruchsvollere Tätigkeit mit mehr Verantwortung • Arbeitsplatzsicherheit • Verbesserung der Chancen auf dem Arbeitsmarkt

Maßnahmen:

Förderung der Fachkompetenz durch:	Förderung der Personal- und Handlungskompetenz durch:
• Berufsausbildung • Fort- und Weiterbildungen • Umschulungen	• Laufbahn und Karriereplanung • Mitarbeitercoaching • Traineeprogramm

Maßnahmen, welche die Arbeitsorganisation betreffen, sollen die Motivation der Mitarbeite erhalten bzw. steigern. Häufig führen diese Maßnahmen zu mehr Eigenverantwortung des Mitarbeiters.

Beispiele:

- *regelmäßiger Arbeitsplatzwechsel, um eintönige Arbeit zu vermeiden; vor allem bei einfachen und sich ständig wiederholenden Tätigkeiten sinnvoll (Jobrotation)*
- *Arbeit in teilautonomen Gruppen, diese teilen sich Aufgaben, Arbeitseinsatz und Arbeitsplanung selbst auf (vgl. LF 8, Kap. 6.1 Arbeitszeitmodelle)*
- *Einfache Tätigkeiten werden durch anspruchsvollere Aufgaben ergänzt z. B. Lagerarbeite übernimmt für bestimmte Artikel die Wareneingangskontrolle (Jobenlargement).*
- *Mitarbeiter erhalten zusätzliche neue Aufgaben, z. B. Schulung neuer Kollegen im Fachbereich des Mitarbeiters → Übernahme zusätzlicher echter Verantwortung führt i. d. R. zu höherer Motivation (Jobenrichment).*

6.6 Personalbeurteilung

Stofftelegramm

Zweck:

- Grundlage für leistungsgerechte Entlohnung
- Perspektiven für die berufliche Weiterbildung und Fortbildung erkennen
- Steigerung der Motivation
- Grundlage für die Planung des Arbeitseinsatzes
- Grundlage für die Auswahl von Mitarbeitern bei Beförderung und Versetzung

Merke:
Bei der Erstellung von Personalfragebögen und allgemeinen Beurteilungsgrundsätzen ist der Betriebsrat zu beteiligen (§ 94 BetrVG).

Umfang der Beteiligung:

- Mit welchen Verfahren beurteilt wird,
- welche Kriterien beurteilt werden und
- mit welcher Gewichtung diese angewendet werden.

Methoden:

Summarische Beurteilung	Analytische Beurteilung
Wird der Mitarbeiter „im Ganzen“ beurteilt, ohne dass auf einzelne Merkmale eingegangen wird, spricht man von summarischen Methoden der Personalbeurteilung. In der Regel erfolgt die Beurteilung in freier Formulierung. **Vorteil:** Der Beurteiler kann auf die individuelle Eigenheiten besonders eingehen. **Nachteile:** • erheblicher Formulierungsaufwand • Spielraum für Beurteilungsfehler • geringe Vergleichbarkeit • Abhängigkeit von der Person des Beurteilers	Aufgrund vorgegebener fester Beurteilungskriterien muss der Beurteilende bewerten, z. B. durch Ankreuzen der Ausprägung bspw. als Schulnoten oder frei formulierte Antworten.

Arten:

Leistungsbeurteilung		Potenzialbeurteilung
regelmäßig	**außerplanmäßig (Anlassbeurteilung)**	
MA sollen in regelmäßigen Abständen beurteilt werden, um Entwicklungspotential zu erkennen, oder u. a. als Bewertungsmaßstab für leistungsgerechte Entlohnung. Maßstab: Verhalten und Leistung	Wenn sich der MA für eine Leitungsstelle bewirbt, findet i. d. R. eine Anlassbeurteilung statt, aber auch bei Problemen mit der Leistung oder mit dem Verhalten kann eine Beurteilung Grundlage für eine Lösung sein.	Die Persönlichkeit und die Fähigkeiten des MA werden beurteilt. Eigenschaften wie die persönliche Belastbarkeit oder die Urteils- und Durchsetzungsfähigkeit werden beurteilt.

Aufgaben

1. Welche Gründe gibt es für Personalentwicklung aus Sicht des Unternehmens und aus Sicht des Mitarbeiters?
2. Unterscheiden Sie berufliche Fortbildung und Weiterbildung voneinander.
3. Welche Maßnahmen der Arbeitsorganisation sind geeignet, die Arbeitsmotivation der Mitarbeiter zu erhalten und zu steigern?
4. Welchen Zweck erfüllen Personalbeurteilungen?
5. Unterscheiden Sie summarische und analytische Methoden der Personalbeurteilung voneinander.

6. Welche Vorteile bringt eine analytische Personalbeurteilung im Vergleich zu einer summarischen?
7. Worin liegt das Mitbestimmungsrecht des Betriebsrates bei der Personalbeurteilung?

6.7 Das Arbeitszeugnis

Stofftelegramm

Merke:
Der Arbeitnehmer hat immer am Ende seines Beschäftigungsverhältnisses Anspruch auf ein Arbeitszeugnis. Einen Anspruch auf ein Zwischenzeugnis gibt es nicht. Der Arbeitgeber ist angehalten, ein grundsätzlich wohlwollendes Arbeitszeugnis auszustellen.

Einfaches Arbeitszeugnis	Qualifiziertes Arbeitszeugnis
• Daten des Arbeitnehmers • Dauer der Beschäftigung • Dauer von längeren Unterbrechungen (z. B. Elternzeit) • Art der Tätigkeit im Unternehmen	wie das einfache Arbeitszeugnis, zusätzlich: Beurteilung über die Leistung und die Führung

7 Entlohnung

7.1 Entgeltformen

Stofftelegramm

Zeitlohn	
Eine Arbeitszeit ist geschuldet und diese wird auch vergütet (z. B. 38 Stunden in der Woche für 2.800,00 EUR brutto). **Anwendung:** Für Tätigkeiten, bei denen die Messung der geleisteten Arbeit nicht sinnvoll oder möglich ist, z. B. Büroarbeit, Leitungstätigkeit. Häufig auch bei Tätigkeiten, bei denen es auf Qualität und nicht auf Quantität ankommt.	
Leistungslohn	
Akkordlohn	Die Entlohnung erfolgt auf Basis der geleisteten Arbeit. Varianten: Stückakkord → fester Geldsatz je Stück oder Zeitakkord → Vorgabezeit je Stück wird mit dem Entgelt je Minute multipliziert Voraussetzung: Arbeitsleistung ist vom Mitarbeiter beeinflussbar und wiederkehrend, z. B. Kommissionieren einer Palette im Lager
Prämienlohn	Zum vereinbarten Grundlohn (Grundlohn darf Mindestlohn nicht unterschreiten) wird eine leistungsabhängige Prämie gezahlt.
Beteiligungslohn	Abhängig von Unternehmenskennzahlen und vom Unternehmenserfolg wird eine Entlohnung gewährt, z. B. Umsatzbeteiligung, Gewinnbeteiligung.

Ergänzungen zu andern Lohnformen	
Zulagen und Zuschläge	Entgelt für besondere Leistungen oder Belastungen, z. B. Nachtzulage, Schichtzulage, Schmutzzulage, Untertagezulage
Sondervergütungen	Vergütungen aufgrund besonderer Anlässe, z. B. 10-jährige Betriebszugehörigkeit
Sonstige Zuwendungen	monetäre oder Sachbezüge, z. B. Fahrtkostenerstattung, Dienstwagen, Werkswohnung, Zuschuss für Kinderbetreuung

7.2 Lohn- und Gehaltsabrechnung

Stofftelegramm

7.2.1 Überblick Sozialversicherungen (Stand: 2019)

Abkürzungen: KV, RV, AV, UV, PV = Kranken-, Renten-, Arbeitslosen-, Unfall-, Pflegeversicherung; **AN** = Arbeitnehmer; **AG** = Arbeitgeber; W = West; O = Ost; **BBG** = Beitragsbemessungsgrenze; **Z** = Zusatzbeitrag

	KV	RV	AV	PV	UV
Träger	AOK, Innungs-, Betriebs-, Ersatzkrankenkassen	Deutsche Rentenversicherung	Bundesagentur für Arbeit	Pflegekassen bei den Krankenkassen	Berufsgenossenschaften
Vers. pfl.	alle AN bis Versicherungspflichtgrenze **5.062,50 EUR (W + O)**	alle AN, Azubis	– wie RV –	Mitglieder der gesetzl./privaten Krankenkassen	alle Beschäftigten
BBG	Höhe: **4.537,50 EUR mtl. (W + O)**	**6.700,00 EUR mtl. (W) 6.150,00 EUR mtl. (O)**	– wie RV –	– wie KV –	– entfällt –
Beiträge	bis BBG steigend ab BBG konstant	– wie KV-	– wie KV/RV –	– wie KV –	nach Unfallgefahren
	AN: 7,3 % + Z · 0,5 AG: 7,3 % + Z · 0,5 Spezialfall: **450-Euro-Jobs**	AG und AN je 1/2	AG und AN je 1/2	AG und AN je 1/2; Kinderlosenzuschlag 0,25 % zahlt AN allein	AG allein
Beitr. satz	14,6 % (allgemeiner Beitragssatz	18,6 %	2,5 %	3,05 % (Kinderlosenzuschlag 0,25 %, nur AN ab 23 Jahre)	nach Unfallgefahren

	KV	RV	AV	PV	UV
LEISTUNGEN	• **Krankenhilfe:** Arzt-, Krankenhaus-, Arzneikosten; Krankengeld ab 7. Woche (70 % vom Bruttolohn); max. 90 % des Nettolohns • Vorsorgeuntersuchungen • Mutterschaftshilfe • Familienhilfe • Zuzahlung zu Arzneimitteln durch Versicherten	**Rentenzahlung** • Rente w. Alters • Rente wegen Berufs- oder Erwerbsunfähigkeit • Witwen- und Waisenrente **Rehabilitationsmaßnahmen**	• Arbeitslosengeld I und II • Kurzarbeitergeld • Winterausfallgeld • Insolvenzausfallgeld • KV-Beiträge Arbeitsloser • Berufsberatung • Arbeitsvermittlung • Umschulungen • Förderung Einstieg in Selbstständigkeit (Gründerzuschuss) • Ein-Euro-Jobs (= Zusatzjobs) vermitteln • Vermittlung von schwer vermittelbaren Arbeitslosen an Personal-Service-Agenturen (PSA) • Bewerbungstraining • berufliche Rehabilitation	• **Häusliche Pflege:** Sachleistung (Pflege durch Profis) bzw. Pflegegeld (bei Versorgung durch Angehörige) • **stationäre Pflege** • **Sonstige Leistungen:** Pflegehilfsmittel, technische Hilfen (z. B. Rollstühle), Zuschüsse zu notwendigen Umbauten, soziale Sicherung der Pflegepersonen • Leistungen je nach Pflegegrad	**Arbeitsunfallfolgen (auch Wegeunfälle):** • Krankenhilfe • Berufshilfe • Renten an Verletzte + Hinterbliebene **Unfallverhütung:** • Aufklärung • Belehrung • Überwachung

7.2.2 Beitragsbemessungsgrenze

Für die Sozialversicherungen gilt jeweils eine Bemessungsgrenze, welche den maximalen Grundwert für die prozentuale Berechnung der Beiträge darstellt.

Beispiel für die Krankenversicherung:
Beitragsbemessungsgrenze Krankenversicherung: 4.537,50 EUR
Beitragssatz ohne Zusatzbeitrag: 14,6 %

Arbeitnehmer A verdient mtl. 3.900,00 EUR brutto → 14,6 % = 569,40 EUR Beitrag
Arbeitnehmer B verdient mtl. 4.800,00 EUR brutto → max. Grundwert 4.537,50 EUR → 14,6 % = 662,48 EUR (Höchstbeitrag 2019)
Auch wenn B mehr verdient steigt sein Beitrag nicht über 662,48 EUR.

7.2.3 Versicherungspflichtgrenze

Beim Überschreiten der Grenze ist es dem Arbeitnehmer freigestellt, sich bei einer privaten Krankenversicherung voll versichern zu lassen oder freiwillig in der gesetzlichen Krankenversicherung zu bleiben. → Es besteht eine Versicherungsplicht, d.h., der Arbeitnehmer muss sich nachweislich in einer privaten oder gesetzlichen Krankenversicherung versichern.

7.2.4 Lohnsteuerklassen

I	II	III	IV	V	VI
ledig	ledig mit Kind/ Kindern	verheiratet und Ehegatte ist in Lohnsteuerklasse V oder ohne Arbeit	verheiratet und beide sind in Lohnsteuerklasse IV	verheiratet und Ehegatte ist in Lohnsteuerklasse III	ab dem zweiten Arbeitsverhältnis wird für dieses die Lohnsteuerklasse VI genommen

Verheiratete haben grundsätzlich die Wahl, welche Kombination der Lohnsteuerklassen für sie die optimale ist (III + V, IV + IV). Es gibt auch die Möglichkeit, die Lohnsteuerklassen IV mit Faktorverfahren zu wählen. Dabei wird die Lohnsteuer prozentual im Verhältnis der Einkommen zueinander erhoben.

7.2.5 Ermittlung der Lohnsteuer

Die monatliche Lohnsteuerzahlung stellt eine Vorauszahlung auf die jährliche Einkommensteuer dar. Für die Berechnung der jährlichen Einkommensteuer findet der § 32 a Einkommensteuergesetz (EStG) Anwendung.[1]

Die monatliche Lohnsteuer, lässt sich mithilfe diverser Softwarelösungen errechnen oder anhand einer Lohnsteuertabelle ablesen.

Zunächst wird das steuer- und sozialversicherungspflichtige Gehalt ermittelt (Bruttolohn plus steuerpflichtige Zulagen wie vermögenswirksame Leistungen oder Fahrtkostenzuschuss)[2].

Die für den Arbeitnehmer steuerlich relevanten Daten müssen vorliegen:

- Lohnsteuerklasse
- Kinderfreibeträge
- Kirchensteuerpflicht

[1] *Das Finanzministerium stellt hier einen Steuerrechner zur Verfügung: www.bmf-steuerrechner.de/.*
[2] *Fahrtkostenzuschüsse sind grundsätzlich steuerpflichtig, werden aber bis zu einer gewissen Grenze pauschal mit 15 % versteuert und unterliegen dann nicht der Sozialversicherung. Der Einfachheit halber wird hier eine Versteuerung wie „normale Einkünfte" angenommen.*

Beispiel: *Ein verheirateter Arbeitnehmer (Lohnsteuerklasse IV) mit einem Kinderfreibetrag verdient 2.300,00 EUR brutto. Er ist wohnhaft in Biberach und in der evangelischen Landeskirche[1] Baden-Württemberg.*

1. Bei 2.300,00 EUR Einkommen geht man in die Spalte Lohn/Gehalt und dann in die Zeile 2.300,99 EUR (immer der nächst höhere Wert).
2. Lesen Sie die Lohnsteuer (LSt.) bei Lohnsteuerklasse IV ab. → 249,25 EUR
3. Wählen Sie die Spalte mit einem Kinderfreibetrag.
4. Lesen Sie bei Lohnsteuerklasse IV den Solidaritätszuschlag und die Kirchensteuer ab. → SolZ = 9,07 EUR, KiSt. (8 %) = 13,19 EUR

Abzüge an Lohnsteuer, Solidaritätszuschlag (SolZ) und Kirchensteuer (8%, 9%) in den Steuerklassen

Lohn/ Gehalt bis €*	I – VI					I, II, III, IV		mit Zahl der Kinderfreibeträge . . . 0,5			1			1,5			2			2,5			3**		
		LSt	ohne Kinderfreibeträge SolZ	8%	9%		LSt	SolZ	8%	9%	SolZ	8%	9%	SolZ	8%	9%	SolZ	8%	9%	SolZ	8%	9%	SolZ	8%	9%
2 297,99	I,IV	248,58	13,67	19,88	22,37	I	248,58	9,03	13,14	14,78	0,85	6,82	7,67	—	1,56	1,75	—	—	—	—	—	—	—	—	—
	II	205,66	11,31	16,45	18,50	II	205,66	6,82	9,92	11,16	—	3,95	4,44	—	—	—	—	—	—	—	—	—	—	—	—
	III	42,16	—	3,37	3,79	III	42,16	—	—	—	—	—	—	—	—	—	—	—	—	—	—	—	—	—	—
	V	504,33	27,73	40,34	45,38	IV	248,58	11,31	16,46	18,51	9,03	13,14	14,78	6,82	9,92	11,16	0,85	6,82	7,67	—	3,95	4,44	—	1,56	1,75
	VI	536,66	29,51	42,93	48,29																				
2 300,99	I,IV	249,25	13,70	19,94	22,43	I	249,25	9,07	13,19	14,84	0,96	6,86	7,72	—	1,60	1,80	—	—	—	—	—	—	—	—	—
	II	206,41	11,35	16,51	18,57	II	206,41	6,85	9,97	11,21	—	3,99	4,49	—	—	—	—	—	—	—	—	—	—	—	—
	III	42,66	—	3,41	3,83	III	42,66	—	—	—	—	—	—	—	—	—	—	—	—	—	—	—	—	—	—
	V	505,33	27,79	40,42	45,47	IV	249,25	11,35	16,51	18,57	9,07	13,19	14,84	6,86	9,98	11,22	0,96	6,86	7,72	—	4,—	4,50	—	1,60	1,80
	VI	537,66	29,57	43,01	48,38																				
2 303,99	I,IV	249,91	13,74	19,99	22,49	I	249,91	9,10	13,24	14,90	1,08	6,91	7,77	—	1,63	1,83	—	—	—	—	—	—	—	—	—
	II	207,08	11,38	16,56	18,63	II	207,08	6,89	10,02	11,27	—	4,03	4,53	—	—	—	—	—	—	—	—	—	—	—	—
	III	43,16	—	3,45	3,88	III	43,16	—	—	—	—	—	—	—	—	—	—	—	—	—	—	—	—	—	—
	V	506,16	27,83	40,49	45,55	IV	249,91	11,38	16,56	18,63	9,10	13,24	14,90	6,89	10,02	11,27	1,08	6,91	7,77	—	4,04	4,54	—	1,63	1,83
	VI	538,50	29,61	43,08	48,46																				
2 306,99	I,IV	250,66	13,78	20,05	22,55	I	250,66	9,14	13,30	14,96	1,21	6,96	7,83	—	1,66	1,87	—	—	—	—	—	—	—	—	—
	II	207,75	11,42	16,62	18,69	II	207,75	6,92	10,07	11,33	—	4,07	4,58	—	—	—	—	—	—	—	—	—	—	—	—
	III	43,66	—	3,49	3,92	III	43,66	—	—	—	—	—	—	—	—	—	—	—	—	—	—	—	—	—	—
	V	507,16	27,89	40,57	45,64	IV	250,66	11,42	16,62	18,69	9,14	13,30	14,96	6,93	10,08	11,34	1,21	6,96	7,83	—	4,08	4,59	—	1,66	1,87
	VI	539,50	29,67	43,16	48,55																				

Quelle: Stollfuß Tabellen, Gesamtabzug 2019, Monat, Allgemeine Tabelle, 107. Auflage, Stollfuß Medien, Bonn 2019, S. T 33.

Merke:
Bei gegebener Lohnsteuer berechnet man den Solidaritätszuschlag (SolZ) und die Kirchensteuer (KiSt.) in Prozent der Lohnsteuer (ohne Berücksichtigung von Freibeträgen).

Zu obigem **Beispiel:**
SolZ → 5,5 % der Lohnsteuer (249,25 EUR) = 13,71 EUR
KiSt. → 8 % der Lohnsteuer (249,25 EUR) = 19,94 EUR

7.2.6 Berechnung

Beispiel: *Der 25-jährige, kinderlose Mitarbeiter bekommt 2.300,00 EUR Gehalt und 20,00 EUR vermögenswirksame Leistungen. Insgesamt werden monatlich 40,00 EUR direkt auf seinen vL-Bausparvertrag überwiesen. Seine Krankenversicherung verlangt 1 % Zusatzbeitrag.*

[1] *Der Kirchensteuersatz in Baden-Württemberg und Bayern beträgt 8 %, im übrigen Bundesgebiet 9 %.*

Abrechnung Arbeitnehmer			
Bruttogehalt			**2.300,00 EUR**
+ Zulagen (vermögenswirksame Leistungen, Fahrtkostenzuschuss ...)			20,00 EUR
= steuer- und sozialversicherungspflichtiges Gehalt[1]			**2.320,00 EUR**
– Lohnsteuern		370,66 EUR	
– Solidaritätszuschlag	0 %	0,00 EUR	
– Kirchensteuer	8 %	5,88 EUR	
Summe Steuern			**376,54 EUR**
– Krankenversicherung	7,8 %[2]	180,96 EUR	
– Pflegeversicherung	1,775 %	41,18 EUR	
– Arbeitslosenversicherung	1,25 %	29,00 EUR	
– Rentenversicherung	9,3 %	215,76 EUR	
Summe Sozialversicherungen			**466,90 EUR**
= Nettolohn			**1.476,56 EUR**
– vermögenswirksame Leistungen			40,00 EUR
– Vorauszahlung			200,00 EUR
= Überweisungsbetrag			**1.236,56 EUR**

Beitrag Sozialversicherung Arbeitgeber		
Krankenversicherung	7,800 %	180,96 EUR
Pflegeversicherung	1,525 %	35,38 EUR
Arbeitslosenversicherung	1,250 %	29,00 EUR
Rentenversicherung	9,300 %	215,76 EUR
Summe		**461,10 EUR**

Die Beiträge für die Sozialversicherung werden ebenfalls vom sozialversicherungspflichtigen Gehalt des Arbeitnehmers berechnet.

Berechnung der Gesamtaufwendung für den Arbeitnehmer	
Bruttogehalt + Zulagen	2.320,00 EUR
Arbeitgeberanteil SV	461,10 EUR
Summe	**2.781,10 EUR**

[1] *Eventuelle Steuerfreibeträge mindern das steuerpflichtige Gehalt und somit die Grundlage für die Besteuerung.*
[2] *Ab 2019 teilen sich Arbeitnehmer und Arbeitgeber den Zusatzbeitrag je zur Hälfte.*

7.2.7 Ablauf Überweisung der Sozialversicherung und Lohnsteuer

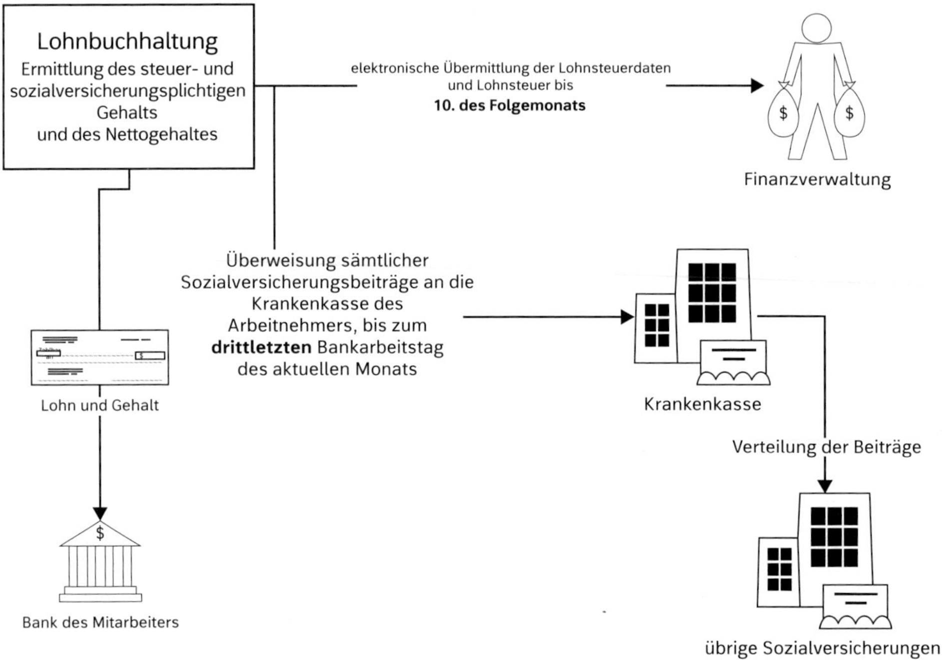

Aufgaben

1. Sandras[1] Bruder Thorsten, 28 Jahre und ledig, arbeitet seit acht Jahren bei der MOSTEC GmbH als Bürokaufmann.
   Er hat ein Bruttogehalt von 2.650,00 EUR, bekommt aber nur 1.687,00 EUR im Monat überwiesen.
   a) Erläutern Sie, wie dieser Unterschied zustande kommt.
   b) Thorsten hat in einem Artikel gelesen, dass sich die prozentualen Beiträge zur Sozialversicherung in den letzten 50 Jahren nahezu verdoppelt haben. Erläutern Sie hierzu zwei Gründe.
   c) Im gleichen Artikel liest er die Begriffe Beitragsbemessungsgrenze und Versicherungspflichtgrenze.
   Grenzen Sie die Begriffe voneinander ab.

2. Alexander Sommer, 34 Jahre alt, leitender Angestellter, ist verheiratet und hat zwei Kinder. Er arbeitet und lebt mit seiner Familie in Freiburg. Sein monatliches Bruttogehalt beträgt 4.094,00 EUR. Seine Ehefrau Isabella ist zurzeit nicht berufstätig, da sie die Kinder und den Haushalt versorgt.
   Ermitteln Sie das Nettogehalt und den Auszahlungsbetrag von Alexander Sommer für den Monat Januar anhand der **Anlagen 1 und 2.**

[1] *Prüfung AWL/WISO Sommer 2014.*

Bitte berücksichtigen Sie sämtliche Steuern und Sozialversicherungen.

Hinweis: Herr Sommer zahlt Kirchensteuer.

Zudem berücksichtigen Sie bitte in der Gehaltsabrechnung von Herrn Sommer seinen vL-Bausparvertrag: Vor Auszahlung des Gehalts werden mit Herrn Sommers monatlichem Eigenbeitrag von 20,00 EUR und der monatlichen Unterstützung des Arbeitgebers von 20,00 EUR insgesamt monatlich 40,00 EUR direkt auf seinen vL-Bausparvertrag überwiesen.

Anlage 1

Lohn/ Gehalt	Abzüge an Lohnsteuer, Solidaritätszuschlag (SolZ) und Kirchensteuer (8%, 9%) in den Steuerklassen																								
	I – VI					I, II, III, IV																			
			ohne Kinderfreibeträge					mit Zahl der Kinderfreibeträge . . . 0,5			1			1,5			2			2,5			3**		
bis €*		LSt	SolZ	8%	9%		LSt	SolZ	8%	9%	SolZ	8%	9%	SolZ	8%	9%	SolZ	8%	9%	SolZ	8%	9%	SolZ	8%	9%
4 115,99	I,IV	726,75	39,97	58,14	65,40	I	726,75	33,95	49,38	55,55	28,22	41,05	46,18	22,77	33,13	37,27	17,62	25,63	28,83	12,75	18,55	20,87	8,17	11,89	13,37
	II	671,33	36,92	53,70	60,41	II	671,33	31,04	45,16	50,80	25,46	37,03	41,66	20,16	29,32	32,99	15,15	22,04	24,79	10,42	15,16	17,06	5,58	8,71	9,80
	III	411,83	22,65	32,94	37,06	III	411,83	18,08	26,30	29,59	13,66	19,88	22,36	1,73	13,65	15,35	—	7,92	8,91	—	3,13	3,52	—	—	—
	V	1 133,08	62,31	90,64	101,97	IV	726,75	36,92	53,71	60,42	33,95	49,38	55,55	31,05	45,16	50,81	28,22	41,05	46,18	25,46	37,04	41,67	22,77	33,13	37,27
	VI	1 169,33	64,31	93,54	105,23																				

Quelle: Stollfuß Tabellen, Gesamtabzug 2019, Monat, Allgemeine Tabelle, 107. Auflage, Stollfuß Medien, Bonn 2019, S. T 70.

Anlage 2

Sozialversicherung	Allgemeiner Beitragssatz
Krankenversicherung	14,6 % 1 % Zusatzbeitrag[1]
Pflegeversicherung	3,05 % 0,25 % Kinderlosenzuschlag
Rentenversicherung	18,6 %
Arbeitslosenversicherung	2,5 %
Bemessungsgrenzen	
Renten- und Arbeitslosenversicherung	6.700,00 EUR im Monat
Kranken- und Pflegeversicherung	4.537,50 EUR im Monat

3. Volker erfährt zufällig das Gehalt seines Ausbilders Herr Maier, 34 Jahre. Das Brutto gehalt von Herrn Maier liegt bei 2.850,00 EUR. Volker überlegt, wie viel Herr Maier jeden Monat überwiesen bekommt, wenn dessen Ehefrau nicht berufstätig ist. Volker ist bekannt, dass Herr Maier keine Kinder hat und der katholischen Kirche angehört.
   a) In welcher Steuerklasse befindet sich Herr Maier? (Antwort mit Begründung)
   b) Erstellen Sie die Gehaltsabrechnung und geben Sie den Überweisungsbetrag an, den Herr Maier auf sein Konto bekommt, unter Verwendung folgender Angaben:
      - Lohnsteuer: 165,00 EUR
      - Kirchensteuer: 8 %
      - Solidaritätszuschlag: 5,5 %

      Hinweis: Beiträge zu Sozialversicherung entnehmen Sie bitte Aufgabe 2.
      - Vermögenswirksame Leistungen des Arbeitgebers: 36,00 EUR
      - Vermögenswirksames Sparen: 55,00 EUR

[1] *Diesen teilen sich Arbeitnehmer und Arbeitgeber je zur Hälfte.*

4. Thomas Müller überlegt, zum 01.06.2019 seinen Arbeitsplatz zu wechseln. Aus diesem Grund hat er sich bei der Zaun AG (Herstellung und Vertrieb von Gartenzäunen) beworben. Nach dem Vorstellungsgespräch bekommt Thomas Müller folgende finanzielle Ausgestaltungen für seinen Arbeitsvertrag angeboten:
Grundgehalt: 3.820,00 EUR zzgl. vermögenswirksame Leistungen des Arbeitgebers in Höhe von 13,00 EUR. Er selbst will zusätzlich jeden Monat 27,00 EUR in seinen Bausparvertrag (vermögenswirksame Leistungen des Arbeitnehmers) einbezahlen.
Thomas Müller ist 43 Jahre alt und verheiratet. Er hat mit seiner Frau, die zurzeit in Elternzeit ist, zwei Kinder im Alter von zwei und fünf Jahren. Bei der Lohnsteuerabrechnung werden diese ihm zugerechnet. In seiner Freizeit ist Thomas Müller aktives Mitglied des katholischen Pfarrgemeinderates Stuttgart.

Bei seinem jetzigen Arbeitgeber verfügt Thomas Müller über ein Nettoeinkommen i. H. v. 2.550,00 EUR.

a) Überprüfen Sie durch einen rechnerischen Vergleich, ob es sich für Thomas Müller aus finanziellen Aspekten lohnen würde, den Arbeitsplatz zu wechseln.

Lohn/ Gehalt	Abzüge an Lohnsteuer, Solidaritätszuschlag (SolZ) und Kirchensteuer (8%, 9%) in den Steuerklassen																								
	I – VI		ohne Kinderfreibeträge			I, II, III, IV		mit Zahl der Kinderfreibeträge . . . 0,5			1			1,5			2			2,5			3**		
bis €*		LSt	SolZ	8%	9%		LSt	SolZ	8%	9%	SolZ	8%	9%	SolZ	8%	9%	SolZ	8%	9%	SolZ	8%	9%	SolZ	8%	9%
3 833,99	I,IV	644,66	35,45	51,57	58,01	I	644,66	29,64	43,12	48,51	24,13	35,10	39,49	18,90	27,50	30,93	13,96	20,31	22,85	9,31	13,54	15,23	1,78	7,19	8,09
	II	591,16	32,51	47,29	53,20	II	591,16	26,85	39,06	43,94	21,48	31,24	35,15	16,39	23,84	26,82	11,60	16,87	18,98	7,09	10,31	11,60	—	4,28	4,81
	III	349,66	19,23	27,97	31,46	III	349,66	14,77	21,49	24,17	5,63	15,21	17,11	—	9,29	10,45	—	4,26	4,79	—	0,18	0,20	—	—	—
	V	1 033,58	56,84	82,68	93,02	IV	644,66	32,51	47,30	53,21	29,64	43,12	48,51	26,85	39,06	43,94	24,13	35,10	39,49	21,48	31,25	35,15	18,90	27,50	30,93
	VI	1 069,83	58,84	85,58	96,28																				

Quelle: Stollfuß Tabellen, Gesamtabzug 2019, Monat, Allgemeine Tabelle, 107. Auflage, Stollfuß Medien, Bonn 2019, S. T 64.

Hinweis: Die Daten für die Sozialversicherung entnehmen Sie bitte der Aufgabe 1.

b) Erläutern Sie drei weitere Gründe, die neben dem finanziellen Aspekt für oder gegen einen Arbeitsplatzwechsel sprechen könnten.

8 Kapitelübergreifende Aufgabe

Peter Sieger hat nach erfolgreich bestandener Abschlussprüfung zum Bürokaufmann mit der IT-Solution GmbH einen unbefristeten Arbeitsvertrag abgeschlossen. (Die folgenden Teilaufgaben sind mithilfe der Gesetzestexte §§ 611–626 BGB zu lösen.)

a) In welcher Form muss der dem Arbeitsverhältnis zugrunde liegende Vertrag abgeschlossen werden?

Die IT-Solution GmbH bietet ihren Mitarbeitern gleitende Arbeitszeit an.

b) Erklären Sie dieses Arbeitszeitmodell.
c) Welche Vor- und Nachteile hat die Gleitzeit aus der Sicht des Arbeitnehmers? Zählen Sie jeweils zwei Vor- und Nachteile auf.

Laut Arbeitsvertrag erhält Herr Sieger ein monatliches Gehalt in Höhe von 2.300,00 EUR. In der Betriebsvereinbarung liest er, dass für seine Stelle ein Gehalt von 2.500,00 EUR bezahlt wird und im Tarifvertrag ist ein Gehalt von 2.400,00 EUR festgeschrieben.

d) Erläutern Sie den Begriff Betriebsvereinbarung.

e) Auf welches Gehalt hat Herrn Sieger jetzt Anspruch? Begründen Sie Ihre Entscheidung.

Herr Sieger lädt seine neuen Arbeitskollegen zur Feier des gelungenen Einstandes zu sich nach Hause zum Essen ein. Zu vorgerückter Stunde nennt der Lohnbuchhalter Lämmle das Gehalt des Geschäftsführers der GmbH.

f) Beurteilen Sie den Fall und nennen Sie zwei mögliche Folgen für Herrn Lämmle.

Sekretärin Frau Steiner erzählt, dass sie am nächsten Tag eine ärztliche Bescheinigung über ihre Schwangerschaft dem Personalchef vorlegen wird.

g) Welche arbeitsrechtliche Bedeutung hat dies für die GmbH?

Sachbearbeiterin Lisa Hurtig, 24 Jahre, eröffnet, dass sie am 04.09.2016 selbst gekündigt hat, da sie nach München zu ihrem Freund zieht.

h) Begründen Sie, zu welchem Termin (Angabe des genauen Datums) Frau Hurtig die GmbH verlassen kann.

Lernfeld 9: Liquidität sichern und Finanzierung vorbereiten

1 Liquidität sichern

Stofftelegramm

Liquidität = Fähigkeit eines Unternehmens, jederzeit seinen Zahlungsverpflichtungen nachzukommen

Unterliquidität = Auszahlungen > Einzahlungen dauerhaft zu vermeiden, da sonst die Existenz des Unternehmens gefährdet ist

Überliquidität = Einzahlungen > Auszahlungen
Hohe Überschüsse sollten sofort wieder verwendet werden. Möglichkeiten: Investition, Schuldentilgung, Anlagemöglichkeiten

Als Hilfsmittel, um den Bestand an liquiden Mitteln festzuhalten, dient der Liquiditätsstatus.

Liquiditätsstatus zum 01.12.20..					
	Guthaben	**Kreditsumme**	**Kreditlimit**	**Liquide Mittel**	
Kassenbestand	1.500,00 EUR			1.500,00 EUR	
Kontokorrentkonto[1]	– EUR	20.000,00 EUR	50.000,00 EUR	30.000,00 EUR	
Tagesgeldkonto	– EUR			– EUR	
liquide Mittel					**31.500,00 EUR**
erwartete Einzahlungen Debitoren					40.000,00 EUR
erwartete Einzahlungen aus Geschäft					4.000,00 EUR
sonstige erwartete Einzahlungen					1.000,00 EUR
Summe der Einzahlungen					**45.000,00 EUR**

[1] *Kontokorrentkonto = Girokonto des Unternehmers.*

Zahlungskraft		**76.500,00 EUR**
Auszahlungen Kreditoren		34.000,00 EUR
Privatentnahme		15.000,00 EUR
Zinsen		5.000,00 EUR
sonstige Auszahlungen		2.500,00 EUR
Summe der Auszahlungen		**56.500,00 EUR**
(+) **Überdeckung**/(–) **Unterdeckung**		**20.000,00 EUR**

Aufgabe

Beurteilen Sie den obigen Liquiditätsstatus.

2 Liquidität planen

Stofftelegramm

Finanzplan:
Eine Möglichkeit, für ausreichende Liquidität im Unternehmen zu sorgen, ist die Erstellung von Finanzplänen.

Der Finanzplan stellt eine Einnahme-Ausgabe-Vorausrechnung dar. Er soll das finanzielle Gleichgewicht zwischen Einnahmen und Ausgaben über mehrere Perioden in der Zukunft sicherstellen. Je weiter in die Zukunft gerechnet wird, umso unsicherer der Finanzplan.

	Finanzplan für Periode 1
	geschätzte Einnahmen
./.	geschätzte Ausgaben
=	Überschuss bzw. Defizit eventuell zu beschaffende Mittel

Die Mittelbeschaffung kann folgendermaßen erfolgen:

- kurzfristig
  - Kreditlimit(-erhöhung) des Kontokorrentkontos
  - Lieferantenkredit
  - Privateinlagen des Unternehmers
  - kurzfristiges Darlehen bei Kreditinstituten
  - alternativ, wenn möglich, geplante Ausgaben verschieben (Investitionen/Kfz usw.)

- langfristig
  - langfristiges Darlehen bei Kreditinstituten
  - Unternehmensbeteiligungen
  - bei schlechter Zahlungsmoral der Kunden das Forderungsmanagement verbessern

Finanzplan 1. Halbjahr (in Euro)						
Monate / Einn./Ausg.	Januar	Februar	März	April	Mai	Juni
Einnahmen						
Erlöse (inkl. USt.)	50.000,00	55.000,00	48.000,00	50.000,00	52.000,00	58.000,00
sonstige Einnahmen	2.000,00			5.000,00		
Einlagen						
Summe der Einnahmen	**52.000,00**	**55.000,00**	**48.000,00**	**55.000,00**	**52.000,00**	**58.000,00**
Ausgaben						
Personalausgaben	15.000,00	15.000,00	15.000,00	15.000,00	15.000,00	15.000,00
Privatentnahme	5.000,00	5.000,00	5.000,00	5.000,00	5.000,00	5.000,00
Materialeinkauf (inkl. USt.)	20.000,00	20.000,00	22.000,00	19.000,00	18.000,00	20.000,00
Abschreibungen	3.000,00	3.000,00	3.000,00	3.000,00	3.000,00	3.000,00
Tilgungen	4.000,00	4.000,00	4.000,00	4.000,00	4.000,00	4.000,00
Investitionen (inkl. USt.)	5.000,00	5.000,00	5.000,00	5.000,00	5.000,00	5.000,00
sonstige Auszahlungen		1.000,00			1.500,00	
Summe der Ausgaben	**52.000,00**	**53.000,00**	**54.000,00**	**51.000,00**	**51.500,00**	**52.000,00**
Überschuss/Defizit	**0,00**	**2.000,00**	**−6.000,00**	**4.000,00**	**500,00**	**6.000,00**
zu beschaffende Mittel	**–**	**–**	**−6.000,00**	**–**	**–**	**–**
Kontokorrentkonto	**2.000,00**	**4.000,00**	**−2.000,00**	**2.000,00**	**2.500,00**	**8.500,00**

Aufgabe

Was ist ein Finanzplan und welche Aufgabe hat er?

3 Liquidität bewerten

Stofftelegramm

Liquidität 1. Grades

$$\text{(Barliquidität)} = \frac{\text{flüssige Mittel} \cdot 100}{\text{kurzfr. Verbindlichkeiten}}$$

- **Anmerkung:**
  - flüssige Mittel = Bank + Kasse
  - kurzfr. Verbindlichkeiten = Verb. a. LL. + kurzfr. Verb. gg. Kreditinstituten + evtl. kurzfr. Rückstellungen und Dividenden
- **Geforderter Mindestwert:**
  Hier gilt die (One-to-five Rate), d. h. 1 : 5-Regel → ein Fünftel (20 %) der kurzfristigen Verbindlichkeiten soll durch liquide Mittel gedeckt sein.

Liquidität 2. Grades

$$\text{(einzugsbedingte Liquidität)} = \frac{\text{flüssige Mittel + kurzfr. Forderungen} \cdot 100}{\text{kurzfr. Verbindlichkeiten}}$$

- **Anmerkung:**
  - flüssige Mittel = Bank + Kasse
  - kurzfr. Forderungen = Forderungen a. LL. + Wertpapiere
  - kurzfr. Verbindlichkeiten = Verb. a. LL. + kurzfr. Verb. gg. Kreditinstituten + evtl. kurzfr. Rückstellungen und Dividenden
- **Geforderter Mindestwert:**
  Hier gilt die (One-to-One-Rate), d. h. 1 : 1-Regel → 100 % der kurzfristigen Verbindlichkeiten sollen durch liquide Mittel und kurzfristige Forderungen gedeckt sein.
- **Auswirkungen einer zu niedrigen Liquidität:**
  - Imageproblem
  - Zusammenarbeit mit Lieferanten
  - Zusammenarbeit mit dem Finanzamt
  - evtl. Lagerbestände zu hoch (Kapitalbindung)
  - Bestände Fertigerzeugnissen allgemein zu hoch (Kapitalbindung)
  - Evtl. droht bei dauernder Zahlungsunfähigkeit die Insolvenz.

Maßnahmen zur Verbesserung der Liquidität:

- Bestände senken
- Forderungsmanagement verbessern
- kurzfristige Verbindlichkeiten in langfristige Umwandeln bzw. abbauen

Kritik:

- Vergangenheitszahlen (Bilanzstichtag liegt weit zurück)
- wichtige Daten fehlen (Fälligkeiten, Kreditzusagen)
- leicht manipulierbar (Transaktionen am Bilanzstichtag)

Aufgaben

1. Warum ist eine ausreichende Liquidität für das Unternehmen wichtig?
2. Ermitteln Sie auf Basis der vorliegenden Bilanz die Liquidität 1. Grades und 2. Grades.
3. Erläutern Sie Ihre Ergebnisse.

Aktiva	**vereinfachte Bilanz zum 31.12.20.. (in Euro)**		**Passiva**
Anlagevermögen		**Eigenkapital**	**2.620.000,00**
Grundstücke und Gebäude	2.000.000,00	**Fremdkapital**	
Maschinen	1.500.000,00	langfr. Verb. gg. Kreditinstituten	2.000.000,00
Fuhrpark	300.000,00	kurzfr. Verb. gg. Kreditinstituten	300.000,00
Betriebs- u. Geschäftsausstattung	100.000,00	Verbindlichkeiten a. LL.	900.000,00
Wertpapiere	20.000,00		
Umlaufvermögen			
Rohstoffe	250.000,00		
Hilfs- und Betriebsstoffe	120.000,00		
halbfertige Erzeugnisse	120.000,00		
fertige Erzeugnisse	200.000,00		
Forderungen a. LL.	1.000.000,00		
Kasse	10.000,00		
Bank	200.000,00		
Summe	**5.820.000,00**	**Summe**	**5.820.000,00**

4 Zahlungseingänge sichern

Stofftelegramm

Möglichkeiten der Sicherung von Zahlungseingängen bzw. die Vermeidung von Zahlungsausfällen/Zahlungsverzögerungen:

Eigentumsvorbehalt

- Lieferer behält sich Eigentum bis zur vollständigen Bezahlung der Ware vor.
- Käufer wird Besitzer, Verkäufer bleibt Eigentümer bis zur vollständigen Zahlung.
- Vertragsklausel: „Die Ware bleibt bis zur vollständigen Zahlung unser Eigentum."

Eigentumsvorbehalt erlischt, wenn/bei ... Ware vollständig bezahlt ist.
... Veräußerung der Ware an gutgläubigen Dritten
... Verarbeitung, Verbrauch oder Zerstörung der Ware
... Verbindung der Ware mit unbeweglicher Sache (z. B. Gebäude)

Bonitätsprüfung

- Warum? → Vermeidung von Zahlungsausfällen
- Wann? → Kundenauftrag geht ein!
- Wer?
- Bestandskunden, deren Zahlungsmoral sich verschlechtert hat
- Bestandskunden, die auffällig sind

- generell Neukunden oder ab einen bestimmten Auftragswert
- Wie?

1. Schritt: Informationen sammeln

Neukunden	Bestandskunden
Extern: • SCHUFA • Selbstauskunft • Kreditinstitute • Geschäftspartner • Lieferanten • Kammern • Handelsregister	• **Intern:** – Debitorenliste – Außendienstmitarbeiter • **Extern:** siehe Neukunden

2. Schritt: Analysieren und Prüfen

- Sicherheiten
  - Ruf des Unternehmens
  - Rechtsform
  - Haftungs-/Vertretungsverhältnisse
  - Vermögenswerte/Schulden
- Potenzial des Unternehmens
  - Wie wird sich das Unternehmen in der Zukunft entwickeln?
  - Chancen/Risiken
- Bestandskunden
  - Kreditlimit
  - Zahlungsverhalten des Kunden
- Inkassomaßnahmen

3. Schritt: Begründete Entscheidung treffen über Annahme/Ablehnung des Kundenauftrags

Aufgaben

1. Warum sollte ein Unternehmen seine Zahlungseingänge sichern?
2. Welche Möglichkeiten der Sicherung gibt es?

5 Zahlungseingänge überwachen

Stofftelegramm

Kunde zahlt nicht?

Einerseits wollen wir den Kunden nicht verlieren, andererseits wollen wir auch unser Geld haben! Wir bewegen uns zwischen Kulanz und dem Ausschöpfen aller rechtlichen Mittel.

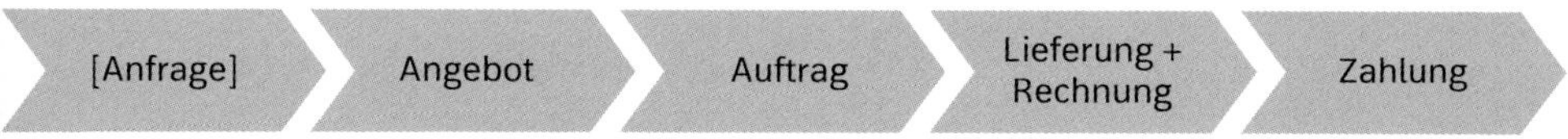

Abwicklung von Aufträgen: Zahlungsverzug

LaSo GmbH **30.01.2019**

Debitor fällige Posten

Beleg-Nr.	**Debitor**	**Beschreibung**	**Fällikeit**	**Restbetrag**
25001 vom 15.12.2018	24003 Bau Mit GmbH (10230)	AR Handelsware Montagetisch Arbeitsstuhl	16.01.2019	12.653,20

Bearbeiten Sie diese Situation. Prüfen Sie dazu:

1. Liegt Zahlungsverzug vor? Fälligkeit?
2. Welche Rechte hat die LaSo GmbH grundsätzlich? Wie entscheiden Sie in diesem Fall?
3. Wie lange hat die LaSo GmbH Zeit, ihre Ansprüche durchzusetzen?
4. Wie kann sich die LaSo GmbH gegen Zahlungsverzug schützen?

Mögliches Lösungsmuster:

1. Schritt:

Voraussetzungen für Zahlungsverzug (§§ 271, 286 BGB) Fälligkeit?	Im vorliegenden Fall erfüllt?
1. Zahlung fällig a) Zahlungstermin kalendarisch bestimmt (Anfang/Ende Mai, 30.06. ...) → Verzug ohne Mahnung b) Zahlungstermin kalendarisch bestimmbar (zahlbar zehn Tage nach Rechnungsdatum) c) Zahlungstermin nicht kalendarisch bestimmt (sofort, ab Mai 20.. ;14 Tage nach Rechnungserhalt) → Verzug durch Mahnung, Mahnung entbehrlich, wenn 30 Tage nach Rechnungszugang (Gläubiger hat Nachweispflicht!) verstrichen sind oder Schuldner die Zahlung verweigert; bei Verbrauchsgüterkauf (Verbraucher kauft etwas von Unternehmer) muss Käufer aber auf diese Regelung besonders hingewiesen werden. **2. Käufer hat Verzug zu vertreten** → entfällt bei Gattungskauf → Geldschulden sind immer Gattungsschulden	Zahlung ist am 16.01. fällig. Mahnung ist nicht erforderlich: Zahlungstermin ist kalendarisch bestimmt, außerdem sind 30 Tage nach Rechnungszugang verstrichen (es handelt sich um einen zweiseitigen Handelskauf, also zwischen zwei Unternehmern, Hinweis ist nicht erforderlich).
→ Liegt Zahlungsverzug vor?	☑ Ja | ☐ Nein

2. Schritt:

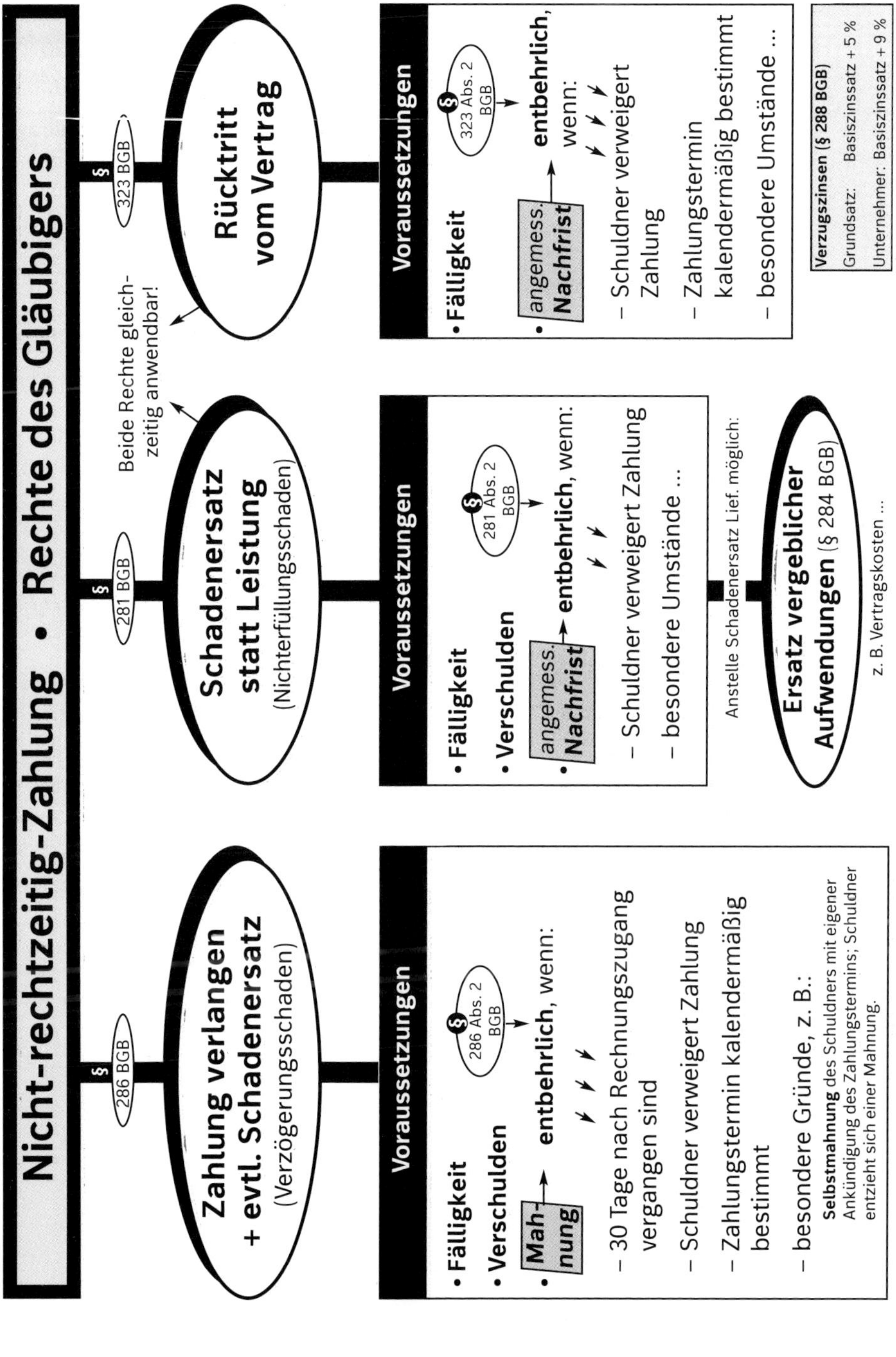
Nicht-rechtzeitig-Zahlung • Rechte des Gläubigers
§ 286 BGB
§ 281 BGB
§ 323 BGB
Beide Rechte gleichzeitig anwendbar!
Zahlung verlangen + evtl. Schadenersatz (Verzögerungsschaden)
Schadenersatz statt Leistung (Nichterfüllungsschaden)
Rücktritt vom Vertrag
Voraussetzungen
• Fälligkeit
• Verschulden
• Mahnung → entbehrlich, wenn:
§ 286 Abs. 2 BGB
– 30 Tage nach Rechnungszugang vergangen sind
– Schuldner verweigert Zahlung
– Zahlungstermin kalendermäßig bestimmt
– besondere Gründe, z. B.:
Selbstmahnung des Schuldners mit eigener Ankündigung des Zahlungstermins; Schuldner entzieht sich einer Mahnung.
Voraussetzungen
• Fälligkeit
• Verschulden
• angemess. Nachfrist → entbehrlich, wenn:
§ 281 Abs. 2 BGB
– Schuldner verweigert Zahlung
– besondere Umstände ...
Anstelle Schadenersatz Lief. möglich:
Ersatz vergeblicher Aufwendungen (§ 284 BGB)
z. B. Vertragskosten ...
Voraussetzungen
• Fälligkeit
• angemess. Nachfrist → entbehrlich, wenn:
§ 323 Abs. 2 BGB
– Schuldner verweigert Zahlung
– Zahlungstermin kalendermäßig bestimmt
– besondere Umstände ...
Verzugszinsen (§ 288 BGB)
Grundsatz: Basiszinssatz + 5 %
Unternehmer: Basiszinssatz + 9 %

Rechte des Gläubigers (§§ 433, 286 Abs. 2, 323, 281 BGB)	Im vorliegenden Fall:
	Zahlung fordern und **Verzugszinsen berechnen**, evtl. Nachfrist setzen und bei nicht erfolgter Begleichung der Rechnung zusätzlich Schadenersatz fordern

Berechnung der Verzugszinsen (§§ 288, 247, 187, 188 BGB):

$$\text{kaufmännische Zinsformel} = Z = \frac{K \cdot p \cdot t}{360 \cdot 100}$$

Anmerkungen:
Z = Zinsen
K = Kapitaleinsatz
p = Jahreszinssatz
t = Laufzeit in Tagen

Jahreszinssatz (§ 288 BGB):
Grundsatz → Basiszinssatz + 5 %
Unternehmer → Basiszinssatz[1] + 9 %

Annahme: Basiszinssatz = −0,88 %

Rechnungszugang: 15.12.2018	**Fälligkeit:** 16.01.2019	**Heute:** 30.01.2019
Verzugszeit: 14 Tage		**Berechnung**
Rechnungsbetrag	12.653,20 EUR	
+ Verzugszinsen	39,96 EUR	Zinssatz: 8,12 % $z = \frac{K \cdot p \cdot t}{360 \cdot 100}$ $= \frac{12.653,20 \cdot 8,12 \cdot 14}{360 \cdot 100} \sim 39,96$ EUR
= neuer Forderungsbetrag	12.693,16 EUR	

[1] *Den Basiszinssatz legt die Europäische Zentralbank immer zum 01.01. und 01.07. fest.*

3. Schritt:

Wie lange können Ansprüche aus Zahlungsverzug erhoben werden? (Verjährung: § 194 ff. BGB)	Im vorliegenden Fall:
• regelmäßige Verjährung drei Jahre (§ 195 BGB), Beginn mit Schluss des Jahres, in dem Anspruch entstanden ist • evtl. Hemmung und Neubeginn der Verjährung beachten (s. u.)	Anspruch entstanden am 16.01.2018, Beginn Verjährungsfrist am 31.12.2018 bis 31.12.2022

4. Schritt:

Sicherung und Durchsetzung von Ansprüchen	Im vorliegenden Fall:
Vorher: • Eigentumsvorbehalt (einfach) • Vorauskasse • Überprüfung der Bonität des Kunden • Anzahlungen • Zahlung bei Lieferung • Zahlungsausfallversicherung • Forderungsabtretung	**Nachher:** • außergerichtliches Mahnverfahren • Gerichtliches Mahnverfahren: vom Mahnbescheid bis zur Zwangsvollstreckung

Das außergerichtliche Mahnverfahren

Möglicher Ablauf (viele Alternativen denkbar):

1. Mahnung:
- höfliche Zahlungserinnerung
- evtl. Beilage der Rechnungskopie

↓ erfolglos ↓

2. Mahnung:
- Mahnung in der Form eines höflichen Briefes
- ausdrückliche Zahlungsaufforderung, evtl. Setzen einer Zahlungsfrist
- evtl. erneute Beilage der Rechnungskopie
- evtl. Mahngebühren
- evtl. Verzugszinsen

↓ erfolglos ↓

3. Mahnung:
- Setzen einer letzten Zahlungsfrist
- evtl. Androhung:
  - Postnachnahme
  - Einschalten eines Inkassoinstitutes
  - Einschalten der Rechtsabteilung
- evtl. Mahngebühren
- evtl. Verzugszinsen

↓ erfolglos ↓

4. Mahnung:
- letzte Mahnung mit Androhung des gerichtlichen Mahnverfahrens (Mahnbescheid)
- evtl. Mahngebühren
- evtl. Verzugszinsen

↓ erfolglos ↓

Zustellung Mahnbescheid = Beginn des gerichtlichen Mahnverfahrens

Hinweis: Laut Lehrplan ist nur die regelmäßige Verjährungsfrist zu behandeln.

Die Verjährungsfristen (§ 194 ff. BGB)

Wirkung der Verjährung (§ 214 BGB): Nach Eintritt der Verjährung ist Schuldner berechtigt, die Leistung zu verweigern (**Leistungsverweigerungsrecht**)

3 Jahre (§ 195 BGB)

= regelmäßige Verjährungsfrist

Beginn: Schluss des Jahres, in dem Anspruch entstand und Gläubiger Kenntnis hat (§ 199 BGB)

Sonderregelungen im Gewährleistungsrecht

- betrifft die meisten Ansprüche
- Höchstfrist ohne Rücksicht auf Kenntnis: 10 Jahre (§ 199 Abs. 4)

(**Sonderregelungen für Schadenersatzansprüche**)

sofern **regelmäßig wiederkehrende Leistungen**

10 Jahre (§ 196 BGB)

Beginn: Entstehung Anspruch (§ 200 BGB)

u. a.: Rechte an **Grundstücken** sowie Ansprüche auf Gegenleistung (Zahlung) bei Grundstücken ...

30 Jahre (§ 197 BGB)

§ 200 f. BGB	**Beginn mit**
• Herausgabeansprüche aus Eigentum und anderen dinglichen Rechten (z. B. Pfandrecht)	Entstehung Anspruch
• familien- + erbrechtliche Ansprüche	Entstehung Anspruch
• rechtskräftig festgestellte Ansprüche (Urteil)	Rechtskraft der Entscheidung
• Ansprüche aus vollstreckbaren Vergleichen bzw. Urkunden (Vollstreckungsbescheid)	Errichtung des vollstreckbaren Titels
• vollstreckbare Ansprüche aus Insolvenzen	Feststellung im Insolvenzverfahren

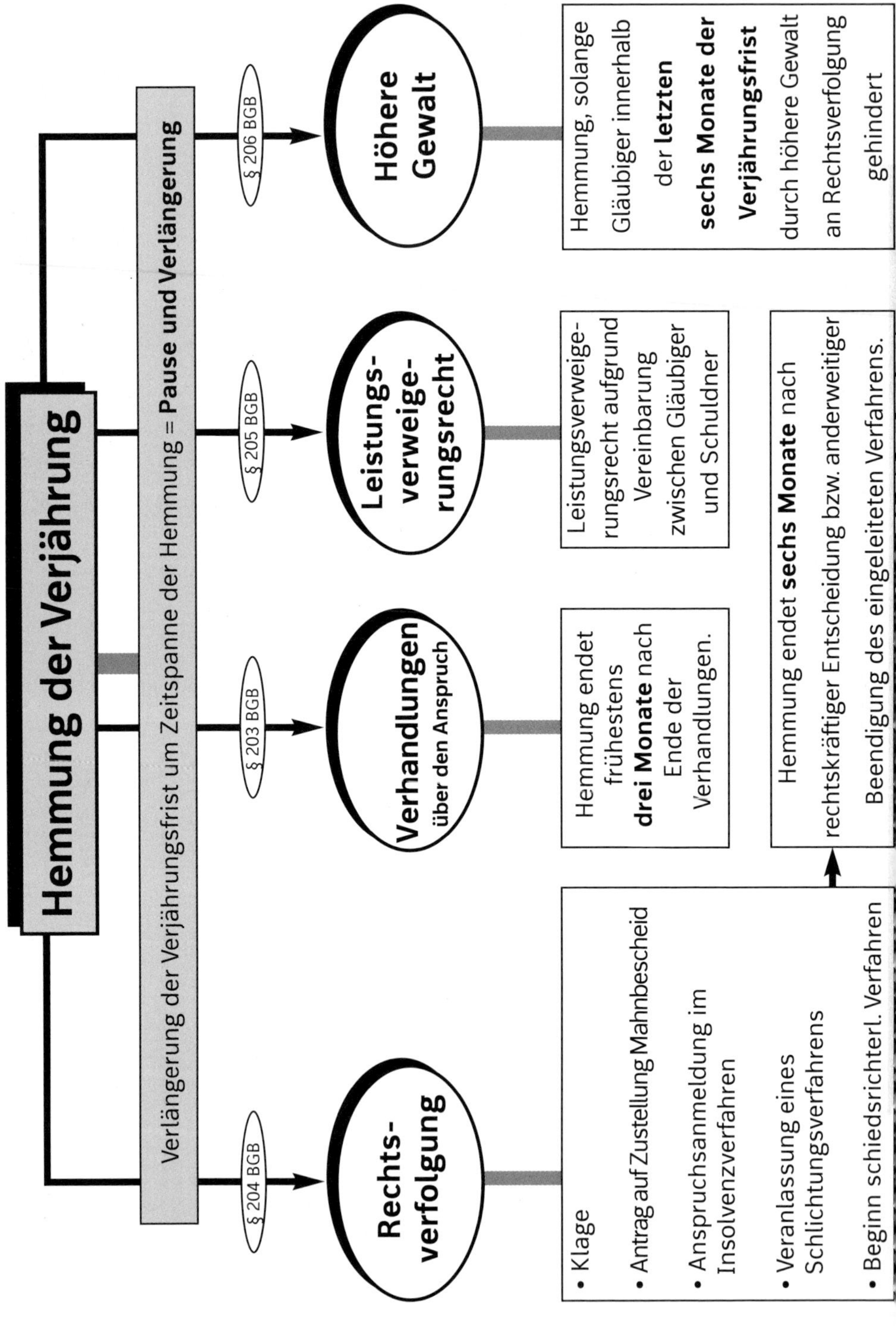
Hemmung der Verjährung
Verlängerung der Verjährungsfrist um Zeitspanne der Hemmung = **Pause und Verlängerung**
§ 204 BGB
Rechts-verfolgung
• Klage
• Antrag auf Zustellung Mahnbescheid
• Anspruchsanmeldung im Insolvenzverfahren
• Veranlassung eines Schlichtungsverfahrens
• Beginn schiedsrichterl. Verfahren
Hemmung endet **sechs Monate** nach rechtskräftiger Entscheidung bzw. anderweitiger Beendigung des eingeleiteten Verfahrens.
§ 203 BGB
Verhandlungen über den Anspruch
Hemmung endet frühestens **drei Monate** nach Ende der Verhandlungen.
§ 205 BGB
Leistungs-verweige-rungsrecht
Leistungsverweigerungsrecht aufgrund Vereinbarung zwischen Gläubiger und Schuldner
§ 206 BGB
Höhere Gewalt
Hemmung, solange Gläubiger innerhalb der **letzten sechs Monate der Verjährungsfrist** durch höhere Gewalt an Rechtsverfolgung gehindert

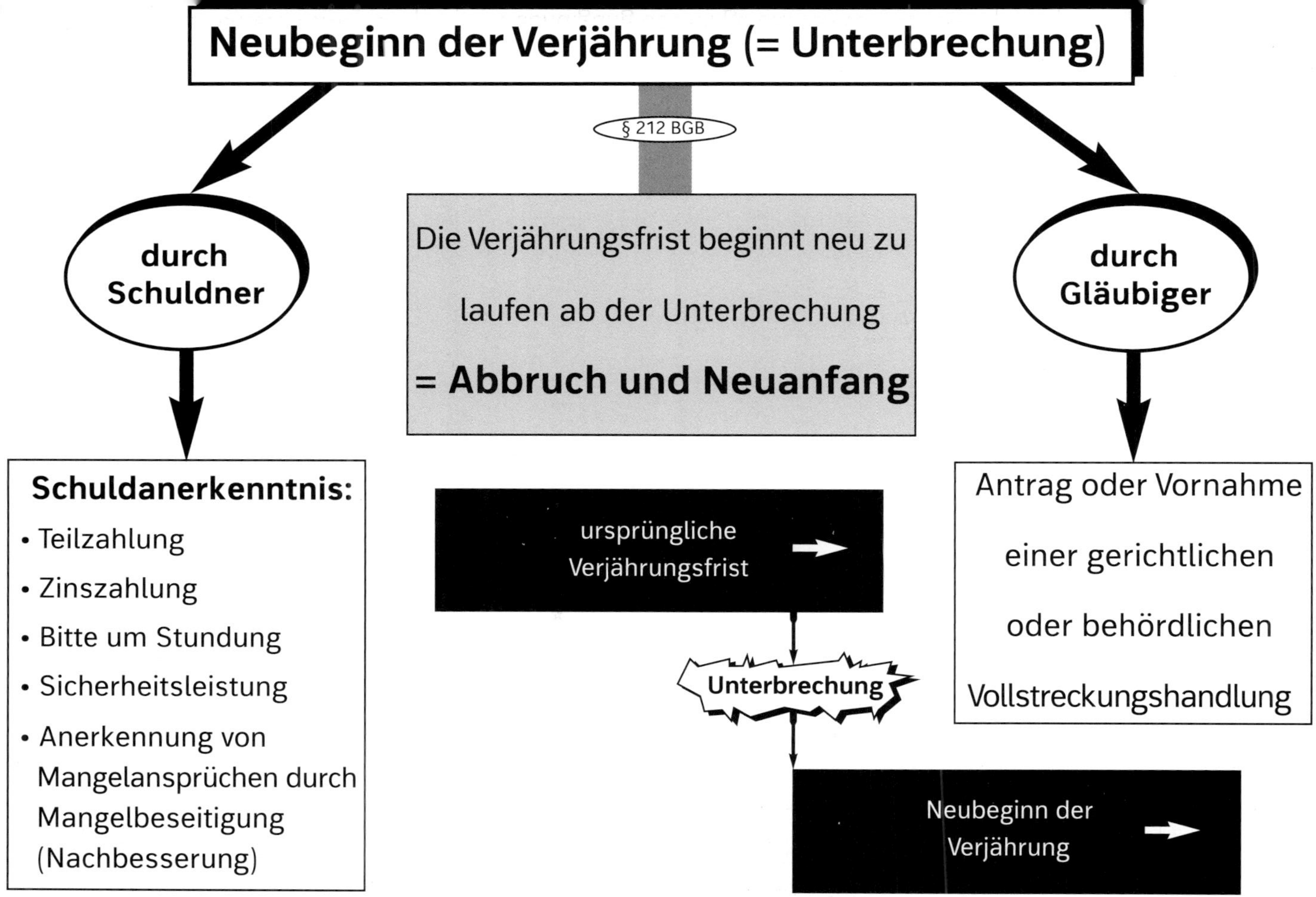
Neubeginn der Verjährung (= Unterbrechung)
§ 212 BGB
durch Schuldner
Schuldanerkenntnis:
• Teilzahlung
• Zinszahlung
• Bitte um Stundung
• Sicherheitsleistung
• Anerkennung von Mangelansprüchen durch Mangelbeseitigung (Nachbesserung)
Die Verjährungsfrist beginnt neu zu laufen ab der Unterbrechung
= Abbruch und Neuanfang
ursprüngliche Verjährungsfrist
Unterbrechung
Neubeginn der Verjährung
durch Gläubiger
Antrag oder Vornahme einer gerichtlichen oder behördlichen Vollstreckungshandlung

Aufgaben

1. Käufer K zahlt nicht rechtzeitig.

   Welche **Rechte** hat der Verkäufer und welche **Voraussetzungen** sind zu beachten?

2. Privatmann Wetzel kauft von Privatmann Bauer ein Auto.

   Wie viel Prozent **Verzugszinsen** kann Bauer verlangen, wenn Wetzel nicht rechtzeitig zahlt?

3. Privatmann Wetzel kauft von Firma Schnorr ein Fernsehgerät.

   Wie viel Prozent **Verzugszinsen** kann Firma Schnorr verlangen, wenn Wetzel nicht rechtzeitig zahlt?

4. Firma Schnorr kauft bei der „Elek-GmbH" zehn Fernsehgeräte.

   Wie viel Prozent **Verzugszinsen** kann die Elek-GmbH verlangen, wenn Firma Schnorr nicht rechtzeitig zahlt?

5. Die Elek-GmbH liefert an Firma Schnorr zehn Fernsehgeräte. Firma Schnorr erhält die Rechnung am **10.01.**
   a) Es wurde **kein Zahlungsziel** vereinbart.
      Ab wann befindet sich Firma Schnorr in Verzug, wenn **keine Mahnung** versandt wurde?
   b) Es wurde **kein Zahlungsziel** vereinbart.
      Ab wann befindet sich Firma Schnorr in Verzug, wenn am 20.01. eine **Mahnung** versandt wurde?
   c) **Zahlungsziel:** Zahlung bis spätestens 24.01.
      Ab wann befindet sich Firma Schnorr in Verzug?

6. a) Welche Verjährungsfristen gelten für welche Forderungen?
   b) Wann beginnen die Verjährungsfristen jeweils zu laufen?

7. Was bedeutet **Neubeginn** der Verjährung? Nennen Sie zwei Beispiele.

8. Was bedeutet **Hemmung** der Verjährung? Nennen Sie zwei Beispiele.

9. K kauft von V am 20.02.2017 einen Ferrari. Wann ist die Forderung verjährt?

10. • V liefert an K eine Spezialmaschine.
    • Fälligkeit des Kaufpreises: 10.06.2019

    Am 20.12.2022 (kurz vor Ende der Verjährungsfrist) hat K immer noch nicht bezahlt. K und V beginnen mit Verhandlungen über die Zahlungsmodalitäten, weil hierüber noch diverse Unklarheiten bestehen. Am 20.03.2023 bricht V die Verhandlungen ab und verlangt sofortige Zahlung. K verweigert die Zahlung und beruft sich auf Verjährung.

    Klären Sie die Rechtslage.

11. Welche Wirkung hat die Einreichung des Antrags auf Mahnbescheid auf die Verjährung?

12. Welche Wirkung haben folgende Aktionen auf die Verjährung?
    a) Antrag auf Zwangsvollstreckung
    b) Veranlassung eines Schlichtungsverfahrens
    c) Zinszahlung des Schuldners
    d) Bitte um Stundung durch den Schuldner
    e) Klageeinreichung
    f) Höhere Gewalt verhindert Rechtsverfolgung.
    g) Teilzahlung des Schuldners
    h) Antrag und Zustellung des Mahnbescheids

6 Beteiligungs- und Selbstfinanzierung rechtsformabhängig planen

6.1 Bilanzieller Zusammenhang zwischen Investition und Finanzierung

Stofftelegramm

- **Investitionsanlässe:**
  - grundlegende Investitionsbereitschaft (optimistische Stimmung)
  - Erstinvestition mit Anlage- und Umlaufvermögen (Gründungsinvestition)
  - Erweiterungsinvestitionen (Kapazität des Betriebs steigt)
  - Ersatzinvestitionen (Kapazität des Betriebs bleibt gleich)
  - Rationalisierungsinvestitionen (Verbesserung der vorhandenen Betriebsmittel/Maschinen)
- **Finanzierungsanlässe:**
  - Investitionen
  - Liquiditätsengpässe
  - Umfinanzierungen (z. B. kurzfristiges in langfristiges Kapital)
- **Art der Investition:**
  - Sachinvestition: Maschinen, Gebäude, Grundstücke, Werkzeuge, Rohstoffe usw.
  - Finanzinvestition: Beteiligungsrechte, Aktien, Sparanlagen, festverzinsliche Wertpapiere
  - Immaterielle Investitionen: Rechte, Lizenzen, Forschung und Entwicklung, Aus-/Fortbildung

6.2 Überblick Rechtsformen[1] der Unternehmen

Stofftelegramm

Unternehmensform

- **Einzelunternehmen**
  Es gibt nur einen Betriebsinhaber.
- **Gesellschaftsunternehmen**
  Vereinigung von Personen zur Verfolgung eines gemeinsamen Zwecks
  - Personengesellschaften
    - **Kommanditgesellschaft (KG)**
    - Offene Handelsgesellschaft (OHG)
    - Gesellschaft bürgerlichen Rechts (GbR)
    - GmbH & Co. KG
  - Kapitalgesellschaften
    - **Gesellschaft mit beschränkter Haftung (GmbH)**
    - Aktiengesellschaft (AG)

6.2.1 Entscheidungskriterien[2] für die Wahl der Rechtsform

Gründungsvoraussetzungen	Manche Unternehmensformen setzen bei ihrer Gründung eine bestimmte Mindesteinlage oder auch eine Mindestzahl an Gründern voraus.
Firma	Name, unter dem der Vollkaufmann seine Geschäfte betreibt und unterschreibt. Er kann unter seiner Firma klagen und verklagt werden. (Personenfirma, Sachfirma, Fantasienamen)
Geschäftsführung	**Leitung** des Betriebes im **Innenverhältnis**, z. B. Mitarbeiter beurteilen, Anweisungen erteilen, Vollmachten einräumen • **Einzelgeschäftsführungsbefugnis:** Ist jemand hierzu berechtigt, so kann er Entscheidungen allein treffen. • **Gesamtgeschäftsführungsbefugnis:** Zur Wirksamkeit einer Entscheidung bedarf es eines Gesamtbeschlusses der hierzu Berechtigten.
Vertretung	Das Recht, bindende Willenserklärungen gegenüber Dritten abzugeben (z. B. Kaufverträge). **Außenverhältnis:** • **Einzelvertretung:** Der Inhaber dieses Rechtes kann das Unternehmen **allein** gegenüber Dritten vertreten. • **Gesamtvertretung:** Alle oder mehrere Gesellschafter sind nur **gemeinsam** zur Vertretung des Unternehmens berechtigt.

Lehrplanrelevant: Einzelunternehmung, Kommanditgesellschaft, Gesellschaft mit beschränkter Haftung.
Lehrplanrelevant: Geschäftsführung, Vertretung, Haftung, Gewinn-/Verlustbeteiligung, Kapitalbeschaffung.

<table>
<tr><td>Haftung</td><td colspan="2">Legt fest, in welchem Maße die Gesellschafter für die Verbindlichkeiten der Gesellschaft einzustehen haben.
• unbeschränkt = Haftung Privat- und Geschäftsvermögen
• unmittelbar = Gläubiger kann sich an jeden wenden, der zur Haftung verpflichtet ist. Dieser kann nicht auf die Mithaftung anderer verweisen.
• solidarisch (gesamtschuldnerische Haftung) = Haftung für die gesamten Schulden (nicht nur zum Teil)</td></tr>
<tr><td>Gewinn- und Verlustbeteiligung</td><td colspan="2">Wie wird der Gewinn/Verlust an die Eigentümer verteilt bzw. wer entscheidet über die Verteilung? Gesetzliche und vertragliche Regelungen müssen beachtet werden.</td></tr>
<tr><td>Kapitalbeschaffung/ Kapitalaufbringung</td><td>Eigenkapitalbeschaffung:
Fähigkeit/Möglichkeiten, Eigenkapital zu beschaffen</td><td>Fremdkapitalbeschaffung:
Fähigkeit/Möglichkeiten, Fremdkapital zu beschaffen</td></tr>
<tr><td>Rechnungslegung (Veröffentlichungspflicht)</td><td colspan="2">Wie umfangreich ist der Jahresabschluss?
Kapitalgesellschaften sind verpflichtet, ihren Jahresabschluss (Bilanz, GuV) + Anhang + Lagebericht offenzulegen.
Ziel: Information der Eigentümer, der Gläubiger, der Finanzbehörden und der Öffentlichkeit über Vermögen, Schulden, Ertragslage</td></tr>
<tr><td>Belastung mit Ertragssteuern</td><td colspan="2">Wem werden die Gewinne steuerlich zugerechnet und wie werden diese besteuert?</td></tr>
</table>

6.2.2 Einzelunternehmen

→ Einzelunternehmer = alleiniger Eigentümer

Firma: Zusatz „e. K." (eingetragener Kaufmann) bzw. „e. Kfm." bzw. „e. Kffr."

Haftung:
- Privat- und Geschäftsvermögen (= unbeschränkte Haftung)
- persönlich, unmittelbar

Geschäftsführung: Unternehmer allein

Vertretung: Unternehmer allein

Gewinn-/Verlustbeteiligung: Gewinne stehen in voller Höhe dem Unternehmer zu, Verluste gehen in voller Höhe zu seinen Lasten → hohes Risiko (siehe Haftung)

Kapitalbeschaffung/Kapitalaufbringung:

Eigenkapitalbeschaffung	Fremdkapitalbeschaffung
Abhängig von: • Höhe Privatvermögen Unternehmer • Bereitschaft, Privatvermögen in das Unternehmen zu investieren	Abhängig von: • Höhe Privatvermögen Unternehmer • Eigenkapital der Unternehmung • Sicherheiten

Vorteile:
- schnelle Entscheidungen (keine Abstimmungen)
- keine Streitigkeiten in Unternehmensführung
- keine Gewinnaufteilung

Nachteile:
- keine Risiko-(Haftungs-)Teilung
- begrenzte Kapitalbeschaffungsmöglichkeiten
- einseitige Unternehmenspolitik
- evtl. Arbeitsüberlastung

Bedeutung:
- häufigste Unternehmensform
- geeignet für kleine bis mittelgroße Unternehmen
- große Entfaltungsmöglichkeiten des Unternehmers

Gesellschaft

→ mindestens zwei Gesellschafter

Gründe für Gesellschaftsbildung:
- Kapitalvermehrung
- Verteilung der Arbeitslast
- Aufteilung Unternehmerrisiko
- Erhöhung der Kreditwürdigkeit
- Heranziehen von Fachleuten

Nachteile einer Gesellschaft:
- weniger Entscheidungsfreiheit (Geschäftsführung und Vertretung in verschiedenen Händen)
- Entscheidungsverzögerungen durch Meinungsverschiedenheiten
- Gewinnaufteilung

Aufgaben

1. Knut Säusel eröffnet eine Einzelunternehmung. Wie könnte die Firma lauten?
2. Wie haftet der Einzelunternehmer?
3. Nennen Sie je drei Vor- und Nachteile der Einzelunternehmung.

6.2.3 Kommanditgesellschaft (KG)

Gesellschafter:	• Komplementäre = Vollhafter • Kommanditisten = Teilhafter	
Firma:	Kommanditgesellschaft, Firmenname + Rechtsformzusatz „KG“	
Haftung: • Komplementäre:	unbeschränkt, unmittelbar, solidarisch	
• Kommanditisten:	– Es haftet nur die Einlage lt. HR-Eintragung. Ist die Einlage nicht voll geleistet, haftet der Kommanditist für die Resteinzahlung mit seinem Privatvermögen. – Haftung bei Neueintritt: bis zur Eintragung ins HR wie Komplementär, erst nach HR-Eintragung als Kommanditist	
Geschäftsführung (Innenverhältnis): • Komplementäre:	– Bei gewöhnlichen Rechtsgeschäften ist jeder allein berechtigt und verpflichtet. – Im Gesellschaftsvertrag kann die Geschäftsführung für einzelne Komplementäre beschränkt oder ganz ausgeschlossen werden. – Außergewöhnliche Rechtsgeschäfte benötigen die Zustimmung aller Gesellschafter.	
• Kommanditisten:	– von Führung der Geschäfte ausgeschlossen – können jedoch außergewöhnlichen Rechtsgeschäften widersprechen	
Vertretung (Außenverhältnis): • Komplementäre:	Jeder hat allein das Recht, gewöhnliche und außergewöhnliche Rechtsgeschäfte vorzunehmen (Zweck: Schutz von Dritten).	
• Kommanditisten:	sind zur Vertretung nicht berechtigt	
Gewinn-/Verlustanteil: • Komplementäre:	Gewinn: – 4 % der Kapitaleinlage – Rest in angemessenem Verhältnis (besser im Gesellschaftsvertrag regeln) – Recht auf Privatentnahmen während des Jahres Verlust: in angemessenem Verhältnis (besser im Gesellschaftsvertrag regeln)	
• Kommanditisten:	Gewinn: – 4 % der Kapitaleinlage – Rest in angemessenem Verhältnis Verlust: in angemessenem Verhältnis	
Kapitalbeschaffung/ Kapitalaufbringung:	Eigenkapitalbeschaffung:	Fremdkapitalbeschaffung:
• Komplementäre: • Kommanditisten:	– Gesellschafter stellen aus dem Privatvermögen zusätzliches EK zur Verfügung – Gesellschafter verzichten auf eine Gewinnausschüttung – Aufnahme neuer Gesellschafter	Abhängig vom: – Privatvermögen der Komplementäre – Gesellschaftsvermögen

Aufgaben

1. An der Firma Moll & Co. KG sind die Komplementäre Moll und Stoll sowie die Kommanditisten Filz und Milz beteiligt. Moll kauft ohne Vorabsprache für die Gesellschaft Aktien für 390.000,00 EUR. Prüfen Sie die Rechtslage.
2. Am 13.05. tritt ein Kommanditist in eine bestehende KG **neu** ein. Der Handelsregistereintrag erfolgt am 30.05. Erklären Sie die zwischenzeitliche Situation.
3. Wann haften **alle** Kommanditisten einer KG ausnahmsweise voll?
4. Ein **Kommanditist** schließt namens der KG einen Kaufvertrag über 100,00 EUR. Ist der Vertrag für die KG bindend? Begründung.
5. Können **Kommanditisten** bei entsprechender Gesellschaftsvertragsgestaltung eine komplementärähnliche „Machtposition“ ausüben (Innen- und Außenverhältnis berücksichtigen)?
6. Kommanditkapital des Kommanditisten K: 100.000,00 EUR (Haftsumme)

   Davon wurden bereits eingezahlt: 70.000,00 EUR

   Gläubiger G wendet sich an K zwecks Einziehung seiner Forderung gegenüber der KG in Höhe von 50.000,00 EUR. Muss K zahlen? Begründung.
7. Wie beeinflusst der **Gewinnanteil** eines Kommanditisten seinen Kapitalanteil?
8. Haftet ein **neuer Kommanditist** auch für alte Schulden der KG?
9. Nennen Sie die **Rechte und Pflichten** der a) Komplementäre, b) Kommanditisten.

6.2.4 Gesellschaft mit beschränkter Haftung (GmbH)

<table>
<tr><td>Gesellschafter:</td><td colspan="2">mindestens ein Gesellschafter</td></tr>
<tr><td>Firma:</td><td colspan="2">Firmenname + Firmenzusatz „mbH“</td></tr>
<tr><td>Haftung:</td><td colspan="2">• GmbH haftet als juristische Person mit ihrem gesamten Gesellschaftsvermögen.
• keine persönliche Haftung der Gesellschafter</td></tr>
<tr><td>Geschäftsführung (Innenverhältnis)
Vertretung (Außenverhältnis)</td><td colspan="2">• durch Geschäftsführer = Gesellschafter oder Angestellter
• Gesamtgeschäftsführungsbefugnis und Gesamtvertretungsmacht bei mehreren Geschäftsführern
• Die Bestellung erfolgt
– im Gesellschaftsvertrag (sinnvoll, falls Geschäftsführer = Gesellschafter)
– oder durch Gesellschafterversammlung.</td></tr>
<tr><td>Gewinn-/Verlustanteil:</td><td colspan="2">Gewinnverteilung erfolgt
• entsprechend der Geschäftsanteile,
• durch Organe (Vorstand, Aufsichtsrat),
• durch Gesellschafterversammlung,
• ist evtl. im Gesellschaftervertrag geregelt.</td></tr>
<tr><td rowspan="2">Kapitalbeschaffung/ Kapitalaufbringung</td><td>Eigenkapitalbeschaffung:</td><td>Fremdkapitalbeschaffung:</td></tr>
<tr><td>• Aufnahme neuer Gesellschafter
• Gesellschafter verzichten auf eine Gewinnausschüttung</td><td>• abhängig von der Höhe des Gesellschaftsvermögens
• Die beschränkte Haftung erschwert i. d. R. die Fremdkapitalbeschaffung (Sicherheiten fehlen).</td></tr>
</table>

Aufgaben

1. Wie ist die Haftung vor und nach Entstehung geregelt?

2. Bei einer GmbH sind am Stammkapital von 50.000,00 EUR die Gesellschafter A mit 20.000,00 EUR, B mit 15.000,00 EUR und C mit 15.000,00 EUR beteiligt.
   a) Besteht die Möglichkeit, dass B Geschäftsführer wird?
   b) Geschäftsführer B kauft eine Fabrikhalle für 150.000,00 EUR, ohne vorher A und C zu fragen. Rechtsgültig? Begründung.
   c) Wie ist b) zu beantworten, wenn A und B Geschäftsführer wären?
   d) Geschäftsführer A ernennt den Angestellten D zum Prokuristen. Rechtsgültig? Begründung.

3. a) Die Geschäftsführer einer GmbH sind laut Gesellschaftsvertrag zur Gesamtvertretung befugt. Erklären Sie diesen Begriff und nennen Sie je zwei Gründe für und gegen eine derartige Regelung.
   b) Nach der Ansicht eines Gesellschafters sollte man die GmbH in eine KG umwandeln. Formulieren Sie je drei Argumente für und gegen diesen Vorschlag.

6.3 Finanzierungsarten

Stofftelegramm

Überblick Finanzierungsarten

	Außenfinanzierung Kapital fließt dem Unternehmen von außen zu		**Innenfinanzierung** Kapital kommt aus dem Unternehmen selbst	
1. Woher kommt das Kapital? (Mittelherkunft)	**Kreditfinanzierung** Langfristig: • Darlehen (Abzahlungs-, Ratendarlehen, Annuitätendarlehen) • Leasing Kurzfristig: • Kontokorrentkredit (Dispo des Unternehmens) • Lieferantenkredit • Factoring (Forderungskauf eines Dritten)	**Beteiligungsfinanzierung (Einlagenfinanzierung)** • Erhöhung der Kapitaleinlagen der Eigentümer aus dem Privatvermögen • Aufnahme neuer Gesellschafter	**Selbstfinanzierung** • Finanzierung aus einbehaltenen/nicht ausgezahlten Gewinnen des Unternehmens an die Gesellschafter/Eigentümer • rechtsformabhängig	**Umfinanzierung** Änderung der Vermögens- und/oder Kapitalstruktur • Verkauf von AV → UV steigt • Finanzierung aus Abschreibung • Umschichtung Fremdkapital (kurzfr. Kredit → langfr. Kredit)
2. Wie ist die Rechtsstellung der Kapitalgeber	**Fremdfinanzierung** **Kapitalgeber = Gläubiger** → **Fremdkapital steigt**	**Eigenfinanzierung** **Kapitalgeber = Eigentümer** → **Eigenkapital steigt**		**Eigen-/Fremdfinanzierung**

6.3.1 Selbstfinanzierung an den Beispielen Einzelunternehmung (e. K.), Kommanditgesellschaft (KG), Gesellschaft mit beschränkter Haftung (GmbH)

Offene Selbstfinanzierung bei Einzelunternehmung und KG → **Selbstfinanzierung allg.** = Nichtausschüttung von Gewinnen = Form der **Innenfinanzierung** → **Eigenkapital steigt**

Selbstfinanzierung bei Einzelunternehmung und KG

=

Gutschrift nicht ausgeschütteter Gewinne auf **Kapitalkonten**

Betr. KG: **Kommanditist** trägt nicht zur Selbstfinanzierung bei, da sein noch nicht ausgeschütteter Gewinnanteil eine Verbindlichkeit darstellt, somit Fremdfinanzierung

Vorteile der offenen Selbstfinanzierung

- keine Zins- und Tilgungsverpflichtungen
- erhöhte Sicherheit (Kreditwürdigkeit)
- Unabhängigkeit von Kapitalgebern

Nachteile der offenen Selbstfinanzierung

- nur in Gewinnzeiten möglich (begrenzt)
- Bereitschaft der Gesellschafter notwendig, Gewinne nicht zu entnehmen

Offene Selbstfinanzierung bei der GmbH:

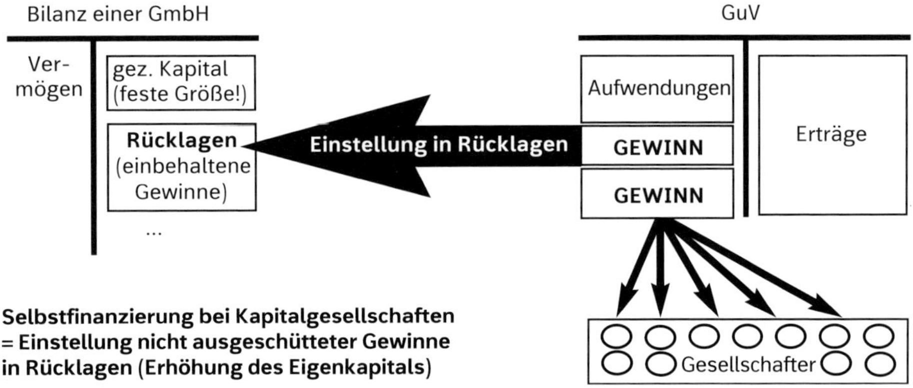

Selbstfinanzierung bei Kapitalgesellschaften = Einstellung nicht ausgeschütteter Gewinne in Rücklagen (Erhöhung des Eigenkapitals)

Der Konflikt zwischen Geschäftsführer und Gesellschafterversammlung:

(R = Rücklagen) (A = Ausschüttung)

Argumente für hohe Rücklagenbildung

- kein Liquiditätsentzug
- keine Finanzierungskosten, Rentabilität steigt
- Sicherheit, Zukunftssicherung, Wachstumshilfe
- unbefristetes Eigenkapital → Kreditwürdigkeit steigt
- Unabhängigkeit

Argumente für hohe Ausschüttung

- Geldbedarf der Gesellschafter
- Gesellschafterstimmung steigt
- keine „Kapitalfehlleitungen"

Aufgaben

1. a) Definieren Sie kurz allgemein den Begriff „offene Selbstfinanzierung".
   b) Welche Kapitalgröße wird durch Selbstfinanzierung erhöht?
   c) Nennen Sie je zwei Vor- und Nachteile der offenen Selbstfinanzierung.

2. Unterscheiden Sie die offene Selbstfinanzierung bei der KG und GmbH.

3. a) Erklären Sie den Gewinnverwendungskonflikt bei der GmbH.
   b) Nennen Sie je vier Argumente der beiden Konfliktparteien.

4. Die Komplementäre A, B und der Kommanditist C der AB-**KG** betreiben eine Diskothekenkette. Der Jahresgewinn von 200.000,00 EUR soll nach den gesetzlichen Vorschriften verteilt werden.
   Ein eventueller Restgewinn soll im Verhältnis 3 : 3 : 1 auf die drei Gesellschafter aufgeteilt werden. Die Komplementäre A und B haben jeweils eine Tätigkeitsvergütung in Höhe von 1.000,00 EUR/Monat bekommen.
   Anfangskapitalien: A: 300.000,00 EUR, B: 350.000,00 EUR, C: 450.000,00 EUR
   a) Nehmen Sie eine Gewinnverteilung mithilfe einer Gewinnverteilungstabelle vor.
   b) Ermitteln Sie die **Kapitalanteile** am Jahresende, wenn die Privatentnahmen 10.000,00 EUR (A) und 15.000,00 EUR (B) betrugen.
   c) Ermitteln Sie die Höhe der **Selbstfinanzierung** der KG in diesem Geschäftsjahr.

   Tätigkeitsvergütung = monatliche Vergütung · 12

   Zinsen = Anfangskapital · Zinssatz

Gesellschafter	Komplementär A	Komplementär B	Kommanditist C	Summe
Anfangskapital				
Tätigkeitsvergütung				
Zinsen				
Restgewinnverteilung				
gesamter Gewinnanteil				
Entnahmen/ Einlagen				
Gewinnanteil zur Finanzierung				
Endkapital				

Jahresgewinn – Tätigkeitsvergütung – Zinsen = Restgewinn : Summe der Anteile · Einzelanteil = Restanteil Komplementär A

gesamter Gewinnanteil = Tätigkeitsvergütung + Zinsen + Restverteilung

Gewinnanteil zur Finanzierung = Gesamter Gewinnanteil – Tätigkeitsvergütung – Entnahmen

Selbstfinanzierung = Gesamtgewinn – Tätigkeitsvergütung – Gewinnanteil Kommanditist – Entnahmen Komplementäre

Selbstfinanzierung = Endkapital – Anfangskapital

5. Die Komplementäre Bruckmüller und Neuer sind an der Unternehmung mit jeweils 600.000,00 EUR beteiligt sowie der Kommanditist Mager mit 250.000,00 EUR.

   Beide Komplementäre haben für private Zwecke folgende Entnahmen vorgenommen: Bruckmüller 34.000,00 EUR und Neuer 28.000,00 EUR. Privatentnahmen werden nicht verzinst. Im Gesellschaftsvertrag ist vereinbart, dass vom Gewinn jeder Gesellschafter 6 % Kapitalverzinsung erhält und der Restgewinn im Verhältnis 2 : 2 : 1 zu verteilen ist.

   Das abgelaufene Geschäftsjahr hat einen Gewinn von 420.000,00 EUR erbracht. Nehmen Sie die Gewinnverteilung vor und geben Sie an, in welcher Höhe die Bruckmüller KG Selbstfinanzierung vornehmen könnte.

6.3.2 Beteiligungsfinanzierung (Einlagenfinanzierung)

Eigenfinanzierung (Beteiligungsfinanzierung) → Einbringung von Eigenkapital
Folge: **Eigenkapital steigt**

Einzelunternehmung: Einbringung von Geld-, Sach- oder Rechtswerten (Kapital) durch Einzelunternehmer. Aus Privatvermögen wird Eigenkapital.

KG: Kapitalerhöhung durch **bisherige** Gesellschafter oder Aufnahme **neuer** Ges'er.

Eventuelle **Probleme:**
- Geschäftsführungs- und Vertretungsbefugnisse neuer Gesellschafter können zu Streitigkeiten führen.
- weitere Gewinnaufteilung ...

GmbH: Kapitalerhöhung (Erhöhung des gezeichneten Kapitals) durch **bisherige** Gesellschafter oder Aufnahme **neuer** Gesellschafter.
(Probleme evtl. ähnlich wie der bei der KG, s. o.)

Vorteile der Beteiligungsfinanzierung allg.	Nachteile der Beteiligungsfinanzierung allg.
• hohe Sicherheit durch Eigenkapitalzufluss • keine Tilgungen notwendig • erhöhte Kreditwürdigkeit • in schlechten Jahren: keine Zinszahlungen notwendig	• Einengung der Entscheidungsbefugnisse (Mitspracherechte aller Kapitalgeber) • evtl. Verschiebung Mehrheitsverhältnisse • bei gutem Geschäftsgang evtl. teurer als Fremdfinanzierung (Gewinnanteile > Zins)

Aufgaben

1. Erklären Sie die Beteiligungsfinanzierung bei den einzelnen Rechtsformen.
2. Nennen Sie je drei Vor- und Nachteile der Beteiligungsfinanzierung allgemein.

7 Kurzfristige Finanzierungsmöglichkeit einschätzen

Stofftelegramm

- Lieferantenkredit
- Kontokorrentkredit
- Factoring

7.1 Lieferantenkredit und Kontokorrentkredit

Stofftelegramm

Lieferantenkredit	Kontokorrentkredit
• Inanspruchnahme des vom Lieferer gewährten Zahlungszieles • Dauer: eher kurzfristig • Kosten: unter Verzicht auf Skontoabzug • Basis: Kaufvertrag • Sicherheit: Eigentumsvorbehalt	• „Dispokredit des Unternehmers" • Inanspruchnahme eines Kredits in vereinbarter Höhe (Kreditlimit) • schwankender Kreditbetrag • Dauer: i. d. R. unbefristeter Kredit • Kosten: relativ hoher Soll-Zins • Basis: Kontokorrentkonto • Sicherheit: Kreditlimit abhängig von der Unternehmenssituation, verschiedene denkbar

Zinsformel

- Allgemeine Zinsformel für Jahre ohne Zinseszinseffekt:

$$z = \frac{K \cdot p \cdot t}{100}$$

- Allgemeine Zinsformel für Tage:

$$z = \frac{K \cdot p \cdot t}{100 \cdot 360}$$

K = Kapital; p = Zinssatz; t = Laufzeit (Jahre oder Tage); z = Zinsen

Ermittlung des effektiven Zinssatzes bei Lieferantenkredit

Annahme: Rechnungsbetrag = 2.000,00 EUR, 10 Tage mit 3 % Skonto oder 30 Tage Ziel

Lösung:

0 —— 10 —— 30 ——→ Tage

Der Kunde hat die Alternative:

entweder	**oder**
am 10. Tag 1.940,00 EUR	am 30. Tag 2.000,00 EUR

Ersparnis für 20 Tage = 2.000,00 EUR · 3 % = 60,00 EUR

Bei einem Kapital von 1.940,00 EUR:

Zinssatz? $p = \frac{z \cdot 100 \cdot 360}{K \cdot t} = \frac{60{,}00 \cdot 100 \cdot 360}{1.940{,}00 \cdot 20} = 55{,}67\ \%$

Berechnung des Skontoabzuges als Zinssatz

Aufgaben: Unser Lieferant schickt uns eine Rechnung über 12.800,00 EUR, zahlbar innerhalb von 14 Tagen unter Abzug von 2 % Skonto oder 60 Tage Ziel. Aufgrund von Liquiditätsproblemen überlegen wir, ob es sinnvoll ist, einen Kontokorrentkredit zu 11 % aufzunehmen, um den Skontoabzug geltend machen zu können.

a) Für welche Zahlungsmöglichkeit (Skontoabzug mit Kontokorrentkredit oder Zahlung des vollen Betrages nach 60 Tagen) entscheiden wir uns?

b) Welchem Zinssatz entspricht der Skontoabzug?

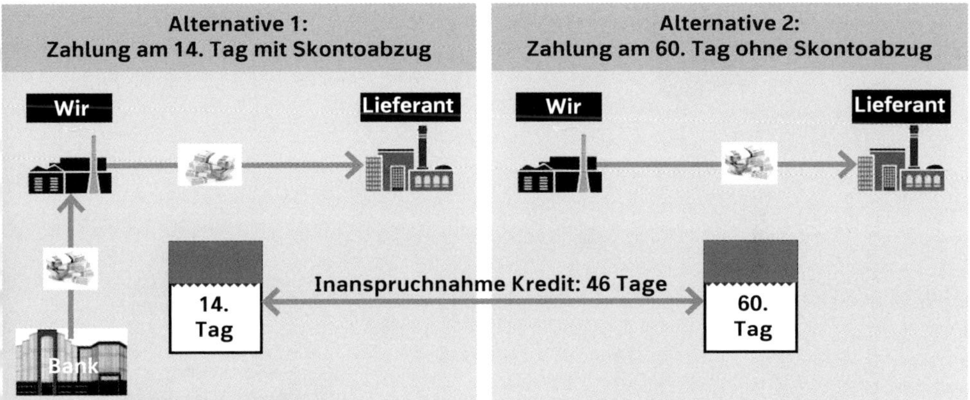

Alternative 1		Alternative 2
Kredit- und Zahlungsbetrag:		Zahlungsbetrag: 12.800,00 EUR
	12.800,00 EUR	
– 2 % Skonto	256,00 EUR	
Zahlung	**12.544,00 EUR = k**	

a) Zinskosten des Kontokorrentkredits:

$$z = \frac{k \cdot p \cdot t}{100 \cdot 360} = \frac{12.544,00 \cdot 11 \cdot 46}{100 \cdot 360} = 176,31 \text{ EUR}$$

Zahlung ohne Skontoabzug am 60. Tag:		12.800,00 EUR
Zahlung mit Skontoabzug am 14. Tag:	12.544,00 EUR	
Bankzinsen:	176,31 EUR	12.720,31 EUR
Vorteil bei Skontoabzug mit Kontokorrentkredit:		**79,69 EUR**

b) Siehe Lösungsbuch.

7.2 Factoring

Stofftelegramm

= Ankauf von Forderungen aus Lieferungen und Leistungen durch ein Finanzierungsinstitut („**Factor**“)

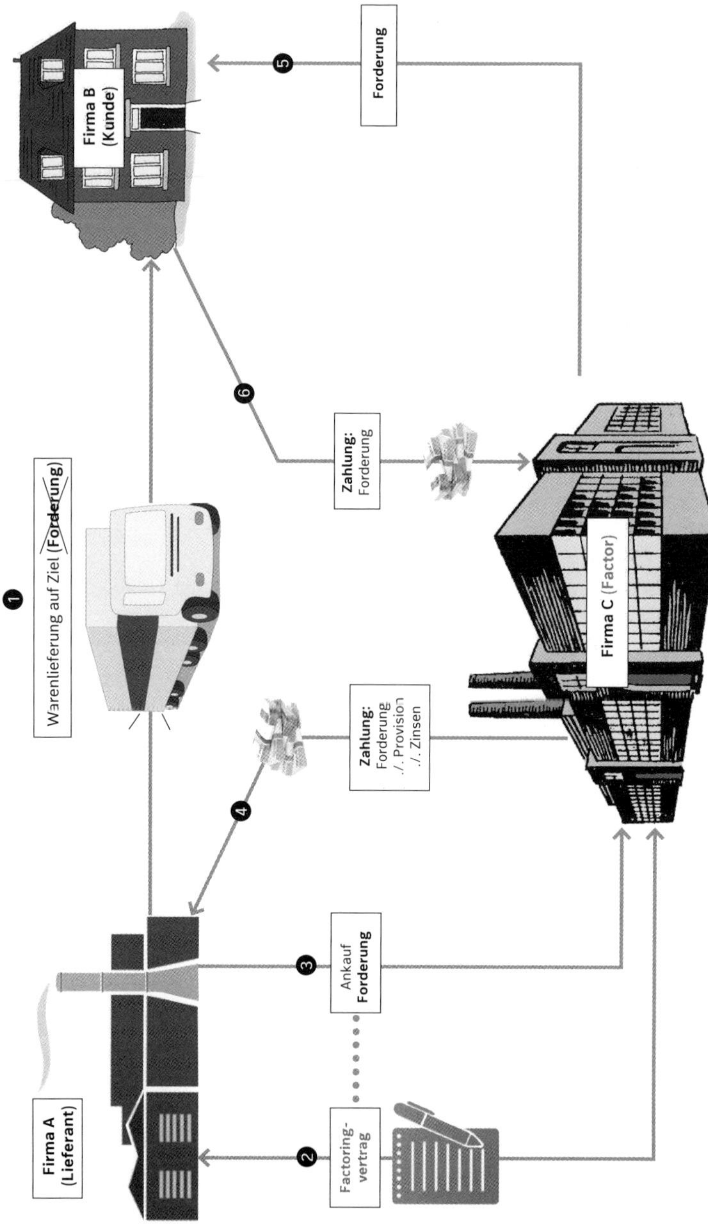

Der Factor übernimmt folgende Funktionen:

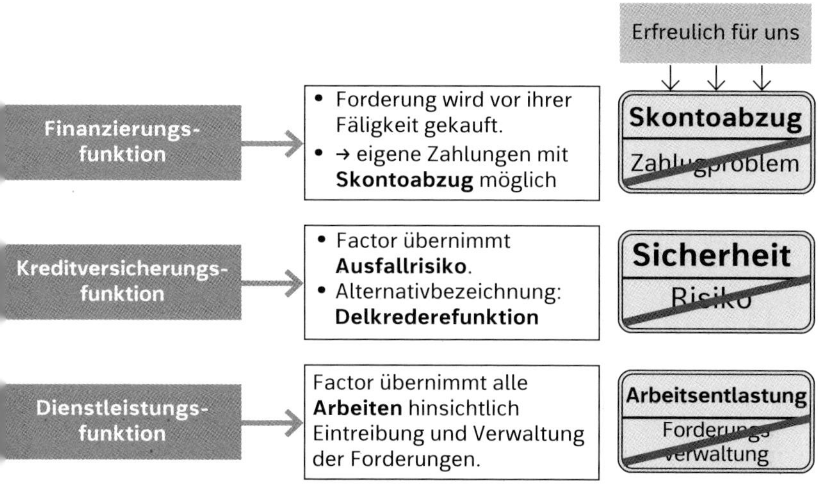

Vorteile Factoring	Nachteile Factoring
• Liquiditätsverbesserung (vgl. Finanzierungsfunktion) • Abwälzung Ausfallrisiko (vgl. Kreditversicherungsfunktion) • Arbeitsentlastung (vgl. Dienstleistungsfunktion)	• Kosten (Zinsen + Provision) • Factor kauft i. d. R. nur Forderungen mit guter Bonität. • eventuell Kundenverärgerung („radikaler Forderungseinzug“)

Aufgabe

Kreuzworträtsel (Thema: Factoring)

Lösungswort (von oben nach unten gelesen): Factoring kann es evtl. entschärfen.

1. Kosten beim Factoring
2. Finanzierungsinstitut beim Factoring (Fachausdruck)
3. Alternativbezeichnung für Delkrederefunktion: ... funktion
4. Arbeitsbezogene Funktion beim Factoring: ... funktion
5. Factoring = Ankauf von ...
6. Büroalltagsbezogener Vorteil des Factoring
7. Basis des Factoring: Factoring ...
8. Beim Factoring wird das ... abgewälzt.
9. Kosten beim Factoring

10. Funktion beim Factoring, die etwas mit Bevorschussung zu tun hat: ... funktion
11. Voraussetzung für das Zustandekommen des Factoring: Gute ... der Forderungen
12. Erfreuliche Folge des Factoring: Eigene Zahlungen sind mit ... möglich.
13. Bevorschussung heißt: Die Forderung wird vor ihrer ... gekauft.
14. „Radikaler" Forderungseinzug des Finanzierungsinstituts kann zur ... führen.
15. Die Ursache für Inanspruchnahme des Factoring ist häufig ein Liquiditäts ...

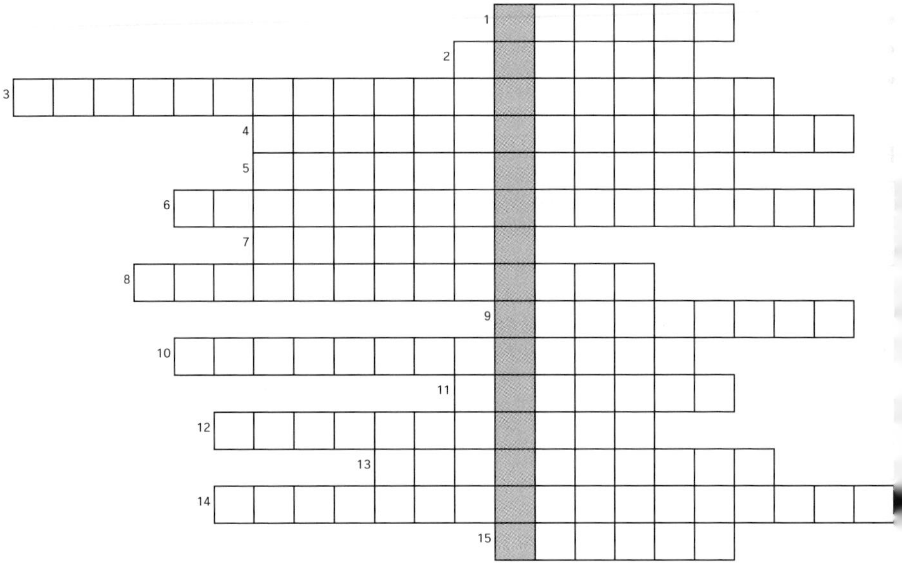

8 Investition langfristig finanzieren

8.1 Darlehensformen nach Art der Tilgung

Stofftelegramm

- **Fälligkeitsdarlehen:** Tilgung Gesamtbetrag auf einmal bei Fälligkeit
- **Abzahlungsdarlehen (Ratendarlehen):** Tilgung in gleichbleibenden Raten
- **Annuitätendarlehen:** Tilgung in Annuitäten (Annuität = gleichbleibende Summe aus Zinsanteil und Tilgungsanteil)

Beispiel:

Der Unternehmer Herman Meier benötigt für den Kauf einer Maschine ein Darlehen über 200.000,00 EUR für die Dauer von fünf Jahren. Die Hausbank bietet ihm folgende Möglichkeiten an:

1. Fälligkeitsdarlehen: Zinssatz 10 %, Auszahlung 100 %, Tilgung am Ende des letzten Jahres
2. Abzahlungsdarlehen/Ratendarlehen: Zinssatz 10 %, Auszahlung 100 %, Tilgung in gleichbleibenden Raten jedes Jahr
3. Annuitätendarlehen: Zinssatz 10 %, Auszahlung 100 %, Annuität (Summe aus Zins und Tilgung) 52.759,50 EUR

- Tilgung = Rückzahlung des Darlehensbetrages an den Darlehensgeber (z. B. Bank)
- Zins = Kosten für die Darlehensüberlassung durch den Darlehensgeber
- Mittelabfluss (Liquiditätsbelastung) = Summe aus Tilgung und Zins

Fälligkeitsdarlehen

Jahr	Darlehen (Jahresanfang) in Euro	Darlehen (Jahresende) in Euro	Tilgung in Euro	Zinsen in Euro	Mittelabfluss in Euro
1	200.000,00	200.000,00	0,00	20.000,00	20.000,00
2	200.000,00	200.000,00	0,00	20.000,00	20.000,00
3	200.000,00	200.000,00	0,00	20.000,00	20.000,00
4	200.000,00	200.000,00	0,00	20.000,00	20.000,00
5	200.000,00	200.000,00	200.000,00	20.000,00	220.000,00
Summe:			200.000,00	100.000,00	300.000,00

Zinsen = Darlehen Jahresanfang · Zinssatz

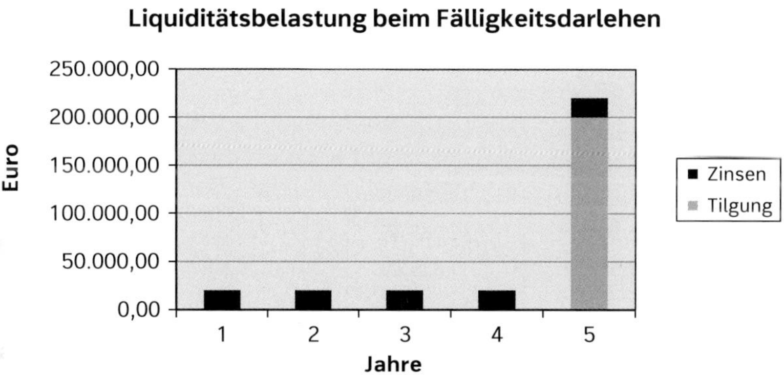

Abzahlungsdarlehen (Ratendarlehen)

Jahr	Darlehen (Jahresanfang) in Euro	Darlehen (Jahresende) in Euro	Tilgung in Euro	Zinsen in Euro	Mittelabfluss in Euro
1	200.000,00	160.000,00	40.000,00	20.000,00	60.000,00
2	160.000,00	120.000,00	40.000,00	16.000,00	56.000,00
3	120.000,00	80.000,00	40.000,00	12.000,00	52.000,00
4	80.000,00	40.000,00	40.000,00	8.000,00	48.000,00
5	40.000,00	0,00	40.000,00	4.000,00	44.000,00
Summe:			200.000,00	60.000,00	260.000,00

Zinsen = Darlehen Jahresanfang · Zinssatz
Tilgung = Darlehenssumme : Jahre

Liquiditätsbelastung beim Abzahlungsdarlehen

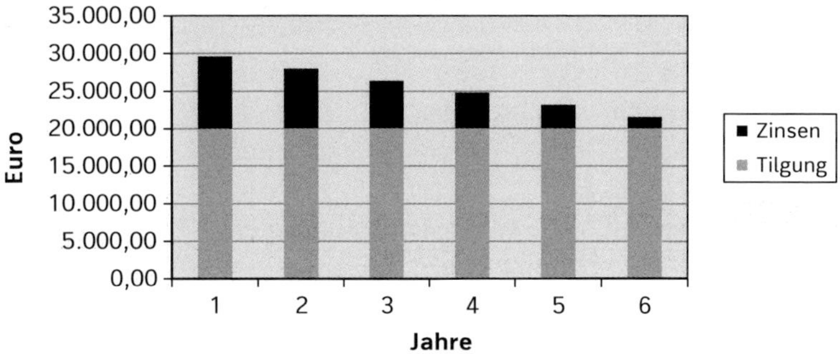

Annuitätendarlehen

Jahr	Darlehen (Jahresanfang) in Euro	Darlehen (Jahresende) in Euro	Tilgung in Euro	Zinsen in Euro	Mittelabfluss in Euro
1	200.000,00	167.240,50	32.759,50	20.000,00	52.759,50
2	167.240,50	131.205,05	36.035,45	16.724,05	52.759,50
3	131.205,05	91.566,06	39.638,99	13.120,51	52.759,50
4	91.566,06	47.963,17	43.602,89	9.156,61	52.759,50
5	47.963,18	0,00	47.963,18	4.796,32	52.759,50
Summe:			200.000,01	63.797,49	263.797,50

Zinsen = Darlehen Jahresanfang · Zinssatz
Tilgung = Annuität – Zinsen

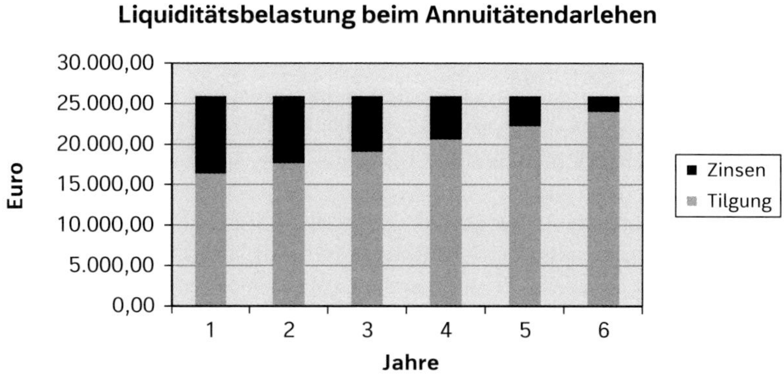

Darlehen nach Art der Tilgung

Fälligkeitsdarlehen	Ratendarlehen	Annuitätendarlehen
• jährlich gleiche Zinszahlung • Tilgung am Ende der Laufzeit	• jährlich gleiche Tilgungsraten • jährlich fallende Zinsraten • jährlich fallender Mittelabfluss	• konstante jährliche Raten (Annuität) • jährlich steigende Tilgungsraten • jährlich fallende Zinszahlungen
Liquiditätsbelastung (Mittelabfluss) bis zur Tilgung am geringsten	Liquiditätsbelastung (Mittelabfluss) insgesamt etwas niedriger als beim Annuitätendarlehen	Liquiditätsbelastung (Mittelabfluss) in allen Jahren gleich

8.2 Leasing

Stofftelegramm

Leasing = mittel- und langfristige Vermietung oder Verpachtung von Anlagegütern durch Hersteller oder Leasinggesellschaft

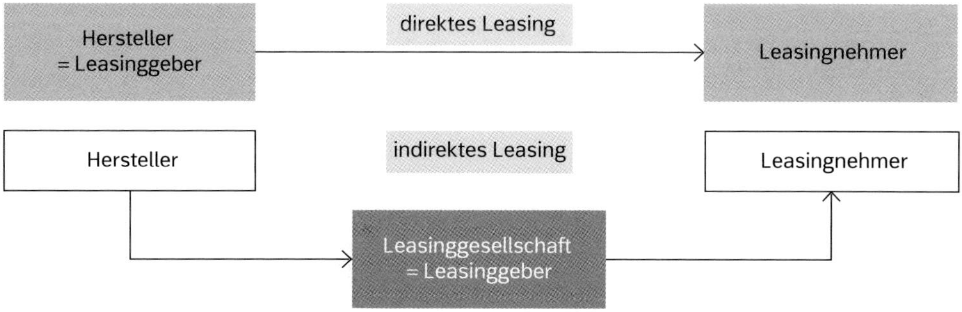

Vertragsgestaltungsmöglichkeiten

- **Geleaster Gegenstand:**
  - Ausrüstungsleasing (Maschinen, Lkw, Autos, EDV-Anlagen usw.)
  - Industrieleasing (Gebäude und Anlagen)
  - Konsumgüterleasing (Leasingnehmer sind priv. Haushalte, z. B. Autos, Computer, Fernseher usw.)
  - Mobilleasing (Leasingobjekt ist ein bewegliches Gut, z. B. DV-Anlage.)
  - Immobilienleasing (Leasingobjekt ist ein unbewegliches Gut, z. B. Gebäude, Fabrikanlage.)
- **Leasingkosten** = Kaufpreis (Wiederbeschaffungs- bzw. Herstellkosten)
  + Verwaltungskosten (z. B.: Service, Finanzierung, Vertrieb)
  + Gewinn/Leasinggeber
- **Inhalt der Verträge:**

Leasingverträge **mit** Kauf- und Mietrechtsverlängerungsmöglichkeit	Leasingverträge **ohne** Kauf- und Mietrechtsverlängerungsmöglichkeit
↓	↓
Leasingnehmer kann nach Ablauf der Leasingzeit das Leasingobjekt kaufen oder weitermieten.	Leasingnehmer hat keine weiteren Nutzungsmöglichkeiten des Leasingobjekts.

- **Dauer der Leasingzeit:**

	Operate Leasing	Financial Leasing
Laufzeit	i. d. R. max. ein Jahr	40 %–90 % der üblichen Nutzungsdauer
Kündigung	kurzfristig kündbar	unkündbare Grundmietzeit
Investitionsrisiko	trägt Leasinggeber	trägt Leasingnehmer
Anzahl Leasingnehmer	mehrere nacheinander	i. d. R. nur ein Leasingnehmer
nach Ablauf der Leasingzeit	Rückgabe an Leasinggeber, der i. d. R. an andere weiterverleast	Alternativen nach Ablauf der Grundmietzeit: Rückgabe, Anschlussleasing, Kauf

Auswirkungen des Leasings (Leasingsache, Leasingraten) auf die Bilanz und die GuV von Leasingeber und Leasingnehmer:

	Bilanz	GuV
Leasinggeber	Sache wird aktiviert, da Eigentümer	Raten werden in der GuV als Erlöse erfasst
Leasingnehmer	Sache wird nicht aktiviert (erfasst)	Raten werden in der GuV als Aufwand erfasst

Vor- und Nachteile des Leasings:

Vorteile	Nachteile
• keine hohen Anschaffungskosten zu finanzieren • laufende Anpassung an neuesten Stand der Technik • keine Fremdfinanzierung notwendig, somit keine Verschlechterung der Kreditwürdigkeit • evtl. laufende Betreuung, Beratung, Wartungsleistungen durch Leasinggeber • Leasingraten gelten als Aufwand und sind steuerlich zu berücksichtigen und mindern somit die Gewinnsteuern.	• hohe Dauerbelastung mit Fixkosten (Leasingraten) • Leasinggegenstände nicht frei verfügbar (z. B. für einen Verkauf) • Bindung während der Grundmietzeit • Leasinggegenstände können nicht als Kreditsicherheiten (z. B. Sicherungsübereignung dienen)

Vergleich Kredit – Leasing

Quantitativ

Vergleich der
- Liquiditätsbelastung (Mittelabfluss) und/oder
- Aufwandsbelastung

Qualitativ

Vergleich von unterschiedlichen Merkmalen (Kriterien) mithilfe einer Entscheidungswerttabelle

- **Quantitativer Vergleich:**

Beispiel:

Die Greta GmbH möchte in eine neue Produktionsmaschine investieren. Die Nutzungsdauer der Maschine soll fünf Jahre betragen. Es liegen zwei Angebote vor.

1. *Angebot: Hausbank: Ratendarlehen mit 4 Jahren Laufzeit über 200.000,00 EUR. Zinssatz 5 %.*
2. *Angebot: In den ersten drei Jahren der Grundmietzeit beträgt die Leasingrate pro Jahr 60.000,00 EUR. Danach beträgt die Rate 25.000,00 EUR.*

Aufgabe: Vergleichen Sie das Angebot hinsichtlich der Liquiditäts- und Aufwandsbelastung.

Aufwands- und Liquiditätsbelastung beim Ratendarlehen						
Jahre	Restdarlehen (in Euro)	Tilgung (in Euro)	Zins (in Euro)	Abschreibung Maschine (in Euro)	Liquiditätsbelastung (in Euro)	Aufwand (in Euro)
	①	②	③	④	⑤ = ② + ③	⑥ = ③ + ④
1	200.000,00	50.000,00	10.000,00	40.000,00	60.000,00	50.000,00
2	150.000,00	50.000,00	7.500,00	40.000,00	57.500,00	47.500,00
3	100.000,00	50.000,00	5.000,00	40.000,00	55.000,00	45.000,00
4	50.000,00	50.000,00	2.500,00	40.000,00	52.500,00	42.500,00
5	–	–	–	40.000,00	–	40.000,00
Summe		200.000,00	25.000,00	200.000,00	225.000,00	225.000,00

③ Zinsen = Darlehensbetrag · Zinssatz

④ Abschreibung = Kaufpreis : Nutzungsdauer = Abschreibungen stellen einen betrieblichen Aufwand dar.

⑤ Liquiditätsbelastung/Mittelabfluss = Tilgung + Zins

Das Geld welches das Unternehmen verlässt.

⑥ Aufwand = Zins + Abschreibung

Das Geld welches einen betrieblichen Aufwand darstellt.

⑦ Beim Leasing stellt die Leasingrate sowohl die Liquiditätsbelastung als auch die Aufwandsbelastung dar.

Aufwands- und Liquiditätsbelastung beim Leasing		
Jahre	Liquiditätsbelastung (in Euro)	Aufwand (in Euro)
	⑦	⑦
1	60.000,00	60.000,00
2	60.000,00	60.000,00
3	60.000,00	60.000,00
4	25.000,00	25.000,00
5	25.000,00	25.000,00
Summe	230.000,00	230.000,00

Vergleich Kredit – Leasing Differenz:		
Jahre	Liquiditätsbelastung (in Euro)	Aufwand (in Euro)
1	–	10.000,00
2	2.500,00	12.500,00
3	5.000,00	15.000,00
4	−27.500,00	−17.500,00
5	25.000,00	−15.000,00
Summe	5.000,00	5.000,00

In der Gesamtbetrachtung ist das Darlehen sowohl in der Liquiditätsbelastung als auch im Aufwand etwas günstiger.

- **Qualitativer Vergleich von Kreditfinanzierung und Leasing mithilfe einer Entscheidungswerttabelle (Nutzwerttabelle):**

Vorgehensweise:
1. Kriterien festlegen
2. Gewichtung der Kriterien festlegen (Summe = 100 oder 1)
3. Bewertungsskala festlegen, z. B. 0 = kein Nutzen, –5 = hoher Nutzen
4. Kriterien mit Punkten bewerten
5. Gewicht · Punkte
6. Summe bilden
7. Entscheidung treffen

Beispiel:

Qualitativer Vergleich Kreditkauf – Leasing					
		Kreditkauf		Leasing	
Kriterien ①	**Gewichtung** ②	**Bewertung Punkte (B)** ④	**Gewichtete Punkte (G · B)** ⑤	**Bewertung Punkte (B)** ④	**Gewichtete Punkte (G · B)** ⑤
Liquiditätsbelastung gesamt	50	5	250	2	100
Liquiditätsbelastungsverlauf	30	4	120	2	60
Wartungs- und Serviceleistungen	10	0	0	5	50
Freihalten des Kreditspielraums	10	0	0	5	50
Summe	**100**		**370**		**260**
			⑥		⑥

③ Bewertungsskala (B): 0 = kein Nutzen (Punkte) bis 5 = sehr hoher Nutzen (Punkte)
⑦ Entscheidung: Kreditkauf evtl. noch begründen

Aufgaben

1. Was versteht man unter Leasing?

2. Unterscheiden Sie zwischen direktem und indirektem Leasing.

3. Die Mandia KG produziert Getriebeteile. Für eine neue Produktlinie wird ein spezielles Dreh- und Fräszentrum benötigt, welches in der Produktionshalle untergebracht werden kann. Die allgemeine finanzielle Lage des Unternehmens ist angespannt. Ein Angebot des Alleinherstellers Maschinenfabrik Nemag GmbH liegt bereits vor **(Anlage 1).**
Die Hausbank bietet drei verschiedene Darlehensarten an (**Anlage 2**).

   a) Der Nettopreis für das Dreh- und Fräszentrum wird zu 100 % fremdfinanziert.

   Erstellen Sie jeweils den Tilgungsplan zu den drei Darlehensarten.
   Verwenden Sie hierzu **Anlage 3**.

b) Begründen Sie, welche Darlehensart unter Berücksichtigung der angespannten Liquiditätslage gewählt werden sollte, und vergleichen Sie die Liquiditätsbelastung mit dem Leasingangebot der Bank (**Anlage 1**).

c) Welche Gründe könnten für die Leasingalternative sprechen?

Anlage 1

NEMAG GMBH

Nemag GmbH
Maschinenfabrik
73084 Salach

Nemag GmbH, Dieselstr. 5, 73084 Salach

Mandia KG
Industriestr. 9
71229 Leonberg

Angebot Nr. 4538

Salach, 16.03.2017

Sehr geehrter Herr Manz,

vielen Dank für Ihre Anfrage. Wir bieten Ihnen an:

F 400 Dreh- und Fräszentrum für technisch anspruchsvolle Werkstücke in mittleren bis großen Losgrößen
Kaufpreis: 369.000,00 EUR zuzüglich 19 % Umsatzsteuer

Die Lieferung erfolgt frei Haus.
Zahlbar innerhalb 30 Tagen rein netto.
Unsere Verkaufsbedingungen finden Sie auf der Rückseite.

Alternativ: Leasingvertrag

Bei einer unkündbaren Grundmietzeit von 3 Jahren betragen die monatlichen Leasingraten 10.500,00 EUR. Die Leasingrate sinkt auf monatlich 2.500,00 EUR bei Vertragsverlängerung.

Was Sie besonders interessieren wird:

Ihre Fachkräfte können in unserem Haus an Schulungen teilnehmen, da wir nach den Regelungen der Agentur für Arbeit als Bildungsträger zertifiziert sind. Sofern Ihre Mitarbeiter in Kurzarbeit sind, können Sie staatliche Zuschüsse für unsere Schulungen beantragen.

Für weitere Fragen stehen wir Ihnen gerne zur Verfügung. Über Ihren Auftrag würden wir uns freuen.

Mit freundlichen Grüßen

Nemag GmbH
ppa. *Pape* (Pape)

Anlage 2

Kreditangebot der Hausbank	
Abzahlungsdarlehen	Zinssatz: 6,5 %, Auszahlung 100 %, Kreditlaufzeit 4 Jahre, Zinsbindung 4 Jahre fest, jährliche Tilgung am Jahresende
Annuitätendarlehen	Zinssatz: 7 %, Auszahlung 100 %, Kreditlaufzeit 4 Jahre, Zinsbindung 4 Jahre fest, jährliche Annuität 108.939,00 EUR
Fälligkeitsdarlehen	Zinssatz: 6,6 %, Auszahlung 96 %, 4 Jahre fest, Kreditlaufzeit 4 Jahre
Kreditsicherheiten	Grundschulden (Beleihungsgrenze 80 %), Sicherungsübereignung (Beleihungsgrenze 50 %)

Die Beträge sind auf volle Euro zu runden.

Anlage 3

Abzahlungsdarlehen				
Jahr	**Kreditsumme am Jahresanfang**	**Tilgung**	**Zinsen**	**Mittelabfluss/ Liquiditätsbelastung**
1				
2				
3				
4				
	Summe			

4. Die Schweiger GmbH mit Sitz in Leingarten ist in der Blechverarbeitung für den Maschinenbau tätig. Wie ein Teil der Maschinenbaubranche befindet sich das Unternehmen in einer umsatzschwachen Phase. Auch für das aktuelle Geschäftsjahr 2014 und die nächsten beiden Jahre sieht der Verband der deutschen Maschinenbauer kaum eine Verbesserung der Absatzzahlen. Ab dem Jahr 2017 rechnet der Verband mit einem Aufschwung aufgrund sich erholender Weltkonjunktur. Die gestiegenen Qualitätsanforderungen der Kunden zwingen die Schweiger GmbH zu ständigen Neuinvestitionen. Deshalb soll trotz angespannter Liquiditätslage zu Beginn des kommenden Jahres eine Laserschneidmaschine im Wert von 210.000,00 EUR angeschafft werden. Hierzu haben die Abteilungen Einkauf und Arbeitsvorbereitung (AV) Angebote eingeholt **(Anlage 1 und 2)** und die Maschinen der Hersteller Aarwiller und Heubach ins Auge gefasst. Für die Finanzierung wurden Angebote eingeholt.

   a) Welche Darlehensarten liegen vor?
   b) Erstellen Sie Zins- und Tilgungspläne für die infrage kommenden Kreditangebote. Erstellen Sie die Liquiditätsbelastung des Leasingangebots **(Anlage 3)**.
   c) Nennen Sie je drei Vorteile und Nachteile des Leasings.
   d) Führen Sie einen qualitativen Vergleich zwischen Ratendarlehen und Leasing durch **(Anlage 4)**.

   Formulieren Sie einen begründeten Vorschlag zur Finanzierung der Laserschneidmaschine, der die Liquiditätslage und die erwartete Absatzsituation des Unternehmens berücksichtigt.

Anlage 1

Südbank Heilbronn
Urbanstraße 14
74072 Heilbronn

Heilbronn, 18.10.2014

Schweiger GmbH
Benzstraße 18 – 24
74211 Leingarten

Ihre Anfrage nach einem Darlehen

Sehr geehrter Herr Schweiger,

gerne unterbreiten wir Ihrem Hause ein Finanzierungsangebot. Bei einem Darlehensvolumen von 210.000,00 EUR und einer Laufzeit von 5 Jahren bieten wir Ihnen folgende Konditionen an:

Darlehen mit jährlicher Annuität von:	49.853,24 EUR
Zinssatz:	6 % pro Jahr
Zins- und Tilgungsverrechnung:	jährlich; am Ende des Jahres

Alternativ zum obigen Vorschlag bieten wir Ihnen an:

Zinssatz:	6 % pro Jahr
Jährliche Tilgung:	10 % der Darlehenssumme Restbetrag am Ende des 5. Jahres
Zins- und Tilgungsverrechnung:	jährlich; am Ende des Jahres

Als Sicherung des Darlehens erwarten wir eine dingliche Sicherheit. Denkbar wäre eine Grundschuld oder eine Sicherungsübereignung. Die Beleihungsgrenzen betragen bei einer Grundschuld 80 % und bei einer Sicherungsübereignung 50 % des Zeitwertes.

Vier Maschinen im Wert von 5.200.200,00 EUR haben Sie uns bereits sicherungsübereignet.

Gerne unterbreiten wir Ihnen auch ein geändertes Angebot, falls unser Vorschlag nicht Ihren Wünschen entspricht. Bitte wenden Sie sich an unseren Herrn Müller.

Mit uns sind Sie immer gut beraten.

Mit freundlichen Grüßen

Südbank Heilbronn

Hofmann

ppa. Hofmann   i. V. Müller

Anlage 2

Handelsbank Stuttgart
Filiale Heilbronn
Klarastraße 10
74072 Heilbronn

Heilbronn, 20.10.2014

Schweiger GmbH
Benzstr. 18 – 24
74211 Leingarten

Angebot über Leasing einer Laserschneidmaschine

Sehr geehrter Herr Schweiger,

für die geplante Laserschneidmaschine unterbreiten wir Ihnen folgendes Leasing-Angebot:

Für Ihr Vorhaben schlagen wir ein Finance Leasing vor. Die gewünschte Laufzeit beträgt fünf Jahre. Es wird keine Leasing-Sonderzahlung vereinbart.

Das Leasingentgelt schließt die laufenden Wartungskosten und einen 24-Stunden-Service ein. Die Entsorgung der Maschine bzw. eine Verwertung zum Restwert haben wir bereits in die Leasingrate einkalkuliert.

Folgende Konditionen können wir Ihnen anbieten:

Jahr	Monatliches Leasingentgelt für die Grundmietzeit
1. Jahr	9.000,00 EUR
2. Jahr	7.500,00 EUR
3. Jahr	5.000,00 EUR
4. Jahr	5.000,00 EUR
5. Jahr	5.000,00 EUR

Wir freuen uns auf Ihre Antwort.

Mit freundlichen Grüßen

Handelsbank Stuttgart
Filiale Heilbronn

Meyer Schulze

ppa. Meyer i. V. Schulze

Anlage 3

Jahr	Darlehensschuld am Jahresanfang	Zinsen	Tilgung	Liquiditätsbelastung
Summe				

Jahr	Darlehensschuld am Jahresanfang	Zinsen	Tilgung	Liquiditätsbelastung
Summe				

Jahr	Liquiditätsbelastung Leasing
Summe	

Anlage 4

Qualitativer Vergleich Ratendarlehen und Leasing					
Kriterien	Gewichtung (G)	Ratendarlehen		Leasing	
		Bewertung (B)	Gewichtete Punkte (G · B)	Bewertung (B)	Gewichtete Punkte (G · B)
Liquiditätsbelastung erste Jahre	50				
Liquiditätsbelastung gesamt	30				
Wartungs- und Serviceleistungen	10				
Freihalten des Kreditspielraums	10				
Summe	**100**				

Bewertungsskala (B): 0 = kein Nutzen bis 5 = sehr hoher Nutzen

9 Kreditaufnahme vorbereiten

Stofftelegramm

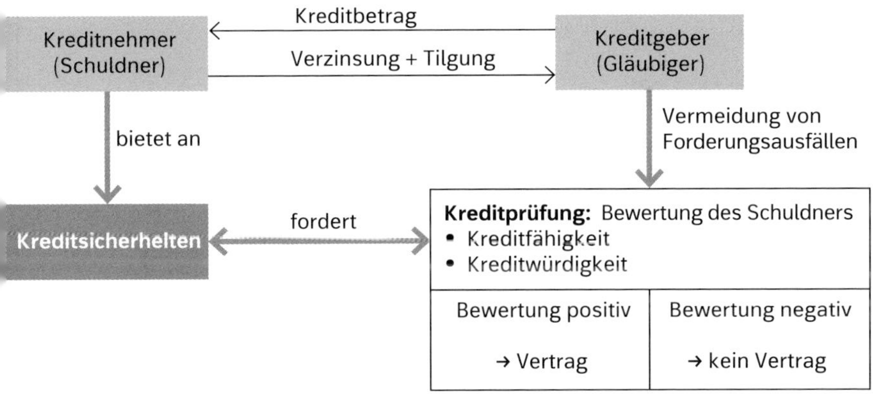

9.1 Kreditprüfung

Stofftelegramm

1. für die Prüfung notwendige **Informationen/Dokumente** einholen
   - Bilanzen und GuV der letzten Jahre
   - Quartalsberichte
   - Handelsregisterauszug
   - Grundbuchauszüge
   - Kontoauszüge
   - Selbstauskünfte
   - Ratingbögen
2. **Kreditfähigkeit prüfen** (rechtliche Seite)
   - Geschäftsfähigkeit der Person (Ist die Person alt genug?)
   - Vertretungsbefugnis der Person (Ist die Person berechtigt, die Gesellschaft nach außen zu vertreten?)
3. **Kreditwürdigkeitsprüfung** (wirtschaftliche Seite)

Persönliche Faktoren	Sachliche Faktoren
(sofern diese objektiv zu bewerten sind) • charakterliche Eigenschaften, z. B. Zuverlässigkeit • Qualifikationen – Abschlüsse – Erfahrung • unternehmerische Fähigkeiten – Weitsicht – Kreativität – Personalführung • Haftung, z. B. persönliche Haftung bei Personengesellschaften	• Liquidität – Kennzahlen – Kapitalstruktur • Ertragslage, z. B. Rentabilität • zukünftige Entwicklung – Auftragslage – Marktsituation – Standort

4. **Bewertung aller Faktoren und Entscheidung**

Aufgaben

1. Wie kann sich ein Gläubiger vor Forderungsausfällen schützen?
2. Wie ist der Ablauf einer Kreditprüfung? Kurze Beschreibung.

9.2 Kreditsicherheiten

Stofftelegramm

Kreditsicherheiten
= Schutz des Gläubigers vor späteren Forderungsausfällen (Risikominimierung)

Personalkredite Sicherung durch Personen		**Realkredite** Sicherung durch eine bewegliche/unbewegliche Sache	
Einfacher Personalkredit	**Verstärkter Personalkredit**	**Gesichert durch bewegliche Sachen**	**Gesichert durch unbewegliche Sachen**
keine Kreditsicherung (= Blankokredit) Einzige Sicherheit ist die persönliche Kreditwürdigkeit des Schuldners. • Dispokredit • Kontokorrentkredit	• Neben dem Schuldner haftet eine/haften mehrere weitere Personen für die Kreditrückzahlung. • Bürgschaft	• Sicherungsübereignung • Eigentumsvorbehalt • Lombard	Grundschuld

9.2.1 Bürgschaft

= Neben dem Schuldner haftet eine/haften mehrere weitere Personen (Bürge[n]) für die Kreditrückzahlung.

Bürge(n) (Nebenschuldner) ← Bürgschaftsvertrag → Kreditgeber (Gläubiger) ← Kreditvertrag → Kreditnehmer (Hauptschuldner)

Zwei Verträge werden geschlossen:
- **Kreditvertrag** zwischen Schuldner (Hauptschuldner) und Gläubiger
- **Bürgschaftsvertrag** zwischen Bürge (Nebenschuldner) und Gläubiger
  - Der Bürge verpflichtet sich zur Zahlung bei Nichtzahlung des Schuldners. Haftung mit dem gesamten Vermögen.
  - grundsätzlich Schriftform (Ausnahme: Kaufmann i. S. des HGB gibt Bürgschaft im Rahmen seines Handelsgeschäftes ab)

Selbstschuldnerische Bürgschaft:
- Vereinbarung im Bürgschaftsvertrag: „Verzicht auf Einrede der Vorausklage" → Gläubiger kann sich bei Fälligkeit sofort an den Bürgen wenden. → Bürge wird quasi zum Hauptschuldner.
- Bürgschaften von HGB-Kaufleuten im Rahmen ihres Geschäfts: stets selbstschuldnerisch
- von Banken üblicherweise verlangt
- Ausgleichsanspruch des Bürgen gegenüber dem Schuldner, Problem: Zahlungsfähigkeit Schuldner

9.2.2 Sicherungsübereignung

Der Gläubiger erhält zur Kreditsicherung bestimmte Sachen ohne Übergabe übereignet.

- Gläubiger wird Eigentümer.
- Schuldner bleibt Besitzer (Besitzkonstitut).

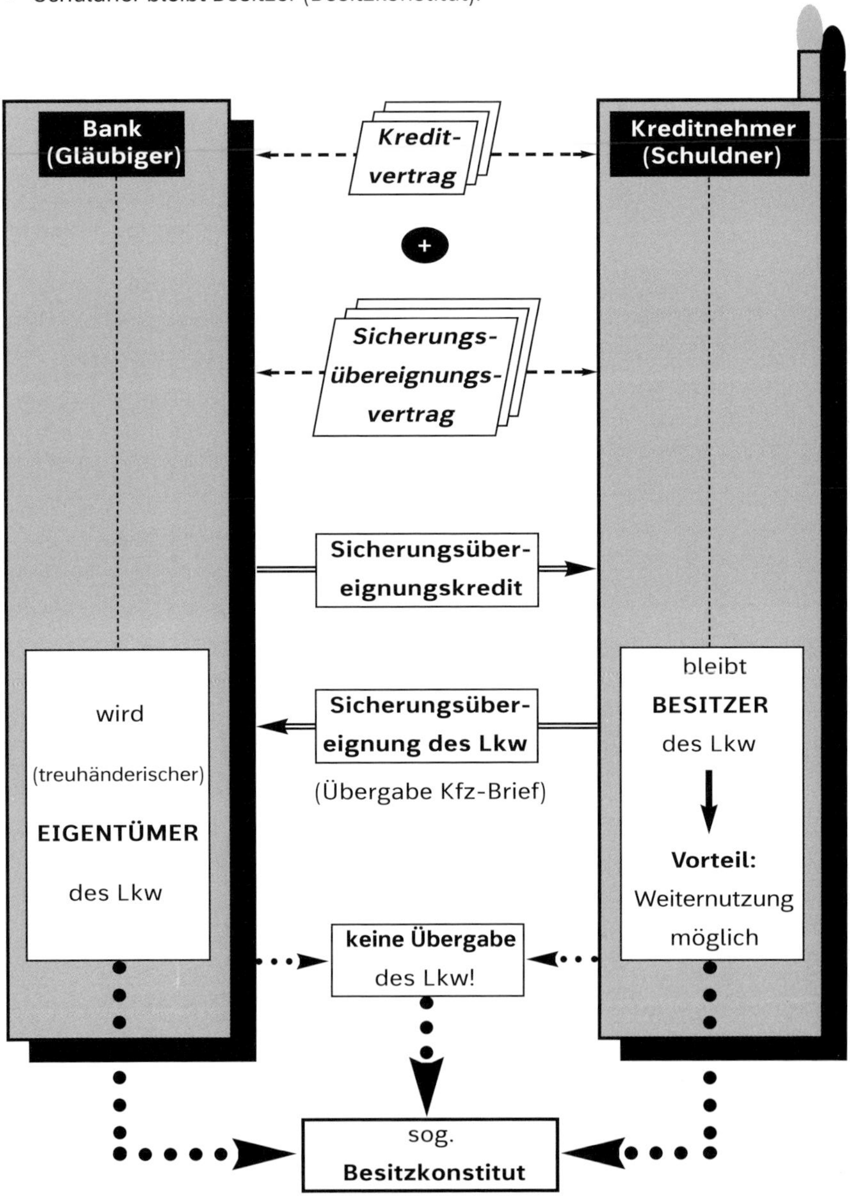

Sicherungsübereignung: Vor- und Nachteile für Gläubiger und Schuldner

Beurteilung aus Gläubigersicht

Vorteile

- Aufbewahrung der sicherungsübereigneten Sache entfällt, somit keine Lagerungs- bzw. Versicherungskosten
- I. d. R. relativ einfache Erzielung des Verwertungserlöses bei Zahlungsverzug des Schuldners

Nachteile

- Sache evtl. bereits anderweitig übereignet
- Sache evtl. an gutgläubigen Dritten veräußert; Folge: kein Herausgabeanspruch
- Sache wird beschädigt oder zerstört.
- evtl. Kontrolle der Sache beim Schuldner nötig

Beurteilung aus Schuldnersicht

Vorteile

- Weiterverwendung der sicherungsübereigneten Sache im Betrieb möglich, somit keine Störung des Betriebsablaufs
- Übereignung für Außenstehende nicht erkennbar, sofern besondere Kennzeichnung oder Lagerung entfällt

Nachteile

- Freie Verfügbarkeit entfällt (z. B. hinsichtlich Veräußerung bzw. Einsatzort).
- evtl. vom Gläubiger geforderte hochpreisige Versicherung
- evtl. Kontrollen durch den Gläubiger (Bilanzen, Geschäftspapiere, Betriebsräume)

9.2.3 Eigentumsvorbehalt

Einfacher (gesetzlicher) Eigentumsvorbehalt:

- Lieferer (Verkäufer) behält sich Eigentum bis zur vollständigen Bezahlung der Ware vor.
- Käufer wird Besitzer.
- Verkäufer bleibt Eigentümer bis zur vollständigen Zahlung → Rückforderungsanspruch des Verkäufers auf die Sache.
- Vereinbarung nur möglich beim Kauf beweglicher Sachen
- Vertragsklausel: „Die Ware bleibt bis zur vollständigen Zahlung unser Eigentum."

Eigentumsvorbehalt erlischt, wenn/bei

- Ware vollständig bezahlt ist,
- Veräußerung der Ware an gutgläubigen Dritten,
- Verarbeitung, Verbrauch oder Zerstörung der Ware,
- Verbindung der Ware mit unbeweglicher Sache (z. B. Gebäude).

9.2.4 Lombardkredit

Kreditnehmer verpfändet dem Kreditgeber bewegliche Sachen (z. B. Waren) oder Wertpapiere (z. B. Aktien) als Sicherheit für die Aufnahme eines Kredits.

Praxisbeispiel: „Verpfändung von Wertpapieren im Depot“:

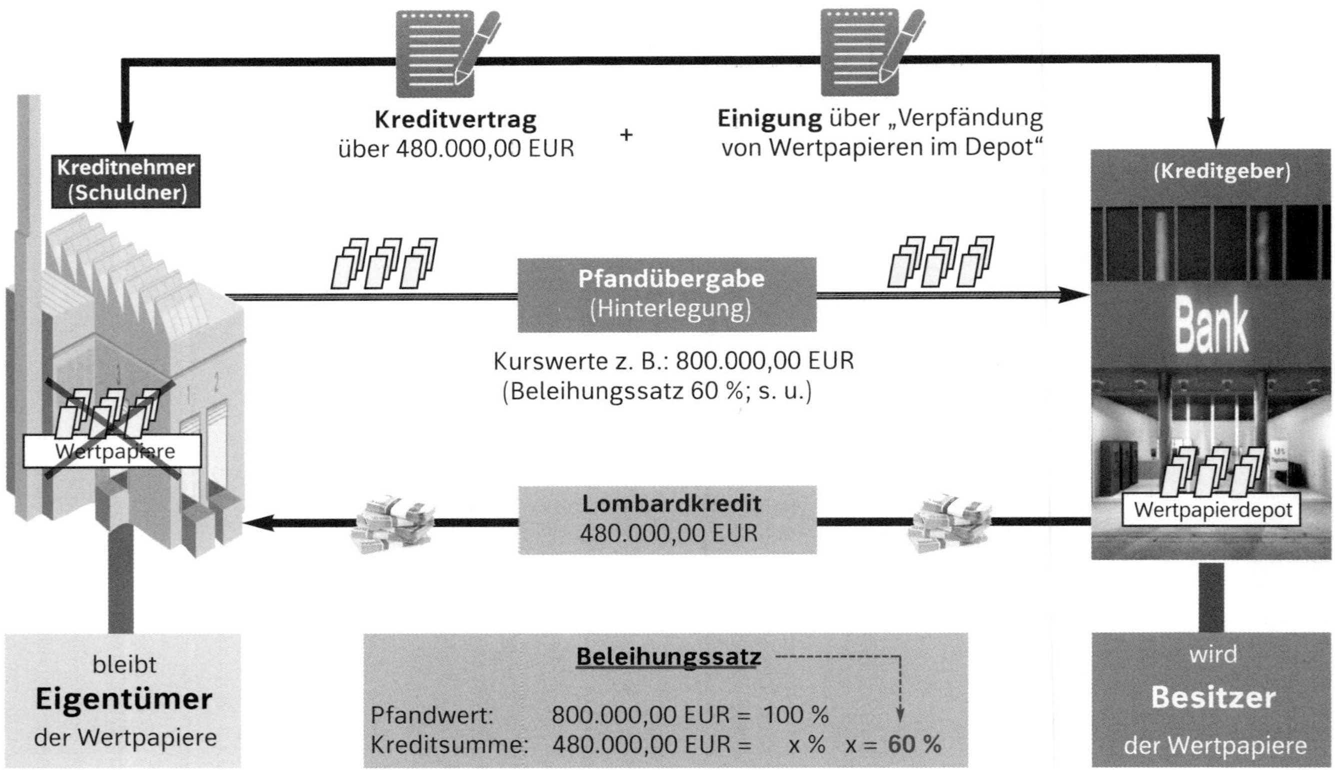

Lombardkredit: Wenn's Ärger gibt

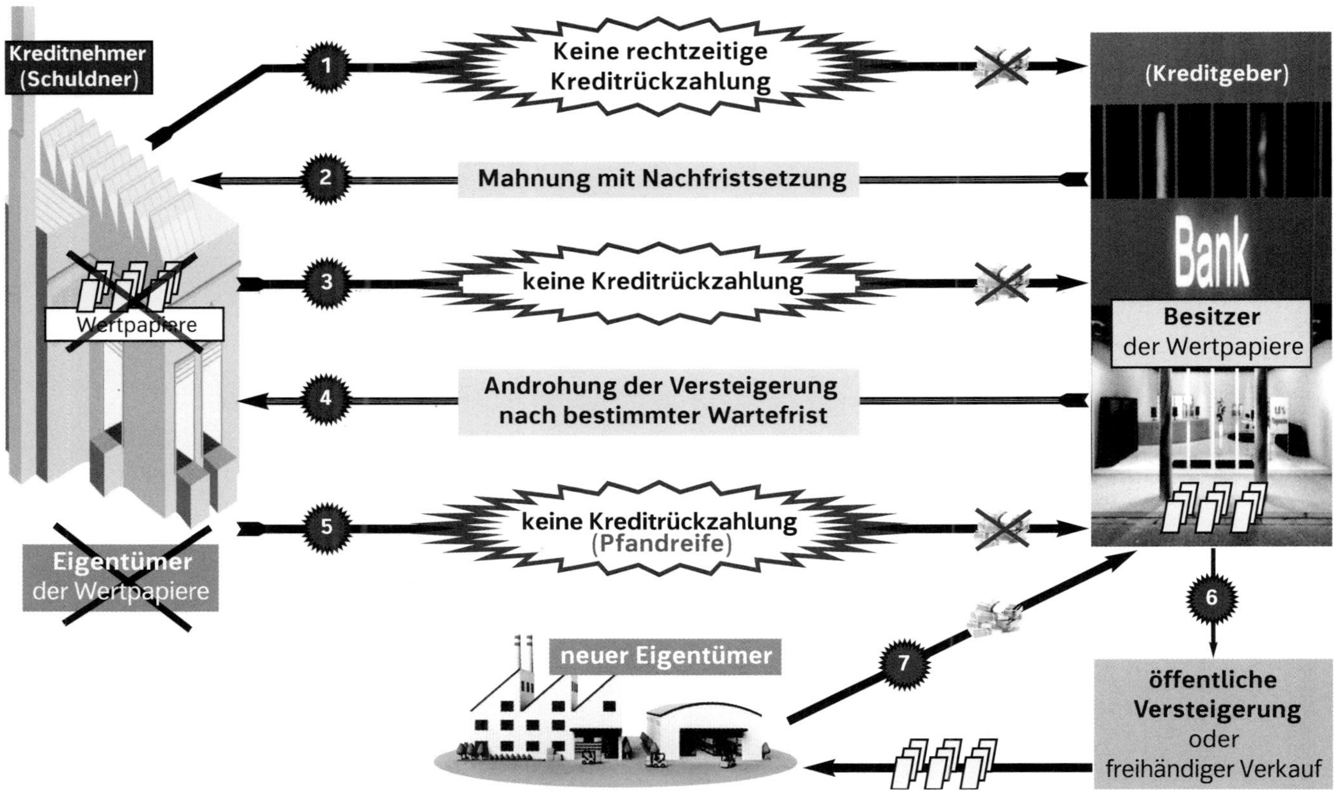

	Schuldner	Gläubiger
Vorteile:	• schnelle Beschaffung von Überbrückungskrediten • beliehene Sachen müssen nicht verkauft werden	• dingliche Sicherheit • Höhe des Beleihungswertes minimiert das Risiko
Nachteile:	• Verlust des Besitzes der Sache • kein Nutzungsrecht mehr	muss die Sache sicher aufbewahren

9.2.5 Grundpfandrechte

- Grundstücke dienen als Kreditsicherheiten.
- Grundpfandrecht = Pfandrecht an einem Grundstück
- wichtigstes Grundpfandrecht = Grundschuld

Grundschuld:

- im Grundbuch eingetragene Belastung eines Grundstücks mit einer bestimmten Geldsumme zugunsten des Berechtigten (z. B. Kreditgeber)
- Bei Nichtzahlung kann der Gläubiger die Zwangsversteigerung bewirken und sich hierau befriedigen.
- Entstehung:
  - Einigung und Eintrag Grundbuch (Notar)
  - Eintrag der Grundschuld im Grundbuch (= Verzeichnis aller Grundstücke in einen Amtsgerichtsbezirk)
- Haftung = dingliche Sicherung:
  - nur Grundstück haftet
  - keine persönliche Haftung des Kreditnehmers
- Zwangsversteigerung:
  Reihenfolge (Rangfolge) der Eintragung der Grundschulden = Reihenfolge (Rangfolge), i der die Forderungen der Gläubiger aus den Erlösen der Zwangsversteigerung befriedig werden
- Erlöschen der Grundschuld:
  - Die eingetragene Grundschuldhöhe ändert sich nicht durch Kreditrückzahlung.
  - Grundschuld erlischt nicht durch die vollständige Kreditrückzahlung.
    → Grundschuld muss im Grundbuch gelöscht werden (Text wird rot unterstrichen)
- Vorteile:
  - schnelles Kreditsicherungsmittel bei vorsorglicher Eintragung
  - Nach Kreditrückzahlung steht die Grundschuld für andere Kredite zur Verfügung.
  - Eine Grundschuld kann zur Sicherung von mehreren Kreditgeschäften bei eine Bank herangezogen werden.

Aufgaben

1. a) Zeigen Sie in einer übersichtlichen Skizze die Arten der Kreditsicherheiten.
   b) Worin unterscheiden sich Personal- und Realkredite?

2. Welche Verträge sind zwischen wem beim Bürgschaftskredit zu schließen und welche Formvorschriften sind zu beachten?

3. Welche Besonderheiten gelten für HGB-Kaufleute, die eine Bürgschaft im Rahmen ihres Handelsgeschäftes abgeben?

4. Erklären Sie die Besitz- und Eigentumsverhältnisse beim Sicherungsübereignungskredit.

5. Welche wesentlichen Vorteile hat die Sicherungsübereignung für Gläubiger und Schuldner?

6. Welche Risiken ergeben sich aus der Sicherungsübereignung für den Gläubiger?

7. Was versteht man unter einer Grundschuld?

8. Welche Vorteile hat es, bereits vor Kreditaufnahme eine Grundschuld eintragen zu lassen?

9. Welche Bedeutung hat die Rangfolge?

0. • Erstrangige Grundschuld: 200.000,00 EUR zugunsten der Sparkasse Goggelshausen.
   • Zweitrangige Grundschuld zugunsten der Volksbank Hasenbüttel: 150.000,00 EUR.
   • Drittrangige Grundschuld zugunsten der Firma Teufel & Co. in Höhe von 40.000,00 EUR.
   Firma Teufel beantragt die Vollstreckung in das Grundstück.
   Versteigerungserlös: 330.000,00 EUR.
   Welche Gläubiger werden in welcher Reihenfolge und welcher Höhe befriedigt?

1. Welche Positionen einer Bilanz eines Unternehmens können für welche Kreditsicherheiten in Anspruch genommen werden?

2. Die NEUTEX GmbH will Rohstoffvorratskäufe in Höhe von 150.000,00 EUR durch einen Kredit vorfinanzieren. Für die Sicherung dieses Kredites bietet die GmbH der Bank eine Sicherungsübereignung von vier Lkw (Anschaffungswert 600.000,00 EUR, Nutzungsdauer vier Jahre, drei Jahre bereits im Betrieb) an.
   a) Erklären Sie die angebotene Sicherheit.
   b) Nennen Sie drei Gefahren, die bei der im Sachverhalt genannten Sicherungsart der Bank drohen.
   c) Weisen Sie nach, inwieweit die Sicherungsart zur Sicherung des Kredites ausreicht (rechnerischer Nachweis).

3. Ein Unternehmen möchte expandieren und eine neue Werkzeugmaschine mit einem Wert von 100.000,00 EUR anschaffen. Es steht kein Eigenkapital zur Verfügung. Es werden Verhandlungen mit einer örtlichen Bank über einen längerfristigen Kredit geführt. Die Bank verlangt Sicherheiten für die Kreditgewährung. Der Beleihungssatz der Bank für unbewegliches Anlagevermögen beträgt 75 %, der für bewegliches Anlagevermögen 60 %. Das Unternehmen kann die neue Werkzeugmaschine als Sicherheit anbieten sowie ein Grundstück mit einem Wert von 120.000,00 EUR. Auf dem Grundstück ist allerdings schon eine Grundschuld in Höhe von 40.000,00 EUR eingetragen.
   a) Welche Kreditsicherungsmöglichkeiten stehen zur Verfügung?
   b) Reichen die Kreditsicherungsmöglichkeiten des Unternehmens für die Kreditinanspruchnahme aus?

14. Die Geschäftsleitung der Müller Wintersport KG möchte eine neue Produktionsmaschin kaufen. Aufgabe ist es nun, die Finanzierungsentscheidung anhand der beiden Finanzie rungsangebote vorzubereiten **(Anlage 1 und 2)**.
    a) Erläutern Sie kurz die Begriffe Tilgung, Zins, Liquiditätsbelastung, Aufwand, Leasingrat
    b) Vergleichen Sie mithilfe der **Anlage 3** die beiden Angebote.
    c) Erläutern Sie weitere Kriterien, die bei dieser Finanzierungsentscheidung berücksich tigt werden sollten.
    d) Reichen die Kreditsicherungsmöglichkeiten für die Aufnahme des Kredits aus **(An lage 4)**?

Anlage 1

Süddeutsche Leasing GmbH

Süddeutsche Leasing GmbH, Schwarzwaldstraße 175, 79117 Freiburg

Kundennummer: 27653
Angebots-Nr.: 136

Müller Wintersport KG
Im Breiten Feld 39
77709 Wolfach

Ihre Zeichen, Ihre Nachricht vom		Unsere Zeichen, unsere Nachricht vom	Telefondurchwahl,	Name	Datum
JD	17.10.2012	PB/PZ	-232	Hr. Zimmer	22.10.2012

Angebot

Sehr geehrte Damen und Herren,

wir bedanken uns für Ihre Anfrage und bieten an:

Leasingobjekt: Produktionsmaschine Typ ‚FX410'

Grundmietzeit:	4 Jahre
Leasingrate:	42.500,00 EUR jährlich
Anschlussrate:	15.000,00 EUR jährlich nach der Grundmietzeit

Die Leasingraten enthalten: Lieferung, Aufbau und Einarbeitung sowie die regelmäßigen Wartungen. Im Falle eines Vertragsabschlusses erhalten Sie alle weiteren Unterlagen schriftlich.

Es würde uns freuen, wenn unser Angebot Ihre Zustimmung finden würde. Wir garantieren Ihnen bereits jetzt zügige und zuverlässige Vertragsabwicklung.

Wir freuen uns auf Ihren Auftrag.

Mit freundlichem Gruß

ppa. Peter Zimmer

Geschäftsräume	Kontakt		Bankverbindung	
Schwarzwaldstraße 175	Tel:	+49 0761 2323-0	Bank:	Postbank Freiburg
79117 Freiburg	Fax:	+49 0761 2323-00	Bankort:	Freiburg
Geschäftsführer: Frank Wintermantel	E-Mail:	sueddeutscheleasing@t-online.de	BLZ:	200 100 20
Amtsgericht Freiburg FRB 92826	Internet:	www.sueddeutscheleasing.de	Konto-Nr.:	124 577

Anlage 2

Dreisam Credit Institute

Dreisam Credit Institute, Dreisamstraße 76, 79108 Freiburg

Müller Wintersport KG
Im Breiten Feld 39
77709 Wolfach

Ihre Zeichen, Ihre Nachricht v.	Unsere Zeichen, unsere Nachricht v.	Telefon	Datum
	Lo	0761 84739-18	23.10.2012

Kreditangebot

Sehr geehrte Damen und Herren,

vielen Dank für Ihre telefonische Anfrage. Folgendes Kreditangebot möchten wir Ihnen unterbreiten:

Kreditsumme:	156.000,00 EUR
Laufzeit:	5 Jahre
Zinssatz:	6,5 % p. a. (nominal)
Tilgung:	31.200,00 EUR in gleichen Raten, Tilgungsbeginn 1 Jahr nach Auszahlung

Dieses Angebot gilt vorbehaltlich ausreichender Kreditsicherheiten.

Unsere Beleihungssätze:

Bebaute Grundstücke:	80 % des Bilanzwertes
Maschinen/Anlagen:	60 % des Bilanzwertes
Fuhrpark:	45 % des Bilanzwertes

Wir freuen uns auf Ihre Rückmeldung.

Mit freundlichen Grüßen

i. V. Seibert *i. A. Lorenz*

Geschäftsräume	Kontakt		Bankverbindung	
Dreisamstraße 76	Tel:	+49 0761 84739-0	Bank:	Sparkasse Freiburg
79108 Freiburg	Fax:	+49 0761 84739-10	Bankort:	Freiburg
Geschäftsführer: Peter Frenk	E-Mail:	dclnstitute@t-online.de	BLZ:	300 765 800
Amtsgericht Freiburg FRB 73653	Internet:	www.dcinstitute.de	Konto-Nr.:	774 875

Anlage 3

Darlehen:

Jahre	Darlehen am Jahresbeginn	Darlehen am Jahresende	Tilgung	Zins	Abschreibung	Liquiditätsbelastung	Aufwand
1							
2							
3							
4							
5							
6							
Summe							

Leasing:

Jahre	Leasingrate
1	
2	
3	
4	
5	
6	
Summe	

Vergleich:

Jahre	Liquiditätsdifferenz	Aufwandsdifferenz
1		
2		
3		
4		
5		
6		
Summe		

Anlage 4

Müller Wintersport KG			
Hausmitteilung			
Von:	Bilanzbuchhaltung	An:	Arbeitsgruppe „youngboard“
Datum:	Montag, 22.10.2012		
Betreff:	**Bilanz- und Beleihungswerte**		

Anbei die angeforderten Informationen:

Position	Bilanzwert zum	Aktueller Beleihungswert
• bebaute Grundstücke	2.345.000,00 EUR	1.756.000,00 EUR
• Maschinen/Anlagen	1.113.000,00 EUR	603.000,00 EUR
• Fuhrpark	57.000,00 EUR	25.650,00 EUR

Mit freundlichem Gruß

Koppe

Lernfeld 10: Wertschöpfungsprozesse erfolgsorientiert steuern

1 Kurzüberblick des Geschäftsprozesses

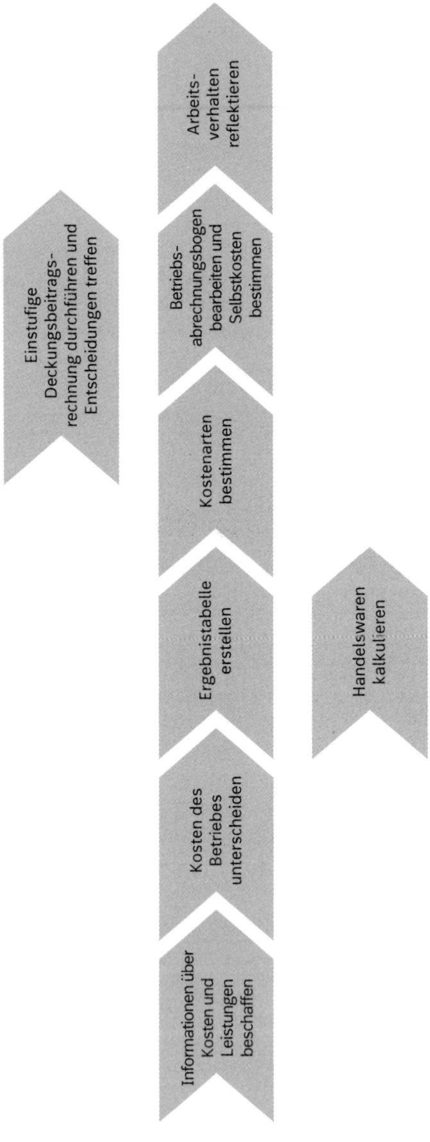

2 Abgrenzungsrechnung

2.1 Rechnungskreise und deren Aufgaben

Stofftelegramm

Überblick

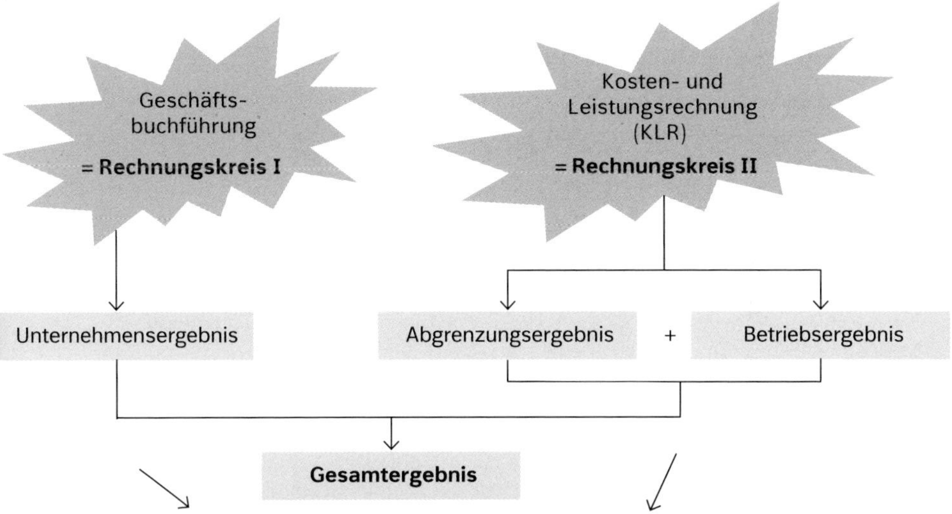

Externes Rechnungswesen	Internes Rechnungswesen
Ziele bzw. Aufgaben:	**Ziele bzw. Aufgaben:**
• Dokumentation aller Geschäftsvorfälle • Überblick über die finanzielle Situation des Unternehmens (Unternehmensergebnis) • Grundlage für die Informationsweitergabe an externen Personenkreis: Eigentümer, Banken, Finanzamt • Grundlage für Preisermittlung und Erfolgsermittlung • Gesetzliche Vorschriften sind zu beachten. • Begriffe: **Aufwand** und **Ertrag**	• Kontrolle der Wirtschaftlichkeit • Überblick über das tatsächliche Ergebnis aus betrieblicher Tätigkeit (Betriebsergebnis) • Grundlage für die Informationsweitergabe an internen Personenkreis: Entscheidungsträger im Unternehmen • Grundlage für Selbstkostenermittlung (Preiskalkulation) • Gesetzliche Vorschriften sind **nicht** zu beachten. • Begriffe: **Kosten** und **Leistungen**

Begriffe

Zielgröße	Rechengröße	Erläuterung
Liquidität	Einzahlungen Auszahlungen	tatsächliche Zahlungsmittel**zuflüsse** tatsächliche Zahlungsmittel**abflüsse**
	Einnahmen Ausgaben	tatsächliche Zahlungsmittelzuflüsse bzw. -abflüsse; Ergänzung um Forderungen und Verbindlichkeiten

Zielgröße	Rechengröße	Erläuterung
Erfolg	Erträge Aufwendungen	**erfolgswirksame** Werte**zuflüsse** in einer Periode → Begriff der GuV-Rechnung **erfolgswirksamer** Wert**verzehr** in einer Periode → Begriff der GuV-Rechnung
	Leistungen Kosten	**betrieblich bedingte** Werte**zuflüsse** in einer Periode → Begriff der KLR **betrieblich bedingter** Werte**verzehr** in einer Periode → Begriff der KLR

Inhaltliche Abgrenzung

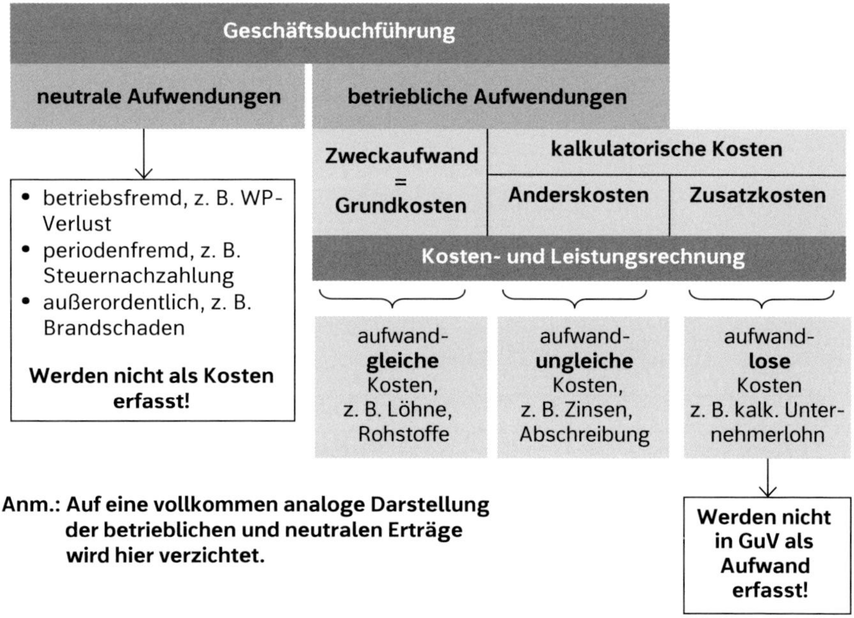

Anm.: Auf eine vollkommen analoge Darstellung der betrieblichen und neutralen Erträge wird hier verzichtet.

Aufgaben

1. Ordnen Sie die Begriffe: Unternehmensergebnis, neutrale Erträge, Kosten, Erträge, Leistungen, Aufwendungen, neutrale Aufwendungen, neutrales Ergebnis, Betriebsergebnis.
2. Entscheiden Sie, ob Ausgaben oder Aufwendungen vorliegen:
   a) Abschreibungen
   b) Zinszahlung in bar
   c) Kredittilgung
   d) Kauf einer Maschine auf Ziel
   e) Verbrauch von Rohstoffen

3. Kreuzen Sie an, ob neutrale oder betriebliche Aufwendungen vorliegen:

		Neutrale Aufwendungen			Betriebliche Aufwendungen
Nr.	**Geschäftsvorfall**	**betriebsfremd**	**periodenfremd**	**außerord.**	
1	Lohnzahlungen				
2	Verlust WP-Verkauf				
3	Abschreibungen auf Anlagevermögen				
4	Brandschaden im Lager				
5	Sozialaufwendungen				
6	Nachzahlung der Gewerbesteuer für vorletztes Geschäftsjahr				

4. Welche Aufgabe hat die Abgrenzungsrechnung?
5. Warum sind neutrale Aufwendungen keine Kosten?

2.2 Kalkulatorische Kosten

Stofftelegramm

Zweck: Erfassung von zusätzlichen oder anderen Kosten als in der Geschäftsbuchführung. Damit soll die Genauigkeit in der Preiskalkulation gewährleistet werden.

Umfang:
- **Anderskosten**: kalkulatorische Abschreibung → **aufwandsungleiche Kosten**
- **Zusatzkosten**: kalkulatorischer Unternehmerlohn → **aufwandlose Kosten**

Kalkulatorische Abschreibungen

Beispiel:
Die Schmidt GmbH benötigt für ihre Produktion eine spezielle Fertigungsmaschine. Folgende Daten sind gegeben:
- *Anschaffungskosten: 30.000,00 EUR, „betriebsgewöhnliche“ Nutzungsdauer: acht Jahre*
- *Wiederbeschaffungskosten: 36.000,00 EUR, „tatsächliche“ Nutzungsdauer: zehn Jahre*

Berechnen Sie die Abschreibungsbeträge für die Geschäftsbuchführung und für die Betriebsbuchführung (Kosten- und Leistungsrechnung).

	Geschäftsbuchführung	Betriebsbuchführung (KLR)
Art	**Bilanzielle Abschreibung (GuV)**	**Kalkulatorische Abschreibung**
Berechnung nach der linearen Methode	$\frac{\text{Anschaffungskosten}}{\text{betriebsgew. Nutzungsdauer}}$ $\frac{30.000{,}00\ \text{EUR}}{8\ \text{Jahre}} = 3.750{,}00\ \text{EUR/Jahr}$	$\frac{\text{Wiederbeschaffungskosten}}{\text{tatsächliche Nutzungsdauer}}$ $\frac{36.000{,}00\ \text{EUR}}{10\ \text{Jahre}} = 3.600{,}00\ \text{EUR/Jahr}$
Unterschiede: • **Abschreibungsbasis**	Anschaffungskosten	Wiederbeschaffungskosten
• **Nutzungsdauer**	„betriebsgewöhnliche" Nutzungsdauer (Festlegung: Bundesfinanzministerium: Abschreibungstabelle)	„tatsächliche" Nutzungsdauer wird angesetzt (solange Maschine tatsächlich genutzt wird)
• **Methode**	Handelsrecht: degressive oder lineare Methode erlaubt	nur lineare Methode → gleichbleibende Beträge für verlässliche Kalkulation

→ Die kalkulatorische Abschreibung bezweckt eine höhere Genauigkeit und bessere Vergleichbarkeit der Kosten- und Leistungsrechnung mit früheren Jahren und branchengleichen Unternehmen!

Kalkulatorischer Unternehmerlohn

Der **Einzelunternehmer** und die **Gesellschafter einer Personengesellschaft** (z. B. OHG, KG) erhalten für ihre Tätigkeit im Unternehmen kein Gehalt. Sie haben aber Anspruch auf Entnahme des erwirtschafteten Gewinns.

Bei **Kapitalgesellschaften** (z. B. AG, GmbH) wird der „Unternehmerlohn" aufwand- und kostenmäßig erfasst (z. B. Vorstands-, Geschäftsführergehalt).

Deshalb wird bei Einzelunternehmen bzw. Personengesellschaften die Mitarbeit im Unternehmen als **kalkulatorischer Unternehmerlohn** in der KLR angesetzt (nicht in der Geschäftsbuchführung gebucht), um eine kostenmäßige Gleichstellung herzustellen.

Die Höhe richtet sich nach einem vergleichbaren Vorstands-/Geschäftsführergehalt eines vergleichbaren Unternehmens derselben Branche und Größe.

Aufgaben

1. Was versteht man unter kalkulatorischen Kosten? Benennen Sie zwei typische kalkulatorische Kostenarten.

2. Nennen und begründen Sie die Unterscheidungsmerkmale zwischen kalkulatorischen und bilanziellen Abschreibungen.

3. Die Schmidt GmbH beschaffte im Januar des aktuellen Jahres eine Fertigungsmaschine. Die kostete 650.000,00 EUR und hat eine Nutzungsdauer lt. Abschreibungstabelle von acht Jahren. Wird die Maschine nach Ablauf der tatsächlichen Nutzungsdauer wiederbeschafft, dann ist mit Wiederbeschaffungskosten in Höhe von 785.000,00 EUR und einer Nutzungsdauer von neun Jahren zu rechnen.

a) Berechnen Sie die bilanziellen und kalkulatorischen Abschreibungsbeträge für das erste Nutzungsjahr (lineare Methode bei beiden Arten).
b) Wie hoch sind hierbei der Zweckaufwand, die Grundkosten und die Zusatzkosten?
c) Unter welcher Voraussetzung ist die reale Kapitalerhaltung bei der kalkulatorischen Abschreibung gesichert?

4. Ermitteln Sie in folgendem Fall den Zweckaufwand, den neutralen Aufwand, die Grundkosten und die Zusatzkosten:
Bilanzielle Abschreibungen: 120.000,00 EUR
Kalkulatorische Abschreibungen: 100.000,00 EUR

5. Begründen Sie die Notwendigkeit des Ansatzes eines kalkulatorischen Unternehmerlohnes in der Kostenrechnung.

2.3 Ergebnistabelle

Stofftelegramm

Aufbau:

Rechnungskreis I		Rechnungskreis II					
Geschäftsbuchführung GuV		**Unternehmensbezogene Abgrenzungen**		**Kostenrechnerische Korrekturen**		**Kosten- und Leistungsrechnung KLR**	
Aufwendungen	Erträge	neutrale Aufwendungen	neutrale Erträge	Aufwendungen (GuV)	Kosten (KLR)	Kosten	Leistungen
↓ **Gesamtergebnis** (Gewinn/Verlust)		↘ **neutrales Ergebnis** (neutraler Gewinn/Verlust)		↙		↓ **Betriebsergebnis** (Betriebsgewinn/-verlust)	

Hinweise zur Spalte Kostenrechnerische Korrekturen:
Aufwendungen (GuV): Sie werden in der KLR in anderer Höhe als Kosten angesetzt.

Kosten (KLR): Sie werden in der GuV in anderer Höhe als Aufwendungen angesetzt.

Aufgaben

1. Ermitteln Sie für die Schmidt GmbH die fehlenden Größen und interpretieren anschließend das Geschäftsjahr der Unternehmung anhand der vorliegenden Zahlen („+“ = Überschuss).

Aufwendungen:	3.200.000,00 EUR
Davon neutral:	200.000,00 EUR
Erträge:	???
Kosten:	3.850.000,00 EUR

Leistungen:	= Erträge
Kostenrechnerische Korrekturen:	???
Betriebsergebnis:	+ 320.000,00 EUR
Unternehmensergebnis:	???

2. Gegeben sind folgende Größen:

Aufwendungen laut GuV:	150.000,00 EUR
Erträge laut GuV:	80.000,00 EUR
Neutrale Aufwendungen:	70.000,00 EUR
Leistungen:	65.000,00 EUR

Ermitteln Sie
a) das Gesamtergebnis,
b) das neutrale Ergebnis,
c) das Betriebsergebnis,
d) die Kosten.

3. Die Schmidt GmbH hat am Ende des Geschäftsjahres folgende GuV aufgestellt:

Aufwendungen	GuV-Rechnung (in Euro)		Erträge (in Euro)
Aufwendungen für Rohstoffe	3.120.000,00	Umsatzerlöse für Fertigerzeugnisse	8.300.000,00
Aufwendungen für Hilfsstoffe	241.000,00	Zinserträge	140.000,00
Aufwendungen für Betriebsstoffe	90.000,00		
Fertigungslöhne	1.527.500,00		
Gehälter	650.000,00		
soziale Abgaben	410.000,00		
Abschreibungen auf Sachanlagen	570.000,00		
Verlust aus dem Abgang von Anlagevermögen	70.000,00		
Zinsaufwendungen	150.000,00		
betriebliche Steuern	120.000,00		
Fremdinstandhaltung	280.000,00		
sonstige Aufwendungen (kostenwirksam)	70.000,00		
Summe	**7.298.500,00**	**Summe**	**8.440.000,00**

Folgende Angaben sind noch zu berücksichtigen:
- Kalkulatorische Abschreibungen: 490.000,00 EUR
- Kalkulatorischer Unternehmerlohn: 500.000,00 EUR

Führen Sie die Abgrenzungsrechnung durch und ermitteln Sie das Unternehmensergebnis, das neutrale Ergebnis und das Betriebsergebnis in der folgenden Ergebnistabelle.

Rechnungskreis 1			Rechnungskreis II					
Geschäftsbuchführung			Abgrenzungsbereich				Betriebsbuchführung	
GuV			Unternehmensbezogene Abgrenzung		Kostenrechnerische Korrekturen		KLR	
Kontenbezeichnung	*Aufwendungen*	*Erträge*	*Aufwendungen*	*Erträge*	*Aufwand (GuV)*	*Kosten (KLR)*	*Kosten*	*Leistungen*
Umsatzerlöse FE								
Zinserträge								
Aufwendungen RS								
Aufwendungen HS								
Aufwendungen BS								
Fertigungslöhne								
Gehälter								
soziale Abgaben								
Abschreiben SA								
Verlust Abgang AV								
Zinsaufwendungen								
betriebliche Steuern								
Fremdinstandhaltung								
sonstige Aufwend.								
Summen								
Gewinn/Verlust								
Neutrales Ergebnis								
Betriebsergebnis								
Gesamtergebnis	=		**Neutrales Ergebnis**		+		**Betriebsergebnis**	

3 Vollkostenrechnung

3.1 Überblick

Stofftelegramm

3.2 Kostenartenrechnung

Stofftelegramm

Gliederung der Kosten nach der Zurechenbarkeit auf die Kostenträger:

- **Einzelkosten**
  → sind einem Kostenträger (z. B. Warengruppe, Produkt) **direkt** zurechenbar.
  Beispiele: – *Warenkosten (= Wareneinsatz)*
  – *Fertigungsmaterial (= Materialeinzelkosten [MEK])*
  – *Fertigungslöhne (= Fertigungseinzelkosten [FEK])*
  – *Sondereinzelkosten der Fertigung (Spezialwerkzeuge [SEKF])*
  – *Sondereinzelkosten des Vertriebs (Spezialverpackung [SEKV])*
- **Gemeinkosten**
  → sind einem Kostenträger (z. B. Warengruppe) nur **indirekt** zurechenbar.
  Beispiele: – *Gehälter*
  – *Sozialkosten*
  → Diese Kosten fallen teilweise für mehrere Kostenträger gemeinsam an und können nicht direkt einem Produkt zugeordnet werden.
  → Sie werden mithilfe von im Betriebsabrechnungsbogen (BAB) ermittelten Zuschlagsätzen auf die Kostenträger verrechnet.

3.3 Kostenstellenrechnung (BAB)

Stofftelegramm

Leitfrage:
An welchen „Stellen“ sind die einzelnen Kostenarten im Unternehmen entstanden?

Ziele:
Aufbereitung und Gliederung der Kosten, sodass
- Kostenvergleiche und Kostenkontrollen möglich sind und
- eine Zuordnung der Kosten auf die Kostenträger (z. B. Produkte) möglich wird.

Kostenstellen:
Räumlich, organisatorisch und verantwortungsmäßig abgegrenzter Teilbereich eines Unternehmens zur Erfassung der Gemeinkosten am Ort ihrer Entstehung.
Typische Kostenbereiche: Material – Fertigung – Verwaltung – Vertrieb → „Hauptkostenstellen"

Grundstruktur eines einfachen BAB:

Gemeinkosten	Euro	Verteilungs-grundlage	Kostenstellen			
			Material	Fertigung	Verwaltung	Vertrieb
Gehälter		→				
Miete, Pacht		→	**Verteilung der jeweiligen Gemeinkosten auf die vier Hauptkostenstellen:** • **Direkt:** aufgrund der, einer Kostenstelle zurechenbaren, Belege • **Indirekt:** Verteilungsschlüssel, z. B. m²			
Betriebssteuern		→				
Summe GK			**= MGK**	**= FGK**	**= VwGK**	**= VtGK**

Ermittlung der Gemeinkostenzuschlagsätze:

Materialgemeinkostenzuschlagsatz:

$$\textbf{MGK-ZS} = \frac{\text{Materialgemeinkosten (MGK)} \cdot 100}{\text{Materialeinzelkosten (MEK)}}$$

Fertigungsgemeinkostenzuschlagsatz:

$$\textbf{FGK-ZS} = \frac{\text{Fertigungsgemeinkosten (FGK)} \cdot 100}{\text{Fertigungseinzelkosten (FEK)}}$$

Verwaltungsgemeinkostenzuschlagsatz:

$$\textbf{VwGK-ZS} = \frac{\text{Verwaltungsgemeinkosten (VwGK)} \cdot 100}{\text{Herstellkosten der Rechnungsperiode}}$$

Vertriebsgemeinkostenzuschlagsatz:

$$\textbf{VtGK-ZS} = \frac{\text{Vertriebsgemeinkosten (VtGK)} \cdot 100}{\text{Herstellkosten der Rechnungsperiode}}$$

Kalkulationsschema:

Materialeinzelkosten (= Fertigungsmaterial)
+ Materialgemeinkosten
+ Fertigungseinzelkosten (= Fertigungslöhne)
+ Fertigungsgemeinkosten
Herstellkosten der Rechnungsperiode
+ Verwaltungsgemeinkosten
+ Vertriebsgemeinkosten
= Selbstkosten

3.4 Kostenträgerstückrechnung

Stofftelegramm

3.4.1 Ist-Kosten und Normalkosten

Gliederung der Kosten nach der zeitlichen Erfassung:

- *Ist-Kosten*: tatsächlich entstandene Kosten der abgelaufenen Rechnungsperiode
- *Normalkosten*: durchschnittlich verrechnete Kosten der vergangenen Rechnungsperioden

Unterschiede:

- *Normalkosten* > *Ist-Kosten*: **Überdeckung** (zu viel kalkuliert)
- *Normalkosten* < *Ist-Kosten*: **Unterdeckung** (zu wenig kalkuliert)

3.4.2 Überblick: Kalkulation in einem Handelsbetrieb

Typisches Kalkulationsverfahren:	Zuschlagskalkulation (Beschaffungs- und Absatzkalkulation)
Beschaffungskalkulation:	Ermittlung der **Selbstkosten** der eingekauften Waren. Einbezogen werden mögliche • Rabatte vom Lieferanten/Großhändlern, • Skonti, • Bezugskosten, • Gemeinkosten (Personalkosten, kalkulatorische Abschreibungen usw.) → **Handlungskostenzuschlag**
Absatzkalkulation in Form der Vorwärtskalkulation:	Der Handelsbetrieb kann den **Angebotspreis selbst** bestimmen. Einbezogen werden: • der selbst zu bestimmende Gewinnzuschlag • Kundenskonto • Kundenrabatt Gesucht: Listenverkaufspreis (LVP)/Angebotspreis

Absatzkalkulation in Form der Rückwärtskalkulation:	Der Handelsbetrieb kann den **Angebotspreis nicht selbst** bestimmen (Konkurrenzsituation). Ausgangspunkt: Vorgegebener LVP Einbezogen werden: • Kundenrabatt • Kundenskonto • der selbst zu bestimmende Gewinnzuschlag
Differenzkalkulation	Der Handelsbetrieb kann den Angebotspreis nicht selbst bestimmen und muss mit vorgegebenen Selbstkosten rechnen. Gewinn = Differenz BVP – Selbstkosten

3.4.3 BAB und Zuschlagskalkulation in einem Handelsbetrieb

Im Handelsbetrieb werden die Kostenstellen in Anlehnung an die Sortimentsbereiche bzw. Warengruppen eingeteilt:

Gemeinkosten	**Euro**	**Verteilungsgrundlage**	**Kostenstellen**	
			Sortimentsbereich I/ Warengruppe I	**Sortimentsbereich II/ Warengruppe II**
Gehälter				
Sozialabgaben		→	**Verteilung GK**	
Stromkosten				
Heizungskosten				
Summe GK			**= SB I GK**	

Ermittlung des Handlungskostenzuschlagsatzes:

$$\frac{\text{Gemeinkosten SB I} \cdot 100}{\text{Wareneinsatz eines Sortimentsbereichs bzw. einer Warengruppe (= Einzelkosten)}}$$

3.4.4 Kalkulation in einem Handelsbetrieb

Einzelkosten: Basis: Eingangsrechnungen, Lohn- und Gehaltsliste

Gemeinkosten: Basis: BAB → Zuschlagsätze auf Einzelkosten! → **Zuschlagskalkulation**

3.4.4.1 Vorkalkulation (Angebotskalkulation)

Basis: Normalkosten! (Bei Angebotserstellung liegen i. d. R. die Ist-Kosten nicht vor.)

Vorwärtskalkulation

Gesucht: Listenverkaufspreis netto (Angebotspreis)

Beispiel:
Die Schmidt GmbH handelt mit Handelswaren im Edelmetallbereich. Berechnen Sie den Listenverkaufspreis, wenn folgende Daten bekannt sind: Listeneinkaufspreis: 1.350,00 EUR, Liefererrabatt: 10 %, Liefererskonto: 2 %, Bezugskosten: 80,00 EUR, Handlungskostenzuschlag: 20 %, Gewinnzuschlag: 8 %, Kundenskonto: 3 %, Kundenrabatt: 7 %.

	Euro				
Listeneinkaufspreis	**1.350,00**	*Beschaffungskalkulation*	*100 %*		***vom Hundert***
– Liefererrabatt 10 %	*135,00*		*10 %*		
Zieleinkaufspreis	*1.215,00*		*110 %*	*100 %*	***vom Hundert***
– Liefererskonto 2 %	*24,30*			*2 %*	
Bareinkaufspreis	*1.190,70*			*102 %*	
+ Bezugskosten	*80,00*				
Bezugspreis/Einstandspreis	*1.270,70*		*100 %*		***vom Hundert***
+ Handlungskosten 20 %	*254,14*		*20 %*		
Selbstkosten	*1.524,84*	*Absatzkalkulation*	*120 %*	*100 %*	***vom Hundert***
+ Gewinnzuschlag 8 %	*121,99*			*8 %*	
Barverkaufspreis	*1.646,83*		*97 %*	*108 %*	***im Hundert***
+ Kundenskonto 3 %	*50,93*		*3 %*		
Zielverkaufspreis	*1.697,76*		*100 %*	*93 %*	***im Hundert***
+ Kundenrabatt 7 %	*127,79*			*7 %*	
Listenverkaufspreis netto	*1.825,55*			*100 %*	

Rückwärtskalkulation

Gegeben: Listenverkaufspreis netto (Angebotspreis)
Gesucht: Bezugspreis

Beispiel:
Die Schmidt GmbH handelt mit Handelswaren im Edelmetallbereich. ***Aufgrund der aktuellen Wettbewerbssituation kann die Schmidt GmbH einen Listenverkaufspreis von 750,00 EUR nicht überschreiten.***
Welchen Bezugspreis kann die Schmidt GmbH im Einkauf maximal bezahlen, wenn folgende Daten gegeben sind?
Handlungskostenzuschlag: 25 %, Gewinnzuschlag: 13 %, Kundenskonto: 2 %, Kundenrabatt: 25 %.

	Euro			
Bezugspreis/Einstandspreis	*390,26*	*100 %*		***vom Hundert***
+ Handlungskosten 25 %	*97,57*	*25 %*		
Selbstkosten	*487,83*	*125 %*	*100 %*	***vom Hundert***
+ Gewinnzuschlag 13 %	*63,42*		*13 %*	
Barverkaufspreis	*551,25*	*98 %*	*113 %*	***im Hundert***
+ Kundenskonto 2 %	*11,25*	*2 %*		
Zielverkaufspreis	*562,50*	*100 %*	*75 %*	***im Hundert***
+ Kundenrabatt 25 %	*187,50*		*25 %*	
Listenverkaufspreis netto	**750,00**		*100 %*	

Differenzkalkulation

Gegeben: Listenverkaufspreis netto (Angebotspreis) **und** Bezugspreis/Einstandspreis
Gesucht: Gewinn in Euro und Prozent

Beispiel:
Die Schmidt GmbH handelt mit Handelswaren im Edelmetallbereich. Der Müller KG soll ein Angebot zu einem Listenverkaufspreis von 800,00 EUR unterbreitet werden. Die Handelswaren können zu einem Bezugspreis von 410,00 EUR bezogen werden. Die Handlungskosten können nicht verändert werden.
Welcher Gewinn in Euro und Prozent entsteht durch dieses Geschäft, wenn folgende sonstige Daten gegeben sind?
Handlungskostenzuschlag: 25 %, Kundenskonto: 2 %, Kundenrabatt: 25 %

	Euro	
Bezugspreis/Einstandspreis	**410,00**	*100 %*
+ Handlungskosten 25 %	*102,50*	*25 %*
Selbstkosten	*512,50*	*125 %*
+ Gewinn ***14,732 %***	***75,50***	
Barverkaufspreis	*588,00*	*98 %*
+ Kundenskonto 2 %	*12,00*	*2 %*
Zielverkaufspreis	*600,00*	*100 %*
+ Kundenrabatt 25 %	*200,00*	
Listenverkaufspreis netto	***800,00***	

Differenz *Barverkaufspreis*	*588,00*
– Selbstkosten	*512,50*
Gewinn	***75,50***

Selbstkosten 512,50 EUR = 100 %
Gewinn 75,50 EUR = x %

$$\rightarrow x = \frac{75{,}50\ \text{EUR} \cdot 100\ \%}{512{,}50\ \text{EUR}} = \mathbf{14{,}732\ \%}$$

3.4.4.2 Nachkalkulation

Liegen die tatsächlichen **Ist-Kosten** vor → Vergleich mit den **Normalkosten** aus der Vorkalkulation (Angebotskalkulation) → **Kostenträgerzeitrechnung**

Zweck:
- Erfassung der tatsächlichen Kosten
- Kontrolle der Kosten
- Korrektur der Grundlagen für die Vorkalkulation

3.5 Kostenträgerzeitrechnung

Stofftelegramm

Da die Ist-Kosten selten mit den Normalkosten übereinstimmen, kommt es zu einer Über- oder einer Unterdeckung der Kosten.

Abweichungsanalyse:

Gründe	Erklärung	Mögliche Gegenmaßnahmen
Preisabweichungen	ungeplante Kostenerhöhungen aufgrund gestiegener Einkaufspreise (Gründe: hohe Kraftstoffpreise, ungeplante Tariferhöhungen)	quantitative Angebotsvergleiche (Ziel: kostengünstigere Lieferanten finden)

Gründe	Erklärung	Mögliche Gegenmaßnahmen
Beschäftigungs-abweichungen	Tatsächliche Absatzmenge entspricht nicht der geplanten Absatzmenge. (Gründe: mangelnde Qualität oder Verkaufspreis wird nicht von den Kunden akzeptiert)	zusätzliche Marketingmaßnahmen (Ziel: Steigerung der Absatzmenge durch verstärkte Werbung)
Verbrauchs-abweichungen	Mehr- oder Minderverbrauch von Energie oder Verpackungsmaterial (Gründe: z. B. Unwirtschaftlichkeit)	Verbesserung des innerbetrieblichen Controllings (Sparpotenzial herausfinden)

3.5.1 Kostenvergleich auf Kostenstellenebene

Gemeinkosten	Normalkosten in Euro	Ist-Kosten in Euro	Unterdeckung (–)/ Überdeckung (+) in Euro
Personalkosten	3.280,00	3.540,00	–260,00
Miete, Pacht, Leasing	400,00	400,00	0,00
Steuern, Beiträge, Versicherung	700,00	700,00	0,00
Energie	1.050,00	1.250,00	–200,00
Betriebskosten	2.300,00	2.800,00	–500,00
kalkulatorische Abschreibungen	2.980,00	2.980,00	0,00
Summe GK	**10.710,00**	**11.670,00**	**–960,00**

3.5.2 Kostenvergleich auf Kostenträgerebene

Vorkalkulation mit Normalkosten je Stück in Euro		Nachkalkulation mit Ist-Kosten je Stück in Euro	
geplanter Bezugspreis	410,00	tatsächlicher Bezugspreis	415,00
+ geplante Handlungskosten 20 %	82,00	+ tatsächliche Handlungskosten 22 %	91,30
= geplante Selbstkosten	**492,00**	**= tatsächliche Selbstkosten**	**506,30**
geplanter Verkaufspreis	530,00	tatsächlicher Verkaufspreis	510,00
– geplante Selbstkosten	492,00	– tatsächliche Selbstkosten	506,30
= geplanter Erlös	**38,00**	**= tatsächlicher Erlös**	**3,70**

3.6 Aufgaben zu den Kapiteln 3.1–3.5

1. Welche Aufgaben hat die Kostenstellenrechnung?
2. Unterscheiden Sie „Einzelkosten" von „Gemeinkosten".
3. Erläutern Sie den Begriff „Kostenstelle".
4. Nach welchem Kriterium werden die Gemeinkosten im BAB verteilt?

5. Ermitteln Sie die üblichen Zuschlagsätze, wenn folgende Daten gegeben sind:

Fertigungsmaterial	9.000,00 EUR
Fertigungslöhne	6.000,00 EUR
Materialgemeinkosten	4.000,00 EUR
Fertigungsgemeinkosten	10.000,00 EUR
Verwaltungsgemeinkosten	3.500,00 EUR
Vertriebsgemeinkosten	1.500,00 EUR

6. Ermitteln Sie den Handlungskostenzuschlagsatz.
Wareneinsatz Warengruppe A: 600.000,00 EUR
Gemeinkostensumme Warengruppe A laut BAB: 200.000,00 EUR

7. In einem Handelsbetrieb liegen folgende Daten für einen BAB vor:

Kostenarten	Angefallene Kosten	Verteilungsgrundlage
Personalkosten	21.000,00 EUR	Gehaltsliste
allgemeine Verwaltung	2.000,00 EUR	Verteilungsschlüssel
Mietkosten	6.000,00 EUR	m^2
Werbung	4.500,00 EUR	Verteilungsschlüssel
kalkulatorische Abschreibung	2.500,00 EUR	Verteilungsschlüssel

Verteilung der Kostenarten auf die Kostenstellen:

Gemeinkosten	Sortiment I	Sortiment II	Sortiment III	Sortiment IV	Sortiment V
Personalkosten	2.700,00 EUR	4.500,00 EUR	4.800,00 EUR	6.000,00 EUR	3.000,00 EUR
allgemeine Verwaltung	6	18	5	7	4
Mietkosten	300 m^2	50 m^2	100 m^2	100 m^2	50 m^2
Werbung	0	15	10	12	8
kalkulatorische Abschreibung	3	1	2	3	1

a) Verteilen Sie die Gemeinkosten auf die einzelnen Kostenstellen.

Gemeinkosten	Verteilungs-grundlage	S I	S II	S III	S IV	S V
Personalkosten	Gehaltsliste					
allgemeine Verwaltung	Verteilungsschlüssel					
Mietkosten	m^2					
Werbung	Verteilungsschlüssel					
kalkulatorische Abschreibung	Verteilungsschlüssel					
Summe						

b) Ermitteln Sie den Handlungskostenzuschlagsatz für das Sortiment I. Wareneinsatz in diesem Bereich: 30.400,00 EUR.

8. Ein Handelsbetrieb hat für den Monat Juni folgende Kosten und Zuschlagsätze ermittelt. Berechnen Sie
   a) den Ist-Handlungskostenzuschlagsatz,
   b) die Normalhandlungskosten,
   c) die Kostenüber- oder Kostenunterdeckung der einzelnen Warengruppen.

Kostenträger/ Kostenarten	Bad	Küche	Sauna	Summen
Wareneinsatz (in Euro)	60.000,00	90.000,00	10.000,00	
Ist-Handlungskosten (in Euro)	18.000,00	37.800,00	2.800,00	
Ist-Handlungskostenzuschlagsatz				–
Normalhandlungskostenzuschlagsatz	33,00 %	41,00 %	30,00 %	–
Normalhandlungskosten (in Euro)				
Kostenüber-/-unterdeckung				

9. Berechnen Sie den Listenverkaufspreis, wenn folgende Daten bekannt sind: Listeneinkaufspreis: 90,00 EUR, Liefererrabatt: 15 %, Liefererskonto: 3 %, Bezugskosten: 10,00 EUR, Handlungskostenzuschlag: 25 %, Gewinnzuschlag: 11 %, Kundenskonto: 3 %, Kundenrabatt: 10 %

10. Die Schmidt GmbH handelt mit Handelswaren im Edelmetallbereich. Der Müller KG soll ein Angebot zu einem Listenverkaufspreis von 700,00 EUR unterbreitet werden. Die Handelswaren können zu einem Bezugspreis von 310,00 EUR bezogen werden. Die Handlungskosten können nicht verändert werden. Welcher Gewinn in Euro und Prozent entsteht durch dieses Geschäft, wenn folgende sonstige Daten gegeben sind? Handlungskostenzuschlag: 20 %, Kundenskonto: 3 %, Kundenrabatt: 15 %

11. Wir beziehen als Handelsware von der Firma Konserven GmbH Spargel in Dosen zu 240,00 EUR für 100 Dosen, wobei wir bei Abnahme von mindestens 600 Dosen 10 % Mengenrabatt erhalten. Zahlungsbedingungen der Konserven GmbH: „Bei Zahlung innerhalb zehn Tagen Abzug von 2 % Skonto oder innerhalb 30 Tagen netto Kasse." Lieferbedingungen: Lieferung ab Werk Wir räumen unseren Kunden 20 % Rabatt und 2,5 % Skonto ein. Als Nettoverkaufspreis können wir je Stück höchstens 3,90 EUR erzielen. Wie hoch ist unser Gesamtgewinn in EUR und Prozent, wenn wir 600 Stück bestellen, innerhalb von zehn Tagen zahlen, Bezugskosten von insgesamt 65,00 EUR verausgaben und mit einem Handlungskostenzuschlag von 25 % rechnen?

12. Die Schmidt GmbH führt folgende Kostenstellen: Dübeltechnik, Verbindungstechnik und Werkzeuge. Für den Abrechnungsmonat Mai liegen folgende Zahlen vor:

Handlungs-kostenart	Zahlen der KLR in Euro	Verteilungs-grundlage	Dübeltechnik	Verbindungs-technik	Werkzeuge
Personalkosten	72.000,00	Gehaltslisten	15.000,00 EUR	38.000,00 EUR	Rest
gesetzliche Sozialabgaben	18.600,00	Gehaltslisten	4.300,00 EUR	9.500,00 EUR	Rest
freiwillige Sozialleistungen	7.800,00	Anzahl Beschäftigte	4	8	3
Mieten	9.700,00	m^2	80	320	160
Bürobedarf	5.800,00	nach Umsatz	340.000,00 EUR	720.000,00 EUR	580.000,00 EUR
kalkulatorische Abschreibungen	12.000,00	Anlagenkartei	1	4	3

Der Wareneinsatz betrug für die Warengruppen Dübeltechnik 204.000,00 EUR; Verbindungstechnik 468.000,00 EUR; Werkzeuge 294.000,00 EUR.

Ermitteln Sie mithilfe des BAB die HK-Zuschlagsätze für die einzelnen Warengruppen.

Handlungs-kostenart	Gemeinkosten in Euro	Dübeltechnik in Euro	Verbindungs-technik in Euro	Werkzeuge in Euro
Personalkosten	72.000,00	15.000,00	38.000,00	
gesetzliche Sozialabgaben	18.600,00	4.300,00	9.500,00	
freiwillige Sozialleistungen	7.800,00			
Mieten	9.700,00			
Bürobedarf	5.800,00			
kalkulatorische Abschreibungen	12.000,00			
Summe der Handlungskosten				
Einstandspreis der Kostenträger				
HK-Zuschlagsätze in %				

4 Deckungsbeitragsrechnung (Teilkostenrechnung)

4.1 Vergleich Vollkostenrechnung und Deckungsbeitragsrechnung

Stofftelegramm

<table>
<tr><th>Vollkostenrechnung</th><th>Deckungsbeitragsrechnung</th></tr>
<tr><td colspan="2">• Der Unterschied zwischen den beiden Verfahren liegt darin, in welchem Umfang die Kosten auf die Kostenträger verrechnet werden.
• Teilkostenrechnung bedeutet nicht, dass auf die Erstattung eines Teils der Kosten verzichtet wird.</td></tr>
<tr><td>Aufteilung der Kosten in Einzelkosten und in Gemeinkosten</td><td>Aufteilung der Kosten in variable Kosten und fixe Kosten</td></tr>
<tr><td>• Alle angefallenen Kosten einer Periode werden verursachungsgerecht auf die Kostenträger verrechnet.
• Unterstellung: Auch die fixen Gemeinkosten verhalten sich proportional zur Beschäftigung. → Widerspruch zur Realität.</td><td>Nur ein Teil der angefallenen Kosten, die variablen, wird auf die Kostenträger verrechnet. Auf die Verrechnung der Fixkosten wird verzichtet. Diese fallen ohnehin an – unabhängig vom Beschäftigungsgrad. Der Hintergrundgedanke: Nur die kurzfristig bedeutsamen Kosten sollen verrechnet werden.</td></tr>
<tr><td>Denkrichtung = Vorwärtsstrategie
Einzelkosten
+ Gemeinkosten (als Zuschlag in %)
= Selbstkosten (Vollkosten)
↓
führt zu Verkaufspreis (am Markt)</td><td>Denkrichtung = Rückwärtsstrategie
Verkaufspreis am Markt
– variable Kosten
= Deckungsbeitrag</td></tr>
<tr><td>Annahme: p < Vollkosten → eventuelles Ausscheiden der Ware aus dem Sortiment (= eventuelle Fehlentscheidung!)

Liefert Entscheidungshilfe für langfristige Preisuntergrenze (Vollkosten).</td><td>Annahme: p < vk (Teilkosten) → tatsächliches Ausscheiden der Ware aus dem Sortiment

Liefert Entscheidungshilfen für:
• Ermittlung der Gewinnschwelle
• kurzfristige Preisuntergrenze
• Annahme eines Zusatzauftrages</td></tr>
<tr><td>Ausgangspunkt = Betrieb
↓
Ziel = Markt</td><td>Ausgangspunkt = Markt
↓
Ziel = Betrieb</td></tr>
</table>

4.2 Problembereiche der Vollkostenrechnung

Stofftelegramm

Problembereich 1: Einfluss von Beschäftigungsschwankungen auf die Zuschlagsätze im BAB bei Vollkostenrechnung

Situation 1: sinkende Beschäftigung (= Absatzmenge)	**Situation 2:** steigende Beschäftigung (= Absatzmenge)
Gemeinkosten sinken nicht im gleichen Maße wie die Einzelkosten, da Gemeinkosten zum Teil fix sind. Folge: Die Zuschlagsätze werden erhöht; dies führt zu steigenden Preisen.	Hier gilt eine analog umgekehrte Argumentation: Zuschlagsätze werden gesenkt.

Konsequenzen, wenn die Denkweise durch die Vollkostenrechnung geprägt ist.

Fazit: Die Vollkostenrechnung führt in Krisenzeiten zu falschen Managemententscheidungen. Die Vollkostenrechnung stellt bei sinkender Beschäftigung (wegen sinkender Nachfrage) die Signale auf „Preiserhöhung!“. Diese Entscheidung ist unternehmerisch aber falsch, da zur Marktbehauptung jetzt Preissenkungen nötig wären.

Lösung: Teilkostenrechnung (Deckungsbeitragsrechnung)

Problembereich 2: Hereinnahme, Streichung, Rangfolge von Waren

Nur die **Deckungsbeitragsrechnung** kann diese Probleme lösen:

- **Hereinnahme** einer Ware, wenn sie einen positiven Deckungsbeitrag (Beitrag zur Fixkostendeckung) leistet.
- **Streichung** einer Ware nur, wenn ihre Deckungsbeitrag negativ ist.
- **Rangfolge** der Waren („Hitparade“) nach Deckungsbeiträgen

4.3 Fixe Kosten vs. variable Kosten

Stofftelegramm

Gliederung der Kosten in <u>Abhängigkeit von Beschäftigungsschwankungen:</u>

- **Fixe Kosten**

Fixe Kosten

Beispiele: *Gehälter, Miete, Abschreibungen*

Gesamtbetrachtung	Stückbetrachtung
Sie sind in ihrer absoluten Höhe konstant, unabhängig von der Absatzmenge (Beschäftigung) und nur abhängig von der Zeit.	Sie sinken mit zunehmender Absatzmenge (Beschäftigung). → **Fixkostendegression**

Grafische Darstellung fixer Kosten:

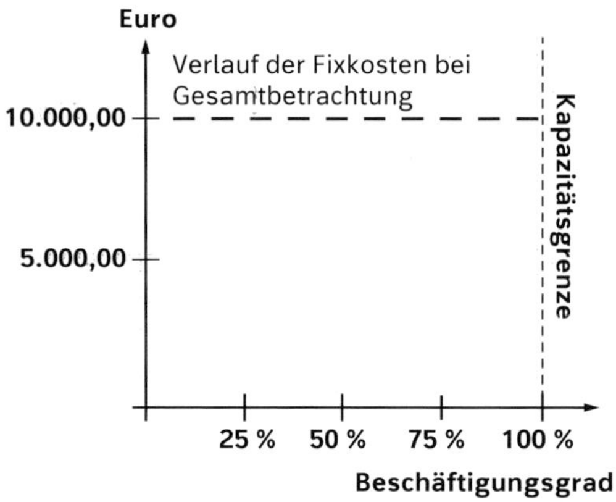

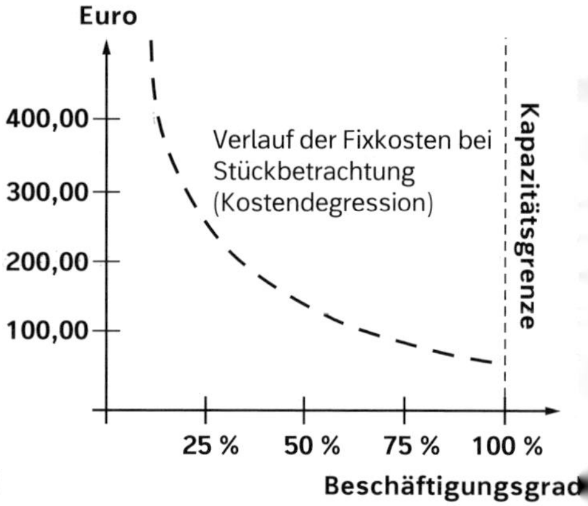

- **Variable Kosten**

Variable Kosten

Beispiele: *Fertigungsmaterial, Fertigungslöhne*

Gesamtbetrachtung	Stückbetrachtung
Sie sind abhängig von der Absatzmenge. Sie steigen bei steigenden Absatzmengen und sinken bei rückläufigen Absatzmengen.	Proportional variable Kosten verlaufen in der Stückbetrachtung in konstanter Höhe.

Grafische Darstellung proportionaler (linearer) variabler Kosten:

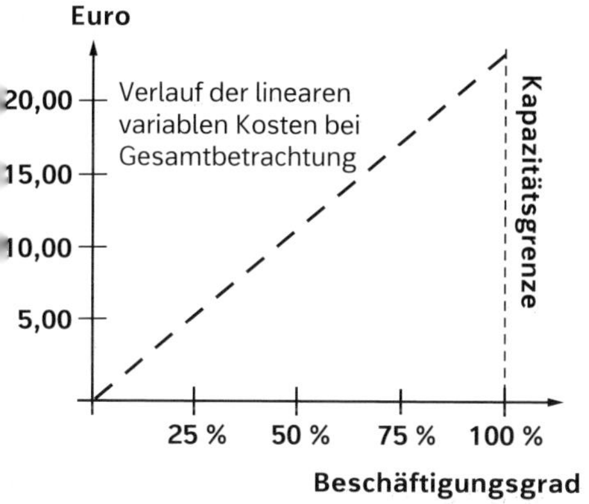

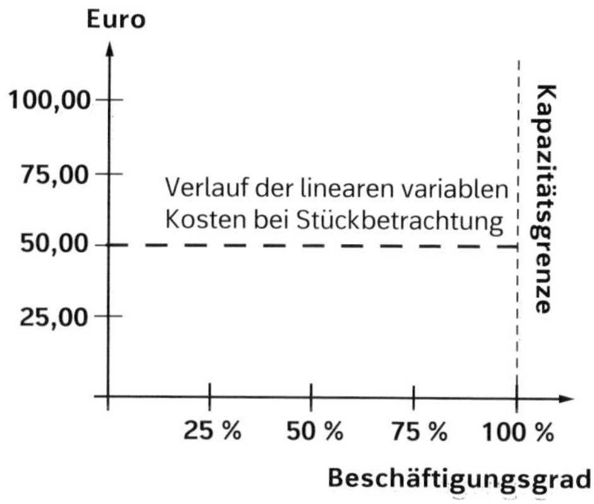

- **Mischkosten**
  Dies sind Kostenarten, welche sowohl fixe als auch variable Kostenbestandteile enthalten. Hierzu gehören z. B. die Kosten der Kommunikation, wenn sie eine Grundgebühr und Kosten nach Verbrauchseinheiten beinhalten, oder die Energiekosten.

4.4 Aufbau der Deckungsbeitragsrechnung

Stofftelegramm

Neue Denkrichtung der Deckungsbeitragsrechnung:
Ausgangspunkt ist der Marktpreis. In einer **Rückwärtsstrategie** werden die variablen Kosten abgezogen und damit der Deckungsbeitrag ermittelt. Auf der Basis dieses Deckungsbeitrages werden unternehmerische Entscheidungen gefällt.

Stückbetrachtung	Gesamtbetrachtung
Preis – variable Stückkosten **= Deckungsbeitrag je Stück**	Umsatzerlöse (= Absatzmenge · Preis) – variable Kosten **= Deckungsbeitrag insgesamt**

Der Deckungsbeitrag eines Produktes dient der **Abdeckung der fixen Kosten** und eines eventuellen **Gewinns**.

Wenn der Deckungsbeitrag	dann
positiv ist, also > 0,	leistet die Ware einen Beitrag zur Deckung der Fixkosten. Der Erfolg verbessert sich.
negativ ist, also < 0,	deckt die Ware nicht einmal die variablen Kosten. Sie wird aus dem Sortiment eliminiert.
= 0 ist,	decken die Erlöse gerade die variablen Kosten. Die kurzfristige Preisuntergrenze der Ware ist erreicht. (Preis = variable Kosten)

Schema der Deckungsbeitragsrechnung: Ermittlung des Betriebsergebnisses

	Ware A in Euro	Ware B in Euro	Ware C in Euro	Summe in Euro
Umsatzerlöse **– variable Kosten**	100.000,00 80.000,00	43.000,00 63.000,00	67.000,00 23.000,00	210.000,00 166.000,00
= Deckungsbeitrag **– Fixkosten**	20.000,00	–20.000,00	44.000,00	44.000,00 24.000,00
= Betriebsergebnis				**20.000,00**

Ware B hat einen negativen Deckungsbeitrag: Aus Sortiment herausnehmen!

Aus folgenden Gründen wird Ware B **trotz negativem Deckungsbeitrag evtl. beibehalten:**

- Arbeitsplatzsicherung
- Sortimentsvielfalt
- Ergänzung anderer Waren
- Neueinführung

Berechnung des Deckungsbeitragssatzes:

Stückbetrachtung	$\text{DB-Satz}_{\text{pro Stück}} = \frac{\text{DB je Stück} \cdot 100}{\text{Nettoverkaufserlös pro Stück}}$
Gesamtbetrachtung	$\text{DB-Satz}_{\text{gesamt}} = \frac{\text{Summe der Deckungsbeiträge} \cdot 100}{\text{Nettoverkaufserlöse der Periode}}$

Vorteile der Deckungsbeitragsrechnung (Zusammenfassung):

- Ermittlung der absoluten Preisuntergrenze (= variablen Kosten) möglich
- verbesserte Entscheidungen bezüglich Hereinnahme, Streichung, Rangfolge eines Produkts
- Entscheidung über Zusatzauftrag nur mit Deckungsbeitragsrechnung lösbar
- Verbesserte Wahlentscheidungen: Ware A oder Ware B
- verbesserte Kostentrolle (i. d. R. nur variable Kosten vom Kostenstellenleiter beeinflussbar
- marktorientierte Preispolitik

Aufgaben

1. a) Ein Betrieb hat im abgelaufenen Geschäftsjahr drei neue Artikel in sein Sortiment aufgenommen. Nach der ersten Periode liegen dazu aus der Buchhaltung folgende Zahlen vor:

	A	B	C
Erlöse in Euro	900.000,00	1.700.000,00	1.250.000,0
Gesamtkosten in Euro	850.000,00	1.350.000,00	1.360.000,0
Absatzmenge in Stück	30.000	30.000	35.00

Wie hoch ist das Betriebsergebnis je Artikel und insgesamt?

b) Der verlustbringende Artikel soll aus dem Sortiment genommen werden. Die Kostenanalyse liefert folgendes Bild:

	A	B	C
variable Kosten in Euro	650.000,00	1.200.000,00	860.000,00
fixe Kosten insgesamt in Euro	850.000,00		

ba) Wie hoch ist der Deckungsbeitrag je Artikel sowie das Gesamtergebnis?
bb) Wie würde sich eine Streichung des verlustbringenden Artikels auf das Betriebsergebnis auswirken (mit Begründung)?
bc) Welche Gründe könnten dafür sprechen, Artikel mit negativen Deckungsbeiträgen im Sortiment zu belassen?

2. Nennen Sie fünf Argumente, die gegen die Vollkostenrechnung und für die Deckungsbeitragsrechnung sprechen.

4.5 Gewinnschwelle

Stofftelegramm

Begriff: Die Gewinnschwelle ist diejenige Menge, bei welcher die Erlöse gerade die Kosten decken. Unterhalb dieser Menge arbeitet das Unternehmen mit Verlust, darüber mit Gewinn.

Hier gilt:
Gesamterlöse = Gesamtkosten oder alternativ = $\frac{\text{fixe Kosten}}{\text{Deckungsbeitrag je Stück}}$
$p \cdot x = k_v \cdot x + K_f$

Gewinnmaximum: Dies liegt bei linearem Gesamtkostenverlauf an der Kapazitätsgrenze.

Grafische Darstellung der Nutzenschwelle und des Gewinnmaximums (Annahme: Linearer Verlauf der variablen Kosten)

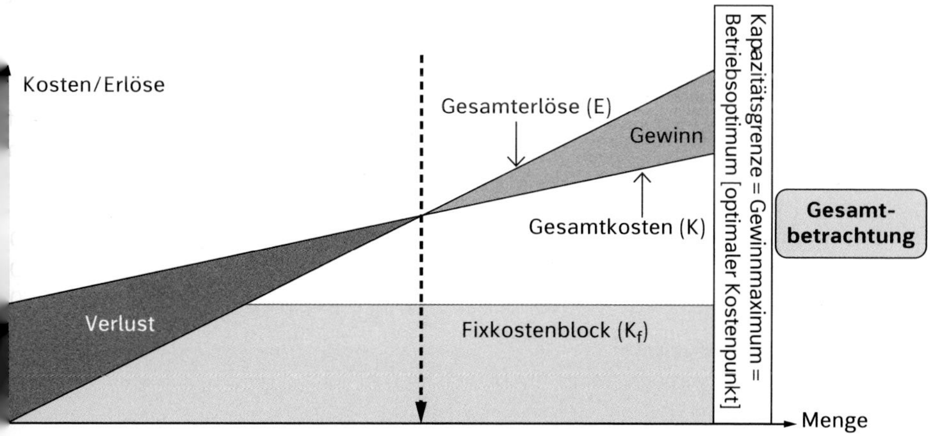

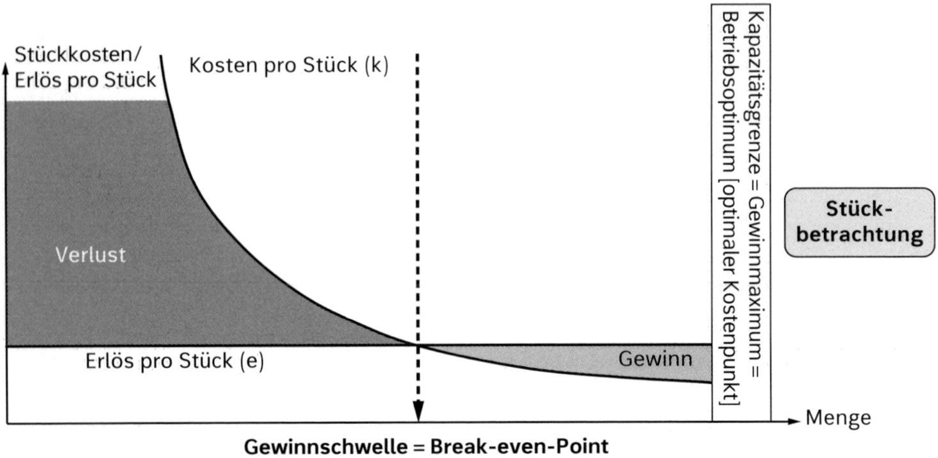

Einführendes Beispiel: *Fixe Kosten: 216.000,00 EUR, variable Kosten/Stück: 63,00 EUR, Erlöse/Stück: 108,00 EUR*
Gesucht ist die Gewinnschwelle (Break-even-Point).

Gesamterlöse	=	*Gesamtkosten*	*oder alternativ*
108x	=	*216.000 + 63x*	
45x	=	*216.000*	
x	=	*4.800 St.*	*x = 4.800 St.*

4.5.1 Kapazität und Beschäftigung

Kapazität: Grenzwert für die Leistungsfähigkeit eines Unternehmens innerhalb einer Abrechnungsperiode, ausgedrückt in Leistungseinheiten, wie z. B. Stück, kg, m², t usw.

- **Technische Kapazität:** Sie schöpft die Betriebsmittel bis zu ihrer maximalen Leistungsfähigkeit aus und ist verbunden mit steigenden variablen Kosten und kürzerer Lebensdauer aufgrund des erhöhten Verschleißes.
- **Wirtschaftliche Kapazität:** ca. 80 %–85 % der technischen Kapazität, normale Beanspruchung der Betriebsmittel

Beschäftigung: Sie ist die Inanspruchnahme der Kapazität.

Beschäftigungsgrad: Prozentsatz, der angibt, wie groß die tatsächliche Leistung ist gemessen an der (wirtschaftlichen) Kapazität des Unternehmens. Erreicht dieser 100 %, dann herrscht **Normalbeschäftigung**.

4.5.2 Die Auswirkung von Kostenbestimmungsfaktoren

Gesetz der Massenproduktion:
Mit zunehmender Ausbringungsmenge ergibt sich für den Verlauf der Stückkosten eine Kostendegression.

Der Kostenverlauf nähert sich asymptotisch den variablen Stückkosten an. Die Degression ist umso größer, je höher der Fixkostenanteil ist. Dies führt in der Realwirtschaft zu Konsequenzen, nämlich:

- Kapitalintensive Produktionsverfahren (= hoher Fixkostenanteil) sind bei größeren Herstellungsmengen vorteilhafter.
- Aufgrund des technischen Fortschritts werden immer noch kapitalintensivere Verfahren bevorzugt.

Das Gesetz der Massenproduktion drückt sich aus in der Formel:

$k = k_v + K_f : x$

Die **kritische Menge**, d. h. der Übergang vom technisch unvollkommeneren Verfahren (Verfahren 1) zum technisch vollkommeneren Verfahren (Verfahren 2), ist dadurch gekennzeichnet, dass folgende Beziehung gilt:

$$
\begin{aligned}
\text{Kosten}_{\text{Verfahren 1}} &= \text{Kosten}_{\text{Verfahren 2}} \\
k_{v1} \cdot x + K_{f1} &= k_{v2} \cdot x + K_{f2} \\
k_{v1} \cdot x - k_{v2} \cdot x &= K_{f2} - K_{f1} \\
x &= (K_{f2} - K_{f1}) : (k_{v2} - k_{v2})
\end{aligned}
$$

Aufgaben

1. Unterscheiden Sie Kapazität von Beschäftigungsgrad.

2. Die Kapazität einer Abteilung beträgt 80.000 Einheiten pro Monat. Im 1. Quartal wurden folgende Produktionsmengen notiert:
   Januar: 62.500 Einheiten   Februar: 74.000 Einheiten
   März: 76.000 Einheiten
   Ermitteln Sie die Beschäftigungsrade für die drei Monate des 1. Quartals.

3. Kreuzen Sie an, ob es sich bei den nachfolgenden Kostenarten jeweils um fixe, um variable oder um Mischkosten handelt.

Kostenart	Fixe Kosten	Variable Kosten	Mischkosten
Kosten für die Gebäudereinigung			
Kfz-Steuer der Firmenfahrzeuge			
Stromkosten in den Fertigungsgebäuden			
Verbrauch an Fertigungsmaterial			
Ausbildungsvergütung für die Auszubildenden			
Miete für die Halle eines Auslieferungslagers			
monatliche Leasinggebühr für die Montageautomaten			
Zinsen für ein Bankdarlehen			
Fertigungslöhne und zugehörige Beiträge zur Sozialversicherung			

4. Einen Teil der Energiekosten gewinnt die Hibike GmbH durch den Bezug von Gas. Von der Süddeutschen Gasversorgung AG bezieht das Unternehmen Gas zu folgenden Bedingungen:
Grundpreis pro Jahr: 420,00 EUR Arbeitspreis: 0,048 EUR je kWh
   a) In einer Tabelle soll die Entwicklung der monatlichen Gaskosten bei unterschiedlichen Abnahmemengen dargestellt werden.

Gasverbrauch in kWh	Fixer Grundpreis		Variabler Arbeitspreis		Gesamtkosten	
	gesamt	je kWh	gesamt	je kWh	gesamt	je kWh
100						
150						
200						
250						
300						

   b) Stellen Sie die Kostenverläufe grafisch dar.

5. Die fixen Kosten für die Produktlinie „Olympus" der Hibike GmbH betragen pro Monat 45.000,00 EUR. Die variablen Kosten verlaufen proportional und betragen 880,00 EUR je Stück. Der Verkaufserlös beträgt je Stück 1.250,00 EUR.
   a) Ergänzen Sie die nachfolgenden Tabellen für die Gesamt- und Stückbetrachtung.

Gesamtbetrachtung:

Produzierte + verkaufte Menge	Fixkosten gesamt	Variable Kosten gesamt	Gesamtkosten	Gesamterlös	Gewinn/ Verlust
20					
40					
60					
80					
100					
120					
140					
160					
180					
200					

Stückbetrachtung:

Produzierte + verkaufte Menge	Fixkosten pro Stück	Variable Kosten pro Stück	Gesamtkosten pro Stück	Erlös pro Stück	Gewinn/ Verlust
20					
40					
60					
80					
100					
120					
140					
160					
180					
200					

b) In welcher Spalte welcher Tabelle können Sie das Gesetz der Massenproduktion deutlich erkennen?
c) Was besagt das „Gesetz der Massenproduktion“?
d) Berechnen Sie die Gewinnschwelle exakt.
e) Stellen Sie die Gesamt- und die Stückbetrachtung grafisch dar.
f) Moderne Unternehmen neigen dazu, durch Aufkäufe oder durch Zusammenschluss an Größe zu gewinnen.
   fa) Welche Entwicklungen in Bezug auf variable Kosten und Stückkosten sind dadurch zu erwarten?
   fb) Welche Konsequenzen ergeben sich dadurch für den Absatzbereich?
   fc) Was passiert, wenn – wie z. B. in einer Finanzkrise – die Nachfrage wegbricht?

4.6 Bestimmung von Preisuntergrenzen

Stofftelegramm

Beispiel: *Ein Betrieb verkauft 500 Stück seines Erzeugnisses E (Vollauslastung). Die Gesamtkosten betragen 120.000,00 EUR, die Fixkosten 100.000,00 EUR.*

Aufgaben:

1. Welches ist die Preisuntergrenze bei Vollkostenrechnung (= langfristige Preisuntergrenze)?
2. Welches ist die Preisuntergrenze bei Deckungsbeitragsrechnung (= kurzfristige Preisuntergrenze)?

Lösungen:

1. Preisuntergrenze bei Vollkosten = 120.000,00 EUR : 500
   = **240,00 EUR/Stück**

2. Preisuntergrenze bei Deckungsbeitragsrechnung:
   variable Kosten = Gesamtkosten – Fixkosten = 20.000,00 EUR
   variable Stückkosten = 20.000,00 EUR : 500 = **40,00 EUR/Stück**

Merke:
- Die **kurzfristige Preisuntergrenze** ist dann erreicht, wenn der Verkaufserlös die variablen Kosten gerade deckt, das heißt: **Deckungsbeitrag = 0**. Ein Gewinn wird in diesem Fall nicht mehr erzielt, die fixen Kosten sind **nicht gedeckt**.
- Die **langfristige Preisuntergrenze** ist dann erreicht, wenn der Verkaufserlös die Selbstkosten je Stück deckt. Ein Gewinn wird nicht mehr erzielt, die fixen Kosten sind jedoch gedeckt.

4.7 Annahme eines Zusatzauftrages

Stofftelegramm

Beispiel: *Ein Betrieb verkauft 500 Stück seines Erzeugnisses E (Vollauslastung). Die Gesamtkosten betragen 120.000,00 EUR, die Fixkosten 100.000,00 EUR. Die Erzeugnisse werden zum Stückpreis von 300,00 EUR verkauft. Kapazitäten sind noch frei. Ein Exporteur wäre bereit, monatlich 100 Stück abzunehmen. Er will allerdings nur 150,00 EUR pro Stück bezahlen. Die Geschäftsleitung überlegt, ob dieser Auftrag angenommen werden kann.*

Aufgaben:

1. Wie lautet die Entscheidung unter Vollkostenrechnung?

2. Wie lautet die Entscheidung unter Deckungsbeitragsrechnung?

Lösungen:

1. **Vollkostenrechnung:**
   Variable Kosten/Stück = 20.000,00 EUR : 500 = 40,00 EUR/Stück
   Bei Annahme des Zusatzauftrages entstünden somit Gesamtkosten in Höhe von:
   120.000,00 EUR (bisherige Kosten) + 40,00 • 100 (zusätzl. Kosten) = <u>124.000,00 EUR</u>
   Damit entstehen Gesamtkosten pro Stück von 124.000,00 : 600 = <u>206,67 EUR/St.</u>

   Fazit: Da der Exporteur nur 150,00 EUR zu zahlen bereit ist, entstünde ein **Verlust** von **56,67 EUR je Stück**. Der **Auftrag wird** somit <u>**nicht**</u> **angenommen**.

2. **Teilkostenrechnung:**

	Ablehnung	Annahme
bisherige Erlöse (500 • 300,00 EUR)	150.000,00	150.000,00
+ **Erlöse Zusatzauftrag** (100 • 150,00 EUR)	0,00	15.000,00
= **Gesamterlös**	150.000,00	165.000,00
– **variable Kosten**	20.000,00	24.000,00
= **Deckungsbeitrag**	130.000,00	141.000,00
– **Fixkosten**	100.000,00	100.000,00
Gewinn	30.000,00	41.000,00
Gewinnzuwachs		11.000,00

Der zusätzliche Exportauftrag verbesserte das Ergebnis um 11.000,00 EUR. Jedes exportierte Stück brachte einen Deckungsbeitrag von 150,00 EUR – 40,00 EUR = 110,00 EUR. Da die Fixkosten bereits durch die Grundauslastung gedeckt waren, bedeutet jeder Euro Deckungsbeitrag auch unmittelbar Gewinn.

Fazit: Der Auftrag wird angenommen.

Merke:
- Hat ein Unternehmen die Möglichkeit, Zusatzaufträge anzunehmen (weil noch Kapazitäten frei sind), dann lohnt es sich, diese Aufträge anzunehmen, solange sie einen **positiven Deckungsbeitrag** erwirtschaften.
- Dies gilt auch dann, wenn der Erlös pro Stück **unter den Vollkosten** liegt.

4.8 Aufgaben zu den Kapiteln 4.1–4.7

1. Ein Unternehmen hat im abgelaufenen Geschäftsjahr drei neue Artikel in sein Sortiment aufgenommen. Nach der ersten Periode liegen dazu aus der Buchhaltung folgende Zahlen vor:

	A	B	C
Erlöse (in Euro)	900.000,00	1.700.000,00	1.250.000,00
Gesamtkosten (in Euro)	850.000,00	1.350.000,00	1.360.000,00
Absatzmenge	30.000	30.000	35.000

a) Wie hoch ist das Betriebsergebnis je Produkt und insgesamt?
Das „verlustbringende“ Produkt soll aus dem Sortiment genommen werden. Die Kostenanalyse liefert folgendes Bild.

	A	B	C
variable Kosten (in Euro)	650.000,00	1.200.000,00	860.000,00
fixe Kosten (insgesamt, in Euro)	850.000,00		

b) Wie hoch sind der Deckungsbeitrag je Artikel sowie das Gesamtergebnis?

c) Wie würde sich eine Streichung des verlustbringenden Produkts auf das Betriebsergebnis auswirken? Begründung.
d) Welche Gründe könnten dafür sprechen, Produkte mit negativen Deckungsbeiträgen weiter im Sortiment zu halten?
e) Wie viel Euro betragen die kurzfristigen Preisuntergrenzen der Artikel?

2. Die Donau-Metallbau KG vertreibt höhenverstellbare Arbeitsböcke in verschiedenen Modellen. Die Fixkosten betragen monatlich 185.000,00 EUR. Für die drei Arbeitsböcke wurden im zurückliegenden Monat folgende Werte ermittelt.

	Modell AB 100	**Modell AB 200**	**Modell AB 500**
verkaufte Menge in Stück	4.000	7.000	16.000
maximale Absatzmenge in St.	5.000	9.000	18.000
variable Einzelkosten je Stück	16,00 EUR	17,50 EUR	26,00 EUR
variable Gemeinkosten je St.	1,50 EUR	1,80 EUR	2,50 EUR
Nettoverkaufserlös je Stück	24,00 EUR	29,00 EUR	45,00 EUR
Maschinenbelegungszeit in Minuten in der Lackieranlage	5	6	12

a) Ermitteln Sie das Betriebsergebnis für den zurückliegenden Monat.
b) Ein Kunde fragt nach dem Sondermodell AB 450. Die gewünschte Menge beträgt 500 Stück. Dies verursacht variable Stückkosten von 11,00 EUR. Die Herstellung des Sondermodells beansprucht die Lackieranlage für zehn Minuten. Welchen Preis müsste der Kunde mindestens zahlen, damit es sich lohnt, das Sondermodell herzustellen?

3. Ein Kunde fragt bei unserem Betrieb nach einem bestimmten Artikel, für den er einen höchstmöglichen Preis in Höhe von 50,00 EUR je Stück bei einer Abnahmemenge von 1.000 Stück vorgibt. Liegt der von uns angebotene Barverkaufspreis über dieser vorgegebenen Grenze von 50,00 EUR, würde der Kunde das Angebot zwangsläufig ablehnen. Sollen wir den Auftrag annehmen, wenn folgende Daten bekannt sind: Bezugspreis 40,00 EUR, kompletter Handlungskostenzuschlagsatz 50 %, variabler Handlungskostenzuschlagsatz 10 %? Gehen Sie dabei auf die Unterschiede zwischen der Vollkostenrechnung und der Deckungsbeitragsrechnung ein.

Lernfeld 11: Geschäftsprozesse darstellen und optimieren

1 Geschäftsprozesse des Betriebs bestimmen

Stofftelegramm

Geschäftsprozess = logische Folge
- zusammenhängender,
- abgeschlossener,
- wiederholbarer Tätigkeiten,

die zur Erfüllung einer betrieblichen Aufgabe (z. B. Auftragsabwicklung) notwendig sind. Geschäftsprozesse bringen dem internen Kunden (Mitarbeiter, Abteilung) oder externen Kunden (Geschäftspartner) einen Nutzen und werden von diesen ausgelöst (z. B. Anfrage, Bestellung, Entwicklungsvorschlag).

Geschäftsprozesse

Unterstützungsprozesse		Kernprozesse	
... sind notwendig, um die Kernprozesse ausführen zu können.		... stellen die Kernkompetenz des Unternehmens dar. Das heißt, hier wird die Hauptleistung erbracht und das Geld verdient. Der Geschäftszweck und die Branche bestimmen, welche Prozesse zu den Kernprozessen gehören.	
Managementprozesse	**Serviceprozesse**	**Wertschöpfungs-intensive Kernprozesse**	**Kundennahe Kernprozesse**
sind übergeordnet und steuern/führen das Unternehmen (Kern- und Serviceprozesse)	leisten eine Wertschöpfung für die Kernprozesse	mit diesen Prozessen verdient das Unternehmen sein Geld	Direkter und enger Kontakt zu den Kunden sind wichtig für den Erfolg des Unternehmens.
Beispiel: *Automobilhersteller*	**Beispiel:** *Automobilhersteller*	**Beispiel:** *Automobilhersteller*	**Beispiel:** *Automobilhersteller*
• Unternehmensziele definieren/kontrollieren • Strategie entwickeln/anpassen • Unternehmenspolitik	• Personal (Verwaltung, Beschaffung, Fortund Weiterbildung) • Finanzierung (Mittelherkunft) und Investition (Mittelverwendung)	• Auto entwickeln • Material beschaffen • Produktion planen • Teile herstellen • Auto montieren	• Anfragen bearbeiten • Angebote erstellen • Aufträge bestätigen • Warenausgang prüfen • Rechnungen schreiben

Aufgaben

1. Was ist ein Geschäftsprozess?
2. Nennen Sie Arten von Geschäftsprozessen und jeweils ein Beispiel.

2 Schnittstellen erkennen

Stofftelegramm

Lieferer ⟷ **Unternehmen** ⟷ **Kunde**

Einkaufsprozess → Herstellungs- und/oder Dienstleistungsprozess → Verkaufsprozess

Informations-, Material-, Dienstleistungs-, Geldfluss

Schnittstellen
=
Schnittstellen sind Brüche im Informations-, Material-, Dienstleistungs-, Geldfluss und treten bei der Vorgangsbearbeitung bzw. im Rahmen der Informationsweitergabe auf.

Interne Schnittstellen	Externe Schnittstellen
... sind Schnittstellen **innerhalb** des Unternehmens • zwischen Mitarbeitern • zwischen Abteilungen • zwischen aufeinanderfolgenden Tätigkeiten	... sind Schnittstellen mit Beteiligten **außerhalb** des Unternehmens • Kunden • Lieferanten • Finanzamt • Rechtsanwälten • Kreditinstituten • Versicherungen usw.

Problem: Die Schnittstellen sollten/müssen definiert werden, damit es nicht zu Problemen/einem Schaden für das Unternehmen kommt.

Lösung: Hinterlegen und Pflege der entsprechenden Informationen in Organigrammen Ablaufbeschreibungen, Handbüchern und Verfahrensanweisungen

Beispiel: *Problem: Keine Regelung für die Urlaubsvertretung eines Mitarbeiters im Verkauf → Folge: Kunde sucht sich ein anderes Unternehmen, da seine Anfrage nicht zeitgemäß bearbeitet wird → Lösung: entsprechende Urlaubsvertretungsregelung für den Mitarbeiter im Organigramm*

Aufgaben

1. Was ist eine Schnittstelle?
2. Welche Arten von Schnittstellen werden unterschieden? Nennen Sie je zwei Beispiele.

3 Prozesse darstellen

3.1 Prozesse als EPK darstellen

Stofftelegramm

Geschäftsprozesse können in Form von ereignisgesteuerten Prozessketten (EPK) dargestellt werden.

Symbole für Geschäftsprozesse

Symbole	Erklärungen	Beispiele
Funktion	**Was soll gemacht werden?** Funktion = Tätigkeit, die von einer Organisationseinheit vollzogen wird Formulierung: Substantiv + Verb **Beispiele:** *Ware prüfen, Angebote vergleichen*	Rechnung entgegennehmen + Eingang notieren
Ereignis	**Was hat sich ereignet, ist gemacht worden?** • Ereignis = Zustand • Ein Ereignis stößt i. d. R. eine Tätigkeit (Funktion) an. • Ein Ereignis kann auch das Ergebnis einer Tätigkeit (Funktion) sein. • Ein Ereignis ist nie eine Entscheidung. Entscheidungen treffen = Funktionen Formulierung: Substantiv + Partizip **Beispiele:** *Bestellung ist geschrieben und versandt, Anfrage ist erstellt, Lieferer hat gezahlt*	Rechnung ist eingetroffen
Organisations-einheit	**Welche Stelle soll etwas machen?** • Organisationseinheiten = **betriebliche Stellen** oder Abteilungen, die Tätigkeiten (Funktionen) verantwortlich ausführen • Wichtig: **Stellenbeschreibungen** • Stellen werden durch einzelne Personen oder Teams besetzt. Organisationseinheiten sind daher keine Orte oder Personen.	Einkaufsstelle Vertrieb
Informations-objekt	**Welche Informationen unterstützen die Tätigkeiten bzw. werden durch diese erstellt?** Ein Informationsobjekt wird zur Ausführung einer Funktion benötigt oder ist das Ergebnis einer Funktion. **Beispiele:** *Begleitschreiben, Bestellungen, Angebot*	Bestellung

Symbole	Erklärungen	Beispiele
Prozessweg-weiser	Teilprozess/Unterprozess: Prozesswegweiser Verbindung von einzelnen Geschäftsprozessen möglich.	TP 2 Angebotsvergleich und Bestellung
Kontrollfluss ↓	Zeigt die möglichen Durchgänge der EPK. Sollte i. d. R. so angeordnet sein, dass er von oben nach unten verläuft.	
Informationsfluss ← → ↔	Wie verläuft der Datenfluss zwischen Informationsobjekt und Funktion?	Die Pfeilrichtung gibt an ob: • ← Lesen (Angebote lesen) • → Schreiben (Angebote mit Eingangsstempel versehen) • ↔ Lesen und Schreiben (Angebote mithilfe einer Tabellenkalkulation vergleichen)

Logische Verknüpfungsoperatoren

Symbole	Erklärungen	Beispiele
OR = V	**Logisches ODER** Die eine Möglichkeit schließt nicht automatisch die andere aus. Wenn man die Wahl zwischen dem Kauf eines Mountainbikes oder eines Rennrades hat, kann man das Mountainbike **oder** das Rennrad oder beide wählen.	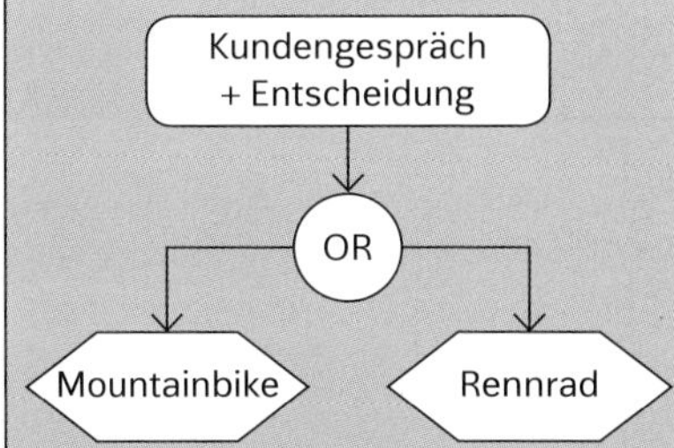
XOR = V̲	**Logisches ENTWEDER ... ODER** Nur eine Möglichkeit ist gegeben.	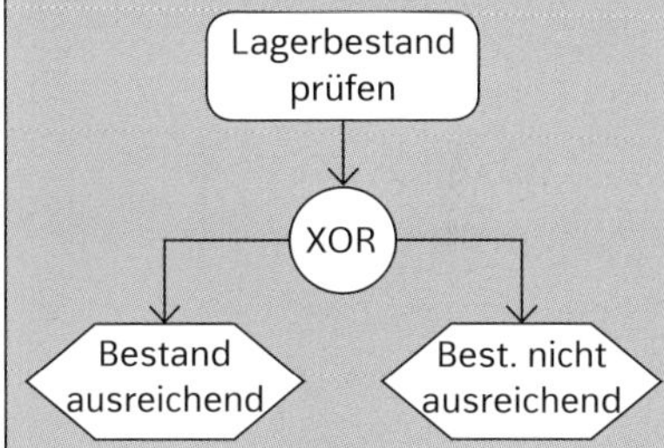
AND = Λ	**Logisches UND** Beide Möglichkeiten müssen zutreffen. Nur wenn die Kapazität **und** der Lagerbestand ausreichen, können wir dem Kunden zusagen.	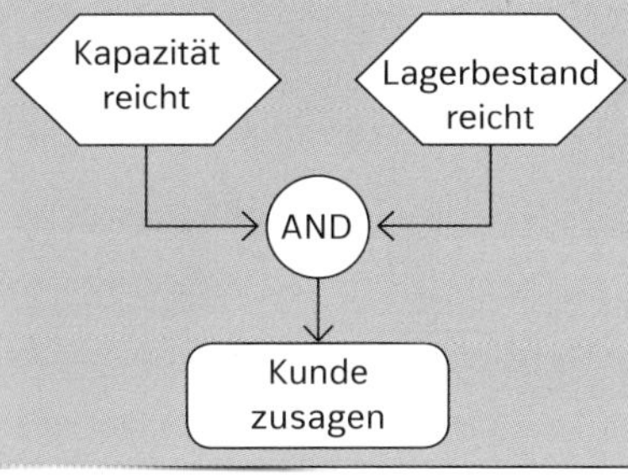

Beispiel: *Prozessstruktur „Auftragsabwicklung“*

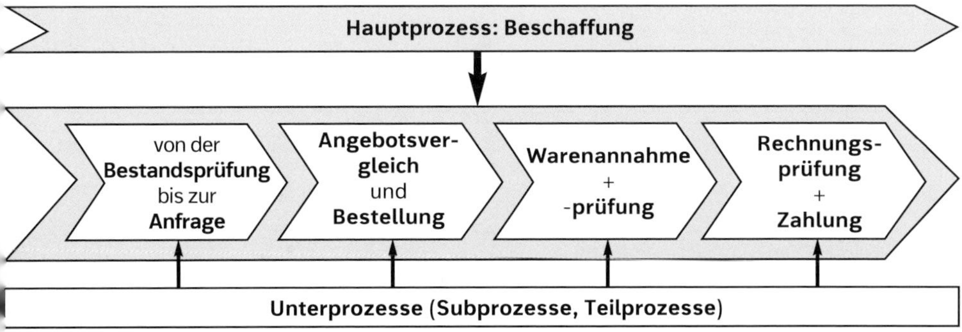

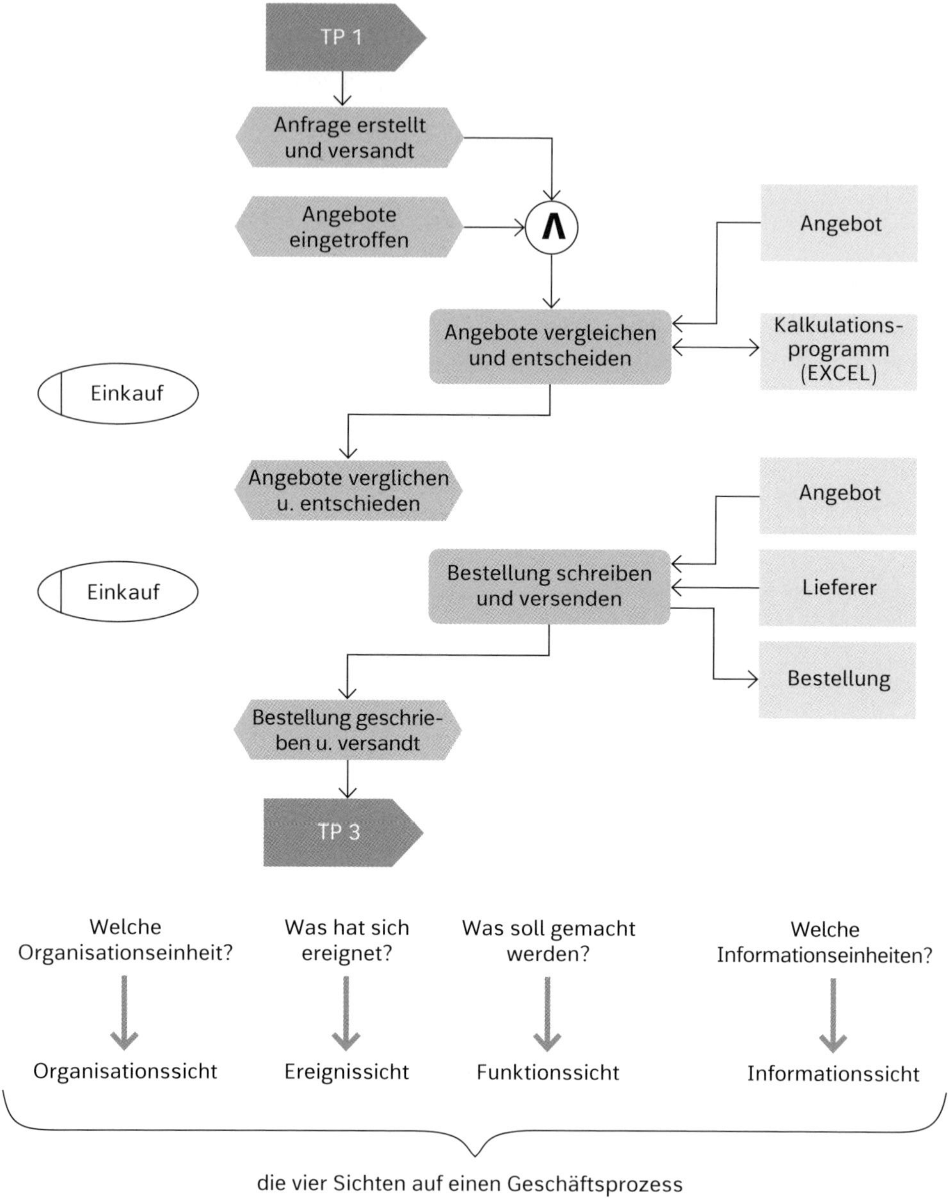
TP 1
Anfrage erstellt und versandt
Angebote eingetroffen
Λ
Angebot
Angebote vergleichen und entscheiden
Kalkulations-programm (EXCEL)
Einkauf
Angebote verglichen u. entschieden
Angebot
Bestellung schreiben und versenden
Lieferer
Einkauf
Bestellung
Bestellung geschrieben u. versandt
TP 3
Welche Organisationseinheit?
Was hat sich ereignet?
Was soll gemacht werden?
Welche Informationseinheiten?
Organisationssicht
Ereignissicht
Funktionssicht
Informationssicht
die vier Sichten auf einen Geschäftsprozess

3.2 Prozesse als Ablaufdiagramm darstellen

Stofftelegramm

Festlegung der zeitlichen und räumlichen Arbeitsabläufe. Wer macht was, wann, wo und womit?

1. Ermittlung der Arbeitsschritte und Zeiten für diese Arbeitsschritte.
2. Festlegung der Reihenfolge
3. Die Darstellung von funktionsorientierter Ablauforganisation kann mithilfe von Arbeitsablaufdiagrammen erfolgen, s. u.
4. Analyse der Arbeitsabläufe → Aufdeckung von Schwachstellen
   - Aufdecken unnötiger Bearbeitungs- und/oder Wartezeiten
   - lange Wegstrecken
   - unnötige Doppelarbeiten
5. Optimierung der Arbeitsabläufe
   - Streichen von unnötigen Prozessschritten
   - Änderung der Reihenfolge
   - Zusammenfassen von Aufgaben
   - Verlagern von Aufgaben (Outsourcing)
   - Automatisieren von Aufgaben

Arbeitsablaufdiagramm									
Abteilung:		Lager					Datum:	20.05.20..	
Arbeitsfolge:		Lieferung annehmen					START:	Ware ist im Lager eingetroffen	
							ENDE:	Ware ist eingelagert	
	Ablaufschritt	Bearbeitung	Transport	Kontrolle	Warten	Lagerung	Weg in m	Zeit in Min.	Bemerkung/ evtl. Verbesserungsvorschlag
Nr.	Symbole	○	⇨	▭	D	▽			
1	Lieferung prüfen			●				10	Lieferschein/Bestellung
2	Ware annehmen	●						15	
3	Wareneingang melden	●						5	Wareneingangsschein
4	Ware auspacken	●						120	
5	Ware exakt prüfen			●				40	Stichproben; Mängel melden
6	Lagerort vergeben	●						5	
7	Ware einlagern		●					120	
8	...								
Gesamt								315	

Zeitanalyse des Ist-Ablaufs:						
	Ablaufschritt	Bearbeitung	Transport	Kontrolle	Warten	Lagerung
	Symbole / Gesamt	○	⇨	▭	D	▽
Zeit in Min.	**315**	145	120	50		

4 Aufbau und Leitungssystem des Betriebs darstellen

4.1 Begriffe und Grundsätze der Organisation

Stofftelegramm

- **Organisation:** System von Dauerregelungen (endgültig, stabil)
- **Improvisation:** Regelung von Einzelfällen (vorübergehend, provisorisch, ungeplant, unerwartet)
- **Aufbauorganisation:** Legt die Aufgaben und Zuständigkeiten von Mitarbeitern fest. Gliederung des Betriebes in **Stellen** und **Abteilungen**. Ergebnis ist das Organigramm.
- **Ablauforganisation:** Festlegung der zeitlichen und räumlichen Arbeitsabläufe. Wer macht was, wann, wo und womit? (z. B. Bearbeitung eines Kundenauftrags)
- **Voraussetzungen** der Organisation:
  - regelmäßig sich wiederholende, gleichartige Aufgaben
  - Teilbarkeit der Aufgabe
  - exakte Beobachtung der einzelnen Betriebsvorgänge
- **Grundsätze** der Organisation:
  - Wirtschaftlichkeit
  - keine Überorganisation (zu viele Anweisungen, Regelungen; Folge: Starrheit, keine Flexibilität mehr)
  - keine Unterorganisation (zu viel Improvisation; Folge: Zuständigkeiten unklar)

4.2 Aufbauorganisation

Stofftelegramm

Gesamtaufgabe des Unternehmens

↓

Zergliederung der Aufgaben in Teilaufgaben = Aufgabenanalyse, kann erfolgen nach: Objekten, Funktionen, Prozessen (siehe Geschäftsprozesse)

Objekte	Funktionen (Verrichtungen)
Gesamtaufgabe wird nach Objekten aufgegliedert, z. B.: Warengruppen (Badezimmermöbel, Schlafzimmermöbel, Kinderzimmer), Kundengruppen, Verkaufsgebieten	Gesamtaufgabe wird nach betrieblichen Aufgaben aufgegliedert, z. B.: Einkauf, Produktion, Verkauf, Personal, Buchhaltung, Lager

Zusammenfassung der Teilaufgaben

- Zusammenfassung von Aufgaben zu überschaubaren **Bereichen** – i. d. R. mehrere Personen (Stellen)
- Rangbildung: z. B. Abteilungsleiter, Gruppenleiter, Mitarbeiter

→ Abteilungsbildung

Bündelung von Aufgaben, die von einer **Person** bewältigt werden können

→ Stellenbildung

Stelle → = kleinste organisatorische Einheit eines Unternehmens
= Aufgabenbereich einer Person (evtl. auch teilbar)

Stellenbeschreibung → = exakte Angaben über eine Stelle:

- Stellenbezeichnung
- Stellenanforderungen
- Aufgaben der Stelle
- Tätigkeitsbeschreibung
- Befugnisse (z. B. Vollmachten, Prokura usw.)
- Stelleneingliederung in Hierarchie
- Befähigungen
- Vergütung

Vorteile der Stellenbeschreibung:

- Jeder Mitarbeiter kennt seine Aufgaben, Zuständigkeits- und Verantwortungsbereiche. → keine Zuständigkeitsstreitigkeiten
- erleichterte Stellenausschreibung
- schnelle Einarbeitung neuer Stelleninhaber
- Grundlage für Personalentwicklungsplanung
- Basis für Lohn- und Gehaltseinstufung

Organigramm → zeigt die vollständige Aufbaustruktur des Unternehmens, z. B. Stellen, Gruppen, Abteilungen

Leitungs-/Weisungssysteme

Beziehungen zwischen Vorgesetzten und Untergebenen = System von Über- und Unterordnung, z. B.:
Geschäftsleitung – Abteilungsleitung – Gruppenleitung – Mitarbeiter – Azubi

Einliniensystem

Jede Stelle bezieht Weisungen von nur einer übergeordneten Stelle (Instanz).

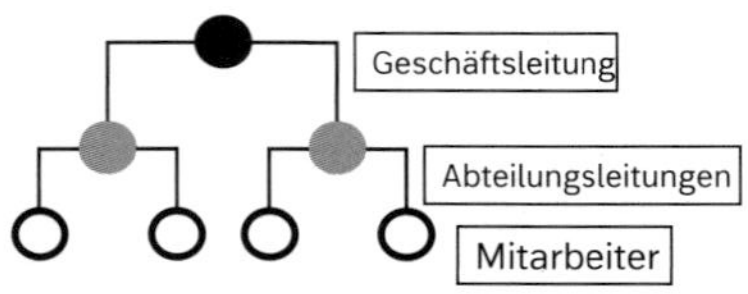

Vorteile

- eindeutige Anordnungsbefugnisse
- keine Kompetenzschwierigkeiten
- leichte Kontrolle

Nachteile

- Überlastung der Geschäftsleitung, ggf. Gefahr von Fehlentscheidungen aufgrund fehlender Detailkenntnisse/Spezialisierung
- Informationsverluste aufgrund langer Kommunikations-/Instanzenwege
- Gefahr der Bürokratisierung, bspw. Betonung des hierarchischen Denkens

Stabliniensystem

Zuordnung von Stabsstellen (beraten + informieren, keine Weisungsbefugnis; z. B. Rechtsabteilung)

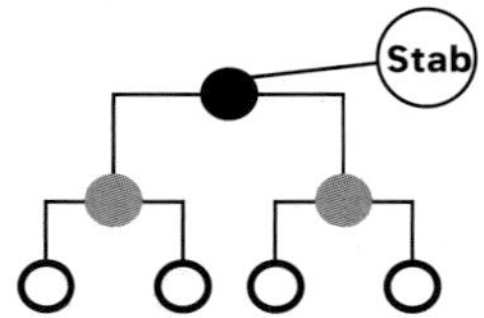

Vorteile

- Vorteile des Einliniensystems
- Entlastung Geschäftsleitung
- Entscheidungsverbesserung

Nachteile

- Reibereien zwischen Stab und Linie
- hohe Kosten
- Trennung von Verantwortung (Linie) und Entscheidungsvorbereitung (Stäbe)

Mehrliniensystem

Eine Stelle erhält Anweisungen von mehreren, direkt übergeordneten Stellen.

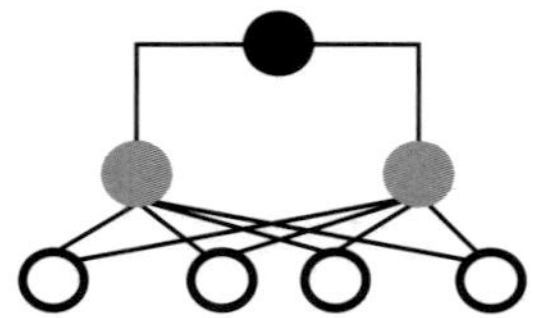

Vorteile

- Weisungen nur durch Spezialisten
- kurze Weisungswege
- Entlastung Geschäftsleitung

Nachteile

- Gefahr der Kompetenzüberschreitung → Konflikte
- Konfliktgefahr bei Untergebenen, weil mehrere Vorgesetzte
- hoher Koordinationsbedarf

4.3 Führungsstil

Stofftelegramm

Willensbildung beim Vorgesetzen		Willensbildung beim Mitarbeiter/bei der Gruppe
autoritär	⟵――――――⟶	kooperativ (demokratisch)

1. autoritär

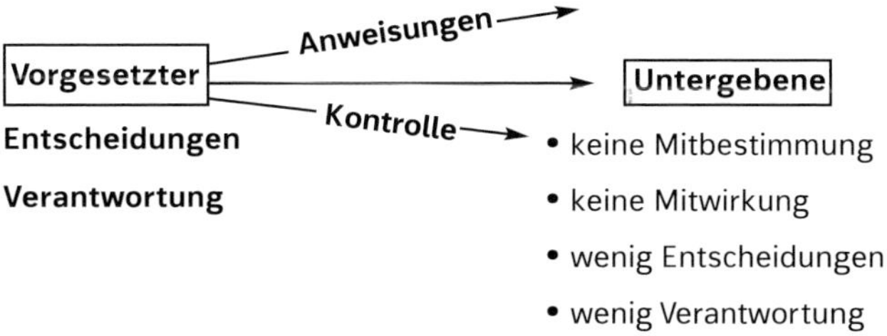

Vorteile	Nachteile
• schnelle Entscheidungen • einheitliche Linie	• Motivationsbremse • Druck von oben • schlechtes Betriebsklima • hohe Fluktuation ... • ungenutzte Denkfähigkeit der Mitarbeiter (keine Teamvorteile) • Vorgesetzte überlastet

2. kooperativ (demokrat.)

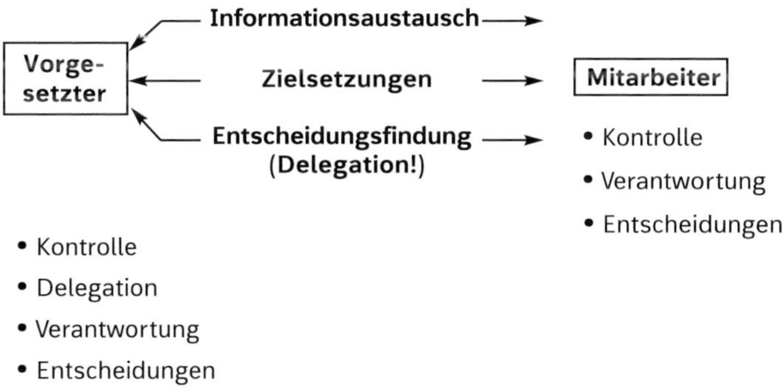

Vorteile	Nachteile
• Mitarbeiterpotenzial abschöpfen • höhere Motivation (Identifikation) • bessere Entscheidungen • gutes Verhältnis zwischen Vorgesetztem und Mitarbeiter • geringere Fluktuation	• verzögerte Entscheidungen (Diskussionen) • Qualifikation und rege Mitarbeit aller notwendig

Tendenz in der heutigen Praxis zum kooperativen Führungsstil (bzw. Mischformen)

Führungsgrundsätze:
→ sind generelle Empfehlungen/Leitlinien insbesondere für Führungskräfte, wie im Unternehmen miteinander umgegangen werden soll. Diese sollten mit allen Mitarbeitern zusammen entwickelt werden.

Beispiele:
- *Pflegen Sie einen respektvollen Umgang miteinander.*
- *Fördern Sie Ihre Mitarbeiter.*
- *Wechseln Sie die Perspektive.*
- *Führen Sie über Ziele.*
- *Nehmen Sie sich Zeit für Ihre Mitarbeiter usw.*

5 Schwachstellenanalyse durchführen

Stofftelegramm

KVP = kontinuierlicher Verbesserungsprozess → systematische Weiterentwicklung von betrieblichen Prozessen/Produkten/Unternehmen (hier: Prozesse, Arbeitsabläufe, Organigramme) in kontinuierlichen kleinen Verbesserungsschritten. Es hat sich bewährt, alle Mitarbeiter in diesen Prozess einzubinden und auch geeignete Anreizsysteme (Belohnungen) zu schaffen.

1. Ist-Zustand beschreiben/erfassen/ergänzen
2. Ist-Zustand entsprechend dokumentieren/ergänzen (EPK, Arbeitsablaufdiagramme, Organigramme)
3. Ist-Zustand analysieren – Schwachstellen aufdecken
4. Verbesserungsvorschläge machen und entscheiden
   Entscheidungskriterien:
   - Realisierbarkeit?
   - Akzeptanz der Beteiligten/Betroffenen (z. B. Mitarbeiter/Kunden)?
   - Kosteneinsparung?
   - Ressourceneinsatz (Kapital, Mitarbeiter, Zeit)?
   - Qualität?
   - Arbeitsplatzsicherheit?
   - Kundenzufriedenheit?
5. Prozesse entsprechend optimieren/bekannt machen (Mitarbeiter schulen)
6. Prozesse überwachen

6 Aufgaben zu den Kapiteln 3–5

1. Frau Jäckel hat Ihnen bei der Kurzeinweisung einen Standardprozess für die Kundenauftragsbearbeitung im Bereich Handelsware für Stammkunden gegeben **(Anlage 1)**.
   a) Erklären Sie der Auszubildenden Frau Weber die Bedeutung der ereignisgesteuerten Prozessketten (EPK) und beschreiben Sie ihr dabei die verwendeten grafischen Symbole.
   b) Kreditlimitüberschreitungen müssen von Frau Jäckel gesondert genehmigt werden. Wird die Genehmigung nicht erteilt, dann kommt der Teilprozess „Ablehnung" zur Anwendung. Ergänzen Sie den Kundenauftragsbearbeitungsprozess um die Kreditlimitprüfung.
   Verwenden Sie hierzu die entsprechenden Symbole und die erforderlichen Operatoren (**Anlage 2**).

Anlage 1

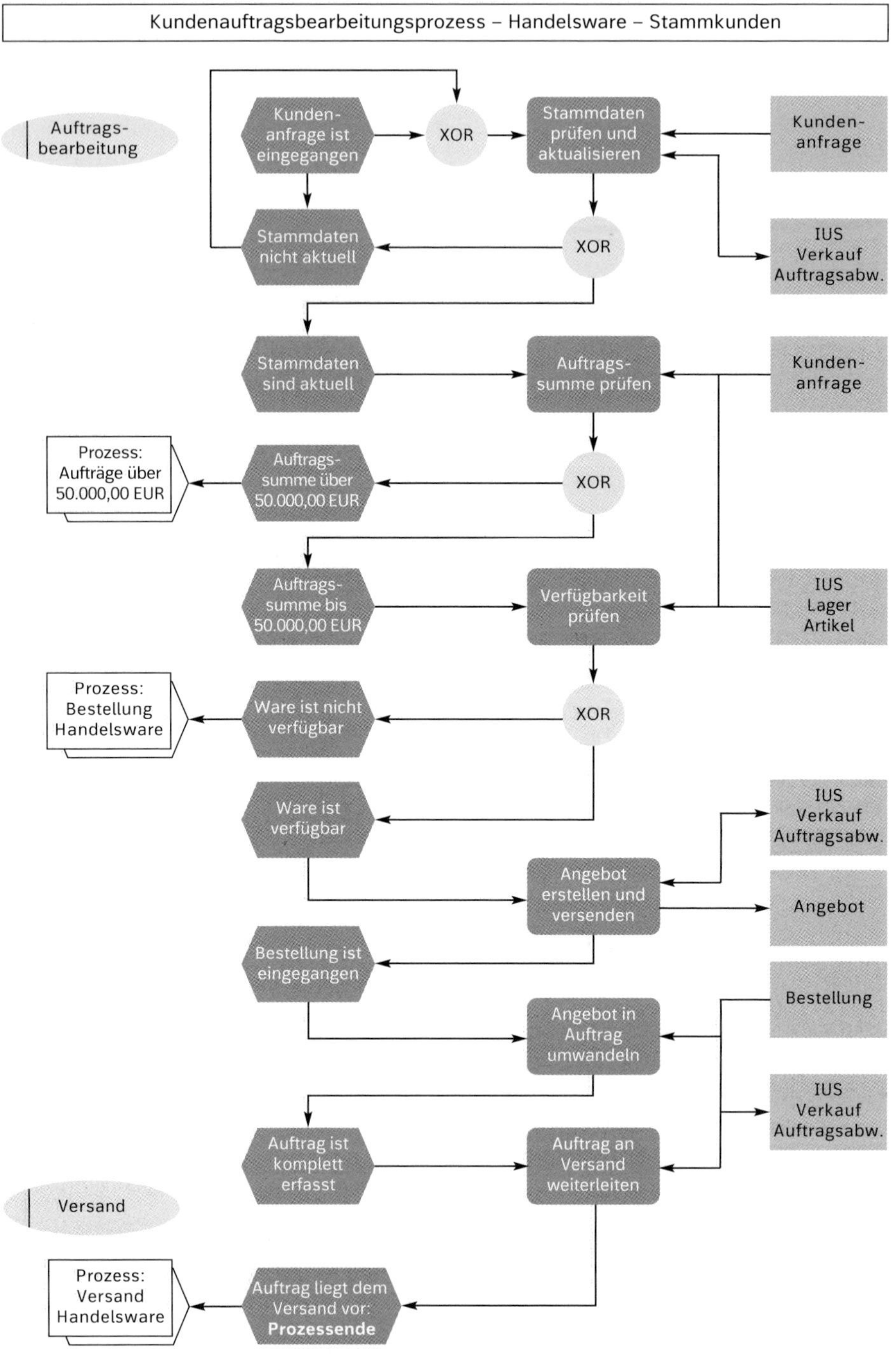
Kundenauftragsbearbeitungsprozess – Handelsware – Stammkunden
Auftrags-bearbeitung
Kunden-anfrage ist eingegangen
XOR
Stammdaten prüfen und aktualisieren
Kunden-anfrage
Stammdaten nicht aktuell
XOR
IUS Verkauf Auftragsabw.
Stammdaten sind aktuell
Auftrags-summe prüfen
Kunden-anfrage
Prozess: Aufträge über 50.000,00 EUR
Auftrags-summe über 50.000,00 EUR
XOR
Auftrags-summe bis 50.000,00 EUR
Verfügbarkeit prüfen
IUS Lager Artikel
Prozess: Bestellung Handelsware
Ware ist nicht verfügbar
XOR
Ware ist verfügbar
IUS Verkauf Auftragsabw.
Angebot erstellen und versenden
Angebot
Bestellung ist eingegangen
Bestellung
Angebot in Auftrag umwandeln
IUS Verkauf Auftragsabw.
Auftrag ist komplett erfasst
Auftrag an Versand weiterleiten
Versand
Prozess: Versand Handelsware
Auftrag liegt dem Versand vor: Prozessende

Anlage 2

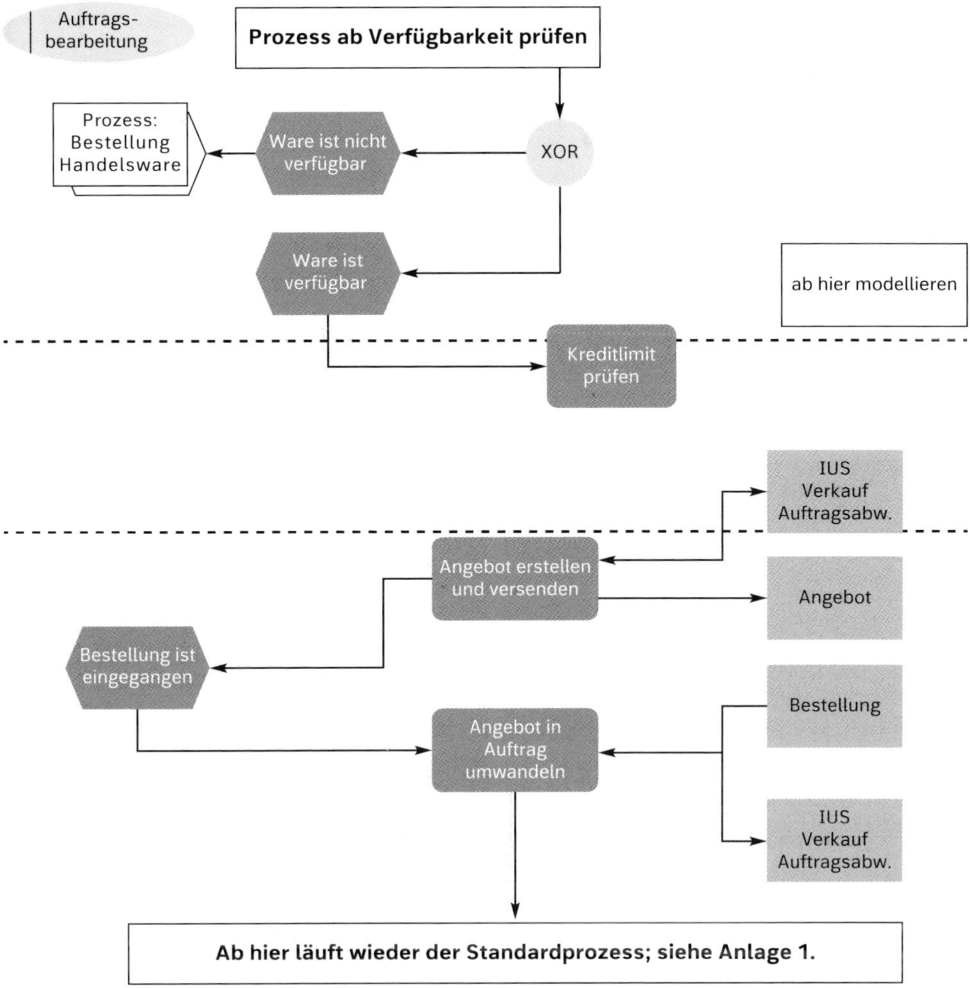

2. Sie werden für zwei Tage pro Woche der Abteilung Rechnungswesen zugeordnet. Im Zuge des anstehenden Qualitäts-Audits werden dort die Abläufe in ereignisgesteuerten Prozessketten (EPK) abgebildet.
   a) Sie vervollständigen die EPK zur Zahlungsüberwachung um die fehlenden Elemente a–e **(Anlage).**
   b) Die Arbeitsanweisung zur Funktion „Abweichung prüfen" enthält bislang keine Toleranzgrenzen, außerhalb welcher der Sachbearbeiter reagieren soll. Sie schlagen mögliche Grenzen vor und begründen diese stichwortartig. Berücksichtigen Sie dabei, dass die Kosten für den Teilprozess „Abweichung Zahlungsbedingungen" bei 96,00 EUR pro Vorgang liegen.

Anlage

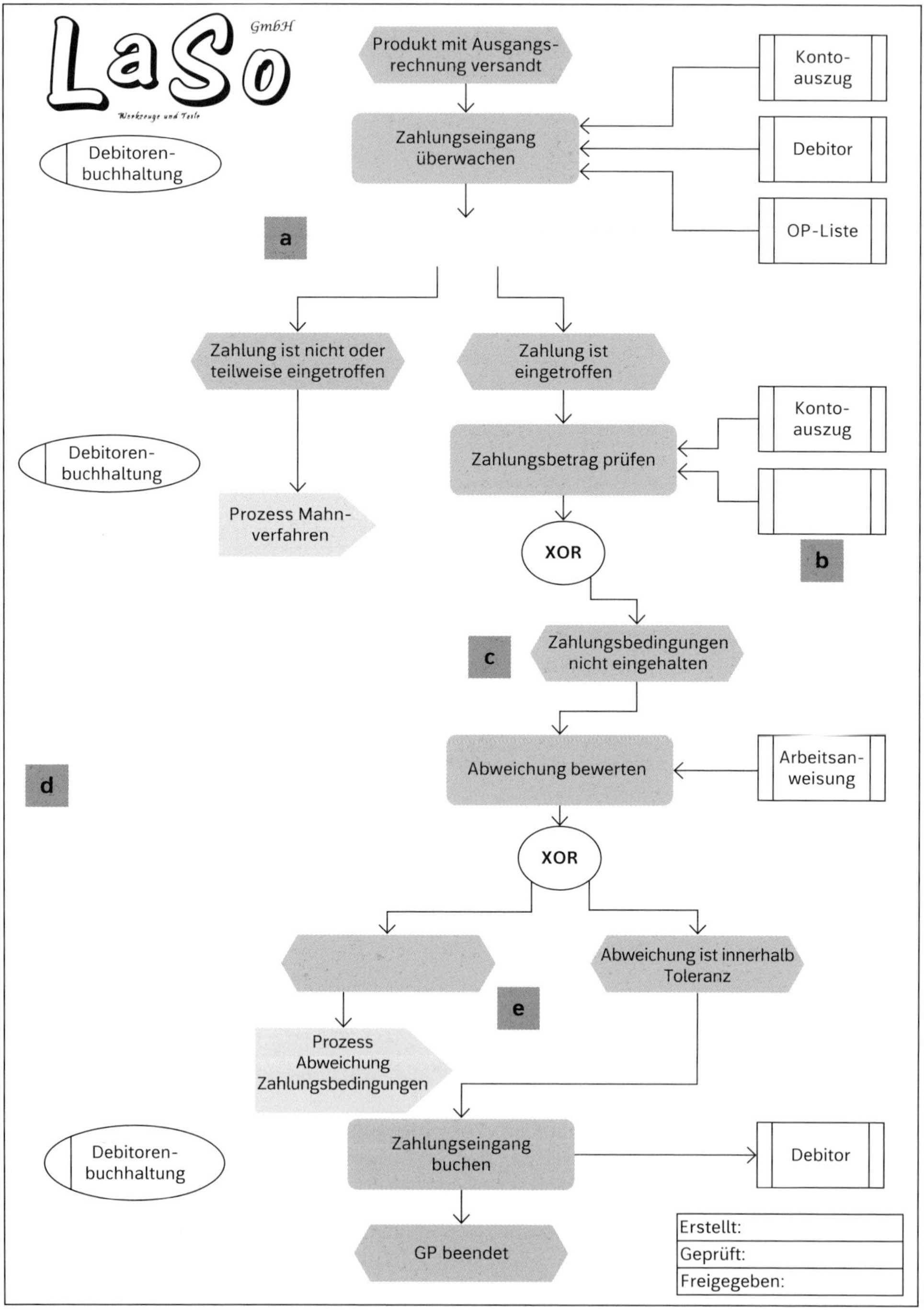
LaSo GmbH
Werkzeuge und Teile
Produkt mit Ausgangsrechnung versandt
Zahlungseingang überwachen
Konto-auszug
Debitor
OP-Liste
Debitoren-buchhaltung
a
Zahlung ist nicht oder teilweise eingetroffen
Zahlung ist eingetroffen
Zahlungsbetrag prüfen
Konto-auszug
Debitoren-buchhaltung
Prozess Mahn-verfahren
XOR
b
c
Zahlungsbedingungen nicht eingehalten
d
Abweichung bewerten
Arbeitsan-weisung
XOR
Abweichung ist innerhalb Toleranz
e
Prozess Abweichung Zahlungsbedingungen
Zahlungseingang buchen
Debitor
Debitoren-buchhaltung
GP beendet
Erstellt:
Geprüft:
Freigegeben:

3. In den letzten Wochen gingen Beschwerden der Kunden ein über die verzögerte Auslieferung von Bestellungen sowie Abweichungen von Rechnungsbeträgen und Lieferscheinen. Die Abteilungsleiterin Frau Graf bittet Sie, den Arbeitsablauf „Kommissionierung von Aufträgen“ zu analysieren und mögliche Verbesserungen zu formulieren.
   a) Vervollständigen Sie das Arbeitsablaufdiagramm **(Anlage 1)** um die fehlenden Ablaufarten und Verbindungslinien.
   b) Zur Analyse des Ist-Zustands addieren Sie die Zeiten für Bearbeitung, Transport usw. Verwenden Sie dafür die Tabelle in **Anlage 2.**
   Lagerarbeiter Hartwig Wicker schlägt vor, Schritt 10 so zu ändern, dass zusätzlich die Lagerabgänge in der IUS (Integrierte Unternehmenssoftware) erfasst werden sowie die Ausgangsrechnung über die IUS ausgedruckt und der Sendung beigelegt wird. Bewerten Sie diesen Vorschlag. Begründen Sie Ihre Einschätzung.
   c) Schlagen Sie zwei Arbeitsschritte vor, auf die verzichtet werden kann, und begründen Sie Ihre Auswahl.

Anlage 1: Arbeitsablaufdiagramm

ARBEITSABLAUFDIAGRAMM							
ABTEILUNG:	**V-V**		DATUM:				13.04.20..
ARBEITS-FOLGE:	**Aufträge kommissionieren**	START:	**Kommissionierauftrag geht ein**				
		ENDE:	**Auftrag ist verschickt**				
		Symbole					
Nr.	Ablaufschritt	○	⇨	▭	D	▽	Zeit in Min.
1.	Kommissionierliste über integrierte Unternehmenssoftware (IUS) ausdrucken	X					5
2.	Lagerhaltigkeit der Artikel an IUS prüfen						7
3.	Rollbehälter aus Ladezone holen		X				2
4.	Artikel gemäß Kommissionierliste von Lagerplätzen holen und in Rollbehälter legen						20 (Durchschnittswert)
5.	Rollbehälter zu Versandleiter bringen		X				2
6.	Versandleiter prüft Inhalt			X			10
7.	Rollbehälter zurück an Sammelplatz stellen		X				2
8.	Rollbehälter zu Verpackungsplatz bringen						2
9.	Auftrag verpacken	X					6
10.	Lieferschein über IUS ausdrucken und in Paket einlegen	X					1
11.	Paket verschließen, Transportetiketten ausdrucken und aufkleben						3
12.	Rollbehälter in Ladezone		X				2
13.	E-Mail-Nachricht an Buchhaltung: Erfassung der Lagerabgänge und Rechnungsstellung	X					2
14.	Ablage Kommissionierliste					X	1

Anlage 2: Analyse des Ist-Ablaufs

Ablaufart	Bearbeitung ○	Transport ⇨	Kontrolle ▭	Warten D	Ablage ▽	**Summe**
Zeit in Min.						

Lernfeld 12: Veranstaltungen und Geschäftsreisen organisieren

1 Organisation von Veranstaltungen

Stofftelegramm

Veranstaltungen, auch Events genannt, sind in jedem Unternehmen bedeutende Kommunikationsmittel. Sie erfordern eine gründliche Planung und Vorbereitung. Jede Veranstaltung hat einen besonderen Anlass, dessen Ziel die Form der Veranstaltung bestimmt. Deshalb müssen vorab folgende Fragen geklärt werden:

- Weshalb findet die Veranstaltung statt? → Grund
- Was soll mit der Veranstaltung erreicht werden? → Ziel
- Welchen Ablauf wird die Veranstaltung erfordern? → Art
- Welche Mittel stehen dafür zur Verfügung? → Hilfsmittel

1.1 Veranstaltungsarten

Stofftelegramm

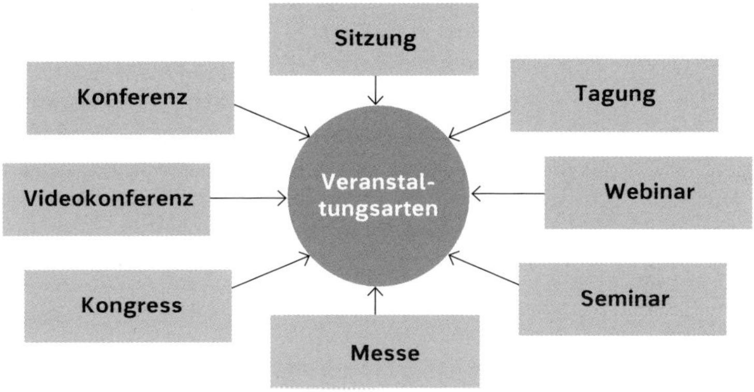

Sitzung → primär 2 bis 10 Teilnehmer
Sitzungen, Meetings oder Besprechungen sind Zusammenkünfte von Mitarbeitern eines Unternehmens nach vorgegebenen Regeln (Sitzungsleiter, Tagesordnung, Protokoll). Nach Abklärung eines Termins mittels des internen elektronischen Terminkalenders geht eine schriftliche Einladung an die Teilnehmer per E-Mail.

Konferenz → primär 20 bis max. 50 Teilnehmer
Der Teilnehmerkreis kommt zusammen, um Informationen und Erfahrungen zu bestimmten Themen auszutauschen, darüber zu diskutieren, Lösungen zu suchen und Beschlüsse zu fassen. Die Einladung erfolgt schriftlich mit Tagesordnung und Angabe der geplanten Dauer, die von mehreren Stunden bis zu einem Tag reichen kann. Die Konferenz unterliegt formalen Regelungen.

Videokonferenz → 5 bis max. 50 Teilnehmer je nach Videokonferenzsystem
Die Teilnehmer kommunizieren in einem eigens dafür eingerichteten Video-Konferenzraum mit Bild und Ton live über eine audiovisuelle Telekommunikationstechnologie. Problemlos werden externe Gesprächsteilnehmer weltweit zugeschaltet. Ein Projektleiter kann z. B. mit seinem Team, das in China, Japan oder anderen Ländern agiert, direkt und unmittelbar Informationen austauschen, Probleme klären und abstimmen. Der Termin muss vorher abgestimmt sein.

Kongress → primär ab 100 Teilnehmer
Ein Kongress besteht aus einem großen nationalen und internationalen Personenkreis mit gemeinsamen Interessen. Er findet meist regelmäßig statt und dauert mehrere Tage. Die Teilnehmer können an Fachvorträgen oder Workshops zu wirtschaftlichen, wissenschaftlichen, kulturellen oder technischen Bereichen teilnehmen (z. B. Ärztekongress). Die Einladungen mit Tagesordnung und Antwortkarte werden mehrere Monate vorher an den Teilnehmerkreis verschickt. Die Vorbereitung für einen Kongress ist sehr umfangreich und wird von einem Fachpersonal geplant.

Messe → unbegrenzte Teilnehmerzahl
Eine Messe ist eine regelmäßig wiederkehrende und zeitlich begrenzte Veranstaltung von Ausstellern einer oder verschiedener Wirtschaftszweige (z. B. Frankfurter Buchmesse, Hannover Messe). Sie kann speziell für Fachleute ausgerichtet sein oder für ein öffentliches Publikum. Einladungen gehen an bevorzugte Teilnehmer als Kundenbindung. Ansonsten wird die Öffentlichkeit über Medien wie Inserate, Flyer, Newsletter oder Internet informiert. Eine Messe wird meist durch professionelle Messeunternehmen geplant und vorbereitet.

Seminar → 5 bis 20 Teilnehmer
Seminare, Lehrgänge, Workshops basieren immer auf Wissensvermittlung. Es sind in der Regel betriebliche Fortbildungsveranstaltungen mit dem Ziel, die Mitarbeiter zu schulen. Dazu stehen Seminarleiter oder Trainer zur Verfügung. Diese Veranstaltungen können mehrere Tage dauern.

Webinar → ab 20 Personen bis unbegrenzt, je nach Webinar-Anbieter
Der Begriff Webinar setzt sich aus „Web“ (World Wide Web) und „Seminar“ zusammen. Es handelt sich um Onlineseminare, z. B. für Software- und Produktschulungen, aber auch für Projektmeetings oder Pressekonferenzen. Die Kommunikation erfolgt über das Internet mittels eines PCs oder Tablets der Teilnehmer mit Headset und Mikrofon. Zur Teilnahme an einem Webinar wird durch den Zugangslink des Webinar-Anbieters automatisch eine Software installiert und ausgeführt.

Tagung → 25 bis max. 200 Teilnehmer
Bei einer Tagung handelt es sich um ein Treffen von Personen zu einem bestimmten Thema oder Anlass bei einer Dauer von einem oder mehreren Tagen. Meist werden die Teilnehmer durch Fachvorträge und Vermittlung von Innovationen zu gemeinsamen Interessensbereichen informiert und können darüber diskutieren. Die Einladung zu einer Tagung erfolgt schriftlich mit Tagesordnung.

Weitere Veranstaltungen:
Es gibt eine noch Vielzahl von Veranstaltungen u. a. ein Symposium, Produktpräsentation, Pressekonferenz, Hausmesse, Tag der offenen Tür, Betriebsveranstaltung, Roadshow, Podiumsdiskussion.

1.2 Rahmenbedingungen

Stofftelegramm

Voraussetzung für eine erfolgreiche Veranstaltung ist eine genaue Analyse der Kommunikationssituation. Vor Beginn der eigentlichen Veranstaltungsvorbereitung müssen wesentliche Kernfragen beantwortet werden:

- Welche betriebsinternen Richtlinien sind zu beachten?
- Welche Inhalte sollen transportiert werden?
- Welche Art der Veranstaltung eignet sich?
- Welches Ziel soll mit der Veranstaltung erreicht werden?
- Welcher Teilnehmerkreis soll erreicht werden?
- Gibt es zur gleichen Zeit evtl. eine thematisch ähnliche Veranstaltung?

Jede Veranstaltung läuft nach einem gleichen Schema ab:

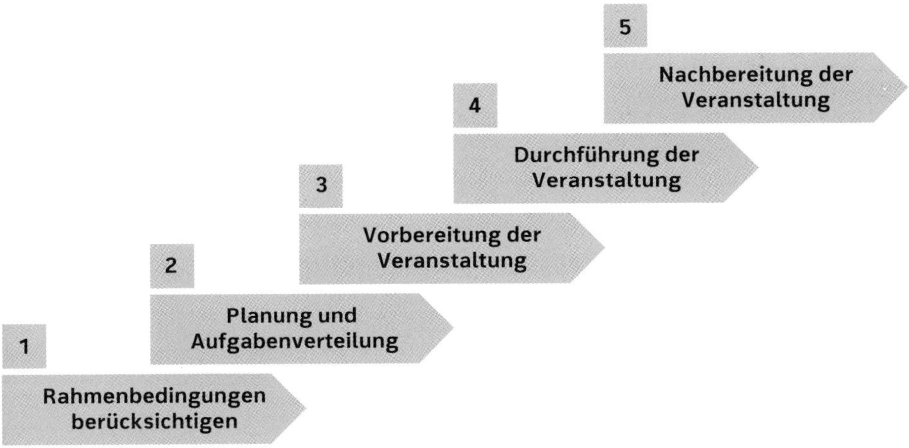

1.2.1 Rechtliche Vorschriften

Bei der Organisation von Veranstaltungen müssen bestimmte rechtliche Vorschriften und Genehmigungen beachtet werden.

Versammlungsstättenverordnung (VStättVO)
Diese Rechtsordnung ist länderspezifisch und regelt die Sicherheitsaspekte des Veranstaltungsortes wie maximale Besucherzahl, Bestuhlung, Rettungswege und Brandschutz.

Lärmschutzverordnung
Lärm ist eine nicht zu unterschätzende Belastung für den Menschen. Er bedeutet für den Körper Stress und kann zu gesundheitlichen Beeinträchtigungen führen. Daher muss die Lärmschutzverordnung der jeweils zuständigen Behörde vom Veranstalter berücksichtigt werden.

Verwertungsrechte, Urheberrechte
Die Verwertungsrechte sprechen dem Urheber eines Werkes das ausschließliche Recht zu, sein Werk allein in jeglicher Art und Weise zu verwerten. Sie sind im Urheberrechtsgesetz (UrhG) geregelt. Dies bezieht sich bei Veranstaltungen auf veröffentlichte oder vervielfältigte Texte und Abbildungen.

Wird bei Veranstaltungen Musik live oder durch Medien gespielt, sind Gebühren und Abgaben an die GEMA (Gesellschaft für musikalische Aufführungs- und mechanische Vervielfältigungsrechte) zu entrichten, wenn die Musikwerke einem urheberrechtlichen Schutz unterstellt sind.

1.2.2 Versicherungen

Bei Veranstaltungen kann es zu Sach- oder Personenschäden kommen. Der Abschluss einer Versicherung schützt den Veranstalter vor finanziellem Schaden. Nachstehende Versicherungen sind für Veranstaltungen empfehlenswert:

Veranstaltungshaftpflichtversicherung	Sie übernimmt die Schäden, für die der Veranstalter haftet, einschließlich der Verkehrssicherungspflicht und der Unfallprävention und gilt für Vorbereitung, Dauer und Nachbereitung (Abbau).
Veranstaltungsausfallversicherung	Sie schützt den Veranstalter vor finanziellen Folgen, wenn die Veranstaltung, gleich aus welchen Gründen, abgebrochen oder verschoben werden muss.
Veranstaltungstechnikversicherung	Sie versichert die technische Ausstattung, die bei Veranstaltungen zum Einsatz kommt.
Brandversicherung	Schadenersatzforderungen durch Brandursachen werden beglichen.

Aufgaben

1. Veranstaltungen gibt es in vielen Varianten. Beschreiben Sie in Kurzform sechs Arten von Veranstaltungen jeweils mit Teilnehmergröße. Erstellen Sie dazu eine übersichtlich angeordnete Tabelle.
2. Zum ersten Mal dürfen Sie als Auszubildende/-r an einer eintägigen Konferenz, die hausintern durchgeführt werden soll, mitarbeiten. Sie machen sich Gedanken, wie so eine Veranstaltung ablaufen soll. Nennen Sie die einzelnen Schritte.
3. Welche rechtlichen Vorschriften für die Durchführung einer Veranstaltung kennen Sie? Erläutern Sie kurz.

2 Vorbereitung von Veranstaltungen

Stofftelegramm

Die Vorbereitung von Veranstaltungen bedarf einer sorgfältigen Planung und Koordinierung mit allen Beteiligten. Für größere Veranstaltungen können Checklisten oder gar Netzpläne eingesetzt werden. Checklisten sind eine große Hilfe, den Überblick zu behalten.

2.1 Planungsmodule

Stofftelegramm

- Zweck der Veranstaltung, Zielsetzung
- Zeitplan erstellen
- Teilnehmerkreis auswählen
- Tagungsort, Tagungsraum auswählen
- Programm/Tagesordnung festlegen
- Referenten anschreiben
- Zuständigkeiten, Aufgabenverteilung festlegen
- Einladungsschreiben verschicken
- Bewirtung vorbereiten
- Ausstattung des Tagungsraumes
- Protokollführung beauftragen
- Arbeitsunterlagen, Infomappe
- Rahmenprogramm
- Pressemitteilung, Presseempfang

2.2 Tagesordnung/Tagungsprogramm

Stofftelegramm

In der **Tagesordnung** werden die Besprechungspunkte aufgeführt, mit denen sich die Teilnehmer einer Sitzung befassen werden. Sie wird in der Regel mit dem Einladungsschreiben zugesandt oder erst bei der Besprechung auf den Tisch gelegt.

Das **Tagungsprogramm** wird bei größeren Veranstaltungen wie z. B. bei Tagungen angewandt und ist vom Inhalt her wesentlich umfangreicher als die Tagesordnung. Es enthält den genauen Ablauf der Veranstaltung mit Uhrzeitangabe, Beginn, Ende, Pausenregelung, Mittagessen, Dauer der Referate und Workshops, Hinweisen auf Diskussionsmöglichkeiten, Rahmenprogramm.

2.3 Veranstaltungsort

Stofftelegramm

Je nach Art der Veranstaltung kann diese im eigenen Unternehmen oder extern, z. B. in einem Tagungshotel, stattfinden. Für die entsprechende Auswahl sind folgende Überlegungen anzustellen:

- Sind die betriebseigenen Räumlichkeiten angemessen?
- Hat der Tagungsort ein repräsentatives Umfeld?
- Besteht eine gute Anreisemöglichkeit auch mit öffentlichen Verkehrsmitteln?
- Sind genügend Parkmöglichkeiten vorhanden?
- Kann über das benötigte Equipment verfügt werden?
- Ist der Veranstaltungsraum barrierefrei zu erreichen?
- Ist eine Bewirtung im Haus gewährleistet?

2.4 Veranstaltungsraum

Stofftelegramm

In dem ausgewählten Veranstaltungsraum sollten alle technischen Einrichtungen vorhanden sein, die zur Visualisierung beitragen. Diese Technik ist vor einer Veranstaltung auf ihre Funktion hin zu überprüfen.

- Laptop mit Beamer
- Großleinwand
- interaktives Whiteboard
- Flipchart
- Visualizer (Dokumentenkamera)
- Mikrofonanlage bzw. Headset
- Metaplanwand und Moderationskoffer
- Laserpointer

Arbeitsatmosphäre

Bei der Auswahl des Tagungsraumes ist darauf zu achten, ob eine ausreichende Belüftung, Heizung und Beleuchtung vorhanden ist. Werden bei der Veranstaltung Filme gezeigt, ist eine Verdunklungsmöglichkeit notwendig. Die Arbeitsatmosphäre hängt aber auch von der Raumgröße, den möglichen Lärmquellen und der Raumdekoration ab. Ein dezenter Raumschmuck, angelehnt an das Corporate Design, in Form von Blumen, Pflanzen und Bildern erzeugt eine positive Einstellung der Teilnehmer.

Sitzordnung

Eine gut durchdachte, verbindliche Sitzordnung kann dazu beitragen, dass sich die Teilnehmer schneller kennenlernen. Bei der Anordnung der Tische und Stühle ist vor allem darauf zu achten, dass jeder Teilnehmer eine gute Sicht zum Dozenten und zur Projektionswand hat. Von der Anzahl der Tagungsteilnehmer hängt auch die Art der Bestuhlung (runde Tische, U-Form, Blockform, T-Form, V-Form, Stuhlreihen) ab.

Beidseitig beschriftete **Tischkarten** mit den Namen der Teilnehmer werden vorbereitet am Eingang des Tagungsraumes alphabetisch aufgestellt. Jeder Teilnehmer nimmt seine Tischkarte und sucht sich seinen Platz selbst aus. Bei größeren Veranstaltungen ist es notwendig, für die Teilnehmer **Namensschilder** anzufertigen.

Weitere Bestuhlungsmöglichkeiten:

Theaterbestuhlung

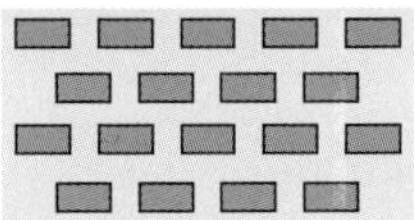

Blocktafel

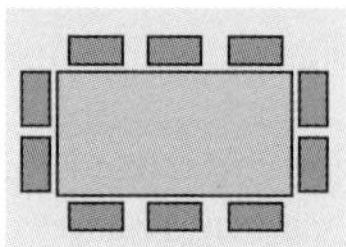

Parlamentarische Sitzordnung

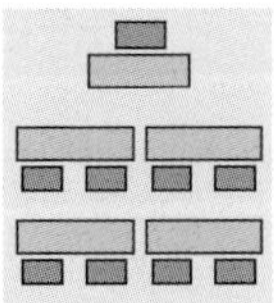

Carré-Form

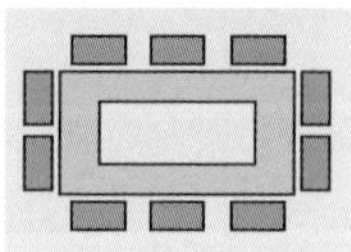

Fischgrätenform

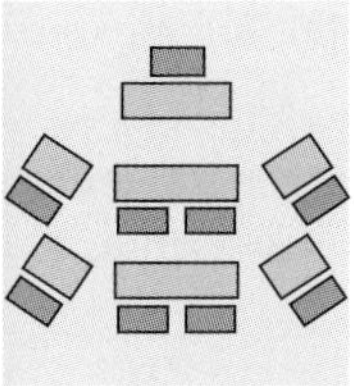

U-Form

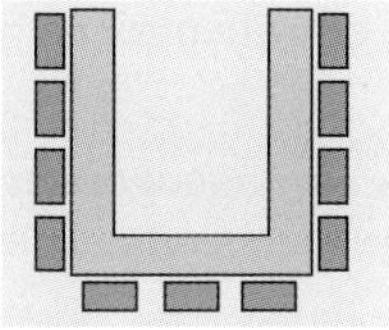

Bankettbestuhlung

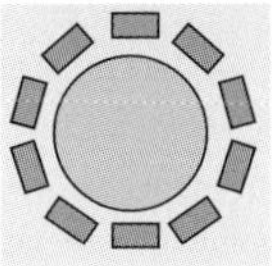

E-Form

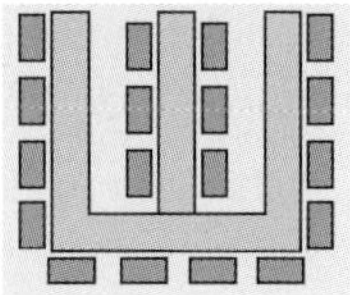

2.5 Einladungsschreiben

Stofftelegramm

Die beste Einladung ist die, welche genau informiert. In den meisten Fällen werden schriftliche Einladungen verschickt. Sie müssen mindestens drei bis vier Wochen vor dem Veranstaltungstermin die Teilnehmer erreichen (bei ausländischen Gästen früher).

Checkliste für Einladungsschreiben:
- Anlass bzw. Thema der Veranstaltung
- Zeitplan für die Tagung (Datum, Beginn, Ende)
- Tagungsort mit genauer Anschrift, Straße, Stockwerk, Raum
- Stadtplan bzw. Skizze über Zufahrtsmöglichkeiten für Pkw-Fahrer
- Parkmöglichkeiten
- Erreichbarkeit mit öffentlichen Verkehrsmitteln für Bahnreisende
- Tagesordnung (Programmablaufplan)
- Namen der Referenten
- Hinweis auf Unterlagen, die mitzubringen sind
- Hinweis auf Kleidung bei festlichen Anlässen
- Teilnehmergebühren (Zahlungsart, Bankverbindung)
- Anmeldeschluss (Antwortkarte beilegen)
- Klärung von Kostenübernahmen
- Unterkunftsregelung
- Rahmenprogramm (Abendveranstaltung, Stadtführung, Ausflüge)

Aufgrund der zurückgeschickten Teilnehmerkarten kann im Voraus schon eine Teilnehmerliste erstellt werden. In diese können sich die Anwesenden dann eintragen.

Aufgaben

1. Nennen Sie den Unterschied zwischen einer Tagesordnung und einem Tagungsprogramm.
2. Für eine Vertretertagung muss ein Tagungsraum ausgewählt und entsprechend vorbereitet werden. Welche Überlegungen sind bei der Auswahl und bei der Ausstattung des Tagungsraumes anzustellen?
3. Sie werden beauftragt, sich Gedanken zu machen über die mögliche Sitzordnung einer Veranstaltung mit
   a) 8 Personen zu einer Teamsitzung,
   b) 15 Personen zu einem Seminar, bei dem die Teilnehmer mitschreiben müssen.
   Welche Sitzordnung schlagen Sie jeweils vor? Begründen Sie.
4. Welche Punkte sollte ein Einladungsschreiben zu einer mehrtägigen Veranstaltung enthalten?

3 Durchführung von Veranstaltungen

3.1 Ablauf- und Arbeitsplan

Stofftelegramm

Für eine störungsfreie Durchführung einer Veranstaltung empfiehlt es sich, einen Ablauf- und Arbeitsplan zu erstellen. Ein **Ablaufplan** dient dem Zweck, die einzelnen Schritte des geplanten Ablaufs einer Veranstaltung zu verfolgen. Er beschreibt die

- Aufgabenbereiche,
- Zuständigkeiten,
- Verantwortlichkeiten,
- Zeit für Beginn und Ende,
- Pufferzeiten.

Ein **Arbeitsplan** wird notwendig, wenn es sich um eine größere Veranstaltung handelt. Er enthält alle Tätigkeiten der jeweiligen Mitarbeiter, sodass diese eindeutig erkennen können, zu welcher Zeit sie welche Aufgaben übernehmen müssen.

3.2 Gästebetreuung

Stofftelegramm

Im Arbeitsplan ist festgehalten, wer die Betreuung der Gäste übernimmt. Die erste Anlaufstelle für die Teilnehmer ist der Empfangstresen, der gut ausgeschildert werden sollte. Die Gäste werden freundlich begrüßt und miteinander bekannt gemacht. Eine kurze Nachfrage, ob sie eine angenehme Anreise hatten, wirkt verbindlich und schafft eine gute Atmosphäre. Der Betreuende übernimmt weitere Aufgaben:

- Er führt eine Anwesenheitsliste.
- Er wird für die Garderobe sorgen.
- Er nimmt Wünsche entgegen und erfüllt sie.

- Er geht auf kulturelle Besonderheiten ein.
- Er nimmt Beschwerden an und versucht sie zu beheben.
- Er stellt Erfrischungsgetränke bereit.
- Er sorgt für ein angenehmes Raumklima.
- Er achtet sorgfältig auf die Einhaltung der Planungen.
- Er reagiert unmittelbar und kreativ auf mögliche Abweichungen.

3.3 Äußeres Erscheinungsbild

Stofftelegramm

Am Tag der Veranstaltung sind die Mitarbeiter entsprechend dem Anlass gekleidet. Wenn im Unternehmen kein einheitlicher Dresscode vorgeschrieben wird, so sollte eine angemessene Businesskleidung ohne viel Schmuck und Accessoires bevorzugt werden. Freizeitkleidung ist völlig unangebracht, genauso wie eine Abendgarderobe.

Zum äußeren Erscheinungsbild zählt nicht nur die Bekleidung, sondern auch ein gepflegtes Aussehen durch ein dezentes Make-up, gepflegte Haare und eine ordentliche Frisur, ein frischer Körpergeruch mit einem Hauch Parfüm und gepflegte Hände.

Eine positive Atmosphäre wird durch eine einladende, freundliche Körpersprache geschaffen. Die persönliche Ausstrahlung sagt oft mehr als Worte. Durch entsprechende Gestik, Mimik und offenen Blickkontakt fühlen sich die Gäste willkommen. Wichtig ist auch, dem Teilnehmer aktiv zuzuhören.

3.4 Rahmenprogramm

Stofftelegramm

Bei mehrtägigen Veranstaltungen wird häufig ein Rahmenprogramm für die Teilnehmer und eventuelle Begleitpersonen geplant. Damit werden der Austausch und das Kennenlernen der Besucher gefördert. Die Teilnehmer können dabei auch nichtfachliche Gespräche führen, die Atmosphäre ist zwangloser und die Gäste sind motivierter. Allerdings müssen Wünsche, Besonderheiten und kulturelle Gegebenheiten berücksichtigt werden. Zu beachten ist ein Hinweis bei der Einladung auf entsprechende Garderobe.

Möglichkeiten für ein Rahmenprogramm:
- Betriebsbesichtigung
- Stadtführung
- Besuch von Museen oder Sehenswürdigkeiten
- Konzert oder Theaterbesuch
- Fahrten in die nähere Umgebung
- Schifffahrt auf See oder Fluss
- regionale Besonderheiten
- gesellige Unterhaltung
- festliche Veranstaltung
- sportliche Veranstaltung
- Abendessen in einem ausgefallenen Restaurant

Aufgaben

1. Für eine erfolgreiche Durchführung von Veranstaltungen wird ein Ablauf- und Arbeitsplan erstellt. Zeigen Sie auf, wozu diese beiden Pläne notwendig sind.
2. Sie werden für eine Veranstaltung mit der Gästebetreuung beauftragt. Worauf müssen Sie achten, wenn Sie einen guten Eindruck hinterlassen möchten?
3. Was versteht man unter einem Rahmenprogramm?

4 Nachbereitung von Veranstaltungen

4.1 Abschlussarbeiten

Stofftelegramm

Jede Veranstaltung erfordert eine gründliche und zeitnahe Nachbereitung. Sie ist ein unverzichtbarer Bestandteil des Veranstaltungsmanagements und hilft den Mitarbeitern, aus möglichen Fehlern zu lernen, um sie in Zukunft zu vermeiden und Veranstaltungen erfolgreich und sicher zu managen. Bereits bei der Planung wurde festgelegt, wer für welche Tätigkeiten zuständig ist.

- Protokoll schreiben, vervielfältigen und den Teilnehmern zusenden
- Informationsmaterial zusammenstellen und verteilen
- Dankschreiben an die Referenten und Gesprächsleiter
- Abrechnung mit Hotel, Referenten und sonstigen Beteiligten
- Ermittlung der Gesamtkosten
- Erledigen von Konferenzbeschlüssen bzw. Kontrollieren
- Aufräumen der Tagungsräume
- Versorgen der technischen Geräte, Hilfsmittel, Materialien
- Treffen aller Beteiligten zur Absprache für Verbesserungen

4.2 Erfolgsmessung

Stofftelegramm

Für die Erfolgsmessung müssen vorher die Ziele der Veranstaltung klar definiert werden, damit festgestellt werden kann, ob diese auch erreicht wurden. Ein Gäste-Feedback ist für eine Erfolgskontrolle unerlässlich. Folgende Fragen sollten zum Abschluss gestellt werden:
- Wurden alle Ziele erreicht?
- Gibt es große Abweichungen?
- Welche Gründe gibt es für die Abweichungen?
- Was kann in Zukunft besser gemacht werden?

Grundsätzlich sind folgende Arbeitsschritte nach Ablauf einer Veranstaltung erforderlich:
- Ermittlung des Ist-Zustandes
- Vergleich des Ist- mit dem Soll-Zustand
- Feststellung für Abweichungen zwischen Ist und Soll

- Ermittlung der Abweichungsursachen
- Entscheidung über Korrekturmaßnahmen
- Umsetzung der Korrekturmaßnahmen

4.3 Abrechnung

Stofftelegramm

Zur Nachbereitung gehört auch, dass die entstandenen Kosten erfasst und überprüft werden. Folgende Kosten können bei einer Veranstaltung anfallen:

- Fahrt- und Transportkosten
- Hotelübernachtungen
- Tagungsstätten (Raummiete)
- Bewirtungskosten
- Honorare, Spesen und Geschenke für Referenten oder Künstler
- Miete für Equipment
- Dienstleistungen (z. B. für Endreinigung)
- Kosten für das Rahmenprogramm
- Kosten für Dekoration
- Dolmetscher
- Werbegeschenke, Präsente
- Arbeitsmappe (Tagungsmappe)

Wenn alle Einzelkosten erfasst und daraus die Gesamtkosten ermittelt wurden, kann eine genaue Kostenanalyse vorgenommen werden. Dadurch wird festgestellt, welche Abweichungen entstanden sind.

Aufgaben

1. Nach einer Tagung fallen Abschlussarbeiten an. Um welche handelt es sich?

2. Bei der Planung einer Veranstaltung werden Ziele festgelegt. Nach einer Veranstaltung soll der Erfolg ausgewertet werden. Welche Überlegungen sind hierbei anzustellen?

5 Planung von Geschäftsreisen

Stofftelegramm

Geschäftsreisen zu planen und zu organisieren, gehört zu den bedeutenden Aufgaben eines Unternehmens. Je länger der Geschäftsreisende unterwegs ist und je weiter das Reiseziel entfernt ist, desto anspruchsvoller und umfangreicher ist diese Aufgabe.

5.1 Rahmenbedingungen

Stofftelegramm

Zunächst müssen die **internen Rahmenbedingungen** abgeklärt werden. Dazu zählen das zur Verfügung stehende Budget, die Datensicherheit des Laptops während der Reise, die Art der Kommunikation mit dem Reisenden sowie die Erreichbarkeit über die verschiedenen Zeitzonen.

Darüber hinaus gilt es auch **externe Rahmenbedingungen** zu prüfen, die vom Reiseziel abhängig sind. Wird ein Visum benötigt, müssen Devisen beschafft werden, welche Versicherungen sind notwendig, Anschriften von Botschaften und Konsulaten.

5.2 Reiserichtlinien

Stofftelegramm

In vielen Unternehmen wurden entsprechende Reiserichtlinien entwickelt und dokumentiert um die Vorgaben für die Reiseplanung und die damit verbundenen Prozesse für alle Mitarbeiter transparent zu machen. Reiserichtlinien sind die Basis für alle Aktionen, die mit der Organisation der Geschäftsreise in Verbindung stehen, angefangen von der Planung über die Durchführung bis zur Auswertung.

Die Inhalte der Reiserichtlinien sind je nach Unternehmen sehr umfangreich. In ihnen können folgende Punkte dokumentiert werden:

- Prüfung zur Notwendigkeit der Reise
- Zuständigkeitsregelung für die Reisegenehmigung
- Festlegung auf externes Reisebüro oder internes Reisemanagement
- Regeln für die Bewirtung von Geschäftspartnern
- Anordnungen zur Wahl der Verkehrsmittel
- vorrangige Leistungsanbieter für Hotels, Autovermietungen, Verkehrsmittel
- Regelung der Vertretung des Reisenden
- Verantwortlichkeit für die Reisekostenabrechnung
- Fristen zur Abrechnung der Reisekosten

Die Vorschriften sollten präzise formuliert werden, um Missverständnisse oder falsche Auslegungen zu vermeiden. Zu viele Vorschriften kosten Zeit, zu wenige können zu einem Anstieg der Reisekosten führen. Eine jährliche Kontrolle der Obergrenzen bei den Leistungsträgern sollte durchgeführt und gegebenenfalls aktualisiert werden.

5.3 Reiseinformationen

Stofftelegramm

Vor Beginn einer Reiseplanung benötigt der Organisator wichtige Informationen über die

- Anzahl der reisenden Personen,
- Vorlieben und Wünsche des Reisenden,
- Dauer der Geschäftsreise,
- Ziele der Geschäftsreise,
- Verkehrsmittel,
- den Grund der Geschäftsreise.

Bei der Vorbereitung von Auslandsreisen müssen zusätzliche Kriterien berücksichtigt werden:

Visapflicht	• Informationen für Einreisebestimmungen beim Auswärtigen Amt einholen • Zeit und Kosten einplanen
Zollbestimmungen	• länderspezifische Vorschriften beachten • Einfuhrbestimmungen z. B. für Produktmuster prüfen
Versicherungen	• Reiserücktrittsversicherung • Gepäckversicherung • Krankenversicherung • Kfz-Haftpflichtversicherung und Kasko
Zahlungsmittel	• Devisen besorgen • Bank- oder Kreditkarten → Gültigkeit prüfen • alternative Zahlungsmittel erfragen
Laptop, Handy	• Roaminggebühren des Anbieters prüfen • Prepaid-Karte im Zielland erwerben
Impfpass	• Impfvorschriften und -empfehlungen abklären • Schutzzeiten für Impfungen einplanen
Reiseapotheke	• Abklärung mit Hausarzt oder Apotheke • Insektenschutzmittel, Desinfektionsmittel, Sonnenschutz
Zeitverschiebung	• Zeitzonen bei Planung berücksichtigen • Sommerzeit in europäischen Ländern unterschiedlich
Reisewarnungen	• Länder mit Reiserisiko beachten • aktuelle Reisewarnungen abklären • Informationen beim Auswärtigen Amt einholen
Kulturelle Unterschiede	• Sitten und Gebräuche je nach Zielland kennen • kulturelle Gegebenheiten respektieren
Sprachbarrieren	• Wörterbuch der Landessprache mitnehmen • bei Bedarf einen Dolmetscher buchen
Botschaft/Konsulat	Kontaktdaten der deutschen konsularischen Vertretung im Zielland notieren
Reisepapiere	• Internationaler Führerschein • Auslandsschutzbrief von Automobilclubs

Informationsquellen:
In großen Unternehmen gibt es ein eigenes Reisemanagement, das alle organisatorischen Aufgaben, die bei der Durchführung einer Geschäftsreise anfallen, abwickelt. Bei kleineren Unternehmen übernimmt diese Aufgabe meistens die Assistentin/der Assistent oder es wird ein externes Reisebüro dafür beauftragt. Für eine interne Abwicklung steht eine Vielzahl von Informationsquellen zur Verfügung:

- Internet
- Reisebüro
- Reiseführer
- Hotelführer
- Routenplaner für Pkw
- Fluggesellschaften
- Bahnauskunft online
- Reiseauskunft Automobilclub
- Industrie- u. Handelskammer
- Reisedatei von bisherigen Reisen
- Botschaften, Konsulate
- Auswärtiges Amt
- Versicherungen
- Autovermietungen
- Zollämter

Aufgaben

1. Sie werden beauftragt, an den Vorbereitungen einer Geschäftsreise mitzuwirken. Erläutern Sie, welchen Zweck die internen Reiserichtlinien haben.
2. Nennen Sie sechs Punkte, die in den Reiserichtlinien dokumentiert sein können.
3. Um eine Geschäftsreise effizient planen zu können, werden vorab wichtige Informationen benötigt. Geben Sie an, welche Infos grundsätzlich erforderlich sind.
4. Für Auslandsreisen müssen zusätzliche Aspekte berücksichtigt werden. Nennen Sie fünf dieser Kriterien.
5. Für die Beschaffung von Reiseinformationen bietet sich heutzutage eine Vielfalt von Onlinediensten an. Nennen Sie mögliche Informationsquellen, die Sie über den PC nutzen können.

6 Vorbereitung von Geschäftsreisen

6.1 Wahl des Verkehrsmittels

Stofftelegramm

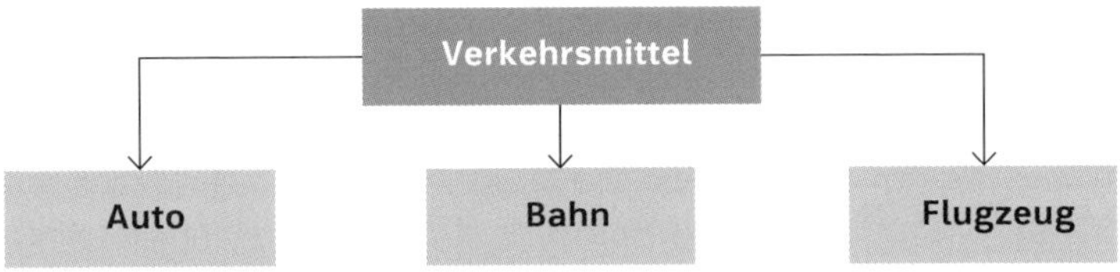

Zur Wahl des Verkehrsmittels stehen Auto, Bahn oder Flugzeug zur Verfügung. Für eine Geschäftsreise können auch alle drei Verkehrsmittel parallel eingesetzt werden. Welches Verkehrsmittel in einem Unternehmen bevorzugt zum Einsatz kommt, hängt von ökologischen Gesichtspunkten ab und ist in den Reiserichtlinien dokumentiert. Außerdem wird die Auswahl zusätzlich von folgenden Aspekten beeinflusst:

- wohin die Geschäftsreise geht → Erreichbarkeit, Entfernung
- in welcher Jahreszeit die Geschäftsreise stattfindet → Witterung, Straßenzustand
- wie viele Personen diese Geschäftsreise antreten → Preis
- wie dringend die Reise ist → ausreichende Vorlaufzeit
- wie hoch die Kosten dafür sind → Kosten der Verkehrsmittel gegenüberstellen
- wie zuverlässig das Verkehrsmittel ist → Pünktlichkeit, Schnelligkeit
- welches Verkehrsmittel von dem Reisenden bevorzugt wird → Wünsche, Vorlieben
- wie viel Gepäck diese Reise erfordert → Produktmuster, Kataloge, Aktenmaterial

6.1.1 Reisen mit dem Auto

Das häufigste Verkehrsmittel für Geschäftsreisen ist immer noch das Automobil. Wird die Reise mit dem Kraftfahrzeug durchgeführt, so kommt der private Pkw, der Firmen-Pkw oder ein Mietwagen in Betracht. Abhängig ist dies von der effektiven Planung, um Kosten zu sparen. Es kann durchaus möglich sein, dass ein Mietwagen kostengünstiger ist als das Firmenfahrzeug. Wird die Geschäftsreise mit Bahn oder Flugzeug durchgeführt, kommt am Zielort entweder ein Taxi oder ein Mietwagen infrage.

Vor- und Nachteile bei Geschäftsreisen mit dem Auto	
Vorteile	**Nachteile**
• flexible Fahrzeiten für An- und Abfahrt • komfortable Gepäckmitnahme • kostengünstig bei mehreren Personen • schnell auf kurzen Strecken	• keine Arbeiten möglich während der Fahrt • Unpünktlichkeit durch Stau • höheres Unfallrisiko • ökologischer Aspekt

6.1.2 Reisen mit der Bahn

Für die Planung und Durchführung einer Geschäftsreise bietet die Bahn mit „bahn.business" ein kostenloses Geschäftskundenprogramm an, mit dem einfacher, effizienter und günstiger Reisen organisiert werden können.

Die Vorteile sind:

- **Kosteneinsparung:**
  - Geschäftskundenrabatt auf DB-Tickets in Verbindung mit BahnCard Business
  - verlängerte Rücknahmefrist für nicht genutzte Tickets
  - City-Ticket inklusive bei Geschäftsreisen in der 1. Klasse → am Start- und Zielort kostenlos mit öffentlichen Verkehrsmitteln fahren
- **Zeiteinsparung:**
  - übersichtliches Onlinebuchungsportal für Geschäftsreisen reduziert den Zeitaufwand bei Buchungen
  - umfangreiche Administrations- und Reportingmöglichkeiten → Tickets werden von der Bahn erfasst und dem Unternehmen zugeleitet.
- **Nachhaltigkeit:** Geschäftsreisen mit 100 % Ökostrom

Tickets können auf Bahnhöfen am Automaten gekauft werden oder in DB-Agenturen, sowie direkt im Internet als Onlineticket zum Ausdrucken.

Vor- und Nachteile bei Geschäftsreisen mit der Bahn	
Vorteile	**Nachteile**
• entspanntes Reisen auf langen Strecken • Arbeiten während der Fahrt möglich • Essen und Trinken möglich (Bistro) • Telefonieren mit Handy in speziellem Wagen möglich	• an Abfahrtszeiten gebunden • am Zielort andere Verkehrsmittel nötig • wenig Flexibilität • bei Verspätungen evtl. Anschlusszüge verpassen

6.1.3 Reisen mit dem Flugzeug

Liegt das Reiseziel der Geschäftsreise weit entfernt oder gar in Übersee, wird die Reise mit dem Flugzeug angetreten. Obwohl die Reisestrecke mit dem Flugzeug am schnellsten bewältigt wird, muss die Anfahrtszeit zum nächsten Flughafen mit eingerechnet werden. Ebenso die langen Abfertigungszeiten beim Check-in und Check-out, sowie der Transfer am Zielflughafen zum eigentlichen Zielort. Eine frühzeitige Flugbuchung spart Kosten. Die meisten Fluggesellschaften bieten für Geschäftsreisende spezielle Tarife an.

Für Flüge gibt es unterschiedliche Beförderungsklassen, sog. Serviceklassen. Die Deutsche Lufthansa bietet z. B. folgende Reiseklassen an:
- Economy Class → Touristenklasse
- Premium Economy Class → für Langenstreckenflüge, gegen Aufpreis mehr Beinfreiheit
- Business Class → für Geschäftsreisende, mit mehr Komfort zum Arbeiten und Ausruhen
- First Class → beste Klasse mit höchstem Komfort zum Sitzen, Schlafen; individueller Service

Die Unterschiede der verschiedenen Serviceklassen beziehen sich aber auch auf
- geringere Aufpreise für Übergepäck oder mehr Freigepäck,
- bevorzugte Behandlung bei der Abfertigung,
- frühere Ausgabe des Gepäcks am Zielort,
- kostenfreie Lounges oder Gutscheine für Flughafenrestaurants vor Abflug,
- Zustieg in das Flugzeug vor den anderen Passagieren.

Vor- und Nachteile bei Geschäftsreisen mit dem Flugzeug	
Vorteile	**Nachteile**
• auf langen Strecken sehr schnell • komfortables Reisen in höheren Klassen • Arbeitsmöglichkeit (eingeschränkt) • sicherstes Reisen	• lange Anfahrtswege zum Flughafen • begrenzte Gepäckmitnahme • hohe Kosten • ökologische Belastung sehr hoch

6.2 Hotelbuchung

Stofftelegramm

Bei längeren Geschäftsreisen sind Übernachtungen notwendig. Welche Preiskategorie für Hotelübernachtungen vom Unternehmen erstattet werden, ist in den Reiserichtlinien definiert. Firmen, die oft Hotelbuchungen vornehmen müssen, erhalten meist Sonderkonditionen bei Hotelketten. Travel-Managements (Onlinebuchungsportale) bieten einen kompletten Service rund um die Hotelbuchung.

Geschäftsreisende sollten entspannt und ausgeruht zu ihren Geschäftsbesuchen kommen. Wenn das Auto als Reisemittel verwendet wird, unzählige Baustellen zu passieren wären, mehrere Staus die Nerven strapazieren könnten und der Termin knapp werden würde, wäre es empfehlenswert, einen Tag vorher anzureisen. Auch in diesem Fall ist eine Hotelbuchung erforderlich.

Was ist vor einer Hotelbuchung zu beachten?

- Hotel in unmittelbarer Nähe zum Zielort auswählen → spart Zeit und Kosten
- nach Business-Tarifen fragen, die nicht auf der Website des Hotels stehen
- Geschäftsreise-Portale nutzen → sinnvoll bei häufigen Geschäftsreisen
- überlegen, ob alternativ ein Privatzimmer infrage kommt, z. B. Airbnb
- Qualität des Hotels prüfen → im Ausland anderer Standard
- bei späterer Anreise das Hotel rechtzeitig informieren → oft nur bis 18:00 Uhr geöffnet
- unbedingt eine Buchungsbestätigung anfordern

6.3 Reiseplan

Stofftelegramm

Besteht die Geschäftsreise aus mehreren Stationen, empfiehlt es sich, einen Reiseplan anzufertigen, an dem man sich orientieren kann. Er liegt in der Reisemappe als erstes Dokument sichtbar obenauf und sollte zusätzlich den Mitarbeitern zur Verfügung stehen, die dazu befugt sind oder den Reisenden während seiner Abwesenheit vertreten. Ein Reiseplan, der übersichtlich und in chronologischer Reihenfolge aufgebaut ist, enthält

- den Namen des Reisenden,
- Ziel und Zweck der Reise,
- den Reisetermin,
- Abfahrts- und Ankunftszeiten des jeweiligen Verkehrsmittels mit näheren Angaben wie Flug- und Zugnummer,
- wahrzunehmende Termine, z. B. Besprechungen, Tagungen, Messebesuch usw.,
- Adressen der Geschäftspartner, Tagungsstätten, Hotels, möglichst mit Telefonnummer,
- Vermerke zu Unterlagen und Anlagen.

Erstreckt sich die Reise über mehrere Tage, wird der besseren Übersicht wegen für jeden Tag einzeln ein Reiseplan erstellt und mit den übrigen Unterlagen in der Reisemappe bereitgelegt.

6.4 Reisemappe

Stofftelegramm

Die Reisemappe ist einer der wichtigsten Bestandteile einer Geschäftsreise. Sie beinhaltet alle für die geplante Reise notwendigen Unterlagen. Handelt es sich um eine umfangreichere Geschäftsreise, können die Unterlagen auf mehrere Mappen verteilt werden. Wichtig ist, dass alle Unterlagen übersichtlich und chronologisch geordnet sind, damit der Reisende einen schnellen Zugriff hat.

Welche Unterlagen eine Reisemappe enthält, ist weitgehend von der Art der Reise, dem Reiseziel und den genutzten Verkehrsmitteln abhängig. Sie kann daher einfach oder sehr umfangreich sein. Folgende Reiseunterlagen können dafür infrage kommen:

- übersichtlicher Reiseplan mit allen notwendigen Daten und Adressen
- Besprechungs- und Präsentationsunterlagen für die zu besuchenden Geschäftspartner
- Tagungsprogramme
- Terminkalender

- Fahrkarten, Flugtickets, Platzreservierungen
- Hotelbestätigungen
- Unterlagen für Mietwagenreservierung
- Straßenpläne, Stadtpläne
- Persönliche Unterlagen: Reisepass bzw. Personalausweis, Führerschein, Kreditkarten, Krankenversicherungskarte, Visitenkarten etc.
- Schreibutensilien: Schreibpapier, Briefkuverts, Briefmarken, Sichthüllen, Schreibgerät
- Informationsblätter für Besonderheiten, z. B. über landestypische Eigenheiten

Aufgaben

1. Durch welche Aspekte wird die Auswahl des Verkehrsmittels beeinflusst?
2. Sie arbeiten in einem Büroeinrichtungshaus in Stuttgart und sind zuständig für die Vorbereitung von Geschäftsreisen. Frau Klein beabsichtigt, im Oktober die Messe „Arbeitsschutz Aktuell“, Messe für Sicherheit und Gesundheit am Arbeitsplatz, in Hamburg zu besuchen. Sie ist sich nicht sicher, ob sie mit ihrem Pkw, mit der Bahn oder mit dem Flugzeug reisen soll. Stellen Sie ihr als Hilfestellung in einer Übersicht die Vor- und Nachteile der drei Verkehrsmittel gegenüber.
3. Welche Kriterien müssen vor der Buchung eines Hotels berücksichtigt werden?
4. Für den Reisenden wird in der Regel ein Reiseplan erstellt. Welche Informationen sollten in einem Reiseplan enthalten sein?
5. Die Reisemappe ist ein wichtiger Bestandteil für die Geschäftsreise und vom Inhalt her sehr unterschiedlich. Wovon hängt es ab, welche Unterlagen sie enthält?
6. Nennen Sie acht mögliche Unterlagen, die in einer Reisemappe zu finden sind.

7 Nachbereitung von Geschäftsreisen

7.1 Abschlussarbeiten

Stofftelegramm

Nach Abschluss einer Geschäftsreise werden alle Informationen gesammelt und ausgewertet. Wichtig ist dazu die Erstellung eines Reiseberichts, in dem alle Ergebnisse schriftlich festgehalten werden. Zur Auswertung des Reiseberichts fallen folgende Aufgaben an:

- Reiseunterlagen wie Verträge, Bestellungen, Angebote, Reklamationen, Prospekte, Aktennotizen überprüfen und bearbeiten
- Termine festhalten und überwachen
- Anweisungen und Vereinbarungen umsetzen
- Unterlagen überarbeiten
- interne Reisemappe ergänzen und aktualisieren
- Informationen an betroffene Mitarbeiter weitergeben
- Dankschreiben an besuchte Firmen bzw. Geschäftspartner versenden
- Reisebericht verfassen und an betroffene Mitarbeiter weiterleiten
- Reisekosten abrechnen

7.2 Reisekostenabrechnung

Stofftelegramm

Steuerrechtlich gelten alle Kosten als Reisekosten, die durch eine Geschäftsreise unmittelbar entstehen. Das gilt sowohl für eine Inlands- als auch für eine Auslandsreise. Reisekosten setzen sich zusammen aus:

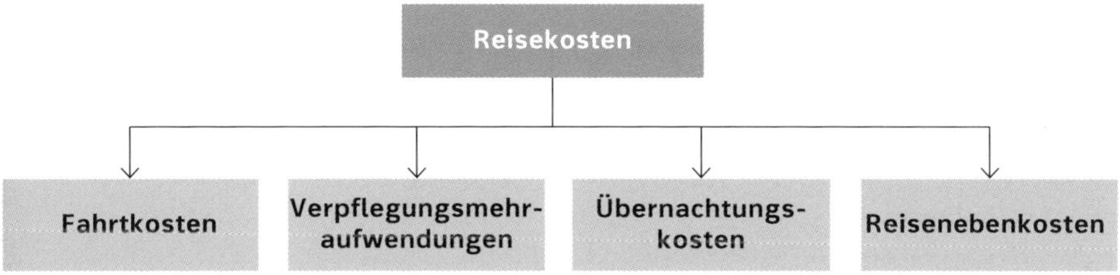

Fahrtkosten sind in voller Höhe absetzbar. Diese Aufwendungen sind durch Belege nachzuweisen. Bei Reisen mit dem privaten Pkw wird eine Pauschale pro gefahrenem Kilometer vergütet.

Verpflegungsmehraufwendungen können nur mit Pauschalbeträgen geltend gemacht werden, nicht die tatsächlich entstandenen Kosten. Die Höhe der Pauschalbeträge richtet sich nach der Dauer der Abwesenheit. Bei Auslandsreisen wird der Pauschalbetrag des jeweiligen Landes zugrunde gelegt. Aufwendungen für die Bewirtung von Geschäftsfreunden können nicht in der Reisekostenabrechnung geltend gemacht werden. Sie sind vom Reisenden mit seiner Firma abzurechnen.

Übernachtungskosten können gegen Einzelnachweis geltend gemacht werden, da in der Regel der Pauschalbetrag weit unter der Hotelrechnung liegt. Ist in der Hotelrechnung das Frühstück inklusive, müssen bei den Verpflegungsmehraufwendungen 4,80 EUR pro Übernachtung abgezogen werden.

Nebenkosten sind Aufwendungen, die nicht zu den persönlichen Lebenshaltungskosten gehören und im Rahmen einer Reise entstehen:
- Beförderung und Aufbewahrung von Gepäck
- Kosten für Taxi, Mietwagen, Straßenbahn usw.
- Parkgebühren, Garagenmiete
- geschäftliche Telefongespräche und Schriftverkehr
- Eintrittsgelder für berufliche Veranstaltungen
- Trinkgelder

Falls für diese Kosten keine Belege vorhanden sind, kann der Reisende für diese einen glaubhaft verfassten Ersatzbeleg anfertigen.

Reisekostenabrechnungen können am PC mit entsprechender Software bequem und schnell erstellt werden. Die Programme sind selbsterklärend, sodass nur die Daten eingegeben werden müssen.

Eine Frist zur Reisekostenabrechnung ist in der Regel in den Reiserichtlinien dokumentiert, z. B. vier Werktage nach Beendigung der Geschäftsreise.

Notwendige Angaben für eine Reisekostenabrechnung:
- Name des Reisenden
- Abteilung
- Kostenstelle
- Reiseziel
- Reisezweck
- Beginn und Ende der Reise
- Belege für die Fahrtkosten (Fahrkarten, Flugticket, Tankbelege, Mietwagenrechnung, Fahrtenbuch)
- Belege für die Übernachtungen (Hotelrechnungen)
- Belege für Verpflegungsmehraufwendungen (Rechnung über Essen und Getränke)
- Belege für die Reisenebenkosten (Gepäckaufbewahrung, Telefonkosten, Garage, Präsent für Geschäftspartner)

Aufgaben

1. Sie wurden zur Krankheitsvertretung in eine andere Abteilung versetzt. Ihr neuer Chef ist auf Geschäftsreise und Sie überlegen sich, welche Aufgaben nach seiner Rückkehr auf Sie zukommen könnten. Glücklicherweise hat Ihr erkrankter Kollege eine Checkliste hinterlassen, in der die anfallenden Tätigkeiten nach einer Reise definiert sind. Wie sieht diese Checkliste aus?
2. Nennen Sie die vier Kostenarten, die als Reisekosten geltend gemacht werden können.
3. Welche Ausgaben werden den Nebenkosten zugeordnet?
4. Welche Angaben und Unterlagen benötigen Sie für eine Reisekostenabrechnung?

Lernfeld 13: Ein Projekt planen und durchführen

1 Merkmale eines Projekts

Stofftelegramm

- **Einmaligkeit:**
  Die Durchführung findet nur einmal zu den jetzt geltenden Rahmenbedingungen statt, z. B.:
  - Neubau einer Lagerhalle
  - Zusammenschluss zweier Unternehmen
  - Erstmalige Einrichtung: Homepage, Webshop
- **Komplexität:**
  komplexe Aufgabenstellungen bzw. Projektziele → Es gibt i. d. R. nicht nur einen Lösungsweg und eine Lösung.
- **Interdisziplinarität:**
  Zur Lösung wird unterschiedliches Wissen der Mitarbeiter benötigt:
  - unternehmensübergreifende Einbindung unterschiedlicher Mitarbeiter
  - Teamorganisation
- **Ressourcenbegrenzung:**
  - zeitlich
  - personell
  - finanziell

2 Projektbeteiligte

Stofftelegramm

- **Auftraggeber:**
  - Entscheidet über: Ziele, Finanzierung
  - nimmt das Projekt ab
- **Projektleiter** (plant, leitet und steuert das Projekt)
- **Projektcontroller:**
  - unterstützt bei großen Projekten den Projektleiter
  - Soll-Ist-Analyse
  - Handlungsempfehlungen
- **Projektteam:**
  - Arbeitspakete bearbeiten
  - Rückmeldung an Projektleiter, Projektcontroller über Projektstatus
- **Steuerungsgruppe:**
  - Aufgabe: Planung/Steuerung/Kontrolle aller Projekte im Unternehmen
  - Mitglieder aus Geschäftsleitung, Projektleitern, Abteilungsleitern, Betriebsrat

3 Projektphasen

Stofftelegramm

- Projektmanagementphasen kennzeichnen den individuellen Verlauf eines Projekts und gelten für alle Projekte.
- Die Projektphase ist ein zeitlicher/sachlicher Abschnitt eines Projekts.

Projektvorbereitung	Projektplanung	Projektdurchführung	Projektabschluss
• Ideenfindung • Ziele definieren • Projektskizze • Entscheidung = Projektauftrag	• Projektstrukturplan • Arbeitspakete beschreiben • Projektablaufplan • Terminplan • Ressourcenplan • Kostenplan	• Projektbesprechungen • Soll-Ist-Vergleiche – Termine – Kosten – Leistung/Arbeitsqualität • Steuerungsmaßnahmen • Konflikte	• Abschlussbesprechung (evtl. Projektevaluation) • Abschlussbericht • Abschlusspräsentation • Abschlussfeier • Projektteilnehmer aus Verantwortung entlassen

3.1 Projektvorbereitung

Stofftelegramm

3.1.1 Ideenfindung

Ideengewinnung

passive Ideenfindung		aktive Ideenfindung
interne Quellen	**externe Quellen**	
• Mitarbeiter • Forschungs-/Entwicklungsabteilung • Unternehmensführung	• Kunden • Gesetze • Konkurrenz	• Brainstorming • Brainwriting • Methode 6-3-5 • Mindmapping • ABC-Liste • Kartenabfrage • Pinnwandmoderation

3.1.2 Ziele definieren

Zielarten:
- Sachziele
- Qualitätsziele
- Kostenziele
- Terminziele

Zielformulierung: Siehe auch LF 5, Kap. 3.

Zielformel: z. B. SMART-Methode

S	**simpel**	genaue, einfache Beschreibung des Ziels
M	**messbar**	Messbarkeit durch Kennzahlen (Soll-Ist-Vergleiche)
A	**akzeptiert**	Übereinstimmung mit Unternehmensleitbild
R	**realistisch**	Erreichbarkeit des Ziels für die Mitarbeiter gewährleisten
T	**terminiert**	Zeitraum festlegen

3.1.3 Projektskizze

Mögliche Inhalte:
- Projekttitel
- Antragsteller
- Ziele/Ergebnis
- Nutzen des Projekts
- Realisierung/Vorgehensweise
- Zeitplan
- Ressourcen (sachlich, personell, finanziell)

3.1.4 Entscheidung

→ Entscheidung durch Verantwortliche (Auftraggeber, Steuerungsgruppe) über die Projektdurchführung = Projektauftrag → Projektstart

3.2 Projektplanung (Planung)

Stofftelegramm

Ziel: Ein Projektplan, der aus mehreren Einzelplänen besteht.
→ Projektstrukturplan

3.2.1 Projektstrukturplan

= vollständige, hierarchische Darstellung aller Bestandteile (Teilprojekte, Arbeitspakete) der Projektstruktur als Diagramm oder Liste

- Diagrammdarstellung:

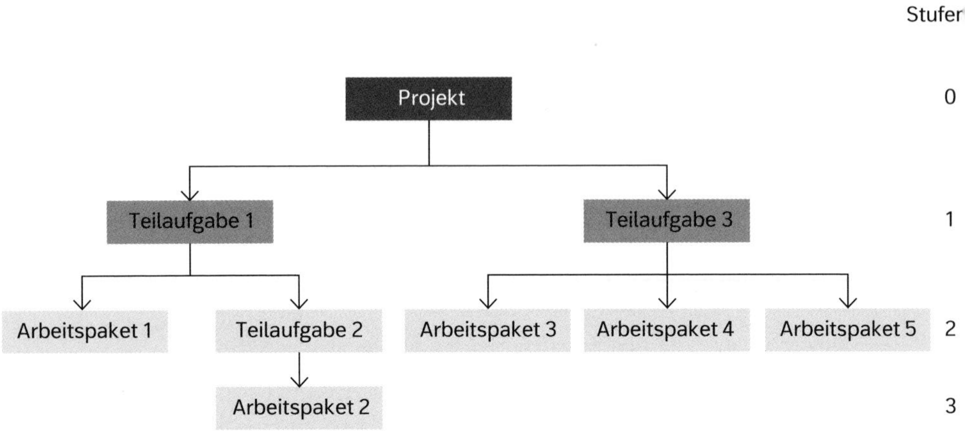

- Listendarstellung von obigem Diagramm:

  Oberste Strukturstufe (Ebene) ist das Projekt. → Strukturstufe 0

Projektstrukturplan „Projekt“			
Strukturstufe			**Bestandteil der Projektstruktur**
1	**2**	**3**	
X			Teilaufgabe 1
	X		Arbeitspaket 1
	X		Teilaufgabe 2
		X	Arbeitspaket 2
X			Teilaufgabe 3
	X		Arbeitspaket 3
	X		Arbeitspaket 4
	X		Arbeitspaket 5

3.2.2 Arbeitspakete beschreiben

= Arbeitspakete bilden die kleinsten Einheiten im Projektstrukturplan und sollten beschrieben werden.

Mögliche Inhalte:
- Informationen zum Projekt, Arbeitspaket
- erwartetes Ergebnis
- verantwortliche Mitarbeiter
- Zeitrahmen (Anfang – Ende)
- Kosten für Personal und Sachmittel
- Beziehungen zu anderen Arbeitspaketen

3.2.3 Projektablaufplan

- logische/zeitliche Reihenfolge der Arbeitspakete
- Abhängigkeiten zu anderen Arbeitspaketen

3.2.4 Terminplanung

- **Einflussfaktoren:**
  - Einbindung der Teammitglieder in andere Projekte
  - Urlaub
  - Wochenende, Feiertage, Fortbildungen
  - Krankheit
  - Arbeitszeiten der Teammitglieder in ihren Abteilungen
- **Aufgabe:**
  - Start und Ende der Arbeitspakete festlegen
  - Dauer der Arbeitspakete festlegen
  - evtl. Pufferzeiten berücksichtigen
  - Meilensteine festlegen (wichtige Ereignisse, z. B. Teilprojektfertigstellung) Soll-Ist-Vergleich → nicht eingehalten → Projektverlauf wird beeinflusst → Steuerungsmaßnahmen nötig

3.2.5 Ressourcenplan

→ Ressourcenplanung insbesondere unter den Aspekten Verfügbarkeit/Zeit
- Personal? (Anzahl, Qualifikation)
- Sachmittel? (welche, Anzahl)
- Sonstige Ressourcen? Z. B. externe Berater, Gutachter, Rechtsanwälte usw.

3.2.6 Kostenplan

Für:
- Personal
- Sachmittel
- sonstige Kosten (z. B. externe Kosten, Dienstleister, Berater usw.)

Wie?
- Schätzen
- Erfahrungswerte
- konkrete Berechnungen
- Puffer einplanen

Hilfsmittel für die Projektplanung:
- spezielle Projektsoftware
- Standardsoftware (Schreibprogramme, Tabellenkalkulation, Datenbankmanagementprogramme usw.)
- Vorgangsliste
- Netzplan
- Gantt-Diagramm (Balkendiagramm)
- Meilensteinplan

3.3 Projektdurchführung (Steuerung)

Stofftelegramm

- Projektbesprechungen
- Soll-Ist-Vergleiche:
  - Termine
  - Kosten
  - Leistung/Arbeitsqualität
- Steuerungsmaßnahmen bei Nichterreichen der Ziele/Teilziele:
  - Bei Zeitverzögerungen:
    - Überstunden
    - Fremdvergabe von Leistungen
    - zusätzliche Mitarbeiter
  - Bei Kostenüberschreitung:
    - Verzicht auf Projektziele (Teilziele)
    - Qualität senken (eher problematisch)
- Konflikte lösen; Ursachen:
  - fehlende, unvollständige, schlecht formulierte Ziele
  - Rollenverteilung ist nicht ausreichend geklärt
  - Teamregeln sind nicht festgelegt/ausreichend kommuniziert

3.4 Projektabschluss (Kontrolle)

Stofftelegramm

- Abschlussbesprechung
  - Projektevaluation
    - Projektziele erreicht?
    - Was war positiv/negativ im Projektablauf?
    - Verbesserungsvorschläge
  - Teamarbeit evaluieren
    - Arbeitsklima?
    - Was wurde als positiv/negativ empfunden?
    - Verbesserungsvorschläge

- Abschlussbericht
  - Zusammenfassung/Analyse/Begründung der Projektergebnisse und der Auswertungsergebnisse der Projektevaluation
  - Mögliche Inhalte Abschlussbericht:
    - geplante Projektziele = tatsächliche erreichte Ziele?
    - geplante Ressourcen = tatsächlich verbrauchte Ressourcen?
    - Projektergebnisse
    - Schwierigkeiten/Störungen während des Projekts → evtl. Verbesserungsvorschläge für zukünftige Projekte
- Abschlusspräsentation (evtl. auch im Rahmen einer Abschlussfeier)
- Abschlussfeier
- Projektteilnehmer aus Verantwortung entlassen

4 Aufgaben zu den Kapiteln 1–3

1. Nennen Sie vier Merkmale eines Projekts.
2. Nennen Sie vier Personen/Personengruppen, die an Projekten beteiligt sind.
3. Skizzieren Sie kurz Möglichkeiten der Ideenfindung.
4. Formulieren Sie ein Ziel mithilfe der SMART-Formel.
5. Nennen Sie mögliche Inhalte einer Projektskizze.
6. Erläutern Sie den Unterschied zwischen Projektstrukturplan und Projektablaufplan.
7. Was ist ein Arbeitspaket?
8. Nennen Sie vier Faktoren, die einen Einfluss auf die Terminplanung haben.
9. Welche Faktoren sind im Rahmen der Ressourcenplanung zu berücksichtigen?
10. Im Rahmen der Projektdurchführung werden Zeitverzögerungen festgestellt, die den Projektzeitplan verschieben würden. Welche Maßnahmen könnte die Projektleitung ergreifen, um innerhalb der Zeitvorgabe zu bleiben?
11. Nennen Sie mögliche Bestandteile des Projektabschlusses.

Kompetenzbereich I: In Ausbildung und Beruf orientieren

1 Duales Ausbildungssystem

1.1 Grundlagen: Beteiligte, Lernorte, Ausbildungsordnung

Stofftelegramm

Berufsbildungsgesetz ← Rechtliche Vorschriften → **Jugendarbeitsschutzgesetz**

Rechtliche Vorschriften ↙ **Ausbildungsordnung** ↘ **Berufsausbildungsvertrag**

- **Beteiligte:**
  - **Ausbildender:** stellt den Auszubildenden zur Berufsausbildung ein (z. B. Bausitz AG)
  - **Ausbilder:** vom Ausbildenden mit der Ausbildung Beauftragte (z. B. Herr Haaf)
  - **Auszubildender**
- **Duales Ausbildungssystem**: Verbindung von praktischer und theoretischer schulischer Ausbildung
  - **Lernort Betrieb:** Auszubildender erhält praktische Berufsgrundbildung. Basis der Ausbildung:
    - Berufsausbildungsvertrag
    - **Berufsbildungsgesetz**: enthält u. a. Bestimmungen über Rechte und Pflichten des Auszubildenden sowie über die Ausbildungsordnung (s. u.)
  - **Lernort Berufsschule:** Auszubildender erhält theoretische Ausbildung. Basis der Ausbildung:
    - Schulpflicht
    - Lehrpläne
    - Schulgesetze der Länder
- **Inhalte der Ausbildungsordnung (§ 5 Berufsbildungsgesetz):**
  - Bezeichnung des Ausbildungsberufes
  - Ausbildungsdauer (zwei bis drei Jahre)
  - Ausbildungsberufsbild: Fertigkeiten und Kenntnisse, die Gegenstand der Ausbildung sind
  - Ausbildungsrahmenplan: Anleitung zur sachlichen und zeitlichen Gliederung der Fertigkeiten und Kenntnisse
  - Prüfungsanforderungen

Aufgaben

1. Nennen Sie vier rechtliche Vorschriften der Berufsausbildung.
2. Erklären Sie den Begriff „duales Ausbildungssystem".
3. Nennen Sie fünf Inhalte der Ausbildungsordnung.
4. Erklären Sie kurz den Begriff „Ausbildungsberufsbild".
5. Erklären Sie kurz den Begriff „Ausbildungsrahmenplan".

1.2 Das Ausbildungsverhältnis mit Exkurs Zeugnis

Stofftelegramm

Wichtige gesetzliche Grundlage für Rechte und Pflichten vgl. § 13 ff. Berufsbildungsgesetz.

Rechte des Azubis = Pflichten des Ausbilders	**Pflichten d. Azubis = Rechte d. Ausbilders**
• Vergütung	• Dienstleistung
• Urlaub	• Lernpflicht
• Fürsorge	• Berufsschulbesuch
• Freistellung zur Berufsschule	• Schweigepflicht
• Ausbildung gemäß Ausbildungsziel	• Berichtsheft führen
• Bereitstellung Ausbildungs- + Prüfungsmittel	• bestimmte ärztliche Untersuchungen
• Zeugnis (s. u.)	• Weisungen befolgen

Einfaches Zeugnis:
Dauer und Art der Beschäftigung
(Führung + Leistung nicht beurteilt)

Auf Verlangen:
Qualifiziertes Zeugnis:
Führung + Leistung zusätzlich beurteilt

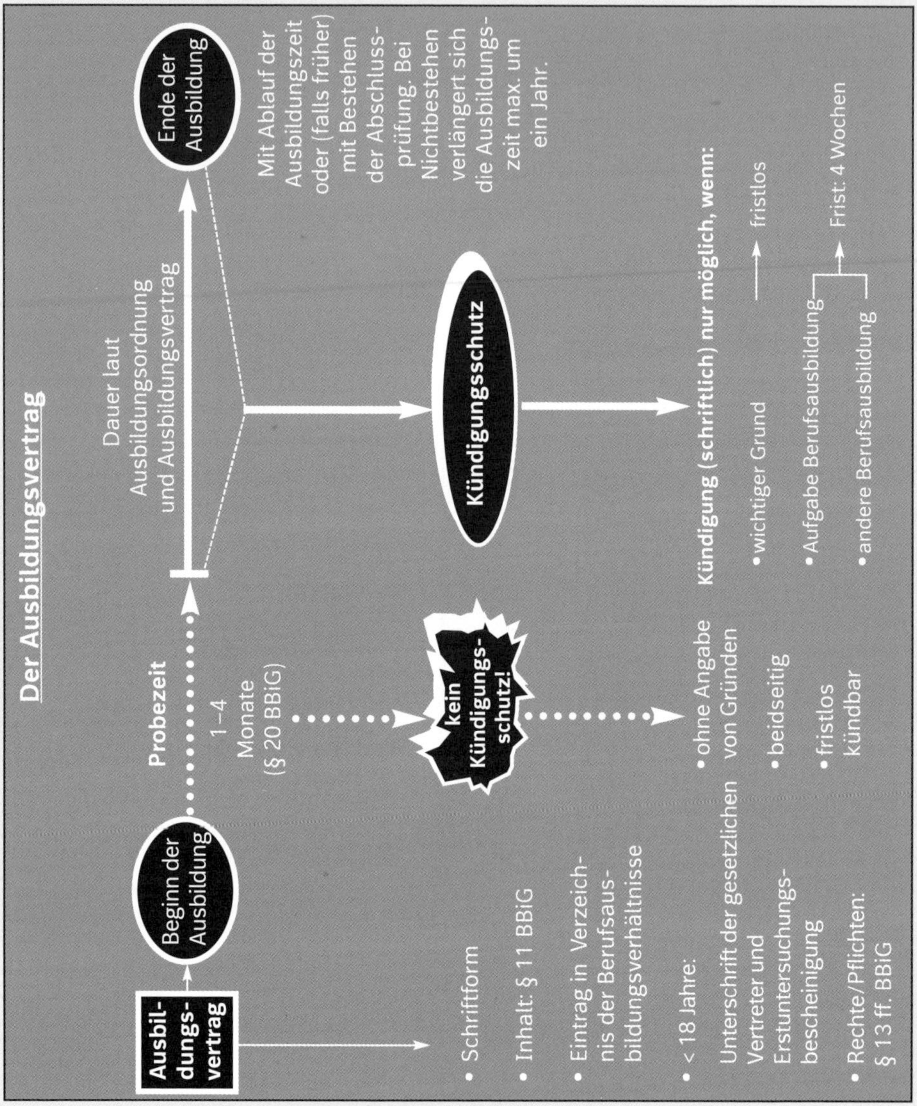

Mindestinhalte eines Berufsausbildungsvertrages (§ 11 BBiG):

- Art, sachliche und zeitliche Gliederung sowie Ziel der Ausbildung
- Beginn und Dauer
- Ausbildungsmaßnahmen außerhalb der Ausbildungsstätte
- Dauer der regelmäßigen täglichen Ausbildungszeit
- Dauer der Probezeit
- Zahlung und Höhe der Vergütung
- Dauer des Urlaubs
- Kündigungsvoraussetzungen

Zu beachten sind u. a. folgende Vereinbarungen im Ausbildungsvertrag:

- **Mindestanzahl Urlaubstage pro Jahr:**
  - wenn Azubi zu Beginn des Kalenderjahres 15 Jahre alt: mind. 30 Tage; 16 Jahre alt: mind. 27 Tage; 17 Jahre alt: mind. 25 Tage gemäß § 19 Jugendarbeitsschutzgesetz. Wenn volljährig mind. 24 Tage gemäß § 3 Bundesurlaubsgesetz.
  - falls laut Tarifvertrag mehr Urlaubstage als im Gesetz: verbindlich, wenn Arbeitgeber im Arbeitgeberverband
  - Zeitanteilig: z. B. vier Monate Ausbildung im ersten Jahr, dann 4 : 12 = ein Drittel des Jahresanspruchs
- **Ausbildungsvergütung:** falls Arbeitgeber im Arbeitgeberverband mindestens laut Tarif

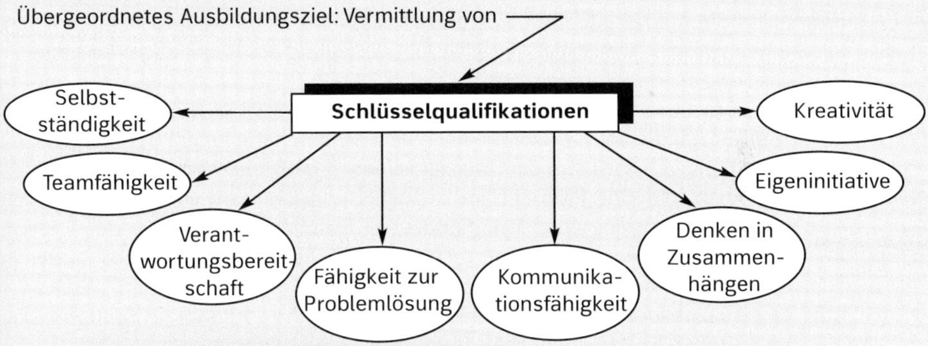

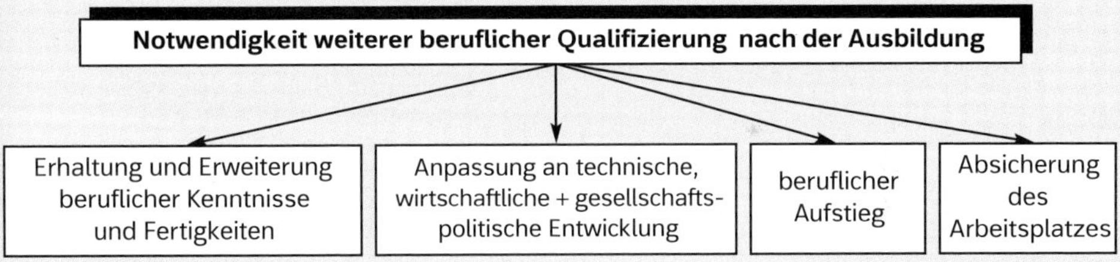

Aufgaben

1. Welche Unter- und Obergrenze ist bei der Probezeit eines Auszubildenden zu beachten?
2. Welche Kündigungsregeln gelten für Auszubildende?
3. Nennen Sie je drei typische Rechte und Pflichten des Auszubildenden.
4. In welchen Gesetzen sind Regelungen über Ausbildungsverträge enthalten?
5. Welche Formvorschrift ist bei Ausbildungsverträgen zu beachten?
6. Wann endet das Ausbildungsverhältnis?
7. Nennen Sie sechs typische Schlüsselqualifikationen.

8. Der Sportshop Fittig e. K. bietet in Rottweil alles zum Thema Sport über drei Etagen an. Für das kommende Ausbildungsjahr erhielten vier Bewerber eine mündliche Zusage für einen Ausbildungsplatz als Verkäufer/-in. Ausbildungsbeginn soll der 01.09.2013 sein. Die Ausbildung soll laut Vertrag am 31.08.2015 enden.
   Sie arbeiten in der Personalabteilung des Sportshops. In diesem Zusammenhang liegen folgende Aufgaben in Ihrem Verantwortungsbereich:
   a) Der Juniorchef, Herr Fittig, hat eine neue Anlage mit Zusatzvereinbarungen zum Ausbildungsvertrag erstellt (**Anlage**).
      Sie überprüfen diese Anlage auf ihre gesetzliche Rechtmäßigkeit (Berufsbildungsgesetz, Jugendarbeitsschutzgesetz, Bundesurlaubsgesetz). Sie notieren zu den Punkten I bis IV eine entsprechende begründete Rückmeldung an Herrn Fittig.
   b) Im Rahmen Ihrer Tätigkeit in der Personalabteilung sind Sie immer auch Ansprechpartner für die Auszubildenden. Folgende Fragen haben Ihre Auszubildenden aktuell. Sie beantworten die Fragen unter Berücksichtigung der Rechtslage (Gesetze).
      ba) Die Auszubildende Irina möchte wissen, ob ihre fristlose Kündigung in der Probezeit rechtmäßig ist. Sie war doch nur dreimal zu spät im Betrieb.
      bb) Der Auszubildende Jan möchte nach acht Monaten mit einer Frist von zwei Wochen kündigen, weil ihm die Tätigkeit keinen „Spaß“ mehr macht.
      bc) Der Auszubildende Erdan ist im 2. Ausbildungsjahr zum Verkäufer. Er möchte wissen, wann seine Ausbildung endet. Im Ausbildungsvertrag ist das Ende mit 31.08.2013 angegeben. Seine letzte schriftliche Abschlussprüfung findet am 10.05.2013 statt; der mündliche Teil der Abschlussprüfung am 15.07.2013.
      bd) Der Auszubildende Erdan möchte seine berufliche Laufbahn in Stuttgart in einem großen Sportfachgeschäft fortsetzen. Dafür benötigt er ein Arbeitszeugnis. Er fragt Sie nach den Unterschieden zwischen einem einfachen und einem qualifizierten Zeugnis.

Anlage

Ausbildungsvertrag

I. Vorrang des Betriebes
Betriebliche Belange haben Vorrang vor der Berufsschule. Sie dürfen die Berufsschule nur dann besuchen, wenn wichtige Themen behandelt werden (diese werden anhand des Lehrplanes von uns ausgewählt) bzw. wenn Klassenarbeiten anstehen. Ansonsten wird an Berufsschultagen normal im Betrieb gearbeitet. Bei Besuch der Berufsschule wird diese Zeit vom Gehalt abgezogen.

II. Probezeit
Die Probezeit endet am 31.01.2014. Bis dahin behalten wir uns das Recht vor, das Ausbildungsverhältnis fristlos und ohne Angaben von Gründen zu beenden.

III. Tätigkeiten
Der Auszubildende hat neben seiner üblichen Tätigkeit als Verkäufer/-in die folgenden Aufgaben zu übernehmen: Er unterstützt den Hausmeister bei Arbeiten, die zur Sauberhaltung der Sanitäranlagen und Außenanlagen einschließlich Parkplatz zu erledigen sind. Der Umfang solcher Tätigkeiten soll wöchentlich 6 Stunden nicht überschreiten.

IV. Urlaubsregelung
Volljährige Auszubildende erhalten den gesetzlich bezahlten Mindesturlaub von 24 Tagen; alle Auszubildenden unter 18 Jahren erhalten zwei weitere Urlaubstage.

Der Ausbildende
Sportshop Fittig e. K.

Der Auszubildende

Evtl. gesetzlicher Vertreter

9. Als Mitglied einer Jugend- und Auszubildendenvertretung sollen Sie die folgenden Fragen von Auszubildenden unter Berücksichtigung der gültigen Rechtslage (Berufsbildungsgesetz, Jugendarbeitsschutzgesetz) in einer schriftlichen Kurzmitteilung beantworten.
   a) Ursel Kohn, 17 Jahre alt:
   „Hallo, ich habe in meinem Ausbildungsvertrag eine Probezeit von sechs Monaten. Ein Freund von mir hat nur vier Monate. Geht das überhaupt?“
   b) Kevin Adler, 16 Jahre alt:
   „Hallo, ich habe mal eine Frage in Bezug auf meine Arbeitszeit. Mein Chef verlangt häufig von mir, länger da zu bleiben, sodass ich auch mal auf neun Stunden täglich komme. Im Vertrag habe ich eine Arbeitszeit von acht Stunden vereinbart. Darf ich dann überhaupt länger arbeiten?“
   c) Sabine Sulger, 18 Jahre alt:
   „Hallo, als ich meinen Ausbildungsvertrag unterschrieben habe, wurde ausgemacht, dass meine Ausbildungsvergütung direkt im ersten Jahr etwas höher angesetzt wird, dafür aber in den folgenden Ausbildungsjahren nicht weiter erhöht wird. Damals fand ich das sehr gut, befürchte jetzt aber, dass ich im Vergleich zu den anderen Auszubildenden hierbei benachteiligt werde. Kann ich etwas dagegen tun?“
   d) Armin Mandel, 19 Jahre alt:
   „Hallo, ich habe einem Freund einige interne Informationen aus meiner Abteilung erzählt. Mein Chef hat das rausbekommen und mir fristlos gekündigt. Ist das rechtlich wirksam?“
   e) Nina Grenz, 17 Jahre alt:
   „Hallo, ich habe ein großes Problem. Mein Ausbilder meint, ich könne nicht zweimal die Woche in den Berufsschulunterricht gehen, da er mich hier im Betrieb braucht. Daher darf ich nur montags und nicht donnerstags in die Berufsschule. Dadurch muss ich daheim ganz viel selbst nachholen an Unterrichtsstoff. Kann ich was dagegen machen?“

Exkurs: qualifiziertes Zeugnis

Hinweise zum qualifizierten Zeugnis:

- Wer ein qualifiziertes Zeugnis wünscht, muss dies dem Arbeitgeber gegenüber **erklären**.
- Das Zeugnis ist auf Verlangen des Arbeitnehmers **unverzüglich** auszustellen.
- Zeugnisschuld = **Holschuld** (Arbeitgeber muss Zeugnis zur Abholung bereithalten.)
- qualifiziertes Zeugnis = **Regelfall**

Das qualifizierte Arbeitszeugnis ist für die betriebliche Praxis und für Arbeitsgerichte ein „**Dauerbrenner**".

Gründe:

- Die **Bedeutung** des Arbeitszeugnisses in Zeiten hoher **Arbeitslosigkeit** wächst.
- Oberster Grundsatz: Die Inhalte des Zeugnisses müssen **wahr** sein.
- Unwahre Zeugnisse können zur **Haftung** und damit zu **Schadenersatzpflichten** des Zeugnisausstellers führen.
- Das Zeugnis muss laut Entscheidungen des Bundesarbeitsgerichts und des Bundesgerichtshofs von verständigem **Wohlwollen** getragen sein und darf dem Arbeitnehmer sein weiteres Fortkommen nicht unnötig erschweren.
- Es können aufgrund des Wahrheitsprinzips auch **negative Aussagen** enthalten sein.
- Der Arbeitgeber soll möglichst **objektiv, vorurteilsfrei und unvoreingenommen** beurteilen.
- **Einmalige Vorfälle** positiver oder negativer Art sollen **unberücksichtigt** bleiben.

Konflikt: Das Zeugnis muss **wahr** sein, aber gleichzeitig von **Wohlwollen** getragen sein.
Folge: Vorgesetzte müssen regelrechte Klimmzüge veranstalten, um diesen Konflikt zu lösen.

In der Praxis haben sich bestimmte **Formulierungen** (Verschlüsselungen) herausgebildet, die mit **Noten** gleichgesetzt werden können. Aufgrund der Bedeutung dieser Formulierungen für den Arbeitnehmer ist es wichtig und interessant, sich damit auseinanderzusetzen.

Einige Beispiele typischer „Verschlüsselungen":

- Stets eine Abwertung bedeutet der Ausdruck „**bemühte sich**"!
- „... **stets** (immer, jederzeit) zu unserer **vollsten** (höchsten) Zufriedenheit ..." = Note 1
  „... **stets** (immer, jederzeit) zu unserer vollen Zufriedenheit ..." = Note 2
  „... zu unserer **vollen** Zufriedenheit ..." = Note 3
  „... zu unserer Zufriedenheit ..." = Note 4
  „... im Allgemeinen zu unserer Zufriedenheit ..." = Note 5
  „... hat sich **bemüht**, die ihm übertragenen Aufgaben zu unserer Zufriedenheit ..." = Note 6

Der Aufbau eines qualifizierten Zeugnisses

1. Überschrift: „Arbeitszeugnis" oder „Ausbildungszeugnis" oder „Zeugnis"

2. Einleitung:
- Personalien des Arbeitnehmers (Name, Vorname, Beruf, Titel)
- Beschäftigungsdauer
- evtl. Geburtsdatum

3. Tätigkeitsbeschreibung:
- Arbeitsplatz
- Aufgaben- und Verantwortungsbereich
- hierarchische Funktion, Vollmachten, Übernahme von Spezialaufgaben

4. Leistungsbeurteilung:
- Leistungsbereitschaft:
  - Engagement
  - Motivation
  - Einsatzfreude
  - Initiative
  - Dynamik
- Arbeitsbefähigung:
  - Denk- und Urteilsvermögen
  - Auffassungsgabe
  - Problemlösungsfähigkeit
  - Belastbarkeit
  - Kreativität
  - Flexibilität
  - ...

  = **Können**
- Arbeitsweise:
  - Zuverlässigkeit
  - Genauigkeit
  - Gewissenhaftigkeit
  - Arbeitseinteilung ...
  - Arbeitsplanung
  - Sorgfalt
  - Sauberkeit
  - ...

  = **Stil**
- Arbeitserfolg:
  - Qualität
  - Quantität (Umsatz, Neukunden ...)
  - Zielerreichung
  - Termineinhaltung ...
- Fachkönnen: theoretische Kenntnisse, Aktualität, Berufserfahrung
- Weiterbildung: Bereitschaft zur Weiterentwicklung der Kenntnisse
- Zusammenfassung: Gesamtbewertung der Leistung
- Leitende Angestellte: Führungsfähigkeit und Führungserfolg
- Besondere Erfolge: herausragende Erfolge separat erwähnen

5. Beurteilung der Führung:
- Sozialverhalten gegenüber Vorgesetzten, Mitarbeitern, Kunden ...
- Gesamtbild (Charakter, Persönlichkeit): Teamfähigkeit, Durchsetzungsvermögen ...

6. Schlusssatz:
- Grund und Art der Beendigung nur auf Wunsch des Arbeitnehmers
- Bedauern über Weggang, Wünsche für Zukunft (fehlt Letzteres: Abwertung!)

Zusammenfassung: Der Aufbau eines qualifizierten Zeugnisses

Einleitung →	Tätigkeitsbeschreibung →	Leistungsbeurteilung →	Führungsbeurteilung →	Schlusssatz
• Personalien • Dauer	• Arbeitsplatz • Funktion • Vollmachten • Aufgaben • Verantwortung • Spezialaufgaben	• Leistungsbereitschaft • Arbeitsbefähigung • Arbeitsweise • Arbeitserfolg • Fachkönnen • Weiterbildung • Zusammenfassung	• Verhalten gegenüber – Vorgesetzten, – Kollegen, – Kunden ... • Gesamtbild: Charakter, Persönlichkeit	• Bedauern über Weggang • Zukunftswünsche

Test → Ausbildungsvertrag I

Punkte

1 Erläutern Sie, was man unter Ausbildung im dualen System versteht. — 2

2 Nennen Sie je zwei Vor- und Nachteile des dualen Systems. — 2

3 Zählen Sie zwei wichtige Gesetze auf, die im Rahmen der Berufsausbildung zu beachten sind. — 2

4 Wie heißen die Vertragspartner, die beim Abschluss eines Ausbildungsvertrages beteiligt sind? — 2

5 In welcher Form ist der Ausbildungsvertrag abzuschließen und wo wird dieser registriert? — 2

6 Nennen Sie zwei Mindestangaben, die ein Berufsausbildungsvertrag enthalten muss. — 2

Punktesumme → 12

Notenermittlung: Kreuzen Sie Ihr Ergebnis an (Korrekturanleitung: siehe Lösung).

Punkte ➤	12	11	10	9	8	7	6	5	4	3	2	1
Note ➤	1,0	1,5	2,0	2,5	3,0	3,5	4,0	4,5	5,0	5,5	6,0	6,0
1. Versuch ➤												
2. Versuch ➤												
3. Versuch ➤												

Test ➤ **Ausbildungsvertrag II**

Punkte

1 Geben Sie je zwei Pflichten an, die durch den Abschluss eines Ausbildungsvertrages für den Auszubildenden und Ausbildenden entstehen. — 2

2 Welchen Zeitraum schreibt der Gesetzgeber für die Probezeit vor? — 1

3 Weshalb wird im Berufsausbildungsvertrag eine Probezeit vereinbart? — 1

4 Beurteilen Sie die Rechtslage in den folgenden Fällen und begründen Sie jeweils Ihre Antwort.

a) Die Auszubildende Deborah Kendel, die sich noch in der Probezeit befindet, erhielt von ihrem Chef ohne Begründung mündlich die fristlose Kündigung. — 2

b) Kim Faiss möchte nach 6 Monaten eine neue Ausbildung in einem anderen Beruf beginnen und kündigt deshalb fristlos. Die Kündigung nimmt er schriftlich vor. — 2

5

a) Welche Zeugnisart muss der Ausbildungsbetrieb dem Auszubildenden nach Beendigung des Berufsausbildungsverhältnisses ausstellen? — 1

b) Welche Angaben enthält dieses Zeugnis? — 1

c) Welche Angaben sind auf Verlangen des Auszubildenden zusätzlich in das Zeugnis aufzunehmen? — 1

d) Um welche Zeugnisart handelt es sich dann? — 1

Punktesumme ➤ 12

Notenermittlung: Kreuzen Sie Ihr Ergebnis an (Korrekturanleitung: siehe Lösung).

Punkte ➤	12	11	10	9	8	7	6	5	4	3	2	1
Note ➤	1,0	1,5	2,0	2,5	3,0	3,5	4,0	4,5	5,0	5,5	6,0	6,0
1. Versuch ➤												
2. Versuch ➤												
3. Versuch ➤												

1.3 Konfliktsituationen und Lösungsmöglichkeiten

Stofftelegramm

Häufige Konfliktursachen

Konflikte sind meist die Folge von **Kommunikationsstörungen**. Nur 10 % der Konflikte sind auf unterschiedliche Auffassungen über eine **Sachfrage** zurückzuführen. In 90 % aller Konflikte geht es „eigentlich“ um die **Beziehung**, die beide Konfliktpartner zueinander haben.

Mobbing liegt vor, wenn der Konflikt über einen **längeren Zeitraum** besteht, die angegriffene Person unterlegen ist und die Angriffe **absichtsvoll und geplant** erfolgen mit dem Ziel, das Mobbingopfer **auszustoßen**. Typische Mobbinghandlungen sind z. B. dauernde Kritik, Anschreien, völlige Nichtbeachtung, Redeverbot, räumliche Isolation, üble Nachrede.

Kommunikationsregeln für das Konfliktgespräch

- Person des Gesprächspartners achten: nur sachliche Kritik vortragen
- keine Vorwürfe, nicht verletzen
- Gesprächspartner nicht ins Wort fallen, ausreden lassen
- Probleme des Gesprächspartners ernst nehmen, nichts herunterspielen
- gemeinsam nach Lösungen suchen
- keine Lösungen aufdrängen

Ablauf eines Konfliktgesprächs

1.	Konflikt gemeinsam genau beschreiben (Um was geht es eigentlich?) Typische Frage: „Wie siehst du das?“ (keine Vorwürfe, nicht unterbrechen)
2.	Persönliches Anliegen und Betroffenheit durch **Ich-Botschaften** ausdrücken. Nicht gleich nach Lösungen suchen. Typische Redewendungen: „Mir geht es dabei ...“, „Für mich bedeutet das ...“, „Ich möchte gern ...“, „Ich fühle mich ...“
3.	Gemeinsam nach **Lösungsmöglichkeiten** suchen. Typische Fragen: „Was können wir tun?“, „Was hältst du von ...?“
4.	Gemeinsam **Vereinbarungen** beschließen. „Können wir uns darauf einigen ...?“, „Ich werde ... tun und du wirst auf ... achten.“

Möglicher Ablauf einer Konfliktlösung

Konfliktsignale wahrnehmen	• *Widerspruch* (Drohung, Beleidigung, Polemik) • *Aufregung* (Unruhe, Streit, Fraktionsbildung) • *Ausweichen* (Schweigen, Blödeln) • *Lustlosigkeit* (Desinteresse, Unaufmerksamkeit) • *Krankheit* (hohe Fehlzeiten), hohe *Fluktuation*
Konfliktursache feststellen	• *Sachfragen* (unterschiedliche Vorstellungen) • *Beziehungsebene* (Sympathie, Antipathie) • *Führungsfehler* (Bevorzugung, autoritäre Führung) • *Organisationsmängel* (Über-, Unterorganisation)
Konflikt handhaben	• *Rückzug* (Umgehung, Vermeidung, Verdrängung) • *Durchsetzen* (Gewinner)/*Nachgeben* (Verlierer) • *Kompromiss* (beide geben teilweise nach) • *Konsens* (gemeinsame Vereinbarung) • *Intrigen/Sündenbock* suchen
Rückmeldung (Feedback)	• *Ich-Botschaften* geben • *zeitliche Nähe beachten* • *konkreter Bezug* auf eine Situation • *Bezug auf das Verhalten* (nicht auf die Person) • *Abmahnung*, wenn keine Besserung

Aufgaben

1. Worin liegen die Gründe für Mitarbeiterkonflikte?
2. Erklären Sie den Begriff Mobbing.
3. Schildern Sie einige Kommunikationsregeln.
4. Schildern Sie den Ablauf eines Konfliktgespräches.
5. Beschreiben Sie den Stufenplan zur Konfliktbewältigung.

2 Schutzbestimmungen für Mitarbeiter am Arbeitsplatz

Es gibt mehrere wichtige Bestimmungen, Vorschriften und Maßnahmen zum Schutze der Arbeitskraft, zur Vorbeugung vor Gesundheitsgefahren oder Unfällen und zur Ermöglichung von menschengerechtem Arbeiten.

2.1 Das Jugendarbeitsschutzgesetz

Stofftelegramm

Das Jugendarbeitsschutzgesetz (JArbSchG): Geltungsbereich und Zweck

Geltungsbereich

Beschäftigte Personen, die
mind. 15 Jahre alt
max. 17 Jahre alt
sind.

Wer noch keine 15 Jahre alt ist:
= **„Kind“; Kinderarbeit verboten** (Ausnahmen!)

Vollzeitschulpflichtige Jugendliche:
Es gelten die Vorschriften für **„Kinder“.**

Zweck

Schutz von Kindern und Jugendlichen vor:
- Überforderung
- Überbeanspruchung
- Gefahren

Verstöße

- Geld- oder Freiheitsstrafe
- Bei mehrmaligem Vergehen: Beschäftigungsverbot für Jugendliche

Das Jugendarbeitsschutzgesetz (JArbSchG): Inhaltliche Regelungen

Arbeitsschutz

Arbeitszeit

- tägl. max. 8 Std. (8,5 Std. wenn an anderen Tagen dafür weniger)
- wöchentl. max. 40 Std.

Verbotene Arbeiten

- Akkordarbeit
- gesundheitsgefährdende Arbeiten
- Arbeiten, die Jugendliche sittlich gefährden
- Arbeiten, die die Leistungsfähigkeit der Jugendlichen übersteigen

Berufsschule und Prüfungen

- > 5 Unterrichtsstunden = ein Arbeitstag
- Freistellung am **Prüfungstag** und am Arbeitstag unmittelbar vor schriftl. Abschlussprüfung

Gesundheitsschutz

Ärztliche Untersuchungen

- Erstuntersuchung
- erste Nachuntersuchung vor Ablauf des ersten Beschäftigungsjahres = Pflicht
- zweite und dritte Nachuntersuchung = freiwillig

Überwachung

Gewerbeaufsichtsamt

Offenlegung

Auslage JArbSchG an geeigneter Stelle im Betrieb

Freizeitschutz

Ruhepausen

- 4,5–6 Std. → 30 Min.
- > 6 Std. → 60 Min.

Urlaub (mind.)

- 15-Jähr. → 30 Werktage
- 16-Jähr. → 27 Werktage
- 17-Jähr. → 25 Werktage

Nachtruhe

i. d. R. 20:00–06:00 Uhr

5-Tage-Woche

Samstags-, Sonntags- und Feiertagsruhe

branchenspezifische Ausnahmen

Tägliche Freizeit

nach Arbeitszeitende ununterbrochene Freizeit von 12 Stunden

Aufgaben

1. Für wen gilt das Jugendarbeitsschutzgesetz?
2. Wer unterliegt einem generellen Beschäftigungsverbot?
3. In welchen Fällen dürfen 14-Jährige beschäftigt werden?
4. Nennen Sie sechs Bereiche, die im Jugendarbeitsschutzgesetz geregelt sind.

Test → Das Jugendarbeitsschutzgesetz

Punkte

1 Warum bedürfen arbeitende Jugendliche eines besonderen Schutzes? — 3

2 Für welchen Personenkreis gilt das Jugendarbeitsschutzgesetz? — 3

3 Nennen Sie drei Tätigkeiten, die Jugendlichen aufgrund des Jugendarbeitsschutzgesetzes nicht zugemutet werden dürfen. — 3

4 Wer überwacht die Einhaltung des Jugendarbeitsschutzes? — 1

5 Welche Konsequenzen können sich bei Verstößen gegen das Jugendarbeitsschutzgesetz ergeben? — 2

Punktesumme → 12

Notenermittlung: Kreuzen Sie Ihr Ergebnis an (Korrekturanleitung: siehe Lösung).

Punkte ➤	12	11	10	9	8	7	6	5	4	3	2	1
Note ➤	1,0	1,5	2,0	2,5	3,0	3,5	4,0	4,5	5,0	5,5	6,0	6,0
1. Versuch ➤												
2. Versuch ➤												
3. Versuch ➤												

2.2 Arbeits-, Unfall-, Gesundheits- und Kündigungsschutz

Stofftelegramm

Arbeits-, Gesundheits- und Unfallschutz (körperlicher Schutz des Arbeitnehmers bei der Arbeit)

- Rechtliche Grundlagen (u. a.):
  - Arbeitsschutzgesetz (Inhalte: Arbeitssicherheitsgesetz, Arbeitsstättenverordnung, Gefahrenstoffverordnung, Bildschirmarbeitsverordnung, Betriebssicherheitsverordnung)
  - Gewerbeordnung
  - Vorschriften der Berufsgenossenschaften
- Unternehmerpflicht: geeignete Maßnahmen für Arbeits-, Gesundheits- und Unfallschutz der Beschäftigten treffen, Gefahren minimieren, z. B. hinsichtlich Umgebungsbedingungen (Beleuchtung, Lüftung, Staub- und Gasbeseitigung, Schutzvorrichtungen), Arbeitsbedingungen (einseitige Belastung, Monotonie, Körperhaltung), persönlichen Eigenschaften (Alter, werdende Mütter, Erfahrung)
- Überwachende und beratende Institutionen:
  - Gewerbeaufsichtsämter
  - Berufsgenossenschaften
  - Sicherheitsbeauftragte im Betrieb

Sozialer Arbeitsschutz

- Arbeitszeitgesetz (i. d. R. acht, maximal zehn Stunden pro Tag; mehr zulässig, wenn in der Betriebsvereinbarung oder im Tarifvertrag vereinbart; Regelungen zu Ruhepausen, Nacht- und Schichtarbeit)
- Mutterschutzgesetz (keine schwere Arbeit, z. B. Akkordarbeit, Fließbandarbeit, Nachtarbeit etc.; keine Beschäftigung sechs Wochen vor bis zwölf Wochen nach der Geburt)
- Urlaubsanspruch
- Kündigungsschutz

Allgemeiner Kündigungsschutz → = Schutz vor sozial ungerechtfertigter Kündigung

- Voraussetzungen: mind. sechs Monate im gleichen Betrieb; Betrieb hat mehr als zehn Arbeitnehmer
- Kündigung unwirksam, wenn
  - Arbeitnehmer keinen Kündigungsgrund liefert,
  - Kündigung betrieblich nicht notwendig,
  - soziale Gesichtspunkte nicht ausreichend berücksichtigt.

Besonderer Kündigungsschutz

- **Betriebsratsmitglieder und Jugendvertreter:** während Amtszeit und innerhalb eines Jahres danach nicht kündbar; Ausnahme: fristlose Kündigung bei wichtigem Grund
- **werdende Mütter (Mutterschutzgesetz)**
- **Schwerbehinderte (Schwerbehindertengesetz):** Kündigung nur mit Zustimmung der Hauptfürsorgestelle
- **Auszubildende:** Vgl. voriges Kapitel!

Aufgaben

1. a) Welche rechtliche Grundlage hat der Gesundheits- und Unfallschutz im Unternehmen?
   b) Wer überwacht die Einhaltung?
   c) Nennen Sie mehrere Punkte, die beim Gesundheits- und Unfallschutz (für den Unternehmer) zu beachten sind.
2. a) Was versteht man unter allgemeinem Kündigungsschutz?
   b) Für welche Arbeitnehmer gilt der allgemeine Kündigungsschutz?
3. a) Für welche Arbeitnehmer gilt ein besonderer Kündigungsschutz?
   b) Wie sieht dieser Kündigungsschutz jeweils aus?
4. Welche Kündigungsfristen muss ein Arbeitgeber beachten?
   a) Betriebsrat
   b) Auszubildender während und nach der Probezeit
5. Welche Arbeiten sind für werdende Mütter verboten?

3 Mitwirkung und Mitbestimmung nach dem Betriebsverfassungsgesetz

3.1 Allgemeine Grundlagen

Stofftelegramm

Argumente für die Mitbestimmung allgemein:

- Interesse und Motivation der Arbeitnehmer am Betrieb steigen.
- Demokratisierung der Wirtschaft
- Humanisierung des Arbeitslebens
- Gegenseitige Abhängigkeit von Arbeit und Kapital erfordert Mitbestimmung.

Argumente gegen die Mitbestimmung allgemein:

- Erschwerung betrieblicher Entscheidungsprozesse
- Mitbestimmung ohne gleichwertige Mitverantwortung und Risikoübernahme
- evtl. fehlende notwendige Sachkenntnisse der Arbeitnehmer
- evtl. Kapitalflucht des in- und ausländischen Kapitals

Bereiche der Mitbestimmung

Betriebsrat	**Aufsichtsrat**	**Vorstand AG bzw. Geschäftsführung GmbH (Arbeitsdirektor)**
Gesetze: BetrVG	Drittelbeteiligungsgesetz, Mitbestimmungsgesetz, Aktiengesetz	

Der Aufbau des BetrVG

1. Teil: Allgemeine Vorschriften: u. a.
- Errichtung von Betriebsräten
- Arbeitnehmer – leitende Angestellte

2. Teil: Betriebsrat, Betriebsversammlung: u. a.
- Wahl
- Betriebsausschuss
- Betriebsversammlung
- Zusammensetzung
- Kosten
- Ehrenamt

3. Teil: Jugend- und Auszubildendenvertretung

4. Teil: Mitwirkung und Mitbestimmung der Arbeitnehmer: u. a.

- Beratungs-, Mitwirkungs- und Mitbestimmungsrechte
- Einigungsstelle
- Betriebsvereinbarungen
- allgemeine Aufgaben des Betriebsrates

Übersicht: Betriebsrat und Jugend- und Auszubildendenvertretung

Abkürzungen: **BR** = Betriebsrat; **JAV** = Jugend- und Auszubildendenvertretung; **V** = Vorsitzender; **StV** = Stellvertreter des Vorsitzenden

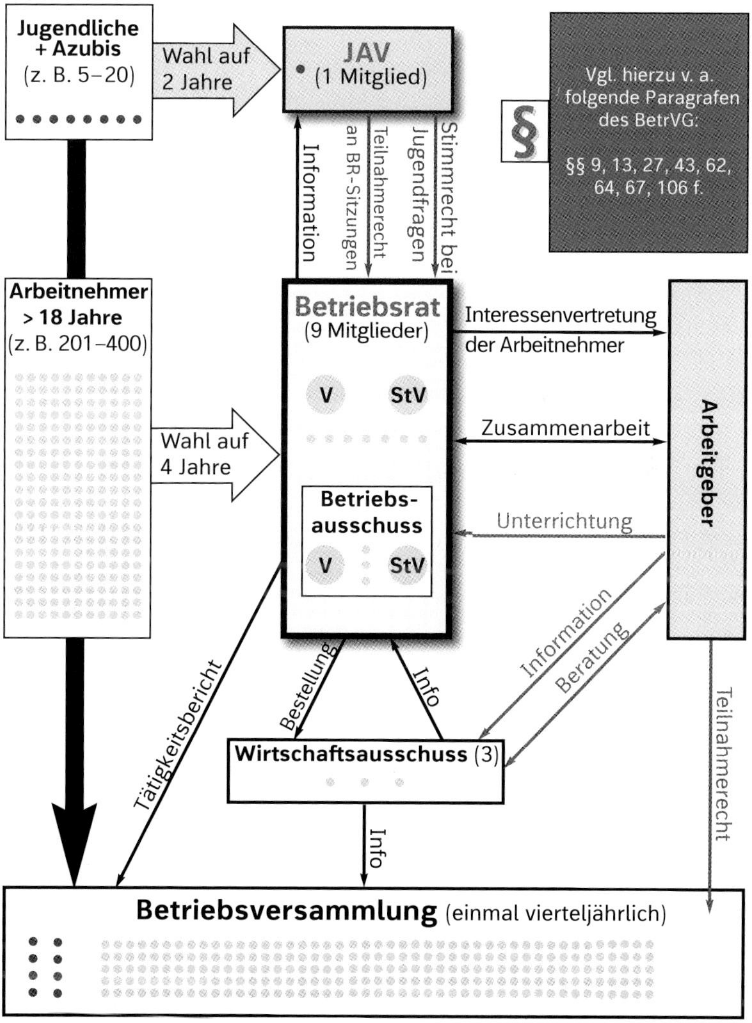

3.2 Betriebsrat und Betriebsversammlung

Stofftelegramm

Betriebsrat: Die Mitglieder arbeiten ehrenamtlich (Freistellung) und genießen Kündigungsschutz. Wahl für vier Jahre.

- **Sinn und Aufgaben allgemein:** Vertretung der Interessen der Mitarbeiter gegenüber der Geschäftsleitung, berät und unterstützt bei Fragen und Problemen, überwacht die Einhaltung von Gesetzen
- **Voraussetzungen für die Wahl eines Betriebsrates:** mind. fünf Wahlberechtigte (mind. 18 Jahre alt; auch Teilzeitkräfte, Aushilfen, Azubis, Leiharbeiter, wenn länger als drei Monate im Betrieb eingesetzt; nicht: leitende Angestellte) und drei Wählbare (mind. sechs Monate im Betrieb) (§§ 1, 7, 8 BetrVG)
- **Ablauf Betriebsratsgründung:** Prüfung ob Voraussetzungen erfüllt → Betriebsversammlung → Wahl Wahlvorstand → Wahl Betriebsrat (§ 14 ff. BetrVG)
- **Anzahl Mitglieder:** 1, 3, 5 etc., abhängig von der Zahl der wahlberechtigten Arbeitnehmer (§ 9 BetrVG). Das Geschlechterverhältnis ist zu beachten (20 % Frauen, mind. 20 % der Mitglieder weiblich).
- **Aufgaben des Betriebsrats im Detail (vgl. § 80 BetrVG):**
  - Überwachung der zugunsten der Arbeitnehmer durchzuführenden Gesetze, Unfallverhütungsvorschriften, Tarifverträge und Betriebsvereinbarungen
  - Maßnahmen, die dem Betrieb und der Belegschaft dienen, beim Arbeitgeber beantragen
  - Durchsetzung der Gleichstellung von Frauen und Männern
  - Förderung der Vereinbarkeit von Familie und Erwerbstätigkeit
  - Zusammenarbeit mit Arbeitnehmern und der Jugend- und Auszubildendenvertretung (Anregungen entgegennehmen und mit Arbeitgeber verhandeln)
  - Förderung der Eingliederung Schwerbehinderter
  - Wahl einer Jugend- und Auszubildendenvertretung vorbereiten und durchführen
  - Förderung der Beschäftigung älterer Arbeitnehmer im Betrieb
  - Förderung und Sicherung der Beschäftigung im Betrieb
  - Förderung von Maßnahmen des Arbeits- und Umweltschutzes

Betriebsausschuss: Wird gebildet, wenn der Betriebsrat mindestens neun Mitglieder umfasst (§ 27 BetrVG).

Betriebsversammlung:
- Versammlung aller Arbeitnehmer eines Betriebes während der Arbeitszeit
- Der Arbeitgeber ist einzuladen.
- Berichte des Betriebsrates und des Arbeitgebers (§ 43 BetrVG)
- dient der Aussprache zwischen Betriebsrat und Arbeitnehmern.
- einmal pro Kalendervierteljahr

Wirtschaftsausschuss: s. u.

- in Unternehmen mit mehr als 100 Mitarbeitern
- Aufgabe: Beratung wirtschaftlicher Angelegenheiten mit Arbeitgeber
- Bestimmung der Mitglieder durch Betriebsrat

Einigungsstelle: zur Beilegung von Meinungsverschiedenheiten zwischen Arbeitgeber und Betriebsrat (§ 76 BetrVG)

Allgemeine Rechte des Betriebsrates nach dem Betriebsverfassungsgesetz (BetrVG)

Info + Beratung	Mitwirkung	Mitbestimmung
Beispiele	**Beispiele**	**Beispiele**
• wirtschaftliche Lage (§ 106) • Planung Bauten, Arbeitsverfahren, Arbeitsplätze (§ 90) • Personalplanung (§ 92) • Vorschläge BR und Beratung mit AG bzgl.: – flexible Arbeitszeiten – Teilzeitarbeit – Arbeitsverfahren – Produktionsprogramm (§ 92a) • Geplante Betriebsänderungen (§ 111): – Betriebsstilllegung – Betriebsverlegung – Zusammenschluss – Rationalisierungen	• Personelle Einzelmaßnahmen (§ 99): – Einstellung – Eingruppierung – Versetzung – Kündigung (§ 102) • Mitwirkung = **eingeschränkte Mitbestimmung** • BR kann unter bestimmten Voraussetzungen seine Zustimmung verweigern bzw. Widerspruch einlegen. Bei Nichteinigung: Auf Antrag entscheidet **Arbeitsgericht**.	• Soziale Angelegenheiten (§ 87): – Betriebsordnung – Arbeitszeiten – Lohngestaltung – Urlaubsplan – Gesundheits- und Unfallschutz – Sozialeinrichtungen • Sozialplan bei geplanten Betriebsänderungen (§ 112) • Personalfragebögen, Beurteilungsgrundsätze (§ 94) • betriebliche Bildungsmaßnahmen (§ 98) **Uneingeschränkte Mitbestimmung: BR-Zustimmung notwendig; falls keine Einigkeit: Einigungsstelle entscheidet**
wirtschaftliche Angelegenheiten	**personelle Angelegenheiten**	**soziale Angelegenheiten**

3.3 Jugend- und Auszubildendenvertretung

Stofftelegramm

- Errichtung: In Betrieben mit mind. fünf jugendlichen Arbeitnehmern unter 18 Jahren sowie Auszubildenden unter 25 Jahren und bestehendem Betriebsrat
- Zahl Mitglieder: 1 (5–20 Wahlberechtigte), 3, 5, 7 etc., abhängig von der Anzahl Jugendlicher und Auszubildender (Geschlechterverhältnis muss beachtet werden)
- Wahlberechtigt: alle Arbeitnehmer unter 18 Jahren und Azubis unter 25 Jahren
- Wählbar: alle Arbeitnehmer des Betriebes unter 25 Jahren auf zwei Jahre
- Stellung der Mitglieder: Sie arbeiten ehrenamtlich, genießen Kündigungsschutz und erhalten eine Weiterbeschäftigungsgarantie.

Beachten Sie besonders § 60 ff. BetrVG.

3.4 Aufgaben zu den Kapiteln 3.1–3.3

1. Nennen Sie je drei Argumente für und gegen die Mitbestimmung.

2. Definieren Sie möglichst kurz folgende Begriffe:
   a) Betriebsrat
   b) Einigungsstelle
   c) Betriebsversammlung
   d) Wirtschaftsausschuss
   e) Betriebsausschuss
   f) Jugend- und Auszubildendenvertretung

3. Im Rahmen einer Veranstaltung zeigt sich, dass viele Mitarbeiter überhaupt nicht wissen, welche Aufgaben der Betriebsrat hat. Sie erstellen im Auftrag des Betriebsrates ein übersichtliches Informationsschreiben.

4. Welche Rechte hat der Betriebsrat in folgenden Fällen? Wie wird die Situation im Streitfall jeweils gelöst?
   a) Neueinstellung eines Arbeitnehmers
   b) Änderung der Arbeitszeiten
   c) Ein Betriebsteil soll stillgelegt werden, wobei Teile des Personals entlassen bzw. versetzt werden sollen.
   d) Der Chef plant, im nächsten Jahr 50 Arbeiter einzustellen.
   e) Dem Angestellten Schnecke soll fristgemäß gekündigt werden.
   f) Der Betriebsrat verlangt vom Arbeitgeber, 30 neu zu besetzende Arbeitsplätze zuerst innerbetrieblich auszuschreiben. Der Arbeitgeber lehnt ab und stellt sofort 30 neue Kräfte ein.
   g) Kaufmann Butz ist die Faulheit in Person. Der Arbeitgeber kündigt fristgemäß, ohne den Betriebsrat zu informieren.
   h) Für die Buchhaltungsabteilung wurde eine neue DV-Anlage angeschafft. Von den drei Angestellten der Abteilung (zwei 28-jährige Junggesellen und Herr Boll, 45-jähriger Vater von neun Töchtern) wird einer überflüssig. Herrn Boll, der ein hohes Gehalt bezieht, trifft die vom Arbeitgeber ausgesprochene Kündigung nach vorheriger Anhörung des Betriebsrates.

5. Welche Rechte hat der einzelne Arbeitnehmer nach dem BetrVG?

6. Welche allgemeinen Aufgaben hat der Betriebsrat?

7. Wovon hängt die Zahl der Betriebsratsmitglieder ab?

8. Worauf ist bei der Zusammensetzung des Betriebsrates zu achten?

9. Überprüfen Sie folgende Aussage auf ihre Korrektheit:
   „In einem Unternehmen mit 160 Arbeitnehmern muss ein Betriebsrat gewählt werden. Er besteht aus sieben Mitgliedern."

10. Kann ein 17-jähriger Auszubildender bei der Betriebsratswahl mitbestimmen?

11. Der 20-jährige Kaufmann Lapp ist seit vier Monaten im Betrieb. Ist er in den Betriebsrat wählbar?

12. Kann ein türkischer Gastarbeiter Betriebsratsmitglied werden?

13. Die Geschäftsleitung eines Unternehmens möchte an der Betriebsversammlung teilnehmen und eine Ansprache halten. Ist dies möglich? Begründung.

14. Das Einzelhandelsunternehmen „Genter GmbH“ aus Stuttgart ist in der Lebensmittelbranche tätig. Das Unternehmen beschäftigt 70 Mitarbeiter, von denen 18 Auszubildende sind. Die „Genter GmbH“ verfügt über einen Betriebsrat (BR) und eine Jugend- und Auszubildendenvertretung (JAV).
Sie sind Mitglied im Betriebsrat und haben diese Woche verschiedene Anliegen und Probleme der Mitarbeiter zu bearbeiten.
   a) Für die nächsten Betriebsratswahlen haben bereits drei Mitarbeiter Interesse für eine Kandidatur gezeigt. Sie prüfen, ob die folgenden Personen überhaupt kandidieren können (Betriebsverfassungsgesetz).

Kandidat 1: Erik Hanke, 22 Jahre
Herr Hanke arbeitet seit vier Monaten bei der „Genter GmbH“ im Bereich Einkauf.

Kandidat 2: Beata Persson, 35 Jahre
Frau Persson ist seit acht Jahren im Betrieb und arbeitet in der Obst- und Gemüseabteilung. Sie hat die schwedische Staatsangehörigkeit.

Kandidat 3: Franziska Junke, 17 Jahre
Frau Junke ist Auszubildende im 1. Ausbildungsjahr und seit acht Monaten im Unternehmen.

   b) Einige ältere Mitarbeiter sind der Ansicht, dass die Jugend- und Auszubildendenvertretung in der „Genter GmbH“ völlig überflüssig ist. Der Betriebsrat würde vollkommen ausreichen. Sie überzeugen diese Mitarbeiter vom Gegenteil, indem Sie Ihnen drei Aufgaben der JAV erklären.
   c) Mit Spannung haben die Mitarbeiter der „Genter GmbH“ die Diskussionen um einen Dioxin-Skandal verfolgt.
      ca) In verschiedenen Medienberichten fällt der Begriff Nachhaltigkeit. Sie erklären einem interessierten Kollegen, was man unter Nachhaltigkeit versteht.
      cb) Sie werden beauftragt, zwei konkrete Vorschläge vorzubringen, wie die „Genter GmbH“ in ihrem Unternehmen für mehr Nachhaltigkeit sorgen könnte.
      cc) Die „Genter GmbH“ möchte in Zukunft noch stärker auf die Verwirklichung sozialer Ziele achten. Sie nennen drei Beispiele für soziale Ziele innerhalb eines Unternehmens.

15. Der Sportshop Fittig e. K. bietet in Rottweil alles zum Thema Sport über drei Etagen an. Sie arbeiten in der Personalabteilung des Sportshops und sind Mitglied des Betriebsrates. Im Rahmen dieser Tätigkeiten sind Sie immer auch Ansprechpartner für die Mitarbeiter.
   a) Die Mitarbeiterin Alina Sauer ist Ende April beim Wandern gestürzt und hat sich einen komplizierten Beinbruch zugezogen. Sie kann voraussichtlich erst wieder ab September arbeiten. Sie möchte wissen, ob sie bis dahin keinen Lohn erhält. Sie geben ihr darüber Auskunft.
   b) Die Neuwahl des Betriebsrates steht an. Es gibt bereits zwei Bewerber, die sich in den Betriebsrat wählen lassen wollen. Sie geben den Bewerbern mithilfe der gesetzlichen Regelungen eine begründete Rückmeldung bezüglich ihrer Wählbarkeit:
      - Bewerber Alberto Lopez: 28 Jahre alt; seit drei Jahren bei Sportshop Fittig e. K.; Verkäufer, Staatsangehörigkeit: spanisch
      - Bewerberin Luise Müller: 43 Jahre alt, seit zwanzig Jahren als Verkäuferin bei verschiedenen Einzelhandelsunternehmen tätig, seit drei Monaten bei Sportshop Fittig e. K., Staatsangehörigkeit: deutsch

c) Auch die Jugend- und Auszubildendenvertretung soll neu gewählt werden. Sie bereiten eine Schulung zu diesem Thema vor. Dafür erstellen Sie eine Übersicht mit folgenden Inhaltspunkten:
- Wahlberechtigung
- Wählbarkeit
- Amtszeit
- Aufgaben der Jugend- und Auszubildendenvertretung (drei Angaben)

Test ➤ Betriebsrat

Punkte

1

Das Autohaus Schnell OHG beschäftigt ständig 65 Arbeitnehmer. Bisher gab es keinen Betriebsrat. Wegen einer Auseinandersetzung einiger Arbeitnehmer mit dem Unternehmer Hugo Schnell über Fragen der Arbeitspausenregelung verlangen die Arbeitnehmer jetzt die Wahl eines Betriebsrates.

a) Kann sich Unternehmer Hugo Schnell dieser Forderung widersetzen? Begründen Sie Ihre Antwort. — 1

b) Wovon hängt die Zahl der Betriebsratsmitglieder eines Betriebes ab? — 2

c) Nennen Sie zwei allgemeine Aufgaben des Betriebsrates. — 2

d) Wie ist bei der Betriebsratswahl das aktive und passive Wahlrecht geregelt? — 2

e) Hugo Schnell ist der Ansicht, dass er bei der Arbeitspausenregelung den Betriebsrat sowieso nicht fragen muss. Ist die Ansicht von Hugo Schnell richtig? Begründen Sie Ihre Aussage. — 1

f) Für wie viele Jahre wird der Betriebsrat gewählt? — 1

g) Welcher Aufgabe muss der Betriebsrat einmal in jedem Kalendervierteljahr nachkommen? — 1

h) Nennen Sie je zwei Angelegenheiten, in denen der Betriebsrat mitbestimmen und mitwirken kann. — 2

Punktesumme ➤ 12

Notenermittlung: Kreuzen Sie Ihr Ergebnis an (Korrekturanleitung: siehe Lösung).

Punkte ➤	12	11	10	9	8	7	6	5	4	3	2	1
Note ➤	1,0	1,5	2,0	2,5	3,0	3,5	4,0	4,5	5,0	5,5	6,0	6,0
1. Versuch ➤												
2. Versuch ➤												
3. Versuch ➤												

Test → Jugend- und Auszubildendenvertretung (JAV)

Punkte

1

Im Kaufhaus Helmut Wohlfahrt e. K. stehen Wahlen zur Jugend- und Auszubildendenvertretung an. Yasmin Bauknecht, 18 Jahre, Auszubildende zur Kauffrau für Bürokommunikation, im 2. Ausbildungsjahr, kandidiert als Jugend- und Auszubildendenvertreterin.

a) Welche Voraussetzungen für die Wahl einer Jugend- und Auszubildendenvertretung müssen erfüllt sein? 2

b) Welcher Personenkreis kann Yasmin in die Jugend- und Auszubildendenvertretung wählen? 1

c) Wer ist bei der Wahl zur Jugend- und Auszubildendenvertretung wählbar? 1

d) Auf wie viele Jahre wird die Jugend- und Auszubildendenvertretung gewählt? 1

e) Welche Hauptaufgabe hat die Jugend- und Auszubildendenvertretung? 1

f) Wann sind alle JAV-Mitglieder zur Teilnahme und zur Abstimmung in der Betriebsratssitzung berechtigt? 1

g) Begründen Sie, weshalb die Jugend- und Auszubildendenvertretung auch für den Arbeitgeber bedeutsam sein kann. 1

h) Die türkischen Auszubildenden wollen einen ihrer Landsleute, der sich im ersten Ausbildungsjahr befindet und 17 Jahre alt ist, in die JAV wählen. Kann er gewählt werden? 2

i) Verschiedene ausländische Auszubildende, alle im ersten Ausbildungsjahr und 16 Jahre alt, wollen ihre Stimme zur JAV abgeben. Der Wahlleiter verweigert dies. Beurteilen Sie die Handlungsweise des Wahlleiters. 2

Punktesumme → 12

Notenermittlung: Kreuzen Sie Ihr Ergebnis an (Korrekturanleitung: siehe Lösung).

Punkte ➤	12	11	10	9	8	7	6	5	4	3	2	1
Note ➤	1,0	1,5	2,0	2,5	3,0	3,5	4,0	4,5	5,0	5,5	6,0	6,0
1. Versuch ➤												
2. Versuch ➤												
3. Versuch ➤												

4 Tarifvertrag, Arbeitskampf und Betriebsvereinbarung

4.1 Tarifvertrag und Arbeitskampf

Stofftelegramm

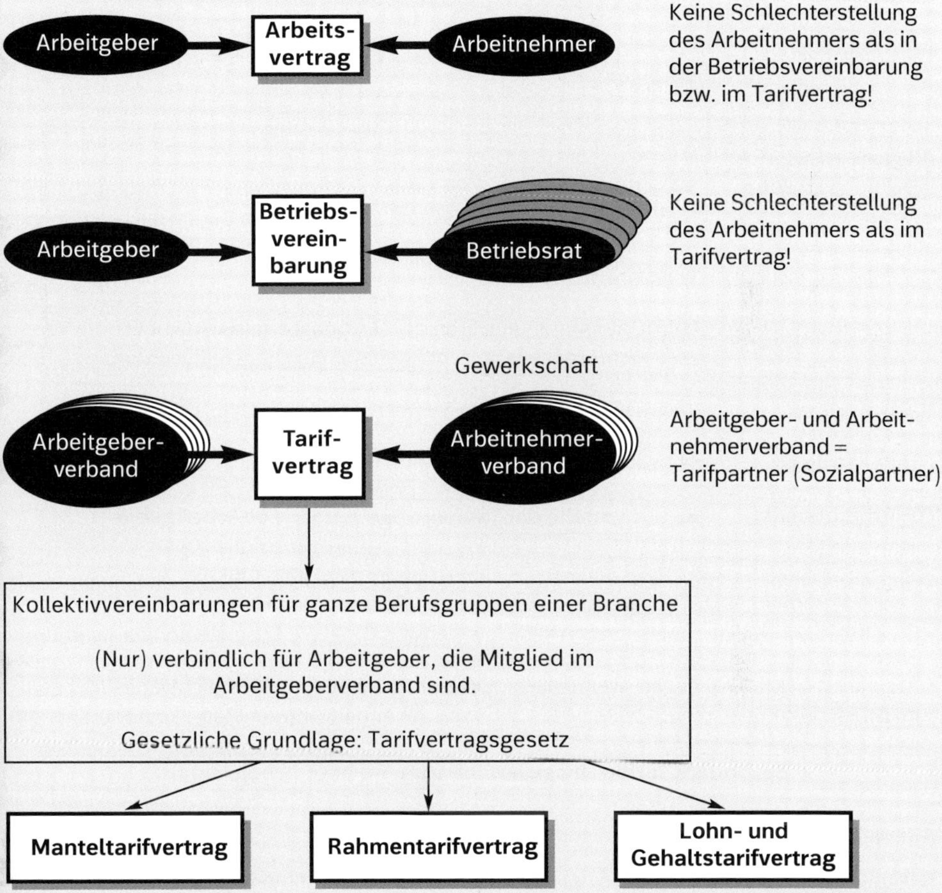

Manteltarifvertrag
- Allgemeine Arbeitsbedingungen, z. B.
  - Arbeitszeit
  - Urlaub
  - Kündigungsfristen
- gilt für mehrere Jahre

Rahmentarifvertrag
- Festlegung Lohn- und Gehaltsgruppen und Zuordnung von Tätigkeiten und Merkmalen
- gilt für mehrere Jahre

Lohn- und Gehaltstarifvertrag
- Vereinbarungen über Löhne und Gehälter
- gilt meist für ein bis zwei Jahre

Koalitionsfreiheit: Art. 9 GG: Recht zum Zusammenschluss (z. B. zu einem AG-Verband)

Tarifautonomie: keine staatliche Einmischung in Tarifverhandlungen

Verbandstarifvertrag: TV zwischen Arbeitgeber- und Arbeitnehmerverband (Regelfall)

Firmentarifvertrag: TV zwischen **einem** Arbeitgeber (z. B. VW) und einer Gewerkschaft

Tarifbindung: TV = Mindestbedingungen bei Arbeitsverträgen und Betriebsvereinbarungen

Allgemeinverbindlichkeitserklärung: TV gilt für **alle** AG und AN seines Geltungsbereiches, also auch für Nichtmitglieder („Außenseiter"), wenn er vom Bundesarbeitsminister auf Antrag einer Tarifvertragspartei für allgemein verbindlich erklärt wurde.

Antrag auf Allgemeinverbindlichkeit heute selten, da üblicherweise auch nichtorganisierte Arbeitnehmer gleichgestellt werden.

Nachwirkung: Nach TV-Ablauf gilt alter TV bis zum Neuabschluss.

Friedenspflicht: Keine Kampfmaßnahmen während der TV-Dauer erlaubt!

Für Arbeitnehmer ← **Vorteile der Tarifverträge** → **Für Arbeitgeber**

Für Arbeitnehmer	Für Arbeitgeber
• Garantie von Mindestarbeitsbedingungen	• klare Kalkulationsgrundlage, da einheitl. Tarife
• Gleichstellung gleich qualifizierter AN	• weniger Konkurrenz bei Personalanwerbung
• AN wäre AG evtl. unterlegen, wenn alles im Arbeitsvertrag zu regeln wäre.	• Vertragsinhalte müssen nicht jedes Mal neu ausgehandelt werden (Zeit-, Kostenersparnis).

Besondere Tarifvertragsvereinbarungen betr. Arbeitsschutz

Alterssicherung: Kündigungsschutz und Garantieverdienst für ältere Arbeitnehmer

Rationalisierungsschutz: Beseitigung, Verminderung der Nachteile bei Rationalisierungsmaßnahmen (Umschulungen, Versetzungen, Abfindungen usw.)

Humanisierung der Arbeit: Verbesserung der Arbeitsbedingungen und des Betriebsklimas, Abbau der Monotonie durch:

- Arbeitserweiterung (**Jobenlargement**): Erweiterung der Arbeitsaufgaben eines Arbeitnehmers um gleichartige oder ähnliche Tätigkeiten
- Arbeitsplatzwechsel (**Jobrotation**): regelmäßiger Arbeitsplatztausch
- Arbeitsbereicherung (**Jobenrichment**): Erweiterung der Arbeitsaufgaben eines Arbeitnehmers um höherqualifizierte Tätigkeiten

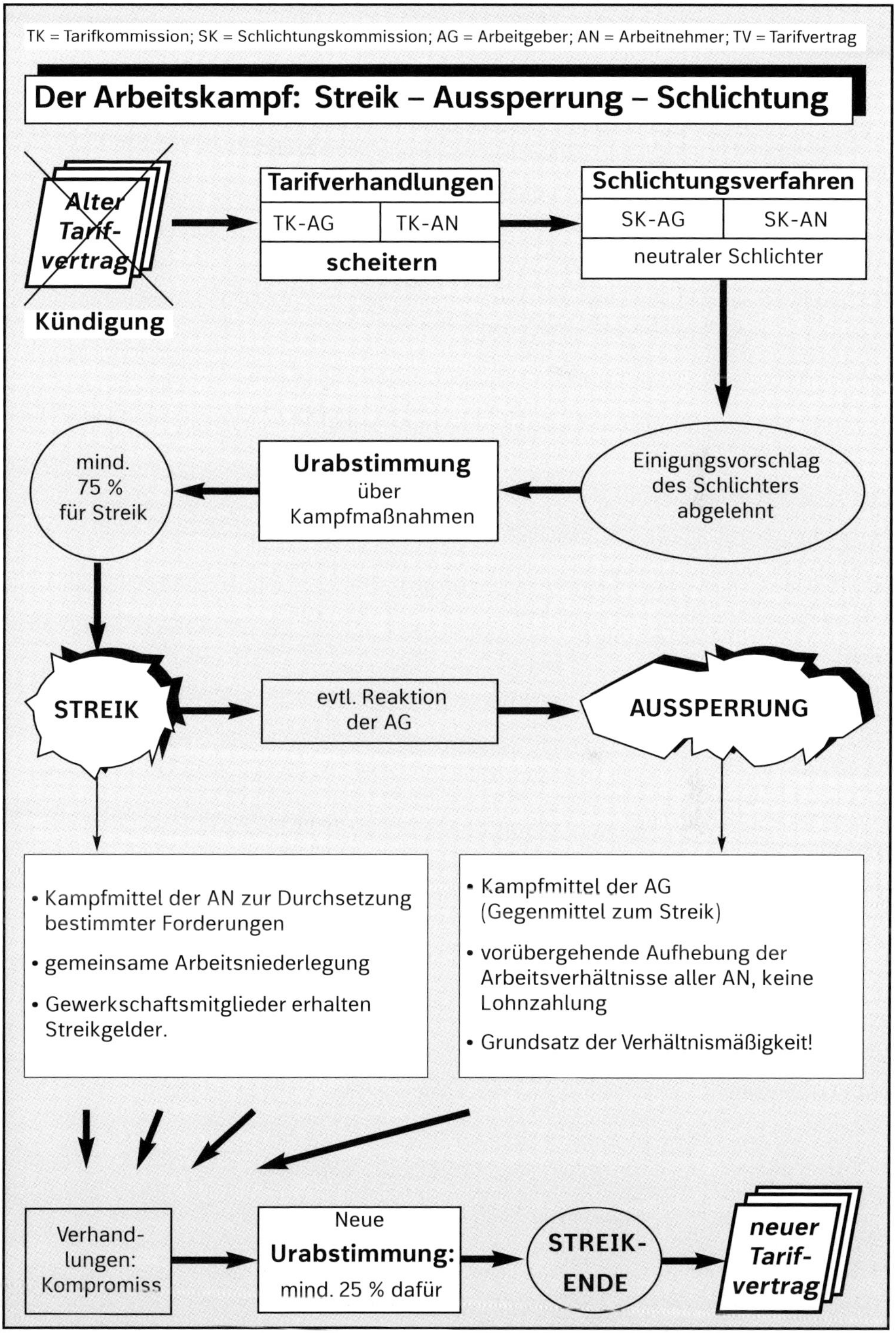
TK = Tarifkommission; SK = Schlichtungskommission; AG = Arbeitgeber; AN = Arbeitnehmer; TV = Tarifvertrag
Der Arbeitskampf: Streik – Aussperrung – Schlichtung
Alter Tarifvertrag
Kündigung
Tarifverhandlungen
TK-AG
TK-AN
scheitern
Schlichtungsverfahren
SK-AG
SK-AN
neutraler Schlichter
Einigungsvorschlag des Schlichters abgelehnt
Urabstimmung über Kampfmaßnahmen
mind. 75 % für Streik
STREIK
evtl. Reaktion der AG
AUSSPERRUNG
• Kampfmittel der AN zur Durchsetzung bestimmter Forderungen
• gemeinsame Arbeitsniederlegung
• Gewerkschaftsmitglieder erhalten Streikgelder.
• Kampfmittel der AG (Gegenmittel zum Streik)
• vorübergehende Aufhebung der Arbeitsverhältnisse aller AN, keine Lohnzahlung
• Grundsatz der Verhältnismäßigkeit!
Verhandlungen: Kompromiss
Neue Urabstimmung: mind. 25 % dafür
STREIK-ENDE
neuer Tarifvertrag

Streikarten

- **Voll- bzw. Flächenstreik:** Alle Arbeitnehmer des Tarifgebiets streiken.
- **Schwerpunktstreik:** Arbeitnehmer nur einzelner Betriebe streiken.
- **Mini-Max-Streik:** Mit minimalem Streikgeldaufwand (Streik in wenigen Zulieferbetrieben) wird maximale Wirkung erzielt (Lahmlegung eines großen Wirtschaftsbereiches).
- **Warnstreik:** kurzfristiger Streik zur Demonstration der Streikentschlossenheit, auch während der Friedenspflicht erlaubt
- **Sympathiestreik:** Unterstützung von Streiks in anderen Bereichen
- **Wilder Streik:** nicht organisierter Streik ohne Urabstimmung; verboten

Schlichtung

- Verfahren zur Beilegung von Streitigkeiten bei Tarifverhandlungen, um Streiks zu verhindern
- Das Schlichtungsverfahren endet mit dem Einigungsvorschlag des neutralen Schlichters.

Argumente für Aussperrung

- notwendiges Gegenmittel der Arbeitgeber gegen Schwerpunkt- und Mini-Max-Streiks („Waffengleichheit“)
- Verhinderung übertriebener Gewerkschaftsforderungen
- Arbeitskampfverkürzung

Argument gegen Aussperrung

Arbeitgeberverbände finanziell evtl. besser gestellt, somit ggf. im Vorteil

Auswirkung von Arbeitskämpfen

- **Gewerkschaften:** Streikgelder leeren Kasse
- **Unternehmen:**
  - Verluste durch Produktionsausfälle
  - Rationalisierungstendenz (Arbeitskräfteersatz durch Maschinen)
- **Arbeitnehmer:**
  - finanzielle Einbußen während Arbeitskampf
  - Risiko: Rationalisierungstendenz
  - höhere Löhne = höherer Lebensstandard
- **Gesamtwirtschaft:** Gesamtwirtschaftliche Verflechtung bewirkt negative Folgen auch auf andere Branchen.

4.2 Betriebsvereinbarung

Stofftelegramm

Betriebsvereinbarung
=
Vertrag zwischen Arbeitgeber und Betriebsrat

Geltungsbereich: für alle Arbeitnehmer des Betriebs

Inhalt: Rechte, Pflichten, Vereinbarungen und verbindliche Normen, z. B.
- zusätzliche Maßnahmen zur Verhütung von Arbeitsunfällen,
- Sozialeinrichtungen,
- Förderung Vermögensbildung,
- nur wenn Tarifvertrag erlaubt: Arbeitsentgelte, Arbeitsbedingungen

Sonderfall einer Betriebsvereinbarung:
Sozialplan: Vereinbarungen zu Lohnminderungen, Versetzungen oder Entlassungen bei Betriebsänderungen (z. B. Verlagerung oder Stilllegung). Vereinbart wird z. B. die Höhe von Abfindungen oder die Errichtung einer Beschäftigungsgesellschaft.

Betriebsvereinbarungen haben Vorrang vor Einzelarbeitsverträgen.

4.3 Aufgaben zu den Kapiteln 4.1 und 4.2

1. Welches Gesetz ist bei Tarifverträgen zu beachten?
2. Wer sind die Vertragspartner bei Arbeitsverträgen, Betriebsvereinbarungen, Tarifverträgen?
3. Welche Beziehungen bestehen zwischen Arbeitsvertrag, Betriebsvereinbarung, Tarifvertrag und gesetzlichen Regelungen?
4. Wer sind die Tarifpartner (Sozialpartner) im Normalfall?
5. Unterscheiden Sie die Begriffe: a) Manteltarifvertrag, b) Lohn- und Gehaltstarifvertrag.
6. Erklären Sie kurz:
   a) Tarifvertrag
   b) Tarifautonomie
   c) Koalitionsfreiheit
   d) Tarifbindung
   e) Friedenspflicht
   f) Nachwirkung der Tarifverträge
   g) Allgemeinverbindlichkeit
7. Nennen Sie je drei Vorteile des Tarifvertrages für Arbeitnehmer und Arbeitgeber.
8. Tarifverträge beinhalten oft Regelungen über **Rationalisierungsschutz** und **Humanisierung der Arbeit**. Erklären Sie die Begriffe.
9. Notieren Sie folgende Begriffe in richtiger Reihenfolge: erste Urabstimmung, Tarifverhandlungen, Streik, Kündigung des Tarifvertrages, Schlichtungsverfahren, Aussperrung, neuer Tarifvertrag, Einigungsvorschlag Schlichter, zweite Urabstimmung, neue Verhandlungen.

10. Erklären Sie die Begriffe:
    a) Vollstreik
    b) Schwerpunktstreik
    c) Mini-Max-Streik
    d) Warnstreik
    e) wilder Streik
    f) Schlichtung
    g) Aussperrung

11. Warum ist die Aussperrung ein gerechtfertigtes Mittel im Arbeitskampf und welchen Hauptzweck verfolgt sie?

12. Ein Tarifvertrag gilt bis 30.06. Er wird von der Gewerkschaft fristgemäß gekündigt. Welche Kampfmaßnahmen können bereits vor, welche erst nach dem 30.06. vorgenommen werden? Begründung.

13. Der arbeitslose Facharbeiter Boll ist in keiner Gewerkschaft. Er bewirbt sich bei der Schnippel GmbH und vereinbart einen Lohn, der um 200,00 EUR unter dem Tariflohn liegt.
    Die Schnippel GmbH ist im Arbeitgeberverband. Beurteilen Sie die rechtliche Situation.

14. Beurteilen Sie, ob in folgenden Fällen ein Tarifvertrag jeweils für den Arbeitnehmer gelten muss, wenn keine Allgemeinverbindlichkeitserklärung vorliegt.

	a	b	c	d
Arbeitnehmer in Gewerkschaft?	nein	ja	ja	nein
Arbeitgeber im Arbeitgeberverband?	ja	ja	nein	nein

15. Beurteilen Sie die Rechtsgültigkeit folgender Fälle:
    a) Ein Tarifvertrag läuft bis zum 30.06. und wurde fristgerecht gekündigt. Die Verhandlungen verlaufen zäh. Am 15.07. legen 200 Arbeitnehmer ohne Urabstimmung für zwei Tage die Arbeit nieder.
    b) Wie a, jedoch wird nur 15 Minuten gestreikt.
    c) Wie b, jedoch erfolgt der Streik bereits am 25.05.
    d) Die Gewerkschaft droht mit Streik. Um ihr zuvorzukommen, sperren die Arbeitgeber aus.
    e) Die Gewerkschaft führt einen Schwerpunktstreik durch, die Arbeitgeber sperren lediglich die gewerkschaftlich organisierten Arbeitnehmer aus.
    f) Die Gewerkschaft führt einen Schwerpunktstreik durch. Die Arbeitgeber von nicht bestreikten Betrieben derselben Branche sperren die Arbeitnehmer aus.
    g) Nach Beendigung des Arbeitskampfes stellt ein Arbeitgeber nur 80 % der ausgesperrten Arbeitnehmer wieder ein.
    h) 5.000 Arbeitnehmer einer Branche streiken, 70.000 Arbeitnehmer nicht bestreikter Betriebe werden ausgesperrt.

16. Was versteht man unter
    a) Tariflohn,
    b) Ecklohn?

17. Nach dem erfolgreichen Abschluss Ihrer Ausbildung arbeiten Sie als Verkäufer/-in im Supermarkt Meier GmbH. Im Einzelhandel wurde der alte Lohn- und Gehaltstarifvertrag gekündigt. Die Gewerkschaft möchte im Rahmen einer Informationsveranstaltung die Beschäftigten des Supermarktes Meier GmbH über die anstehenden Verhandlungen und die rechtlichen Rahmenbedingungen informieren. Sie sind Mitglied des Betriebsrates und helfen bei der Vorbereitung und Durchführung der Informationsveranstaltung.

    Während der Veranstaltung ergeben sich verschiedene Fragen. Sie beantworten diese rechtlich fundiert und begründet.

    a) Frau Müller möchte wissen: „Was wird denn jetzt überhaupt neu verhandelt? Was regelt denn dieser Lohn- und Gehaltstarifvertrag?"
    b) Frau Müller: „Und gibt es nicht auch noch einen Manteltarifvertrag? Was steht denn in dem?"
    c) Herr König: „Hoffentlich gibt es bald einen neuen Tarifvertrag, sonst können die Arbeitgeber doch im Moment mit uns machen, was sie wollen!"
    d) Herr Bauer: „Ich bin dafür, wir zeigen den Arbeitgebern gleich mal unsere Stärke. Lasst uns ab morgen streiken!"
    e) Frau Schulz: „Könnte nicht der Staat ein Machtwort sprechen?"
    f) Herr Berger: „Mir ist das sowieso egal. Ich bin nicht in der Gewerkschaft, also gilt der Tarifvertrag für mich überhaupt nicht!"
    g) Der Inhaber des Supermarktes Meier: „Ich finde, ihr von der Gewerkschaft solltet euch lieber zurückhalten, sonst sperre ich ab morgen die ersten Mitarbeiter aus!"

18. Im Rahmen der Veranstaltung zeigt sich, dass viele Mitarbeiter überhaupt nicht wissen, welchen Inhalt eine Betriebsvereinbarung hat und für wen sie gültig ist. Klären Sie darüber auf.

Test → **Tarifvertrag**

Punkte

1 Wer sind die Vertragspartner beim Abschluss eines Tarifvertrages? — 1

2 Was ist ein Tarifvertrag? — 1

3 Wie unterscheidet sich der Manteltarifvertrag vom Lohn- und Gehaltstarifvertrag? Stellen Sie anhand einer Gegenüberstellung zwei Unterscheidungsmerkmale heraus. — 2

4 Was versteht man unter einem Ecklohn und welche Bedeutung kommt diesem zu? — 2

5 Was bedeutet Tarifautonomie? — 1

6 Erläutern Sie, was man unter Allgemeinverbindlichkeit versteht. — 1

7 Nennen Sie je zwei Vorteile, die sich aus dem Abschluss eines Tarifvertrages für Arbeitgeber und Arbeitnehmer ergeben. — 4

Punktesumme → 12

Notenermittlung: Kreuzen Sie Ihr Ergebnis an (Korrekturanleitung: siehe Lösung).

Punkte ➤	12	11	10	9	8	7	6	5	4	3	2	1
Note ➤	1,0	1,5	2,0	2,5	3,0	3,5	4,0	4,5	5,0	5,5	6,0	6,0
1. Versuch ➤												
2. Versuch ➤												
3. Versuch ➤												

Test → **Arbeitskampf**

Punkte

1 Bei einer Stammtischrunde im Gasthaus „Schwarzer Adler" wird über die vergangene Lohntarifrunde diskutiert. Dabei werden folgende Begriffe genannt:

- Streik
- Aussperrung

Erklären Sie diese Begriffe. — 3

2 Nennen Sie zwei mögliche Streitpunkte bei Tarifverhandlungen. — 1

3 Erläutern Sie die Begriffe Schwerpunktstreik und Flächenstreik. — 2

4 Wann liegt ein wilder Streik vor? — 1

5 Welche Rechtsfolge kann sich aus einem wilden Streik für die teilnehmenden Arbeitnehmer ergeben? — 1

6 Welche Voraussetzungen müssen erfüllt sein, bevor es zum Streikaufruf der Gewerkschaft kommt? — 1

7 Welches Hauptziel wird mit einem Schlichtungsverfahren verfolgt? — 1

8 Von wem erhalten die streikenden bzw. ausgesperrten Arbeitnehmer während des Arbeitskampfes ihren Lohn bzw. Gehalt? Nehmen Sie dazu Stellung. — 2

Punktesumme → 12

Notenermittlung: Kreuzen Sie Ihr Ergebnis an (Korrekturanleitung: siehe Lösung).

Punkte ➤	12	11	10	9	8	7	6	5	4	3	2	1
Note ➤	1,0	1,5	2,0	2,5	3,0	3,5	4,0	4,5	5,0	5,5	6,0	6,0
1. Versuch ➤												
2. Versuch ➤												
3. Versuch ➤												

5 Das System der sozialen Absicherung

5.1 Übersicht über die gesetzliche Sozialversicherung (Stand: 01/2019)

Stofftelegramm

Abkürzungen: **KV, RV, AV, UV, PV** = Kranken-, Renten-, Arbeitslosen-, Unfall-, Pflegeversicherung; **AN** = Arbeitnehmer; **AG** = Arbeitgeber; **W** = West; **O** = Ost; **BBG** = Beitragsbemessungsgrenze; **Z** = Zusatzbeitrag

	KV	RV	AV	PV	UV
Träger	AOK, Innungs-, Betriebs-, Ersatzkrankenkassen	Deutsche Rentenversicherung	Bundesagentur für Arbeit	Pflegekassen bei den Krankenkassen	Berufsgenossenschaften
Vers.-pfl.	alle AN bis Versicherungspflichtgrenze **5.062,50 EUR (W + O)**	alle AN, Azubis	– wie RV –	Mitglieder der gesetzl./ privaten Krankenkassen	alle Beschäftigten
BBG	Höhe: **4.537,50 EUR mtl. (W + O)**	**6.700,00 EUR mtl. (W)** **6.150,00 EUR mtl. (O)**	– wie RV –	– wie KV –	– entfällt –
Beiträge	bis BBG steigend ab BBG konstant	– wie KV –	– wie KV/RV –	– wie KV –	nach Unfallgefahren
	AN: 7,3 % + 1/2 Zusatzbeitrag AG: 7,3 % + 1/2 Zusatzbeitrag Spezialfall: **450-Euro-Jobs**	AG und AN je 9,3 %	– AG und AN je 1,25 % –	AG und AN je 1,525 %; Kinderlosenzuschlag 0,25 % zahlt AN allein	AG allein
Beitr.-satz	14,6 % (allgemeiner Beitragssatz)	18,6 %	2,5 %	3,05 % (Kinderlosenzuschlag 0,25 %, nur AN ab 23. Leb.jahr)	nach Unfallgefahren
LEISTUNGEN	• **Krankenhilfe:** Arzt-, Krankenhaus-, Arzneikosten; Krankengeld ab 7. Woche (70 % vom Bruttolohn); max. 90 % des Nettolohns • Vorsorgeuntersuchungen • Mutterschaftshilfe • Familienhilfe • Zuzahlung zu Arzneimitteln durch Versicherten	**Rentenzahlung:** • Rente w. Alters • Rente wegen Berufs- oder Erwerbsunfähigkeit • Witwen- und Waisenrente **Rehabilitationsmaßnahmen**	• Arbeitslosengeld I • Kurzarbeitergeld • Winterausfallgeld • Insolvenzausfallgeld • KV-Beiträge Arbeitsloser • Berufsberatung • Arbeitsvermittlung • Umschulungen • Förderung Einstieg in Selbstständigkeit (Gründerzuschuss) • Ein-Euro-Jobs (= Zusatzjobs) vermitteln • Vermittlung von schwer vermittelbaren Arbeitslosen an Personal-Service-Agenturen (PSA) • Bewerbungstraining • berufliche Rehabilitation	• **Häusliche Pflege:** Sachleistung (Pflege durch Profis) bzw. Pflegegeld (bei Versorgung durch Angehörige) • **stationäre Pflege** • **Sonstige Leistungen:** Pflegehilfsmittel, technische Hilfen (z. B. Rollstühle), Zuschüsse zu notwendigen Umbauten, soziale Sicherung der Pflegepersonen • Leistungen je nach Pflegegrad	**Arbeitsunfallfolgen (auch Wegeunfälle):** • Krankenhilfe • Berufshilfe • Renten an Verletzte + Hinterbliebene **Unfallverhütung:** • Aufklärung • Belehrung • Überwachung

Hinweise zum Arbeitslosengeld I und II: Dauer der Zahlung

Arbeitslosengeld I
Dauer maximal: 12 Monate (ab 50 Jahre max. 15 Monate; ab 55 Jahre max. 18 Monate; ab 58 Jahre max. 24 Monate)

Arbeitslosengeld II
• Arbeitslosengeld II wird gezahlt, solange **Hilfebedürftigkeit** vorliegt und weitere Voraussetzungen, wie z. B. Erwerbsfähigkeit bzw. Altersgrenze erfüllt sind.
• laufende Überprüfung durch die Agenturen
• ALG II wird jeweils nur für maximal sechs Monate bewilligt.

5.2 Ergänzungen gesetzliche Krankenversicherung

Stofftelegramm

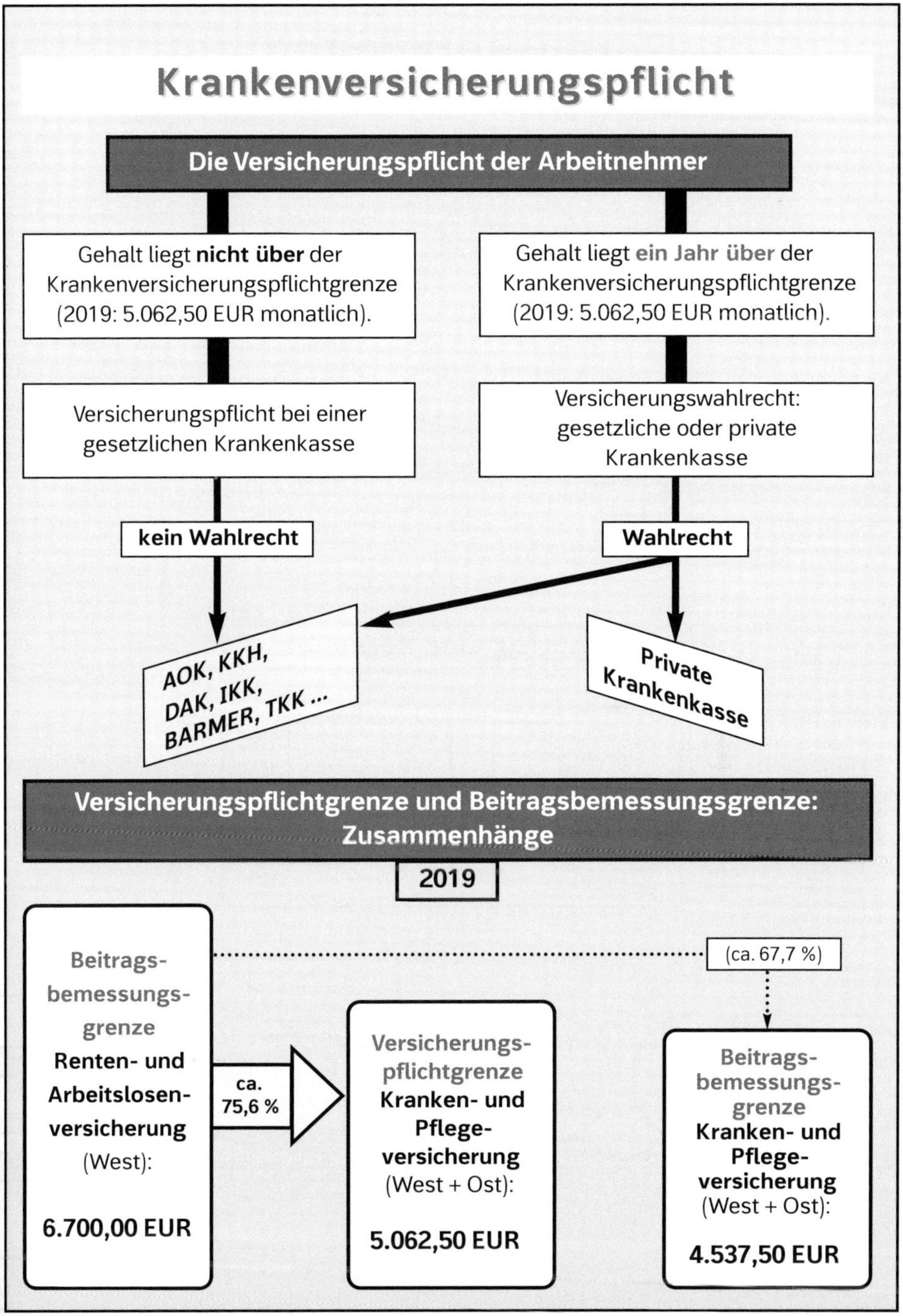

5.3 Ergänzungen gesetzliche Pflegeversicherung

Stofftelegramm

Voraussetzungen
für den Anspruch auf Leistungen aus der Pflegeversicherung

Wer **krankenversichert** ist, ist automatisch **pflegeversichert.** (= 98 % der Bevölkerung)

bestehendes Versicherungsverhältnis

Vorversicherungszeit (5 Jahre in letzten 10 Jahren)

Pflegegutachten + **Bescheid**

Feststellung der **Pflegebedürftigkeit**

Pflegebedürftig sind Personen, die ...

- gesundheitlich bedingte Beeinträchtigungen der **Selbstständigkeit** oder der **Fähigkeiten** aufweisen.
- körperlich, kognitiv oder psychisch **beeinträchtigt** oder **gesundheitlich** bedingt **belastet** sind oder Anforderungen nicht selbstständig kompensieren oder bewältigen können.
- in festgelegten **Modulen (Lebensbereichen)** der Hilfe bedürfen.
- Bedarf an Hilfe **auf Dauer** (voraussichtlich für mindestens **sechs Monate**) haben.

Modul 1: Mobilität

Modul 2: kognitive und kommunikative Fähigkeiten

Modul 3: Verhaltensweisen und psychische Problemlagen

Modul 4: Selbstversorgung

Modul 5: Bewältigung von und selbstständiger Umgang mit krankheitsbedingten Anforderungen und Belastungen

Modul 6: Gestaltung des Alltagslebens und sozialer Kontakte

Kriterien bei der Begutachtung zur Feststellung der Pflegebedürftigkeit (§ 14 Abs. 2, § 15 Abs. 2, Anlage 1 zu § 15, § 18 Abs. 5a SGB XI)

Gewichtung: 10 %

Modul 1: Mobilität

- Position im Bett ändern
- stabile Sitzposition halten
- innerhalb des Wohnbereichs fortbewegen
- Treppensteigen

Gewichtung: zusammen 15 %

Modul 2: kognitive und kommunikative Fähigkeiten

- Personen aus dem näheren Umfeld erkennen
- örtliche und zeitliche Orientierung haben
- Erinnerung an wichtige Ereignisse
- Entscheidungen im Alltagsleben treffen
- Risiken und Gefahren erkennen
- elementare Bedürfnisse mitteilen
- an einem Gespräch beteiligen

Modul 3: Verhaltensweisen und psychische Problemlagen

- nächtliche Unruhe
- selbst schädigendes und autoaggressives Verhalten
- Beschädigung von Gegenständen
- physisch aggressives Verhalten gegenüber Anderen
- verbale Aggression u. a. gegenüber Pflegepersonen
- Ängste, Antriebslosigkeit bei depressiver Stimmung
- sozial inadäquate Verhaltensweisen

Gewichtung: 40 %

Modul 4: Selbstversorgung

- Waschen des vorderen Oberkörpers
- Duschen und Baden, Waschen der Haare
- An- und Auskleiden des Oberkörpers
- mundgerechtes Zubereiten der Nahrung
- Essen und Trinken, Eingießen von Getränken
- eine Toilette oder einen Toilettenstuhl benutzen
- Folgen einer Stuhlinkontinenz bewältigen ...

Gewichtung: 20 %

Modul 5: Bewältigung von und selbstständiger Umgang mit krankheitsbedingten Anforderungen und Belastungen

- Medikation, Injektionen ...
- Verbandwechsel und Wundversorgung
- Einmalkatheterisierung, Nutzung Abführmethoden
- Arztbesuche und Besuch anderer medizinischer oder therapeutischer Einrichtungen

Gewichtung: 15 %

Modul 6: Gestaltung des Alltagslebens und sozialer Kontakte

- Tagesablauf gestalten, an Veränderungen anpassen
- Ruhen und Schlafen
- Sichbeschäftigen
- mit Personen im direkten Kontakt interagieren
- Kontakte pflegen zu Personen außerhalb des direkten Umfeldes

zwei zusätzliche Lebensbereiche

Modul 7: außerhäusliche Aktivitäten

- Bereich der Wohnung oder Einrichtung verlassen
- öffentliche Verkehrsmittel im Nahverkehr nutzen
- an kulturellen, religiösen oder sportlichen Veranstaltungen teilnehmen
- Besuch von sonstigen Einrichtungen

Modul 8: Haushaltführung

- für den täglichen Bedarf einkaufen
- einfache Mahlzeiten zubereiten
- einfache Aufräum- und Reinigungsarbeiten
- mit finanziellen Angelegenheiten umgehen
- Umgang mit Behördenangelegenheiten

Die Pflegegrade (Sie bestimmen die Leistungshöhe.)

1 **geringe** Beeinträchtigung der Selbstständigkeit oder der Fähigkeiten (nur für neu eingestufte Personen)

2 **erhebliche** Beeinträchtigung der Selbstständigkeit oder der Fähigkeiten

3 **schwere** Beeinträchtigung der Selbstständigkeit oder der Fähigkeiten

4 **schwerste** Beeinträchtigung der Selbstständigkeit oder der Fähigkeiten

5 **schwerste** Beeinträchtigung der Selbstständigkeit oder der Fähigkeiten **mit besonderen Anforderungen an die pflegerische Versorgung**

Leistungen der Pflegeversicherung

ambulante Pflege (Pflegesachleistungen)	Angehörigenpflege (Pflegegeld)	Heimpflege (stationär)

Erläuterung zu Pflegesachleistungen: Versicherte nehmen die Hilfe eines ambulanten Pflegedienstes in Anspruch. Ambulante Sachleistungen können auch mit dem Pflegegeld kombiniert werden. Geräte und Sachen (Pflegehilfsmittel), die zur häuslichen Pflege notwendig sind, sie erleichtern etc. oder eine selbstständigere Lebensführung ermöglichen, werden i. d. R. zur Verfügung gestellt (evtl. Zuzahlung). Die Kosten für Verbrauchsprodukte in Höhe von bis zu 40,00 EUR pro Monat werden von der Pflegekasse erstattet (z. B. Einmalhandschuhe, Desinfektionsmittel oder Betteinlagen).

Maximalleistungen

Pflegegrade	ambulante Pflege (Pflegesachleistung)	Angehörigenpflege (Pflegegeld)	Heimpflege (stationär)
1	0,00 EUR	0,00 EUR	125,00 EUR
2	689,00 EUR	316,00 EUR	770,00 EUR
3	1.298,00 EUR	545,00 EUR	1.262,00 EUR
4	1.612,00 EUR	728,00 EUR	1.775,00 EUR
5	1.995,00 EUR	901,00 EUR	2.005,00 EUR

§ 45b SGB: Für alle Pflegegrade (Pflegebedürftige in häuslicher Pflege) gilt außerdem ein einheitlicher **Entlastungsbetrag** von je 125,00 EUR.

5.4 Ergänzungen gesetzliche Rentenversicherung

Stofftelegramm

- **„Meldung zur Sozialvers.“:** Der Meldevordruck ist ein Dreifach-Durchschreibesatz.
- **Generationenvertrag:** Die beitragszahlende Generation sichert mit ihren Beiträgen die Renten der Renten empfangenden Generation.
- **Rentenhöhe:** abhängig von
  - **Lebenseinkommen:** Summe aller Bruttoarbeitsentgelte
  - **Anrechnungsfähige Versicherungsjahre:**
    Beitragszeiten
    \+ Berücksichtigungszeiten (Kindererziehungs-, Pflegezeiten)
    \+ Anrechnungszeiten (Ausbild.zeit max. 3 Jahre; Krankheits-, Schwangerschafts-, Arbeitslosigkeits-, Schlechtwetterzeiten)
    \+ Ersatzzeiten (Kriegsdienstzeiten)
    \+ Zurechnungszeiten (bei sehr früher Erwerbsunfähigkeit)
  - **durchschnittliche Arbeitsverdienste aller Arbeitnehmer**
  - **Steigerungssatz**
- **Rentendynamisierung:** Rentenanpassung an allgemeine Lohnentwicklung
- **Rente wegen Alters:**
  - Normale Altersrente: mit 65, schrittweise Erhöhung für nach 1946 Geborene, ab Geburtsjahrgang 1964 mit 67
  - Vorzeitige Inanspruchnahme: gegen dauerhaften Abzug (ca. 0,3 % für jeden Monat früherer Inanspruchnahme)
    Teilrente: Auch nur teilweise vorzeitige Verrentung (z. B. 40 %) möglich (Flexirentengesetz). Es gelten jedoch Hinzuverdienstgrenzen.
  - Sonderregelungen: z. B. für Schwerbehinderte, besonders langjährig Versicherte, vor 1952 geborene Frauen, Altersteilzeit

5.5 Ergänzungen gesetzliche Arbeitslosenversicherung

Stofftelegramm

	Arbeitslosengeld I	Arbeitslosengeld II
Voraus-setzungen	1. Antragsteller arbeitslos 2. Arbeitslosmeldung beim Arbeitsamt 3. Antragstellung beim Arbeitsamt 4. verfügbar zur Arbeitsvermittlung 5. innerhalb der letzten drei Jahre mindestens 360 Tage beitragspflichtig beschäftigt	• Voraussetzungen 1 bis 4 des Arbeitslosengeldes sind erfüllt • kein Anspruch (mehr) auf Arbeitslosengeld • Bedürftigkeit
Höhe	67 % vom letzten Nettoverdienst (Kinderlose: 60 %)	Regelleistung: 424,00 EUR + Leistungen f. Unterkunft und Heizung
Dauer	maximal zwölf Monate (ab 55 Jahre max. 18 Monate; ab 58 Jahre max. 24 Monate)	zeitlich unbegrenzt; Bewilligung jeweils für max. sechs Monate
Finanzierung	aus Beitragszahlungen	aus Steuergeldern
Sperrzeiten bzw. **Absenkung/Wegfall**	Verkürzung der Dauer des AL-Geldbezugs u. a. bei Arbeitsablehnung, unzureichenden Eigenbemühungen, Meldeversäumnis, Arbeitsaufgabe (= **Sperrzeit**)	**Absenkung bzw. Wegfall:** z. B. bei Ablehnung einer zumutbaren Arbeit oder Eingliederungsmaßnahme, bei Pflichtverletzung

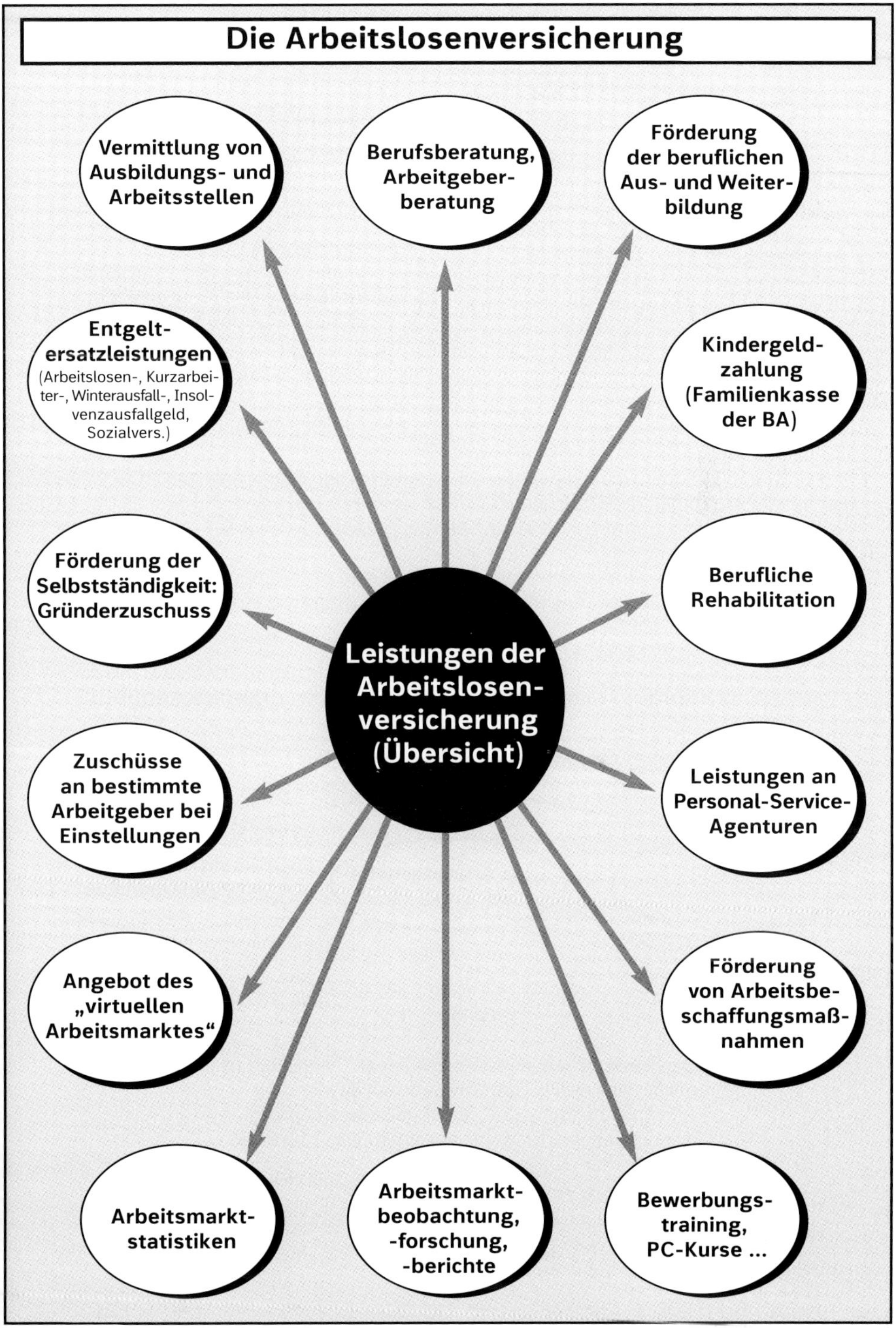
Die Arbeitslosenversicherung
Leistungen der Arbeitslosenversicherung (Übersicht)
Vermittlung von Ausbildungs- und Arbeitsstellen
Berufsberatung, Arbeitgeberberatung
Förderung der beruflichen Aus- und Weiterbildung
Entgeltersatzleistungen (Arbeitslosen-, Kurzarbeiter-, Winterausfall-, Insolvenzausfallgeld, Sozialvers.)
Kindergeldzahlung (Familienkasse der BA)
Förderung der Selbstständigkeit: Gründerzuschuss
Berufliche Rehabilitation
Zuschüsse an bestimmte Arbeitgeber bei Einstellungen
Leistungen an Personal-Service-Agenturen
Angebot des „virtuellen Arbeitsmarktes“
Förderung von Arbeitsbeschaffungsmaßnahmen
Arbeitsmarktstatistiken
Arbeitsmarktbeobachtung, -forschung, -berichte
Bewerbungstraining, PC-Kurse ...

Definition der Arbeitslosigkeit nach dem Sozialgesetzbuch

Arbeitslos ist, wer ...

- ... **keine Beschäftigung** hat (weniger als 15 Wochenstunden).
- ... Arbeit **sucht** (sich bemüht, seine Arbeitslosigkeit zu beenden).
- ... dem Arbeitsmarkt **zur Verfügung** steht.
- ... arbeitslos **gemeldet** ist.

Nach dieser Definition sind laut Bundesagentur für Arbeit (Monatsbericht März 2005) nicht alle erwerbsfähigen Hilfebedürftigen als arbeitslos zu zählen. Wichtige Beispiele:

1. Beschäftigte Personen, die mindestens 15 Stunden in der Woche arbeiten, aber wegen zu geringem Einkommen bedürftig nach dem Sozialgesetzbuch II sind und deshalb Arbeitslosengeld II erhalten, werden **nicht als arbeitslos** gezählt.

2. Erwerbsfähige hilfsbedürftige Personen, die keine Arbeit aufnehmen können, weil sie kleine Kinder erziehen oder Angehörige pflegen, erhalten Arbeitslosengeld II; sie werden **nicht als arbeitslos** gezählt, weil sie für die Arbeitsaufnahme nicht verfügbar sein müssen.

Anspruchsvoraussetzungen für den Bezug von Arbeitslosengeld

Arbeitslosengeld erhält, wer ...

- ... **arbeitslos** ist (siehe oben).
- ... die **Anwartschaftszeit** erfüllt hat.
- ... sich persönlich arbeitslos **gemeldet** hat.

Grundsatz

Die Anwartschaftszeit ist erfüllt, wenn der Betroffene in den letzten drei Jahren **(Dreijahresfrist)** vor der Arbeitslosmeldung und der eingetretenen Arbeitslosigkeit mindestens 12 Monate in einem Versicherungspflichtverhältnis gestanden hat.

5.6 Ergänzungen gesetzliche Unfallversicherung

Stofftelegramm

Die Träger der gesetzlichen Unfallversicherung

- Gewerbliche Berufsgenossenschaften →
- Unfallversicherungsträger der öffentlichen Hand →
- Landwirtschaftliche Berufsgenossenschaften

Spitzenverband: **Deutsche Gesetzliche Unfallversicherung** (DGUV)

Beiträge

- **Zahlung** durch **Unternehmer** allein
- **Beitragshöhe** abhängig von: **Finanzbedarf, Unfallrisiko, Lohnsumme**

Versicherungspflichtige

- Beschäftigte
- Auszubildende
- Schüler, Studenten
- Kinder in Kitas
- Pflegepersonen
- Landwirte
- Arbeitslose
- Haushaltshilfen

Versicherungsfreie

- Beamte
- Richter
- Berufssoldaten

freiwillig Versicherte

Unternehmer und mitarbeitende Ehegatten

Versicherungsschutz

Arbeitsunfall – Wegeunfall – Berufskrankheit – Kita-, Schul-, Hochschulunfall

Aufgaben + Leistungen der Unfallversicherungsträger

Prävention	Heilbehandlung/Reha	Finanzielle Leistungen
• Erlass von Unfallverhütungsvorschriften • Unternehmensberatung • Sicherungsbeauftragte	• ärztl. Behandlung • Behandlung Krankenhaus + Reha-Zentren • Berufsvorbereitung	• Verletztengeld • Übergangsgeld • Renten • Sterbegeld

5.7 Probleme der gesetzlichen Sozialversicherung

Stofftelegramm

Rentenversicherung

- Altersquotient (Rentner/-innen : Erwerbsfähige) steigt (Gesellschaft altert = demografischer Wandel)
- Auf die Beitragszahler kommen immer mehr Rentenbezieher durch:
  - längere Ausbildung
  - späterer Eintritt ins Erwerbsleben
  - Zunahme von Teilzeitarbeit
  - Trend zur Selbstständigkeit (immer mehr freie Mitarbeiter/-innen, Telearbeitsplätze ...)
  - Verringerung der Erwerbsquote der über 50-Jährigen
  - durchschnittl. Rentenbezugsdauer steigt (höhere Lebenserwartung)
  - Verkürzung der Lebensarbeitszeit
  - sinkende Beitragseinnahmen in Wirtschaftsflauten

→ Die Beschäftigten müssen für immer mehr Rentner/-innen aufkommen.

→ Sozialausgaben übersteigen Beitragseinnahmen.

Folgen:

- Leistungseinschränkungen bzw.
- Beitragserhöhungen bzw.
- Verlagerung auf private Altersvorsorge

Krankenversicherung

- Hohe Ausgabensteigerungen im Gesundheitswesen:

  steigende
  - Krankenhauskosten,
  - Kosten für Medikamente,
  - Kosten für Ärzte
- sinkende Beitragseinnahmen in Wirtschaftsflauten

Arbeitslosenversicherung

bei steigender Arbeitslosigkeit → Ausgaben für Arbeitslosengelder steigen

Pflegeversicherung

- steigende Zahl der Pflegebedürftigen aufgrund höherer Lebenserwartung
- zunehmende Entstehung von Ein-Personen-Haushalten (→ weniger Pflege durch Familienangehörige)

Unfallversicherung

- Finanzierung durch Beiträge der Arbeitgeber
- Beiträge abhängig v. a. von der Unfallgefahr im jeweiligen Betrieb

→ Einnahmen decken Ausgaben.

Wichtig: Zusätzlich private Vorsorgemaßnahmen treffen! (s. u.)

5.8 Das Dreischichtenmodell der Altersvorsorge

Stofftelegramm

Mit Rentenlücke bzw. Versorgungslücke wird der Prozentanteil oder Betrag bezeichnet, um den das letzte monatliche Netto-Einkommen vor Renteneintritt die spätere gesetzliche Altersrente übersteigt. Das Rentenniveau wird 2030 nur noch bei knapp 50 % des letzten Nettogehalts liegen (Schätzung!).
Gegen das zu starke Absinken der verfügbaren Finanzmittel muss vorgesorgt werden, z. B. durch betriebliche und private Vorsorgemaßnahmen.

3	**Kapitalanlageprodukte = private Vorsorge**	private Kapitalanlagen und Rentenversicherungen, die nicht zwingend für die Altersvorsorge genutzt werden müssen Bsp.: klassische private Rentenversicherung, Kapitallebensversicherung
2	**Zusatzversorgung = staatlich geförderte Altersvorsorge**	• betriebliche Altersversorgung • „Riester-Rente" (hohe staatliche Förderung!)
1	**Basisversorgung**	• gesetzliche Rente • private Basisrente („Rürup")

Als weitere Altersabsicherung wird auch der Erwerb von Immobilien gesehen. Der große Vorteil: Mit einer Eigentumswohnung oder einem Eigenheim hat man bereits lange vor dem Alter einen Nutzen.

5.9 Aufgaben zu den Kapiteln 5.1–5.8

1. Nennen Sie a) die Zweige, b) die Träger der Sozialversicherung.
2. Welche Bedeutung hat die Beitragsbemessungsgrenze für die einzelnen Sozialversicherungsarten?
3. Wer ist sozialversicherungspflichtig (wesentliche Gruppen)?
4. Wer führt die Sozialversicherung an welche Institutionen ab?
5. Nennen Sie die wesentlichen Leistungen der Sozialversicherungen.
6. Wer muss den Arbeitnehmer zur Sozialversicherung melden?
7. Welche Folgen hat es, wenn ein Arbeitgeber es versäumt, einen neuen Arbeitnehmer bei der Krankenkasse anzumelden?
8. Der kaufmännische Angestellte Schlapp ist sieben Wochen krank. Wovon lebt er in dieser Zeit?
9. Unterscheiden Sie die Begriffe Arbeitslosengeld I und Arbeitslosengeld II.
10. a) Heidi Sonne kündigt fristgemäß, um eine halbjährige Südseereise zu unternehmen. Die Finanzierung soll über das Arbeitslosengeld gesichert werden. Nehmen Sie Stellung.

b) Eugen Schott kündigt fristgemäß, weil ihm das Arbeitsklima bei Teufel & Co. nicht behagt. Beurteilen Sie, ob sein Antrag auf Arbeitslosengeld erfolgreich sein wird.
c) Schott möchte gegen den Bescheid des Arbeitsamtes klagen. Welches Gericht ist zuständig

11. Nico Schlau erhält als DV-Spezialist ein Gehalt von 5.000,00 EUR. Da er ein großes Vermögen besitzt, ist er weder auf eine spätere Rente noch auf Arbeitslosengeld im Falle eine Arbeitslosigkeit angewiesen. Zudem fühlt er sich kerngesund. Er will alle Sozialversicherungen kündigen. Ist dies möglich? Begründung.

12. Erklären Sie kurz folgende Begriffe:
a) Meldung zur Sozialversicherung
b) Generationenvertrag
c) Rentendynamisierung
d) anrechnungsfähige Versicherungsjahre

13. a) Wovon hängt die Höhe der Rente ab?
b) Begründen Sie die Notwendigkeit einer zusätzlichen Altersvorsorge.
c) Beschreiben Sie das Dreischichtenmodell der Altersvorsorge.

14. Unter welchen Voraussetzungen können die Leistungen der gesetzlichen Unfallversicherung in Anspruch genommen werden?

15. Worin unterscheiden sich Sozial- und Individualversicherung?

16. Wann zahlt der Arbeitgeber die Sozialversicherungsbeiträge allein?

17. Was versteht man unter Selbstverwaltung?

18. Welcher Versicherungsträger erbringt in folgenden Fällen welche Leistung?
a) Der Angestellte Schlotter bleibt wegen Schüttelfrost auf ärztlichen Rat hin fünf Tage zu Hause.
b) Ein 50-jähriger Prokurist, der eine Frau und drei Kinder hinterlässt, stirbt.
c) Der 55-jährige Angestellte Hupf tritt auf dem Heimweg von der Arbeit in einen Pferdeapfel, fällt und bricht sich dabei drei Finger und das Nasenbein. Er nimmt ärztliche Behandlung in Anspruch.
d) Ein Angestellter kann nach einem privaten Autounfall seinen Beruf nicht mehr ausüben
e) Ein Arbeiter kann nach einem privaten Autounfall seinen Beruf nicht mehr ausüben.
f) Ein 65-jähriger Angestellter begibt sich in den Ruhestand.
g) Die 25-jährige Arbeiterin Nina Friedlein kündigt fristlos, weil sie die ständigen Beleidigungen ihres Chefs nicht länger hinnehmen will.
h) Ein Angestellter erkrankt schwer und ist zukünftig in keiner Weise mehr arbeitsfähig.

19. Nennen Sie die wesentlichen Probleme der gesetzlichen Sozialversicherung.

Test → Sozialversicherung

Punkte

1 Nennen Sie die fünf Zweige der Sozialversicherung und deren Träger. — 5

2 Wer bezahlt die Beiträge zu den einzelnen Versicherungen? — 1

3 Nennen Sie für jeden Zweig der Sozialversicherung je zwei wesentliche Leistungen. — 5

4 Erläutern Sie die Bedeutung der Beitragsbemessungsgrenze für die einzelnen Zweige der Sozialversicherung. — 4

5 Erklären Sie den Begriff „Generationenvertrag“. — 1

6 Unterscheiden Sie die Begriffe Arbeitslosengeld I und Arbeitslosengeld II. — 4

Punktesumme → 20

Notenermittlung: Kreuzen Sie Ihr Ergebnis an (Korrekturanleitung: siehe Lösung).

Punkte:	20	19	18	17	16	15	14	13	12	11	10	9	8	7	6	5	4	3
Note:	1,0	1,3	1,6	1,9	2,2	2,5	2,7	3,0	3,3	3,6	3,9	4,2	4,5	4,8	5,1	5,4	5,7	6,0
1. Versuch:																		
2. Versuch:																		
3. Versuch:																		

5.10 Exkurs: Die Gehaltsabrechnung: Fälle und Lösungen (Stand: 01/2019)

Stofftelegramm

Solidaritätszuschlag
- **5,5 % der Lohn- bzw. Einkommensteuer**
- **s. u. „Annahmen“**

Kirchensteuer
- Bad.-Württ. und Bayern jeweils **8 %** der Lohn- bzw. Einkommensteuer
- restliche Länder jeweils **9 %**
- **s. u. „Annahmen“**

Rentenversicherung
- **Beitragssatz 18,6 %** (Arbeitnehmeranteil 9,3 %)
- **Beitragsbemessungsgrenze 6.700,00 EUR/80.400,00 EUR (W)**
  6.150,00 EUR/73.800,00 EUR (O)

Arbeitslosenversicherung
- **Beitragssatz**: **2,5 %** (AN-Anteil 1,25 %)
- **Beitragsbemessungsgrenze** wie bei Rentenversicherung

Krankenversicherung
- Allgemeiner **Beitragssatz: 14,6 %** des sozialversicherungspflichtigen Gehalts; **kassenindividueller Zusatzbeitrag** (Z)
  → **AN-Anteil = 7,3 % + ½ Z; AG-Anteil = 7,3 % + ½ Z**
- **Beitragsbemessungsgrenze: 4.537,50 EUR/54.450,00 EUR (W + O)**
- **Versicherungspflichtgrenze: 5.062,50 EUR/60.750,00 EUR (W + O)**

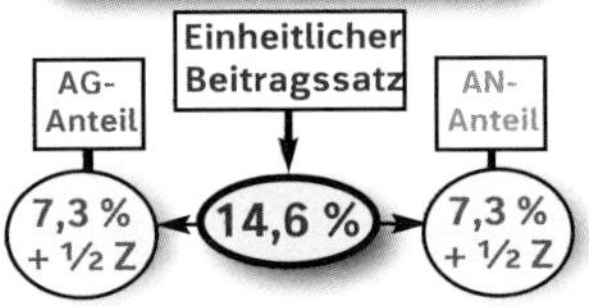

Pflegeversicherung
- **Beitragssatz: 3,05 %** des sozialvers.pflichtigen Gehalts, AN und AG je 1,525 % (Kinderlose ab 23 Jahre zahlen Zuschlag von 0,25 Prozentpunkten ohne Arbeitgeberanteil.); in Sachsen andere Sätze
- **Bemessungsgrenzen** wie bei der Krankenversicherung

Übungen zur Gehaltsabrechnung für Ost- und Westdeutschland in Euro:

Annahmen:
- Krankenversicherungssatz (inkl. Zusatzbeitrag): 15,6 %; alle Arbeitnehmer haben Kinder (also kein Kinderlosenzuschlag bei der Pflegeversicherung)
- Die Lohnsteuerbeträge wurden unterstellt; sie sind letztlich von der Lohnsteuerklasse abhängig.
- vermögenswirksames Sparen jeweils 40,00 EUR
- vermögenswirksame Leistung des Arbeitgebers jeweils 20,00 EUR
- Aus Vereinfachungsgründen wurde vernachlässigt, dass der **Solidaritätszuschlag** erst ab einer bestimmten Einkunftshöhe berechnet wird und der 5,5 %-Zuschlag erst ab höheren Einkünften voll zum Tragen kommt. Ähnliches gilt bei der **Kirchensteuer** . Anhand der Kopiervorlagen kann unter Anwendung der Lohnsteuertabellen und der Angabe von Steuerklassen auch mit exakten Zahlen gerechnet werden.
- **Pflegeversicherungssatz** (Arbeitnehmeranteil): 1,525 %

	Fall 1	Fall 2	Fall 3	Fall 4
Bruttogehalt:	2.500,00 EUR	3.000,00 EUR	5.000,00 EUR	6.800,00 EUR
Lohnsteuer (unterstellt):	250,00 EUR	400,00 EUR	800,00 EUR	1.600,00 EUR
Kirchensteuersatz:	8 % (Ost 9 %)	8 % (Ost 9 %)	8 % (Ost 9 %)	8 % (Ost 9 %)
Vorschussverrechnung:	–	–	500,00 EUR	–

Aufgabe: Erstellen Sie die Gehaltsabrechnungen jeweils für die alten und neuen Bundesländer.

Hinweis: Nur in Baden-Württemberg und Bayern beträgt der Kirchensteuersatz 8 %, ansonsten bundesweit 9 %.

Abkürzungen: **vL-AG** = vermögenswirksame Leistung des Arbeitgebers
SolZ = Solidaritätszuschlag
KiSt. = Kirchensteuer
RV, KV, PV, AV = Renten-, Kranken-, Pflege-, Arbeitslosenversicherung
vS = vermögenswirksames Sparen
st + sv Gehalt = steuer- und sozialversicherungspflichtiges Gehalt

Lösung Fall 1		West (in Euro)		Ost (in Euro)
Bruttogehalt		**2.500,00**		**2.500,00**
+ vL-AG		20,00		20,00
= st + sv Gehalt		2.520,00		2.520,00
– Lohnsteuer		250,00		250,00
– SolZ	(5,5 % v. 250,00)	13,75		13,75
– KiSt.	(8,0 % v. 250,00)	20,00	(9 % v. 250,00)	22,50
– KV	(7,8 % v. 2.520,00)	196,56		196,56
– RV	(9,3 % v. 2.520,00)	234,36		234,36
– AV	(1,25 % v. 2.520,00)	31,50		31,50
– PV	(1,525 % v. 2.520,00)	38,43		38,43
= Nettogehalt		1.735,40		1.732,90
– vS		40,00		40,00
= Überweisungsbetrag		**1.695,40**		**1.692,90**

Beim **KiSt.-Satz** von **9 %** (**West**) gelten in den **Fällen 1 und 2** die Abrechnungen **Ost.**

Lösung Fall 2		West (in Euro)		Ost (in Euro)
Bruttogehalt		**3.000,00**		**3.000,00**
+ vL-AG		20,00		20,00
= st + sv Gehalt		3.020,00		3.020,00
– Lohnsteuer		400,00		400,00
– SolZ	(5,5 % v. 400,00)	22,00		22,00
– KiSt.	(8,0 % v. 400,00)	32,00	(9 % v. 400,00)	36,00
– KV	(7,8 % v. 3.020,00)	235,56		235,56
– RV	(9,3 % v. 3.020,00)	280,86		280,86
– AV	(1,25 % v. 3.020,00)	37,75		37,75
– PV	(1,525 % v. 3.020,00)	46,06		46,06
= Nettogehalt		1.965,77		1.961,77
– vS		40,00		40,00
= Überweisungsbetrag		**1.925,77**		**1.921,77**

Lösung Fall 3		West (in Euro)		Ost (in Euro)
Bruttogehalt		**5.000,00**		**5.000,00**
+ vL-AG		20,00		20,00
= st + sv Gehalt		5.020,00		5.020,00
– Lohnsteuer		800,00		800,00
– SolZ	(5,5 % v. 800,00)	44,00		44,00
– KiSt.	(8,0 % v. 800,00)	64,00	(9 % v. 800,00)	72,00
– KV	(7,8 % v. 4.537,50)	353,93		353,93
– RV	(9,3 % v. 5.020,00)	466,86		466,86
– AV	(1,25 % v. 5.020,00)	62,75		62,75
– PV	(1,525 % v. 4.537,50)	69,20		69,20
= Nettogehalt		**3.159,26**		**3.151,26**
– vS		40,00		40,00
– Vorschuss		500,00		500,00
= Überweisungsbetrag		**2.619,26**		**2.611,26**

Beim **KiSt.-Satz** von **9 %** (**West**) gilt im **Fall 3** die Abrechnung **Ost.**

Beim **KiSt.-Satz** von **9 %** (**West**) ergäben sich im **Fall 4** folgende Werte:
- Kirchensteuer: 9 % von 1.600,00 EUR = 144,00 EUR
- Nettogehalt somit: 3.858,02 EUR
- Überweisungsbetrag somit: 3.818,02 EUR

Lösung Fall 4		West (in Euro)		Ost (in Euro)
Bruttogehalt		**6.800,00**		**6.800,00**
+ vL-AG		20,00		20,00
= st + sv Gehalt		6.820,00		6.820,00
– Lohnsteuer		1.600,00		1.600,00
– SolZ	(5,5 % v. 1.600,00)	88,00		88,00
– KiSt.	(8,0 % v. 1.600,00)	128,00	(9 % v. 1.600,00)	144,00
– KV	(7,8 % v. 4.537,50)	353,93		353,93
– RV	(9,3 % v. 6.700,00)	623,10	(9,3 % v. 6.150,00)	571,95
– AV	(1,25 % v. 6.700,00)	83,75	(1,25 % v. 6.150,00)	76,88
– PV	(1,525 % v. 4.537,50)	69,20		69,20
= Nettogehalt		**3.874,02**		**3.916,04**
– vS		40,00		40,00
= Überweisungsbetrag		**3.834,02**		**3.876,04**

6 Prüfungsaufgaben Kompetenzbereich I

Prüfungsaufgaben Winter 2014/2015 (Aufgabe 1, verändert)

Sie sind Mitarbeiter/-in bei der Steigmüller GmbH in Sinsheim und derzeit in der Personalabteilung eingesetzt.

1.1 Ihr Vorgesetzter Herr Remo hat gerade einige Vorstellungsgespräche mit Bewerbern für einen Ausbildungsplatz geführt. Sie erhalten von ihm folgende E-Mail:

Von:	richard.remo@steigmueller-gmbh.de
An:	mitarbeiter@steigmueller-gmbh.de
Betreff:	Fertigstellung Ausbildungsvertrag Felicitas Fleißig

Liebe/-r Mitarbeiter/-in,

zum 01.09.2015 wird Frau Felicitas Fleißig als neue Auszubildende eingestellt. Da keine Tarifbindung besteht, habe ich mit Frau Fleißig eine anfängliche Ausbildungsvergütung von 650,00 EUR vereinbart, die jedes Jahr um 20 % steigen soll. Eine Ausbildungszeitverkürzung ist nicht vorgesehen.

Anbei sende ich Ihnen den bereits teilweise ausgefüllten Ausbildungsvertrag für Frau Fleißig. Ergänzen Sie bitte die noch fehlenden Angaben (Ausbildungszeit, Probezeit, Ausbildungsvergütung und Urlaubstage). Wählen Sie dabei stets die für unser Unternehmen vorteilhafteste Regelung.

Mit freundlichen Grüßen

Richard Remo

(Personalleiter – Steigmüller GmbH)

Bearbeiten Sie den Arbeitsauftrag des Personalleiters Herrn Remo (siehe obige E-Mail). Nutzen Sie hierfür die **Anlagen 1** und **2**.

1.2 Da der Personalleiter Herr Remo zum Zeitpunkt der Vertragsunterzeichnung geschäftlich verreist ist, bittet er Sie, das entsprechende Einstellungsgespräch zu führen und die Vertragsunterzeichnung mit Frau Felicitas Fleißig vorzunehmen.

1.2.1 Zur Vorbereitung auf dieses Gespräch stellen Sie stichwortartig die Rechte und Pflichten der Auszubildenden während deren Ausbildung zusammen (je drei Angaben).

1.2.2 Nachdem alle Vertragsdetails und Fragen geklärt wurden, ist nun der Zeitpunkt der Vertragsunterzeichnung gekommen. Der inzwischen vollständig ausgefüllte Vertrag wurde zuvor bereits vom Ausbildungsleiter Herrn Remo unterschrieben. Frau Fleißig unterschreibt den Vertrag ebenfalls. Beurteilen Sie, ob damit ein gültiger Ausbildungsvertrag abgeschlossen wurde.

1.3 Zu Ihren Aufgaben in der Personalabteilung gehört auch die Beratung der Mitarbeiter in vielfältigen Bereichen. Per E-Mail wendet sich Felix Neumann, der auf dem Weg zur Arbeit mit seinem Roller stürzte und ärztlich behandelt werden musste, an Sie. Beantworten Sie die folgende E-Mail:

Von:	felix.neumann@wep.de
An:	personal@steigmueller-gmbh.de
Betreff:	Unfall auf dem Weg zur Arbeit

Sehr geehrte Mitarbeiter der Personalabteilung,

mein Name ist Felix Neumann. Ich bin Mitarbeiter in der Logistikabteilung der Steigmüller GmbH. Als ich gestern mit meinem Roller zur Arbeit fuhr, stürzte ich in einer Kurve, da die Fahrbahn mit Öl verschmutzt war. Ich erlitt mehrere Knochenbrüche, Prellungen und muss voraussichtlich noch zwei Wochen im Krankenhaus bleiben. Eventuell muss ich danach sogar zur Reha.

Frage 1: Wer kommt für die Behandlungskosten und die eventuell notwendigen Rehabilitationsmaßnahmen auf? Einer der Krankenpfleger meinte, dass ich als Arbeitnehmer automatisch versichert sei. Stimmt das? Zahle ich dafür Versicherungsbeiträge?

Frage 2: Von meinem Gehalt werden monatlich Abzüge für die Sozialversicherungen vorgenommen. Welche Arten der Sozialversicherung sind das und welche Leistungen (jeweils ein Beispiel) kann ich erwarten? Vielen Dank!

Mit freundlichen Grüßen

Felix Neumann

Anlage 1

Berufsausbildungsvertrag

(§§ 10, 11 Berufsbildungsgesetz – BBiG)

Zwischen dem/der Ausbildenden (Ausbildungsbetrieb)
Öffentlicher Dienst ☐

KNR	IHK-Firmenident-Nr.	Tel.-Nr.
	47110815	07261/555

Ausbildungsbetrieb und Anschrift des/der Ausbildenden	Steigmüller GmbH
Straße, Haus-Nr.	Holzstraße 1
PLZ / Ort	74889 Sinsheim
E-Mail-Adresse des/der Ausbildenden (Angabe freiwillig)	ausbildung@steigmueller-gmbh.de
Verantwortliche/r Ausbilder/in	

und dem/der Auszubildenden
männlich ☐ **weiblich** ☒ **unbestimmt** ☐
Berufsausbildung im Rahmen eines dualen Studiums ☐

Name	Fleißig
Vorname	Felicitas
Straße, Haus-Nr.	Geraniengasse 23
PLZ / Ort	74889 Sinsheim
Geburtsdatum	15.03.1998
Staatsangehörigkeit	deutsch
E-Mail-Adresse (Angabe freiwillig)	
Mobil-/Tel.-Nr. (Angabe freiwillig)	
Gesetzlicher Vertreter[1)]	Eltern
Namen, Vornamen der gesetzlichen Vertreter	Fleißig, Christiane und Bernd
Straße, Haus-Nr.	dto.
PLZ / Ort	dto.

wird nachstehender Vertrag zur Ausbildung im Ausbildungsberuf	Kauffrau im Einzelhandel
mit der Fachrichtung / dem Schwerpunkt / der/den Wahlqualifikation/en / dem/den Wahlbaustein/en etc. **nach Maßgabe der Ausbildungsordnung[2)] geschlossen.**	

Änderungen des wesentlichen Vertragsinhaltes sind vom/von der Ausbildenden unverzüglich zur Eintragung in das Verzeichnis der Berufsausbildungsverhältnisse bei der Industrie- und Handelskammer anzuzeigen.

Die beigefügten Angaben zur sachlichen und zeitlichen Gliederung des Ausbildungsablaufs (Ausbildungsplan) sowie die umseitigen Regelungen sind Bestandteil dieses Vertrages.

A Die Ausbildungszeit beträgt nach der Ausbildungsordnung 36 Monate.
☐ Es wird eine Verkürzung der Ausbildungszeit um ____ Monate beantragt
Verkürzungsgrund: ____
Das Berufsausbildungsverhältnis beginnt am ____ und endet am ____ .

B Die Probezeit (Nr. 1.2) beträgt ____ Monate.[3)]

C Die Ausbildung findet in [Name/ Anschrift der Ausbildungsstätte(n)]
Holzstraße 1
74889 Sinsheim
und den mit dem Betriebssitz für die Ausbildung üblicherweise zusammenhängenden Bau-, Montage- und sonstigen Arbeitsstellen statt.

D Ausbildungsmaßnahmen außerhalb der Ausbildungsstätte(n) sind für den folgenden Zeitraum in der/den folgenden Ausbildungsstätte(n) vorgesehen (hierzu zählen auch Auslandsaufenthalte) (Nr. 3.12):
Keine Angaben

E Der/Die Ausbildende zahlt dem/der Auszubildenden eine angemessene Vergütung (Nr. 5); diese beträgt zurzeit monatlich brutto

€				
im	ersten	zweiten	dritten	vierten

Ausbildungsjahr.

F Die regelmäßige Ausbildungszeit in Stunden beträgt
täglich[4)] 8.00 und wöchentlich ____ .
Teilzeitausbildung wird beantragt (Nr. 6.2): ja ☐ nein ☐

G Es besteht ein Urlaubsanspruch

im Kalenderjahr	2015	2016	2017	2018	
Werktage					
Arbeitstage					

H Der Ausbildungsnachweis wird wie folgt geführt:
schriftlich ☒ elektronisch ☐

I Hinweise auf anzuwendende Tarifverträge und Betriebsvereinbarungen; sonstige Vereinbarungen (Nr. 11):
Keine Angaben

J Die umseitigen Bestimmungen sind Gegenstand dieses Vertrages und werden anerkannt.

Ort, Datum: Sinsheim, 01.06.2015

Der/Die Ausbildende:

____
Stempel und Unterschrift

Der/Die Auszubildende:

____
Vor- und Familienname

Der/Die gesetzlichen Vertreter/in des/der Auszubildenden:

____
Vater und Mutter/Vormund

1) Vertretungsberechtigt sind beide Eltern gemeinsam, soweit nicht die Vertretungsberechtigung nur einem Elternteil zusteht. Ist ein Vormund bestellt, so bedarf dieser zum Abschluss des Ausbildungsvertrages der Genehmigung des Vormundschaftsgerichtes.
2) Solange die Ausbildungsordnung nicht erlassen ist, sind gem. § 104 Abs. 1 BBiG die bisherigen Ordnungsmittel anzuwenden.
3) Die Probezeit muss mindestens einen Monat und darf höchstens vier Monate betragen.
4) Das Jugendarbeitsschutzgesetz sowie für das Ausbildungsverhältnis geltende tarifvertragliche Regelungen und Betriebsvereinbarungen sind zu beachten.

Quelle: Abdruck mit freundlicher Genehmigung des Deutschen Industrie- und Handelskammertages e. V.

Anlage 2

Auszug aus dem Berufsbildungsgesetz (BBiG)

§ 11 Vertragsniederschrift[1]

(1) Ausbildende haben unverzüglich nach Abschluss des Berufsausbildungsvertrages, spätestens vor Beginn der Berufsausbildung, den wesentlichen Inhalt des Vertrages gemäß Satz 2 schriftlich niederzulegen; die elektronische Form ist ausgeschlossen. In die Niederschrift sind mindestens aufzunehmen

1. Art, sachliche und zeitliche Gliederung sowie Ziel der Berufsausbildung, insbesondere die Berufstätigkeit, für die ausgebildet werden soll,
2. Beginn und Dauer der Berufsausbildung,
3. Ausbildungsmaßnahmen außerhalb der Ausbildungsstätte,
4. Dauer der reÊgelmäßigen täglichen Ausbildungszeit,
5. Dauer der Probezeit,
6. Zahlung und Höhe der Vergütung,
7. Dauer des Urlaubs,
8. Voraussetzungen, unter denen der Berufsausbildungsvertrag gekündigt werden kann,
9. ein in allgemeiner Form gehaltener Hinweis auf die Tarifvertrage, Betriebs- oder Dienstvereinbarungen, die auf das Berufsausbildungsverhältnis anzuwenden sind.

(2) Die Niederschrift ist von den Ausbildenden, den Auszubildenden und deren gesetzlichen Vertretern und Vertreterinnen zu unterzeichnen. [...]

§ 20 Probezeit

Das Berufsausbildungsverhältnis beginnt mit der Probezeit. Sie muss mindestens einen Monat und darf höchstens vier Monate betragen.

Auszug aus dem Jugendarbeitsschutzgesetz (JArbSchG)

§ 19 Urlaub

(1) Der Arbeitgeber hat Jugendlichen für jedes Kalenderjahr einen bezahlten Erholungsurlaub zu gewähren.

(2) Der Urlaub beträgt jährlich

1. mindestens 30 Werktage, wenn der Jugendliche zu Beginn des Kalenderjahrs noch nicht 16 Jahre alt ist,
2. mindestens 27 Werktage, wenn der Jugendliche zu Beginn des Kalenderjahrs noch nicht 17 Jahre alt ist,
3. mindestens 25 Werktage, wenn der Jugendliche zu Beginn des Kalenderjahrs noch nicht 18 Jahre alt ist.

Jugendliche, die im Bergbau unter Tage beschäftigt werden, erhalten in jeder Altersgruppe einen zusätzlichen Urlaub von drei Werktagen.

(3) Der Urlaub soll Berufsschülern in der Zeit der Berufsschulferien gegeben werden. [...]

(4) Im Übrigen gelten für den Urlaub der Jugendlichen § 3 Abs. 2, §§ 4 bis 12 und § 13 Abs. 3 des Bundesurlaubsgesetzes. [...]

[1] *Alte Fassung, seit 05.04.2017 neue Fassung.*

Auszug aus dem Bundesurlaubsgesetz (BUrlG)

§ 3 Dauer des Urlaubs

(1) Der Urlaub beträgt jährlich mindestens 24 Werktage.

(2) Als Werktage gelten alle Kalendertage, die nicht Sonn- oder gesetzliche Feiertage sind.

§ 4 Wartezeit

Der volle Urlaubsanspruch wird erstmalig nach sechsmonatigem Bestehen des Arbeitsverhältnisses erworben.

§ 5 Teilurlaub

(1) Anspruch auf ein Zwölftel des Jahresurlaubs für jeden vollen Monat des Bestehens des Arbeitsverhältnisses hat der Arbeitnehmer

a) für Zeiten eines Kalenderjahrs, für die er wegen Nichterfüllung der Wartezeit in diesem Kalenderjahr keinen vollen Urlaubsanspruch erwirbt;

b) wenn er vor erfüllter Wartezeit aus dem Arbeitsverhältnis ausscheidet;

c) wenn er nach erfüllter Wartezelt in der ersten Hälfte eines Kalenderjahrs aus dem Arbeitsverhältnis ausscheidet.

(2) Bruchteile von Urlaubstagen, die mindestens einen halben Tag ergeben, sind auf volle Urlaubstage aufzurunden. [...]

§ 6 Ausschluss von Doppelansprüchen

(1) Der Anspruch auf Urlaub besteht nicht, soweit dem Arbeitnehmer für das laufende Kalenderjahr bereits von einem früheren Arbeitgeber Urlaub gewährt worden ist.

(2) Der Arbeitgeber ist verpflichtet, bei Beendigung des Arbeitsverhältnisses dem Arbeitnehmer eine Bescheinigung über den im laufenden Kalenderjahr gewährten oder abgegoltenen Urlaub auszuhändigen.

Prüfungsaufgaben Winter 2014/2015 (Aufgabe 1)

1. Sie sind seit vier Jahren fest angestellt bei dem Speditionsunternehmen KONZEPT-Logistik GmbH und Mitglied des Betriebsrats.

   Die KONZEPT-Logistik GmbH ist ein mittelständisches Unternehmen mit Sitz in Tuttlingen und ist seit Jahren Mitglied im Arbeitgeberverband „Spedition und Logistik“. Der aktuelle Tarifvertrag läuft am 31.12.2014 aus. Aufgrund der schwierigen wirtschaftlichen Situation hat sie vor zwei Jahren eine Öffnungsklausel genutzt, die eine abweichende Entlohnung vom Tarifvertrag erlaubt. Deshalb wurde damals eine Betriebsvereinbarung abgeschlossen, in welcher sich Betriebsrat und Geschäftsführung auf Lohnzurückhaltung einigten.

   Der Unternehmenserfolg konnte im laufenden Geschäftsjahr deutlich gesteigert werden, weshalb der Betriebsrat die Betriebsvereinbarung zum 31.12.2014 kündigt. Auf der Betriebsversammlung wird der Betriebsrat von den Mitarbeitern aufgefordert, eine neue Betriebsvereinbarung mit folgenden Inhalten auszuhandeln.

   - zusätzlich zur tariflichen Entgeltsteigerung weitere 2 % mehr Entgelt
   - Einführung einer betrieblichen Altersvorsorge

1.1 Entwerfen Sie für das Gespräch mit der Geschäftsführung eine Gesprächsnotiz mit je zwei Argumenten für die Einführung einer Betriebsrente und den Entgeltzuschlag.

1.2 Die Geschäftsführung lehnt die Forderungen des Betriebsrats am 17.11.2014 ab. Einige Mitarbeiter machen den Vorschlag, den Forderungen sofort durch Streik noch mehr Ausdruck zu verleihen.

Nehmen Sie Stellung zu diesem Vorschlag.

1.3 Bei den Tarifverhandlungen zeichnet sich eine Erhöhung des Entgelts um lediglich 2,5 % ab, was bei einigen Mitarbeitern die Streikbereitschaft erhöht. Zudem beabsichtigt die Geschäftsführung, manchen Mitarbeitern die geplante tarifliche Entgelterhöhung nicht zu zahlen.

1.3.1 Zeigen Sie anhand eines Schaubildes den Ablauf von Tarifverhandlungen bis zur Möglichkeit des Streiks.

1.3.2 Erklären Sie, welchen Mitarbeitern die Entgelterhöhung vorenthalten werden kann.

1.3.3 Formulieren Sie zwei Argumente, mit denen Sie die Geschäftsführung davon überzeugen, die Erhöhung des tariflichen Entgelts für alle Mitarbeiter zu übernehmen.

1.4 Die Geschäftsführung der KONZEPT-Logistik GmbH überlegt, aus dem Arbeitgeberverband auszutreten. Erläutern Sie zwei mögliche Folgen des Austritts.

Prüfungsaufgaben Sommer 2015 (Aufgabe 1)

Die Barca Bau GmbH ist ein mittelständisches Bauunternehmen für ökologische Bauten. Nach Ihrer kaufmännischen Ausbildung sind Sie als Sachbearbeiter im Bereich Personal eingesetzt. Ihre Aufgaben umfassen neben der allgemeinen Personalverwaltung auch die Betreuung der Auszubildenden. Die Auszubildenden im ersten Ausbildungsjahr haben ihre erste Gehaltsabrechnung erhalten. Der Auszubildende Samuel Kraft wendet sich mit einer Beschwerde direkt an den Personalleiter Herrn Hummel. Von diesem erhalten Sie die folgende E-Mail.

Von: hummel@barca-bau.de
Betreff: AW: Beschwerde Gehaltsabrechnung

Sehr geehrte/r __________

ich erhielt die nachfolgende E-Mail. Offensichtlich liegt hier ein Defizit beim Verständnis der Sozialversicherungsabzüge vor. Ich habe die Abrechnung geprüft, es ist alles in Ordnung!

Bitte kümmern Sie sich um die Probleme von Samuel Kraft und der anderen Auszubildenden.

Mit freundlichen Grüßen

Berthold Hummel

Von: samuel.kraft@mail.de
An: hummel@barca-bau.de
CC: jav@barca-bau.de
Betr: Zu hohe Abzüge

Hallo Herr Hummel,

ich habe heute meine Gehaltsabrechnung bekommen. Statt der vereinbarten 558,00 EUR krieg ich nur 445,42 EUR! Mir ist nicht klar, warum ich so viele Abzüge habe. Die nützen mir doch nichts. Außerdem planen Sie ja auch noch eine betriebliche Altersabsicherung. Das bedeutet ja noch mal weniger Geld im Monat für mich. Dann kann ich mir ja fast gar nichts mehr leisten. Meinen Azubikollegen geht es genauso!

Können Sie sich das bitte mal anschauen?

DANKE

Ansonsten ist die Ausbildung echt super!!

Viele Grüße

Samuel Kraft

1.1 Sie schreiben Samuel Kraft eine Antwort-E-Mail.

Erklären Sie ihm die Finanzierung der gesetzlichen Sozialversicherung am Beispiel seiner Gehaltsabrechnung und beschreiben Sie den Nutzen dieser Sozialversicherungszweige anhand von je zwei Leistungen **(Anlage 1).**

1.2 Da vielen Auszubildenden die Vorteile einer zusätzlichen Altersversorgung offensichtlich nicht klar sind, haben Sie beschlossen, auf dieses Thema beim nächsten Azubi-Nachmittag einzugehen.

Entwerfen Sie zwei anschauliche Präsentationsfolien, aus denen drei Probleme der gesetzlichen Rentenversicherung mit ihren jeweiligen Auswirkungen und die Notwendigkeit der zusätzlichen Altersvorsorge hervorgehen.

1.3 Auf dem Azubi-Nachmittag weisen Sie außerdem auf unterschiedliche Möglichkeiten der privaten Altersvorsorge hin. Daraufhin meldet sich Sabine Helm und meint: „Mein Opa sagt, egal wie du dein Geld anlegst, private Altersvorsorge lohnt sich nicht, denn die Inflation frisst das Vermögen auf!“ Erörtern Sie diese Aussage.

Anlage 1

Lohn-/Gehaltsabrechnung 2014
(Ausbildungsvergütung)

Firmenadresse
Barca Bau GmbH
Gewerbegebiet 12
71032 Böblingen

Monat:	September				
Name:	Samuel Kraft				
Strasse:	Westpark 5				
PLZ/Ort:	71032 Böblingen				
Datum:	15.10.2014			Geburtsdatum:	15.07.1988
	Steuerklasse:	1		Eintrittsdatum:	01.09.2014
	Kinder (lt. Lohnsteuerkarte):	0			
	Krankenversicherung:	15,50 %			
		Stunden	Stundenlohn		
	Gehalt:	38,00	–	=	558,00 EUR
		Lohnsteuer			– EUR
		0 % Kirchensteuer			– EUR
		Solidaritätszuschlag			– EUR
	Arbeitnehmeranteil SV	KV			45,76 EUR
		AV			8,37 EUR
		Anwartschaft RV			52,73 EUR
		PV			5,72 EUR
		Vorschüsse			– EUR
	Summe Abzüge				**112,58 EUR**
	Auszahlungsbetrag				**445,42 EUR**
	Betrag wird überwiesen auf:	IBAN:	**DE85 3345 6675 4455 1212 0098 12**		
		BIC:	**POSDECHF**		
		Bank:	**Postkasse AG**		

Prüfungsaufgaben Sommer 2015 (Aufgabe 1)

Der Baumarkt Igele GmbH in Stuttgart bietet ein breites Sortiment für den privaten Heimwerkerbedarf an. Als Jugend- und Auszubildendenvertreter/-in beantworten Sie die Fragen einiger Auszubildender und begründen Ihre Antworten unter Berücksichtigung der Rechtslage (**Anlage 1 bei Sommer 2015 Aufgabe 2**).

1.1 Hugo (18 Jahre), seit fünf Monaten im Bereich Sanitär beschäftigt:
„Mir liegt das Verkaufen einfach nicht. Am liebsten würde ich eine Ausbildung zum Industriemechaniker beginnen. Was muss ich tun?“

1.2 Axel (geboren am 01.03.1998), Verkäufer im zweiten Ausbildungsjahr:
„Ich bekomme für das Jahr 2015 nur 27 Urlaubstage. Meine Freundin Tanja meint, ich hätte Anspruch auf mehr Urlaubstage. Hat sie recht?“

1.3 Martina (17 Jahre):
„Ich arbeite zurzeit an fünf Tagen in der Woche neun Stunden. Zudem bekomme ich täglich nur 30 Minuten Pause. Im letzten Jahr musste ich mehrfach noch vor Beginn der Berufsschule (07:30 Uhr) im Betrieb arbeiten. Entspricht das den gesetzlichen Regelungen?”

1.4 Murat (17 Jahre) hat seine Ausbildung zum Verkäufer beendet und wird nicht übernommen:
„Ich habe folgendes Ausbildungszeugnis bekommen, um mich zu bewerben. Ist das Zeugnis inhaltlich vollständig?“

> **Ausbildungszeugnis**
>
> Herr Murat Ersin, geboren am 18.05.1997 in Stuttgart, war in unserem Unternehmen in der Abteilung Sanitär als Auszubildender zum Verkäufer beschäftigt.
>
> Herr Ersin ist zum 30.04.2015 aus unserem Unternehmen ausgeschieden. Für seine Mitarbeit bedanken wir uns.
>
> Stuttgart, den 30.04.2015
>
> Erwin Schneider

1.5 Antonia (17 Jahre), erstes Ausbildungsjahr:
„Mir wurde gestern schriftlich gekündigt, obwohl ich mir nur einmal Geld aus der Kasse geliehen habe. Kann mein Chef das so einfach machen?“

1.6 Sandra (18 Jahre), zweites Ausbildungsjahr:
„Mein Ausbilder interessiert sich nicht für mein Berichtsheft. Muss ich dieses dann überhaupt führen?“

Prüfungsaufgaben Sommer 2015 (Aufgabe 2, verändert)

In Ihrer Funktion als Jugend- und Auszubildendenvertreter/-in planen Sie eine Schulung zum Thema Sozialversicherungen/Altersvorsorge.

2.1 Für die Schulung erstellen Sie zunächst eine Übersicht über die fünf Säulen der Sozialversicherung. Sie ergänzen die Vorlage **(Anlage 2)** um die jeweiligen Träger sowie jeweils eine Leistung.

2.2 Zur Veranschaulichung erstellen Sie eine Musterberechnung für einen Arbeitnehmer (mit einem Kind), der ein Bruttogehalt von 2.600,00 EUR erhält.

Gehen Sie von folgenden Beitragssätzen aus:

Beitragssatz (Arbeitnehmer + Arbeitgeber) zur gesetzlichen Krankenversicherung *Hinweis: Ein Zusatzbeitrag für AN wird nicht erhoben.*	14,6 %
Beitragssatz (Arbeitnehmer + Arbeitgeber) zur gesetzlichen Rentenversicherung	18,7 %
Beitragssatz (Arbeitnehmer + Arbeitgeber) zur gesetzlichen Arbeitslosenversicherung	3,0 %
Beitragssatz (Arbeitnehmer + Arbeitgeber) zur gesetzlichen Pflegeversicherung	2,35 %

2.3 Sie möchten die Problematik des Generationenvertrages in der Schulung erläutern. Sie machen sich entsprechende Notizen.

Anlage 1

Auszug aus dem Berufsbildungsgesetz (BBiG)

§ 14 Berufsausbildung[1]

(1) Ausbildende haben

1. dafür zu sorgen, dass den Auszubildenden die berufliche Handlungsfähigkeit vermittelt wird, die zum Erreichen des Ausbildungsziels erforderlich ist, und die Berufsausbildung in einer durch ihren Zweck gebotenen Form planmäßig, zeitlich und sachlich gegliedert so durchzuführen, dass das Ausbildungsziel in der vorgesehenen Ausbildungszeit erreicht werden kann,
2. selbst auszubilden oder einen Ausbilder oder eine Ausbilderin ausdrücklich damit zu beauftragen,
3. Auszubildenden kostenlos die Ausbildungsmittel, insbesondere Werkzeuge und Werkstoffe zur Verfügung zu stellen, die zur Berufsausbildung und zum Ablegen von Zwischen- und Abschlussprüfungen, auch soweit solche nach Beendigung des Berufsausbildungsverhältnisses stattfinden, erforderlich sind,
4. Auszubildende zum Besuch der Berufsschule sowie zum Führen von schriftlichen Ausbildungsnachweisen anzuhalten, soweit solche im Rahmen der Berufsausbildung verlangt werden, und diese durchzusehen,
5. dafür zu sorgen, dass Auszubildende charakterlich gefördert sowie sittlich und körperlich nicht gefährdet werden.

(2) Auszubildenden dürfen nur Aufgaben übertragen werden, die dem Ausbildungszweck dienen und ihren körperlichen Kräften angemessen sind.

§ 16 Zeugnis

(1) Ausbildende haben den Auszubildenden bei Beendigung des Berufsausbildungsverhältnisses ein schriftliches Zeugnis auszustellen. Die elektronische Form ist ausgeschlossen. Haben Ausbildende die Berufsausbildung nicht selbst durchgeführt, so soll auch der Ausbilder oder die Ausbilderin das Zeugnis unterschreiben.
(2) Das Zeugnis muss Angaben enthalten über Art, Dauer und Ziel der Berufsausbildung sowie über die erworbenen beruflichen Fertigkeiten, Kenntnisse und Fähigkeiten der Auszubildenden. Auf Verlangen Auszubildender sind auch Angaben über Verhalten und Leistung aufzunehmen.

---

[1] *Alte Fassung, seit 05.04.2017 neue Fassung.*

§ 22 Kündigung

(1) Während der Probezeit kann das Berufsausbildungsverhältnis jederzeit ohne Einhalten einer Kündigungsfrist gekündigt werden.

(2) Nach der Probezeit kann das Berufsausbildungsverhältnis nur gekündigt werden

1. aus einem wichtigen Grund ohne Einhalten einer Kündigungsfrist,
2. von Auszubildenden mit einer Kündigungsfrist von vier Wochen, wenn sie die Berufsausbildung aufgeben oder sich für eine andere Berufstätigkeit ausbilden lassen wollen,

(3) Die Kündigung muss schriftlich und in den Fällen des Absatzes 2 unter Angabe der Kündigungsgründe erfolgen.

(4) Eine Kündigung aus einem wichtigen Grund ist unwirksam, wenn die ihr zugrunde liegenden Tatsachen dem zur Kündigung Berechtigten länger als zwei Wochen bekannt sind. Ist ein vorgesehenes Güteverfahren vor einer außergerichtlichen Stelle eingeleitet, so wird bis zu dessen Beendigung der Lauf dieser Frist gehemmt.

Auszug aus dem Jugendarbeitsschutzgesetz (JArbSchG)

§ 8 Dauer der Arbeitszeit

(1) Jugendliche dürfen nicht mehr als acht Stunden täglich und nicht mehr als 40 Stunden wöchentlich beschäftigt werden.

(2) Wenn in Verbindung mit Feiertagen an Werktagen nicht gearbeitet wird, damit die Beschäftigten eine längere zusammenhängende Freizeit haben, so darf die ausfallende Arbeitszeit auf die Werktage von fünf zusammenhängenden, die Ausfalltage einschließenden Wochen nur dergestalt verteilt werden, dass die Wochenarbeitszeit im Durchschnitt dieser fünf Wochen 40 Stunden nicht überschreitet. Die tägliche Arbeitszeit darf hierbei achteinhalb Stunden nicht überschreiten.

(2a) Wenn an einzelnen Werktagen die Arbeitszeit auf weniger als acht Stunden verkürzt ist, können Jugendliche an den übrigen Werktagen derselben Woche achteinhalb Stunden beschäftigt werden.

(3) In der Landwirtschaft dürfen Jugendliche über 16 Jahre während der Erntezeit nicht mehr als neun Stunden täglich und nicht mehr als 85 Stunden in der Doppelwoche beschäftigt werden.

§ 9 Berufsschule

(1) Der Arbeitgeber hat den Jugendlichen für die Teilnahme am Berufsschulunterricht freizustellen. Er darf den Jugendlichen nicht beschäftigen

1. vor einem vor 9 Uhr beginnenden Unterricht; dies gilt auch für Personen, die über 18 Jahre alt und noch berufsschulpflichtig sind,
2. an einem Berufsschultag mit mehr als fünf Unterrichtsstunden von mindestens je 45 Minuten, einmal in der Woche,
3. in Berufsschulwochen mit einem planmäßigen Blockunterricht von mindestens 25 Stunden an mindestens fünf Tagen; zusätzliche betriebliche Ausbildungsveranstaltungen bis zu zwei Stunden wöchentlich sind zulässig.

(2) Auf die Arbeitszeit werden angerechnet

1. Berufsschultage nach Absatz 1 Nr. 2 mit acht Stunden,
2. Berufsschulwochen nach Absatz 1 Nr. 3 mit 40 Stunden,
3. im Übrigen die Unterrichtszeit einschließlich der Pausen.

(3) Ein Entgeltausfall darf durch den Besuch der Berufsschule nicht eintreten.
(4) (weggefallen)

§ 11 Ruhepausen, Aufenthaltsräume

(1) Jugendlichen müssen im voraus feststehende Ruhepausen von angemessener Dauer gewährt werden. Die Ruhepausen müssen mindestens betragen

1. 30 Minuten bei einer Arbeitszeit von mehr als viereinhalb bis zu sechs Stunden,
2. 60 Minuten bei einer Arbeitszeit von mehr als sechs Stunden.

Als Ruhepause gilt nur eine Arbeitsunterbrechung von mindestens 15 Minuten.

(2) Die Ruhepausen müssen in angemessener zeitlicher Lage gewährt werden, frühestens eine Stunde nach Beginn und spätestens eine Stunde vor Ende der Arbeitszeit. Länger als viereinhalb Stunden hintereinander dürfen Jugendliche nicht ohne Ruhepause beschäftigt werden.
(3) Der Aufenthalt während der Ruhepausen in Arbeitsräumen darf den Jugendlichen nur gestattet werden, wenn die Arbeit in diesen Räumen während dieser Zeit eingestellt ist und auch sonst die notwendige Erholung nicht beeinträchtigt wird.
(4) Absatz 3 gilt nicht für den Bergbau unter Tage.

§ 19 Urlaub

(1) Der Arbeitgeber hat Jugendlichen für jedes Kalenderjahr einen bezahlten Erholungsurlaub zu gewähren.
(2) Der Urlaub beträgt jährlich

1. mindestens 30 Werktage, wenn der Jugendliche zu Beginn des Kalenderjahrs noch nicht 16 Jahre alt ist,
2. mindestens 27 Werktage, wenn der Jugendliche zu Beginn des Kalenderjahrs noch nicht 17 Jahre alt ist,
3. mindestens 25 Werktage, wenn der Jugendliche zu Beginn des Kalenderjahrs noch nicht 18 Jahre alt ist.

Jugendliche, die im Bergbau unter Tage beschäftigt werden, erhalten in jeder Altersgruppe einen zusätzlichen Urlaub von drei Werktagen.
(3) Der Urlaub soll Berufsschülern in der Zeit der Berufsschulferien gegeben werden. Soweit er nicht in den Berufsschulferien gegeben wird, ist für jeden Berufsschultag, an dem die Berufsschule während des Urlaubs besucht wird, ein weiterer Urlaubstag zu gewähren.
(4) Im übrigen gelten für den Urlaub der Jugendlichen § 3 Abs. 2, §§ 4 bis 12 und § 13 Abs. 3 des Bundesurlaubsgesetzes. Der Auftraggeber oder Zwischenmeister hat jedoch abweichend von § 12 Nr. 1 des Bundesurlaubsgesetzes den jugendlichen Heimarbeitern für jedes

Kalenderjahr einen bezahlten Erholungsurlaub entsprechend Absatz 2 zu gewähren; das Urlaubsentgelt der jugendlichen Heimarbeiter beträgt bei einem Urlaub von 30 Werktagen 11,6 vom Hundert, bei einem Urlaub von 27 Werktagen 10,3 vom Hundert und bei einem Urlaub von 25 Werktagen 9,5 vom Hundert.

Anlage 2

Säule der Sozialversicherung	Träger	Leistungen
Krankenversicherung		
Rentenversicherung		
Arbeitslosenversicherung		
Pflegeversicherung		
Unfallversicherung		

Prüfungsaufgaben Winter 2015/2016 (Aufgabe 1)

Die Larcher Baustoffe GmbH in Bitz ist eine Großhandlung, die hochwertige Baustoffe anbietet. In einem Auszug aus der Ausbildungsbroschüre heißt es:

> Wir sind uns jederzeit bewusst, dass unser Erfolg auf unseren Mitarbeitem beruht. Daher fördem wir bereits unsere Auszubildenden durch betriebliche Schulungen und schützen sie durch hohe Arbeitsschutzstandards, u. a. garantieren wir ihnen eine tariflich festgelegte Arbeitszeit von wöchentlich 37,5 Stunden. Als starker Partner unterstützen wir das System der dualen Berufsausbildung.

1.1 Wie jedes Jahr erhält die Larcher Baustoffe GmbH ein Einladungsschreiben zum „Tag der Berufsorientierung" der Albert Schweitzer Berufsschule. Da die Ausbildungsleitung Ihr Engagement für die Ausbildung sehr schätzt, leitet sie Ihnen das Einladungsschreiben direkt weiter (**Anlage 1**).

Erstellen Sie für diese Informationsveranstaltung eine anschauliche Präsentation gemäß diesem Einladungsschreiben.

1.2 Sie sind Mitglied in der Jugend- und Auszubildendenvertretung des Unternehmens. In dieser Funktion klären Sie Probleme der Auszubildenden. In Ihrem Mail-Account ist eine Anfrage eines Auszubildenden eingegangen.

✉	
Von:	hofmann_benjamin@larcherbs.de
Datum:	05.09.2015 14:58 Uhr
An:	jav@larcherbs.de
Betreff:	Arbeitsplan

Hallo,
ich bin Benni, seit einer Woche im Unternehmen und gerade in der Fliesenabteilung eingesetzt. Meine Abteilungsleiterin Frau Waldner ist auch neu im Unternehmen und hat mir heute meinen unten dargestellten Arbeitsplan gegeben. Ich bin 16 Jahre alt und glaube, dass der Plan nicht stimmen kann. Ich bin zwar bereits Mitglied in der Gewerkschaft, aber ich möchte mich erst an dich wenden. Kannst du mir bitte helfen?

Viele Grüße

Benni

Arbeitszeit	Montag	Dienstag	Mittwoch	Donnerstag	Freitag
Arbeitsbeginn	08:00	10:00	Berufsschule von 07:30 bis 15:30 Uhr Mit sieben Stunden auf die Arbeitszeit angerechnet.	10:00	kurzer Schultag, Schulbeginn um 07:30 Uhr. Mit 6 Stunden auf die Arbeitszeit angerechnet.
Frühstückspause	10:30–10:45	keine		keine	
Mittagspause	12:45–13:30	13:30–14:30		13:30–14:30	
Arbeitsende	17:30	18:30		20:30	

Überprüfen Sie die Rechtmäßigkeit von Bennis Arbeitsplan (**Anlage 2**).

Anlage 1

Albert Schweitzer Berufsschule, In den Hecken 7, 72458 Albstadt

Larcher Baustoffe GmbH
Ausbildungsabteilung
Am Güterbahnhof 62
72475 Bitz

Name:	Matthias Höhne
Telefon:	+49 7432 39-00
Telefax:	+49 7432 39-20
E-Mail:	m_hoehne@asbs.de
Internet:	www.A-S-BS.de
Datum:	02.11.2015

Einladung „Tag der Berufsorientierung"

Sehr geehrte Damen und Herren,

heute wende ich mich mit einem wichtigen Anliegen an Sie und bitte Sie um Ihre Unterstützung.

Wie jedes Jahr veranstalten wir auch im kommenden Jahr einen „Tag der Berufsorientierung". Dieser findet am 07.02.2016 in den Räumen der Schule statt. Im Mittelpunkt steht das Duale System der Berufsausbildung.

Nun möchte ich Sie und einen Ihrer Auszubildenden recht herzlich bitten, unseren Schülerinnen und Schülern

- das System der dualen Berufsausbildung vorzustellen,
- vier Vorteile zu verdeutlichen, die eine duale Ausbildung den Schülerinnen und Schülern bietet sowie
- drei Gründe aufzuzeigen, warum die Larcher Baustoffe GmbH trotz erheblicher Kosten, die für die Ausbildung jährlich anfallen, weiterhin Ausbildungsplätze anbieten wird.

Wir stellen einen Raum mit Platz für ca. 30 Schüler, einen Overheadprojektor und zwei Stellwände sowie einen PC mit Beamer zur Verfügung.

Ich freue mich sehr auf Ihre Unterstützung.

Mit freundlichen Grüßen

Matthias Höhne

Matthias Höhne
Abteilungsleiter
Albert Schweitzer Berufsschule

Anlage 2

Auszug aus dem Jugendarbeitsschutzgesetz (JArbSchG)

§ 8 Dauer der Arbeitszeit

(1) Jugendliche dürfen nicht mehr als acht Stunden täglich und nicht mehr als 40 Stunden wöchentlich beschäftigt werden.
(2) Wenn in Verbindung mit Feiertagen an Werktagen nicht gearbeitet wird, damit die Beschäftigten eine längere zusammenhängende Freizeit haben, so darf die ausfallende Arbeitszeit auf die Werktage von fünf zusammenhängenden, die Ausfalltage einschließenden Wochen nur dergestalt geteilt werden, dass die Wochenarbeitszeit im Durchschnitt dieser fünf Wochen 40 Stunden nicht überschreitet. Die tägliche Arbeitszeit darf hierbei achteinhalb Stunden nicht überschreiten.
(2a) Wenn an einzelnen Werktagen die Arbeitszeit auf weniger als acht Stunden verkürzt ist, können Jugendliche an den übrigen Werktagen derselben Woche achteinhalb Stunden beschäftigt werden. [...]

§ 9 Berufsschule

(1) Der Arbeitgeber hat den Jugendlichen für die Teilnahme am Berufsschulunterricht freizustellen. Er darf den Jugendlichen nicht beschäftigen

1. vor einem vor 9 Uhr beginnenden Unterricht; dies gilt auch für Personen, die über 18 Jahre alt und noch berufsschulpflichtig sind,
2. an einem Berufsschultag mit mehr als fünf Unterrichtsstunden von mindestens je 45 Minuten, einmal in der Woche,
3. in Berufsschulwochen mit einem planmäßigen Blockunterricht von mindestens 25 Stunden an mindestens fünf Tagen; zusätzliche betriebliche Ausbildungsveranstaltungen bis zu zwei Stunden wöchentlich sind zulässig.

(2) Auf die Arbeitszeit werden angerechnet

1. Berufsschultage nach Absatz 1 Nr. 2 mit acht Stunden,
2. Berufsschulwochen nach Absatz 1 Nr. 3 mit 40 Stunden.
3. Im übrigen die Unterrichtszeit einschließlich der Pausen. [...]

§ 11 Ruhepausen, Aufenthaltsräume

(1) Jugendlichen müssen im voraus feststehende Ruhepausen von angemessener Dauer gewährt werden. Die Ruhepausen müssen mindestens betragen

1. 30 Minuten bei einer Arbeitszeit von mehr als viereinhalb bis zu sechs Stunden,
2. 60 Minuten bei einer Arbeitszeit von mehr als sechs Stunden.

Als Ruhepause gilt nur eine Arbeitsunterbrechung von mindestens 15 Minuten.
(2) Die Ruhepausen müssen in angemessener zeitlicher Lage gewährt werden, frühestens eine Stunde nach Beginn und spätestens eine Stunde vor Ende der Arbeitszeit. Länger als viereinhalb Stunden hintereinander dürfen Jugendliche nicht ohne Ruhepause beschäftigt werden.
(3) Der Aufenthalt während der Ruhepausen in Arbeitsräumen darf den Jugendlichen nur gestattet werden, wenn die Arbeit in diesem Räumen während dieser Zeit eingestellt ist und auch sonst die notwendige Erholung nicht beeinträchtigt wird. [...]

§ 13 Tägliche Freizeit
Nach Beendigung der täglichen Arbeitszeit dürfen Jugendliche nicht vor Ablauf einer ununterbrochenen Freizeit von mindestens 12 Stunden beschäftigt werden.

§ 14 Nachtruhe
(1) Jugendliche dürfen nur in der Zeit von 6 bis 20 Uhr beschäftigt werden.
(2) Jugendliche über 16 Jahre dürfen

1. im Gaststätten- und Schaustellergewerbe bis 22 Uhr,
2. in mehrschichtigen Betrieben bis 23 Uhr,
3. in der Landwirtschaft ab 5 Uhr oder bis 21 Uhr,
4. in Bäckereien und Konditoreien ab 5 Uhr

beschäftigt werden.
(3) Jugendliche über 17 Jahre dürfen in Bäckereien ab 4 Uhr beschäftigt werden.
(4) An dem einem Berufsschultag unmittelbar vorangehenden Tag dürfen Jugendliche auch nach Absatz 2 Nr. 1 bis 3 nicht nach 20 Uhr beschäftigt werden, wenn der Berufsschulunterricht am Berufsschultag vor 9 Uhr beginnt. [...]

Auszug aus dem Tarifvertragsgesetz (TVG)

§ 2 Tarifvertragsparteien
(1) Tarifvertragsparteien sind Gewerkschaften, einzelne Arbeitgeber sowie Vereinigungen von Arbeitgebern.
(2) Zusammenschlüsse von Gewerkschaften und von Vereinigungen von Arbeitgebern (Spitzenorganisationen) können im Namen der ihnen angeschlossenen Verbände Tarifverträge abschließen, wenn sie eine entsprechende Vollmacht haben.
(3) Spitzenorganisationen können selbst Parteien eines Tarifvertrags sein, wenn der Abschluss von Tarifverträgen zu ihren satzungsgemäßen Aufgaben gehört.
(4) In den Fällen der Absätze 2 und 3 haften sowohl die Spitzenorganisationen wie die ihnen angeschlossenen Verbände für die Erfüllung der gegenseitigen Verpflichtungen der Tarifvertragsparteien.

§ 3 Tarifgebundenheit
(1) Tarifgebunden sind die Mitglieder der Tarifvertragsparteien und der Arbeitgeber, der selbst Partei des Tarifvertrages ist.
(2) Rechtsnormen des Tarifvertrages über betriebliche und betriebsverfassungsrechtliche Fragen gelten für alle Betriebe, deren Arbeitgeber tarifgebunden ist.
(3) Die Tarifgebundenheit bleibt bestehen, bis der Tarifvertrag endet.

Auszug aus dem Berufsbildungsgesetz (BBiG)

§ 22 Kündigung
(1) Während der Probezeit kann das Berufsausbildungsverhältnis jederzeit ohne Einhalten einer Kündigungsfrist gekündigt werden.
(2) Nach der Probezeit kann das Berufsausbildungsverhältnis nur gekündigt werden

1. aus einem wichtigen Grund ohne Einhalten einer Kündigungsfrist,

2. von Auszubildenden mit einer Kündigungsfrist von vier Wochen, wenn sie die Berufsausbildung aufgeben oder sich für eine andere Berufstätigkeit ausbilden lassen wollen.

(3) Die Kündigung muss schriftlich und in den Fällen des Absatzes 2 unter Angabe der Kündigungsgründe erfolgen.
(4) Eine Kündigung aus einem wichtigen Grund ist unwirksam, wenn die ihr zugrunde liegenden Tatsachen dem zur Kündigung Berechtigten länger als zwei Wochen bekannt sind. Ist ein vorgesehenes Güteverfahren vor einer außergerichtlichen Stelle eingeleitet, so wird bis zu dessen Beendigung der Lauf dieser Frist gehemmt.

Prüfungsaufgaben Sommer 2016 (Aufgabe 1)

Die Brüderle GmbH mit Firmensitz in Esslingen produziert Werkzeuge für die Metall verarbeitende Industrie. Das mittelständische Unternehmen ist Mitglied im Arbeitgeberverband Metall. Sie sind nach Abschluss Ihrer kaufmännischen Ausbildung Mitglied im Betriebsrat der Brüderle GmbH. Die Betriebsratsvorsitzende hat Ihnen folgende Hausmitteilung zukommen lassen.

Brüderle GmbH

Hausmitteilung

von R. Schneider	*Datum* 25.04.2016	*Uhrzeit* 10:00 Uhr
Abteilung Betriebsrat	☎ *Nr.* – 437	*E-Mail* regine.schneider@bruederle-gmbh.de
☒ zur Erledigung	☐ zur Kenntnisnahme	☐ bitte zurückrufen

Vorbereitung der Betriebsversammlung

Unsere Kolleginnen und Kollegen haben einige Anliegen an uns gesendet.

a) Die Kollegen beklagen, dass die Inhalte des Manteltarifvertrages erst in drei Jahren neu verhandelt werden. Sie möchten die Regelung der Arbeitszeiten zu ihren Gunsten noch in diesem Jahr ändern. Wir wollen die Kollegen in ihrer Forderung unterstützen.

b) Mehrere Kolleginnen aus der Qualitätskontrolle engagieren sich in der Gewerkschaft und haben an Streiks teilgenommen. Die Abteilungsleiterin hat diese aufgefordert aus der Gewerkschaft auszutreten, da sie Unruhe in die Abteilung bringen.

c) Die kaufmännischen Auszubildenden, die nach ihrer bestandenen Prüfung übernommen werden, möchten wissen, ob der Tariflohn in Höhe von 2.007,00 EUR für sie gilt, obwohl Ihnen von der Personalabteilung ein Bruttogehalt in Höhe von 2.150,00 EUR zugesagt wurde.

d) Die Geschäftsleitung hat bereits angekündigt, dass eine Lohnerhöhung in Höhe von 4 % zu Konsequenzen führen wird, da aufgrund des Wettbewerbsdrucks die Kosten der Lohnerhöhung nicht an die Kunden weitergegeben werden können. Mehrere Mitarbeiter haben nachgefragt, welche Folgen gemeint sein könnten.

e) Die Kolleginnen und Kollegen aus der Fertigung hätten gern nähere Informationen, welche Möglichkeiten bestehen, ihren Forderungen nach einer Lohnsteigerung mehr Nachdruck zu verleihen.

1.1 Verfassen Sie für jedes Anliegen eine begründete Rückmeldung an die Kolleginnen und Kollegen. Nutzen Sie dazu ggf. die Auszüge aus den Gesetzestexten (**Anlage 1**).

1.2 Die Betriebsversammlung findet heute statt.

1.2.1 Während der Versammlung meldet sich der Mitarbeiter Herr Steinhaus zu Wort: „Warum sollte man sich überhaupt in einer Gewerkschaft engagieren? Der Gesetzgeber versetzt doch mit der Einführung des Mindestlohns der Tarifautonomie den Todesstoß. Da ist es doch überflüssig, selbst aktiv zu werden."

Nehmen Sie zu der Aussage von Herrn Steinhaus anhand von zwei Argumenten Stellung.

1.2.2 In einem weiteren Redebeitrag betont die Mitarbeiterin Frau Kammer, dass die Einführung des Mindestlohns notwendig war. Beschreiben Sie zwei Chancen, die sich durch die Einführung des Mindestlohns ergeben.

Anlage 1

Auszug aus dem Tarifvertragsgesetz (TVG)

§ 1 Inhalt und Form des Tarifvertrags

(1) Der Tarifvertrag regelt die Rechte und Pflichten der Tarifvertragsparteien und enthält Rechtsnormen, die den Inhalt, den Abschluss und die Beendigung von Arbeitsverhältnissen sowie betriebliche und betriebsverfassungsrechtliche Fragen ordnen können.
(2) Tarifverträge bedürfen der Schriftform.

§ 2 Tarifvertragsparteien

(1) Tarifvertragsparteien sind Gewerkschaften, einzelne Arbeitgeber sowie Vereinigungen von Arbeitgebern.
[...]

§ 3 Tarifgebundenheit

(1) Tarifgebunden sind die Mitglieder der Tarifvertragsparteien und der Arbeitgeber, der selbst Partei des Tarifvertrags ist.
(2) Rechtsnormen des Tarifvertrags über betriebliche und betriebsverfassungsrechtliche Fragen gelten für alle Betriebe, deren Arbeitgeber tarifgebunden ist.
(3) Die Tarifgebundenheit bleibt bestehen, bis der Tarifvertrag endet.

§ 4 Wirkung der Rechtsnormen

(1) Die Rechtsnormen des Tarifvertrags, die den Inhalt, den Abschluss oder die Beendigung von Arbeitsverhältnissen ordnen, gelten unmittelbar und zwingend zwischen den beiderseits Tarifgebundenen, die unter den Geltungsbereich des Tarifvertrags fallen. Diese Vorschrift gilt entsprechend für Rechtsnormen des Tarifvertrags über betriebliche und betriebsverfassungsrechtliche Fragen.
(2) Sind im Tarifvertrag gemeinsame Einrichtungen der Tarifvertragsparteien vorgesehen und geregelt (Lohnausgleichskassen, Urlaubskassen usw.), so gelten diese Regelungen auch unmittelbar und zwingend für die Satzung dieser Einrichtung und das Verhältnis der Einrichtung zu den tarifgebundenen Arbeitgebern und Arbeitnehmern.
(3) Abweichende Abmachungen sind nur zulässig, soweit sie durch den Tarifvertrag gestattet sind oder eine Änderung der Regelungen zugunsten des Arbeitnehmers enthalten.
(4) Ein Verzicht auf entstandene tarifliche Rechte ist nur in einem von den Tarifvertragsparteien gebilligten Vergleich zulässig. Die Verwirkung von tariflichen Rechten ist ausgeschlossen. Ausschlussfristen für die Geltendmachung tariflicher Rechte können nur im Tarifvertrag vereinbart werden.

(5) Nach Ablauf des Tarifvertrags gelten seine Rechtsnormen weiter, bis sie durch eine andere Abmachung ersetzt werden.

Auszug aus dem Grundgesetz (GG)

Art. 9

(1) Alle Deutschen haben das Recht, Vereine und Gesellschaften zu bilden.
(2) Vereinigungen, deren Zwecke oder deren Tätigkeit den Strafgesetzen zuwiderlaufen oder die sich gegen die verfassungsmäßige Ordnung oder gegen den Gedanken der Völkerverständigung richten, sind verboten.
(3) Das Recht, zur Wahrung und Förderung der Arbeits- und Wirtschaftsbedingungen Vereinigungen zu bilden, ist für jedermann und für alle Berufe gewährleistet. Abreden, die dieses Recht einschränken oder zu behindern suchen, sind nichtig, hierauf gerichtete Maßnahmen sind rechtswidrig. Maßnahmen nach den Artikeln 12a, 35 Abs. 2 und 3, Artikel 87a Abs. 4 und Artikel 91 dürfen sich nicht gegen Arbeitskämpfe richten, die zur Wahrung und Förderung der Arbeits- und Wirtschaftsbedingungen von Vereinigungen im Sinne des Satzes 1 geführt werden.

Prüfungsaufgaben Winter 2016/2017 (Aufgabe 1)

Sie sind Auszubildende/-r im zweiten Ausbildungsjahr als Verkäufer/Verkäuferin bei der Möbel Werner GmbH in Ulm. Da Ihr Unternehmen sehr viele Auszubildende betreut, gibt es eine Jugend- und Auszubildendenvertretung. Dieser gehören Sie seit einem Jahr an.

1.1 Ihre Freundin Sandra (18 Jahre) möchte ebenfalls eine Ausbildung bei der Möbel Werner GmbH beginnen. Den Ausbildungsvertrag zur Kauffrau im Einzelhandel hat sie bereits unterschrieben. Zu Beginn ihrer Ausbildung ergeben sich einige Fragen, bei denen Sandra Ihre Hilfe benötigt. Nutzen Sie hierfür die **Anlage 1.**

1.1.1 Sandras Eltern sind enttäuscht, als sie erfahren, dass sie sich ohne ihre Zustimmung für diese Ausbildung entschieden hat, anstatt zu studieren. Zudem behaupten sie, dass der Ausbildungsvertrag ohne ihre Unterschrift nicht gültig sei. Erklären Sie Sandra, wer den Ausbildungsvertrag unterschreiben muss.

1.1.2 Um ihre Eltern zu besänftigen, möchte Sandra sie von den Vorteilen einer Ausbildung überzeugen. Erläutern Sie Sandra drei Argumente, die für eine Ausbildung im dualen System sprechen.

1.1.3 Sandra beginnt schließlich ihre Ausbildung. Mittwochs hat sie immer sechs Stunden Berufsschulunterricht und muss danach noch zum Arbeiten in den Betrieb. Peter (17 Jahre), der mit ihr die gleiche Klasse besucht, muss mittwochs nach der Schule nicht mehr zum Arbeiten.

Sandra findet dies ungerecht und beschwert sich bei der Jugend- und Auszubildendenvertretung. Erklären Sie, warum Peter nicht ebenfalls noch zum Arbeiten in den Betrieb kommen muss.

1.1.4 Fünf Wochen nach Beginn ihrer Ausbildung kommt Sandra entsetzt zu Ihnen. Ihr wurde gekündigt. Als Begründung wurde ihr mehrfaches Zuspätkommen genannt.

Erklären Sie ihr, ob die Kündigung wirksam ist.

1.2 Alle drei Monate veranstaltet die Jugend- und Auszubildendenvertretung eine Informationsveranstaltung zu verschiedenen Themen der Berufsausbildung. Dieses Mal sind Sie für die Durchführung der Veranstaltung mit dem Thema „Tarifverträge“ zuständig. Zu Beginn informieren Sie die Auszubildenden über die Grundlagen von Tarifverträgen. Danach können Ihre Zuhörer Fragen stellen.

1.2.1 Erklären Sie jeweils, welche Möglichkeiten die beiden Sozialpartner haben, um ihren Forderungen bei Tarifverhandlungen Nachdruck zu verleihen.

1.2.2 Erläutern Sie die Rolle des Staates bei Tarifverhandlungen.

1.2.3 Natalie möchte wissen: „Was bringen mir denn Lohnerhöhungen, die bei Tarifverhandlungen vereinbart werden? Ich bin doch gar nicht in der Gewerkschaft.“
Erklären Sie Natalie den Sachverhalt.

1.2.4 Emre möchte wissen: „Mein Kumpel in Berlin, der im gleichen Ausbildungsjahr im Einzelhandel wie ich ist, verdient im Monat 100,00 EUR mehr als ich. Aber es muss doch überall im Einzelhandel der gleiche Tarifvertrag gelten, oder?“
Erklären Sie, wie es zu diesem Unterschied kommen kann.

1.3 Nach der Veranstaltung kommt der Auszubildende Philipp (1. Ausbildungsjahr) auf Sie zu. Ihm hat die Veranstaltung sehr gut gefallen und er möchte mehr über die Arbeit der Jugend- und Auszubildendenvertretung wissen.
Beschreiben Sie zwei Aufgaben der Jugend- und Auszubildendenvertretung.

Anlage 1

Auszug aus dem Berufsbildungsgesetz (BBiG)

§ 11 Vertragsniederschrift

(1) Ausbildende haben unverzüglich nach Abschluss des Berufsausbildungsvertrages, spätestens vor Beginn der Berufsausbildung, den wesentlichen Inhalt des Vertrages gemäß Satz 2 schriftlich niederzulegen; die elektronische Form ist ausgeschlossen. [...]
(2) Die Niederschrift ist von den Ausbildenden, den Auszubildenden und deren gesetzlichen Vertretern und Vertreterinnen zu unterzeichnen.
(3) Ausbildende haben den Auszubildenden und deren gesetzlichen Vertretern und Vertreterinnen eine Ausfertigung der unterzeichneten Niederschrift unverzüglich auszuhändigen. [...]

§ 20 Probezeit

Das Berufsausbildungsverhältnis beginnt mit der Probezeit. Sie muss mindestens einen Monat und darf höchstens vier Monate betragen.

§ 22 Kündigung

(1) Während der Probezeit kann das Berufsausbildungsverhältnis jederzeit ohne Einhalten einer Kündigungsfrist gekündigt werden.
(2) Nach der Probezeit kann das Berufsausbildungsverhältnis nur gekündigt werden

1. aus einem wichtigen Grund ohne Einhalten einer Kündigungsfrist,
2. von Auszubildenden mit einer Kündigungsfrist von vier Wochen, wenn sie die Berufsausbildung aufgeben oder sich für eine andere Berufstätigkeit ausbilden lassen wollen.

(3) Die Kündigung muss schriftlich und in den Fällen des Absatzes 2 unter Angabe der Kündigungsgründe erfolgen.
(4) Eine Kündigung aus einem wichtigen Grund ist unwirksam, wenn die ihr zugrunde liegenden Tatsachen dem zur Kündigung Berechtigten länger als zwei Wochen bekannt sind. Ist ein vorgesehenes Güteverfahren vor einer außergerichtlichen Stelle eingeleitet, so wird bis zu dessen Beendigung der Lauf dieser Frist gehemmt.

Auszug aus dem Jugendarbeitsschutzgesetz (JArbSchG)

§ 9 Berufsschule

(1) Der Arbeitgeber hat den Jugendlichen für die Teilnahme am Berufsschulunterricht freizustellen. Er darf den Jugendlichen nicht beschäftigen

1. vor einem vor 9 Uhr beginnenden Unterricht; dies gilt auch für Personen, die über 18 Jahre alt und noch berufsschulpflichtig sind,
2. an einem Berufsschultag mit mehr als fünf Unterrichtsstunden von mindestens je 45 Minuten, einmal in der Woche,
3. in Berufsschulwochen mit einem planmäßigen Blockunterricht von mindestens 25 Stunden an mindestens fünf Tagen; zusätzliche betriebliche Ausbildungsveranstaltungen bis zu zwei Stunden wöchentlich sind zulässig.

(2) Auf die Arbeitszeit werden angerechnet
1. Berufsschultage nach Absatz 1 Nr. 2 mit acht Stunden,
2. Berufsschulwochen nach Absatz 1 Nr. 3 mit 40 Stunden,
3. im übrigen die Unterrichtszeit einschließlich der Pausen.

[...]

Auszug aus dem Betriebsverfassungsgesetz (BetrVG)

§ 70 Allgemeine Aufgaben

(1) Die Jugend- und Auszubildendenvertretung hat folgende allgemeine Aufgaben:
1. Maßnahmen, die den in § 60 Abs. 1 genannten Arbeitnehmern dienen, insbesondere in Fragen der Berufsbildung und der Übernahme der zu ihrer Berufsausbildung Beschäftigten in ein Arbeitsverhältnis, beim Betriebsrat zu beantragen;

1a. Maßnahmen zur Durchsetzung der tatsächlichen Gleichstellung der in § 60 Abs. 1 genannten Arbeitnehmer entsprechend § 80 Abs. 1 Nr. 2a und 2b beim Betriebsrat zu beantragen;

2. darüber zu wachen, dass die zugunsten der in § 60 Abs. 1 genannten Arbeitnehmer geltenden Gesetze, Verordnungen, Unfallverhütungsvorschriften, Tarifverträge und Betriebsvereinbarungen durchgeführt werden;
3. Anregungen von in § 60 Abs. 1 genannten Arbeitnehmern, insbesondere in Fragen der Berufsbildung, entgegenzunehmen und, falls sie berechtigt erscheinen, beim Betriebsrat auf eine Erledigung hinzuwirken. Die Jugend- und Auszubildendenvertretung hat die betroffenen in § 60 Abs. 1 genannten Arbeitnehmer über den Stand und das Ergebnis der Verhandlungen zu informieren;
4. die Integration ausländischer, in § 60 Abs. 1 genannter Arbeitnehmer im Betrieb zu fördern und entsprechende Maßnahmen beim Betriebsrat zu beantragen.

[...]

Prüfungsaufgaben Winter 2016/2017 (Aufgabe 2)

Bei einer weiteren Informationsveranstaltung der Jugend- und Auszubildendenvertretung geht es schwerpunktmäßig um das Thema Sozialversicherung. Hierzu haben Sie ein Informationsblatt vorbereitet (**Anlage 2**).
Beantworten Sie folgende Fragen der Auszubildenden:

2.1 Markus, 17 Jahre: „Ich habe gehört, dass es fünf Arten der Sozialversicherung gibt. Auf deinem Informationsblatt stehen aber nur vier Arten."

2.1.1 „Nenne mir die fehlende Sozialversicherungsart."

2.1.2 „Erläutere den Grund, warum diese Sozialversicherungsart auf dem Informationsblatt fehlt."

2.2 Maria, 20 Jahre: „Ich hatte vor kurzem einen Unfall im Betrieb und musste ins Krankenhaus. Gestern bekam ich von meiner Krankenkasse einen Unfallbericht zugeschickt. Da soll ich genau beschreiben, wie es zu diesem Unfall gekommen ist. Begründe, warum die Krankenkasse dies von mir verlangt."

2.3 Sven, 18 Jahre: „Meine Ausbildungsvergütung beträgt 680,00 EUR und ich zahle bei meiner Krankenkasse einen Beitrag von 55,76 EUR.

Erkläre mir, wie dieser Beitrag berechnet wird."

2.4 Klaus, 17 Jahre: „Ich habe mal gehört, dass meine Beiträge zur Rentenversicherung nicht angespart werden, das liege am Generationenvertrag. Das habe ich nicht verstanden."

2.4.1 „Erläutere, was man unter dem Generationenvertrag versteht."

2.4.2 „Erkläre, warum der Generationenvertrag zunehmend problematisch wird."

2.5 Beate, 18 Jahre: „Ich mache mir Sorgen um meine Altersversorgung. Nenne mir drei weitere Möglichkeiten der Altersvorsorge – neben der gesetzlichen Rentenversicherung."

2.6 Annika, 21 Jahre: „Bei der Pflegeversicherung gibt es einen Zuschlag von 0,25 % für Kinderlose."

2.6.1 „Erläutere, warum ich den nicht zahlen muss, obwohl ich keine Kinder habe."

2.6.2 „Erkläre, warum dieser Zuschlag überhaupt verlangt wird."

Anlage 2

Informationsblatt

Beitragssätze der gesetzlichen Sozialversicherung	
Arten der Sozialversicherung	**Beitragssätze in %**
Rentenversicherung	18,7
Arbeitslosenversicherung	3,0
Krankenversicherung	14,6 + Zusatzbeitrag (hier 0,9)
Pflegeversicherung Zuschlag für Kinderlose über 23 Jahre	2,35 0,25

Prüfungsaufgaben Winter 2016/2017 (Aufgabe 1)

Die Elektronik Ernst GmbH fertigt Drucker und Fotokopierer in Deutschland. Sie sind Auszubildende/-r bei der Elektronik Ernst GmbH und Mitglied der Jugend- und Auszubildendenvertretung (JAV). Die Geschäftsführung legt Wert auf verantwortungsbewusstes Verhalten in allen Bereichen und schult ihre Mitarbeiterinnen und Mitarbeiter daher entsprechend.
Einmal im Jahr organisiert die JAV einen Workshop „Von Azubis für Azubis". Dieses Jahr findet der Workshop am 21. November 2016 um 09:30 Uhr im Raum 007 statt. Das Thema lautet: „Unfall- und Jugendarbeitsschutz". Als Mitglied der JAV sind Sie für diesen Workshop verantwortlich.

1.1 Entwerfen Sie einen Text für das Einladungsschreiben an die neuen Auszubildenden.

- Erläutern Sie in Ihrer Einladung anhand von jeweils drei Gesichtspunkten, warum der Elektronik Ernst GmbH der Unfallschutz und der Jugendarbeitsschutz wichtig sind.
- Formulieren Sie zwei Folgen, die für das Unternehmen bei Missachtung der Schutzbestimmungen eintreten könnten.

1.2 Im Workshop sollen Sie den Auszubildenden die gesetzliche Unfallversicherung vorstellen.

1.2.1 Beschreiben Sie zwei Fälle, in denen die Versicherung einspringt.

1.2.2 Erläutern Sie jeweils eine Leistung, die die Versicherung in den beschriebenen Fällen erbringt.

1.3 Im Rahmen des Workshops am 21. November 2016 findet ein „Marktplatz" statt. Hier können die Auszubildenden zu verschiedenen Themen Fragen stellen. Sie betreuen den Stand „Rechtliche Fragen rund um die Ausbildung".

1.3.1 Frank Schirmer (18 Jahre) ist Auszubildender seit dem 1. September 2016. Er möchte wissen, ob man ihm kündigen kann, weil er bereits zwei Mal zu spät gekommen ist. Von seinen Freunden hat er diesbezüglich widersprüchliche Auskünfte erhalten.
Erläutern Sie ihm die Rechtslage **(Anlage).**

1.3.2 Anastasia König (19 Jahre), Auszubildende im 2. Ausbildungsjahr, möchte nun doch lieber ein Soziales Jahr in Frankreich absolvieren und die Ausbildung sofort beenden, da sie bereits zum 1. Dezember 2016 ihre neue Stelle in Lyon antreten könnte.
Beraten Sie sie begründet hinsichtlich ihrer Möglichkeiten, das Ausbildungsverhältnis zu beenden **(Anlage)**.

Anlage

Auszug aus dem Berufsbildungsgesetz (BBiG)

§ 20 Probezeit
Das Berufsausbildungsverhältnis beginnt mit der Probezeit. Sie muss mindestens einen Monat und darf höchstens vier Monate betragen.

§ 21 Beendigung
(1) Das Berufsausbildungsverhältnis endet mit dem Ablauf der Ausbildungszeit. Im Falle der Stufenausbildung endet es mit Ablauf der letzten Stufe.
(2) Bestehen Auszubildende vor Ablauf der Ausbildungszeit die Abschlussprüfung, so endet das Berufsausbildungsverhältnis mit Bekanntgabe des Ergebnisses durch den Prüfungsausschuss.

(3) Bestehen Auszubildende die Abschlussprüfung nicht, so verlängert sich das Berufsausbildungsverhältnis auf ihr Verlangen bis zur nächstmöglichen Wiederholungsprüfung, höchstens um ein Jahr.

§ 22 Kündigung

(1) Während der Probezeit kann das Berufsausbildungsverhältnis jederzeit ohne Einhalten einer Kündigungsfrist gekündigt werden.
(2) Nach der Probezeit kann das Berufsausbildungsverhältnis nur gekündigt werden
1. aus einem wichtigen Grund ohne Einhalten einer Kündigungsfrist,
2. von Auszubildenden mit einer Kündigungsfrist von vier Wochen, wenn sie die Berufsausbildung aufgeben oder sich für eine andere Berufstätigkeit ausbilden lassen wollen.

(3) Die Kündigung muss schriftlich und in den Fällen des Absatzes 2 unter Angabe der Kündigungsgründe erfolgen.
(4) Eine Kündigung aus einem wichtigen Grund ist unwirksam, wenn die ihr zugrunde liegenden Tatsachen dem zur Kündigung Berechtigten länger als zwei Wochen bekannt sind. Ist ein vorgesehenes Güteverfahren vor einer außergerichtlichen Stelle eingeleitet, so wird bis zu dessen Beendigung der Lauf dieser Frist gehemmt.

§ 23 Schadensersatz bei vorzeitiger Beendigung

(1) Wird das Berufsausbildungsverhältnis nach der Probezeit vorzeitig gelöst, so können Ausbildende oder Auszubildende Ersatz des Schadens verlangen, wenn die andere Person den Grund für die Auflösung zu vertreten hat. Dies gilt nicht im Falle des § 22 Abs. 2 Nr. 2.
(2) Der Anspruch erlischt, wenn er nicht innerhalb von drei Monaten nach Beendigung des Berufsausbildungsverhältnisses geltend gemacht wird.

§ 24 Weiterarbeit

Werden Auszubildende im Anschluss an das Berufsausbildungsverhältnis beschäftigt, ohne dass hierüber ausdrücklich etwas vereinbart worden ist, so gilt ein Arbeitsverhältnis auf unbestimmte Zeit als begründet.

§ 25 Unabdingbarkeit

Eine Vereinbarung, die zuungunsten Auszubildender von den Vorschriften dieses Teils des Gesetzes abweicht, ist nichtig.

Prüfungsaufgaben Sommer 2017 (Aufgabe 1, verändert)

Die Keller GmbH ist ein sehr erfolgreiches mittelständisches Unternehmen mit 150 Arbeitnehmern in Stuttgart, das Werkzeuge für die Möbelindustrie fertigt. Das Unternehmen ist Mitglied im Arbeitgeberverband. Arbeitnehmer, die Mitglied der Gewerkschaft sind, werden durch die Industriegewerkschaft Metall vertreten.

Sie sind kaufmännische/-r Auszubildende/-r bei der Keller GmbH und Mitglied der Jugend- und Auszubildendenvertretung (JAV). In der JAV-Sitzung werden die aktuellen Tarifverhandlungen thematisiert.

1.1 Der Entgelttarifvertrag lief am 28. Februar 2017 aus und wird aktuell neu verhandelt. Die Gewerkschaft fordert 6 % Entgelterhöhung. Der Arbeitgeberverband lehnt dies ab. Beschreiben Sie anhand von zwei Argumenten, wie die Gewerkschaft eine 6%ige Entgelterhöhung rechtfertigen kann.

1.2 Die von kurzen Warnstreiks begleiteten Verhandlungen führten bis Ende April zu keiner Annäherung der Tarifvertragsparteien. Auch im Schlichtungsverfahren konnte keine Einigung erzielt werden. Der Auszubildende Giuseppe Monza fragt Sie: „Können nicht einfach alle Mitarbeiter die Arbeit sofort niederlegen? Dies erhöht doch den Druck auf die Arbeitgeber."

- Nehmen Sie zu dieser Äußerung Stellung.
- Skizzieren Sie in diesem Zusammenhang den weiteren Ablauf der Tarifverhandlungen mit Arbeitskampfmaßnahmen bis zum Abschluss des Tarifvertrages in strukturierter Weise.

1.3 Die Auszubildende Sabrina Wohlfahrt ist der Meinung, dass die Entgelterhöhung für sie nicht gilt, weil sie kein Gewerkschaftsmitglied ist.

1.3.1 Begründen Sie mithilfe von Sabrinas Ausbildungsvertrag (**Anlage 1**), ob sie von der Entgelterhöhung profitieren wird.

1.3.2 Sabrina beschwert sich, dass ihr Urlaubsanspruch in den Jahren 2017 und 2018 geringer ist als im Jahr 2016.

Prüfen Sie, ob Sabrinas Beschwerde berechtigt ist. Gehen Sie davon aus, dass sich der geltende Tarifvertrag an den gesetzlichen Urlaubsregelungen orientiert (**Anlage 2**).

Anlage 1

Berufsausbildungsvertrag

(§§ 10, 11 Berufsbildungsgesetz – BBiG)

Zwischen dem/der Ausbildenden (Ausbildungsbetrieb)
Öffentlicher Dienst ☐

KNR	IHK-Firmenident-Nr.	Tel.-Nr.
206	256656	0711-172556-0

Ausbildungsbetrieb und Anschrift des/der Ausbildenden
Keller GmbH

Straße, Haus-Nr.
Seyfferstr. 199

PLZ	Ort
70193	Stuttgart

E-Mail-Adresse des/der Ausbildenden (Angabe freiwillig)
mailto@keller-gmbh.com

Verantwortliche/r Ausbilder/in
Herr Günther Flaig

und dem/der Auszubildenden
männlich ☐ **weiblich** ☒ **unbestimmt** ☐
Berufsausbildung im Rahmen eines dualen Studiums ☐

Name	Vorname
Wohlfahrt	Sabrina

Straße, Haus-Nr.
Entengraben 12

PLZ	Ort
73732	Esslingen

Geburtsdatum	Staatsangehörigkeit
22.04.1998	deutsch

E-Mail-Adresse (Angabe freiwillig)	Mobil-/Tel.-Nr. (Angabe freiwillig)

Gesetzlicher Vertreter[1)]
Eltern

Namen, Vornamen der gesetzlichen Vertreter
Wohlfahrt, Paul und Wohlfahrt, Anna

Straße, Haus-Nr.
Entengraben 12

PLZ	Ort
73732	Esslingen

wird nachstehender Vertrag zur Ausbildung im Ausbildungsberuf Industriekauffrau

mit der Fachrichtung / dem Schwerpunkt / der/den Wahlqualifikation/en / dem/den Wahlbaustein/en etc. **nach Maßgabe der Ausbildungsordnung[2)] geschlossen.**

Änderungen des wesentlichen Vertragsinhaltes sind vom/von der Ausbildenden unverzüglich zur Eintragung in das Verzeichnis der Berufsausbildungsverhältnisse bei der Industrie- und Handelskammer anzuzeigen.

Die beigefügten Angaben zur sachlichen und zeitlichen Gliederung des Ausbildungsablaufs (Ausbildungsplan) sowie die umseitigen Regelungen sind Bestandteil dieses Vertrages.

A Die Ausbildungszeit beträgt nach der Ausbildungsordnung 36 Monate.
☐ Es wird eine Verkürzung der Ausbildungszeit um ____ Monate beantragt
Verkürzungsgrund:
Das Berufsausbildungsverhältnis beginnt am 01.09.2015 und endet am 31.08.2018 .

B Die Probezeit (Nr. 1.2) beträgt 4 Monate.[3)]

C Die Ausbildung findet in [Name/ Anschrift der Ausbildungsstätte(n)]
Stuttgart
und den mit dem Betriebssitz für die Ausbildung üblicherweise zusammenhängenden Bau-, Montage- und sonstigen Arbeitsstellen statt.

D Ausbildungsmaßnahmen außerhalb der Ausbildungsstätte(n) sind für den folgenden Zeitraum in der/den folgenden Ausbildungsstätte(n) vorgesehen (hierzu zählen auch Auslandsaufenthalte) (Nr. 3.12):
10.01.2016-27.02.2016 SAP-Schulung im Ausbildungszentrum Karlsruhe

E Der/Die Ausbildende zahlt dem/der Auszubildenden eine angemessene Vergütung (Nr. 5); diese beträgt zurzeit monatlich brutto

€	€ 880,00	€ 940,00	€ 1.020,00	
im	ersten	zweiten	dritten	vierten

Ausbildungsjahr.

F Die regelmäßige Ausbildungszeit in Stunden beträgt
täglich[4)] 8,00 und wöchentlich ____ .
Teilzeitausbildung wird beantragt (Nr. 6.2): ja ☐ nein ☒

1) Vertretungsberechtigt sind beide Eltern gemeinsam, soweit nicht die Vertretungsberechtigung nur einem Elternteil zusteht. Ist ein Vormund bestellt, so bedarf dieser zum Abschluss des Ausbildungsvertrages der Genehmigung des Vormundschaftsgerichtes.
2) Solange die Ausbildungsordnung nicht erlassen ist, sind gem. § 104 Abs. 1 BBiG die bisherigen Ordnungsmittel anzuwenden.
3) Die Probezeit muss mindestens einen Monat und darf höchstens vier Monate betragen.
4) Das Jugendarbeitsschutzgesetz sowie für das Ausbildungsverhältnis geltende tarifvertragliche Regelungen und Betriebsvereinbarungen sind zu beachten.

G Es besteht ein Urlaubsanspruch

im Kalenderjahr	2016	2016	2017	2018	
Werktage	9,0	25,0	24,0	24,0	
Arbeitstage					

H Der Ausbildungsnachweis wird wie folgt geführt:
schriftlich ☒ elektronisch ☐

I Hinweise auf anzuwendende Tarifverträge und Betriebsvereinbarungen; sonstige Vereinbarungen (Nr. 11):
Es gelten der Tarifvertrag sowie die Betriebsvereinbarungen.

J Die umseitigen Bestimmungen sind Gegenstand dieses Vertrages und werden anerkannt.

Ort, Datum: Stuttgart, 20.04.2015

Der/Die Ausbildende:

Stempel und Unterschrift

Der/Die Auszubildende:

Vor- und Familienname

Der/Die gesetzlichen Vertreter/in des/der Auszubildenden:

Vater und Mutter/Vormund

Quelle: Abdruck mit freundlicher Genehmigung des Deutschen Industrie- und Handelskammertages e. V.

Anlage 2

Auszug aus dem Jugendarbeitsschutzgesetz (JArbSchG)

§ 17 Sonntagsruhe

(1) An Sonntagen dürfen Jugendliche nicht beschäftigt werden.
(2) Zulässig ist die Beschäftigung Jugendlicher an Sonntagen nur

1. in Krankenanstalten sowie in Alten-, Pflege- und Kinderheimen,
2. in der Landwirtschaft und Tierhaltung mit Arbeiten, die auch an Sonn- und Feiertagen naturnotwendig vorgenommen werden müssen,
3. im Familienhaushalt, wenn der Jugendliche in die häusliche Gemeinschaft aufgenommen ist,
4. im Schaustellergewerbe,
5. bei Musikaufführungen, Theatervorstellungen und anderen Aufführungen sowie bei Direktsendungen im Rundfunk (Hörfunk und Fernsehen),
6. beim Sport,
7. im ärztlichen Notdienst,
8. im Gaststättengewerbe.

Jeder zweite Sonntag soll, mindestens zwei Sonntage im Monat müssen beschäftigungsfrei bleiben.
(3) Werden Jugendliche am Sonntag beschäftigt, ist ihnen die Fünf-Tage-Woche (§ 15) durch Freistellung an einem anderen berufsschulfreien Arbeitstag derselben Woche sicherzustellen. In Betrieben mit einem Betriebsruhetag in der Woche kann die Freistellung auch an diesem Tag erfolgen, wenn die Jugendlichen an diesem Tag keinen Berufsschulunterricht haben.

§ 18 Feiertagsruhe

(1) Am 24. und 31. Dezember nach 14 Uhr und an gesetzlichen Feiertagen dürfen Jugendliche nicht beschäftigt werden.
(2) Zulässig ist die Beschäftigung Jugendlicher an gesetzlichen Feiertagen in den Fällen des § 17 Abs. 2, ausgenommen am 25. Dezember, am 1. Januar, am ersten Osterfeiertag und am 1. Mai.
(3) Für die Beschäftigung an einem gesetzlichen Feiertag, der auf einen Werktag fällt, ist der Jugendliche an einem anderen berufsschulfreien Arbeitstag derselben oder der folgenden Woche freizustellen. In Betrieben mit einem Betriebsruhetag in der Woche kann die Freistellung auch an diesem Tag erfolgen, wenn die Jugendlichen an diesem Tag keinen Berufsschulunterricht haben.

§ 19 Urlaub

(1) Der Arbeitgeber hat Jugendlichen für jedes Kalenderjahr einen bezahlten Erholungsurlaub zu gewähren.
(2) Der Urlaub beträgt jährlich

1. mindestens 30 Werktage, wenn der Jugendliche zu Beginn des Kalenderjahrs noch nicht 16 Jahre alt ist,
2. mindestens 27 Werktage, wenn der Jugendliche zu Beginn des Kalenderjahrs noch nicht 17 Jahre alt ist,
3. mindestens 25 Werktage, wenn der Jugendliche zu Beginn des Kalenderjahrs noch nicht 18 Jahre alt ist.

Jugendliche, die im Bergbau unter Tage beschäftigt werden, erhalten in jeder Altersgruppe einen zusätzlichen Urlaub von drei Werktagen.

(3) Der Urlaub soll Berufsschülern in der Zeit der Berufsschulferien gegeben werden. Soweit er nicht in den Berufsschulferien gegeben wird, ist für jeden Berufsschultag, an dem die Berufsschule während des Urlaubs besucht wird, ein weiterer Urlaubstag zu gewähren.
(4) Im übrigen gelten für den Urlaub der Jugendlichen § 3 Abs. 2, §§ 4 bis 12 und § 13 Abs. 3 des Bundesurlaubsgesetzes. Der Auftraggeber oder Zwischenmeister hat jedoch abweichend von § 12 Nr. 1 des Bundesurlaubsgesetzes den jugendlichen Heimarbeitern für jedes Kalenderjahr einen bezahlten Erholungsurlaub entsprechend Absatz 2 zu gewähren; das Urlaubsentgelt der jugendlichen Heimarbeiter beträgt bei einem Urlaub von 30 Werktagen 11,6 vom Hundert, bei einem Urlaub von 27 Werktagen 10,3 vom Hundert und bei einem Urlaub von 25 Werktagen 9,5 vom Hundert.

Auszug aus dem Bundesurlaubsgesetz (BUrlG)

§ 2 Geltungsbereich
Arbeitnehmer im Sinne des Gesetzes sind Arbeiter und Angestellte sowie die zu ihrer Berufsausbildung Beschäftigten. Als Arbeitnehmer gelten auch Personen, die wegen ihrer wirtschaftlichen Unselbständigkeit als arbeitnehmerähnliche Personen anzusehen sind; für den Bereich der Heimarbeit gilt § 12.

§ 3 Dauer des Urlaubs
(1) Der Urlaub beträgt jährlich mindestens 24 Werktage.
(2) Als Werktage gelten alle Kalendertage, die nicht Sonn- oder gesetzliche Feiertage sind.

§ 4 Wartezeit
Der volle Urlaubsanspruch wird erstmalig nach sechsmonatigem Bestehen des Arbeitsverhältnisses erworben.

§ 5 Teilurlaub
(1) Anspruch auf ein Zwölftel des Jahresurlaubs für jeden vollen Monat des Bestehens des Arbeitsverhältnisses hat der Arbeitnehmer
a) für Zeiten eines Kalenderjahrs, für die er wegen Nichterfüllung der Wartezeit in diesem Kalenderjahr keinen vollen Urlaubsanspruch erwirbt;
b) wenn er vor erfüllter Wartezeit aus dem Arbeitsverhältnis ausscheidet;
c) wenn er nach erfüllter Wartezeit in der ersten Hälfte eines Kalenderjahrs aus dem Arbeitsverhältnis ausscheidet.
(2) Bruchteile von Urlaubstagen, die mindestens einen halben Tag ergeben, sind auf volle Urlaubstage aufzurunden.
(3) Hat der Arbeitnehmer im Falle des Absatzes 1 Buchstabe c bereits Urlaub über den ihm zustehenden Umfang hinaus erhalten, so kann das dafür gezahlte Urlaubsentgelt nicht zurückgefordert werden.

Prüfungsaufgaben Winter 2017/2018 (Aufgabe 1)

Die Corbus GmbH ist ein mittelständisches Unternehmen mit Sitz in Böblingen, das Büromöbel aller Art herstellt.

Zuletzt gingen einige langjährige Mitarbeiter in den Ruhestand. Dadurch ist die Gesamtzahl der Betriebsratsmitglieder unter die vorgeschriebene Zahl gesunken. Deshalb muss außerhalb der regulären Wahlperiode ein neuer Betriebsrat gewählt werden.

In den letzten fünf Monaten wurden zwölf neue Mitarbeiter eingestellt. Von den aktuell 71 Mitarbeitern ohne Führungsverantwortung sind zehn minderjährig.

1.1 Sie sind volljährig und arbeiten seit einem Jahr nach dem Abschluss ihrer Ausbildung bei der Corbus GmbH. Sie beabsichtigen, sich bei der Betriebsratswahl zu engagieren. Der amtierende Betriebsrat bestellt Sie zusammen mit zwei weiteren Kollegen zum Wahlvorstand. Als Wahlvorstand bereiten Sie die Wahl vor und organisieren die Durchführung der Wahl (**Anlage 1**). Dazu treffen sich der Wahlvorstand und ein bisheriges Mitglied des Betriebsrates zu einer Besprechung (Ergebnisprotokoll in **Anlage 2**). Gestalten Sie entsprechend der im Protokoll getroffenen Absprachen ein sinnvoll gestaltetes Informationsblatt (z. B. Flyer, Plakat, Aushang, ...).

1.2 Ein neuer Betriebsrat wurde erfolgreich gewählt. Sie sind eines der neuen Betriebsratsmitglieder der Corbus GmbH, die im Arbeitgeberverband der holzverarbeitenden Industrie Mitglied ist. Sie erhalten die Anfrage eines Auszubildenden (**Anlage 3**). Prüfen Sie seine Anliegen und formulieren Sie die Antwort in Form einer E-Mail (**Anlage 6**). Nutzen Sie auch die **Anlagen 1, 4 und 5**.

Anlage 1

Auszug aus dem Betriebsverfassungsgesetz (BetrVG)

§ 2 Stellung der Gewerkschaften und Vereinigungen der Arbeitgeber
(1) Arbeitgeber und Betriebsrat arbeiten unter Beachtung der geltenden Tarifverträge vertrauensvoll und im Zusammenwirken mit den im Betrieb vertretenen Gewerkschaften und Arbeitgebervereinigungen zum Wohl der Arbeitnehmer und des Betriebs zusammen.
[...]

§ 7 Wahlberechtigung
Wahlberechtigt sind alle Arbeitnehmer des Betriebs, die das 18. Lebensjahr vollendet haben.
[...]

§ 8 Wählbarkeit
(1) Wählbar sind alle Wahlberechtigten, die sechs Monate dem Betrieb angehören oder als in Heimarbeit Beschäftigte in der Hauptsache für den Betrieb gearbeitet haben. [...]

§ 9 Zahl der Betriebsratsmitglieder
Der Betriebsrat besteht in Betrieben mit in der Regel
5 bis 20 wahlberechtigten Arbeitnehmern aus einer Person,
21 bis 50 wahlberechtigten Arbeitnehmern aus 3 Mitgliedern,
51 wahlberechtigten Arbeitnehmern bis 100 Arbeitnehmern aus 5 Mitgliedern,
101 bis 200 Arbeitnehmern aus 7 Mitgliedern,
201 bis 400 Arbeitnehmern aus 9 Mitgliedern, [...]

§ 60 Errichtung und Aufgabe
(1) In Betrieben mit in der Regel mindestens fünf Arbeitnehmern, die das 18. Lebensjahr noch nicht vollendet haben (jugendliche Arbeitnehmer) oder die zu ihrer Berufsausbildung beschäftigt sind und das 25. Lebensjahr noch nicht vollendet haben, werden Jugend- und Auszubildendenvertretungen gewählt.
(2) Die Jugend- und Auszubildendenvertretung nimmt nach Maßgabe der folgenden Vorschriften die besonderen Belange der in Absatz 1 genannten Arbeitnehmer wahr.

§ 61 Wahlberechtigung und Wählbarkeit

(1) Wahlberechtigt sind alle in § 60 Abs. 1 genannten Arbeitnehmer des Betriebs.

(2) Wählbar sind alle Arbeitnehmer des Betriebs, die das 25. Lebensjahr noch nicht vollendet haben; § 8 Abs. 1 Satz 3 findet Anwendung. Mitglieder des Betriebsrats können nicht zu Jugend- und Auszubildendenvertretern gewählt werden.

§ 62 Zahl der Jugend- und Auszubildendenvertreter, Zusammensetzung der Jugend- und Auszubildendenvertretung

(1) Die Jugend- und Auszubildendenvertretung besteht in Betrieben mit in der Regel
5 bis 20 der in § 60 Abs. 1 genannten Arbeitnehmer aus einer Person,
21 bis 50 der in § 60 Abs. 1 genannten Arbeitnehmer aus 3 Mitgliedern,
51 bis 150 der in § 60 Abs. 1 genannten Arbeitnehmer aus 5 Mitgliedern, [...]

§ 80 Allgemeine Aufgaben

(1) Der Betriebsrat hat folgende allgemeine Aufgaben:

1. darüber zu wachen, dass die zugunsten der Arbeitnehmer geltenden Gesetze, Verordnungen, Unfallverhütungsvorschriften, Tarifverträge und Betriebsvereinbarungen durchgeführt werden;
2. Maßnahmen, die dem Betrieb und der Belegschaft dienen, beim Arbeitgeber zu beantragen;

2a. die Durchsetzung der tatsächlichen Gleichstellung von Frauen und Männern, insbesondere bei der Einstellung, Beschäftigung, Aus-, Fort- und Weiterbildung und dem beruflichen Aufstieg, zu fördern;

2b. die Vereinbarkeit von Familie und Erwerbstätigkeit zu fördern;

3. Anregungen von Arbeitnehmern und der Jugend- und Auszubildendenvertretung entgegenzunehmen und, falls sie berechtigt erscheinen, durch Verhandlungen mit dem Arbeitgeber auf eine Erledigung hinzuwirken; er hat die betreffenden Arbeitnehmer über den Stand und das Ergebnis der Verhandlungen zu unterrichten;
4. die Eingliederung Schwerbehinderter und sonstiger besonders schutzbedürftiger Personen zu fördern;
5. die Wahl einer Jugend- und Auszubildendenvertretung vorzubereiten und durchzuführen und mit dieser zur Förderung der Belange der in § 60 Abs. 1 genannten Arbeitnehmer eng zusammenzuarbeiten; er kann von der Jugend- und Auszubildendenvertretung Vorschläge und Stellungnahmen anfordern;
6. die Beschäftigung älterer Arbeitnehmer im Betrieb zu fördern;
7. die Integration ausländischer Arbeitnehmer im Betrieb und das Verständnis zwischen ihnen und den deutschen Arbeitnehmern zu fördern, sowie Maßnahmen zur Bekämpfung von Rassismus und Fremdenfeindlichkeit im Betrieb zu beantragen;
8. die Beschäftigung im Betrieb zu fördern und zu sichern;
9. Maßnahmen des Arbeitsschutzes und des betrieblichen Umweltschutzes zu fördern.

(2) Zur Durchführung seiner Aufgaben nach diesem Gesetz ist der Betriebsrat rechtzeitig und umfassend vom Arbeitgeber zu unterrichten; die Unterrichtung erstreckt sich auch auf die Beschäftigung von Personen, die nicht in einem Arbeitsverhältnis zum Arbeitgeber stehen. Dem Betriebsrat sind auf Verlangen jederzeit die zur Durchführung seiner Aufgaben erforderlichen Unterlagen zur Verfügung zu stellen; [...] Soweit es zur ordnungsgemäßen Erfüllung der Aufgaben des Betriebsrats erforderlich ist, hat der Arbeitgeber ihm

sachkundige Arbeitnehmer als Auskunftspersonen zur Verfügung zu stellen; er hat hierbei die Vorschläge des Betriebsrats zu berücksichtigen, soweit betriebliche Notwendigkeiten nicht entgegenstehen.
[...]

Auszug aus dem Jugendarbeitsschutzgesetz (JArbSchG)

§ 19 Urlaub

(1) Der Arbeitgeber hat Jugendlichen für jedes Kalenderjahr einen bezahlten Erholungsurlaub zu gewähren.
(2) Der Urlaub beträgt jährlich
1. mindestens 30 Werktage, wenn der Jugendliche zu Beginn des Kalenderjahrs noch nicht 16 Jahre alt ist,
2. mindestens 27 Werktage, wenn der Jugendliche zu Beginn des Kalenderjahrs noch nicht 17 Jahre alt ist,
3. mindestens 25 Werktage, wenn der Jugendliche zu Beginn des Kalenderjahrs noch nicht 18 Jahre alt ist.

[...]

Auszug aus dem Berufsbildungsgesetz (BBiG)

§ 8 Abkürzung und Verlängerung der Ausbildungszeit

(1) Auf gemeinsamen Antrag der Auszubildenden und Ausbildenden hat die zuständige Stelle die Ausbildungszeit zu kürzen, wenn zu erwarten ist, dass das Ausbildungsziel in der gekürzten Zeit erreicht wird. [...]

§ 20 Probezeit

Das Berufsausbildungsverhältnis beginnt mit der Probezeit. Sie muss mindestens einen Monat und darf höchstens vier Monate betragen.

§ 45 Zulassung in besonderen Fällen

(1) Auszubildende können nach Anhörung der Ausbildenden und der Berufsschule vor Ablauf ihrer Ausbildungszeit zur Abschlussprüfung zugelassen werden, wenn ihre Leistungen dies rechtfertigen.
[...]

Auszug aus dem Bundesurlaubsgesetz (BUrlG)

§ 3 Dauer des Urlaubs

(1) Der Urlaub beträgt jährlich mindestens 24 Werktage.
(2) Als Werktage gelten alle Kalendertage, die nicht Sonn- oder gesetzliche Feiertage sind.

Anlage 2: Protokollauszug

<table>
<tr><th colspan="2">Corbus GmbH</th><th colspan="2">Ergebnisprotokoll</th></tr>
<tr><td colspan="2">Projekt</td><td colspan="2">Vorbereitung und Durchführung der Betriebsratswahl</td></tr>
<tr><td colspan="2">Verteiler</td><td colspan="2">Wahlvorstand</td></tr>
<tr><th>Nr.</th><th colspan="2">Tagesordnung (TOPs)</th><th>Dauer</th></tr>
<tr><td>1</td><td colspan="2">Information der Belegschaft und Werbung für die Betriebsratswahl</td><td>30:00</td></tr>
<tr><td>2</td><td colspan="2">Abstimmung weiterer Termine</td><td>15:00</td></tr>
<tr><th colspan="3">Mitschrift</th><th>Notizen</th></tr>
<tr><td colspan="3">Zu Top 1: Information der Belegschaft und Werbung für die Betriebsratswahl
• jeden Montag und Donnerstag in der Kantine von 12:00 bis 13:30 Uhr
• Informationsblattverteilen mit allen Infos über die Betriebsratswahl

Das Informationsblatt soll

• die Belegschaft über die bevorstehende Betriebsratswahl informieren,
• nachvollziehbar zeigen, wie viele Betriebsratsmitglieder zu wählen sind,
• aufzeigen, wer wählen darf und wer gewählt werden kann,
• über die Bedeutung des Betriebsrates anhand von drei wesentlichen Aufgaben informieren,
• über die Termine informieren
• und Helfer zur Durchführung der Wahl gewinnen.

Wichtig ist uns eine hohe Wahlbeteiligung.
Außerdem sollen sich geeignete Kandidaten zur Wahl aufstellen lassen.

Zu Top 2: Abstimmung weiterer Termine

Betriebsratswahlen finden am Donnerstag, 30. November 2017 während der Arbeitszeit im Seminarraum 101 statt.
Rückmeldung der Helfer bis spätestens Freitag, 17. November 2017.
Helferliste am Mittwoch, 22. November 2017 an alle Wahlhelfer senden.</td><td>Informationsblatt erstellen bis Donnerstag 09.11</td></tr>
</table>

Anlage 3

Von ...	**Michael Schlotter** <michael.schlotter@corbus.de>
An ...	**Betriebsrat** <betriebsrat@corbus.de>
Cc ...	
Betreff:	Jugend- und Auszubildendenvertretung

Sehr geehrte Mitglieder des Betriebsrats,

ich habe meine Ausbildung diesen Herbst begonnen. Ich bin mir nicht sicher, ob in meinem Ausbildungsvertrag (**Anlage 5**) alles stimmt. Könnten Sie bitte überprüfen, ob das Gehalt, die Probezeit und der verkürzte Urlaubsanspruch im ersten Jahr richtig sind?

Über eine Antwort freue ich mich sehr.

Vielen Dank.

Mit freundlichen Grüßen
Michael Schlotter

Anlage: Kopie meines Ausbildungsvertrages

Anlage 4: Auszug aus dem Tarifvertrag der Holz und Kunststoff verarbeitenden Industrie

Holz und Kunststoff verarbeitende Industrie
Ausbildungsvergütungen (in Euro), Arbeitszeit und Urlaubstage

Tarifgebiet	Gültig ab	In den Ausbildungsjahren			Wöchentliche tarifliche Arbeitszeit	Urlaubsdauer
		1	2	3		
Baden-Württemberg	01.05.2016	850,00	886,00	927,00	35 Stunden	30 Arbeitstage
Bayern	01.05.2016	650,00	700,00	750,00	35 Stunden	30 Arbeitstage
Berlin-Brandenburg	01.10.2016	673,00	719,00	765,00	38,5 Stunden	30 Arbeitstage
Hamburg	01.02.2016	775,00	803,00	898,00	35 Stunden	27–30 Arbeitstage*
Hessen	01.05.2016	780,00	819,00	894,00	35 Stunden	30 Arbeitstage
Niedersachsen/ Bremen	01.05.2016	775,00	825,00	880,00	35 Stunden	30 Arbeitstage
Rheinland-Pfalz	01.06.2016	760,00	800,00	875,00	35 Stunden	30 Arbeitstage
Sachsen	01.09.2016	674,00	717,00	760,00	35 Stunden	28 Arbeitstage
Sachsen-Anhalt	01.05.2016	757,00	788,00	850,00	35 Stunden	28–30 Arbeitstage*
Thüringen	01.05.2016	650,00	700,00	750,00	35 Stunden	30 Arbeitstage
Westfalen-Lippe	01.05.2016	766,82	825,16	900,18	35 Stunden	30 Arbeitstage

* gestaffelt nach Betriebszugehörigkeit

Anlage 5: Ausbildungsvertrag von Michael Schlotter

Berufsausbildungsvertrag

(§§ 10, 11 Berufsbildungsgesetz – BBiG)

Zwischen dem/der Ausbildenden (Ausbildungsbetrieb)
Öffentlicher Dienst ☐

KNR	IHK-Firmenident-Nr.	Tel.-Nr.
		07031/123456-0

Ausbildungsbetrieb und Anschrift des/der Ausbildenden: Corbus GmbH

Straße, Haus-Nr.: Industriestraße 20

PLZ	Ort
71032	Böblingen

E-Mail-Adresse des/der Ausbildenden (Angabe freiwillig): claudia.hubert@corbus.de

Verantwortliche/r Ausbilder/in: Claudia Hubert

und dem/der Auszubildenden
männlich ☒ **weiblich** ☐ **unbestimmt** ☐
Berufsausbildung im Rahmen eines dualen Studiums ☐

Name	Vorname
Schlotter	Michael

Straße, Haus-Nr.: Siemensstraße 3

PLZ	Ort
71032	Böblingen

Geburtsdatum	Staatsangehörigkeit
15.04.2000	deutsch

E-Mail-Adresse (Angabe freiwillig)	Mobil-/Tel.-Nr. (Angabe freiwillig)

Gesetzlicher Vertreter[1]: Eltern

Namen, Vornamen der gesetzlichen Vertreter: Schlotter, Nicole und Uwe

Straße, Haus-Nr.: Siemensstraße 3

PLZ	Ort
71032	Böblingen

wird nachstehender Vertrag zur Ausbildung im Ausbildungsberuf Kaufmann für Büromanagement

mit der Fachrichtung / dem Schwerpunkt / der/den Wahlqualifikation/en / dem/den Wahlbaustein/en etc. **nach Maßgabe der Ausbildungsordnung[2] geschlossen.**

Änderungen des wesentlichen Vertragsinhaltes sind vom/von der Ausbildenden unverzüglich zur Eintragung in das Verzeichnis der Berufsausbildungsverhältnisse bei der Industrie- und Handelskammer anzuzeigen.

Die beigefügten Angaben zur sachlichen und zeitlichen Gliederung des Ausbildungsablaufs (Ausbildungsplan) sowie die umseitigen Regelungen sind Bestandteil dieses Vertrages.

A Die Ausbildungszeit beträgt nach der Ausbildungsordnung 36 Monate.
☐ Es wird eine Verkürzung der Ausbildungszeit um ___ Monate beantragt
Verkürzungsgrund:
Das Berufsausbildungsverhältnis beginnt am 01.09.2017 und endet am 31.08.2020.

B Die Probezeit (Nr. 1.2) beträgt 3 Monate.[3]

C Die Ausbildung findet in [Name/ Anschrift der Ausbildungsstätte(n)]
Industriestraße 20
71032 Böblingen
und den mit dem Betriebssitz für die Ausbildung üblicherweise zusammenhängenden Bau-, Montage- und sonstigen Arbeitsstellen statt.

D Ausbildungsmaßnahmen außerhalb der Ausbildungsstätte(n) sind für den folgenden Zeitraum in der/den folgenden Ausbildungsstätte(n) vorgesehen (hierzu zählen auch Auslandsaufenthalte) (Nr. 3.12):

E Der/Die Ausbildende zahlt dem/der Auszubildenden eine angemessene Vergütung (Nr. 5); diese beträgt zurzeit monatlich brutto

€	€ 850,00	€ 870,00	€ 910,00	
im	ersten	zweiten	dritten	vierten

Ausbildungsjahr.

F Die regelmäßige Ausbildungszeit in Stunden beträgt
täglich[4] 7,00 und wöchentlich 35,00.
Teilzeitausbildung wird beantragt (Nr. 6.2): ja ☐ nein ☒

1) Vertretungsberechtigt sind beide Eltern gemeinsam, soweit nicht die Vertretungsberechtigung nur einem Elternteil zusteht. Ist ein Vormund bestellt, so bedarf dieser zum Abschluss des Ausbildungsvertrages der Genehmigung des Vormundschaftsgerichtes.
2) Solange die Ausbildungsordnung nicht erlassen ist, sind gem. § 104 Abs. 1 BBiG die bisherigen Ordnungsmittel anzuwenden.
3) Die Probezeit muss mindestens einen Monat und darf höchstens vier Monate betragen.
4) Das Jugendarbeitsschutzgesetz sowie für das Ausbildungsverhältnis geltende tarifvertragliche Regelungen und Betriebsvereinbarungen sind zu beachten.

G Es besteht ein Urlaubsanspruch

im Kalenderjahr	2017	2018	2019	2020	
Werktage					
Arbeitstage	8,0	30,0	30,0	30,0	

H Der Ausbildungsnachweis wird wie folgt geführt:
schriftlich ☒ elektronisch ☐

I Hinweise auf anzuwendende Tarifverträge und Betriebsvereinbarungen; sonstige Vereinbarungen (Nr. 11):
Es gilt der Tarifvertrag der holzverarbeitenden Industrie.

J Die umseitigen Bestimmungen sind Gegenstand dieses Vertrages und werden anerkannt.

Ort, Datum: Böblingen, 03.11.2016

Der/Die Ausbildende:

Stempel und Unterschrift

Der/Die Auszubildende:

Vor- und Familienname

Der/Die gesetzlichen Vertreter/in des/der Auszubildenden:

Vater und Mutter/Vormund

Quelle: Abdruck mit freundlicher Genehmigung des Deutschen Industrie- und Handelskammertages e. V.

Anlage 6: E-Mail-Vorlage

Von ...	**Betriebsrat** <betriebsrat@corbus.de>
An ...	**Michael Schlotter** <michael.schlotter@corbus.de>
Cc ...	
Betreff:	

Prüfungsaufgaben Sommer 2018 (Aufgabe 1, verändert)

Die Papierwerke Häperle GmbH in Heilbronn ist ein mittelständisches Unternehmen welches Papier, Pappe und Büroartikel aller Art herstellt. Das Unternehmen beschäftigt derzeit 400 Mitarbeiter. Alle Beschäftigten haben eine Fünftagewoche. Die Papierwerke Häperle GmbH ist nicht tarifgebunden. Der Wettbewerb auf dem Papiermarkt hat sich verschärft und es drängen zunehmend ausländische Wettbewerber auf den Markt. Sie sind nach Ihrer kaufmännischen Ausbildung als Sachbearbeiter/-in in der Personalabteilung beschäftigt.

1.1 Die Personalleiterin, Frau Vogt, legt Ihnen einen Ausbildungsvertrag zur Überprüfung vor unter der Maßgabe, dass der Ausbildungsvertrag möglichst vorteilhaft für die Papierwerke Häperle GmbH gestaltet sein soll. Außerdem gibt Sie Ihnen zusätzlich die Information über die geltenden tariflichen Ausbildungsvergütungen der Papier erzeugenden Industrie, die von nicht tarifgebundenen Unternehmen maximal um 20 Prozent unterschritten werden dürfen: 947,00 EUR im ersten, 1.013,00 EUR im zweiten und 1072,00 EUR im dritten Lehrjahr.

Nehmen Sie gegebenenfalls Korrekturen vor und begründen Sie diese (**Anlage 1 und 3**).

1.2 Frau Vogt legt Ihnen zur Bearbeitung eine E-Mail vor.

Formulieren Sie unter Anwendung der rechtlichen Grundlagen eine begründete Antwortmail (**Anlage 3–5**).

1.3 Heute leiten Sie das Treffen der Auszubildenden. Dort wird über folgenden Fall diskutiert: Herr Strasser, Auszubildender im 3. Lehrjahr, trifft sich nach Arbeitsende noch mit einem Freund aus der Berufsschule in der Stadtbibliothek Heilbronn. Beide wollen dort die anstehende Projektpräsentation für die Berufsschule fertigstellen. Nachdem die beiden die Präsentation fertiggestellt haben, essen sie noch eine Pizza und laufen anschließend zum Parkhaus. Auf der Treppe des Parkhauses rutscht Herr Strasser aus und bricht sich das Bein.

Begründen Sie, welcher Versicherungszweig in diesem Fall zuständig ist, und geben Sie zwei Beispiele, welche Leistungen Herr Strasser erhält.

1.4 Geschäftsführer Häperle kommt in Ihrem Büro vorbei und möchte wissen, welche Aufgaben Sie gerade erledigen. Als Sie ihm berichten, dass Sie sich im Rahmen der Lohnabrechnung mit den Sozialversicherungsbeiträgen beschäftigen, äußert sich Herr Häperle folgendermaßen: „Die hohen Sozialversicherungsbeiträge sind eine unzumutbare Belastung für die Unternehmen!“

Nehmen Sie mithilfe von zwei Argumenten kritisch zu dieser Aussage Stellung.

Anlage 1

Berufsausbildungsvertrag

(§§ 10, 11 Berufsbildungsgesetz – BBiG)

Zwischen dem/der Ausbildenden (Ausbildungsbetrieb)

Öffentlicher Dienst ☐

KNR | IHK-Firmenident-Nr. | Tel.-Nr.: 07131/5561-0

Ausbildungsbetrieb und Anschrift des/der Ausbildenden: Papierwerke Häperle GmbH

Straße, Haus-Nr.: Robert Bosch Straße 3

PLZ: 74080 | Ort: Heilbronn

E-Mail-Adresse des/der Ausbildenden (Angabe freiwillig): thea.vogt@papierwerke_haeperle.com

Verantwortliche/r Ausbilder/in: Thea Vogt

und dem/der Auszubildenden

männlich ☐ **weiblich** ☒ **unbestimmt** ☐

Berufsausbildung im Rahmen eines dualen Studiums ☐

Name: Maier | Vorname: Pia

Straße, Haus-Nr.: Hauptstraße 53

PLZ: 74177 | Ort: Bad Friedrichshall

Geburtsdatum: 26.12.2001 | Staatsangehörigkeit: deutsch

E-Mail-Adresse (Angabe freiwillig) | Mobil-/Tel.-Nr. (Angabe freiwillig)

Gesetzlicher Vertreter[1]: Mutter

Namen, Vornamen der gesetzlichen Vertreter: Maier, Klara

Straße, Haus-Nr.: Hauptstraße 53

PLZ: 74177 | Ort: Bad Friedrichshall

wird nachstehender Vertrag zur Ausbildung im Ausbildungsberuf Kauffrau für Büromanagement

mit der Fachrichtung / dem Schwerpunkt / der/den Wahlqualifikation/en / dem/den Wahlbaustein/en etc. **nach Maßgabe der Ausbildungsordnung[2] geschlossen.**

Änderungen des wesentlichen Vertragsinhaltes sind vom/von der Ausbildenden unverzüglich zur Eintragung in das Verzeichnis der Berufsausbildungsverhältnisse bei der Industrie- und Handelskammer anzuzeigen.

Die beigefügten Angaben zur sachlichen und zeitlichen Gliederung des Ausbildungsablaufs (Ausbildungsplan) sowie die umseitigen Regelungen sind Bestandteil dieses Vertrages.

A Die Ausbildungszeit beträgt nach der Ausbildungsordnung 36 Monate.

☐ Es wird eine Verkürzung der Ausbildungszeit um ___ Monate beantragt

Verkürzungsgrund:

Das Berufsausbildungsverhältnis beginnt am 01.09.2018 und endet am 31.08.2021.

B Die Probezeit (Nr. 1.2) beträgt ___ Monate.[3]

C Die Ausbildung findet in [Name/ Anschrift der Ausbildungsstätte(n)]

Robert Bosch Straße 3
74080 Heilbronn

und den mit dem Betriebssitz für die Ausbildung üblicherweise zusammenhängenden Bau-, Montage- und sonstigen Arbeitsstellen statt.

D Ausbildungsmaßnahmen außerhalb der Ausbildungsstätte(n) sind für den folgenden Zeitraum in der/den folgenden Ausbildungsstätte(n) vorgesehen (hierzu zählen auch Auslandsaufenthalte) (Nr. 3.12):

E Der/Die Ausbildende zahlt dem/der Auszubildenden eine angemessene Vergütung (Nr. 5); diese beträgt zurzeit monatlich brutto

€	€ 695,00	€ 651,00	€ 651,00	
im	ersten	zweiten	dritten	vierten

Ausbildungsjahr.

F Die regelmäßige Ausbildungszeit in Stunden beträgt täglich[4] 9,00 und wöchentlich 45,00.

Teilzeitausbildung wird beantragt (Nr. 6.2): ja ☐ nein ☒

G Es besteht ein Urlaubsanspruch

im Kalenderjahr	2018	2019	2020	2021	
Werktage					
Arbeitstage	7,0	20,0	20,0	20,0	

H Der Ausbildungsnachweis wird wie folgt geführt: schriftlich ☒ elektronisch ☐

I Hinweise auf anzuwendende Tarifverträge und Betriebsvereinbarungen; sonstige Vereinbarungen (Nr. 11):

Es gilt der Tarifvertrag der holzverarbeitenden Industrie.

J Die umseitigen Bestimmungen sind Gegenstand dieses Vertrages und werden anerkannt.

Ort, Datum: Heilbronn, 01.06.2018

Der/Die Ausbildende:

Stempel und Unterschrift

Der/Die Auszubildende:

Vor- und Familienname

Der/Die gesetzlichen Vertreter/in des/der Auszubildenden:

Vater und Mutter/Vormund

1) Vertretungsberechtigt sind beide Eltern gemeinsam, soweit nicht die Vertretungsberechtigung nur einem Elternteil zusteht. Ist ein Vormund bestellt, so bedarf dieser zum Abschluss des Ausbildungsvertrages der Genehmigung des Vormundschaftsgerichtes.
2) Solange die Ausbildungsordnung nicht erlassen ist, sind gem. § 104 Abs. 1 BBiG die bisherigen Ordnungsmittel anzuwenden.
3) Die Probezeit muss mindestens einen Monat und darf höchstens vier Monate betragen.
4) Das Jugendarbeitsschutzgesetz sowie für das Ausbildungsverhältnis geltende tarifvertragliche Regelungen und Betriebsvereinbarungen sind zu beachten.

Quelle: Abdruck mit freundlicher Genehmigung des Deutschen Industrie- und Handelskammertages e. V.

Anlage 3

Auszug aus dem Jugendarbeitsschutzgesetz (JArbSchG)

§ 8 Dauer der Arbeitszeit

(1) Jugendliche dürfen nicht mehr als acht Stunden täglich und nicht mehr als 40 Stunden wöchentlich beschäftigt werden.
(2) Wenn in Verbindung mit Feiertagen an Werktagen nicht gearbeitet wird, damit die Beschäftigten eine längere zusammenhängende Freizeit haben, so darf die ausfallende Arbeitszeit auf die Werktage von fünf zusammenhängenden, die Ausfalltage einschließenden Wochen nur dergestalt verteilt werden, dass die Wochenarbeitszeit im Durchschnitt dieser fünf Wochen 40 Stunden nicht überschreitet. Die tägliche Arbeitszeit darf hierbei achteinhalb Stunden nicht überschreiten.
(2a) Wenn an einzelnen Werktagen die Arbeitszeit auf weniger als acht Stunden verkürzt ist, können Jugendliche an den übrigen Werktagen derselben Woche achteinhalb Stunden beschäftigt werden.
[...]

§ 19 Urlaub

(1) Der Arbeitgeber hat Jugendlichen für jedes Kalenderjahr einen bezahlten Erholungsurlaub zu gewähren.
(2) Der Urlaub beträgt jährlich

1. mindestens 30 Werktage, wenn der Jugendliche zu Beginn des Kalenderjahrs noch nicht 16 Jahre alt ist,
2. mindestens 27 Werktage, wenn der Jugendliche zu Beginn des Kalenderjahrs noch nicht 17 Jahre alt ist,
3. mindestens 25 Werktage, wenn der Jugendliche zu Beginn des Kalenderjahrs noch nicht 18 Jahre alt ist.

Jugendliche, die im Bergbau unter Tage beschäftigt werden, erhalten in jeder Altersgruppe einen zusätzlichen Urlaub von drei Werktagen.
[...]

Auszug aus dem Berufsbildungsgesetz (BBiG)

§ 11 Vertragsniederschrift[1]

(1) Ausbildende haben unverzüglich nach Abschluss des Berufsausbildungsvertrages, spätestens vor Beginn der Berufsausbildung, den wesentlichen Inhalt des Vertrages gemäß Satz 2 schriftlich niederzulegen; die elektronische Form ist ausgeschlossen. In die Niederschrift sind mindestens aufzunehmen

1. Art, sachliche und zeitliche Gliederung sowie Ziel der Berufsausbildung, insbesondere die Berufstätigkeit, für die ausgebildet werden soll,
2. Beginn und Dauer der Berufsausbildung,
3. Ausbildungsmaßnahmen außerhalb der Ausbildungsstätte,
4. Dauer der regelmäßigen täglichen Ausbildungszeit,

[1] *Alte Fassung, seit 05.04.2017 neue Fassung.*

5. Dauer der Probezeit,
6. Zahlung und Höhe der Vergütung,
7. Dauer des Urlaubs,
8. Voraussetzungen, unter denen der Berufsausbildungsvertrag gekündigt werden kann,
9. ein in allgemeiner Form gehaltener Hinweis auf die Tarifverträge, Betriebs- oder Dienstvereinbarungen, die auf das Berufsausbildungsverhältnis anzuwenden sind.

(2) Die Niederschrift ist von den Ausbildenden, den Auszubildenden und deren gesetzlichen Vertretern und Vertreterinnen zu unterzeichnen.
(3) Ausbildende haben den Auszubildenden und deren gesetzlichen Vertretern und Vertreterinnen eine Ausfertigung der unterzeichneten Niederschrift unverzüglich auszuhändigen.
(4) Bei Änderungen des Berufsausbildungsvertrages gelten die Absätze 1 bis 3 entsprechend.

§ 17 Vergütungsanspruch
(1) Ausbildende haben Auszubildenden eine angemessene Vergütung zu gewähren. Sie ist nach dem Lebensalter der Auszubildenden so zu bemessen, dass sie mit fortschreitender Berufsausbildung, mindestens jährlich, ansteigt.
[...]

§ 20 Probezeit
Das Berufsausbildungsverhältnis beginnt mit der Probezeit. Sie muss mindestens einen Monat und darf höchstens vier Monate betragen.

§ 21 Beendigung
(1) Das Berufsausbildungsverhältnis endet mit dem Ablauf der Ausbildungszeit. Im Falle der Stufenausbildung endet es mit Ablauf der letzten Stufe.
(2) Bestehen Auszubildende vor Ablauf der Ausbildungszeit die Abschlussprüfung, so endet das Berufsausbildungsverhältnis mit Bekanntgabe des Ergebnisses durch den Prüfungsausschuss.
(3) Bestehen Auszubildende die Abschlussprüfung nicht, so verlängert sich das Berufsausbildungsverhältnis auf ihr Verlangen bis zur nächstmöglichen Wiederholungsprüfung, höchstens um ein Jahr.

§ 22 Kündigung
(1) Während der Probezeit kann das Berufsausbildungsverhältnis jederzeit ohne Einhalten einer Kündigungsfrist gekündigt werden.
(2) Nach der Probezeit kann das Berufsausbildungsverhältnis nur gekündigt werden

1. aus einem wichtigen Grund ohne Einhalten einer Kündigungsfrist,
2. von Auszubildenden mit einer Kündigungsfrist von vier Wochen, wenn sie die Berufsausbildung aufgeben oder sich für eine andere Berufstätigkeit ausbilden lassen wollen.

(3) Die Kündigung muss schriftlich und in den Fällen des Absatzes 2 unter Angabe der Kündigungsgründe erfolgen.
(4) Eine Kündigung aus einem wichtigen Grund ist unwirksam, wenn die ihr zugrundeliegenden Tatsachen dem zur Kündigung Berechtigten länger als zwei Wochen bekannt sind. Ist ein vorgesehenes Güteverfahren vor einer außergerichtlichen Stelle eingeleitet, so wird bis zu dessen Beendigung der Lauf dieser Frist gehemmt.

Auszug aus dem Bundesurlaubsgesetz (BUrlG)

§ 3 Dauer des Urlaubs
(1) Der Urlaub beträgt jährlich mindestens 24 Werktage.
(2) Als Werktage gelten alle Kalendertage, die nicht Sonn- oder gesetzliche Feiertage sind.

Anlage 4

Am 02.05.2018 erreichte uns folgende E-Mail:

Von: johanna.frank@papierwerke_haeperle.com

An: thea.vogt@papierwerke_haeperle.com

Betreff: Konsequenz bei Nichtbestehen der Abschlussprüfung

Sehr geehrte Frau Vogt,

wie Sie wissen, stehe ich kurz vor meiner Berufsschulabschlussprüfung zur Fachkraft für Lagerlogistik. Ich habe panische Angst vor der Abschlussprüfung. Ich kann nachts nicht mehr schlafen! Wenn ich durch die Prüfung falle, stehe ich doch mit nichts da. Kann ich diese wiederholen und werde ich dann überhaupt weiterbeschäftigt?

Für Ihre Antwort danke ich Ihnen im Voraus.

Mit freundlichen Grüßen

Johanna Frank
Papierwerke Häperle GmbH
Tel.: 07131/5561-112
Fax: 07131/55611-113
E-Mail: johanna.frank@papierwerke_haeperle.com

Anlage 5

Von: Name des Schülers@papierwerke_haeperle.com

An: johanna.frank@papierwerke_haeperle.com

Betreff:

Mit freundlichen Grüßen

Papierwerke Häperle GmbH
Tel.: 07131/5561-125
Fax: 07131/55611426
E-Mail: Name des Schülers@papierwerke_haeperle.com

Kompetenzbereich II: Wirtschaftliches Handeln in der Sozialen Marktwirtschaft analysieren

1 Wechselseitige Beziehungen der Wirtschaftssubjekte

1.1 Wirtschaftskreislauf

Stofftelegramm

Aufgaben der volkswirtschaftlichen Gesamtrechnung (VGR)

- Die VGR hat das Ziel, ein möglichst umfassendes, übersichtliches, quantitatives Gesamtbild des wirtschaftlichen Geschehens einer Volkswirtschaft zu geben.
- Ermittlung Inlandsprodukt (Wachstum?)
- Erfassung aller volkswirtschaftlich bedeutenden Zahlen
- Informationslieferant für Politiker, Wirtschaftsforschung, Gewerkschaften ...
- Nationaler und internationaler Wohlstandsvergleich wird ermöglicht.

Im Folgenden verwendete Abkürzungen:

E	= Volkseinkommen (= NNEh)	IP	= Inlandsprodukt
C_{pr}	= privater Konsum	NE	= Nationaleinkommen
C_{st}	= Staatskonsum		
I_{br}	= Bruttoinvestitionen		
Ab	= Abschreibungen		
I_n	= Nettoinvestitionen		
T_i	= indirekte Steuern		
Z	= Subventionen		
S_{pr}	= private Ersparnis		
S_{st}	= Staatsersparnis		
Ex	= Exporterlöse		
Im	= Importausgaben		
E_{nu}	= Nichtunternehmereinkommen		
E_u	= Unternehmens- und Vermögenseinkommen		
NIP_h	= Nettoinlandsprodukt zu Herstellungspreisen		
NIP_m	= Nettoinlandsprodukt zu Marktpreisen		
BIP_m	= Bruttoinlandsprodukt zu Marktpreisen		
NNE_h	= Nettonationaleinkommen zu Herstellungspreisen = Volkseinkommen		
NNE_m	= Nettonationaleinkommen zu Marktpreisen		
BNE_m	= Bruttonationaleinkommen zu Marktpreisen		
NPK	= nationales Produktionskonto		
S	**= Saldo der Erwerbs- und Vermögenseinkommen zwischen In- und Ausland**		
	= Einkommen Inländer im Ausland – Einkommen Ausländer im Inland		

Einfacher Wirtschaftskreislauf = stationäre Wirtschaft

Skizze:

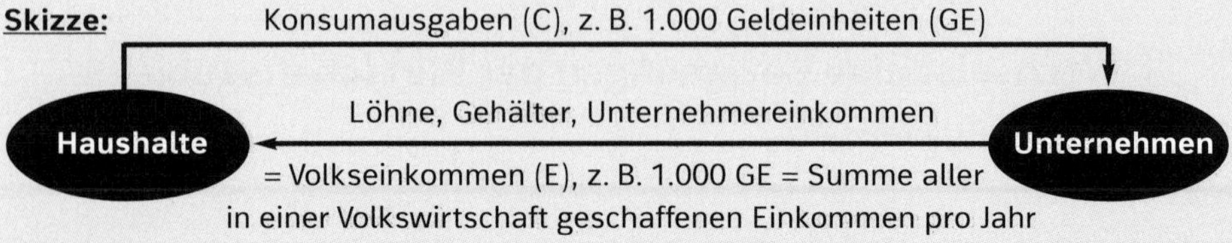

Merkmale stationäre Wirtschaft:
- lediglich Reinvestitionen
- kein Wachstum (keine Nettoinvestit. – keine Kapitalbild.)

Gleichung: **Volkseinkommen E = Konsum C**

Erweiterter Wirtschaftskreislauf = evolutorische Wirtschaft

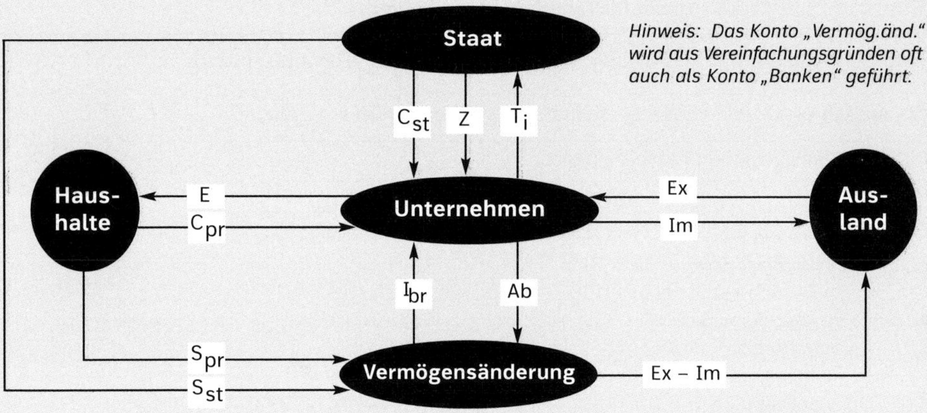

Hinweis: Das Konto „Vermög.änd." wird aus Vereinfachungsgründen oft auch als Konto „Banken" geführt.

Das **nationale Produktionskonto (NPK = Sektor Unternehmen)**
= Zusammenfassung aller GuVs aller Unternehmen eines Landes (vereinfacht formuliert)

A	NPK E
Vorleistungen	Vorleistungen
Ab	I_{br}
$T_i - Z$	C_{pr}
E_{nu}	C_{st}
E_u	Ex – Im

Vorleistungen = Verkäufe und Käufe zwischen Unternehmen (Ausnahme: Investitionsgüter = I_{br}); die Summe aller Verkäufe von Vorleistungen entspricht der Summe aller Käufe von Vorleistungen.

Umsatzerlöse
- I_{br} → der Investitionsgüterindustrie
- C_{pr} → aus Verkäufen an private Haushalte
- C_{st} → aus Verkäufen an den Staat
- Ex – Im → aus Exportüberschüssen

1.2 Bruttoinlandsprodukt als Maß für wirtschaftliche Leistung

Stofftelegramm

Inlandsproduktbegriffe

Begriffe	**Verteilungsrechnung**	**Verwendungsrechnung**
Volkseinkommen = NIP_h	$E_u + E_{nu}$	$I_n + C + (Ex - Im) - (T_i - Z)$
NIP_m	$E_u + E_{nu} + (T_i - Z)$	$I_n + C + (Ex - Im)$
Bruttoinlandsprodukt = BIP_m	$E_u + E_{nu} + (T_i - Z) + Ab$	$I_{br} + C + (Ex - Im)$

Nationaleinkommensbegriffe

Begriffe	**Verteilungsrechnung**	**Verwendungsrechnung**
NNE_h	$E_u + E_{nu}$ **+ S**	$I_n + C + (Ex - Im) - (T_i - Z)$ **+ S**
NNE_m	$E_u + E_{nu} + (T_i - Z)$ **+ S**	$I_n + C + (Ex - Im)$ **+ S**
BNE_m	$E_u + E_{nu} + (T_i - Z) + Ab$ **+ S**	$I_{br} + C + (Ex - Im)$ **+ S**

Bruttoproduktionswert = Summe des Nationalen Produktionskontos = BIP_m + Vorleistungen

Hinweis: Aus dem oben dargestellten NPK können verschiedene volkswirtschaftliche Größen abgeleitet werden. Linke Seite (Ausgaben/Geldabfluss) für die Verteilungsrechnung, rechte Seite (Einnahmen/Geldzufluss) für die Verwendungsrechnung.

Fragestellungen bei der

- **Entstehung des Volkseinkommens: Wo** ist das Volkseinkommen entstanden?

  Antwort: In einzelnen Wirtschaftsbereichen/ Auskunft über den Anteil der einzelnen Wirtschaftsbereiche am Bruttoinlandsprodukt
  → Land- und Forstwirtschaft, Fischerei
  → Produzierendes Gewerbe
  → Dienstleistungsbereiche

- **Verteilung des Volkseinkommens:** An wen wird das Volkseinkommen **verteilt**?

  Antwort: an Nichtunternehmer (E_{nu}) und Unternehmer (E_u)

  (E_u = Unternehmens- und Vermögenseinkommen)

Die Verteilung des Volkseinkommens

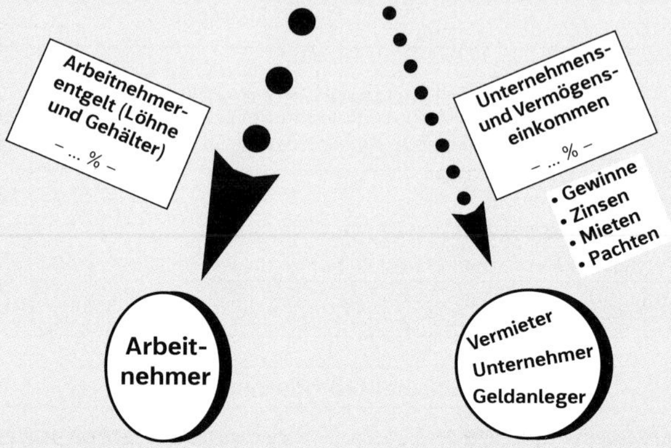

Lohnquote = prozentualer Anteil der Arbeitnehmerentgelte am Volkseinkommen

$$= \frac{\text{Arbeitnehmerentgelt} \cdot 100}{\text{Volkseinkommen}}$$

Gewinnquote = prozentualer Anteil des Unternehmens- und Vermögenseinkommens am Volkseinkommen

$$= \frac{\text{Unternehmens- und Vermögenseinkommen} \cdot 100}{\text{Volkseinkommen}}$$

- **Verwendung des Volkseinkommens: Wie** wird das Volkseinkommen **verwendet**?

Antwort: u. a. für Investitionszwecke (I) und Konsumzwecke (C)

Inlandsprodukt: Wert aller in einem Jahr produzierten entgeltlichen Güter und Dienste einer Volkswirtschaft

Reales IP: Inlandsprodukt nach Herausrechnung der Preissteigerungen. Eine rein rechnerische Erhöhung des IP durch Inflation wird so verhindert.

Nominales IP: Inlandsprodukt – zu tatsächl. Preisen bewertet, also evtl. inflationsverfälscht

Reales Wirtschaftswachstum: Das reale IP ist gestiegen. Es wurde eine tatsächliche Mehrleistung erwirtschaftet.

Nationaleinkommen und Inlandsprodukt (vgl. auch nächste Seite)

Wichtig: Saldo der Primäreinkommen aus der übrigen Welt (S):

S = Einkommen Inländer im Ausland – Einkommen Ausländer im Inland

Nationaleinkommen
= Inlandsprodukt
+ Saldo der Primäreinkommen aus der übrigen Welt

NE = IP + S

Inlandsprodukt
= Nationaleinkommen
– Saldo der Primäreinkommen aus der übrigen Welt

IP = NE – S

NATIONALEINKOMMEN (NE) ⟷ INLANDSPRODUKT (IP)

In der Statistik wird seit geraumer Zeit der Begriff **Nationaleinkommen** anstelle des Begriffes **Sozialprodukt** verwendet. Im Folgenden erfolgt eine Gegenüberstellung der Begriffe NE und IP in anschaulicher Form.

Anstelle des Begriffes **Nationaleinkommen** können die Begriffe **Nettonationaleinkommen** bzw. **Bruttonationaleinkommen**, anstelle des Begriffes **Inlandsprodukt** die Begriffe **Nettoinlandsprodukt** bzw. **Bruttoinlandsprodukt** analog verwendet werden.

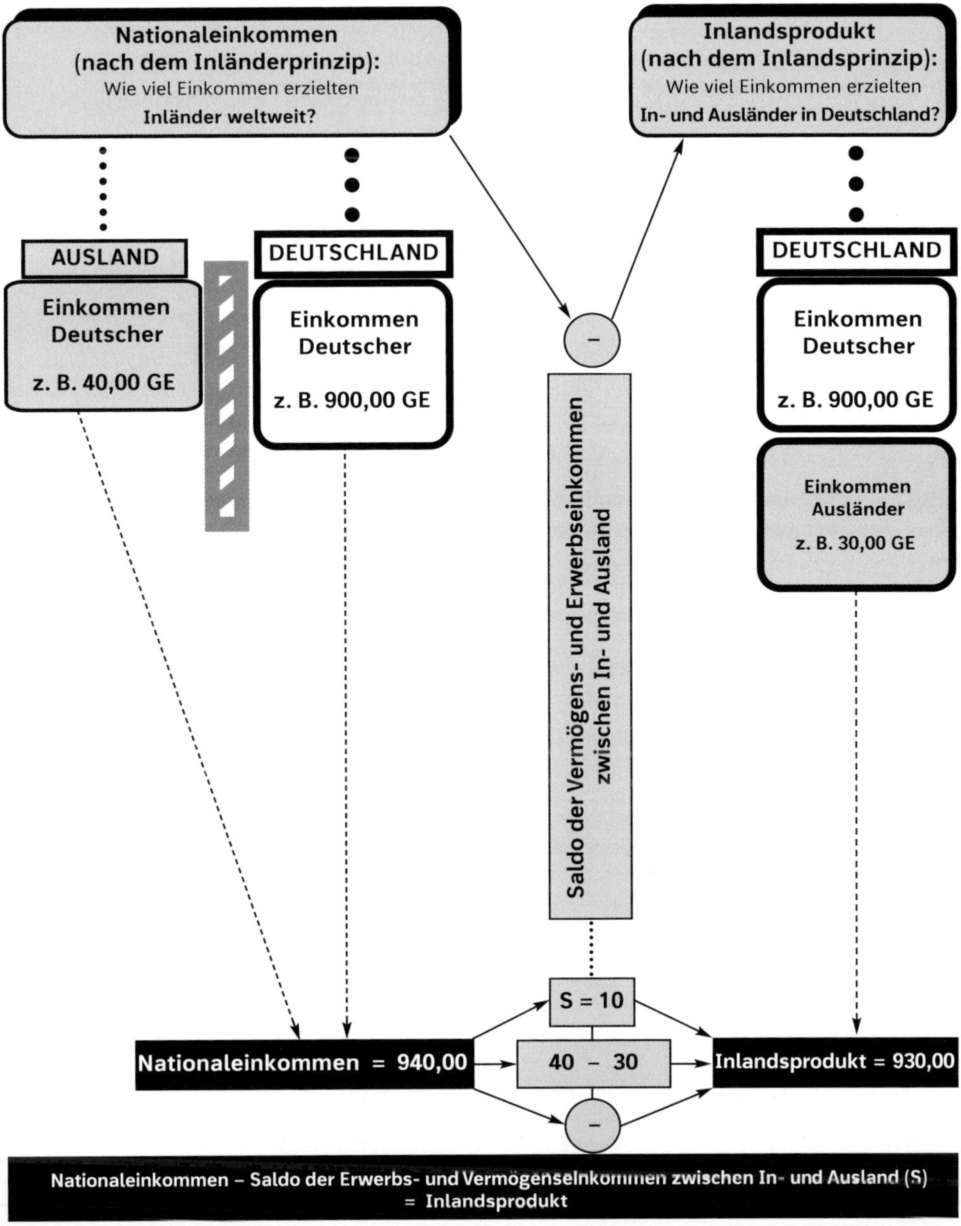

Nationaleinkommen – Saldo der Erwerbs- und Vermögenseinkommen zwischen In- und Ausland (S) = Inlandsprodukt

Bruttonationaleinkommen (BNE) bzw. Bruttoinlandsprodukt (BIP) als **Wohlstandsmaßstab?**

BNE bzw. BIP
– **soziale Kosten** → Müssen von der Gesellschaft getragen werden (Rohstoffabbau, Umweltzerstörung, Krankheiten durch Industrialisierung ...).
– **Unfallfolgekosten**
+ **soziale Leistungen** → der Gesellschaft zugutekommende Nutzeffekte (Ausbildungsleistungen der Unternehmen, Nutzung der Infrastruktur ...)
+ **sonst. Leistungen** → Hausfrauentätigkeiten (Kindererziehung ...), Leistungen der Kleingärtner ...
= **korrigiertes BNE bzw. BIP**

Rein **quantitative** Größen! Problem: **Qualitative** Größen (Lebensqualität, Umweltsituation, Einhaltung der Menschenrechte ...) nicht erfassbar!

Alternative Wohlstandsindikatoren (Beispiele)

Der **Human Development Index (HDI = Index der menschlichen Entwicklung)** versucht, den Wohlstand eines Landes oder Gebietes anhand umfassenderer Kriterien zu bemessen. So werden neben dem BIP pro Kopf (Kaufkraft) auch die Lebenserwartung und der Bildungsgrad berücksichtigt.

Der **Index of Sustainable Economic Welfare (ISEW)** berücksichtigt über das BIP hinaus Faktoren wie Einkommensverteilung, unbezahlte Hausarbeit, öffentliche Ausgaben für das Gesundheitswesen, Bildung, Umweltverschmutzung, Ressourcenverbrauch und Kosten des Klimawandels. Der ISEW wurde zum Genuine Progress Indicator (GPI) weiterentwickelt.

1.3 Aufgaben zu den Kapiteln 1.1 und 1.2

1. Unterscheiden Sie zwischen **Brutto-, Netto-** und **Reinvestitionen.**
2. Welche Investitionsart führt zu volkswirtschaftlichem **Wachstum?**
3. Unterscheiden Sie die Begriffe **Anlage-** und **Vorratsinvestition.**
4. Was versteht man unter **einfachem Wirtschaftskreislauf?**
5. Erklären Sie die Begriffe
   a) **Volkseinkommen,**
   b) **Inlandsprodukt,**
   c) **Nationaleinkommen.**
6. Was versteht man unter **Nationalem Produktionskonto?**
7. Welche Sektoren umfasst der **erweiterte Wirtschaftskreislauf?**
8. Welche volkswirtschaftliche Funktion erfüllen die **Banken?**

9. Welcher Unterschied besteht zwischen **stationärer** und **evolutorischer** Wirtschaft?

10. Unterscheiden Sie zwischen **offener** und **geschlossener** Wirtschaft.

11. Was bedeuten folgende Pfeile des Wirtschaftskreislaufs:
    a) den Haushalten zulaufend
    b) von den Haushalten weglaufend
    c) den Unternehmen zulaufend
    d) dem Staat zulaufend
    e) vom Staat weglaufend

12. Skizzieren Sie eine Kreislaufgrafik mit den Sektoren Haushalte, Unternehmen, Staat, Ausland und Vermögensänderung (Banken).

13. a) Worin unterscheiden sich **reales** und **nominales** Inlandsprodukt?
    b) Warum ist es korrekter, die volkswirtschaftliche Entwicklung anhand des realen Inlandsprodukts zu betrachten?

14. Was versteht man unter **Entstehung, Verteilung** und **Verwendung** des Inlandsprodukts?

15. Folgende Zahlen sind gegeben (in Millionen Geldeinheiten):

• Indirekte Steuern:	300
• Bruttoinvestitionen:	282
• Abschreibungen:	145
• Subventionen:	160
• Exporte – Importe:	35
• Unternehmereinkommen:	500
• Privater Konsum:	710
• Staatskonsum:	256
• Nichtunternehmereinkommen:	498

    a) Erstellen Sie eine Kreislaufskizze.
    b) Beurteilen Sie den Sektor Staat.
    c) Ermitteln Sie das Volkseinkommen, Brutto- und Nettoinlandsprodukt zu Marktpreisen nach der Verteilung und Verwendung.

16. Welche **Aufgaben** hat die volkswirtschaftliche Gesamtrechnung?

17. A behauptet, das Volkseinkommen sei um 1 % gestiegen, B spricht von einer Senkung um 2 %. Wieso können beide recht haben?

18. Welche volkswirtschaftliche Situation liegt jeweils vor? Begründung.

    a) Bruttoinvestitionen = 177,00 GE; Abschreibungen = 182,00 GE
    b) Bruttoinvestitionen = 200,00 GE; Abschreibungen = 140,00 GE
    c) Bruttoinvestitionen = 200,00 GE; Abschreibungen = 200,00 GE

19. Das Bruttoinlandsprodukt wird oft als **Wohlstandsindikator** bezeichnet. Nehmen Sie kritisch Stellung.

Test → Volkswirtschaftliche Gesamtrechnung

Punkte

1 Erklären Sie die Begriffe Volkseinkommen und Inlandsprodukt. **2**

2 Welcher grundlegende Unterschied besteht zwischen stationärer und evolutorischer Wirtschaft? **1**

3 Skizzieren Sie eine Kreislaufgrafik mit den Sektoren Haushalte, Unternehmen, Staat, Ausland und Vermögensänderung (Banken). **5**

Abkürzungen:

E = Volkseinkommen	Ex = Exporterlöse	I_{br} = Bruttoinvestitionen
C_{pr} = privater Konsum	T_i = indirekte Steuern	Im = Importausgaben
C_{st} = Staatskonsum	Z = Subventionen	E_{nu} = Nichtunternehmereinkommen
S_{pr} = private Ersparnis	Ab = Abschreibungen	E_u = Eink. aus Unternehmertätigkeit und Vermögen
S_{st} = Staatsersparnis	I_n = Nettoinvestitionen	NIP_m = Nettoinlandsprodukt zu Marktpreisen
NIP_h = Nettoinlandsprodukt zu Faktorkosten		BIP_m = Bruttoinlandsprodukt zu Marktpreisen

4 Worin unterscheiden sich reales und nominales Inlandsprodukt? **2**

5 Folgende Zahlen sind gegeben (in Millionen Geldeinheiten): **6**

- Indirekte Steuern (T_i): 300
- Abschreibungen (Ab): 145
- Exporte – Importe (Ex-Im): 35
- Privater Konsum (C): 710
- Nichtu'ereinkommen (E_{nu}): 498
- Bruttoinvestitionen (I_{br}): 282
- Subventionen (Z): 160
- Unternehmereinkommen (E_u): 500
- Staatskonsum (C): 256
- Nettoinvestitionen = I_n

Ermitteln Sie das
- Volkseinkommen = Nettoinlandsprodukt zu Faktorkosten (NIP_h),
- Brutto- (BIP_m) und Nettoinlandsprodukt zu Marktpreisen (NIP_m)

nach der Verteilung und Verwendung.

6 Das Bruttoinlandsprodukt wird oft als Wohlstandsindikator bezeichnet. Nehmen Sie kritisch dazu Stellung. **4**

Punktesumme → 20

Notenermittlung: Kreuzen Sie Ihr Ergebnis an (Korrekturanleitung: siehe Lösung).

Punkte:	20	19	18	17	16	15	14	13	12	11	10	9	8	7	6	5	4	3
Note:	1,0	1,3	1,6	1,9	2,2	2,5	2,7	3,0	3,3	3,6	3,9	4,2	4,5	4,8	5,1	5,4	5,7	6,0
1. Versuch:																		
2. Versuch:																		
3. Versuch:																		

2 Ordnungsmerkmale der Sozialen Marktwirtschaft

Stofftelegramm

Soziale Marktwirtschaft = Marktwirtschaft unter Verhinderung unsozialer Auswirkungen

Grundgesetz:
- schreibt keine bestimmte Wirtschaftsordnung vor
- enthält einige freiheitliche und soziale Ordnungsvorstellungen, z. B.:
  - Art. 2 Abs. 1: Recht auf freie Entfaltung der Persönlichkeit
  - Art. 12 Abs. 1: freie Berufs- und Arbeitsplatzwahl
  - Art. 14 Abs. 1: Gewährleistung von Eigentum und Erbrecht
  - Art. 14 Abs. 2: Eigentum verpflichtet (Gebrauch i. S. des Gemeinwohls).
  - Art. 20 Abs. 1: Die Bundesrepublik Deutschland ist ein demokratischer und sozialer Bundesstaat.
  - Art. 28 Abs. 1: Verfassungsmäßige Ordnung der Länder muss den Grundsätzen des sozialen Rechtsstaates i. S. des Grundgesetzes entsprechen.

Ordnungsmerkmale der Freien Marktwirtschaft	Einschränkungen der Ordnungsmerkmale in der Sozialen Marktwirtschaft (= Realtyp)
1. Privateigentum an Produktionsmitteln	• Mitbestimmung • z. T. öffentliches Eigentum • Art. 14 GG: Eigentum verpflichtet
2. Vertragsfreiheit	• nichtige und anfechtbare Rechtsgeschäfte • Verbraucherschutz • GWB
3. Gewerbefreiheit	Umwelt- und Verbraucherschutz, Zulassungsvorschriften ...
4. freie Berufswahl	Befähigungsnachweise in bestimmten Berufen
5. Konsumfreiheit	Verbot bestimmter Güter (z. B. Rauschgift)
6. Freihandel	z. B. Verbot von Waffenexporten
7. freie Lohn- und Preisbildung	• marktkonträre Maßnahmen des Staates • Mindestlöhne laut Gesetz (9,19 EUR) und Tarifverträgen
8. keine staatlichen Eingriffe in die Wirtschaft	Eingriffe des Staates (Verhinderung sozialer Härten oder Förderung wirtschaftspolitischer Ziele)

Aufgaben

1. Welcher allgemeine Zusammenhang besteht zwischen den Ordnungsrahmen der freien und jenen der sozialen Marktwirtschaft?

2. Zeigen Sie anhand von je drei Beispielen, wie in einer sozialen Marktwirtschaft folgende Ordnungsmerkmale einer freien Marktwirtschaft eingeschränkt werden:
   a) Privateigentum
   b) Vertragsfreiheit
   c) Gewerbefreiheit

3. Inwiefern unterscheidet sich die Rolle des Staates in der sozialen Marktwirtschaft von jener in der freien Marktwirtschaft?

4. a) Nennen Sie drei Ordnungsmerkmale einer Marktwirtschaft.
   b) Welche Rolle spielt der Staat in einer freien Marktwirtschaft?

5. Im Art. 20 Grundgesetz heißt es:

   „Die Bundesrepublik Deutschland ist ein demokratischer und sozialer Bundesstaat."

   Warum wurde der Begriff sozial in das Grundgesetz ausdrücklich mit aufgenommen?

6. Entscheiden und begründen Sie, ob folgende Maßnahmen dem sozialen Anspruch des Grundgesetzes entsprechen:
   - Wohngeldgewährung
   - Arbeitsbeschaffungsmaßnahmen

7. Wie beurteilen Sie die Forderung nach gesetzlichen Regeln, welche die Unterschreitung der im Tarifvertrag vereinbarten Bedingungen (z. B. Arbeitsentgelte) zulasten der organisierten Arbeitnehmer ermöglichen?

8. Da der Markt allein soziale Sicherheit und Gerechtigkeit nicht herstellen kann, greift der Staat in die Wirtschaftsprozesse ein.
   a) Er will negative soziale Auswirkungen verhindern oder mildern. Nennen Sie vier solcher Maßnahmen.
   b) Ebenso können im Rahmen des Tarifrechts die Sozialpartner autonom Entscheidungen treffen.
      Geben Sie je zwei Beispiele dafür an, dass die Tarifautonomie positive Auswirkungen für die Arbeitnehmer, aber auch negative Folgen für die Gesamtwirtschaft haben kann.
   c) Untersuchen Sie, inwiefern folgende Maßnahmen des Staates mit den Prinzipien der sozialen Marktwirtschaft vereinbar sind.
      ca) Eine Gemeinde möchte das vorhandene Krankenhaus erweitern. Die angrenzenden Grundstückseigentümer sind nicht zum Verkauf bereit und werden enteignet.
      cb) Innerhalb der EU erhalten die Erzeuger bestimmter landwirtschaftlicher Produkte Mindestpreise.
      cc) Mithilfe von Steuertarifen werden Einkommen unterschiedlich besteuert.
      cd) Der Staat stärkt durch Stiftungen den Verbraucherschutz.

3 Kooperation und Konzentration

3.1 Grundlagen

Stofftelegramm

Gesetzliche Grundlagen
- Gesetz gegen Wettbewerbsbeschränkungen (GWB)
- Gesetz gegen den unlauteren Wettbewerb (UWG)

Kooperation
- wirtschaftliche Selbstständigkeit teilweise erhalten
- vertragliche Zusammenarbeit
- **Beispiel:** *Kartelle*

Konzentration
- wirtschaftliche Selbstständigkeit aufgegeben
- einheitliche Leitung
- **Beispiel:** *Konzern, Trust (= Fusion = Verschmelzung)*

Verbundene Unternehmen
- Mehrheitsbeteiligung (§ 16 AktG)
- Abhängigkeitsverhältnis (§ 17 AktG)
- **Konzerne** (§ 18 AktG)
- wechselseitig beteiligte Unternehmen (§ 19 AktG)

Konzerne: Zusammenschluss von Unternehmen, die **rechtlich selbstständig** bleiben, **wirtschaftlich** jedoch **unselbstständig** sind durch **einheitliche Leitung.**

Trust (= Verschmelzung = Fusion): Zusammenschluss von Unternehmen, die **rechtlich und wirtschaftlich unselbstständig** werden.

Es entsteht ein einziges Unternehmen.

Ziele der Kooperation und Konzentration

- Wettbewerbsausschaltung
- Sicherung von Beschaffung und Absatz
- gemeinsame Werbung
- Verbesserung der Konkurrenzfähigkeit gegenüber ausländischen Großunternehmen
- Finanzierungserleichterung für Großprojekte, Forschungs- und Entwicklungsarbeiten
- Kostensenkung (Massenproduktion, Rationalisierung)

Probleme der Kooperation und Konzentration

- Wettbewerbsbeschränkung bzw. Wettbewerbsausschaltung
- überhöhte Preise (Ausschaltung der Preisfunktionen)
- evtl. Angebotsverknappung (verschlechterte Marktversorgung)
- Gefahr des Missbrauchs wirtschaftlicher Macht

• **Horizontaler Zusammenschluss:**	gleiche Produktionsstufe; Bsp.: Kaufhaus – Kaufhaus
• **Vertikaler Zusammenschluss:**	aufeinanderfolgende Produktionsstufen; Bsp.: Autofabrik – Autohandel
• **Anorganischer Zusammenschluss:**	branchenfremder Zusammenschluss; Bsp.: Kaufhaus – Autofabrik

3.2 Kartell und Kartellverbot

Stofftelegramm

Ein Kartell liegt vor, wenn die Zusammenarbeit rechtlich selbstständig bleibender Unternehmen zur Einschränkung des Wettbewerbs führt.

Gesetzliche Grundlage: Gesetz gegen Wettbewerbsbeschränkungen – GWB (7. GWB-Novelle)

Kartellarten

Preiskartell	Einheitspreis oder Mindestpreis Spezialfall: **Submissionskartell** (s. u.)
Submissionskartell	Vereinbarung von Preisuntergrenzen bzw. Festlegung des zum Zuge kommenden Kartellmitglieds bei öffentlichen Ausschreibungen
Kalkulationskartell	einheitliche Kalkulationssätze
Kontingentierungskartell	(„Kontingent“ = Auflage) • **Gebietskartell:** Aufteilung der Absatzgebiete • **Quotenkartell:** Zuteilung von Produktionsquoten
Konditionenkartell	einheitliche Geschäfts-, Liefer- und Zahlungsbedingungen
Rabattkartell	einheitliche Verkaufsrabatte
Rationalisierungskartell	• **Normenkartell:** einheitliche Normung • **Typenkartell:** einheitliche Typung • **Spezialisierungskartell:** Firmen spezialisieren sich. • **Einkaufssyndikat:** gemeinsamer Einkauf • **Verkaufssyndikat:** gemeinsamer Verkauf
Import- bzw. Exportkartell	Zusammenschluss zwecks gemeinsamer Ein- bzw. Ausfuhr

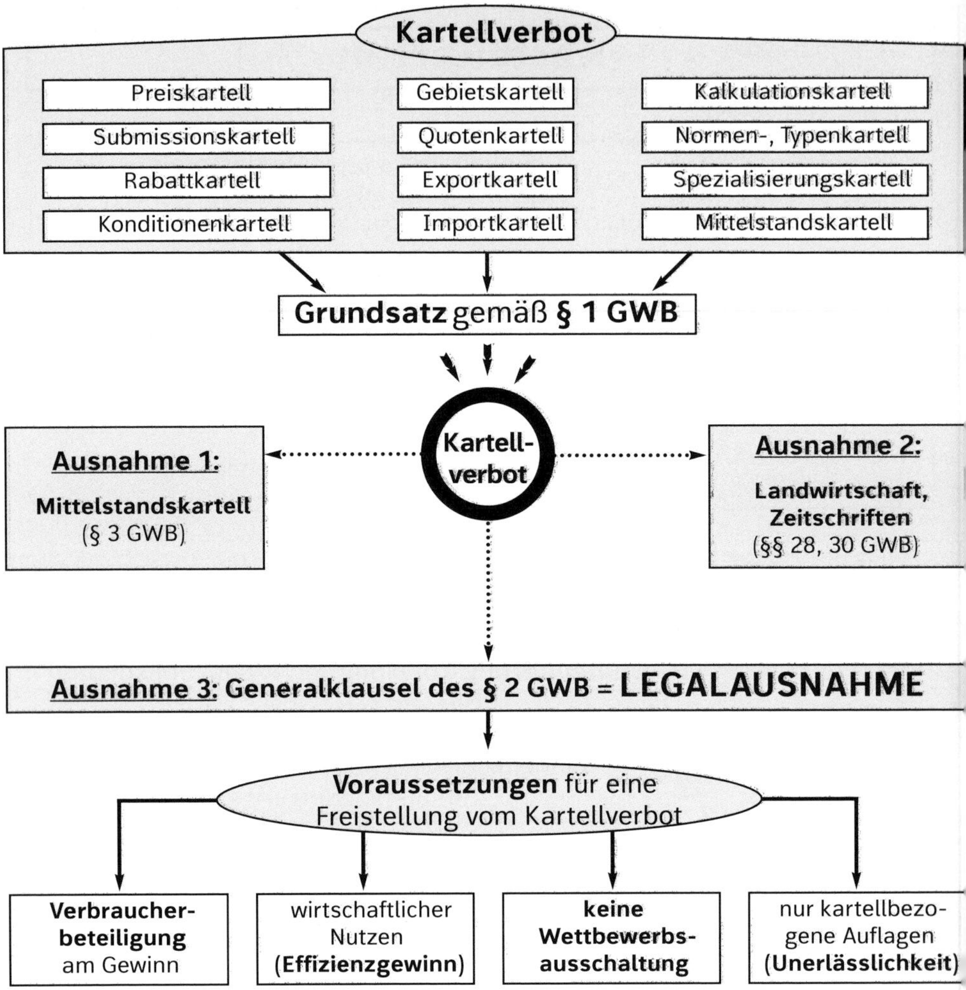
Kartellverbot
Preiskartell
Gebietskartell
Kalkulationskartell
Submissionskartell
Quotenkartell
Normen-, Typenkartell
Rabattkartell
Exportkartell
Spezialisierungskartell
Konditionenkartell
Importkartell
Mittelstandskartell
Grundsatz gemäß § 1 GWB
Kartell-verbot
Ausnahme 1:
Mittelstandskartell
(§ 3 GWB)
Ausnahme 2:
Landwirtschaft, Zeitschriften
(§§ 28, 30 GWB)
Ausnahme 3: Generalklausel des § 2 GWB = LEGALAUSNAHME
Voraussetzungen für eine Freistellung vom Kartellverbot
Verbraucher-beteiligung am Gewinn
wirtschaftlicher Nutzen (Effizienzgewinn)
keine Wettbewerbs-ausschaltung
nur kartellbezo-gene Auflagen (Unerlässlichkeit)

Kartelle: Betr. § 2 GWB

Im Zusammenhang mit der
Prüfung der Voraussetzungen für eine Freistellung vom Kartellverbot gemäß § 2 GWB
ist folgende **Frage** zu beantworten:

Sind die positiven Wirkungen für die kooperierenden Unternehmen, für den Wettbewerb insgesamt und damit für die Verbraucher größer als die wettbewerbsbeschränkenden Wirkungen?

in Kurzform

Verbrauchervorteil > Kooperationsvorteil?

JA

„gutes Kartell"

Voraussetzungen des § 2 GWB erfüllt → erlaubt ohne Genehmigung

= Ausnahmetatbestand des § 2 GWB

= **LEGALAUSNAHME**

NEIN

„böses Kartell"

→ = verboten (nichtig)

3.3 Staatliche Wettbewerbspolitik

Stofftelegramm

Ordnung spolitische Maßnahmen

Staatliche Wettbewerbspolitik

- Gesetzliche Grundlage: GWB
- Kartellrecht (Kartelle grundsätzlich verboten; Legalausnahme: s. o.)
- Fusionskontrolle (s. u.)
- Missbrauchsaufsicht (s. u.)

Verbraucherschutz

Gesetzliche Grundlagen:

- UWG
- Abzahlungsgesetz
- AGB (vgl. §§ 305–310 BGB)
- BGB (Gewährleistungen ...)
- Widerruf von Haustürgeschäften (§ 312 BGB)
- Verbraucherkredite (§§ 488–507 BGB)

Dem **Bundeskartellamt** obliegen die Missbrauchsaufsicht und Fusionskontrolle.

Missbrauchsaufsicht:
Verhinderung des Missbrauchs einer bestehenden marktbeherrschenden Stellung. Zum Beispiel: Monopolist verlangt völlig überhöhte Preise, zwingt andere zu nachteiligen Geschäftsbedingungen etc. Eine marktbeherrschende Stellung liegt vor, wenn ein Unternehmen einen Marktanteil von mehr als 40 % hat.

Fusionskontrolle (Zusammenschlusskontrolle):
Zum Beispiel: Erwerb eines kompletten anderen Unternehmens oder eines großen Teils der Anteile. Anzeigepflicht von Unternehmenszusammenschlüssen (§ 39 GWB) vor der Durchführung. Falls im letzten Geschäftsjahr die Unternehmen zusammen weltweit 500 Millionen EUR und mind. ein beteiligtes Unternehmen im Inland 25 Millionen EUR Umsatzerlöse erzielten, gilt das GWB: Kartellamt untersagt Fusion, wenn marktbeherrschende Stellung entsteht oder verstärkt wird; Ausnahmen gemäß § 36 Abs. 1 GWB sind dann möglich, wenn die durch den Zusammenschluss eintretenden Wettbewerbsbedingungen die Nachteile der Marktbeherrschung überwiegen.
Auch möglich (bei überragendem Interesse der Allgemeinheit): Auf Antrag kann der Bundesminister für Wirtschaft ein Verbot „überstimmen“ und die Erlaubnis erteilen.

3.4 Aufgaben zu den Kapiteln 3.1–3.3

1. Unterscheiden Sie die Begriffe Kooperation und Konzentration.
   Nennen Sie je ein Beispiel.

2. Nennen Sie fünf Ziele der Kooperation und Konzentration.

3. Welche Probleme resultieren aus Konzentrationstendenzen?

4. Erklären Sie die Begriffe horizontaler, vertikaler und anorganischer Zusammenschluss. Notieren Sie je ein Beispiel.

5. Definieren Sie den Begriff Kartell.

6. Beschreiben Sie kurz folgende Kartellarten: Preiskartell, Submissionskartell.

7. a) Welche grundsätzliche Regelung gilt für Kartelle?
   b) Erklären Sie den Begriff „Legalausnahme".

8. Welche Hauptaufgaben hat das Bundeskartellamt?

9. a) Was versteht man unter einem Konzern?
   b) Welche Voraussetzung ist hier von entscheidender Bedeutung?

10. Was versteht man unter einem Trust? Welche weiteren Begriffe sind hierfür üblich?

11. Beschreiben Sie zwei Möglichkeiten des Kartellamts, die zunehmende Kooperation und Konzentration zu überwachen.

12. „Strategische Allianzen (zunehmende Konzentrationsprozesse) werden in einigen Branchen als betriebswirtschaftlich notwendig angesehen." Schildern Sie zwei mögliche positive Auswirkungen aus volkswirtschaftlicher Sicht.

4 Markt und Preis

4.1 Markt und Marktformen

Stofftelegramm

- Güteraustausch
- **Preisbildung**

Marktarten → Unterteilung nach der:

- „Vollkommenheit" des Marktes: vollkommener, unvollkommener Markt (s. u.)
- **Zahl der Marktteilnehmer**

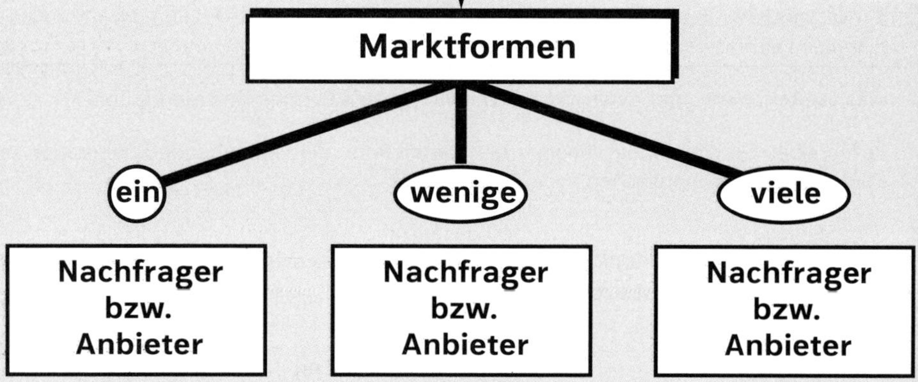

Vereinfachtes Marktformenschema

Anbieter \ Nachfrager	**viele**
einer	Angebots**monopol**
wenige	Angebots**oligopol**
viele	**Polypol** (vollständige Konkurrenz)

Das (ausführliche) Marktformenschema

		NACHFRAGER		
		einer	wenige	viele
ANBIETER	einer	zweiseitiges Monopol	Angebotsmonopol mit oligopolistischer Nachfrage	Angebots-monopol
	wenige	Nachfragemonopol mit oligopolistischem Angebot	zweiseitiges Oligopol	Angebots-oligopol
	viele	Nachfragemonopol	Nachfrageoligopol	zweiseitiges Polypol

Aufgaben

1. Was ist ein Markt?

2. Welche Hauptfunktion (Hauptaufgabe) hat der Markt?

3. Erklären Sie kurz die Begriffe: a) Polypol b) Oligopol c) Monopol

4. Ordnen Sie nachfolgend aufgeführte Produkte den einzelnen Marktformen zu.
   a) Kleidung b) patentierter Vergaser c) Autos d) Möbel e) Benzin

5. Erklären Sie den Zusammenhang zwischen Marktteilnehmerzahl und Marktstärke.

6. Ordnen Sie die Anbieter folgender Marktformen nach ihrer Marktmacht (der „Stärkste“ ist an erster Stelle zu nennen): Polypol, Angebotsmonopol, Angebotsoligopol

7. Zeitungsnotiz: „Zunehmende Konzentration in der deutschen Wirtschaft.“ Erklären Sie den Sachverhalt.

8. Nennen Sie je zwei typische Beispiele für ein
   a) Angebotsmonopol,
   b) Angebotsoligopol,
   c) Polypol.

Test → Preisbildung: Die Marktformen

Punkte

1 Erklären Sie kurz die Begriffe a) Polypol,
b) Oligopol,
c) Monopol.
— 3

2 Nennen Sie je zwei typische Beispiele aus der Praxis für folgende Marktformen:

a) Angebotsmonopol

b) Angebotsoligopol

c) Polypol (vollständige Konkurrenz)
— 6

3 Erklären Sie den Zusammenhang zwischen

- **Marktteilnehmerzahl** und
- **Marktstärke.**

— 3

Punktesumme → 12

Notenermittlung: Kreuzen Sie Ihr Ergebnis an (Korrekturanleitung: siehe Lösung).

Punkte ➤	12	11	10	9	8	7	6	5	4	3	2	1
Note ➤	1,0	1,5	2,0	2,5	3,0	3,5	4,0	4,5	5,0	5,5	6,0	6,0
1. Versuch ➤												
2. Versuch ➤												
3. Versuch ➤												

4.2 Bestimmungsgründe: Nachfrage und Angebot

Stofftelegramm

Bestimmungsfaktoren

Nachfrage

- **Preis**
- Bedürfnisse
- Nachfragerzahl
- Preise anderer Güter
- Einkommen
- Vermögen
- Zukunfts-erwartungen

Angebot

- **Preis**
- Kosten
- Kapazitäten
- Anbieterzahl
- Konkurrenz
- Konjunktur
- Zukunfts-erwartungen

Kurvenverläufe

Vereinfachende Annahmen:

- Nachfrage- und Angebotsmenge hängen allein vom **Preis**ab.
- Alle anderen Bestimmungsfaktoren bleiben (zunächst) konstant.

Nachfragekurve

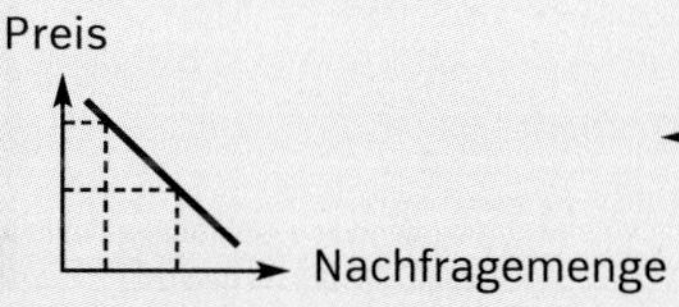

Bewegungen auf der Kurve

Angebotskurve

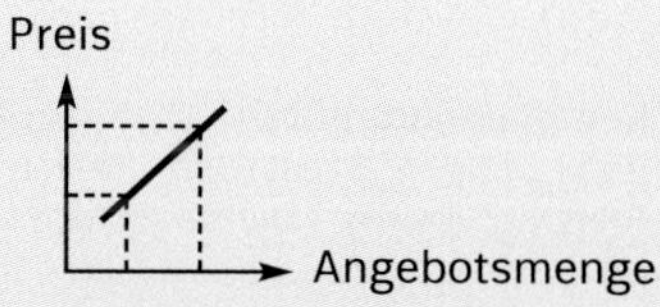

Gesetz der Nachfrage:

Preis sinkt – N'menge steigt

Preis steigt – N'menge sinkt

Gesetz des Angebots:

Preis steigt – A'menge steigt

Preis sinkt – A'menge sinkt

Kurvenverschiebungen

Wenn sich eine der oben konstant gesetzten Bestimmungsfaktoren ändert (z. B. Zukunftserwartungen).

↓ **Nachfragekurve** ↓ **Angebotskurve**

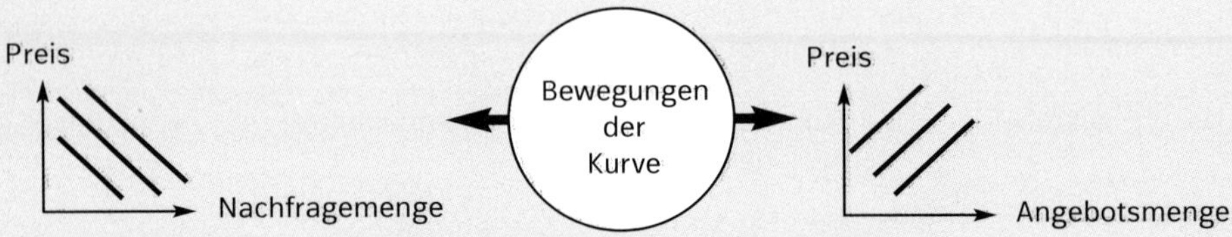

Unelastische(s) Nachfrage (Angebot):

↓

Eine Preisänderung bewirkt nur eine verhältnismäßig geringe Nachfrage- bzw. Angebotsmengenänderung (z. B. Nachfrage bei Gütern auf die kaum verzichtet werden kann wie Strom, Insulin etc.).

Elastische(s) Nachfrage (Angebot):

↓

Eine Preisänderung bewirkt eine verhältnismäßig große Nachfrage- bzw. Angebotsmengenänderung.

Substitutionsgüter: Güter, die sich durch andere ersetzen lassen (austauschbar);
Bsp.: Butter – Margarine, Holz – Kunststoff ...
Preis Gut **A** sinkt, Nachfrage nach Gut **B** sinkt; (Nachfr. nach A steigt).

Komplementärgüter: sich ergänzende Güter (nur gleichzeitig nutzbar);
Bsp.: Lampe – Birne, Auto – Reifen ...
Preis Gut **A** sinkt, Nachfrage nach Gut **B** (und A) steigt.

Aufgaben

1. Erklären Sie die Begriffe individuelle Nachfrage und Marktnachfrage.
2. Wovon hängt die Nachfrage nach einem Gut ab? Nennen Sie mindestens vier Bestimmungsgründe.
3. Welche vereinfachende Unterstellung wird bei der Betrachtung der Nachfragekurve (ohne Verschiebungen) vorgenommen?
4. Wie lautet die Fragestellung, die zum Verlauf der Nachfragekurve führt?

5. a) Formulieren Sie das Gesetz der Nachfrage.
   b) Skizzieren Sie die Nachfragekurve.

6. a) Wie kann man den Verlauf der Marktnachfragekurve für ein bestimmtes Gut ermitteln?
   b) Sind die Ermittlungsergebnisse eindeutig? Begründung.

7. Wann verschiebt sich die Nachfragekurve allgemein?

8. Wann verschiebt sich die Nachfragekurve nach rechts (mindestens drei Beispiele)?

9. Wann verschiebt sich die Nachfragekurve nach links (mindestens drei Beispiele)?

10. Was versteht man unter
    a) Komplementärgütern,
    b) Substitutionsgütern (je zwei Beispiele)?

11. Wie reagiert die Nachfrage nach Butter, wenn
    a) der Butterpreis sinkt,
    b) der Margarinepreis steigt?

12. Wie reagiert die Nachfrage nach Autoreifen, wenn die Autopreise erheblich steigen?

13. Wie reagiert die Nachfrage nach Gut A, wenn der Preis des Komplementärgutes B
    a) steigt,
    b) fällt?

14. Wie reagiert die Nachfrage nach Gut A, wenn der Preis des Substitutionsgutes B
    a) steigt,
    b) fällt?

15. a) Wie wirken pessimistische Zukunftserwartungen (Angst vor Arbeitslosigkeit, Einkommenssenkungen) auf die Nachfrage?
    b) Skizzieren Sie den Sachverhalt in einem Koordinatensystem.

16. a) Wie wirkt die Erwartung erheblich steigender Preise auf die gegenwärtige Nachfrage?
    b) Skizzieren Sie den Sachverhalt in einem Koordinatensystem.

17. Wie entwickelt sich die Nachfrage nach Insulin (Medikament für Zuckerkranke) bei steigendem Preis? (Begründung und Skizze)

18. Erklären Sie den Ausnahmefall, dass ein höherer Preis eines Gutes eine höhere Nachfrage nach sich zieht.

19. Nennen Sie die vier Nachfragergruppen einer Volkswirtschaft. Wie wird deren Nachfrage jeweils bezeichnet?

20. Erklären Sie die volkswirtschaftliche Bedeutung der Gesamtnachfrage eines Landes.

21. Erklären Sie rückblickend folgende Zeitungsnotiz:
    „Die deutsche Wirtschaft erwartet Impulse in Form von kräftigen Nachfrageschüben, ausgelöst durch die Erweiterung der EU."

22. Erklären Sie die Begriffe individuelles Angebot und Marktangebot.

23. Wovon hängt das Angebot eines Gutes ab? Nennen Sie mindestens vier Bestimmungsgründe.

24. Welche vereinfachende Unterstellung wird bei der Betrachtung der Angebotskurve (ohne Kurvenverschiebungen) vorgenommen?

25. Wie lautet die Fragestellung, die zum Verlauf der Angebotskurve führt?

26. a) Formulieren Sie das Gesetz des Angebots.
    b) Skizzieren Sie die Angebotskurve.

27. Wann verschiebt sich die Angebotskurve allgemein?

28. Wann verschiebt sich die Marktangebotskurve nach rechts? Nennen Sie mindestens drei Beispiele.

29. Wann verschiebt sich die Marktangebotskurve nach links? Nennen Sie mindestens drei Beispiele.

30. a) Welchen Einfluss haben steigende Kosten auf das Gesamtangebot?
    b) Skizzieren Sie den Sachverhalt in einem Koordinatensystem.

31. Ein Anbieter rationalisiert. Welchen Einfluss hat dies auf den Verlauf seiner Angebotskurve?

32. Welche Güter wird ein Unternehmer, der nach dem erwerbswirtschaftlichen Prinzip handelt, bevorzugt anbieten?

33. Erklären Sie folgendes Zitat: „In marktwirtschaftlich orientierten Wirtschaftssystemen herrscht Konsumentensouveränität."

34. a) Skizzieren Sie den Verlauf der Angebotskurve eines Anbieters, der seine Produkte zu jedem Preis anbietet (vollkommen unelastisches Angebot).
    b) Nennen Sie ein praktisches Beispiel für die genannte Situation.

Test → Preisbildung: Die Nachfrage

Punkte

1 Wovon hängt die Nachfrage nach einem Gut ab?
Nennen Sie vier Bestimmungsfaktoren. — 2

2 Welche vereinfachende Unterstellung wird bei der Betrachtung der Nachfragekurve (ohne Kurvenverschiebungen) vorgenommen? — 2

3 a) Formulieren Sie das Gesetz der Nachfrage.

b) Skizzieren Sie die Nachfragekurve. — 2

4 Wann verschiebt sich die Nachfragekurve allgemein? — 2

5 Wann verschiebt sich die Nachfragekurve nach rechts?

Nennen Sie drei Beispiele. — 3

6 In einer Volkswirtschaft verbreiten sich pessimistische Zukunftserwartungen (Angst vor Arbeitslosigkeit und Einkommenssenkungen).

Skizzieren Sie die Auswirkungen auf die Nachfrage in einem Koordinatensystem. — 1

Punktesumme → 12

Notenermittlung: Kreuzen Sie Ihr Ergebnis an (Korrekturanleitung: siehe Lösung).

Punkte ►	12	11	10	9	8	7	6	5	4	3	2	1
Note ►	1,0	1,5	2,0	2,5	3,0	3,5	4,0	4,5	5,0	5,5	6,0	6,0
1. Versuch ►												
2. Versuch ►												
3. Versuch ►												

Test → Preisbildung: Das Angebot

Punkte

1 Wovon hängt das Angebot eines Gutes ab?
Nennen Sie vier Bestimmungsfaktoren. — 2

2 Welche vereinfachende Unterstellung wird bei der Betrachtung der Angebotskurve (ohne Kurvenverschiebungen) vorgenommen? — 2

3 a) Formulieren Sie das Gesetz des Angebots. — 2

b) Skizzieren Sie die Angebotskurve.

4 Wann verschiebt sich die Angebotskurve allgemein? — 2

5 Wann verschiebt sich die Marktangebotskurve nach rechts?
Nennen Sie zwei Beispiele. — 2

6 a) Welchen Einfluss haben steigende Kosten auf das Gesamtangebot? — 2

b) Skizzieren Sie den Sachverhalt in einem Koordinatensystem.

Punktesumme → 12

Notenermittlung: Kreuzen Sie Ihr Ergebnis an (Korrekturanleitung: siehe Lösung).

Punkte ➤	12	11	10	9	8	7	6	5	4	3	2	1
Note ➤	1,0	1,5	2,0	2,5	3,0	3,5	4,0	4,5	5,0	5,5	6,0	6,0
1. Versuch ➤												
2. Versuch ➤												
3. Versuch ➤												

4.3 Die Marktpreisbildung

4.3.1 Vollkommener und unvollkommener Markt

Stofftelegramm

Vollkommener Markt — **Bedingungen** — **Unvollkommener Markt**

Vollkommener Markt:

- keine räumlichen Unterschiede (Punktmarkt)
- keine sachlichen Unterschiede (homogene Güter)
- keine persönlichen Unterschiede (keine Präferenzen)
- keine zeitlichen Unterschiede (gleiche Lieferfristen)
- vollkommene Markttransparenz (Marktübersicht), somit unendlich schnelle Reaktionsgeschwindigkeit der Marktteilnehmer bei Änderungen

Folge: Einheitspreis für ein Gut (Bsp. Börse)

Unvollkommener Markt:

Mindestens eine der Bedingungen des vollkommenen Marktes ist nicht erfüllt.

Folge: verschiedene Preise für ein Gut

Aufgaben

1. Nennen Sie die Bedingungen des vollkommenen Marktes.

2. Wann liegt ein unvollkommener Markt vor?

3. Welche Folge hat das Vorliegen eines vollkommenen Marktes für die Preise? Begründung.

4. Erklären Sie kurz folgende Begriffe:
   a) Homogenität der Güter
   b) transparenter Markt
   c) Punktmarkt
   d) Präferenzen

5. Ein bestimmter unvollkommener Markt unterscheidet sich vom vollkommenen Markt lediglich durch das Fehlen der Markttransparenz. Wie wird sich dieser Markt im Zeitverlauf entwickeln?

6. Der vollkommene Markt ist ein seltener Ausnahmefall. Warum wird er dennoch in der Volkswirtschaftslehre intensiv analysiert?

7. Welcher Markt kommt in der Wirklichkeit dem vollkommenen Markt am nächsten?

8. Begründen Sie, ob folgende Güter auf einem vollkommenen oder unvollkommenen Markt angeboten werden.
   a) Käse (Käsebörse Kempten)
   b) Benzin an Tankstellen
   c) Wein in einem Weinlokal
   d) Äpfel auf dem Wochenmarkt
   e) Wertpapiere an der Frankfurter Wertpapierbörse

9. Welche Bedingungen des vollkommenen Marktes sind in folgenden Fällen nicht erfüllt?
   a) Sepp Herzlieb kauft für seine Freundin Frieda Flitter die Pralinenschachtel „Rotes Herz".
   b) Die Lahm GmbH liefert Draht innerhalb von acht Wochen, die Flott & Co. innerhalb von 14 Tagen.
   c) Franz Dusel bietet seine Bratwürste an einem Würschtlstand in der belebten Fußgängerzone von Stuttgart an, während Mizzi Dämel ihre Würstchen in einer Nebengasse am Stadtrand feilbietet.
   d) Ignazius Wild trinkt regelmäßig sein Bier in der Gastwirtschaft „Rote Rose", um mit der hübschen Bedienung Lollo ins Gespräch zu kommen.

10. Warum ist die Wertpapierbörse ein (nahezu) vollkommener Markt?

11. Welche der folgenden Aussagen sind richtig?
   a) Bei Fehlen von persönlichen, räumlichen, sachlichen und zeitlichen Unterschieden liegt ein vollkommener Markt vor.
   b) Bei unvollkommener Markttransparenz liegt ein zeitweise (temporär) unvollkommener Markt vor.
   c) Ein vollkommener Markt liegt nur vor, wenn alle 5 Bedingungen gleichzeitig erfüllt sind.
   d) Ein unvollkommener Markt liegt nur vor, wenn alle Bedingungen des vollkommenen Marktes nicht erfüllt sind.
   e) Bei Vorliegen eines Punktmarktes ist stets ein vollkommener Markt gegeben.
   f) Beim vollkommenen Markt sind die Preise der Anbieter gleich.
   g) Vollkommene Märkte gibt es in der Realität nur annäherungsweise.

Test

Preisbildung: Vollkommener und unvollkommener Markt

Punkte

1 Nennen Sie die Bedingungen des vollkommenen Marktes. — 2,5

2 Wann liegt ein unvollkommener Markt vor? — 1

3 Welche Folge hat das Vorliegen eines vollkommenen Marktes für die Preise? Begründung. — 3

4 Der vollkommene Markt ist ein seltener Ausnahmefall. Warum wird er dennoch in der Volkswirtschaftslehre intensiv analysiert? — 2

5 Welcher Markt kommt in der Wirklichkeit dem vollkommenen Markt am nächsten? — 1

6 Werden folgende Güter auf einem vollkommenen oder unvollkommenen Markt angeboten? — 2,5

a) Käse an der Käsebörse
b) Benzin an Tankstellen
c) Wein in einem Weinlokal
d) Äpfel auf dem Wochenmarkt
e) Wertpapiere an der Frankfurter Wertpapierbörse

Punktesumme — 12

Notenermittlung: Kreuzen Sie Ihr Ergebnis an (Korrekturanleitung: siehe Lösung).

Punkte ➤	12	11	10	9	8	7	6	5	4	3	2	1
Note ➤	1,0	1,5	2,0	2,5	3,0	3,5	4,0	4,5	5,0	5,5	6,0	6,0
1. Versuch ➤												
2. Versuch ➤												
3. Versuch ➤												

4.3.2 Polypol – vollkommener Markt

Stofftelegramm

Ermittlung von Gesamtnachfrage und Gesamtangebot

Kaufaufträge:	**A**bold	10 Stück zu	20,00 EUR höchstens
	Beiler	5 Stück zu	25,00 EUR höchstens
	Christ	13 Stück zu	30,00 EUR höchstens
	Damm	6 Stück zu	35,00 EUR höchstens
Verkaufsaufträge:	**E**rl	7 Stück zu	20,00 EUR mindestens
	Frick	7 Stück zu	25,00 EUR mindestens
	Galle	5 Stück zu	30,00 EUR mindestens
	Hotz	15 Stück zu	35,00 EUR mindestens

Preis (in Euro)	Nachfrage	Angebot
20,00	A, B, C, D 34	E 7
25,00	B, C, D 24	E, F 14
30,00	C, D 19	E, F, G 19
35,00	D 6	E, F, G, H 34

Nachfrage: **sinkt mit steigendem Preis**

Angebot: **steigt mit steigendem Preis**

Preisbildungsmodell

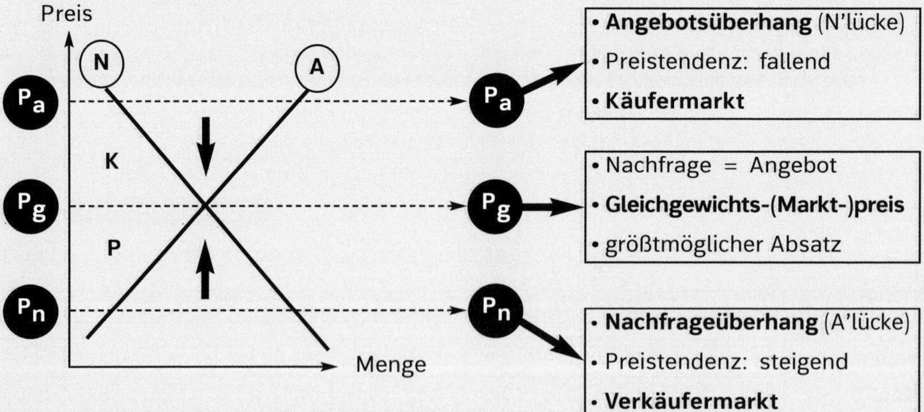

(**K** = Konsumentenrente; **P** = Produzentenrente)

Verhalten des Polypolisten:

- keine Preispolitik möglich; Gleichgewichtspreis gilt für alle! Preis = „Datum" (für alle Marktteilnehmer vorgegeben)
- Zum festen Gleichgewichtspreis wird die Menge angeboten, bei der er sein Gewinnmaximum erzielt (Kapazitätsgrenze).

Der Preismechanismus

Nachfrage steigt

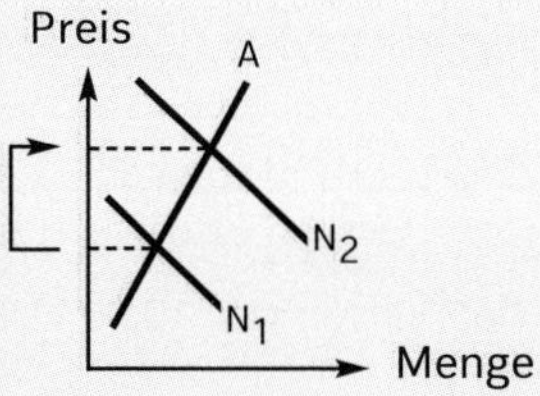

Angebot steigt

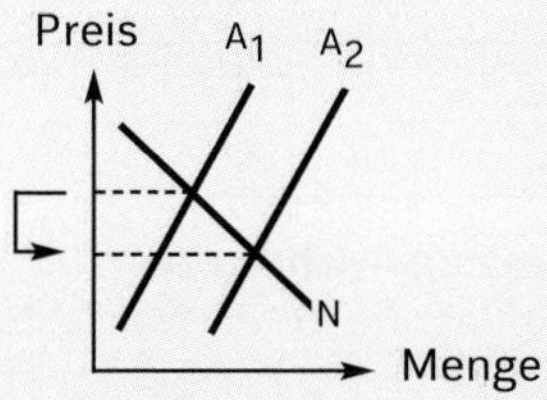

A + N steigen im gleichen Umfang.

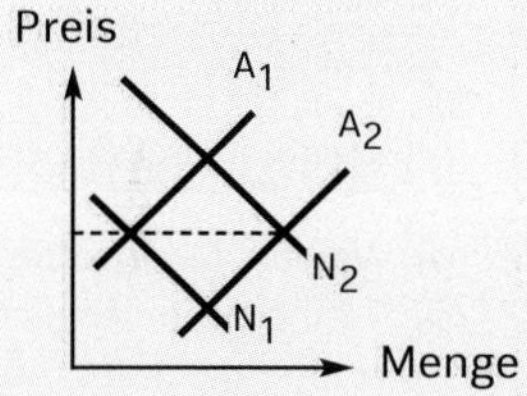

Funktionen (= Aufgaben) des Preises

Ausgleichsfunktion
- → Ausgleich von Angebot und Nachfrage
- → Der Preis „räumt den Markt".

Signalfunktion
- → Preissteigerungen signalisieren:

  Das Gut ist relativ knapper geworden (weniger Angebot bei gleicher Nachfrage oder mehr Nachfrage bei gleichem Angebot).
- → Preissenkungen signalisieren:

  Das Gut ist relativ weniger knapp geworden (mehr Angebot bei gleicher Nachfrage oder weniger Nachfrage bei gleichem Angebot).

Lenkungsfunktion
- → Der Preis lenkt die Produktionsfaktoren in Bereiche mit hohen Preisen, also hohen Gewinnen.

Erziehungsfunktion
- → Der Gleichgewichtspreis zwingt die Anbieter zur Kostensenkung.
- → Die Nachfrager suchen preisgünstigste Einkaufsmöglichkeiten.

Aufgaben

1. Zeigen Sie mithilfe einer Grafik, wie sich der Polypolpreis (**Gleichgewichtspreis**) im Modell bildet.

2. Erklären Sie anhand einer Skizze und verbal folgende Begriffe und Marktsituationen:
   a) **Angebotsüberhang** b) **Nachfrageüberhang**

3. Erklären und begründen Sie die Begriffe
   a) **Käufermarkt,** b) **Verkäufermarkt.**

4. Zeigen Sie anhand einer Skizze, warum beim **Gleichgewichtspreis** der höchstmögliche Absatz erzielt wird.

5. Folgende Daten bezüglich eines Gutes sind gegeben:

Preis (in Euro)	10,00	12,00	14,00	16,00	18,00	20,00	22,00
Nachfrage (in Stück)	40	35	30	25	20	15	10
Angebot (in Stück)	16	19	22	25	28	31	34

   a) Wie viel Euro beträgt der **Gleichgewichtspreis?**
   b) Nennen Sie möglichst viele Begriffe für die Marktsituation bei Preisen von 10,00 EUR, 16,00 EUR und 20,00 EUR.
   c) Skizzieren Sie die Preisbildung in einem Koordinatensystem.
   d) Wie viel Euro Umsatz werden beim Marktpreis erzielt?
   e) Wie hoch wäre der Umsatz bei Preisen von 10,00, 12,00, 20,00 und 22,00 EUR?

6. a) Ermitteln Sie aus den gegebenen Kaufaufträgen für die möglichen Preise 19,00 EUR, 18,00 EUR, 17,00 EUR und 16,00 EUR die Gesamtnachfrage.
      - Hirsch: 10 Stück zu maximal 18,00 EUR
      - Feige: 8 Stück zu maximal 17,00 EUR
      - Degger: 9 Stück zu maximal 16,00 EUR

   b) Erklären Sie anhand einer Skizze sowie verbal die Begriffe **Konsumentenrente** (Nachfragerrente) und **Produzentenrente** (Anbieterrente).

7. Erklären Sie, warum sich beim vollkommenen Polypol ein **Gleichgewichtspreis** bildet.

8. Kommen beim **Gleichgewichtspreis** alle Anbieter und Nachfrager zum Zuge? Begründung.

9. Erklären Sie die Preis- und Mengenpolitik eines **Polypolisten** (vollkommener Markt).

10. Erklären Sie folgende Aussage: „Der **Gleichgewichtspreis** räumt den Markt.“

11. Welche Marktlage ist für a) einen Käufer, b) einen Verkäufer, c) die Gesamtwirtschaft optimal?

12. Welche Marktpreiswirkungen haben folgende Marktänderungen?
    a) Nachfrageerhöhung
    b) Angebotssenkung
    c) Nachfragesenkung
    d) Angebotserhöhung

13. Zeigen Sie jeweils anhand einer Skizze, wie sich der **Gleichgewichtspreis** in folgenden Fällen ändert.
    a) Einkommenssteigerungen
    b) Rekordernte
    c) zunehmender Pessimismus bei Anbietern
    d) Einkommenssenkungen
    e) Erwartung stark steigender Konsumgüterpreise
    f) steigende Rohstoffkosten
    g) Die Nachfrageerhöhung ist größer als die Angebotserhöhung.
    h) Die Angebotserhöhung ist größer als die Nachfrageerhöhung.
    i) Einkommens- und Kostensenkungen

14. Wie ändert sich der **Gleichgewichtspreis,** wenn die Einkommen und die Anbieterzahl gleichzeitig ansteigen? Begründen Sie verbal und anhand einer Skizze.

15. Begründen Sie verbal und anhand einer Skizze folgende Aussage: „Der Preis ist gestiegen, obwohl im Vergleich zum Vorjahr das Angebot erheblich zugenommen hat."

16. Welchen Einfluss haben hohe Lohn- und Einkommensteuererhöhungen auf die Preis-Mengen-Verhältnisse des Preisbildungsmodells?

17. Erklären Sie die **Funktionen** (= Aufgaben) des Preises.

18. Für Holz- und Kunststofffenster einer genormten Größe gelten folgende Nachfrage- und Angebotssituationen:

Holzfenster

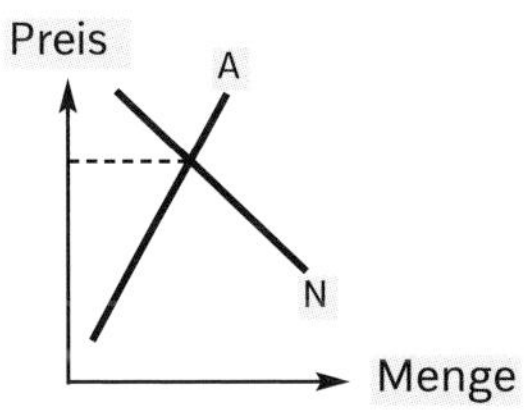

Kunststofffenster

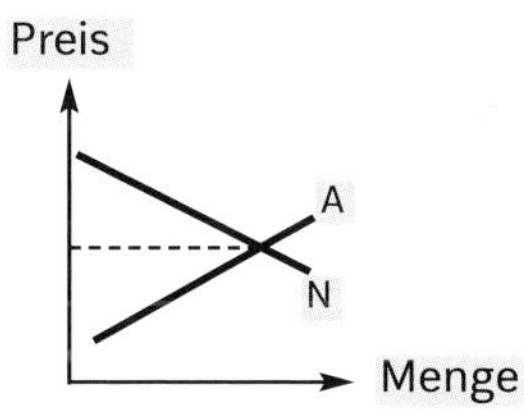

    a) Welche Güterart liegt vor?
    b) Immer mehr Nachfrager steigen aufgrund der relativ preisgünstigen Kunststoffproduktion auf diese Produktart um. Erklären Sie verbal und skizzenhaft die veränderten Marktsituationen.
    c) Erklären Sie anhand dieses Beispiels die Preisfunktionen.

19. Warum wird der Polypolist auf dem vollkommenen Markt als „Mengenanpasser" bezeichnet?

Test ➤ **Preisbildung: Polypol I**

Punkte

1 Erklären Sie anhand einer Skizze und verbal folgende Marktsituationen: — 6

a) Angebotsüberhang

b) Nachfrageüberhang

2 Ordnen Sie den Begriffen Angebotsüberhang und Nachfrageüberhang die Begriffe „Verkäufermarkt“ und „Käufermarkt“ zu. — 1

3 Folgende Daten bezüglich eines Gutes sind gegeben: — 2

Preis (in Euro)	10,00	12,00	14,00	16,00	18,00	20,00	22,00
Nachfrage (in Stück)	40	35	30	25	20	15	10
Angebot (in Stück)	16	19	22	25	28	31	34

Wie viel Euro beträgt der Gleichgewichtspreis? Begründung.

4 Erklären Sie, warum sich beim vollkommenen Polypol ein Gleichgewichtspreis bildet. — 3

Punktesumme ➤ 12

Notenermittlung: Kreuzen Sie Ihr Ergebnis an (Korrekturanleitung: siehe Lösung).

Punkte ➤	12	11	10	9	8	7	6	5	4	3	2	1
Note ➤	1,0	1,5	2,0	2,5	3,0	3,5	4,0	4,5	5,0	5,5	6,0	6,0
1. Versuch ➤												
2. Versuch ➤												
3. Versuch ➤												

Test → Preisbildung: Polypol II

Punkte

1 Erklären Sie anhand einer Skizze sowie verbal die Begriffe „Konsumentenrente" und „Produzentenrente". — **5**

2 Erklären Sie die Preis- und Mengenpolitik eines Polypolisten auf dem vollkommenen Markt. — **5**

3 Zeigen Sie jeweils anhand einer Skizze, wie sich der **Gleichgewichtspreis** in folgenden Fällen ändert. — **4**

a) Einkommenssteigerungen

b) Rekordernte

c) Einkommenssenkungen

d) Erwartung stark steigender Konsumgüterpreise

4 Erklären Sie die Funktionen (= Aufgaben) des Preises. — **6**

Punktesumme → 20

Notenermittlung: Kreuzen Sie Ihr Ergebnis an (Korrekturanleitung: siehe Lösung).

Punkte:	20	19	18	17	16	15	14	13	12	11	10	9	8	7	6	5	4	3
Note:	1,0	1,3	1,6	1,9	2,2	2,5	2,7	3,0	3,3	3,6	3,9	4,2	4,5	4,8	5,1	5,4	5,7	6,0
1. Versuch:																		
2. Versuch:																		
3. Versuch:																		

4.3.3 Markteingriffe des Staates

Stofftelegramm

Marktkonforme Eingriffe	Marktkonträre Eingriffe
• Staat beeinflusst Nachfrage- oder Angebotsseite: indirekte (mittelbare) Preisbeeinflussung • Marktmechanismen (Preisfunktionen bleiben erhalten.	• Preisfixierung durch den Staat (Höchst- und Mindestpreise): direkte(unmittelbare)Preisbeeinflussung • Marktmechanismen (Preisfunktionen) werden ausgeschaltet.

Marktkonforme Eingriffe – Beispiele

1. Beeinflussung der **Nachfrage**:

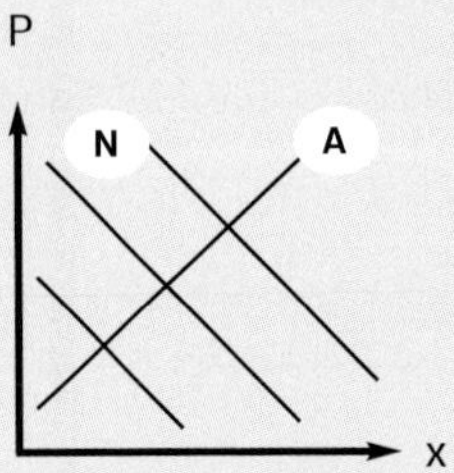

- Nachfr.senkung (weniger staatliche Aufträge): P sinkt
- Nachfr.erhöhung (mehr staatl. Aufträge): P steigt

2. Beeinflussung des **Angebots**:

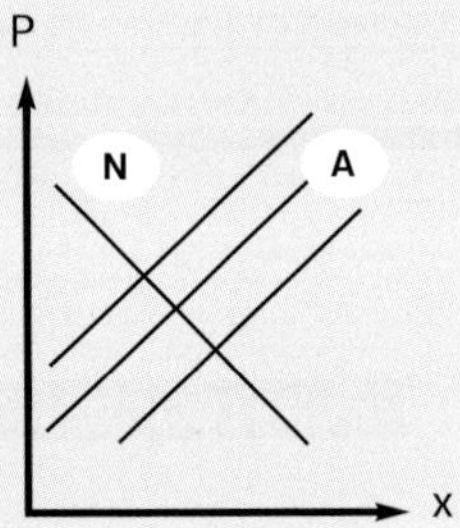

- Angebotssenkung (Importbeschränkungen): Preis steigt
- Angebotserhöhung (Abbau der Importbeschränkung): Preis sinkt

Marktkonträre Eingriffe – Beispiele

1. **Höchstpreis**:

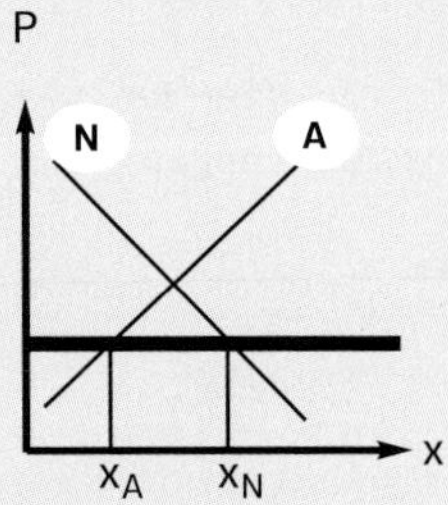

- Zweck: Schutz des Verbrauchers
- Folgen: N'überhang; Schwarzmarkt
- Staatsmaßnahmen: Rationalisierung, Zwang zur A'erhöh.

2. **Mindestpreis**:

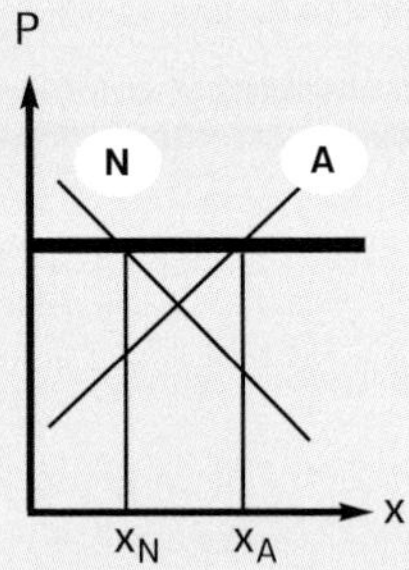

- Zweck: Schutz des Produzenten
- Folge: Angebotsüberhang

- Staatsmaßnahmen: Produktionsbeschränkungen oder Überschussaufkauf + lagern, vernichten, zweckentfremden, Verkauf ins Ausland; hohe Kosten (Lager ...)!

Aufgaben

1. Was sind marktkonforme bzw. marktkonträre Maßnahmen des Staates?

2. a) Zeigen Sie in einer Skizze die Fixierung eines Höchstpreises.
   b) Begründen Sie die staatliche Festlegung eines Höchstpreises.
   c) Welche Folgen und Probleme können sich hieraus ergeben?

3. a) Zeigen Sie skizzenhaft die Fixierung eines Mindestpreises.
   b) Begründen Sie die staatliche Festlegung von Mindestpreisen.
   c) Welche Folgen und Probleme können sich hieraus ergeben?

4. Welche marktkonträre Maßnahme des Staates ist in folgenden Fällen jeweils denkbar?
   a) Der Gleichgewichtspreis eines lebensnotwendigen Gutes deckt nicht die Kosten.
   b) Der Gleichgewichtspreis eines lebensnotwendigen Gutes ist für den Großteil der Nachfrager nicht erschwinglich.

5. Welche marktkonformen Maßnahmen führen zu Preissenkungen?

6. Entscheiden Sie in folgenden Fällen, ob marktkonträre oder marktkonforme Maßnahmen des Staates vorliegen:
   a) Investitionszulage
   b) Subventionen
   c) Mindestpreis
   d) Bauvorhaben zurückstellen
   e) Festpreis
   f) Zollerhöhung
   g) Steuererhöhung
   h) Höchstpreis
   i) Höchstmieten

7. Mit welchen marktkonformen und -konträren Maßnahmen könnte der Staat extremen Mietsteigerungen entgegenwirken?

Test → **Marktkonforme und marktkonträre Eingriffe des Staates**

Punkte

1 Unterscheiden Sie die Begriffe marktkonforme und marktkonträre Maßnahmen des Staates. — 6

2 — 5

a) Zeigen Sie in einer Skizze die Fixierung eines Höchstpreises.

b) Begründen Sie die staatliche Festlegung eines Höchstpreises.

c) Welche Folgen und Probleme können sich hieraus ergeben?

3 — 5

a) Zeigen Sie in einer Skizze die Fixierung eines Mindestpreises.

b) Begründen Sie die staatliche Festlegung eines Mindestpreises.

c) Welche Folgen und Probleme können sich hieraus ergeben?

4 Welche marktkonträre Maßnahme des Staates ist in folgenden Fällen jeweils denkbar? — 2

a) Der Gleichgewichtspreis eines lebensnotwendigen Gutes deckt nicht die Kosten.

b) Der Gleichgewichtspreis eines lebensnotwendigen Gutes ist für den Großteil der Nachfrager nicht erschwinglich.

5 Mit welchen marktkonformen und marktkonträren Maßnahmen könnte der Staat extremen Mietsteigerungen entgegenwirken? — 2

Punktesumme → 20

Notenermittlung: Kreuzen Sie Ihr Ergebnis an (Korrekturanleitung: siehe Lösung).

Punkte:	20	19	18	17	16	15	14	13	12	11	10	9	8	7	6	5	4	3
Note:	1,0	1,3	1,6	1,9	2,2	2,5	2,7	3,0	3,3	3,6	3,9	4,2	4,5	4,8	5,1	5,4	5,7	6,0
1. Versuch:																		
2. Versuch:																		
3. Versuch:																		

4.3.4 Angebotsmonopol

Stofftelegramm

Der Monopolist ist abhängig von seinen Kosten und der Nachfrage.

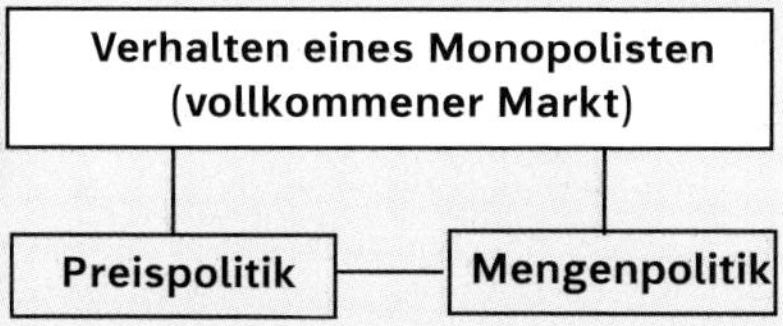

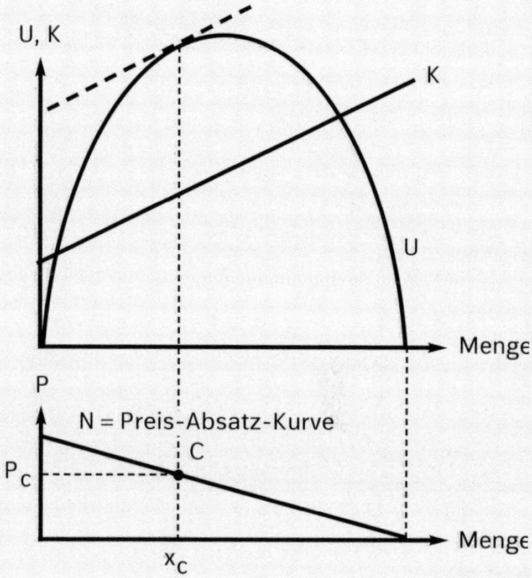

Verwirklichung der gewinnmaximalen Preis-Mengen-Kombination (= sog. **Cournotscher Punkt**) P_C / x_C.

Hier ist die Differenz zwischen Umsatz und Gesamtkosten am größten **(Gewinnmaximum).**

C = Cournotscher Punkt N = Nachfrage
U = Umsatzerlöse K = Kosten

Tabellarische und grafische Ermittlung und Darstellung von Erlös, Kosten, Gewinn und wichtigen Punkten (Stückzahlen)

Gegeben: fixe Kosten 100,00 EUR, variable Kosten pro Stück 5,00 EUR

Berechnungswege: $E = x \cdot p$ $K = x \cdot k_v + K_{fix}$ $G = E - K$

Preis e/p	Absetzbare Menge x	Erlös E/U	Variable Kosten K_v	Fixe Kosten K_{fix}	Gesamt-kosten K	Gewinn G	Besondere Punkte
25,00	0	0,00	0,00	100,00	100,00	−100,00	
22,50	5	112,50	25,00	100,00	125,00	−12,50	$G_{schwelle}$
20,00	10	200,00	50,00	100,00	150,00	50,00	zwischen 5 u. 10 St.
17,50	15	262,50	75,00	100,00	175,00	87,50	
15,00	20	300,00	100,00	100,00	200,00	100,00	**Gewinnmaximum**
12,50	25	312,50	125,00	100,00	225,00	87,50	**Umsatzmaximum**
10,00	30	300,00	150,00	100,00	250,00	50,00	G_{grenze}
7,50	35	262,50	175,00	100,00	275,00	−12,50	zwischen 30 u. 35 St.
5,00	40	200,00	200,00	100,00	300,00	−100,00	
2,50	45	112,50	225,00	100,00	325,00	−212,50	
0,00	50	0,00	250,00	100,00	350,00	−350,00	

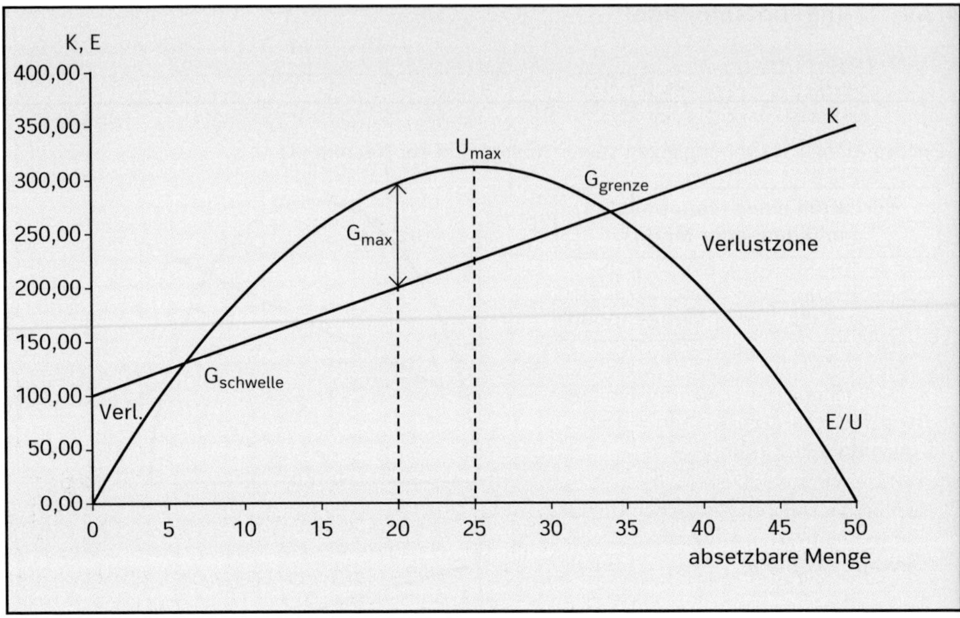

Aufgaben

1. Erklären Sie kurz den Begriff Angebotsmonopol.
2. Nennen Sie zwei Möglichkeiten, wie Monopole entstehen können.
3. Erklären Sie die Begriffe Individual- und Kollektivmonopole.
4. Nennen Sie fünf Gründe, die Unternehmen dazu veranlassen, sich zusammenzuschließen.
5. Unterscheiden Sie die Begriffe Bedarfsdeckungs- und Gewinnmaximierungsmonopole.
6. Welche Daten hat ein Monopolist zu beachten?
7. Erklären Sie die Preis- und Mengenpolitik eines Monopolisten.
8. Skizzieren Sie die Monopolpreisbildung in zwei untereinanderstehenden Koordinatensystemen. Schraffieren Sie die Gewinnzone.
9. Ein Monopolist verwirklicht seine gewinnmaximale Preis-Mengen-Kombination. Wie könnte er seinen Gewinn weiter erhöhen?
10. Die AUMO-GMBH in Stuttgart produziert seit Kurzem Spezialautos. Für diese sensationelle Erfindung sicherte sie sich durch Patente das alleinige Produktions- und Vertriebsrecht. Nachdem die Preis-Nachfrage-Situation durch Marktforschung erkundet wurde, stehen die Geschäftsführer nun vor dem Problem, einen Preis für das Auto zu fixieren. Die Fixkosten betragen 20.000,00 EUR, die variablen Kosten je Stück 1.000,00 EUR.

a) Ergänzen Sie die Tabelle. Bestimmen Sie die gewinnmaximale Preis-Mengen-Kombination.

Preis (in Euro)	Nachfrage (in Stück)	Umsatz (Erlöse)	Fix-kosten	Variable Kosten	Gesamt-kosten	Gewinn Verlust
3.500,00	0					
3.250,00	5					
3.000,00	10					
2.750,00	15					
2.500,00	20					
2.250,00	25					
2.000,00	30					
1.750,00	35					
1.500,00	40					
1.250,00	45					
1.000,00	50					

b) Welche Preis-Mengen-Kombination würde die AUMO-GMBH realisieren, wenn sie als vorübergehendes Ziel Umsatzmaximierung anstreben würde?
c) Zeichnen Sie ins obere Koordinatensystem die Umsatz- und Gesamtkostenfunktion und bestimmen Sie grafisch das Gewinnmaximum (10.000,00 EUR = 2 cm; 10 St. = 2 cm).
d) Zeichnen Sie ins untere Koordinatensystem die Nachfragefunktion und die gewinnmaximale Preis-Mengen-Kombination (500,00 EUR = 2 cm; 10 Stück = 2 cm).

11. Nennen Sie Gründe, warum ein Monopolist unter bestimmten Voraussetzungen für sein Gut einen Preis verlangt, der unter dem gewinnmaximalen Preis liegt.

12. Warum kann ein Monopolist nicht völlig willkürlich seine Preise festlegen?

13. Nennen Sie Argumente für und gegen Monopole.

14. Gelten die Preisfunktionen auch bei Monopolen? Begründung.

15. a) Wann liegt ein unvollkommenes Monopol vor?
b) Welche Konsequenz hat die Unvollkommenheit des Marktes für die Preispolitik des Monopolisten?

Test ➤ Preisbildung: Monopol I

Punkte

1 Erklären Sie kurz den Begriff Angebotsmonopol. — 1

2 Nennen Sie zwei Möglichkeiten, wie Monopole entstehen können. — 2

3 Nennen Sie vier Gründe, die Unternehmen dazu veranlassen, sich zusammenzuschließen. — 4

4 Welche Daten hat ein Monopolist zu beachten? — 2

5 Erklären Sie die Preis- und Mengenpolitik eines Monopolisten. — 3

Punktesumme ➤ 12

Notenermittlung: Kreuzen Sie Ihr Ergebnis an (Korrekturanleitung: siehe Lösung).

Punkte ➤	12	11	10	9	8	7	6	5	4	3	2	1
Note ➤	1,0	1,5	2,0	2,5	3,0	3,5	4,0	4,5	5,0	5,5	6,0	6,0
1. Versuch ➤												
2. Versuch ➤												
3. Versuch ➤												

Test → **Preisbildung: Monopol II**

Punkte

1 Eine Automobilfirma produziert seit Kurzem Spezialautos. Für diese sensationelle Erfindung sicherte sie sich durch Patente das alleinige Produktions- und Vertriebsrecht. Nachdem die Preis-Nachfrage-Situation durch Marktforschung erkundet wurde, stehen die Geschäftsführer nun vor dem Problem, einen Preis für das Auto zu fixieren. **10**

Fixkosten: 20.000,00 EUR; variable Kosten je Stück 1.000,00 EUR

Ergänzen Sie die Tabelle und bestimmen Sie die gewinnmaximale Preis-Mengen-Kombination.

Preis (in Euro)	Nachfr. (in Stück)	Umsatz (Erlöse)	Fix-kosten	Variable Kosten	Gesamt-kosten	Gewinn Verlust
3.500,00	0					
3.250,00	5					
3.000,00	10					
2.750,00	15					
2.500,00	20					
2.250,00	25					
2.000,00	30					
1.750,00	35					
1.500,00	40					
1.250,00	45					
1.000,00	50					

2 Nennen Sie zwei Gründe, warum ein Monopolist unter bestimmten Voraussetzungen für sein Gut einen Preis verlangt, der unter dem gewinnmaximalen Preis liegt. **2**

3 Nennen Sie je zwei Argumente für und gegen Monopole. **4**

4 Gelten die Preisfunktionen auch bei Monopolen? Begründung. **4**

Punktesumme → **20**

Notenermittlung: Kreuzen Sie Ihr Ergebnis an (Korrekturanleitung: siehe Lösung).

Punkte:	20	19	18	17	16	15	14	13	12	11	10	9	8	7	6	5	4	3
Note:	1,0	1,3	1,6	1,9	2,2	2,5	2,7	3,0	3,3	3,6	3,9	4,2	4,5	4,8	5,1	5,4	5,7	6,0
1. Versuch:																		
2. Versuch:																		
3. Versuch:																		

4.3.5 Angebotsoligopol

Stofftelegramm

Verhalten eines Oligopolisten (vollkommener Markt)

Verhalten wird beeinflusst durch:

- Produktionskosten
- Nachfrageverhalten
- erwartetes Konkurrenzverhalten
- vergangenes Konkurrenzverhalten

Verhalten	**kooperativ (friedlich)**			**nicht kooperativ**
Strategie	Preis-starrheit	Preis-führerschaft	Preis-absprachen	Vendrängungs-wettbewerb
Wettbewerbs-mittel	Werbung, Qualität, Service			Preis
Beispiele	*Tabakwaren, Strommarkt*	*Benzinmarkt*	*Kaffeemarkt*	*Discounter*

Infobox

- **Preisstarrhelt**: Preispolitische Maßnahmen gehen mit erheblichen Risiken für einen Oligopolisten einher, weswegen es häufig vorkommt, dass die Preise auf oligopolistischen Märkten auffallend lange stabil bleiben.
- **Preisführerschaft**: Ein Anbieter verändert den Preis und gibt damit den übrigen Anbietem das Signal, ihrerseits ebenfalls die Preise zu verändern. Bei dem Anbieter, von dem das Preissignal ausgeht, handelt es sich zumeist um denjenigen mit dem größten Marktanteil.
- **Preisabsprache**: Um die Konkurrenz zwischen den Anbietern zu mindern, können abgestimmte Verhaltensweisen erfolgen. Dabei können Preise und/oder Mengen entweder vertraglich oder ohne vertragliche Vereinbarung (Frühstückskartell) festgelegt werden. Allerdings sind dies schwere Formen der Wettbewerbsbeschränkung und daher nach deutschem und europäischem Recht untersagt.
- **Verdrängungswettbewerb**: Versucht ein Oligopolist, seinen Marktanteil auszudehnen, erfolgt dies über eine Preissenkung unter die Konkurrenzpreise, woraufhin die Konkurrenten ebenfalls mit Preissenkungen reagieren.
  Es entsteht ein Preisunterbietungsprozess, welcher so weit führen kann, dass die Anbieter unter ihren Selbstkosten verkaufen und somit zeitweilig Verluste in Kauf nehmen.

Quelle: Vgl. Marktformen, veröffentlicht am 21.12.2005 unter: www.gymbase.de/index/themeng12/vwl/marktformen_06.php.

Verhalten eines Oligopolisten (unvollkommener Markt)

↓

Verlagerung des Wettbewerbs auf „Nicht-Preis-Wettbewerbsformen"
(Qualität, Werbung, Zahlungsbedingungen ...)

Aufgaben

1. Erklären Sie kurz den Begriff Angebotsoligopol.
2. Nennen Sie drei typische Oligopolmärkte.
3. Wovon ist das Preisverhalten eines Oligopolisten abhängig?
4. Erklären Sie die möglichen Verhaltensweisen eines Oligopolisten.
5. Welche Verhaltensweise ist realistisch für den Oligopolmarkt?
6. Was heißt „Bumerang-Charakter" oligopolistischer Konkurrenz?
7. Warum tendieren Oligopolisten zur friedlichen Verhaltensweise?
8. Wovon hängt das Ende eines Preiskampfes (Oligopolkrieges) ab?
9. Die Mutig AG bietet ihr Produkt auf einem unvollkommenen oligopolistischen Markt an. Um weitere Nachfrager zu gewinnen, senkt sie ihre Preise.

   Wie könnten die beiden anderen Oligopolisten Sauer AG und Krieger AG reagieren?
10. In welcher Situation werden möglicherweise alle Oligopolisten gemeinsam erhebliche Preissenkungen vornehmen?
11. Erklären und begründen Sie das preispolitische Verhalten eines Anbieters auf dem unvollkommenen Oligopol.
12. Gelten die Preisfunktionen auch auf oligopolistischen Märkten?

Test

Preisbildung: Oligopol

Punkte

1 Erklären Sie kurz den Begriff Angebotsoligopol. — 1

2 Nennen Sie drei typische Oligopolmärkte. — 3

3 Wovon ist das Preisverhalten eines Oligopolisten abhängig? — 3

4 Erklären Sie die möglichen Verhaltensweisen eines Oligopolisten. — 4

5 Welche Verhaltensweise ist realistisch für den Oligopolmarkt? — 1

Punktesumme — 12

Notenermittlung: Kreuzen Sie Ihr Ergebnis an (Korrekturanleitung: siehe Lösung).

Punkte ➤	12	11	10	9	8	7	6	5	4	3	2	1
Note ➤	1,0	1,5	2,0	2,5	3,0	3,5	4,0	4,5	5,0	5,5	6,0	6,0
1. Versuch ➤												
2. Versuch ➤												
3. Versuch ➤												

5 Prüfungsaufgaben Kompetenzbereich II

Prüfungsaufgabe A

Die Pommes-Fix GmbH ist bislang einziger Hersteller von Pommes-Automaten. Von Experten wird eine stark steigende Nachfrage erwartet.

1. Begründen Sie, welche Marktform hier vorliegt, und beurteilen Sie diese Marktform aus volkswirtschaftlicher Sicht (je zwei Vor- und zwei Nachteile).

2. Aufgrund eigener Marktuntersuchungen ergeben sich für die Pommes-Fix GmbH die Daten in **Anlage 1**.

   Zu welchem Preis soll die Pommes-Fix GmbH einen Automaten verkaufen, wenn folgende Zielsetzungen verfolgt werden:

2.1 Umsatzmaximierung?

2.2 Gewinnmaximierung?

3. Stellen Sie die Umsatz- sowie die Gesamtkostenkurve im angegebenen Koordinatensystem grafisch dar (vgl. **Anlage 2**).

   Verwenden Sie folgende Maßeinheiten: x-Achse: 1 cm = 10 Automaten/y-Achse: 1 cm = 20.000,00 EUR.

4. Begründen Sie anhand der Grafik die Entwicklung des Unternehmenserfolges in Abhängigkeit von der Absatzmenge.

5. Nach Ablauf des Patents haben sich zwei weitere Unternehmen dazu entschlossen, vergleichbare Pommes-Automaten auf den Markt zu bringen.

   Begründen Sie, welche Marktform jetzt entstanden ist, und erläutern Sie eine mögliche Verhaltensweise der Anbieter bei dieser Marktform.

Anlage 1

Aufgrund einer internen Kalkulation muss mit 90.000,00 EUR Fixkosten und mit variablen Stückkosten in Höhe von 2.000,00 EUR je Automat gerechnet werden.

Auswertungstabelle						
Preis (in Euro)	**Menge**	**Umsatz**	**Fixkosten**	**Variable Kosten**	**Gesamtkosten**	**Gewinn bzw. Verlust**
10.000,00	0					
9.000,00	10					
8.000,00	20					
7.000,00	30					
6.000,00	40					
5.000,00	50					
4.000,00	60					
3.000,00	70					
2.000,00	80					
1.000,00	90					

Anlage 2

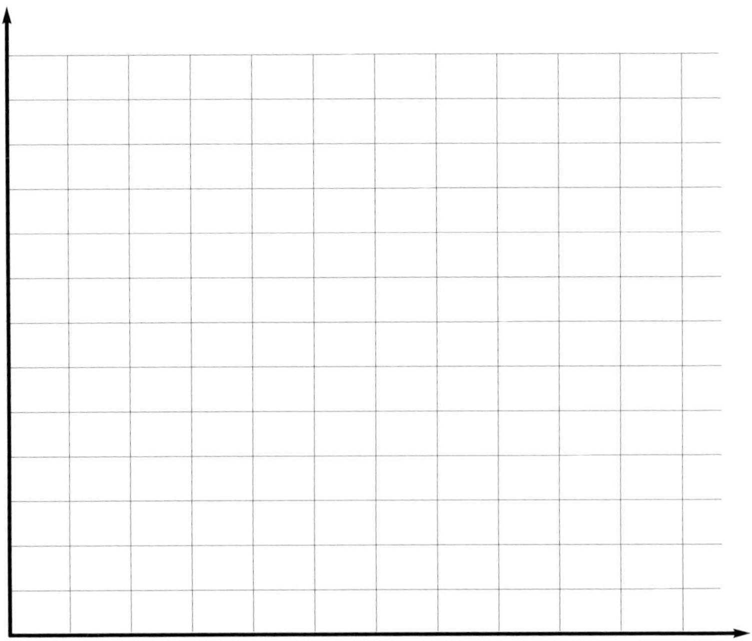

Prüfungsaufgabe B

1. Ihre Geschäfte laufen gut. Es ist Ihnen auch gelungen, mit einem völlig neuen Rezept Süßigkeiten für Allergiker zu entwickeln. Somit haben Sie bei diesen Süßigkeiten ein Monopol und stehen vor der Entscheidung, den Preis für 100 g Süßigkeiten festzulegen.

1.1 Bestimmen Sie mithilfe der Lösungstabelle den Preis für 100 g, zu dem Sie Ihren Gewinn maximieren. Füllen Sie dazu die Tabelle (**Anlage 2**) aus.

1.2 Erläutern Sie für das vorliegende Monopol einen Vorteil und einen Nachteil aus der Sicht der Kunden.

2. Hat Ihr Handeln eine Auswirkung auf die Höhe des Bruttoinlandsprodukts? Begründen Sie Ihre Antwort.

3. Nach einem Jahr haben zwei Konkurrenten in der Region vergleichbare Süßigkeiten für Allergiker auf den Markt gebracht.

3.1 Nennen und beschreiben Sie diese Marktform.

3.2 Sie rechnen nicht mit einem Preiskrieg Ihrer Mitbewerber. Sie erwarten vielmehr, dass relative Preisstarrheit herrschen wird. Argumentieren Sie, warum Sie mit Ihrer Einschätzung richtig liegen (zwei Argumente).

4. Nach einem weiteren Jahr vereinbaren Sie mit den zwei anderen Anbietern, in folgenden Punkten zusammenzuarbeiten:

   (1) Gemeinsame Werbung, um stärker auf Süßigkeiten für Allergiker aufmerksam zu machen.
   (2) Jedes Jahr sollen die Preise um 5 % erhöht werden.

   Prüfen Sie unter Angabe einer Begründung, ob die beiden Vereinbarungen (1) und (2) gesetzlich zulässig sind.

Anlage 2

Preis je 100 g (in Euro)	Menge je 100 g	Erlös (in Euro)	Fixe Kosten (in Euro)	Variable Kosten (in Euro)	Gesamtkosten (in Euro)	Ergebnis (in Euro)
6,00	0		1.000,00	0,00		
5,50	1.000		1.000,00	3.000,00		
5,00	2.000		1.000,00	6.000,00		
4,50	3.000		1.000,00	9.000,00		
4,00	4.000			12.000,00		
3,50	5.000	17.500,00		15.000,00	16.000,00	
3,00	6.000	18.000,00		18.000,00	19.000,00	

Prüfungsaufgabe C

Das Wirtschaftsgeschehen in unserer Volkswirtschaft findet auf dem sogenannten Markt statt Wichtige Sektoren sind der Staat, die Unternehmen, die Haushalte und die Banken.
Die ökonomischen Beziehungen der einzelnen Sektoren ergeben sich aus folgenden Geldströmen (Geldeinheiten = GE):

- Einkommen der privaten Haushalte aus Lohnzahlungen der Unternehmen 900 GE
- Steuerzahlungen der privaten Haushalte 200 GE
- Sparrate der privaten Haushalte 100 GE
- vom Staat gezahlte Löhne, Gehälter und Sozialleistungen 400 GE
- Unternehmenssteuern 350 GE
- Erlöse der Unternehmen aus Staatsaufträgen 150 GE
- Kreditaufnahme der Unternehmen für Investitionen 100 GE

1. Zeichnen Sie in das Wirtschaftskreislaufschema (**Anlage**) die oben angegebenen Geldströme ein.

2. Vervollständigen Sie das Kreislaufschema durch die Konsumausgaben der privaten Haushalte

Anlage

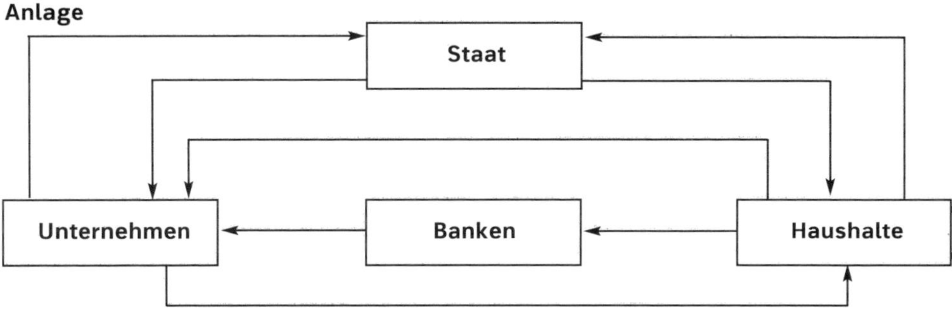

Prüfungsaufgaben Sommer 2014 (Aufgabe 2, verändert)

Sie haben Ihre kaufmännische Ausbildung bei der Evolux GmbH mit Sitz in Münsingen auf de Schwäbischen Alb erfolgreich absolviert. Sie erhalten die Chance in der neuen Stuttgarter Niederlassung übernommen zu werden, da nur dort entsprechende Beschäftigungsmöglichkeiter bestehen.

Einer Ihrer Kollegen meint: „Na, ob sich ein Umzug bei deinem Sachbearbeitergehalt lohnt? Ich habe gelesen, dass immer mehr Menschen in die Städte ziehen. Bei der Wohnungsnachfrage wird daher ein Anstieg um 20 Prozent prognostiziert. Deswegen sind die Mieten in den Städter sehr hoch und werden wohl weiter steigen! "

Sie haben sich entschlossen, das Angebot Ihres Betriebes anzunehmen, und überlegen, nach Stuttgart zu ziehen. Dort beabsichtigen Sie, eine Dreizimmerwohnung zu mieten. Die aktuelle Situation auf dem Markt für Dreizimmerwohnungen in Stuttgart liegt Ihnen in vereinfachte Form als Modell des vollkommenen Polypols vor (**Anlage 5**).

2.1 Erläutern Sie den jeweiligen Verlauf der Angebots- und der Nachfragekurve unte Berücksichtigung der unterschiedlichen Zielsetzungen von Mietern und Vermietern.

2.2 Zeigen Sie mithilfe der **Anlage 5** grafisch, wie sich die von Ihrem Kollegen geschilderte Zunahme der Wohnungsnachfrage auf den Markt für Dreizimmerwohnungen auswirkt und erläutern Sie Ihr Ergebnis.

2.3 Bei der Durchsicht verschiedener Wohnungsanzeigen stellen Sie fest, dass die tatsächlichen Mietpreise pro Quadratmeter vom Gleichgewichtspreis des Modells des vollkommenen Marktes abweichen. Begründen Sie dies mithilfe von drei Beispielen.

Anlage 5

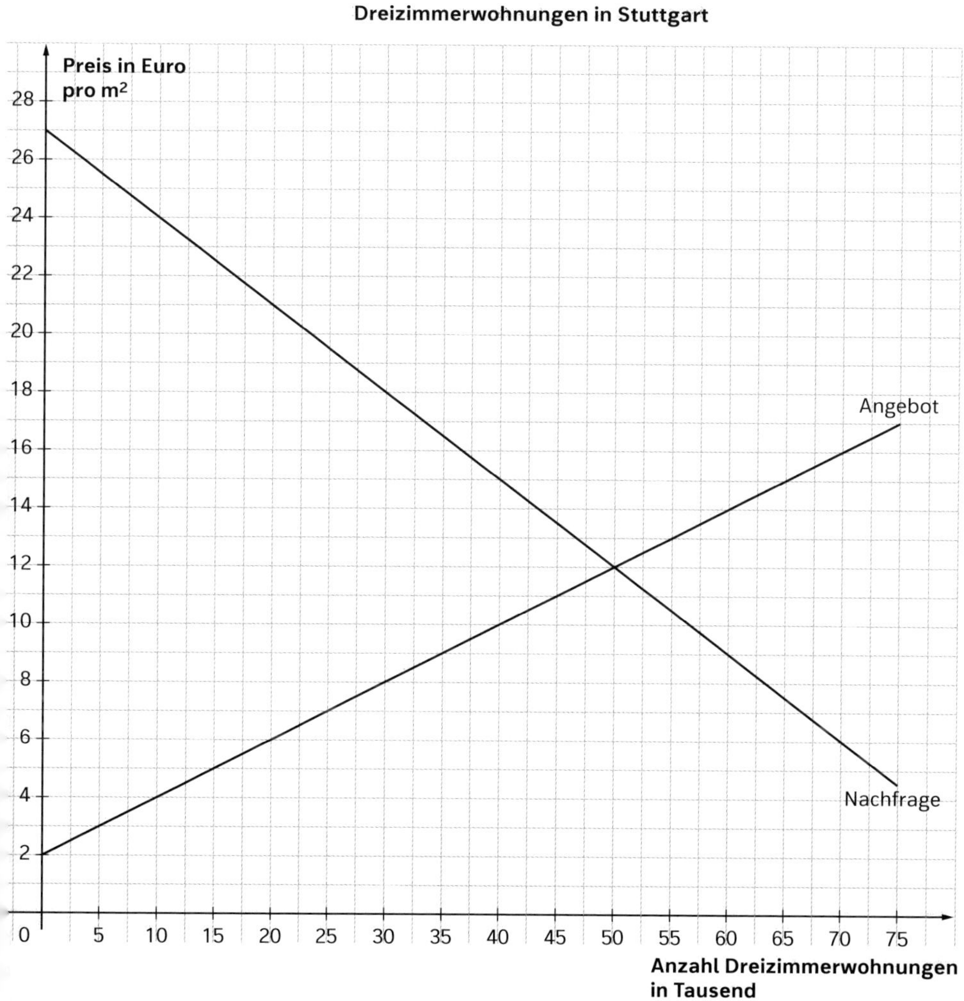

Prüfungsaufgaben Sommer 2015 (Aufgabe 2, verändert)

Sie sind kaufmännischer Sachbearbeiter in der Personalabteilung der M.E.A.T. GmbH, einem mittelständischen Unternehmen der Fleischindustrie. In der Produktion wird ausschließlich Rindfleisch aus Massentierhaltung verarbeitet.

Die Fleischindustrie hat in der Vergangenheit durch Niedriglöhne und die Verarbeitung minderwertigen Fleischs („Gammelfleisch") negative Schlagzeilen gemacht. Nun erfahren Sie, dass in einem neuen Tarifvertrag der Fleischindustrie ein Mindestlohn von zunächst 7,75 EUR – danach schrittweise ansteigend auf 8,75 EUR – vereinbart wurde. Der Tarifvertrag soll allgemeinverbindlich gemacht werden.

Sie machen sich Sorgen um Ihr Unternehmen bzw. Ihren Arbeitsplatz, zumal die Geschäftsleitung eine Standortverlagerung ins osteuropäische Ausland in Erwägung zieht. Deshalb beschäftigen Sie sich näher mit der Situation.

2.1 Erläutern Sie zwei Konsequenzen für Ihr Unternehmen, die sich aus dem neuen Tarifvertrag ergeben.

2.2 Allgemein verbindliche tarifliche Mindestlöhne in der Fleischindustrie werden u. a. damit begründet, dass die Regeln der sozialen Marktwirtschaft für alle Bereiche und Branchen innerhalb der deutschen Wirtschaft gelten müssen.

In der sozialen Marktwirtschaft können individuelle Freiheitsrechte eingeschränkt werden. Zeigen Sie dies am Beispiel der Fleischindustrie mithilfe von zwei Ordnungsmerkmalen. Führen Sie je ein Argument an, das eine solche Einschränkung rechtfertigt.

2.3 Die angesprochenen Gammelfleisch-Skandale sowie der Trend zu vegetarischem Essen haben Folgen für den Rindfleischmarkt.

Stellen Sie diese Folgen auf dem Markt für Rindfleisch aus Massentierhaltung und auf dem Markt für Bio-Rindfleisch grafisch dar **(Anlage 2)**. Zur Vereinfachung gelten die Annahmen des vollkommenen Polypols. Begründen Sie Ihre Darstellungen.

2.4 Ihre Arbeitskollegen und Sie sind gegen eine Standortverlagerung.

Verfassen Sie hierzu eine auf drei Argumente gestützte Stellungnahme an die Geschäftsleitung.

Anlage 2

Marktmodell (Zur Vereinfachung gelten die Bedingungen des vollkommenen Polypols.)

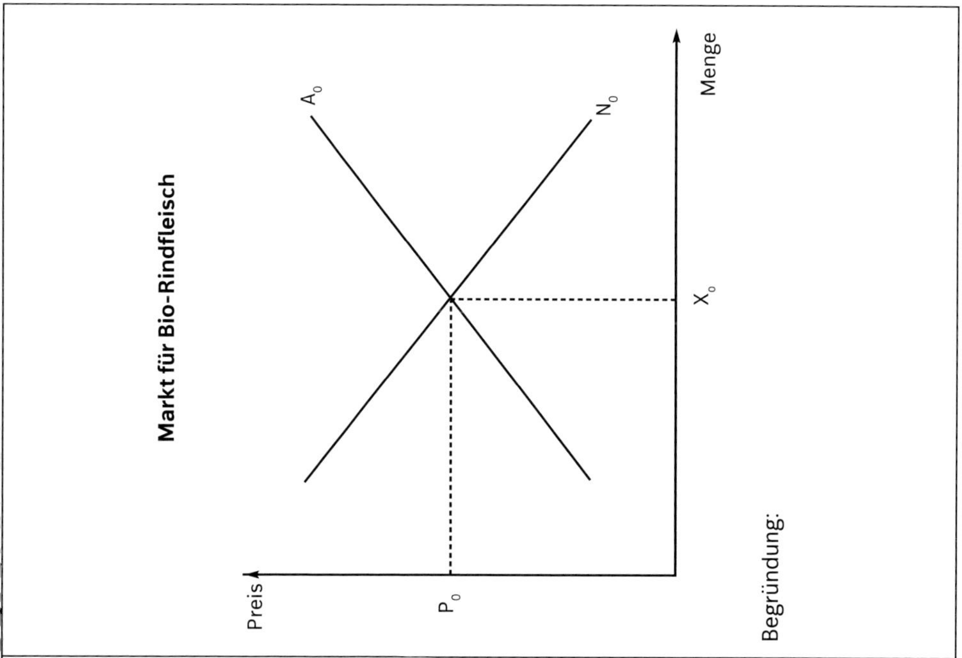

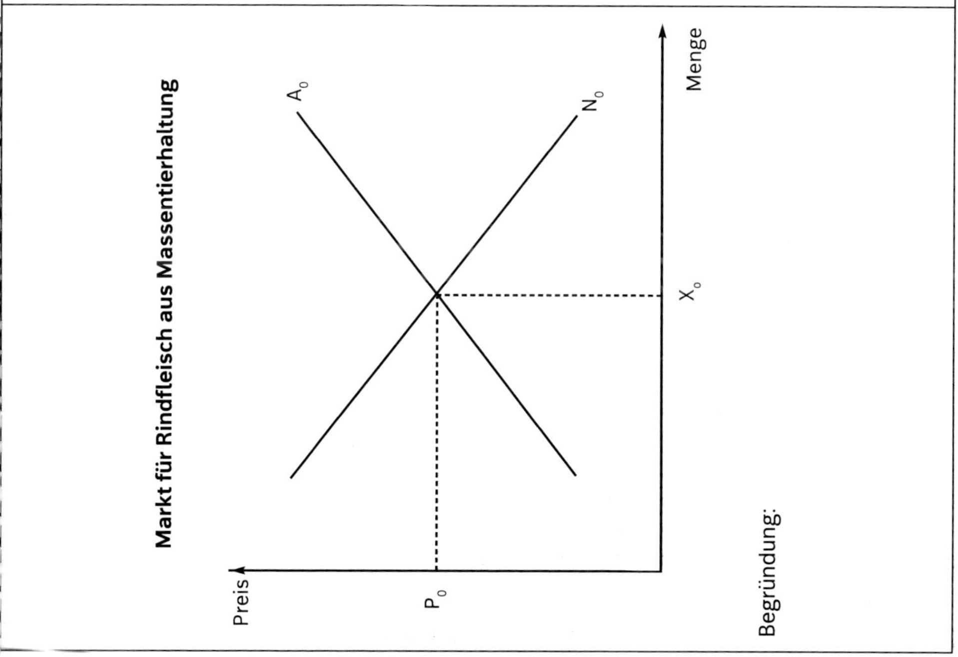

Prüfungsaufgaben Sommer 2016 (Aufgabe 2, verändert)

Die Kraftfutterwerke Heilbronn GmbH stellt hochwertiges Spezialkraftfutter her und beliefert Viehzuchtbetriebe im süddeutschen Raum. Hauptbestandteil der Produkte ist Futtermais, der an der Warenbörse gehandelt wird.

Sie sind Auszubildender bei der Kraftfutterwerke Heilbronn GmbH und zurzeit im Rechnungswesen eingesetzt. Zu Ihren Aufgaben gehört auch die Preiskalkulation. Im Rahmen Ihrer Arbeit stellen Sie fest, dass die Einkaufspreise für Futtermais zum Teil erheblich schwanken.

2.1 Für die Analyse der Preisbildung an einer Warenbörse für Futtermais liegt Ihnen das nachstehende vereinfachte Zahlenmaterial vor. Es gelten die Bedingungen eines Polypols auf dem vollkommenen Markt.

Kaufaufträge	**Verkaufsaufträge**
Käufergruppe A: 10.000 Tonnen zu höchstens 250,00 EUR pro Tonne	Verkäufergruppe F: 15.000 Tonnen zu mindestens 250,00 EUR pro Tonne
Käufergruppe B: 20.000 Tonnen zu höchstens 150,00 EUR pro Tonne	Verkäufergruppe G: 20.000 Tonnen zu mindestens 150,00 EUR pro Tonne
Käufergruppe C: 25.000 Tonnen zu höchstens 50,00 EUR pro Tonne	Verkäufergruppe H: 20.000 Tonnen zu mindestens 50,00 EUR pro Tonne
Käufergruppe D: 25.000 Tonnen zu höchstens 200,00 EUR pro Tonne	Verkäufergruppe I: 10.000 Tonnen zu mindestens 200,00 EUR pro Tonne
Käufergruppe E: 15.000 Tonnen zu höchstens 100,00 EUR pro Tonne	Verkäufergruppe J: 15.000 Tonnen zu mindestens 100,00 EUR pro Tonne

2.1.1 Bestimmen Sie mithilfe der **Anlage 2**, welcher Marktpreis sich aufgrund der vorliegenden Kauf- und Verkaufsaufträge einstellen wird.

Begründen Sie Ihr Ergebnis.

2.1.2 Stellen Sie die Marktsituation aus Aufgabe 2.1.1 grafisch dar (**Anlage 3**).

2.1.3 Aus den aktuellen Börsennachrichten erfahren Sie, dass wegen zunehmender Anbauflächen Rekordernten bei Futtermais zu erwarten sind. Problematisch sei, dass gleichzeitig vermehrt Weizen Mais als Tierfutter ersetze.

Erläutern Sie, wie sich diese Entwicklungen voraussichtlich auf die Marktsituation auswirken.

2.2 Auf die Frage, ob die regelmäßig auftretenden Preisschwankungen an der Warenbörse unmittelbar an die eigenen Kunden weitergegeben werden, antwortet Ihr Abteilungsleiter:

„Wir können solche Preisschwankungen nicht ohne Weiteres weitergeben. Unser Absatzmarkt funktioniert etwas anders. Hier müssen wir bei der Preisgestaltung das Verhalten von zwei Konkurrenten berücksichtigen, die ein vergleichbares Spezialprodukt anbieten. Das ist typisch für die Marktform des Oligopols!"

2.2.1 Diskutieren Sie mithilfe von zwei Überlegungen die Aussage Ihres Abteilungsleiters.

2.2.2 Neben der Preisgestaltung gibt es für die Kraftfutterwerke Heilbronn GmbH weitere Möglichkeiten, sich von ihren Konkurrenten abzuheben.

Unterbreiten Sie hierzu zwei Vorschläge.

Anlage 2

Bestimmung des Marktpreises

Preis (in Euro je Tonne)	Gesamtangebot (in Tonnen)	Gesamtnachfrage (in Tonnen)	Handelbare Menge (in Tonnen)

Anlage 3

Grafische Darstellung

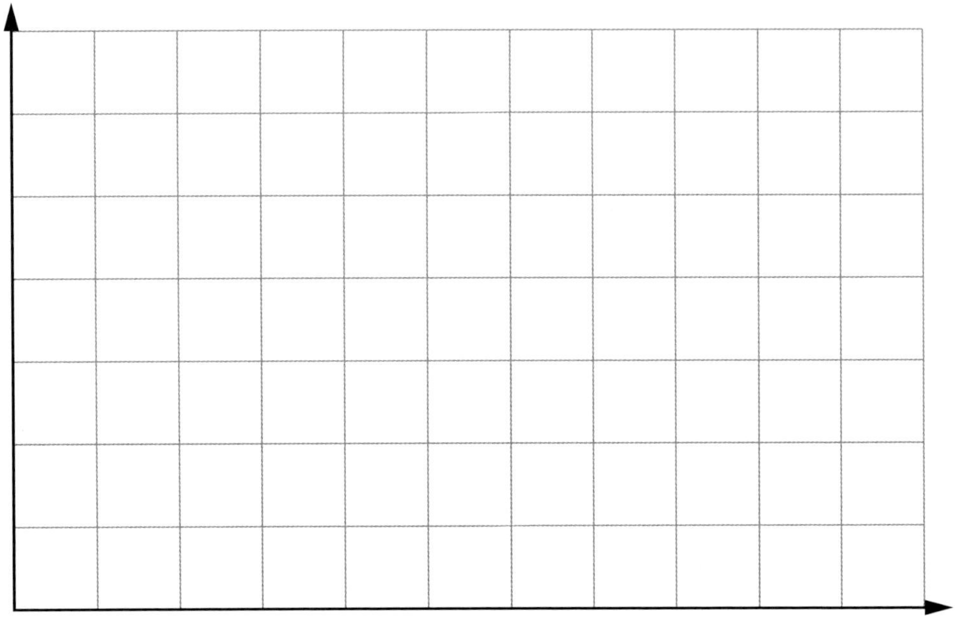

Prüfungsaufgaben Sommer 2017 (Aufgabe 2)

Die XPed Sport GmbH stellt Produkte für den Bereich „Outdoor-Sport“ her. Vor Kurzem gelang die Entwicklung eines völlig neuartigen Zeltstoffs für Trekking-Zelte. Zunächst sollen Einmannzelte für den Freizeitsport mit diesem Zeltstoff ausgestattet werden. Es ist davon auszugehen, dass andere Hersteller frühestens in einem Jahr vergleichbare Produkte auf den Markt bringen können.

Sie sind Mitglied einer Arbeitsgruppe, die sich unter anderem mit der Preisfestsetzung für die neuen Einmannzelte beschäftigt. Folgende Informationen liegen Ihnen vor:

Interne Marktstudie – Kundenbefragung:

Zusammenhang zwischen Verkaufspreis und monatlich absetzbarer Menge

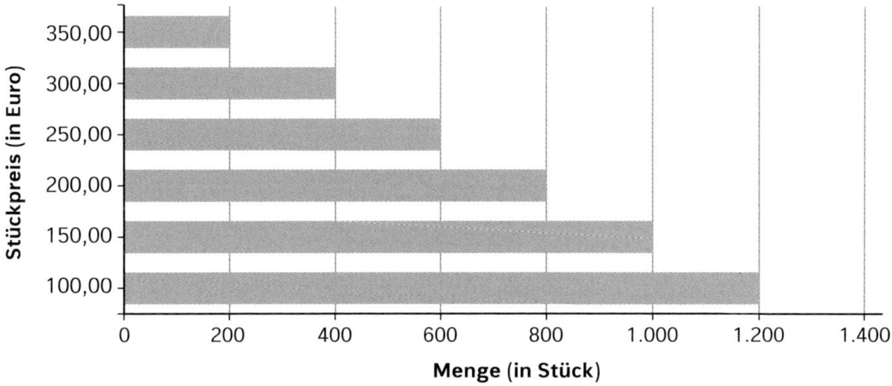

Die Kapazitätsgrenze liegt bei 1.200 Stück pro Monat.

Informationen aus der Kosten- und Leistungsrechnung:

- Monatliche Fixkosten: 50.000,00 EUR
- Variable Kosten pro Stück: 100,00 EUR

2.1 In Ihrer Arbeitsgruppe wird über folgende Vorschläge zur Preisfestsetzung diskutiert:

Herr Gunter: „Ich empfehle, den Verkaufspreis so anzusetzen, dass ein höchstmöglicher Gewinn erwirtschaftet wird."

Frau Doll: „Ich schlage vor, den Verkaufspreis so festzulegen, dass eine möglichst große Absatzmenge erzielt wird, auch wenn nur noch ein geringerer Gewinn übrig bleibt."

2.1.1 Die Diskussion zeigt, dass die XPed Sport GmbH bei der Preisfestsetzung für die neuen Zelte einen großen Gestaltungsspielraum hat.

Erläutern Sie in diesem Zusammenhang die besondere Marktstellung der XPed Sport GmbH.

2.1.2 Ermitteln Sie mithilfe der Tabelle in **Anlage 3**, zu welcher Preisfestsetzung der Vorschlag von Herrn Gunter führen würde.

2.1.3 Führen Sie zwei Argumente an, die für den Vorschlag von Frau Doll sprechen.

2.1.4 Ihre Arbeitsgruppe hat sich nach eingehender Diskussion für den gewinnmaximalen Preis entschieden. Sie erhalten den Auftrag, das Ergebnis in der nächsten Abteilungsleitersitzung vorzustellen.

Stellen Sie Ihre Tabellenwerte hierzu in **Anlage 4** grafisch dar. Berücksichtigen Sie dabei folgende Angaben und ergänzen Sie Ihre Abbildung entsprechend:

- Entwicklung der Erlöse und der Gesamtkosten bis zu einer Produktions- bzw. Absatzmenge in Höhe von 1.200 Stück,
- die Gewinnzone einschließlich Gewinnschwelle und Gewinngrenze sowie
- die gewinnmaximale Menge.

Hinweis: Sollten Sie in Aufgabe 2.1.2 keine Zahlen ermittelt haben, erstellen Sie eine anschauliche Skizze.

2.2 Nach dem Besuch der Sportmesse ISPO steht die XPed Sport GmbH vor einer neuen Herausforderung. Der Hauptkonkurrent Trek-Tec GmbH hat technisch aufgeholt und bringt ein vergleichbares Zelt auf den Markt.
Ihre Arbeitsgruppe diskutiert deshalb über die zukünftige Preisgestaltung:

Frau Öger: „Wir sollten in einen Preiswettbewerb eintreten. Wir brauchen uns auch nicht vor einem längeren Preiskampf zu fürchten!"

Herr Cicek: „Ich halte einen langen Preiskampf mit dem Konkurrenten Trek-Tec GmbH für gefährlich. Es gibt bestimmt noch andere Möglichkeiten."

2.2.1 Beschreiben Sie eine Bedingung, unter der Frau Ögers Strategie Erfolg versprechend ist.

2.2.2
- Erläutern Sie, auf welche Gefahr Herr Cicek anspielt.
- Beschreiben Sie eine weitere legale Strategie der Preisgestaltung, die für die XPed Sport GmbH infrage kommt.

Anlage 3

Preis (in Euro)	Absetzbare Menge (in Stück)	Erlös (in Euro)	Gesamtkosten (in Euro)	Gewinn (in Euro)
400,00				
350,00				
300,00				
250,00				
200,00				
150,00				
100,00				

Anlage 4

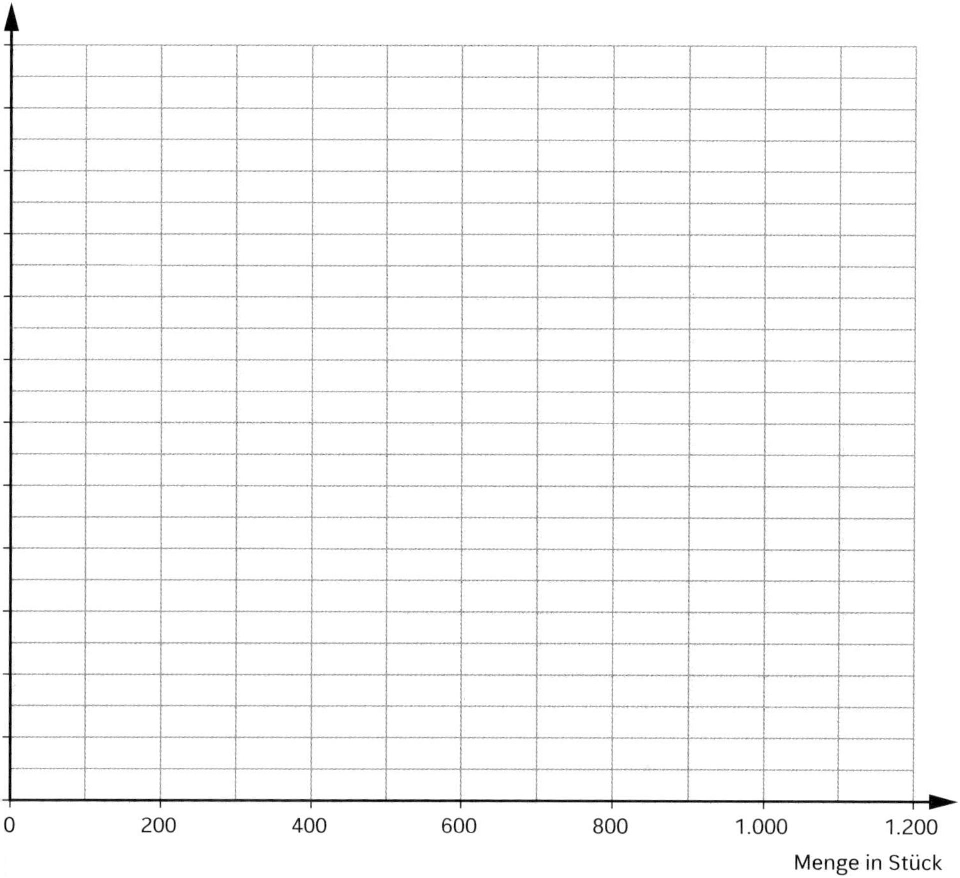

Prüfungsaufgaben Winter 2017/2018 (Aufgabe 2, verändert)

Sie sind kaufmännische/-r Auszubildende/-r der Fahrschule DeinFlitzer GmbH, die mehrere Niederlassungen im Stuttgarter Raum hat.

2.1 In der DeinFlitzer GmbH diskutieren die Mitarbeiter, ob die Fahrstundenpreise auf dem jetzigen Niveau beibehalten werden können. Ein Mitarbeiter hatte in den Fernsehnachrichten gehört, dass die Organisation Erdöl exportierender Länder (OPEC-Kartell) durch Reduzierung der Fördermengen den niedrigen Ölpreis wieder nach oben treiben wolle.

2.1.1 Erläutern Sie, was man unter einem Kartell versteht.

2.1.2 Charakterisieren Sie die Rolle der OPEC als Kartell für seine Mitglieder und für den Wettbewerb auf dem Ölmarkt.

2.1.3 Begründen Sie, welche Auswirkungen der Beschluss der OPEC auf den Marktpreis und die angebotene Menge hat.

2.1.4 Beurteilen Sie jeweils die Folgen des Beschlusses der OPEC für die Kalkulation der Fahrstundenpreise und die Wettbewerbsfähigkeit der Fahrschule DeinFlitzer GmbH.

2.2 Die DeinFlitzer GmbH möchte drei neue kreditfinanzierte Fahrschulautos entweder noch in diesem Jahr oder erst im nächsten Jahr beschaffen. In diesem Zusammenhang hören Sie häufig die Begriffe „Zinsniveau“ und „Leitzinsen“. Deshalb verschaffen Sie sich Klarheit über die Situation. Sie erfahren, dass seit 2008 die Leitzinsen gesunken sind und seit März 2016 bei 0,00 % liegen.

Erklären Sie die möglichen Auswirkungen der Leitzinsentwicklung auf die Konditionen für Unternehmenskredite mit einer schlüssigen Wirkungskette.

2.3 Für die Geschäftsleitung der DeinFlitzer GmbH ist umweltbewusstes Verhalten wichtig. Sie verfolgt deshalb die Entwicklung bei der Förderung der Elektromobilität durch die Bundesregierung mit besonderem Interesse.

Unterscheiden Sie marktkonforme bzw. marktkonträre staatliche Maßnahmen zur Förderung von Elektrofahrzeugen anhand je eines Beispiels.

Kompetenzbereich III: Wirtschaftspolitische Einflüsse auf den Ausbildungsbetrieb, das Lebensumfeld und die Volkswirtschaft einschätzen

1 Wirtschaftspolitische Ziele

1.1 Grundlagen

Stofftelegramm

Träger der Wirtschaftspolitik: Parlament + Regierung, Europäische Zentralbank, Tarifpartner, Verbände, internationale Organisationen

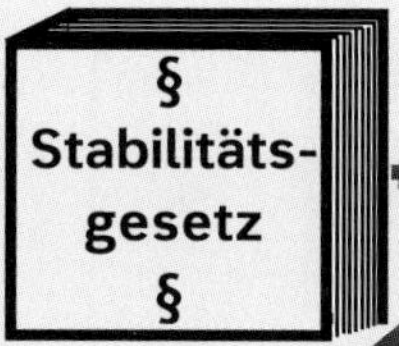

„Bund und Länder haben bei ihren wirtschafts- und finanzpolitischen Maßnahmen die Erfordernisse des gesamtwirtschaftlichen Gleichgewichts zu beachten. Die Maßnahmen sind so zu treffen, dass sie im Rahmen der marktwirtschaftlichen Ordnung gleichzeitig zur Stabilität des Preisniveaus, zu einem hohen Beschäftigungsstand und außenwirtschaftlichem Gleichgewicht bei stetigem und angemessenem Wirtschaftswachstum beitragen."

Oberziel: **gesamtwirtschaftliches Gleichgewicht**

Unterziele: **das magische Viereck**

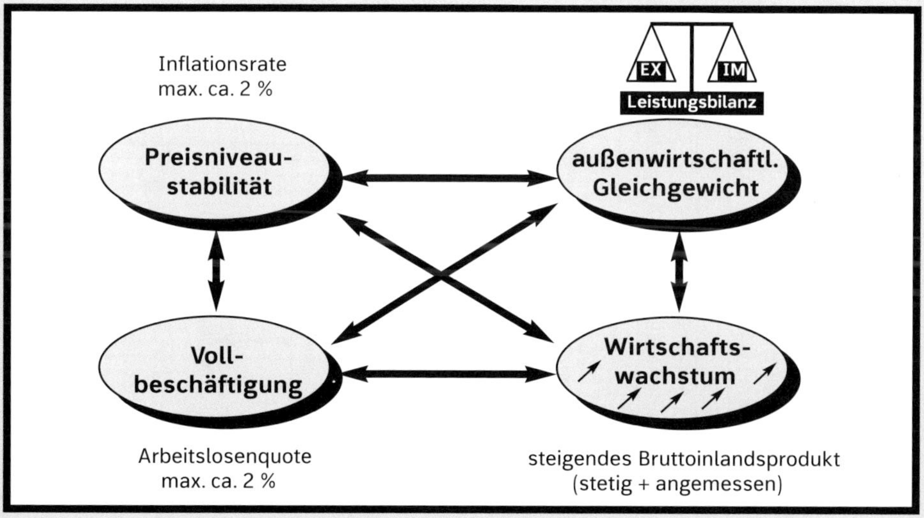

Weitere Ziele:
- **gerechte Einkommens- und Vermögensverteilung**
- **Erhaltung einer lebenswerten Umwelt**

Zielkonflikt: Das Anstreben eines Zieles beeinträchtigt das Erreichen anderer Ziele.
Zielharmonie: Das Anstreben eines Zieles fördert gleichzeitig das Erreichen anderer Ziele.
Zielindifferenz: Das Anstreben eines Zieles beeinflusst das andere Ziel in keiner Weise.

1.2 Wirtschaftspolitische Zielkonflikte

Stofftelegramm

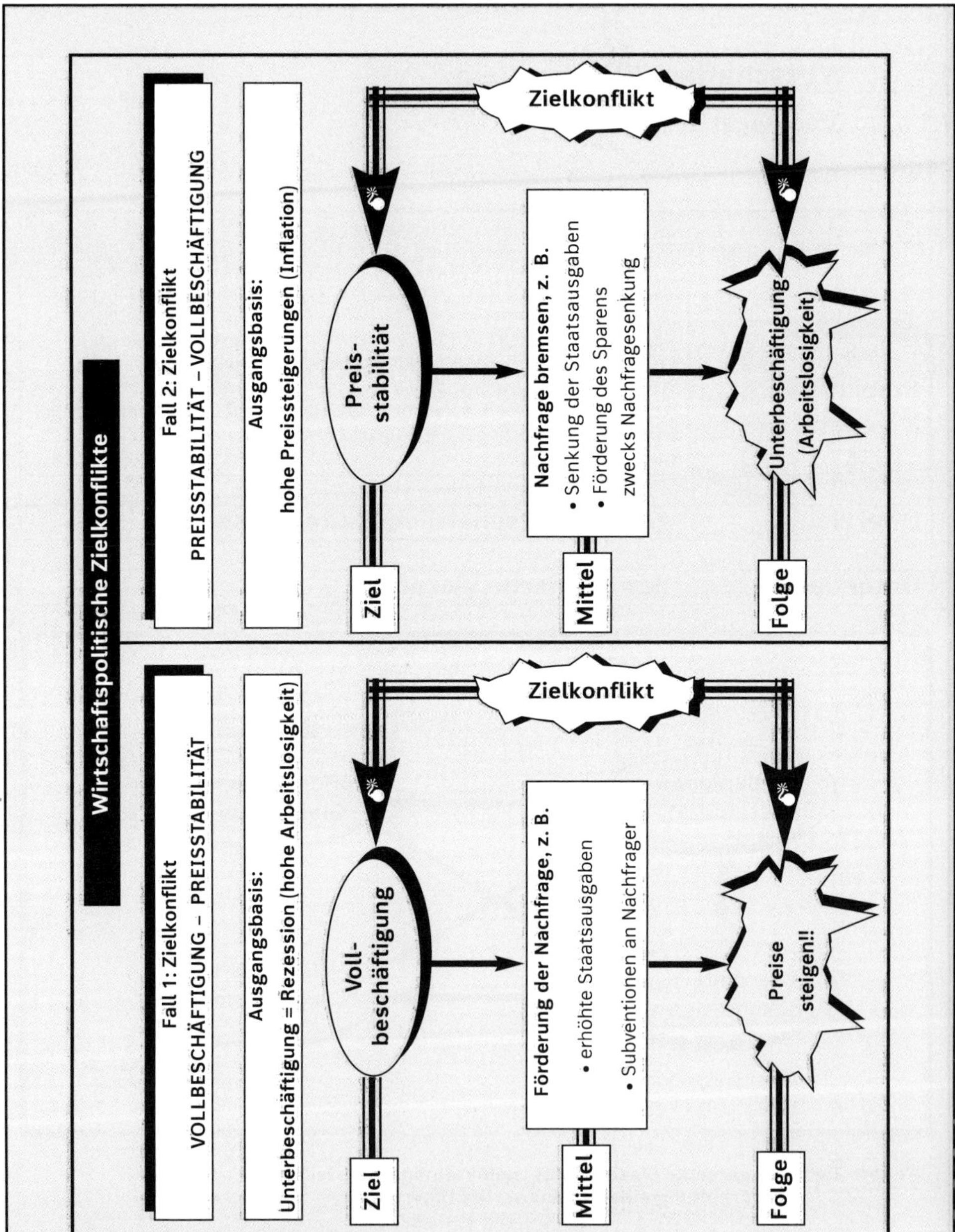

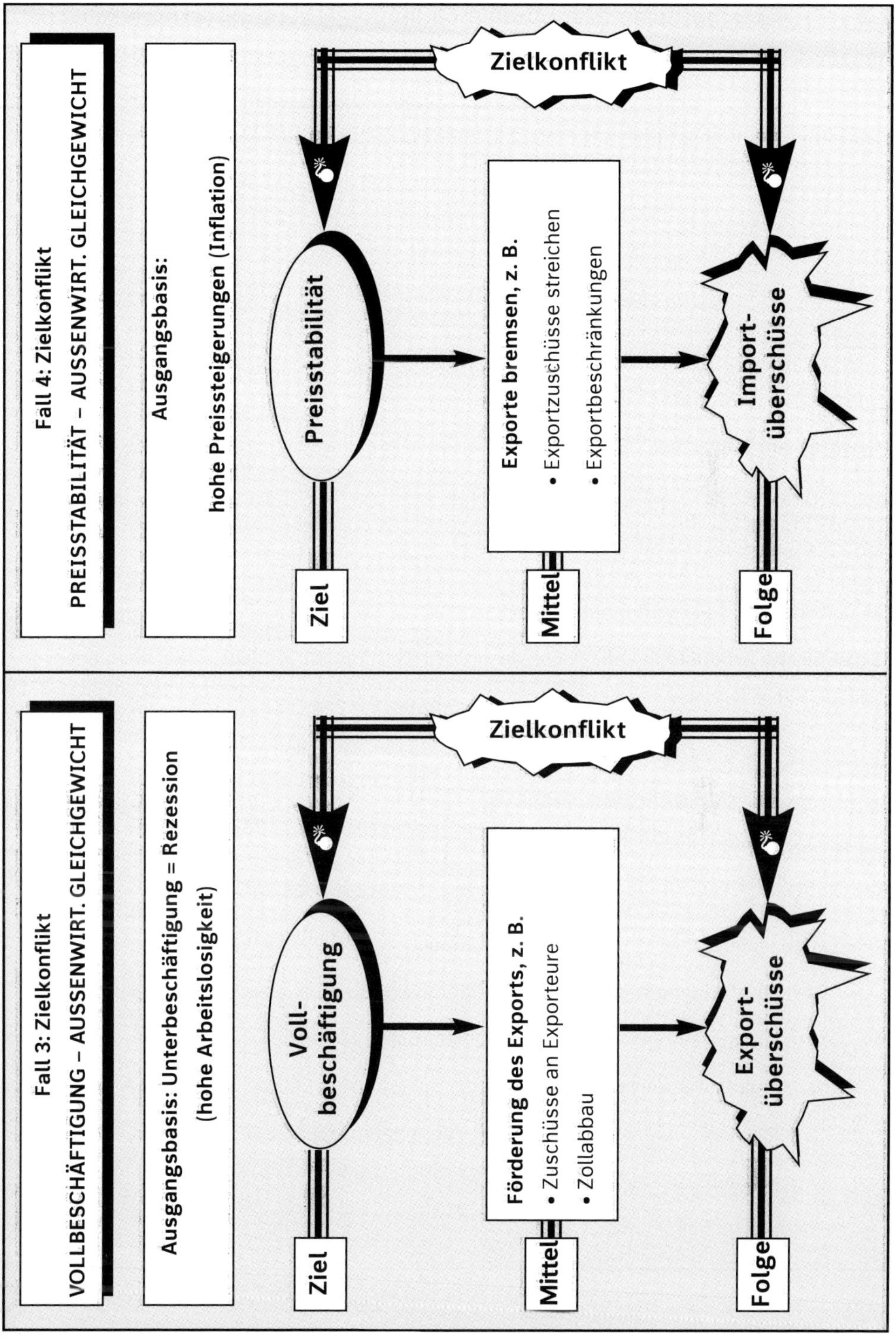
Fall 3: Zielkonflikt
VOLLBESCHÄFTIGUNG – AUSSENWIRT. GLEICHGEWICHT
Ausgangsbasis: Unterbeschäftigung = Rezession
(hohe Arbeitslosigkeit)
Zielkonflikt
Ziel
Voll-
beschäftigung
Mittel
Förderung des Exports, z. B.
• Zuschüsse an Exporteure
• Zollabbau
Folge
Export-
überschüsse
Fall 4: Zielkonflikt
PREISSTABILITÄT – AUSSENWIRT. GLEICHGEWICHT
Ausgangsbasis:
hohe Preissteigerungen (Inflation)
Zielkonflikt
Ziel
Preisstabilität
Mittel
Exporte bremsen, z. B.
• Exportzuschüsse streichen
• Exportbeschränkungen
Folge
Import-
überschüsse

1.3 Wirtschaftliche Grundprobleme der modernen Industriegesellschaft

Stofftelegramm

Quantitatives Wachstum: rein zahlenmäßiges Wachstum

Grenzen:
- Abbau von Rohstoff- und Energiequellen (Gegenmaßnahme: Einsatz alternativer Energien)
- Abfallproblematik (Gegenmaßnahme: z. B. Recycling)
- Erwerbstätigenzahl
- volkswirtschaftliche Kapazität
- Zerstörung der Umwelt

Qualitatives Wachstum: Wachstum bei gleichzeitiger Förderung qualitativer Ziele (Umwelt ...)

- Alternativenergien
- Recycling
- verkehrspolitische Maßnahmen

Strukturelle Arbeitslosigkeit: Arbeitslosigkeit in bestimmten Regionen, Branchen oder Berufen durch strukturellen Wandel (langfristige Diskrepanz zwischen Nachfrage und Kapazität einer Branche, z. B. der Landwirtschaft)

Einkommens- und Vermögensverteilung:

Ungleichheiten durch

- Leistungsfähigkeit
- Marktmacht
- Vermögensbasis (Erbe ...)

- **„Gerechte" Einkommens- und Vermögensverteilung:** subjektiv zu beantworten

  Stichworte: Leistungsfähigkeit, Unternehmerrisiko, Kinderzahl ...

- **Instrumente der Verteilungspolitik:**
  - Steuerpolitik (Progression, Erbschaft-/Vermögensteuer ...)
  - Sozialpolitik
  - Bildungspolitik

1.4 Aufgaben

1. In welchem **Gesetz** sind die von Bund und Ländern zu beachtenden grundlegenden wirtschaftspolitischen Ziele formuliert?
2. Welches **Oberziel** ist seitens des Staates bei wirtschaftspolitischen Maßnahmen zu beachten?
3. Nennen und beschreiben Sie die Ziele des **magischen Vierecks.**
4. Warum signalisiert eine Arbeitslosigkeit von 1,5 % immer noch eine vollbeschäftigte Wirtschaft?
5. Nennen Sie zwei gesetzlich nicht fixierte wirtschaftspolitische Ziele.
6. Erläutern Sie drei mögliche **Zielkonflikte.**
7. Nennen Sie fünf volkswirtschaftliche Folgen hoher **Arbeitslosigkeit.**
8. Nennen Sie Ursachen hoher **Preissteigerungsraten.**
9. Nennen Sie – abgesehen von Wechselkursänderungen – fünf Ursachen für **Exportüberschüsse.**
10. Nennen Sie vier **Grundprobleme** der modernen Industriegesellschaft.
11. Was versteht man unter quantitativem und qualitativem **Wachstum?**
12. Nennen Sie Grenzen des quantitativen Wachstums.
13. Welche Gefahren sind mit quantitativem Wachstum verbunden?
14. Welchen wirtschaftspolitischen Zielkonflikt versucht das qualitative Wachstumsziel zu beseitigen bzw. zu mildern?
15. Nennen Sie fünf Maßnahmen, die die Gefahren des **quantitativen Wachstums** mindern.
16. Wie wirken Umweltschutzmaßnahmen auf das quantitative Wachstum?
17. Nennen Sie Bereiche der Wirtschaft, in denen ein strukturelles Ungleichgewicht in der Form von Überkapazitäten vorherrscht.
18. Nennen Sie Ursachen ungleicher **Einkommens- und Vermögensverteilung.**
19. Welcher Zusammenhang besteht zwischen Einkommens- und Vermögensverteilung?
20. Wäre eine gleiche Einkommensverteilung Ihrer Ansicht nach eine gerechte Einkommensverteilung? Welche Prinzipien sollten Ihrer Ansicht nach beachtet werden?
21. Im innerbetrieblichen Unterricht werden auch die Inhalte des Stabilitätsgesetzes (StabG) behandelt. Dabei sollen Maßnehmen zur Erreichung der Ziele des Stabilitätsgesetzes diskutiert werden.

    Frau Fröhlich stellt fest, dass als Folge der Rezession das Ziel „hoher Beschäftigungsgrad" in weite Ferne gerückt ist.
    a) Erklären Sie, was man unter einer Rezession versteht.
    b) Der Beschäftigungsstand in einer Volkswirtschaft wird durch die Arbeitslosenquote ausgedrückt. Geben Sie an, wie die Arbeitslosenquote ermittelt wird und bis zu welcher Höhe man von einem „hohen Beschäftigungsgrad" spricht.
    c) Beschreiben Sie zwei Maßnahmen des Staates zur Bekämpfung der Arbeitslosigkeit.

d) Nennen Sie die weiteren Unterziele des Stabilitätsgesetzes.
e) Erläutern Sie an einem Beispiel Ihrer Wahl, wie wirtschaftspolitische Maßnahmen zu einem Zielkonflikt führen können.

1.5 Prüfungsaufgaben

Prüfungsaufgaben Winter 2015/2016 (Aufgabe 2, teilweise, verändert)

Die TEC GmbH ist ein mittelständisches Maschinenbauunternehmen mit Sitz in Stuttgart. Neben dem deutschen Markt sind Russland und China zentrale Absatzgebiete. Die wirtschaftliche Situation des Unternehmens hat sich durch den Einbruch der Auslandsnachfrage und durch die insgesamt schwächer werdende Konjunktur in Deutschland spürbar verschlechtert.

Sie sind kaufmännische(r) Auszubildende(r) bei der TEC GmbH. Wie viele andere Auszubildende sorgen Sie sich um die wirtschaftliche Zukunft des Unternehmens und damit auch um Ihre Beschäftigungschancen. Sie werden von Ihrem Ausbildungsleiter gebeten, die nachstehenden Informationen für die nächste innerbetriebliche Schulung aufzubereiten.

Im Frühjahr 2014 wurde ein Wirtschaftswachstum von 1,8 % vorhergesagt, welches aktuell nach unten korrigiert wurde auf 1,2 %, ebenso die Prognose von 2015: Hier wurde das Wirtschaftswachstum von 2,0 % auf 1,0 % reduziert. Gründe dafür dürften die Russland-Sanktionen und die schwache Nachfrage sein. Indikatoren sind insbesondere die Auftragseingänge, die tendenziell zurückgehen, und die nicht steigende Investitionstätigkeit der Unternehmen. Dies hat jedoch noch keine Auswirkungen auf den Arbeitsmarkt, der stabil bleibt. Auch der Anstieg der Verbraucherpreise verlief gedämpft, es wird ein Preisanstieg von 0,8 % erwartet.

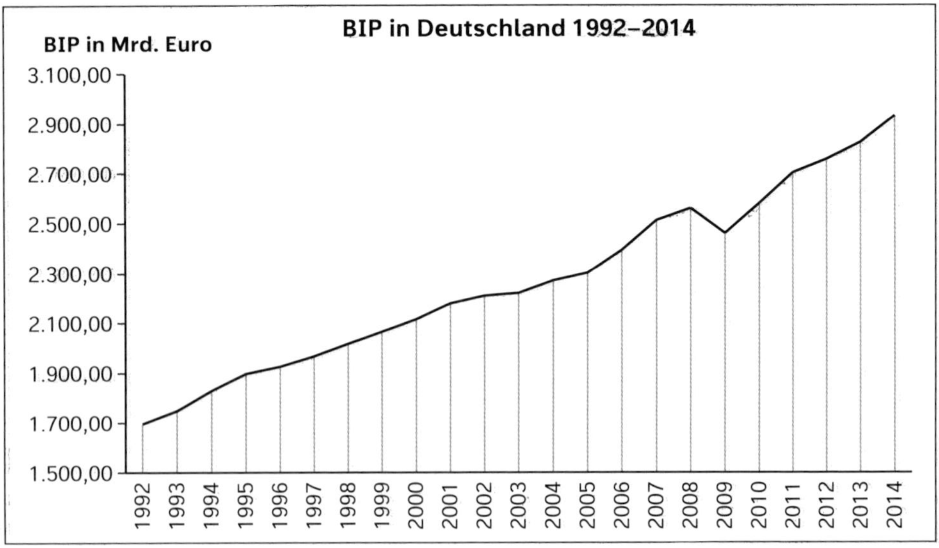

Quelle: Vgl. Institut der deutschen Wirtschaft Köln e. V.: Tabelle Bruttoinlandsprodukt je Einwohner – Euro je Einwohner, online verfügbar unter: https://www.deutschlandinzahlen.de/tab/bundeslaender/volkswirtschaft0/bruttoinlandsprodukt/bruttoinlandsprodukt-je-einwohner [Zugriff: 04.02.2019].

2.1 Ermitteln Sie alle im Informationstext angesprochenen Konjunkturindikatoren und begründen Sie für jeden Indikator, auf welche Konjunkturphase dessen jeweilige Entwicklung hindeutet.

2.2 Notieren Sie zwei Gemeinsamkeiten und zwei Unterschiede zwischen der tatsächlichen wirtschaftlichen Entwicklung und dem idealtypischen Verlauf des Konjunkturzyklus.

2.3 Begründen Sie aus Sicht der TEC GmbH die im Text angesprochene zurückhaltende Investitionstätigkeit der Unternehmen.

2.4 Einige Auszubildende sind der Meinung, dass die TEC GmbH zu stark auf Exporte setzt. Nehmen Sie hierzu kritisch Stellung.

Prüfungsaufgaben Sommer 2018 (Aufgabe 2, verändert)

Die Papierwerke Häperle GmbH in Heilbronn ist ein mittelständisches Unternehmen, welches Papier, Pappe und Büroartikel aller Art herstellt. Das Unternehmen beschäftigt derzeit 400 Mitarbeiter. Der Wettbewerb auf dem Papiermarkt hat sich verschärft und es drängen zunehmend ausländische Wettbewerber auf den Markt. Die Papierwerke Häperle GmbH überlegt, die Produktionshalle zu erweitern. Hierzu wäre ein Kredit in Höhe von 2.000.000,00 EUR notwendig. Für die Entscheidung sollen auch die volkswirtschaftlichen Rahmenbedingungen herangezogen werden. Sie lesen in diesem Zusammenhang den Zeitungsartikel (**Anlage 6**).

2.1 Erläutern Sie, inwieweit die aktuelle Geldpolitik der EZB für die Investitionsentscheidung der Papierwerke Häperle GmbH von Bedeutung ist.

2.2 Beurteilen Sie anhand von drei weiteren Konjunkturindikatoren die Erfolgsaussichten der geplanten Investition.

2.3 Die Papierwerke Häperle GmbH steht vor der Entscheidung, entweder die Produktionshalle in Heilbronn zu erweitern oder einen Teil der Produktion nach Osteuropa zu verlagern.

Erläutern Sie zwei staatliche Maßnahmen, die dazu führen können, dass die Papierwerke Häperle GmbH in Deutschland investiert.

2.4 Begründen Sie anhand des Zeitungsartikels eine Zielbeziehung, welche sich zwischen den wirtschaftspolitischen Zielen des Stabilitätsgesetzes durch die investitionsfördernden Maßnahmen der Bundesregierung ergeben kann.

2.5 Beschreiben Sie, wie sich die erhöhte Investitionstätigkeit in Deutschland auf die Sektoren Staat und Haushalte auswirken kann.

Anlage 6

Es wird ein Wirtschaftswachstum für dieses Jahr von 1,4 %, für das folgende Jahr von 1,6 % erwartet. Die Weltkonjunktur scheint sich sehr positiv zu entwickeln, wie auch der Arbeitsmarkt, die Arbeitslosenquote wird auf 6 % sinken. Dazu trägt u. a. die expansive Geldpolitik der EZB bei. Die Preise steigen im laufenden Jahr um 2,2 %, im folgenden Jahr sinkt der Anstieg auf 1,6 %.

Quelle: Vgl. Sachverständigenrat zur Begutachtung der gesamtwirtschaftlichen Entwicklung: Konjunkturprognose 2017 und 2018, veröffentlicht am 20.03.2017 unter: https://www.sachverstaendigenrat-wirtschaft.de/fileadmin/dateiablage/Konjunkturprognosen/2017/17-03-19_Pressemitteilung.pdf.

2 Konjunktur und Konjunkturpolitik

2.1 Der Konjunkturzyklus

Stofftelegramm

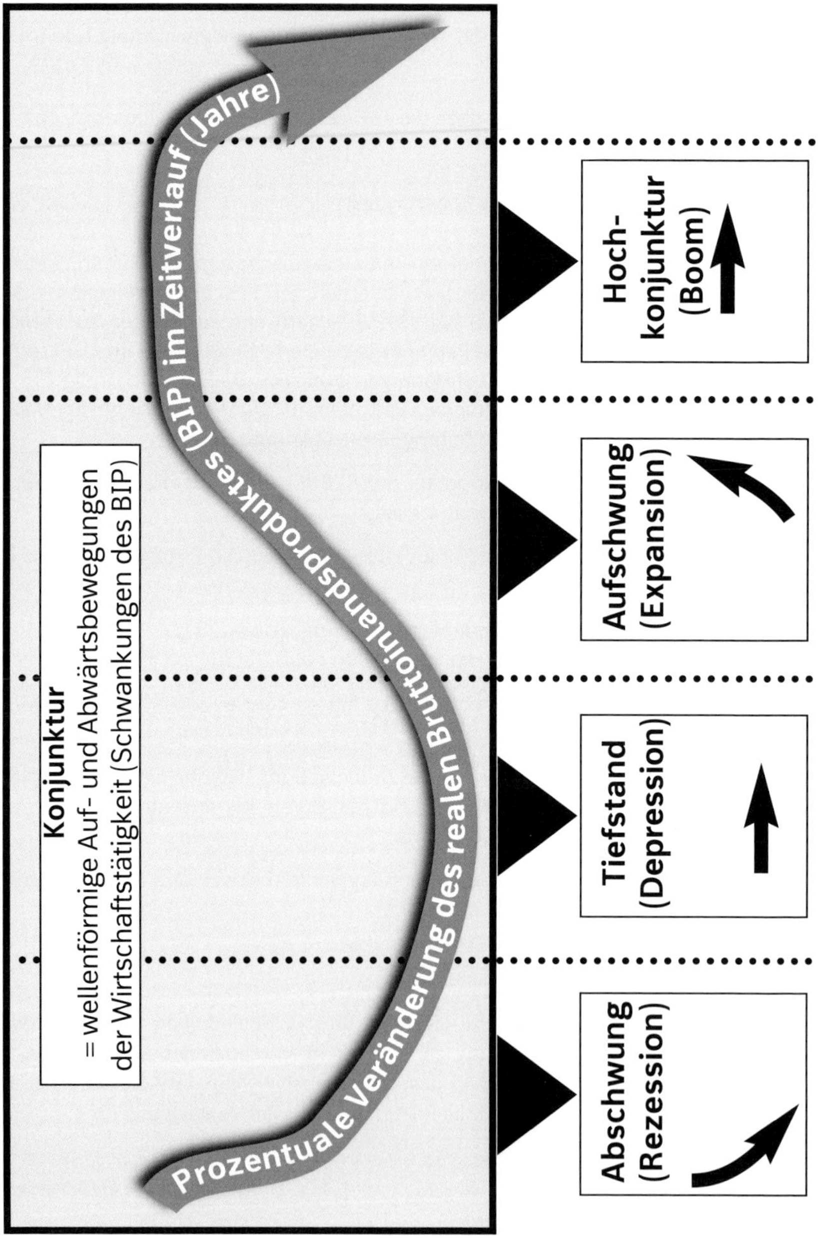

Der Konjunkturzyklus (Merkmale)

Konjunkturzyklus / Merkmale	Abschwung (Rezession)	Tiefstand (Depression)	Aufschwung (Expansion)	Hochkonjunktur (Boom)
Beschäftigungsstand	zunehmende Unterbeschäftigung (Kurzarbeit + Entlassungen)	Unterbeschäftigung	Tendenz zur Vollbeschäftigung	Voll- bzw. Überbeschäftigung (Konjunkturüberhitzung)
Arbeitslosenzahl	steigend	hoch	sinkend	minimal
Nachfrage	sinkend	niedrig	steigend	hoch
Investitionsbereitschaft	sinkend	niedrig	steigend	hoch
„Stimmung“	pessimistisch	pessimistisch	optimistisch	optimistisch
Preissteigerungsrate	mäßig, evtl. negativ	evtl. negativ	konstant (Kostenvorteil)	hoch
Löhne	mäßig steigend bzw. konstant	konstant, evtl. sinkend	mäßig steigend	stark steigend
Zinsen	sinkend	niedrig	mäßig steigend	stark steigend
Gewinne	sinkend	niedrig, evtl. Verluste	steigend	hoch
Wachstum	minimal	negativ	steigend	stark steigend
Aktienkurse	sinkend	sinkend	steigend	steigend

2.2 Konjunkturindikatoren

Stofftelegramm

Konjunkturindikatoren

= Anzeiger für den Konjunkturverlauf;

Konjunkturindikatoren charakterisieren Zustand + Entwicklung der Konjunktur.

2.3 Aufgaben

1. Erklären Sie den Begriff Konjunktur.
2. Was versteht man unter Beschäftigung im volkswirtschaftlichen Sinn? Wie wird sie üblicherweise gemessen?
3. Wie wird die Arbeitslosenquote ermittelt?
4. Erklären Sie die drei möglichen Beschäftigungslagen einer Volkswirtschaft.
5. Warum signalisiert eine Arbeitslosenquote von 1,5 % bis 2 % immer noch eine vollbeschäftigte Wirtschaft?
6. Was versteht man unter Konjunkturzyklen?
7. Kennzeichnen Sie stichpunktartig die einzelnen Konjunkturphasen hinsichtlich:
   a) Beschäftigungsstand
   b) Arbeitslosenzahl
   c) Nachfrage
   d) Investitionsbereitschaft
   e) „Stimmung" der Marktteilnehmer
   f) Preissteigerungsrate
   g) Löhne
   h) Zinsen
   i) Gewinne
   j) Wachstum
8. Welche Ursachen führen zu einem a) Konjunkturabschwung, b) Konjunkturaufschwung?
9. Zeigen Sie den Konjunkturzyklus anhand einer Skizze.
10. Nennen Sie mögliche negative Auswirkungen der Hochkonjunktur.
11. a) Definieren Sie den Begriff Konjunkturindikatoren.
    b) Nennen Sie fünf Konjunkturindikatoren.
12. Warum ist das reale Bruttosozialprodukt (Bruttoinlandsprodukt) zur Messung des Wirtschaftswachstums besser geeignet als das nominale Bruttosozialprodukt (Bruttoinlandsprodukt)?
13. Unterscheiden Sie saisonale und konjunkturelle Schwankungen.
14. Welche Konjunkturphase ist in folgenden Situationen anzunehmen?
    a) hohe Preissteigerungsraten
    b) hohe Arbeitslosenquote
    c) stark steigendes Sozialprodukt
    d) sinkende Arbeitslosigkeit
    e) pessimistische Zukunftserwartungen
    f) stark steigende Löhne
    g) stark steigende Zinsen
15. Erklären Sie die Begriffe saisonale, strukturelle, konjunkturelle, friktionelle Arbeitslosigkeit.
16. Wie beeinflusst eine Rezessionsphase die Staatskasse?
17. Ein Auszubildender legt Ihnen ein Informationsblatt (**Anlage**) vor, das er teilweise nicht versteht.
    a) Sie erläutern der Gruppe den Begriff Konjunktur und beschreiben den für die Messung der Wirtschaftslage wichtigsten Indikator.
    b) Sie skizzieren den Konjunkturverlauf und legen besonderen Wert auf eine vollständige Beschriftung Ihrer Skizze.

c) Die Auszubildenden sind sich nicht einig, in welcher Konjunkturlage sich Deutschland gegenwärtig befindet. Sie beschreiben anhand von zwei Merkmalen die derzeitige Konjunkturphase.
d) Sie erklären anhand des Artikels die beabsichtigte Wirkung eines niedrigen Leitzinssatzes und erläutern das Ziel, das damit verfolgt wird.
e) Sie begründen, weshalb die gewünschte Wirkung trotz des niedrigen Leitzinses nicht immer eintreten muss.

Anlage

Informationsblatt

- schwächelnde Konjunktur
- geringe Investitionstätigkeit der Unternehmen
- geringes Wirtschaftswachstum

Expansive Leitzinspolitik der EZB, d. h., die Leitzinsen werden nicht erhöht, sie bleiben auf dem niedrigen Niveau. Der maßgebliche Zinssatz im Euroraum bleibt bei 1,0 %.

Quelle: vgl. manager magazin new media GmbH/reuters/dpa: Zentralbanken halten Pulver trocken, veröffentlicht am 04.03.2010 unter: www.manager-magazin.de/finanzen/artikel/a-681741.html.

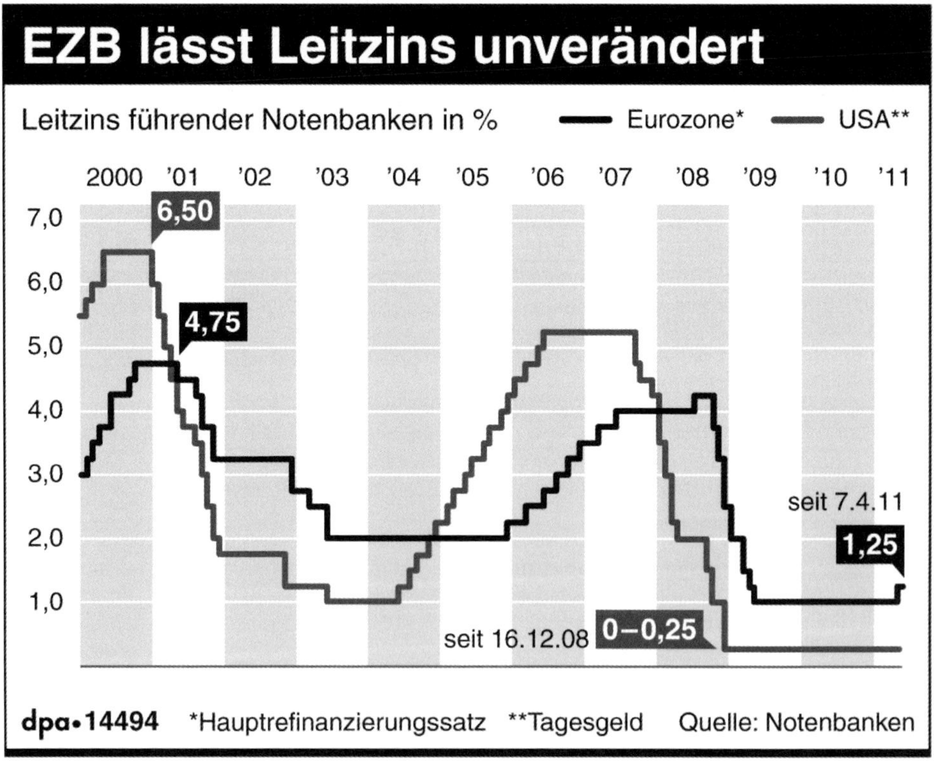

2.4 Konjunkturpolitik (allgemein)

Stofftelegramm

Möglichkeiten staatlicher Konjunkturpolitik (= Fiskalpolitik)	
Bekämpfung der Unterbeschäftigung (Arbeitslosigkeit)	**Bekämpfung der Überbeschäftigung (Inflation)**
Ausgabenpolitik: Ausgaben erhöhen! • Staatsnachfrage erhöhen • Subventionen erhöhen • Konjunkturausgleichsrücklage auflösen	**Ausgabenpolitik:** Ausgaben senken! • Staatsnachfrage senken • Subventionen senken • Konjunkturausgleichsrücklage bilden
Einnahmenpolitik: Einnahmen senken! • Steuern senken • Abschreibungsvergünstigungen • Kreditaufnahmen zur Finanzierung der Ausgaben („Deficit-Spending“)	**Einnahmenpolitik:** Einnahmen erhöhen! • Steuern erhöhen • Abschreibungsvergünstigungen streichen • Kreditaufnahmen senken

Antizyklische Finanzpolitik: Dem Konjunkturverlauf entgegengesetzte Fiskalpolitik:

- Hochkonjunktur: Ausgaben senken!
- Rezession: Ausgaben erhöhen!

Ordnungspolitik: v. a. Wettbewerbspolitik (Erhaltung oder Schaffung von Institutionen, die Wettbewerb ermöglichen und fördern)
Beispiel: *Bekämpfung von Wettbewerbsbeschränkungen (Monopolen) durch das Gesetz gegen Wettbewerbsbeschränkungen*

Prozesspolitik: wirtschaftspolitische Maßnahmen zur Konjunktursteuerung

Aufgaben (Grundwissen)

1. Was versteht man unter Fiskalpolitik?

2. Nennen Sie je drei einnahmen- und ausgabenpolitische Maßnahmen des Staates zur
   a) Bekämpfung einer Rezession,
   b) Dämpfung einer Hochkonjunktur mit hoher Inflationsrate.

3. a) Erklären Sie den Begriff „Deficit-Spending“.
   b) In welchen Konjunkturphasen ist Deficit-Spending sinnvoll?

4. a) Was versteht man unter antizyklischer Finanzpolitik?
   b) Veranschaulichen Sie den Sachverhalt in einer Skizze.

5. In welcher Konjunkturphase sollte der Staat die Einnahmen
   a) erhöhen, b) senken? Begründung.

6. In welcher Konjunkturphase ist es sinnvoll, eine Konjunkturausgleichsrücklage zu bilden? Wann sollte sie aufgelöst werden?

7. Wie wirken folgende Maßnahmen der Fiskalpolitik?
   a) Investitionszulagen
   b) Subventionssenkung
   c) Deficitspending
   d) Steuern senken
   e) Abschreibungserleichterungen streichen
   f) Konjunkturausgleichsrücklage bilden
   g) Staatsnachfrage senken
   h) Abschreibungsvergünstigungen gewähren

8. Inwiefern kann das Bestreben der Gewerkschaften nach einer Umverteilung der Einkommen zugunsten der Lohnquote sowohl im Boom als auch in der Rezession mit der antizyklischen Konjunkturpolitik kollidieren?

9. Vollbeschäftigung ist eines der wichtigsten Ziele der Wirtschaftspolitik. Als Indikatoren der Beschäftigungssituation verwendet man im Allgemeinen die Arbeitslosenquote und die Zahl der offenen Stellen. Warum ist bei der Interpretation dieser Zahlen Vorsicht geboten?

10. Um Vollbeschäftigung mit wirtschaftspolitischen Maßnahmen erreichen zu können, muss man die Art der Arbeitslosigkeit kennen. Zeigen Sie an einem Beispiel auf, warum eine konjunkturelle Arbeitslosigkeit den Wirtschaftspolitiker vor größere Probleme stellt als eine strukturelle.

11. Der Staat kann durch gesetzliche Maßnahmen die Investitionsbereitschaft der Unternehmen fördern.
    a) Nennen Sie mindestens zwei solcher Maßnahmen.
    b) Wie beurteilen Sie die Wirksamkeit dieser Art von Konjunkturförderung?

2.5 Wirtschaftspolitische Konzeptionen

Stofftelegramm

Angebotsorientierte Wirtschaftspolitik

Kernthese:
Angebot = entscheidend für wirtschaftlichen Erfolg

Konsequenz bei Rezession:
Erhöhung des **Angebots**

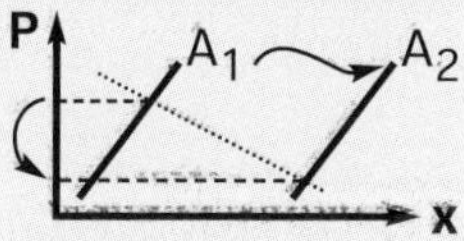

Verbesserung der Rahmenbedingungen der Unternehmen:

- Steuererleichterungen
- Senkung Lohnnebenkosten
- Abbau Bürokratismus
- Abschreibungserleichterungen

Erhoffte Folgen:
Gewinne steigen
→ **Angebot** steigt
→ Investitionen steigen
→ vermehrt Einstellungen
→ Arbeitslosigkeit sinkt
→ **Konjunkturbelebung, Wachstum**

Monetarismus (vgl. auch Kapitel EZB)

Kernthese:
Geldmenge = wichtigster Faktor zur Wirtschaftssteuerung

Konsequenz bei Rezession:
Erhöhung der **Geldmenge** durch **Zentralbankpolitik,**
z. B. Senkung der Leitzinsen

(Staatliche Eingriffe in die Wirtschaft zur Steuerung der Konjunktur lehnen die Monetaristen grundsätzlich ab.)

Erhoffte Folgen:
Zinsen sinken
→ **Kreditnachfrage** steigt
→ Konsum + Investitionen steigen
→ vermehrt Einstellungen
→ Arbeitslosigkeit sinkt
→ **Konjunkturbelebung, Wachstum**

Nachfrageorientierte Wirtschaftspolitik = Fiskalismus

Kernthese:

Nachfrage = entscheidend für wirtschaftlichen Erfolg

Konsequenz bei Rezession:

Erhöhung der **Nachfrage** mittels Ein- und Ausgabenpolitik der Regierung (Fiskalpolitik)

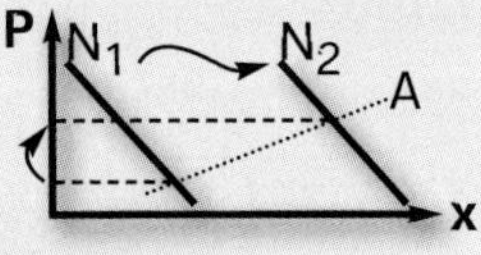

- Steuersenkungen
- Staatsnachfrage erhöhen (z. B. Baumaßnahmen des Staates)

evtl. finanziert über höhere Schulden (**„Deficit-Spending"**)

Konsequenz bei Boom:

Senkung der **Nachfrage** mittels Ein- und Ausgabenpolitik der Regierung (Fiskalpolitik)

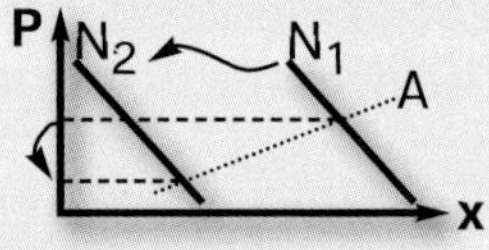

- Steuererhöhungen
- Staatsnachfrage senken (z. B. weniger staatliche Baumaßnahmen)

= antizyklische Fiskalpolitik

Erhoffte Folgen:

Einkommen steigen

→ **Nachfrage steigt**

→ Gewinne steigen

→ Investitionen steigen

→ vermehrt Einstellungen

→ Arbeitslosigkeit sinkt

→ **Konjunkturbelebung, Wachstum**

Erhoffte Folgen:

Einkommen sinken

→ **Nachfrage sinkt**

→ Gewinne sinken

→ Investitionen sinken

→ **Konjunkturdämpfung (Konjunkturstabilisierung)**

2.6 Prüfungsaufgaben

Prüfungsaufgaben Winter 2013/2014 (Aufgabe 2, teilweise, verändert)

2.5 Im Februar 2013 ist die Arbeitslosenzahl geringfügig angestiegen. Die Arbeitslosenquote bleibt unverändert. Für den geringen Anstieg sind wohl saisonale Gründe verantwortlich.

2.5.1 Erläutern Sie die oben erwähnte Art der Arbeitslosigkeit anhand eines eigenen Beispiels.

2.5.2 Beschreiben Sie zwei negative Auswirkungen hoher Arbeitslosigkeit für den Staat.

2.5.3 Erklären Sie zwei Maßnahmen, die der Staat ergreifen könnte, um eine bestehende konjunkturelle Arbeitslosigkeit zu verringern.

2.5.4 Unterbreiten Sie zwei Vorschläge, wie sich Arbeitnehmer vor Arbeitslosigkeit schützen können.

Prüfungsaufgaben Winter 2014/2015 (Aufgabe 2, teilweise, verändert)

2. Bei der Lektüre Ihrer Tageszeitung erfahren Sie, dass die deutsche Wirtschaft im Jahr 2014 um 1,8 % steigen werde. Verantwortlich seien stark steigende Investitionen, die zu einem konjunkturellen Aufschwung führten. Ursache hierfür sei eine weiterhin starke Binnennachfrage. Trotz des Konjunkturanstieges bleibe die Situation von Langzeitarbeitslosen kritisch, obwohl ein Fachkräftemangel herrsche. Negativ verändere sich die Wettbewerbsfähigkeit der deutschen Unternehmen aufgrund steigender Preise in 2014 (Preissteigerungsrate +1,9 %). Die EZB senke weiterhin den Leitzins von 0,5 % auf 0,25 %.

2.1 In Ihrer Tageszeitung wird das wirtschaftspolitische Ziel „stetiges und angemessenes Wirtschaftswachstum" angesprochen.

Prüfen Sie die Zielerreichung für die Jahre 2013 und 2014.

2.2 Die in der Zeitung angesprochene gesamtwirtschaftliche Entwicklung beeinflusst die Situation auf dem Arbeitsmarkt.

2.2.1 Erklären Sie die Zielbeziehung, die im Allgemeinen in diesem Zusammenhang unterstellt wird.

2.2.2 Beschreiben Sie die Art der Arbeitslosigkeit, die in 2.2.1 angesprochen wird.

2.2.3 Begründen Sie anhand von drei Argumenten, warum die Vermittlung der Langzeitarbeitslosen trotz eines Fachkräftemangels schwierig ist.

Prüfungsaufgaben Winter 2015/2016 (Aufgabe 2, teilweise, verändert)

2.2 In der folgenden Teambesprechung wollen Sie den unbefriedigenden Absatz der Möbel thematisieren. Sie haben sich eine Vorlage mit Informationen erstellt.

Vorlage

- günstige Rahmenbedingungen
- Konsumfreude
- Rekordbeschäftigung in Deutschland
- steigende Einkommen
- Mindestlohn
- Sicherheit

Sie erstellen eine Tischvorlage, in der Sie auf folgende Fragen eingehen:

2.2.1 In welcher konjunkturellen Phase befindet sich Deutschland angesichts der Stichpunkte aus der Vorlage?

2.2.2 An welchen vier Konjunkturindikatoren ist dies erkennbar und wie entwickeln sich diese?

2.2.3 Sie erläutern zwei Ursachen, die diese Phase kennzeichnen.

3 Beschäftigungs- und Arbeitsmarktpolitik

3.1 Die Beschäftigung in einer Volkswirtschaft

Stofftelegramm

Beschäftigung →

- Grad der Kapazitätsauslastung einer Volkswirtschaft
- Messung insbesondere anhand der **Arbeitslosenquote**

$$\textbf{Arbeitslosenquote} = \frac{\textbf{registrierte Arbeitslose} \cdot 100}{\textbf{zivile Erwerbstätige + registrierte Arbeitslose}}$$

- sozialversicherungspflichtig Beschäftigte
- Auszubildende
- geringfügig Beschäftigte
- Beamte
- Selbstständige
- mithelfende Familienangehörige

Beschäftigungsstand der Volkswirtschaft

Vollbeschäftigung →

- Arbeitslosenquote bis ca. 4 % („Sockelarbeitslosigkeit“)
- volle Auslastung der Produktionskapazitäten

Unterbeschäftigung →

- Arbeitslosenquote über 4 %
- nur teilweise Auslastung der Produktionskapazitäten

Überbeschäftigung →

- offene Stellen > Arbeitslose
- Überstunden, Sonderschichten, Überbeanspruchungen ...

3.2 Arten und Ursachen der Arbeitslosigkeit

Stofftelegramm

- **Saisonale Arbeitslosigkeit:**
  Folge saisonaler Produktionsschwankungen (z. B. Landwirtschaft, Bauwirtschaft); kaum bekämpfbar
- **Strukturelle Arbeitslosigkeit (= „Mismatch-Arbeitslosigkeit"):**
  Arbeitslosigkeit in bestimmten Regionen, Branchen oder Berufen durch strukturellen Wandel auf diesen Teilarbeitsmärkten (z. B. Landwirtschaft, Stahlbranche, Uhrenindustrie)

  „Mismatch-Arbeitslosigkeit": Arbeitsangebot und Arbeitsnachfrage weichen in regionaler oder qualifikatorischer Hinsicht voneinander ab → auf dem gesamten Arbeitsmarkt existieren gleichzeitig Arbeitslosigkeit und offene Stellen.
  - Gründe für regionales Mismatch: familiäre Bindungen, fehlende Transparenz, fehlende Wohnungen, unterschiedliche Schulsysteme
  - Gründe für qualifikatorisches Mismatch: Qualifikative Ansprüche der Arbeitsstellen stimmen nicht mit den Qualifikationen der Arbeitslosen überein (z. B. Facharbeitermangel).
- **Technologische Arbeitslosigkeit:**
  Arbeitslosigkeit durch Rationalisierung (Maschinen ersetzen Menschen)
- **Konjunkturelle Arbeitslosigkeit:**
  durch gesamtwirtschaftlichen Beschäftigungsrückgang (sinkende Nachfrage) hervorgerufene Arbeitslosigkeit (Rezessions- bzw. Depressionsphase)
- **Friktionelle Arbeitslosigkeit:**
  Sie tritt auf, wenn Arbeitskräfte kündigen bzw. entlassen werden und kurzfristig bis zum Antritt der neuen Stelle nicht beschäftigt sind („Sucharbeitslosigkeit" bzw. „Fluktuationsarbeitslosigkeit"). Ebenso wie die saisonale Arbeitslosigkeit zählt sie zur sog. „**Sockelarbeitslosigkeit**", die auch in Zeiten guter Konjunktur nicht unterschritten werden kann.

3.3 Bekämpfung und Probleme der Arbeitslosigkeit

Stofftelegramm

Bekämpfung der Arbeitslosigkeit (Arbeitsmarktpolitik):
- Möglichkeiten für Arbeitslose schaffen, sich selbstständig zu machen (Existenzgründungszuschüsse)
- Personal-Service-Agenturen errichten, die Arbeitslose in Zeitarbeit beschäftigen
- Arbeitszeitverkürzungen
- Senkung der Arbeitskosten
- Maßnahmen zur Steigerung der Nachfrage (Lohn-, Gehaltserhöhungen, Steuersenkungen ...)
- staatliche Beschäftigungsprogramme (Straßenbau ...)
- Investitionszulagen an Unternehmen
- Senkung der Unternehmenssteuern
- Verhinderung der Abwanderung deutscher Unternehmen ins Ausland
- Förderung der Berufsbildung

Probleme der Arbeitslosigkeit:
- materielle, psychische, soziale Probleme
- Probleme der Finanzierung (Arbeitslosengelder)

Lohnpolitik der Tarifparteien:	• **Expansive Lohnpolitik:** Gewerkschaften fordern Lohnerhöhungen, die über der Erhöhung der Arbeitsproduktivität + Inflationsrate liegen. • **Produktivitätsorientierte Lohnpolitik:** Gewerkschaften fordern Lohnerhöhungen entsprechend dem Anstieg der Arbeitsproduktivität.

3.4 Aufgaben (Grundwissen)

1. Was versteht man unter Beschäftigung im volkswirtschaftlichen Sinn? Wie wird sie üblicherweise gemessen?
2. Wie wird die Arbeitslosenquote ermittelt?
3. Erklären Sie die drei möglichen Beschäftigungslagen einer Volkswirtschaft.
4. Warum signalisiert eine Arbeitslosenquote von 1,5 % bis 2 % immer noch eine vollbeschäftigte Wirtschaft?
5. Erklären Sie die fünf Arten der Arbeitslosigkeit.
6. Wie kann die Arbeitslosigkeit bekämpft werden?
7. Der Geschäftsführer der „Mode im Quadrat GmbH“ in Mannheim ist der Meinung, dass die Auszubildenden auch gesamtwirtschaftliche Zusammenhänge und deren Auswirkungen auf den Einzelhandel kennenlernen sollen.

   Sie sind Ausbilder/Ausbilderin bei „Mode im Quadrat GmbH“ und erhalten den Auftrag, im Rahmen einer Schulung mit den Auszubildenden Aspekte der Gesamtwirtschaft zu thematisieren.

   Gemeinsam mit den Auszubildenden lesen Sie einen Artikel (**Anlage**) und sprechen zunächst über Arbeitslosigkeit.
   a) Sie erklären, wie die Arbeitslosenquote berechnet wird, und berechnen anhand der im Text genannten Zahlen die Zahl der Erwerbspersonen.
   b) Sie erklären den Auszubildenden jeweils zwei Auswirkungen einer hohen Arbeitslosenquote auf den Staat und die Unternehmen.
   c) Sie erläutern vier Maßnahmen, mit denen der Staat versucht, die Arbeitslosigkeit zu bekämpfen.
   d) Während der Schulung diskutieren Sie mit den Auszubildenden Auswirkungen der Arbeitslosigkeit auf einen Langzeitarbeitslosen. Sie notieren zwei Auswirkungen mit Begründung.

Anlage

Starker Rückgang der Arbeitslosenzahl

3,568 Millionen Arbeitslose sind registriert, das sind 75.000 weniger als im Vormonat und 18.000 weniger als vor einem Jahr. Die Arbeitslosenquote beträgt nun 8,5 %.

3.5 Prüfungsaufgaben

Prüfungsaufgaben Winter 2010/2011 (Aufgabe 2, teilweise)

2.3 Der Beitrag der einzelnen Sektoren zur Wirtschaftsleistung hat sich im Laufe der Zeit stark gewandelt. Dies zeigt sich auch in den Veränderungen der Beschäftigungszahlen. Folgende Tabelle zeigt, wie viel Prozent der Erwerbstätigen in den verschiedenen Wirtschaftsbereichen 1991 und 2009 arbeiteten:

	1991	2009
Dienstleistungen	60 %	72 %
Industrie	29 %	20 %
Bau	7 %	6 %
Landwirtschaft	4 %	2 %

2.3.1 Beschreiben Sie den oben dargestellten Wandel in der Arbeitswelt.

2.3.2 Erläutern Sie zwei mögliche Ursachen für diese Veränderungen.

2.3.3 Beurteilen Sie vor dem Hintergrund dieser Entwicklung die zukünftigen Beschäftigungschancen in der Branche Ihres Ausbildungsbetriebes.

2.3.4 Eine negative Begleiterscheinung dieses Wandels ist die strukturelle Arbeitslosigkeit. Wie können Sie selbst strukturell bedingter Arbeitslosigkeit vorbeugen? Führen Sie zwei Möglichkeiten an.

4 Der Wert des Geldes und seine Messung

4.1 Preisniveau und Kaufkraft

Stofftelegramm

Tauschwert des Geldes

Kaufkraft(KK)	**Preisniveau (P)**
Wie viele Güter kann man für eine Geldeinh. kaufen?	Wie hoch ist der Preis für ein Gut?

Merke: Mit steigendem Preis sinkt die Kaufkraft und umgekehrt (reziprokes Verhältnis).

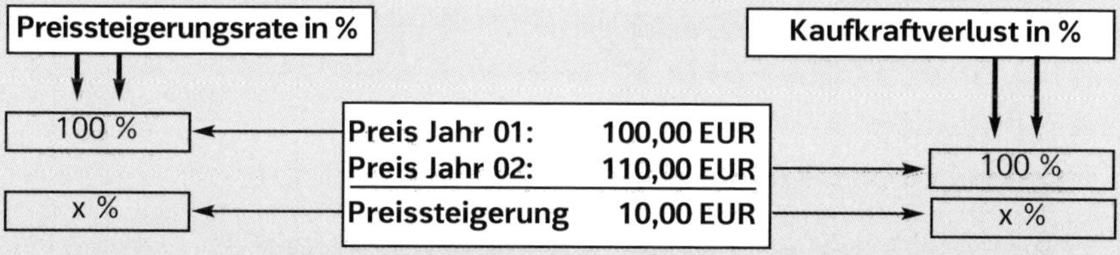

Messung der Geldwertschwankungen (Preis- und Kaufkraftänderungen) mittels

Preisindex für die Lebenshaltung aller privaten Haushalte (Lebenshaltungskostenindex)

4.2 Entstehung des Verbraucherpreisindex

Stofftelegramm

- Ermittlung durch Statistisches Bundesamt
- Lebenshaltungskostenindex zeigt, wie sich das Preisniveau für das von einem durchschnittlichen Haushalt gekaufte Gütersortiment (= **Warenkorb** mit ca. 600 Gütern) im Zeitablauf entwickelt. Ansatz des Kaufpreises des Warenkorbs in einem bestimmten Jahr (**Basisjahr**) mit 100 Punkten (%), Fortschreibung in den Folgejahren.
- Aktuelles Basisjahr: 2015 = 100
- Gewichtung der Güter und Dienstleistungen im Warenkorb (Wägungsschema; Stand: 2019)

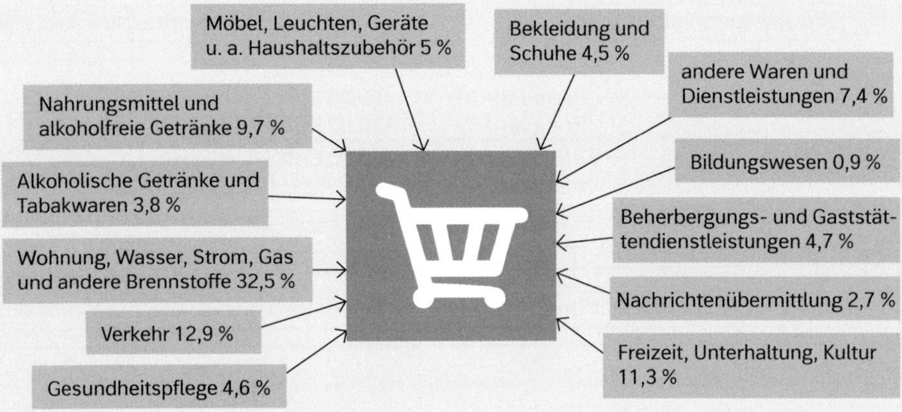

Der **harmonisierte Verbraucherpreisindex (HVPI)** ist ein Maßstab für die Wirtschaftspolitik, für die Unternehmen und das Verhalten der privaten Haushalte, z. B. bei Tarifverhandlungen.

Beispiel: *Preisindex und Inflationsrate*

Jahr	Preis des Warenkorbes in Euro	Preisindex (100 = Basis 2015)	Inflationsrate (in % ggü. Basisjahr)	Inflationsrate (in % ggü. Vorjahr)
2015	2.030,00	100,00	–	–
2016	2.056,39	101,30	1,30	1,30
2017	2.110,54	103,97	① 3,97	❷ 2,64
2018	2.183,67	107,57	7,57	3,46
2019	2.200,20	108,38	8,38	0,76
2020	2.268,35	111,74	11,74	3,10

① Preisindex Jahr 2017 – Preisindex Basisjahr = Inflationsrate ggü. Basisjahr
103,97 – 100 = 3,97 %

❷ Preisindex Jahr 2017 – Preisindex 2016 = Inflationsrate ggü. Vorjahr
103,97 – 101,30 = 2,67 Prozentpunkte

<u>**Berechnung der Inflationsrate:**</u> 101,30 = 100 %
2,67 = x %, x = 2,64 %

4.3 Ursachen von Inflation (Preisniveausteigerungen)

Stofftelegramm

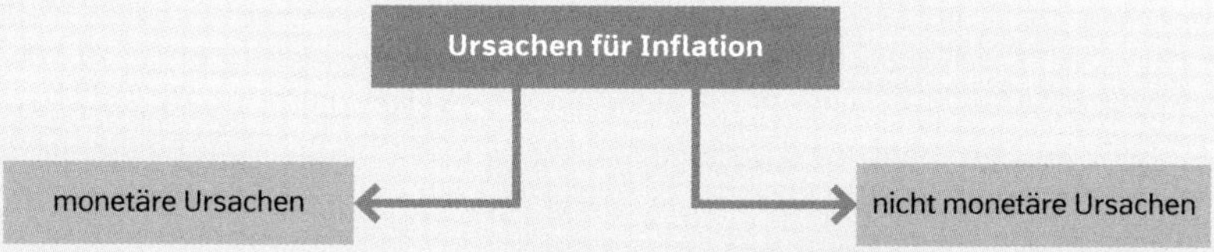

Überversorgung der Wirtschaft mit Geld
- übermäßige Kredite an die öffentlichen Haushalte
- übermäßige Kredite an die private Wirtschaft

Von der Angebotsseite her:
- Kosteninflation durch z. B. höhere Löhne, steigende Energiekosten
- Gewinninflation

Von der Nachfrageseite her:
- Konsuminflation: Nachfrager sparen weniger
- Investitionsinflation: Unternehmen investieren mehr
- importierte Inflation durch z. B. erhöhte Exportüberschüsse

4.4 Auswirkungen von Inflation

Stofftelegramm

Auswirkungen von Inflation auf:

1. Löhne/Gehälter: Arbeitnehmer können sich von ihrem Einkommen weniger leisten.

- Preise der Lebensmittel steigen
- Mieten steigen
- Energiekosten steigen usw.

} = Kaufkraftverlust

Die Lohn-Preisspirale

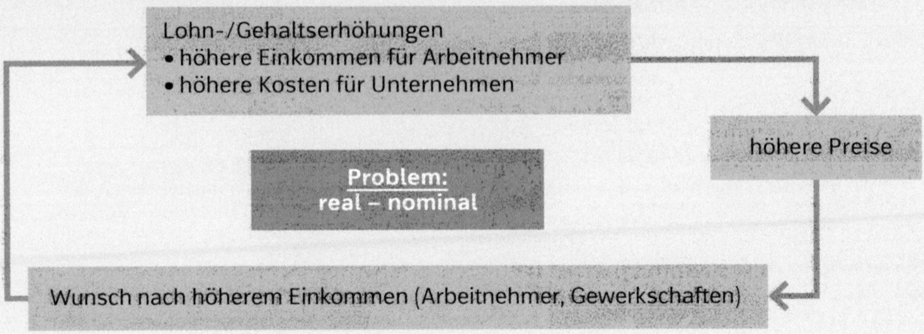

Nominallohn: dem Arbeitnehmer für Güterkäufe zur Verfügung stehender Nettolohn

Reallohn: die Menge an Gütern, die sich der Arbeitnehmer tatsächlich kaufen kann
→ Nominallohn – Preissteigerung = Reallohn

Beispiel:

Basisjahr 2010	***Nominal 2014***	***Real 2014***
100	*110,2*	*103,4*

2. Schulden

Schulden unterliegen dem Nominalwertprinzip, d. h., der geschuldete Betrag bleibt auch bei Inflation der Betrag, der zurückgezahlt werden muss.
→ Schuldner profitieren durch Inflation.

3. Ersparnisse

Ersparnisse wachsen durch Zinsen. Liegen diese unter der Inflationsrate, nehmen Geldvermögen **real** ab. → Sparer sind die Verlierer.

4. Sachwerte

Sachvermögen sind von Inflation kaum betroffen, da diese Vermögen durch Wertsteigerungen wachsen und diese meist über der Inflation liegen. Die Nachfrage nach Sachwerten steigt, deren Preise steigen somit auch.

4.5 Aufgaben (Grundwissen)

1. a) Unterscheiden Sie die Begriffe „Kaufkraft“ und „Preisniveau“.
   b) Wie verhalten sich Kaufkraft und Preisniveau zueinander?
2. Auf welche beiden grundsätzlichen Arten können Geldwertschwankungen berechnet werden?
3. Preis Jahr 01: 100,00 EUR — a) Preissteigerungsrate?
   Preis Jahr 02: 110,00 EUR — b) Kaufkraftverlust?
4. Preissteigerungsrate 8 %. Kaufkraftverlust?
5. Kaufkraftverlust: 6 %. Preissteigerungsrate?
6. Nennen Sie vier Bereiche, für die ein Preisindex berechnet wird.
7. Erklären Sie die Begriffe „Warenkorb“ und „Basisjahr“.
8. Was kann der Verbraucher aus dem Preisindex für die Lebenshaltung der Haushalte ablesen?
9. Warum müssen Warenkörbe regelmäßig „reformiert“ werden?
10. Ergänzen Sie die Tabelle (Aufrundung auf eine Kommastelle).

	Jahr 01	Jahr 02	Jahr 03	Jahr 04
Kosten für Warenkorb in Euro	2.000,00	2.040,00	2.101,00	2.206,00
Prozentuale Preissteigerung im Vergleich zum jeweiligen Vorjahr	–	a)	b)	c) ....
Preisindex: Basisjahr 01	d)	e)	f)	g) ....

11. Unterscheiden Sie die Begriffe „Nominallohn“ und „Reallohn“.
12. Wie hat sich in folgenden Fällen das Preisniveau entwickelt?
    a) Nominallohnsteigerung: 8 %; Reallohnsteigerung: 5 %
    b) Nominallohnsteigerung: 3 %; Reallohnsteigerung: 4 %
    c) Nominal- und Reallohnsteigerung je 4 %
13. Ermitteln Sie die Preisindizes bei folgenden Preissteigerungsraten (Basisjahr 01):

Jahr	01	02	03	04	05	06
Preissteigerungsrate	1,2 %	2,6 %	3,0 %	3,0 %	4,2 %	3,2 %

14. Nennen Sie die Faktoren, die den Geldwert beeinflussen können.
15. Für ein bestimmtes Jahr wurde in Deutschland eine Inflationsrate von 4,5 % vorausgesagt. Daher schlugen zu Jahresbeginn namhafte Wirtschaftswissenschaftler vor, für ein Jahr eine Lohnerhöhung auszusetzen.
    a) Nehmen Sie an, die Tarifpartner konnten sich auf eine solche Lohnpause einigen. Welche Auswirkungen hätte ein solcher Beschluss in der oben beschriebenen Situation auf den Reallohn? Begründung.
    b) Das Statistische Bundesamt ermittelt den jährlichen Preisindex für die Lebenshaltungskosten.

ba) Warum werden bei dieser Preisindexermittlung nicht alle Preise einer Volkswirtschaft addiert und durch ihre Anzahl dividiert?

bb) Wie ist es zu erklären, dass bei real steigenden verfügbaren Einkommen die Ausgaben eines Haushalts für Nahrungsmittel von 33,3 % des Einkommens im Jahre 10 auf 26,7 % des Einkommens im Jahre 16 gesunken sind?

bc) Wie haben sich Preisniveau und Kaufkraft vom Jahr 12 bis 13 prozentual bei einem Lebenshaltungskostenindex von 106,5 im Jahre 12 und 110,9 im Jahre 13 verändert?

c) Mit der vorgeschlagenen Lohnpause sollte nach Meinung der Wissenschaftler die lohnkostenbedingte Inflation eingedämmt werden. Nennen Sie zwei weitere Ursachen einer Geldentwertung und erklären Sie, wie sich daraus die jeweilige Inflation ergibt.

16. Was versteht man unter Inflation?

17. Nennen Sie mögliche Ursachen einer Inflation.

18. Erklären Sie den Begriff „importierte Inflation“.

19. Erklären Sie den Begriff „Lohn-Preis-Spirale“.

20. Welche Auswirkungen hat die Inflation?

5 Geldtheorie und Geldpolitik

5.1 Das Europäische System der Zentralbanken (ESZB)

Stofftelegramm

Stellung der EZB (Errichtung: 1998)

- ESZB = EZB + nationale Zentralbanken (NZB) der Mitglieder der Europäischen Wirtschafts- und Währungsunion (EWWU = „Euroland")

→ Föderalismus! Vergleichbar mit Deutscher Bundesbank und deren neun Hauptverwaltungen in Bundesländern

- Sitz der EZB in **Frankfurt/Main**
- EZB am **Modell der Deutschen Bundesbank** orientiert
- **unabhängig** (autonome Stellung) von Regierungen und EU-Organen
- keine Finanzierung staatlicher Ausgaben

Organe der EZB

- **Europäischer Zentralbankrat (Rat der EZB)** = oberstes Entscheidungsgremium, das i. d. R. zweimal im Monat zusammentritt

  Aufgaben: Leitlinien und Entscheidungen zur Festlegung der Geldpolitik erlassen (u. a.: geldpolitische Ziele und Höhe der Leitzinsen festlegen)

- **Direktorium:**
  - Leitung und Verwaltung der EZB
  - Vorbereitung der Sitzungen des EZB-Rats
  - Durchführung der Geldpolitik des Euroraums gemäß den Leitlinien und Entscheidungen des EZB-Rats, wobei es hierzu den nationalen Zentralbanken des Euroraums die notwendigen Weisungen erteilt
  - Führung der laufenden Geschäfte der EZB
- **ZB-Präsidenten aller Euroländer** **– Vgl. Übersicht nächste Seite –**

EU-Staaten, die bislang NICHT an der Währungsunion teilnehmen

Schweden	Dänemark	Großbrit.	Ungarn	Polen	Tschechien
Rumänien	Bulgarien	Kroatien			

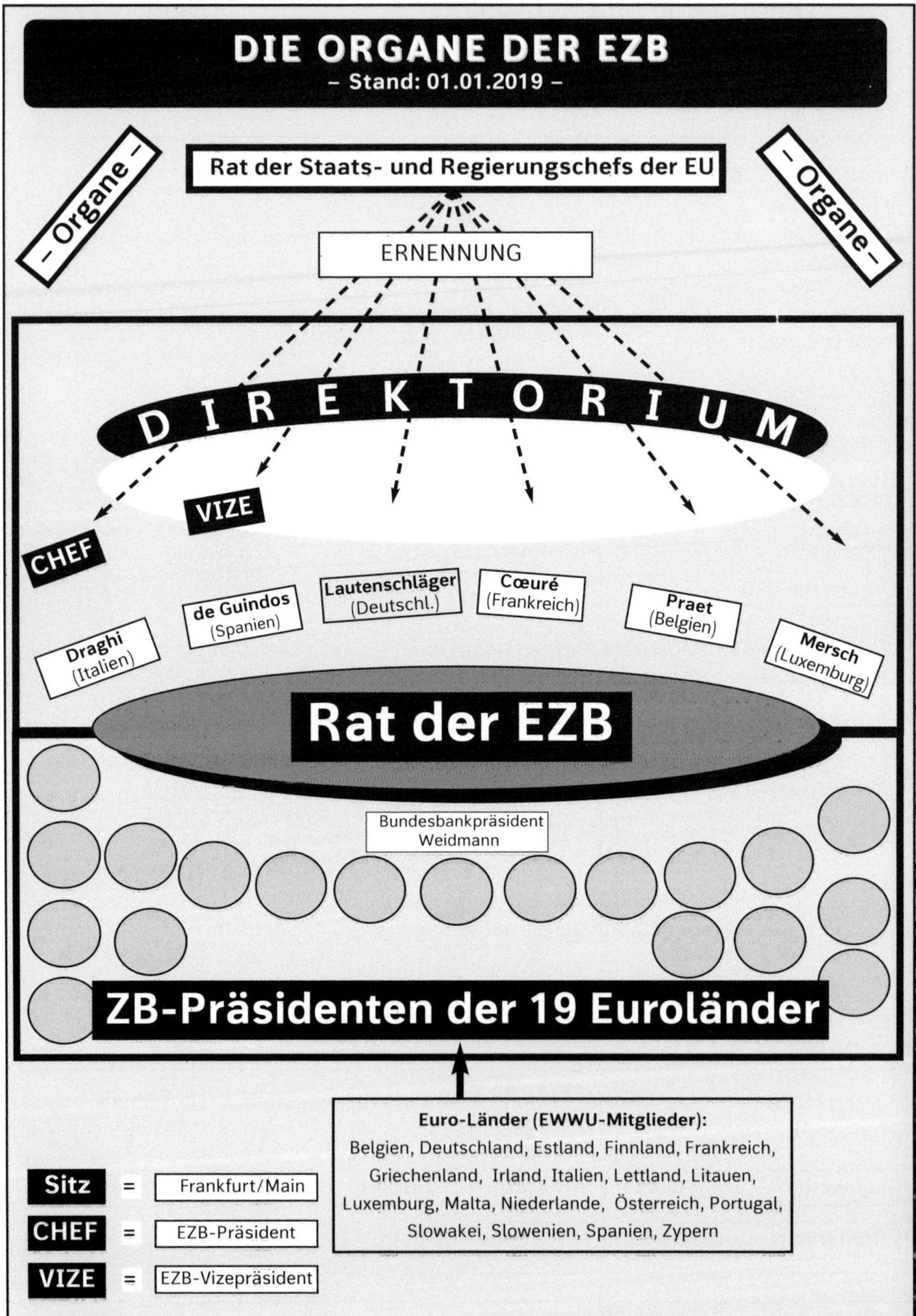
DIE ORGANE DER EZB
– Stand: 01.01.2019 –
– Organe –
Rat der Staats- und Regierungschefs der EU
– Organe –
ERNENNUNG
DIREKTORIUM
CHEF
VIZE
Draghi (Italien)
de Guindos (Spanien)
Lautenschläger (Deutschl.)
Cœuré (Frankreich)
Praet (Belgien)
Mersch (Luxemburg)
Rat der EZB
Bundesbankpräsident Weidmann
ZB-Präsidenten der 19 Euroländer
Euro-Länder (EWWU-Mitglieder):
Belgien, Deutschland, Estland, Finnland, Frankreich, Griechenland, Irland, Italien, Lettland, Litauen, Luxemburg, Malta, Niederlande, Österreich, Portugal, Slowakei, Slowenien, Spanien, Zypern
Sitz = Frankfurt/Main
CHEF = EZB-Präsident
VIZE = EZB-Vizepräsident

DIE BESCHLUSSORGANE DER EZB

EZB-DIREKTORIUM

Präsident

Vizepräsident

vier weitere Mitglieder

Aufgaben

- Vorbereitung der Sitzungen des EZB-Rats
- Ausführung der Geldpolitik gemäß den Leitlinien und Entscheidungen des EZB-Rats + hierzu Weisungserteilung an NZBen
- Führung der laufenden Geschäfte der EZB
- Ausübung bestimmter, vom EZB-Rat übertragener Befugnisse

EZB-RAT

Präsident

Vizepräsident

vier weitere Mitglieder des Direktoriums

Präsidenten der NZBen des **Euro-Währungsgebiets** (19)

Aufgaben

- Erlässt Leitlinien und Entscheidungen, die notwendig sind, um die Erfüllung der dem Eurosystem übertragenen Aufgaben zu gewährleisten.
- Festlegung der Geldpolitik

ERWEITERTER EZB-RAT

Präsident

Vizepräsident

Präsidenten der NZBen **aller EU-Mitgliedsstaaten** (28)

Aufgaben

Auflösung des Erweiterten EZB-Rats, wenn alle EU-Länder den Euro eingeführt haben; keine Verantwortung für geldpolitische Entscheidungen

Mitwirkung bei:

- Koordinierung der Geldpolitik „Nicht-Euro-EU-Staaten" + EZB zwecks Aufrechterhaltung der Preisstabilität
- Erhebung statistischer Daten
- Berichtstätigkeiten der EZB
- Vorarbeit für Wechselkursfestlegung der „Nicht-Euro-EU-Staaten"

QUANTITATIVE EZB-DEFINITION VON PREISSTABILITÄT

Vorrangiges Ziel (vorrangige Aufgabe) der EZB: Gewährleistung der **Preisstabilität**

Definition der Preisstabilität durch die EZB:

Mittelfristiges Ziel des EZB-Rates beim Streben nach Preisstabilität:

Preissteigerungsrate unter, aber nahe der 2 %-Marke

zur Vermeidung von **Inflationsrisiken**

zur Vermeidung von **Deflationsrisiken**

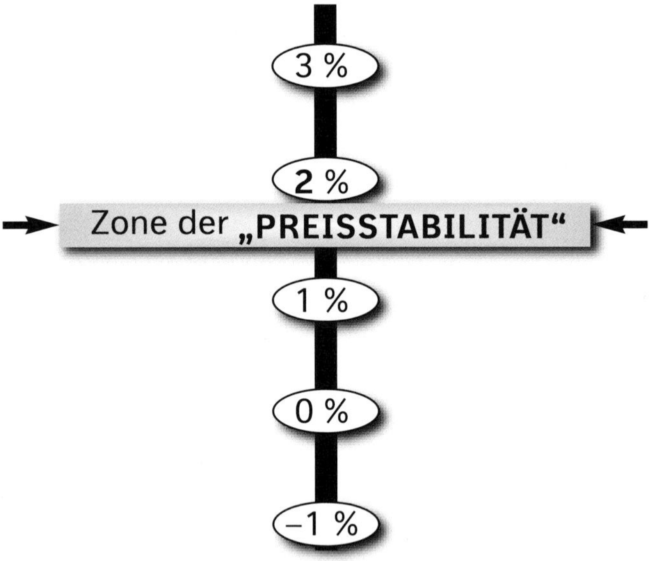

Weitere Aufgaben der EZB

- einheitliche **Währungs-(Geld-)Politik:** Leitzinsen festlegen, Geldmenge steuern ...
- **Devisengeschäfte** durchführen
- Verwaltung der **Währungsreserven** der Mitgliedsstaaten
- reibungslosen **Zahlungsverkehr** im Euroland organisieren
- **Banknotenausgabe** (Eurogeld)
- Höhe der **Münzausgabe** steuern
- **Überwachung** des Kreditwesens
- **Unterstützung der Wirtschaftspolitik** der Regierungen, sofern keine Gefährdung der Preisstabilität

Aufgaben

1. Was versteht man unter dem Europäischen Zentralbanksystem (ESZB)?
2. Nennen Sie die wesentlichen Aufgaben der Europäischen Zentralbank (EZB).
3. Wie definiert die EZB den quantitativen Begriff der Preisstabilität?
4. Was versteht man unter „Föderalismus“ der Europäischen Zentralbank?
5. Die Europäische Zentralbank ist **unabhängig.** Wie ist dies zu verstehen?
6. Nennen Sie die Organe der Europäischen Zentralbank.

5.2 Inflation und Deflation (Geldwertschwankungen)

Stofftelegramm

Inflation

= anhaltendes Steigen des Preisniveaus = Geldentwertung

Ursachen	Wirkungen
• Nachfrageinflation • sinkendes Angebot • Kosteninflation • Lohn-Preis-Spirale • zunehmende Konzentration • Gewinninflation (Monopole, Oligopole erhöhen die Preise) • übermäßige Geldschöpfung der Kreditbanken und der Zentralbank	• sinkende Kaufkraft • Schuldner begünstigt • Gläubiger benachteiligt • Eigentümer von Sachvermögen erhalten ihren Vermögenswert im Gegensatz zu Geldeigentümern: Flucht in Sachwerte • Evtl. **Stagflation** (= Inflation bei Stagnation): evtl. Arbeitslosigkeit bei steigenden Preisen • sinkendes Vertrauen in die Währung

Deflation

= anhaltendes Sinken des Preisniveaus = steigende Kaufkraft

Ursachen	Wirkungen
• Kürzungen der Staatsausgaben (Nachfr. sinkt) • pessimistische Zukunftserwartungen: – geringe Nachfrage, hohes Sparen – geringe Investitionsneigung	• Schuldner benachteiligt • Gläubiger begünstigt • Flucht in die Geldwerte • Betriebsstilllegungen, Kurzarbeit, Arbeitslosigkeit wegen sinkender Nachfrage • sinkende Steuereinnahmen

Kriterien einer starken Deflationsgefahr →

- zu hoher **Wechselkurs**
- fallende Preise für **Immobilien**
- fallende **Aktienkurse**
- kollabierende **Konsumentennachfrage**
- sinkende **Kreditvergaben**
- restriktive Geldpolitik der **EZB**
- strenge **Fiskalpolitik**

Mögliche Folgen der Deflation

- Verbraucher verschieben Anschaffungen auf später. (Hoffnung, Waren später noch günstiger zu bekommen)
- Gefährliche Abwärtsspirale wird in Gang gesetzt.
- Absätze und Gewinne der Unternehmen sinken.
- Investitionen werden zurückgestellt.
- Löhne werden gekürzt bzw. Mitarbeiter entlassen. Folge: Verbrauch sinkt noch stärker.
- Möglicher Teufelskreis: Deflation nährt Rezession.

Aufgaben (Grundwissen)

1. Was versteht man unter Inflation?

2. Nennen Sie mögliche Ursachen einer Inflation.

3. Erklären Sie den Begriff importierte Inflation.

4. Erklären Sie den Begriff Lohn-Preis-Spirale.

5. Welche Auswirkungen hat die Inflation?

6. a) Was versteht man unter Stagflation?
   b) Warum ist die Stagflation wirtschaftspolitisch schwer zu bekämpfen?

7. Erklären Sie die Begriffe offene und verdeckte Inflation.

8. Unterscheiden Sie schleichende und galoppierende Inflation.

9. Was versteht man unter Deflation?

10. Nennen Sie mögliche Ursachen einer Deflation.

11. Welche Auswirkungen hat die Deflation?

12. a) Wie würden Sie die Geldwertschwankungen in der Bundesrepublik bezeichnen?
    b) Woher rühren Ihrer Ansicht nach diese Schwankungen?

5.3 Geldpolitik der EZB

Stofftelegramm

Geldpolitische Instrumente der EZB

- **Offenmarktgeschäfte**
- **Ständige Fazilitäten (nicht im Lehrplan)**
- **Mindestreservepolitik (nicht im Lehrplan)**

5.3.1 Offenmarktgeschäfte der EZB

Stofftelegramm

Die Initiative zur Refinanzierung liegt beim ESZB.

Übersicht: **Offenmarktgeschäfte**

Die Durchführung obliegt den nationalen Zentralbanken.

Hauptrefinanzierungsgeschäfte

- Regelmäßige wöchentliche Standardtender:
  - Zinstender
  - Laufzeit je eine Woche
- entspricht ehemaligem **Wertpapierpensionsgeschäft** der Bundesbank
- Zinssatz = entscheidender **Leitzins** des ESZB

Längerfristige Refinanzierungsgeschäfte

- i. d. R. Zinstender
- Laufzeit: je drei Monate
- i. d. R. Erneuerung im monatlichen Rhythmus

nicht im Lehrplan

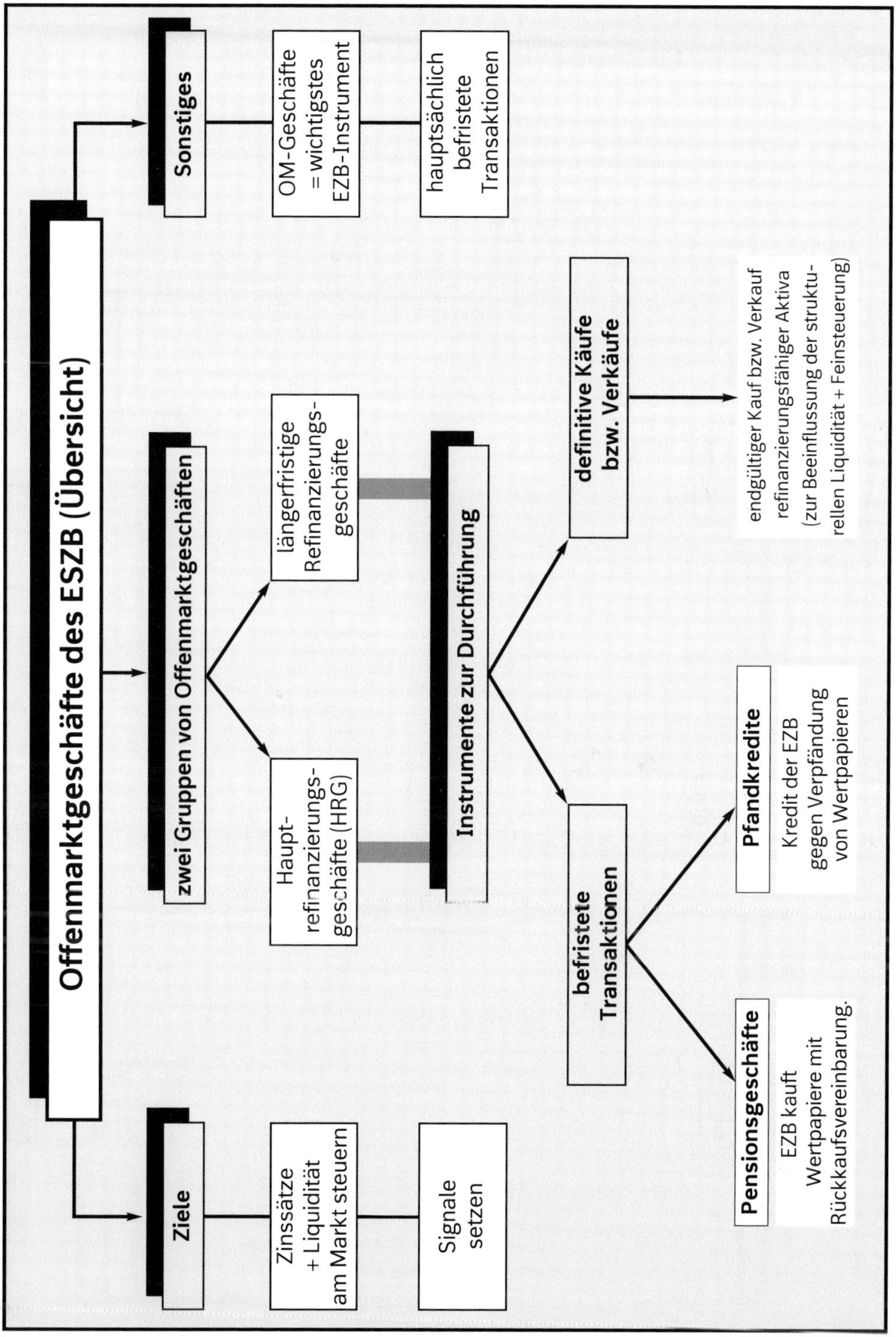
Offenmarktgeschäfte des ESZB (Übersicht)
Ziele
Zinssätze + Liquidität am Markt steuern
Signale setzen
zwei Gruppen von Offenmarktgeschäften
Hauptrefinanzierungsgeschäfte (HRG)
längerfristige Refinanzierungsgeschäfte
Sonstiges
OM-Geschäfte = wichtigstes EZB-Instrument
hauptsächlich befristete Transaktionen
Instrumente zur Durchführung
befristete Transaktionen
definitive Käufe bzw. Verkäufe
Pensionsgeschäfte
EZB kauft Wertpapiere mit Rückkaufsvereinbarung.
Pfandkredite
Kredit der EZB gegen Verpfändung von Wertpapieren
endgültiger Kauf bzw. Verkauf refinanzierungsfähiger Aktiva (zur Beeinflussung der strukturellen Liquidität + Feinsteuerung)

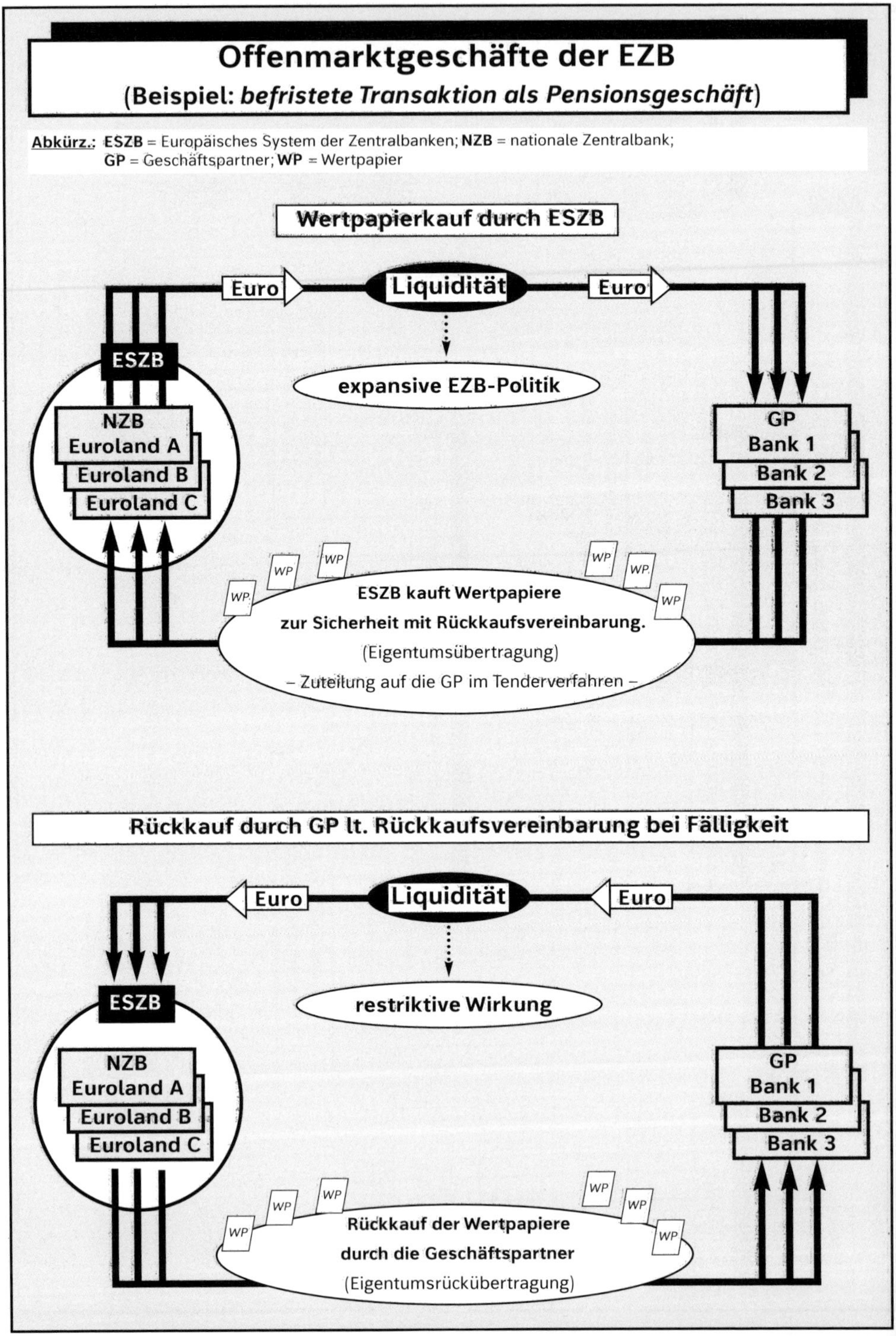
Offenmarktgeschäfte der EZB
(Beispiel: *befristete Transaktion als Pensionsgeschäft*)
Abkürz.: ESZB = Europäisches System der Zentralbanken; NZB = nationale Zentralbank; GP = Geschäftspartner; WP = Wertpapier
Wertpapierkauf durch ESZB
Euro
Liquidität
Euro
expansive EZB-Politik
ESZB
NZB
Euroland A
Euroland B
Euroland C
GP
Bank 1
Bank 2
Bank 3
WP
ESZB kauft Wertpapiere
zur Sicherheit mit Rückkaufsvereinbarung.
(Eigentumsübertragung)
– Zuteilung auf die GP im Tenderverfahren –
Rückkauf durch GP lt. Rückkaufsvereinbarung bei Fälligkeit
Euro
Liquidität
Euro
restriktive Wirkung
ESZB
NZB
Euroland A
Euroland B
Euroland C
GP
Bank 1
Bank 2
Bank 3
WP
Rückkauf der Wertpapiere
durch die Geschäftspartner
(Eigentumsrückübertragung)

5.3.2 Wirkungsweise von Offenmarktgeschäften

Stofftelegramm

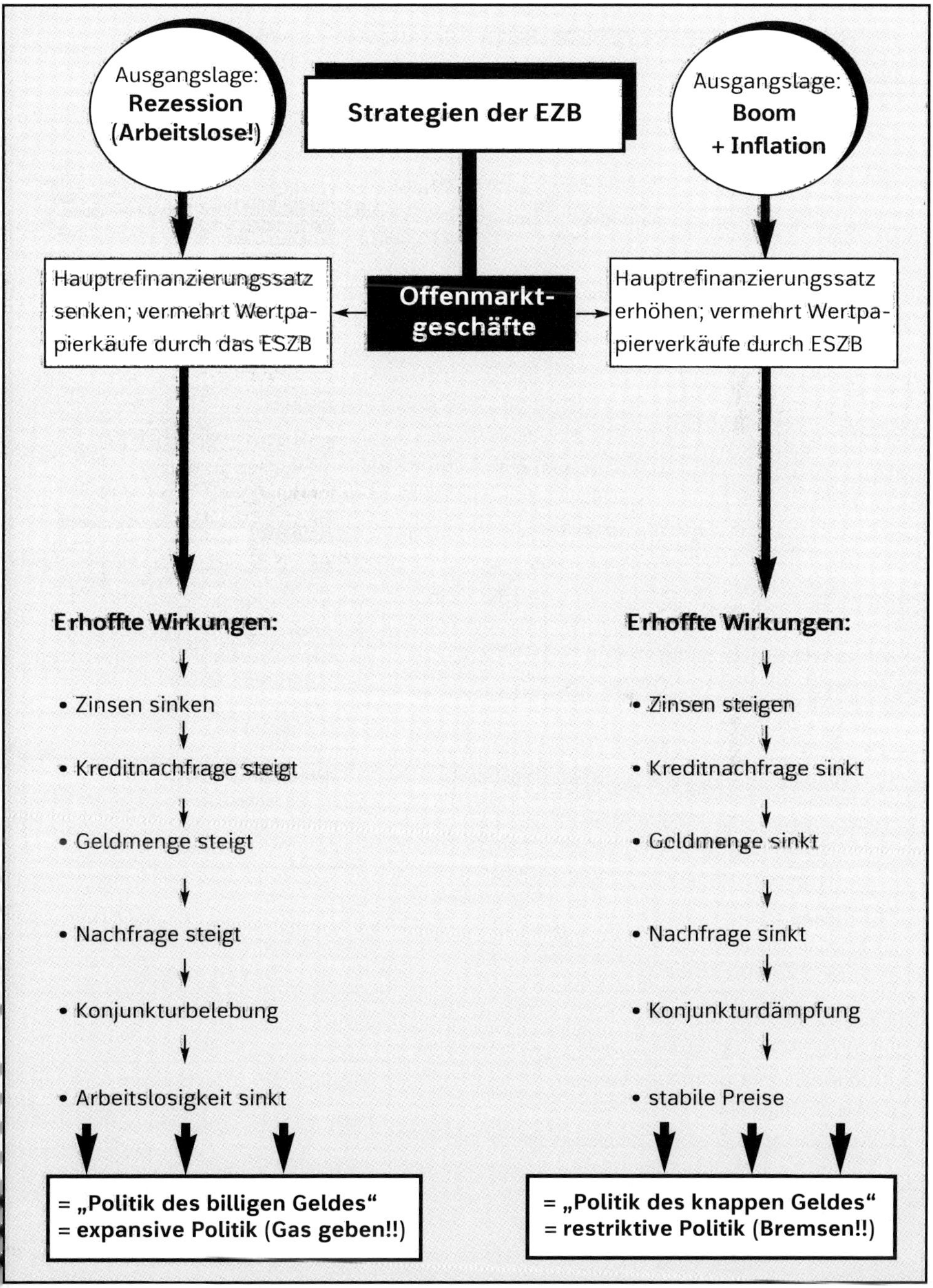

5.3.3 Leitzinspolitik der EZB (Übersicht)

Stofftelegramm

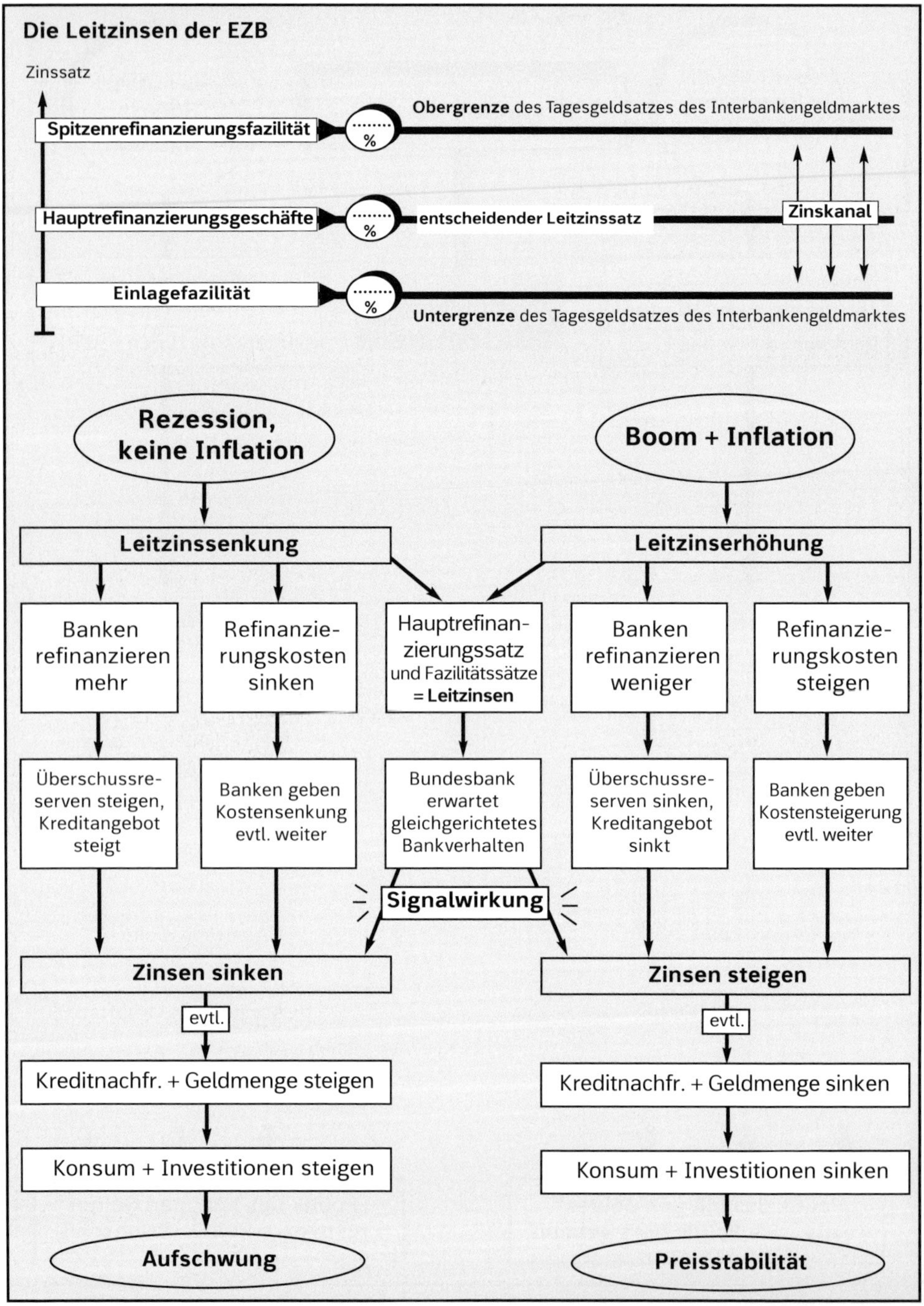

Störfaktoren bei der EZB-Politik ...

... bei Leitzinssenkung in der Rezessionsphase

(Ziel: Erhöhung der Geldmenge ...)

PESSIMISMUS!

Negative Zukunftserwartungen der Unternehmen:
trotz „billigen Geldes“ keine Kreditaufnahmen – keine Investitionen

Folge: **Geldmenge steigt nicht!!**

AUSLAND!

evtl. Kapitalabfluss ins Ausland, falls $\text{Zinssatz}_{\text{Ausland}} > \text{Zinssatz}_{\text{Inland}}$

Folge: **Geldmenge sinkt!!**

Euroland

... bei Leitzinserhöhung in der Hochkonjunkturphase (Inflation!)

(Ziel: Senkung der Geldmenge ...)

OPTIMISMUS!

Positive Zukunftserwartungen der Unternehmen:
trotz „teuren Geldes“ intensive Kreditaufnahmen

Folge: **Geldmenge steigt weiter!!**

AUSLAND!

evtl. Kapitalzufluss vom Ausland, falls $\text{Zinssatz}_{\text{Inland}} > \text{Zinssatz}_{\text{Ausland}}$

Folge: **Geldmenge steigt!!**

KOSTENDRUCK!

Zinsen steigen – Kosten steigen – Berücksichtigung bei Kalkulation: **Preise steigen!!**

ALTERNATIVEN!

Banken versorgen sich anderweitig mit Liquidität (z. B. im Ausland): **Geldmenge steigt!!**

5.3.4 Aufgaben

1. Welche allgemeinen Ziele verfolgt die EZB speziell mit ihren Offenmarktgeschäften?

2. Nennen und beschreiben Sie kurz die Instrumente zur Durchführung von Offenmarktgeschäften.

3. Erklären Sie folgende Begriffe:
   - **Leitzinsen**
   - **Signalwirkung**

4. Welche geldpolitischen Maßnahmen der EZB würden evtl. mithelfen, Boom und Inflation zu **bremsen?** Beschreiben Sie stichpunktartig die Wirkungen der Maßnahmen.

5. Welche geldpolitischen Maßnahmen der EZB würden evtl. mithelfen, die **Arbeitslosigkeit zu beseitigen?** Beschreiben Sie stichpunktartig die Wirkungen der Maßnahmen.

6. Welche **Störfaktoren** stellen die Erreichung der Ziele einer Leitzinserhöhung infrage?

7. **Geldpolitik der Europäischen Zentralbank (EZB)**

   Die EZB hat auf die derzeitige Konjunkturschwäche mit mehreren Leitzinssenkungen reagiert.
   a) Welches Organ der EZB hat diese Maßnahmen beschlossen?
   b) Im Mittelpunkt der geldpolitischen Möglichkeiten der EZB stehen die Hauptfinanzierungsgeschäfte. Beschreiben Sie kurz den Ablauf eines Hauptrefinanzierungsgeschäfts.
   c) Verdeutlichen Sie die Wirkungsweise dieser Leitzinssenkung in mindestens vier Schritten.

8. Beschreiben Sie
   a) eine staatliche Maßnahme,
   b) eine geldpolitische Maßnahme, mit denen die wirtschaftliche Position Deutschlands verbessert werden könnte.
   c) Zeigen Sie jeweils ein Problem auf, das durch die staatliche und die geldpolitische Maßnahme entstehen kann.

9. Eine in der Vergangenheit häufig angewandte Strategie zur Belebung der Wirtschaft war, die Zinssätze zu senken. Beschreiben Sie in vier Schritten die möglichen positiven wirtschaftlichen Auswirkungen einer Niedrigzinspolitik.

10. Nicht immer treten die in Aufgabe 10 beschriebenen Wirkungen einer Niedrigzinspolitik ein. Erläutern Sie zwei mögliche Ursachen.

11. Zahlreiche Wirtschaftsexperten fordern von der Europäischen Zentralbank (EZB) eine Geldpolitik, die den konjunkturellen Aufschwung unterstützt.
    a) Unter welcher Voraussetzung wird die EZB dieser Forderung nachkommen?
    b) Die EZB könnte den Konjunkturaufschwung u. a. mithilfe des Hauptfinanzierungsgeschäftes fördern. Beschreiben Sie die Wirkungsweise dieser Maßnahme in mindestens vier Schritten.

5.4 Prüfungsaufgaben

Prüfungsaufgaben Winter 2014/2015 (Aufgabe 2, teilweise)

2.3 Die EZB hat die Aufgabe, neben der Wahrung der Geldwertstabilität, die Wirtschaftspolitik in der EU zu unterstützen.

2.3.1 Begründen Sie anhand einer Wirkungskette in mindestens vier Schritten, wie sie dieses Ziel mit der Änderung des Leitzinssatzes erreichen will.

2.3.2 Die EZB sieht trotz der anziehenden Konjunktur in Deutschland durch die Leitzinsänderung keinen Zielkonflikt zu ihrem obersten Ziel. Erläutern Sie diese Aussage.

Prüfungsaufgaben Winter 2014/2015 (Aufgabe 2, teilweise, verändert)

Herr Doll beobachtet die Entwicklung des Einzelhandels in Pforzheim mit Sorge. Alteingesessene Einzelhandelsgeschäfte haben in den letzten Jahren geschlossen. In der regionalen Tageszeitung wird von dem Gespenst der tiefen Preise gesprochen. Gemeint ist damit eine Deflation.

2.1 Sie erklären im Rahmen des nächsten Mitarbeitermeetings den Teilnehmern die Begriffe Inflation und Deflation.

2.2 Während des Meetings werden folgende Fragen gestellt:

- Welche Auswirkungen hat eine Deflation?
- Welche Auswirkungen hat eine Inflation?
- Mit welchen Maßnahmen kann einer Inflation entgegengewirkt werden?

Sie beantworten die Fragen.

Prüfungsaufgaben Sommer 2015 (Aufgabe 2, teilweise)

2.4 Nach seiner Rückkehr aus Schweden beunruhigen Herrn Müller aktuelle Vorkommnisse in der europäischen Geldpolitik. Er bittet Sie daher um die Anfertigung einer Zusammenfassung zum Thema Europäische Zentralbank (EZB).

Die Zusammenfassung soll folgende Aspekte beinhalten:

- Hauptaufgabe der EZB
- Beschreibung eines Instrumentes der EZB
- Auswirkungen der aktuellen Zinssenkungen auf das Unternehmen Kletter Hans e. K.

6 Europäische Integration, Globalisierung, Freihandel, Protektionismus, WTO

6.1 Europäische Integration

Stofftelegramm

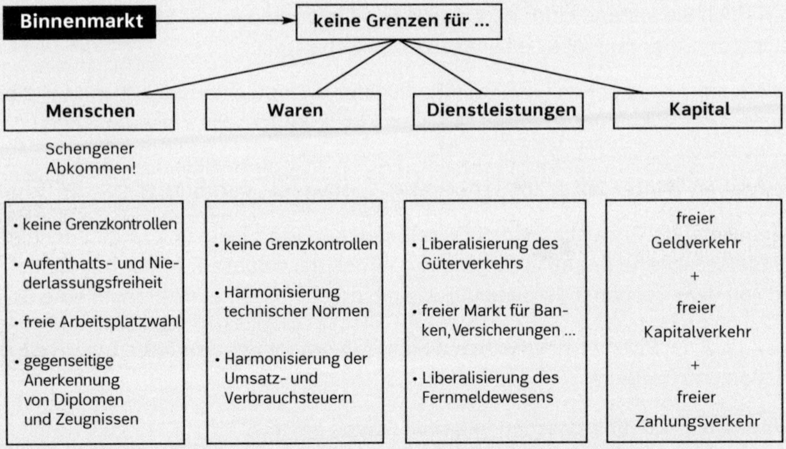

Die Entwicklung zum **Binnenmarkt** führte nicht gleichzeitig zur Angleichung der **Wirtschaftspolitik.**

Maastricht-Vertrag: Verpflichtung der EG-Staaten, ihre nationale Wirtschaftspolitik zu koordinieren. Letzteres ist entscheidend für eine **Wirtschafts- und Währungsunion (WWU).**

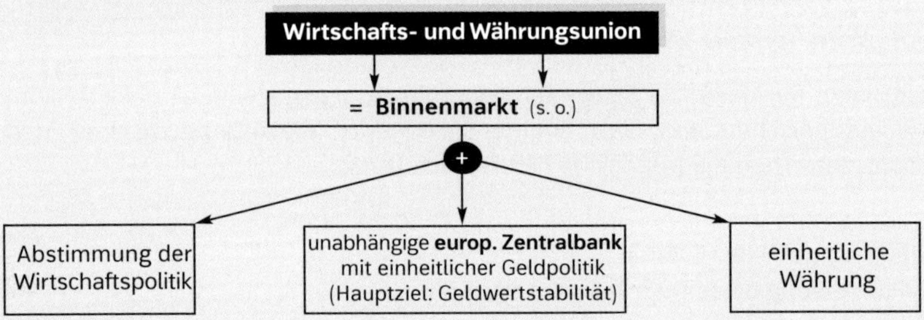

28 Mitgliedsländer der EU (Stand: Mai 2019):

- Deutschland
- Österreich
- Frankreich
- Großbritannien[1]
- Italien
- Estland
- Polen
- Ungarn
- Zypern (griech. Teil)
- Kroatien
- Spanien
- Portugal
- Griechenland
- Belgien
- Niederlande
- Lettland
- Tschechien
- Slowenien
- Rumänien
- Luxemburg
- Schweden
- Finnland
- Dänemark
- Irland
- Litauen
- Slowakei
- Malta
- Bulgarien

[1] *Bei Drucklegung war der avisierte Brexit noch nicht vollzogen und Großbritannien somit noch Mitglied der EU.*

Eurostaaten (Stand: Januar 2019):

- Deutschland
- Frankreich
- Italien
- Slowenien (2007)
- Estland (2011)
- Spanien
- Niederlande
- Belgien
- Malta (2008)
- Lettland (2014)
- Österreich
- Finnland
- Portugal
- Zypern (2008)
- Irland
- Luxemburg
- Griechenland (2001)
- Slowakei (2009)
- Litauen (2015)

Übersicht zur Europäischen Integration:

Der Weg zur Europäischen Wirtschafts- und Währungsunion (EWWU = WWU)

1951 — **EGKS**

Montanunion = Europ. Gemeinschaft für Kohle und Stahl **(EGKS)**

Mitglieder: Deutschland, Frankreich, Italien, Belgien, Luxemburg, Niederlande

Ziele:
- Bildung eines gemeinsamen Marktes für Kohle und Stahl
- Grundstein legen zur Errichtung einer wirtschaftl. Gemeinschaft

1957 — **EWG**

- Europäische Wirtschaftsgemeinschaft **(EWG)** (Mitglieder: s. o.)
- Europäische Atomgemeinschaft **(EURATOM)** (Mitglieder: s. o.)

EWG:
- Beschluss, auf Europ. **Binnenmarkt** hinzuarbeiten
- **Ausdehnung** der **gemeinsamen Politik** im Bereich Kohle/Stahl auf weitere Bereiche der **Wirtschaft,** z. B. Landwirtschaft, Fischerei, Verkehr, Wettbewerbsrecht, Außenhandel

1967 — **EG**

Zusammenlegung von EWG + EURATOM + EGKS
= **Europäische Gemeinschaft (EG)**

1968 — **Zollunion**

Zollunion vollendet

Ab jetzt: zollfreier Im- und Export von einem EWG-Staat in einen anderen **(Freihandel)**

1972 — **Schlange**

Europäische „Währungsschlange“

relativ feste Wechselkurse unter den Partnerländern

1979 — **Europäisches Währungssystem (EWS)** — EWS

relativ feste Wechselkurse unter den Partnerländern ...

erste Direktwahl zum Europäischen Parlament

1987 — **einheitliche Europäische Akte** — Eur. Akte

- Schaffung von Voraussetzungen für Vollendung des Europ. **Binnenmarktes**
- Intensivierung der politischen Zusammenarbeit
- inzwischen zwölf Mitgliedsstaaten

1992 — **Maastrichter Vertrag** — Maastricht

- Beschluss EG-Länder: Gründung der Europäischen Union **(EU)**
- Europäische Gemeinschaften = „Europäische Union" **(EU)**
- **Seit 01.01.1999** Europäische Wirtschafts- und Währungsunion **(EWWU)** – (s. u.)
- **Voraussetzungen** für **Aufnahme** in die EWWU (**Konvergenzkriterien):** siehe unten!

1993 — Beginn des **Europäischen Binnenmarktes (s. o.)** sowie der **EU** — EU

Die drei Säulen der EU

Europäische Gemeinschaften (EG) inkl. **EWWU**	gemeinsame Außen- und Sicherheitspolitik	Zusammenarbeit bei Innen- und Rechtspolitik

1994 — **Europäisches Währungsinstitut (EWI)** — EWI

Vorläufer der Europ. Zentralbank: Beginn 2. Stufe von Maastricht

1998 — **Entscheidung über EWWU-Beginn und Teilnehmer:** — Wer?

2004 — **EU-Osterweiterung** — neue EU'ler

2016 — In einer **Volksabstimmung** stimmt die Mehrheit für den **Austritt Großbritanniens aus der EU (Bis Mitte 2019 ist der Brexit noch nicht erfolgt.).** — Brexit

Der Stufenplan von Maastricht zur Errichtung der Europ. Währungsunion (WWU)

1. Stufe: 1990–93

- Liberalisierung des Kapitalverkehrs
- Realisierung des Europ. Binnenmarktes

2. Stufe: 1994–98

- Annäherung (**Konvergenz**) in der Wirtschafts-, Finanz- und Geldpolitik
- Jedes Land muss bestimmte Konvergenzkriterien erfüllen zwecks Aufnahme in die WWU:

Konvergenzkriterien

stabiles Preisniveau	gesunde Staatsfinanzen	stabile Wechselkurse	nicht zu hohes Zinsniveau
Inflationsrate max. **1,5 %** über Durchschnitt der drei stabilsten Länder	jährliche **Neuverschuldung** max. **3 %** des Bruttoinlandsprodukts (BIP) **Staatsschulden** insgesamt max. **60 %** des BIP	**EWS-Teilnahme** seit mindestens zwei Jahren ohne große Kurs-schwankungen	durchschnittl. lfr. **Zinssatz** im Jahr vor der Prüfung max. **2 %** über dem Satz der drei preisstabilsten Länder

- **Europäischer Stabilitäts- und Wachstumspakt:**

1996 verständigte sich der ECOFIN-Rat (Rat der Wirtschafts- und Finanzminister), einen „Stabilitäts- und Wachstumspakt" zu beschließen.

Bestimmungen:
- Verpflichtung der EU-Mitglieder zu **solider Haushaltspolitik**
- Mittelfristig: **ausgeglichener Haushalt** bzw. Haushaltsüberschuss
- **Annäherung** an das Haushaltsziel: jährliche Defizitsenkung um mindestens 0,5 % des Bruttoinlandsprodukts (BIP)
- Vorlage von **Stabilitäts- und Konvergenzprogrammen**
- **Frühwarnsystem** soll Defizit > 3 % des BIP verhindern; höhere Defizite nur ausnahmsweise erlaubt (z. B. starker Abschwung)
- **Sanktionen** bei Verfehlung der Bestimmungen

- Errichtung des **Europäischen Währungsinstituts (EWI)**
- Ausschluss der Finanzierung öffentlicher Haushalte durch Notenbanken
- Überführung der nationalen **Notenbanken** in die **Unabhängigkeit**
- **Entscheidung** über **Beginn** der WWU und die **Teilnehmer**
- Errichtung des **Europäischen Systems der Zentralbanken (ESZB)**

3. Stufe: 1999–02

- **Start** der Währungsunion am **01.01.1999**
- Festlegung der **Wechselkurse** der Teilnehmerwährungen
- einheitliche Geldpolitik durch das Europäische Zentralbanksystem (**ESZB**)
- Noten-, Münzausgabe in **Euro**, seit 2002 Ersatz nationaler Geldzeichen

seit Februar 2014

Einheitlicher Zahlungsverkehr in Europa: SEPA

EU-Länder, Euroland und EWS II

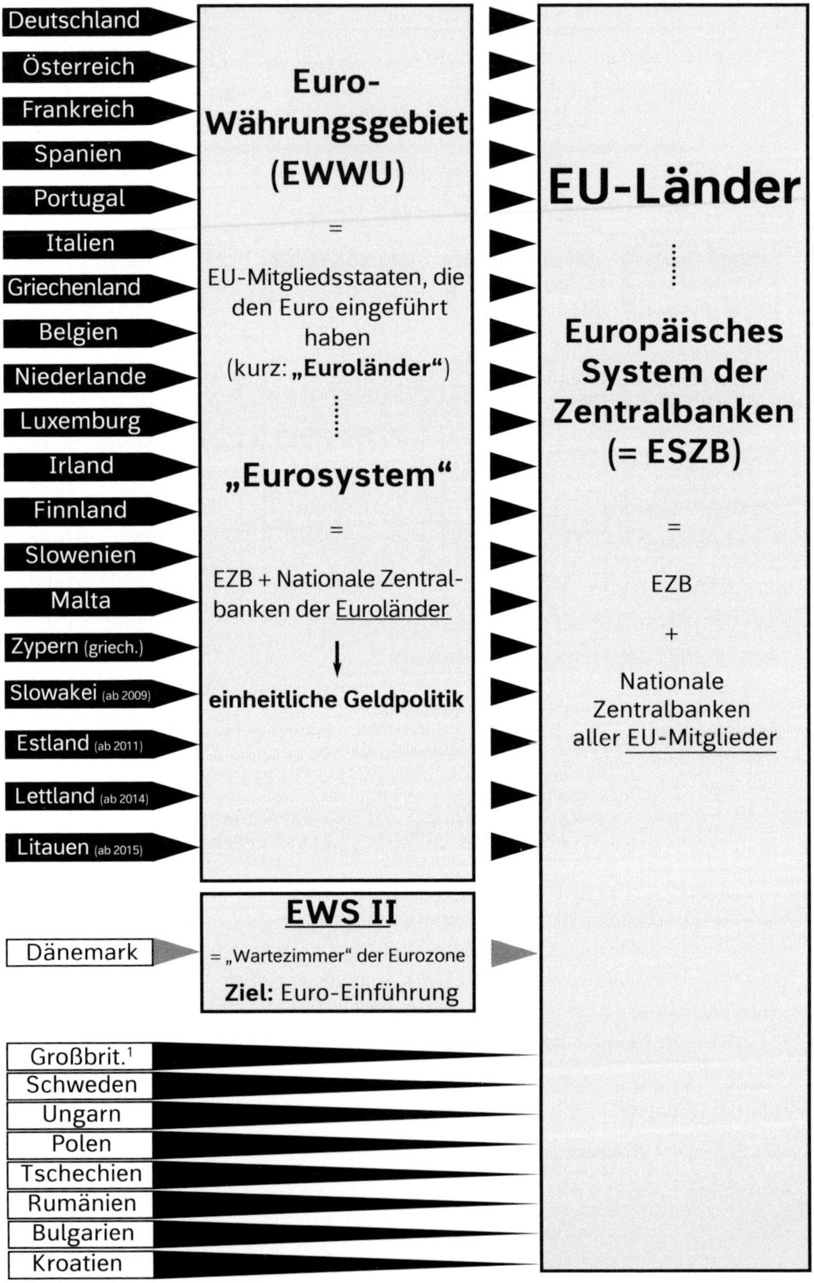

[1] *Bei Drucklegung war der avisierte Brexit noch nicht vollzogen und Großbritannien somit noch Mitglied der EU.*

Vorteile einer Europäischen Währungsunion

- Keine **Wechselkursschwankungen** innerhalb der Währungsunion:
  - Wegfall des Wechselkursrisikos fördert den Außenhandel (mehr Planungssicherheit für die Wirtschaft)
  - keine Wechselkursspekulationen mehr mit negativen Auswirkungen auf den innergemeinschaftlichen Handel
- **Transaktionskosten** (Währungsumtauschkosten, Versicherungskosten ...) entfallen
- verbesserte Preisvergleiche **(Preistransparenz)** möglich
- **größeres Angebot** von Waren und Dienstleistungen, größere Finanzierungsmöglichkeiten ...
- Belebung des innergemeinschaftlichen Handels ... Folge: evtl. **Wachstumsschub**
- Entstehung eines **starken Währungsblocks** als Gegenstück zu Yen und US-Dollar
- **Stabilität** der Gemeinschaftswährung evtl. höher als durchschnittliche Stabilität der EU-Mitgliedsstaaten
- Verstärkung des **Zusammengehörigkeitsgefühls** durch gemeinsame Währung (europäische Identität = positiv für die Völkerverständigung)
- Einhaltung von **Stabilitätskriterien** (Konvergenzkriterien) führte zu positiven Wirkungen bereits im Vorfeld der Währungsunion, aber auch danach (Sanktionen gegen Länder, die die Stabilitätskriterien nicht erfüllen). Folge: Schaffung einer europäischen **Stabilitätsgemeinschaft**
- Konkurrenzvergrößerung bei Unternehmen und Gewerkschaften führt zu **Preis- und Lohndisziplin**
- Fortsetzung des europäischen **Einigungsprozesses**; Vorarbeiten für politische + soziale Integration
- Verhinderung nationaler Alleingänge und **Rivalitäten** in Europa
- Stärkung der **Wettbewerbsfähigkeit** gegenüber anderen Regionen der Welt
- Strenge + glaubwürdige **Antiinflationspolitik** der **EZB** führt zu Preisstabilität und langfristig niedrigen Zinsen. Die Zinsen sinken zudem aufgrund der wegfallenden Wechselkursgebühren sowie größerer Liquidität eines europäischen Finanzeinheitsmarktes. Folge: Investitionen + Wachstum werden gefördert.

Nachteile (Probleme) einer Europäischen Währungsunion

- Nicht alle EU-Staaten wurden aufgrund mangelnder Konvergenz von Anfang an in die Währungsunion aufgenommen. → Start mit nur kleinerer Gruppierung → Gefahr: Spaltung Europas in **„Ins“** und **„Outs“** (Europa mit mehreren Geschwindigkeiten)
- Währungsunion evtl. **verfrüht** (Währungsunion ohne vorherige Schaffung einer politischen Union)
- Währungsunion evtl. zum **falschen Zeitpunkt:** In Zeiten einer **Konjunkturflaute** (hohe Arbeitslosenzahlen) bewirkt das Anstreben der Konvergenzkriterien eine Verschärfung der Situation. (Der Staat sollte in dieser Phase die Wirtschaft ankurbeln durch erhöhte Staatsinvestitionen, Steuersenkungen ... Das Gegenteil wird zwecks Erfüllung der Konvergenzkriterien momentan getan → man ist also weit entfernt von einer „antizyklischen Fiskalpolitik“.) Einige Wirtschaftswissenschaftler sind der Ansicht, die ehemals **schwache Konjunktur** resultiere zu einem Gutteil aus den europaweiten Ausgabenkürzungen zwecks Erfüllung des 3 %-Kriteriums von Maastricht.

  Stichwort: **„Wir sparen ... und machen damit den Aufschwung kaputt.“**
- Billiges **Arbeitskräfteangebot** aus anderen EU-Ländern drückt evtl. Löhne und Gehälter in Deutschland.
- Finanzpolitisches **Fehlverhalten** eines Mitgliedslandes wirkt evtl. negativ auf andere Länder.

6.2 Globalisierung

Stofftelegramm

- Globalisierung = zunehmende **Internationalisierung des** Wettbewerbs
- **Wirkungen:**
  - zunehmender Wettbewerbsdruck (ausländische Billiganbieter)
  - Verlagerung von Arbeitsplätzen und Produktionsstätten ins kostengünstigere Ausland = Diskussionsthema „**Wirtschaftsstandort Deutschland**"
  - zunehmend **multinationale (grenzüberschreitende) Unternehmen**
- **Ursachen**:
  - Trend in Richtung Liberalisierung des Welthandels
  - technische Innovationen (Produktions-, Verkehrs-, Kommunikationstechnik)
- **Vorteile der Globalisierung:**
  - weltweite Konkurrenz → günstige Einkaufspreise
  - kostengünstigere Produktion im Ausland
  - Förderung der Wirtschaft in Entwicklungsländern
  - Kulturaustausch, Verflechtung steigt → Kriegsgefahr sinkt
  - wachstumsfördernd → steigender Wohlstand
  - steigende Warenvielfalt
  - Produktionsfaktoren weltweit effizienter eingesetzt
  - Steigerung der weltweiten Produktivität und des Wohlstands der beteiligten Produzenten
  - Beschleunigung der technischen Entwicklung
- **Kritik an der Globalisierung:**
  - steigende Arbeitslosigkeit in Ländern mit hohem Lohnniveau
  - steigender Kostendruck in bisherigen Industrieländern
  - sinkender Lebensstandard in bisherigen Industrieländern
  - Konzentration auf Märkte und Geschäftsbeziehungen – die Globalisierung von Menschenrechten, ökologischen Standards usw. bleiben evtl. unberücksichtigt.
  - zunehmende Umweltzerstörung (Flugzeuge, Fabriken ...)

6.3 Freihandel – Protektionismus

Stofftelegramm

Freihandel → völlig unbehinderter internationaler Güteraustausch

Protektionismus → Der internationale Handel wird durch Eingriffe erschwert oder begünstigt.

Tarifäre Handelshemmnisse	**Nichttarifäre Handelshemmnisse**
= v. a. **zollpolitische** Maßnahmen (Import-/Exportzölle)	= sonstige Hemmnisse des freien internationalen Handels (z. B. Importquote = mengenmäßige Beschränkung des Imports)

6.4 WTO

Stofftelegramm

WTO = **W**orld **T**rade Organization (Welthandelsorganisation); seit 1995; Sitz: Genf

- Mitglieder: 164 Staaten (Stand: Januar 2019)
- Überwachung der Einhaltung der internationalen Handelsregeln
- Schlichtungsinstanz bei Rechtsstreitigkeiten zwischen den Mitgliedsländern

Wesentliche Bereiche: Handel mit Waren, Dienstleistungen, geistigen Eigentumsrechten:

Handel mit Waren: **G**eneral **A**greement on **T**ariffs and **T**rade (**GATT**= Allgemeines Zoll- und Handelsabkommen)

Ziele des GATT:

- Zollabbau
- Meistbegünstigungsklausel zur Verhinderung der Benachteiligung einzelner Länder: Alle ausgehandelten Zollzugeständnisse, die ein Land seinem Partnerland in einem sonstigen Handelsvertrag gewährt, gelten sofort und ohne Gegenleistung für alle anderen GATT-Mitglieder auch.
- Abschaffung der Diskriminierung einzelner Länder
- Abschaffung der Einfuhrkontingente (Einfuhrbeschränkungen)
- Verhinderung von Dumpingmethoden (Warenexporte zu Preisen, die niedriger als die Inlandspreise sind; Zweck: Verdrängung von Konkurrenz bzw. Verteidigung eigener Marktanteile)

Handel mit Dienstleistungen: Banken, Versicherungen, Tourismus

Geistige Eigentumsrechte: Patentrechte

6.5 Aufgaben

1. Was versteht man unter einem **Binnenmarkt**?
2. Wodurch unterscheidet sich der **Binnenmarkt** von einer **Wirtschafts-** und **Währungsunion?**
3. Nennen Sie kurz die einzelnen **Stationen** auf dem Weg zur Europäischen Union **(EU).**
4. Welche wesentlichen wirtschaftspolitischen Punkte beinhaltet der **Maastrichter Vertrag?**
5. Welche wesentlichen Inhalte hat der **Drei-Stufen-Plan** von Maastricht?
6. Was versteht man unter **„Konvergenz“**?
7. Nennen Sie die im Maastricht-Vertrag fixierten **Konvergenzkriterien.**
8. „Bedeutender als die einmalige Konvergenz ist die nachhaltige Konvergenz.“
   a) Erklären Sie diese Aussage.
   b) Wie wird erreicht, dass sich die EWWU-Staaten um nachhaltige Konvergenz bemühen?
9. Welche wirtschaftspolitischen **Chancen** und **Risiken** könnten aus der Errichtung einer Europäischen Wirtschafts- und Währungsunion **(EWWU)** resultieren?
10. Nennen Sie Vor- und Nachteile einer an **Konvergenzkriterien** orientierten Wirtschafts- und Finanzpolitik des Staates.
11. Erklären Sie die Aussage: „Wir sparen für die Konvergenz und machen den Aufschwung kaputt.“
12. Nennen Sie kurz die Bestimmungen des **Europäischen Stabilitäts- und Wachstumspakts.**
13. Verfolgen Sie die aktuelle Entwicklung in der **Tagespresse.**

6.6 Prüfungsaufgaben

Prüfungsaufgaben Sommer 2014 (Aufgabe 2, teilweise)

2.4 Herr Gruber schickt Sie zu einer Veranstaltung des örtlichen Gewerbevereins zum Thema „Globalisierung – Handlungsbedarf für den regionalen Handel?“ und gibt Ihnen den Auftrag, die wichtigsten Punkte in einem Ergebnisprotokoll festzuhalten.

Bei Ihrem Ergebnisprotokoll orientieren Sie sich an den Tagesordnungspunkten des Einladungsschreibens.

2.4.1 Was heißt Globalisierung?

2.4.2 Was bedeutet Globalisierung
- für den Verbraucher,
- für den Arbeitsmarkt,
- für den Einzelhandel?

Komplette Prüfungsaufgaben Kundenbeziehungsprozesse seit Winter 2015/2016

1 Prüfungsaufgaben Kundenbeziehungsprozesse Winter 2015/2016

Aufgabe 1

Die Living & Style GmbH in Stuttgart ist ein Unternehmen, das auf den Vertrieb von Möbel und Wohnaccessoires spezialisiert ist. Das Sortiment – über 25.000 Artikel – wird auf 90.000 m^2 präsentiert und angeboten. Sie sind Assistent/-in der Geschäftsleitung bei der Living & Style GmbH.

.1 Sie haben heute an einer unternehmensinternen Konferenz teilgenommen und das Ergebnisprotokoll (**Anlage 1**) erstellt.

.1.1
- Konzipieren Sie im Auftrag der Geschäftsleitung einen Werbeplan. Geben Sie hierfür Werbeobjekt, Zielgruppe, Streugebiet und Streuzeit an.
- Unterbreiten Sie zwei begründete Vorschläge zu möglichen Werbemaßnahmen entsprechend der Vorgaben von Herrn Geiger.

.1.2 Unterbreiten Sie zur Bewertung des von Ihnen vorgeschlagenen Werbeplans zwei begründete Möglichkeiten der Werbeerfolgskontrolle.

.1.3 Erstellen Sie unter Verwendung des Konferenzprotokolls und der Stellenbeschreibung (**Anlage 2**) eine Stellenanzeige.

.2 Bei der Living & Style GmbH werden alle Prozesse als ereignisgesteuerte Prozessketten (EPK) dargestellt. Aufgrund des hohen Zeitbedarfs für Vorstellungsgespräche möchten Frau Rudolph und Herr Geiger den Ablauf des Personalauswahlverfahrens optimieren (**Anlage 3**). Modellieren Sie einen Teil der bereits existierenden Vorlage zum Ablauf des Personalauswahlverfahrens (**Anlage 4**) neu.

Aufgabe 2

Die Müller GmbH in Stuttgart ist ein Großhandel und beliefert Kioske und Tankstellen mit Süßwaren, Tiefkühlkost und Getränken im süddeutschen Raum. In den nächsten ein bis zwei Jahren rechnet das Unternehmen mit Liquiditätsengpässen, die nur mit kurzfristigen Krediten zu überbrücken sind. Die Zahlung der Rechnungen erfolgt trotz angespannter Liquiditätslage stets innerhalb der Skontoabzugsfrist.

Sie sind Sachbearbeiter/-in der Abteilung Rechnungswesen und unterstützen die Abteilungsleiterin, Frau Peters, bei ihren Aufgaben und Entscheidungen.

.1 Frau Peters beauftragt Sie für den Monat Oktober 2015 Buchungen durchzuführen.

.1.1 Buchen Sie die Belege (**Anlage 5–7**).

2.1.2 Am 22.10.2015 erfolgte die Zahlung zu **Anlage 5 und 6** in Höhe von 4.494,85 EUR pe Banküberweisung an die Prinz AG.

- Prüfen Sie den Überweisungsbetrag in einer übersichtlichen Darstellung.
- Buchen Sie die Zahlung.

2.1.3 Buchen Sie die Zahlung laut Kontoauszug Nr. 44 (**Anlage 8**).

2.2 Zur Zahlung der Rechnung (**Anlage 7**) innerhalb der Skontofrist muss ein Kontokorrent kredit zu 10,25 % Zinsen p. a. in Anspruch genommen werden.

Begründen Sie rechnerisch den finanziellen Vorteil der vorzeitigen Zahlung.

2.3 Die Umsatzsteuervoranmeldung für den Monat Oktober (**Anlage 9 und 10**) liegt zu Bearbeitung auf Ihrem Schreibtisch.

- Erstellen Sie die Umsatzsteuervoranmeldung.
- Beurteilen Sie die Zahlung der Umsatzsteuer in Bezug auf das Unternehmensergebni und die Liquidität.

2.4 Für die gestiegene Nachfrage nach Tiefkühlkost reichen die bisherigen Lastkraftwage mit Tiefkühlraum zur Auslieferung der Waren nicht aus. Damit die Kunden zukünfti schnell beliefert werden können, soll für den Raum Stuttgart ein weiteres Fahrzeug zun Einsatz kommen. Sie erhalten eine E-Mail von Frau Peters mit Informationen über mög liche Finanzierungsalternativen (**Anlage 11**).

2.4.1 Vergleichen Sie die Liquiditätsbelastung der ersten vier Jahre für diese Alternativen.

2.4.2 Entscheiden Sie sich mit zwei weiteren Argumenten für eine Finanzierungsart.

Aufgabe 3

Die Medical Opec GmbH ist ein mittelständischer Hersteller von medizinischen Instrumente und Messgeräten in Stuttgart. Sie arbeiten dort als Assistent/-in des Vertriebsleiters Robert Klatt Neben den allgemeinen Assistenzaufgaben sind Sie für die Planung und Organisation von Ge schäftsreisen und Veranstaltungen der Abteilung zuständig. Sie unterstützen Ihren Vorgesetzte auch bei der Kundenbetreuung.

3.1 Die Umsätze im laufenden Geschäftsjahr sind rückläufig, deshalb werden die Werbe maßnahmen erhöht. So ist z. B. das Unternehmen auf der Messe MEDICINAE in Pari als Aussteller vertreten. Herr Robert Klatt bespricht heute mit Ihnen seine geplant Geschäftsreise nach Paris (**Anlage 12**).

3.1.1 Sie haben im Internet die verschiedenen Reisemöglichkeiten nach Paris recherchier und folgende zehn Informationen gefunden (**Anlage 13**).

- Ermitteln Sie für Herrn Klatt ein geeignetes Verkehrsmittel mit Fahrtkosten un genauen Reisezeiten.
- Begründen Sie Ihre Entscheidungen zu Ihrem gewählten Verkehrsmittel hinsichtlic der Fahrtkosten und den Reisezeiten mit je zwei Argumenten.

3.1.2 Nachdem Herr Klatt von seiner Geschäftsreise zurück ist, gibt er Ihnen die Belege für die Reisekostenabrechnung (**Anlage 14**). Sie berücksichtigen dabei die Reiserichtlinien (**Anlage 15**) und verwenden das entsprechende Formular (**Anlage 16**).

Erstellen Sie die Reisekostenabrechnung.

3.2 Für die Messgeräte der Reihe X-OPEC 3 gab es eine Modulerweiterung und ein Software-Update.

Zur Einführung dieser neuen Produktreihe bietet das Unternehmen am 15.02.2016 den ersten Workshop für Mitarbeiter/-innen von Arztpraxen und Krankenhäuser im eigenen Haus an. Die maximale Teilnehmerzahl beträgt 20 Personen. Weitere Workshops folgen im März und April. Interessenten können sich bis vier Wochen vorher anmelden.

3.2.1 Vormittags findet ein multimedialer Vortrag im Schulungsraum statt. Nachmittags ist der praktische Teil der Workshops in Gruppen an Geräten im Labor vorgesehen. Die entsprechende Schutzkleidung wird für die Testmessungen im Labor zur Verfügung gestellt. Die Referentinnen und Referenten übernehmen die Sicherheitsunterweisung für den Umgang mit den verschiedenen Chemikalien.

Erstellen Sie eine Checkliste zur Vorbereitung, Durchführung und Nachbereitung des Workshops mit je vier Punkten.

3.2.2 Drei Tage nach Anmeldeschluss für den ersten Workshop haben Sie noch eine Anmeldung erhalten. Da bereits alle Plätze belegt sind, haben Sie dem Interessenten abgesagt. Dieser ruft Sie heute an und beschwert sich massiv bei Ihnen, dass er zu diesem Workshop nicht zugelassen sei. Er könne die Absage absolut nicht nachvollziehen, da er vor Anmeldeschluss mit einem Ihrer Kollegen über die Teilnahme am Workshop gesprochen habe. Dem Kollegen habe er erklärt, dass er sich erst kurzfristig anmelden könne, weil er noch einige Termine abstimmen müsse. Ihm sei von unserer Seite zugesichert worden, man würde ihm einen Platz vorläufig reservieren, bis er seine Terminüberschneidungen geklärt habe.

- Formulieren Sie für die mögliche Annahme und Ablehnung des Kunden jeweils zwei Begründungen.
- Beschreiben Sie jeweils zwei Konsequenzen dieser Lösungsstrategien.

Anlage 1

Living & Style GmbH

Industriestr. 87 • 70173 Stuttgart
Tel.: 0711 23569-0 • Fax: 0711 23569-10 • E-Mail: info@livingstyle.de • Internet: www.livingstyle.de

Ergebnisprotokoll

Meeting KW 46

Datum, Ort:	Living & Style GmbH, Besprechungsraum 1
Dauer:	1 Stunde
Vorsitz: Weitere Anwesende:	Herr Geiger, Geschäftsführer Herr Fischer, Abteilungsleiter Einkauf Frau Kerber, Abteilungsleiterin Verkauf Frau Rudolph, Abteilungsleiterin Personal Herr Altmann, Abteilungsleiter Lager
Abwesende:	Frau Bertmann, Abteilungsleiterin Marketing
Protokoll:	Ihr Vor- und Zuname, Assistenz der Geschäftsleitung
Tagesordnung:	Top 1 Neue Produktlinie „Tilly-Style“ Top 2 Personelles

Top1

Herr Fischer führt aus, dass eine moderne, angesagte Möbel- und Wohnaccessoires-Serie „Tilly-Style“ ins Sortiment aufgenommen wurde und vom Unternehmen exklusiv vertrieben werde. Er informiert, dass ein national bekannter Schauspieler der Designer von „Tilly-Style“ sei, und mit diesen Möbeln und Wohnaccessoires überwiegend junge Kunden angesprochen werden.

Herr Geiger beabsichtigt diese neue Produktlinie ab der KW 49 zu bewerben. Ihm sei es sehr wichtig, dass sowohl Kundenbindung als auch Kundengewinnung berücksichtigt werden.

Frau Kerber informiert, dass der überwiegende Teil des Kundenstammes – wie interne Statistiken belegen – aus dem Ballungsgebiet Stuttgart komme.

Diese Aspekte sollen nach Meinung aller Beteiligten berücksichtigt werden.

Top 2

Herr Geiger berichtet, dass Frau Bertmann aus persönlichen Gründen zum 30. November das Unternehmen auf eigenen Wunsch verlasse. Die Stelle solle zum 1. Dezember neu besetzt werden.

Frau Kerber spricht sich dafür aus, dass der/die neue Stelleninhaber/-in auch über Erfahrungen in der Konzeption und der Betreuung aktueller Kommunikationswege verfügen solle. Herrn Geiger ist es wichtig, dass die Living & Style GmbH in Zukunft einen professionelleren Auftritt in den digitalen Medien habe. Alle Beteiligten beschließen einstimmig, dass eine geeignete Bewerberin bzw. ein geeigneter Bewerber gesucht werde.

Stuttgart, 12.11.2015

Peter Geiger	*Ihre Unterschrift*
Peter Geiger, Geschäftsführer	Assistenten der Geschäftsleitung, Protokollführer/-in

Anlage 2

Living & Style GmbH	Stellenbeschreibung Leiter Marketing (m/w)	Nr.: 12 Erstellt am: 21.02.2013

1 **Bezeichnung der Stelle:** Leiter Marketing (m/w)

2 **Organisatorische Einordnung der Stelle:**

2.1 **Übergeordnete Stelle:** Geschäftsleitung

2.2 **Untergeordnete Stellen:** Sachbearbeiter Marketing

2.3 **Stellvertretung:**
Der Stelleninhaber wird vertreten durch: –
Der Stelleninhaber vertritt: –

3 **Ziele der Stelle:**
Entwicklung von Marketingstrategien und Steuerung aller operativen und strategischen Marketingmaßnamen in enger Abstimmung mit der Geschäftsleitung unter Berücksichtigung langfristiger Unternehmensziele

4 **Aufgaben und Kompetenzen:**

- Planung, Koordination, Durchführung und Kontrolle von Kampagnen in Printmedien, auf Fachmessen und bei Kundenevents
- Entwicklung und Weiterentwicklung von Marketingstrategien unter Berücksichtigung der Ergebnisse von Markt-, Kunden- und Wettbewerbsanalysen, der mittelfristigen Unternehmensziele und der Analyse und Bewertung technologischer Trends
- Steuerung, Planung und Kontrolle sämtlicher Marketing-Aktivitäten auf Basis eines effizienten Marketingcontrollings
- Verantwortung und Wahrnehmung der Presse- und Öffentlichkeitsarbeit des Unternehmens in enger Abstimmung mit der Geschäftsleitung
- fachliche und disziplinarische Führung der Mitarbeiter/-innen im Bereich Marketing

5 **Anforderungen an den Stelleninhaber:**
Vorbildung:
abgeschlossenes Hochschulstudium z. B. BWL/VWL mit dem Schwerpunkt Marketing oder ein vergleichbarer Abschluss

Kenntnisse:

- Einschlägige Berufserfahrung im Bereich Marketing
- Kenntnisse in büroüblicher Software
- Fremdsprachenkenntnisse in Wort und Schrift (bevorzugt Englisch)
- Präsentationsfähigkeit

Eigenschaften:
gewinnendes und freundliches Auftreten, Kreativität, Organisationsfähigkeit

Anlage 3

Gespräch zwischen Herrn Geiger und Frau Rudolph

Herr Geiger: „Die Zahl der Vorstellungsgespräche und der damit verbundene Zeitbedarf hat in der Vergangenheit stetig zugenommen. Frau Rudolph, wir sollten unsere Vorgehensweise überdenken. Bewerber, deren Bewerbungsunterlagen weder den formalen noch den fachlichen Anforderungen entsprechen, sollten wir gleich aussortieren. Diese Bewerbungen senden wir innerhalb von 14 Tagen mit Absage zurück. Darüber hinaus schlage ich vor, geeignete Bewerber zunächst einen Einstellungstest absolvieren zu lassen. Durch diese Vorgehensweise lässt sich die Zahl unserer Vorstellungsgespräche reduzieren."

Frau Rudolph: „Sehr gute Idee, Herr Geiger. Hierfür könnten wir den bereits existierenden Onlinetest einsetzen. Ich schlage vor, dass wir in Zukunft nur Bewerber zu einem persönlichen Gespräch einladen, die im Onlinetest mindestens 75 von 100 Punkten erreicht haben."

Herr Geiger: „Ja, so machen wir es."

Anlage 4

EPK: Ablauf des Personalauswahlverfahrens

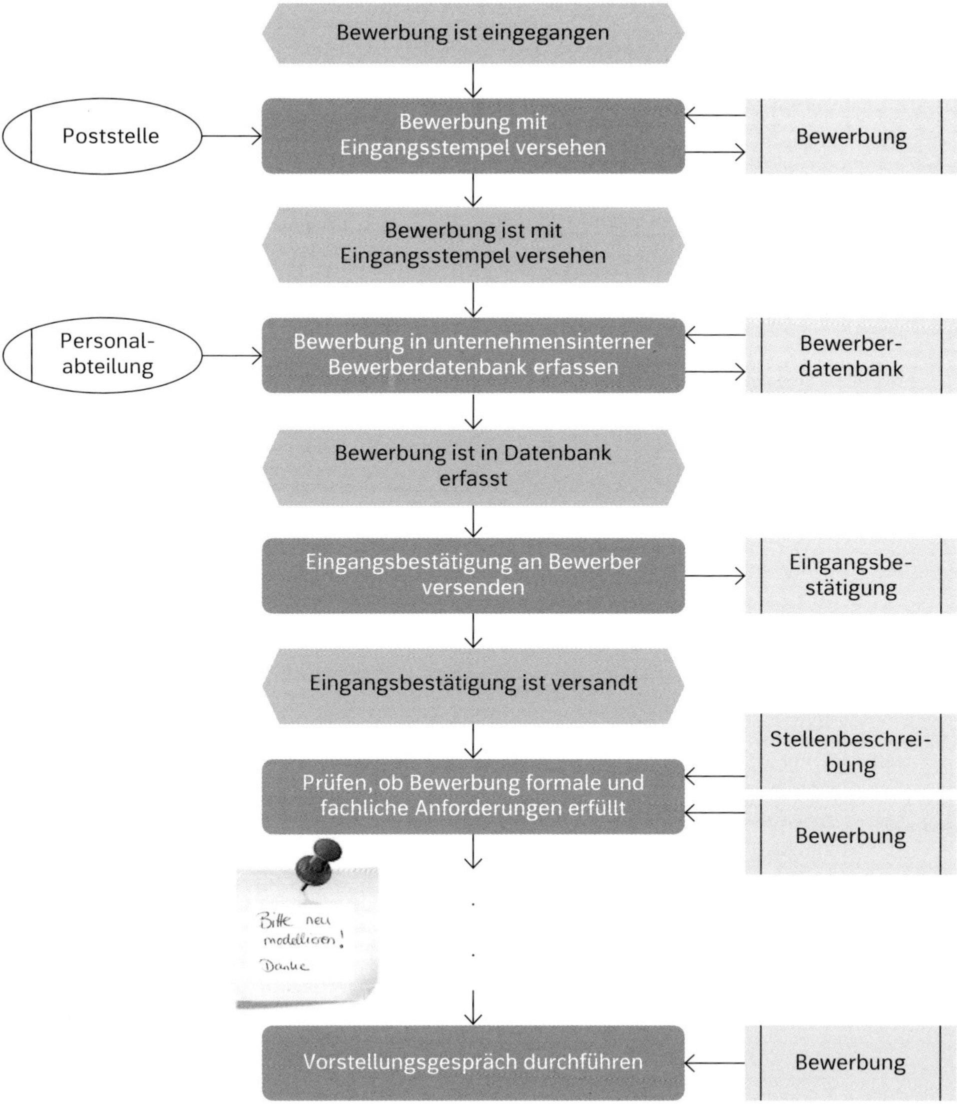

Anlage 5

Princess chocolate
For a better taste

Prinz KG, Karlsruher Straße 44, 77652 Offenburg

Müller GmbH
Bruchsaler Str. 20 – 22
70148 Stuttgart

Kundennummer: 334-897
Ihre Nachricht vom:
Unser Zeichen: AL
Unsere Nachricht vom:

Name: Frau Anna Linz
Telefon: 0781 45123-0
Telefax: 0781 45123-10
E-Mail: linz@prinz-schokoladen.de
Internet: www.prinz-schokoladen.de
Datum: 2015-10-14

Rechnung-Nr. 20xx-48889

Lieferung vom: 14.10.2015

Artikel-Nr.	Bezeichnung	Einzel-preis	Menge	Rabatt in %	USt.-Satz	Warenwert in Euro
10-444	Schoko-Riegel Prinzess 10 x 50 g	1,99	400		A	796,00
10-840	Schwarzwälder Tafel 10 x 200 g	4,99	500	10	A	2.245,50
14-660	Schoko-Riegel Eagle 3 x 30 g	0,55	100		A	55,00
16-510	Schoko-Riegel Snape 100 g	0,65	50		A	32,50
17-440	Schoko-Tafel Butterfly 80 g	0,99	150		A	148,50
20-334	Schokoschnitte Dark and Blake 10 x 130 g	2,99	200		A	598,00
20-889	Schoko-Riegel Halifax 10 x 190 g	3,45	150		A	517,50
					Warenwert netto	**4.393,00**
					Transport- und Verpackungskosten	**50,00**
					Umsatzsteuer	**311,01**
					Rechnungsbetrag	**4.754,01**
Produkt A: 7 % Umsatzsteuer 311,01					Produkt B: 19 % Umsatzsteuer 0,00	0,00

Lieferdatum entspricht Leistungsdatum. Zahlbar innerhalb von 10 Tagen unter Abzug von 3 % Skonto, 30 Tage rein netto.

Sitz und Registergericht: Offenburg HRA 360 468, USt-IdNr.: DE 340 478 548,
Geschäftsführung: Beate Prinz
Bankverbindung: Privatbank Offenburg, IBAN DE28 3682 6043 0022 6400 09, BIC PBOOFGVOKVF

Anlage 6

Princess chocolate
For a better taste

Prinz KG, Karlsruher Straße 44, 77652 Offenburg

Kundennummer: 334-897
Ihre Nachricht vom:
Unser Zeichen: AL
Unsere Nachricht vom:

Müller GmbH
Bruchsaler Str. 20 – 22
70170 Stuttgart

Name: Anna Linz
Telefon: 0781 45123-0
Telefax: 0781 45123-10
E-Mail: linz@prinz-schokoladen.de
internet: www.prinz-schokoladen.de

Datum: 2015-10-14

Gutschrift Nr. 300–330

Reklamation vom 14.10.2015 zur Lieferung vom 14.10.2015

Artikel-Nr.	Bezeichnung	Einzel-preis	Menge	Rabatt	USt.-Satz	Warenwert in Euro
10-840	Schwarzwälder Tafel 10 x 200 g	4,99	25	10	A	112,28
					Warenwert netto	**112,28**
					Umsatzsteuer	**7,86**
					Gutschrift	**120,14**
					Produkt B: 19 % Umsatzsteuer	0,00
					Produkt A: 7 % Umsatzsteuer	7,86

Wir bestätigen den Eingang der Rücksendung.

Sitz und Registergericht: Offenburg HRA 360 468, USt-IdNr.: DE 340 478 548,
Geschäftsführung: Beate Prinz
Bankverbindung: Privatbank Offenburg, IBAN DE28 3682 6043 0022 6400 09, BIC PBOOFGVOKVF

Anlage 7

KRESSLER KG – Lagertechnik

Kressler KG • Heinrich-Heine-Str. 20 – 25 • 76199 Karlsruhe

Ihr Zeichen: MR-EY
Ihre Nachricht vom: 2015-10-15
Unser Zeichen: pe
Unsere Nachricht vom:

Müller GmbH
Bruchsaler Str. 20 – 22
70170 Stuttgart

Name: Frau Stefanie Peter
Telefon: 0721 3311-11
Telefax: 0721 3311-12
E-Mail: peter@kressler-lagertechnik.de
Internet: www.kressler-lagertechnik.de

Datum: 2015-10-20

Rechnung 2015-10899

Artikel	Menge	Lieferdatum 20.12.2015	Euro	Euro
21-000	1	TMC Vierradstapler Modell FHG 20T4 Tragkraft 1.500 kg Hubmast Duplex Antrieb LPG		11.874,79
	1	Überführung		300,00
		Rechnungsbetrag netto		12.174,79
		19 % Umsatzsteuer		2.313,21
		Rechnungsbetrag brutto		14.488,00

Zahlungsbedingungen: Innerhalb von 10 Tagen unter 2 % Skontoabzug oder 30 Tage netto Kasse.

Leistungsdatum entspricht Rechnungsdatum

Sitz und Registergericht: Karlsruhe HRB 338 744, USt-IdNr.: DE 945 478 548, St-Nr. 443/791
Geschäftsführung: Bertram Müller
Bankverbindung: Privatbank Karlsruhe, IBAN DE80 3602 6082 6043 0082 09, BIC PBKODEVOKVF

Anlage 8

	LS Bank Stuttgart IBAN DE87 3604 5510 0699 0204 37	**Kontoauszug 44**	
			Euro
	Alter Kontostand vom 29.10.2015		**12.045,06**
Tag	**Text**	**Wert**	**zulasten**
30.10.	Kreditvertrag 201.409.480 monatliche Annuität Oktober 2015, davon 755,00 EUR Zinsen		2.017,05
	Neuer Kontostand vom 30.10.2015		**10.028,01**

Anlage 9

Ausschnitt aus dem Hauptbuch der Finanzbuchhaitung zum 31.10.2015 – Steuernr. 60159

Kontonr.	Bezeichnung	Soll	Haben	Saldo	Bemessungsrundlage ohne USt.
2600	Vorsteuer	19.334,00	1.248,00	18.086,00	
4800	Umsatzsteuer 19 %	876,00	9.878,00	9.002,00	47.378,95
4801	Umsatzsteuer 7 %	1.447,00	21.487,00	20.040,00	286.285,71

Umsätze für Monat Oktober 2015. Es liegen keine weiteren Umsätze für diesen Monat vor.

Anlage 10

- Bitte weiße Felder ausfüllen oder ☒ ankreuzen, Anleitung beachten -

2015

Fallart	Steuernummer	Unterfallart
11		56

30 Eingangsstempel oder -datum

Umsatzsteuer-Voranmeldung 2015

Finanzamt

Unternehmer – ggf. abweichende Firmenbezeichnung – Anschrift – Telefon – E-Mail-Adresse

Voranmeldungszeitraum

bei monatlicher Abgabe bitte ankreuzen | bei vierteljährlicher Abgabe bitte ankreuzen

15 01	Jan.	15 07	Juli		15 41	I. Kalender-vierteljahr	
15 02	Feb.	15 08	Aug.		15 42	II. Kalender-vierteljahr	
15 03	März	15 09	Sept.		15 43	III. Kalender-vierteljahr	
15 04	April	15 10	Okt.		15 44	IV. Kalender-vierteljahr	
15 05	Mai	15 11	Nov.				
15 06	Juni	15 12	Dez.				

Berichtigte Anmeldung (falls ja, bitte eine „1" eintragen) — 10

Belege (Verträge, Rechnungen, Erläuterungen usw.) sind beigefügt bzw. werden gesondert eingereicht (falls ja, bitte eine „1" eintragen) — 22

I. Anmeldung der Umsatzsteuer-Vorauszahlung

	Kz	Bemessungsgrundlage ohne Umsatzsteuer volle EUR	Kz	Steuer EUR	Ct
Lieferungen und sonstige Leistungen (einschließlich unentgeltlicher Wertabgaben)					
Steuerfreie Umsätze mit Vorsteuerabzug					
Innergemeinschaftliche Lieferungen (§ 4 Nr. 1 Buchst. b UStG) an Abnehmer **mit** USt-IdNr.	41				
neuer Fahrzeuge an Abnehmer **ohne** USt-IdNr.	44				
neuer Fahrzeuge außerhalb eines Unternehmens (§ 2a UStG)	49				
Weitere steuerfreie Umsätze mit Vorsteuerabzug (z.B. **Ausfuhrlieferungen**, Umsätze nach § 4 Nr. 2 bis 7 UStG)	43				
Steuerfreie Umsätze ohne Vorsteuerabzug Umsätze nach § 4 Nr. 8 bis 28 UStG	48				
Steuerpflichtige Umsätze (Lieferungen und sonstige Leistungen einschl. unentgeltlicher Wertabgaben)					
zum Steuersatz von 19 %	81				
zum Steuersatz von 7 %	86				
zu anderen Steuersätzen	35		36		
Lieferungen land- und forstwirtschaftlicher Betriebe nach § 24 UStG an Abnehmer **mit** USt-IdNr.	77				
Umsätze, für die eine Steuer nach § 24 UStG zu entrichten ist (Sägewerkserzeugnisse, Getränke und alkohol. Flüssigkeiten, z.B. Wein)	76		80		
Innergemeinschaftliche Erwerbe					
Steuerfreie innergemeinschaftliche Erwerbe Erwerbe nach §§ 4b und 25c UStG	91				
Steuerpflichtige innergemeinschaftliche Erwerbe zum Steuersatz von 19 %	89				
zum Steuersatz von 7 %	93				
zu anderen Steuersätzen	95		98		
neuer Fahrzeuge (§ 1b Abs. 2 und 3 UStG) von Lieferern **ohne** USt-IdNr. zum allgemeinen Steuersatz	94		96		
Ergänzende Angaben zu Umsätzen					
Lieferungen des ersten Abnehmers bei **innergemeinschaftlichen Dreiecksgeschäften** (§ 25b Abs. 2 UStG)	42				
Steuerpflichtige Umsätze, für die der **Leistungsempfänger** die **Steuer nach § 13b Abs. 5 Satz 1 i.V.m. Abs. 2 Nr. 10 UStG schuldet**	68				
Übrige steuerpflichtige Umsätze, für die der **Leistungsempfänger** die **Steuer nach § 13b Abs. 5 UStG schuldet**	60				
Nicht steuerbare sonstige Leistungen gem. § 18b Satz 1 Nr. 2 UStG	21				
Übrige nicht steuerbare Umsätze (Leistungsort nicht im Inland)	45				
Übertrag		zu übertragen in Zeile 45			

Zu Anlage 10:

– 2 –

		Bemessungsgrundlage ohne Umsatzsteuer volle EUR	Ct		Steuer EUR	Ct
Steuernummer:						
Übertrag						
Leistungsempfänger als Steuerschuldner (§ 13b UStG)						
Steuerpflichtige sonstige Leistungen eines im übrigen Gemeinschaftsgebiet ansässigen Unternehmers (§ 13b Abs. 1 UStG)	46			47		
Andere Leistungen eines im Ausland ansässigen Unternehmers (§ 13b Abs. 2 Nr. 1 und 5 Buchst. a UStG)	52			53		
Lieferungen sicherungsübereigneter Gegenstände und Umsätze, die unter das GrEStG fallen (§ 13b Abs. 2 Nr. 2 und 3 UStG)	73			74		
Lieferungen von Mobilfunkgeräten, Tablet-Computern, Spielekonsolen und integrierten Schaltkreisen (§ 13b Abs. 2 Nr. 10 UStG)	78			79		
Andere Leistungen (§ 13b Abs. 2 Nr. 4, 5 Buchst. b, Nr. 6 bis 9 und 11 UStG)	84			85		
Steuer infolge Wechsels der Besteuerungsform sowie Nachsteuer auf versteuerte Anzahlungen u. ä. wegen Steuersatzänderung				65		
Umsatzsteuer						
Abziehbare Vorsteuerbeträge						
Vorsteuerbeträge aus Rechnungen von anderen Unternehmern (§ 15 Abs. 1 Satz 1 Nr. 1 UStG), aus Leistungen im Sinne des § 13a Abs. 1 Nr. 6 UStG (§ 15 Abs. 1 Satz 1 Nr. 5 UStG) und aus innergemeinschaftlichen Dreiecksgeschäften (§ 25b Abs. 5 UStG)				66		
Vorsteuerbeträge aus dem innergemeinschaftlichen Erwerb von Gegenständen (§ 15 Abs. 1 Satz 1 Nr. 3 UStG)				61		
Entstandene Einfuhrumsatzsteuer (§ 15 Abs. 1 Satz 1 Nr. 2 UStG)				62		
Vorsteuerbeträge aus Leistungen im Sinne des § 13b UStG (§ 15 Abs. 1 Satz 1 Nr. 4 UStG)				67		
Vorsteuerbeträge, die nach allgemeinen Durchschnittssätzen berechnet sind (§§ 23 und 23a UStG)				63		
Berichtigung des Vorsteuerabzugs (§ 15a UStG)				64		
Vorsteuerabzug für innergemeinschaftliche Lieferungen neuer Fahrzeuge außerhalb eines Unternehmens (§ 2a UStG) sowie von Kleinunternehmern im Sinne des § 19 Abs. 1 UStG (§ 15 Abs. 4a UStG)				59		
Verbleibender Betrag						
Andere Steuerbeträge						
In Rechnungen unrichtig oder unberechtigt ausgewiesene Steuerbeträge (§ 14c UStG) sowie Steuerbeträge, die nach § 6a Abs. 4 Satz 2, § 17 Abs. 1 Satz 6, § 25b Abs. 2 UStG oder von einem Auslagerer oder Lagerhalter nach § 13a Abs. 1 Nr. 6 UStG geschuldet werden				69		
Umsatzsteuer-Vorauszahlung/Überschuss						
Anrechnung (Abzug) der festgesetzten **Sondervorauszahlung** für Dauerfristverlängerung (nur auszufüllen in der letzten Voranmeldung des Besteuerungszeitraums, in der Regel Dezember)				39		
Verbleibende Umsatzsteuer-Vorauszahlung (bitte in jedem Fall ausfüllen) **Verbleibender Überschuss** - bitte dem Betrag ein Minuszeichen voranstellen -				83		

II. Sonstige Angaben und Unterschrift

Ein Erstattungsbetrag wird auf das dem Finanzamt benannte Konto überwiesen, soweit der Betrag nicht mit Steuerschulden verrechnet wird.

Verrechnung des Erstattungsbetrags erwünscht / Erstattungsbetrag ist abgetreten (falls ja, bitte eine „1" eintragen) 29

Geben Sie bitte die Verrechnungswünsche auf einem besonderen Blatt an oder auf dem beim Finanzamt erhältlichen Vordruck „Verrechnungsantrag".

Das **SEPA-Lastschriftmandat** wird ausnahmsweise (z.B. wegen Verrechnungswünschen) für diesen Voranmeldungszeitraum **widerrufen** (falls ja, bitte eine „1" eintragen) 26

Ein ggf. verbleibender Restbetrag ist gesondert zu entrichten.

Hinweis nach den Vorschriften der Datenschutzgesetze:
Die mit der Steueranmeldung angeforderten Daten werden auf Grund der §§ 149 ff. der Abgabenordnung und der §§ 18, 18b des Umsatzsteuergesetzes erhoben. Die Angabe der Telefonnummern und der E-Mail-Adressen ist freiwillig.

Bei der Anfertigung dieser Steueranmeldung hat mitgewirkt:
(Name, Anschrift, Telefon, E-Mail-Adresse)

Datum, Unterschrift

- nur vom Finanzamt auszufüllen -

11 | 19

| 12

Bearbeitungshinweis

1. Die aufgeführten Daten sind mit Hilfe des geprüften und genehmigten Programms sowie ggf. unter Berücksichtigung der gespeicherten Daten maschinell zu verarbeiten.
2. Die weitere Bearbeitung richtet sich nach den Ergebnissen der maschinellen Verarbeitung.

Datum, Namenszeichen

Kontrollzahl und/oder Datenerfassungsvermerk

Anlage 11

An:	Name.Schüler/-in@mueller-stuttgart.de
Cc:	
Bcc:	
Betreff:	Vergleich Fahrzeugkauf und Leasing

Sehr geehrte Frau/geehrter Herr (Schülername),

wie bereits telefonisch besprochen, erhalten Sie die wichtigsten Informationen zur Finanzierung des dringend benötigten Fahrzeuges. Leider müssen wir den Kaufpreis von 200.000,00 EUR über einen Bankkredit finanzieren. Unsere Hausbank ist bereit, mit uns einen Kreditvertrag mit 4 % p. a. über eine Laufzeit von 4 Jahren abzuschließen. Die Rückzahlung erfolgt anteilig auf die Jahre verteilt, jeweils zum Ende des Jahres.

Alternativ könnten wir das Fahrzeug leasen. Folgendes Leasingangebot liegt mir vor:
- Monatliche Leasingrate: 4.499,00 EUR
- Einmalige Abschlussgebühr: 9.950,00 EUR, fällig bei Vertragsabschluss
- Leasingraten zahlbar am ersten des laufenden Monats
- Laufzeit des Vertrages: 4 Jahre
- Wartung und Inspektion im ersten Jahr sind Teil der Serviceleistungen

Vergleichen Sie die beiden Angebote und teilen Sie mir Ihre Ergebnisse umgehend mit.

Mit freundlichen Grüßen

Anne Peters

Abteilungsleitung Rechnungswesen

Anlage 12

Herr Klatt: „Einen schönen guten Morgen."

Sie: „Guten Morgen, Herr Klatt."

Herr Klatt: „Im Januar möchte ich die Messe MEDICINAE in Paris besuchen. Sie ist vom 25. bis 27.01. Können Sie bitte nachschauen, welche Reisemöglichkeiten es gibt und was diese kosten. Für die Übernachtung buchen Sie bitte wieder ein Zimmer im Hotel Le Royal Paris inklusive Frühstück. Morgens möchte ich nicht erst nach einem Café suchen müssen, sondern im Hotel meinen Kaffee trinken und etwas essen."

Sie: „In Ordnung. Bis wann möchten Sie anreisen bzw. abreisen?"

Herr Klatt: „Ich denke, wenn ich so gegen 13:00 Uhr in Paris bin, das wäre ideal. Für den 27.01. habe ich noch ein Geschäftsessen um 13:00 Uhr und danach kann ich dann abreisen. Da fällt mir auch noch ein, eventuell bleibe ich eine Nacht länger. Wenn ich gerade in Paris bin, kann ich noch einen Kunden besuchen. Das kann aber sein, dass sich das erst kurzfristig vor Ort ergibt. Ach, planen Sie vorerst die Rückreise für 27.01. Sollte ich dann doch erst am nächsten Tag abreisen, kann ich das auch vor Ort regeln."

Sie: „Gut, dann habe ich im Moment alle notwendigen Informationen. Bis heute Abend stelle ich Ihnen eine Auswahl zusammen."

Herr Klatt: „Ja, das ist mir sehr recht. Sie haben meine neue Kreditkartennummer für die Buchung vorliegen?"

Sie: „Ja, die Daten habe ich noch von der letzten Reise. Haben Sie dafür den Erstattungsbetrag auf Ihr Konto überwiesen bekommen?"

Herr Klatt: „Gut, dass Sie fragen, das prüfe ich noch nach."

Anlage 13: Auszug Flugverbindungen

Fly France		
✈ **Stuttgart – Paris**	**Montag, 25.01.2016**	
	Economy Basic	Economy Flex
07:00–10:15 Uhr STR – CDG 1 Stopp 03h 15min	130,26 EUR	394,54 EUR
12:55–17:20 Uhr STR – CDG 1 Stopp 04h 25min	210,48 EUR	511,23 EUR

Fly France		
✈ **Paris – Stuttgart**	**Mittwoch, 27.01.2016**	
	Economy Basic	Economy Flex
07:00–10:20 Uhr CDG – STR 1 Stopp 03h 20min	140,18 EUR	434,10 EUR
12:20–16:20 Uhr CDG – STR 1 Stopp 04h 00min	155,19 EUR	499,55 EUR
17:30–18:35 Uhr CDG – STR nonstop 01h 05min	179,29 EUR	539,23 EUR

Umbuchungs- und Stornogebühren der Flüge:
Basic: umbuchbar gegen eine Gebühr von 150,00 EUR, nicht stornierbar
Flex: umbuchbar gegen eine Gebühr von 100,00 EUR, Stornogebühr: 50,00 EUR

Bahnhof	Datum	Uhrzeit	Dauer	Umstieg	Produkte	Preise (2. Klasse)	
						Spar	Normal
Stuttgart HBF Paris Est	Mo. 25.01.2016 Mo. 25.01.2016	ab 06:55 an 10:39	03:44	0	TGV	89,00 EUR	123,00 EUR
Stuttgart HBF Paris Est	Mo. 25.01.2016 Mo. 25.01.2016	ab 08:55 an 12:53	03:58	0	TGV	69,00 EUR	123,00 EUR
Stuttgart HBF Paris Est	Mo. 25.01.2016 Mo. 25.01.2016	ab 09:11 an 14:15	05:04	3	IC, ICE, RB, TGV	-	123,00 EUR
Stuttgart HBF Paris Est	Mo. 25.01.2016 Mo. 25.01.2016	ab 09:11 an 15:37	06:26	2	IC, ICE, TGV	59,00 EUR	133,00 EUR

Bahnhof	Datum	Uhrzeit	Dauer	Umstieg	Produkte	Preise (2. Klasse)	
						Spar	Normal
Paris Est Stuttgart HBF	Mi. 27.01.2016 Mi. 27.01.2016	ab 11:23 an 15:04	03:41	0	TGV	59,00 EUR	123,00 EUR
Paris Est Stuttgart HBF	Mi. 27.01.2016 Mi. 27.01.2016	ab 13:10 an 17:08	03:58	1	ICE	79,00 EUR	123,00 EUR
Paris Est Stuttgart HBF	Mi. 27.01.2016 Mi. 27.01.2016	ab 13:55 an 18:49	04:54	3	TGV, OSB, ICE	79,00 EUR	123,00 EUR
Paris Est Stuttgart HBF	Mi. 27.01.2016 Mi. 27.01.2016	ab 16:25 an 20:04	03:39	0	TGV	89,00 EUR	123,00 EUR

Zu Anlage 13:

Auszug Bahnverbindungen

Umbuchungs- und Stornogebühren der Fahrkarten:
Sparpreis: Umtausch und Erstattung 15,00 EUR; ab 1. Geltungstag ausgeschlossen
Normal: Umtausch und Erstattung kostenlos, ab dem 1. Geltungstag gegen Entgelt

Auszug Mietwagen

	Adamo Mietwagen	
VW Golf oder Ähnliches	**Dauer:**	25.–27.01.2016
	Anmietung:	Stuttgart HBF um 07:00 Uhr
	Rückgabe:	Stuttgart HBF um 20:00 Uhr
	Preis:	260,10 EUR
	Leistungen:	unbegrenzte Kilometer, Vollkasko- und Diebstahlschutz (Selbstbeteiligung: 950,00 EUR), Flughafen- und Bahnhofs-Servicepauschale und eine wintertaugliche Bereifung

Umbuchungs- und Stornogebühren des Mietwagens:
Kostenfreie Stornierung und Umbuchung bis 24 Stunden vor Mietbeginn

Informationen aus dem Routenplan

Angaben für die einfache Strecke
Strecke: 631 km
Fahrtzeit: ca. 6 Stunden
Autobahngebühr: 38,00 EUR
Benzinkosten: ca. 90,00 EUR

Anlage 14: Belege der Geschäftsreise

Metroticket
Paris Visite

Nom: Klatt

Prénom: Robert

Zone: 1 – 5

3 JOURS

DU 2016-01-25 AU 2016-01-27

24,90 €

Restaurant
Bécasse Des Bois

25 rue Bertin Poirée
75001 Paris

Tel: 01.42.5947497
Site Internet: www.becasse-des-bois.fr

Mardi 27 Janvier 2016

Table N° 22 Couvert (s) 2

2 Eau minérale	4,60 EUR
1 Bouchée à la Reine	12,50 EUR
1 Tarte Flambée Gratinée	8,90 EUR
1 St Jacques Scampis Pesto	17,00 EUR
1 Crème brûlée	5,90 EUR
1 Crêpes	5,50 EUR
NET A PAYER	54,40 EUR
H.T. 51,56	TOTAL T.V.A 2,84

Nom + N° Guide:

Jacques Dupont
Robert Klatt

SIGNATURE:

Robert Klatt

MERCI DE VOTRE VISITE ...
... A BIENTOT

Zu Anlage 14:

MEDICINAE

Salon - Fair - Messe

Carte d'abonnement - Full-Event Ticket - Dauerkarte

Horaires d'ouverture/Opening hours/Öffnungszeiten

2016-01-25 - 2016-01-27

08:00 - 18:00 h

29,00 €

7688568574659

Hotel Le Royal Paris
79 Rue Lauriston
75116 Paris
☎+33 145534115
✉ paris@hotelleroyal.com

Le Royal Paris ❖ 79 Rue Lauriston ❖ 75116 Paris

Medical Opec GmbH
Siemensstraße 70
70469 Stuttgart

Paris, le 27 janvier 2016

Invoice

Séjour du:	2016-01-25	Facture n°:	2016/16676
Au:	2016-01-27	Editée le:	2016-01-27
Chambre:	308	Page:	1 de 1

Nom: Klatt, Robert

Date	Libellé	Somme de la facture
2016-01-25–2016-01-27	1 chambre d'hôtes[1]	192,00 EUR

TVA	*Mt. TVA*	*Mt. Ht.*	*Mt. TTC*
5,50 EUR	10,01 EUR	181,99 EUR	192,00 EUR

VISA/Master 192,00 EUR

Avez-vous pensé à laisser votre clé à la **réception?**

Au plaisir de vous revoir.

[1] *Chambre d'hôtes bedeutet Übernachtung inklusive Frühstück.*

Anlage 15: Auszug Reiserichtlinien

Bei kostenfreier Gestellung von Mahlzeiten während einer Auswärtstätigkeit, die über 8 Stunden andauert und im Rahmen derer der Steuerzahler die Verpflegungspauschale geltend machen könnte, muss diese um

- 20 % für Frühstück bzw.
- 40 % für Mittag- oder Abendessen

der Verpflegungspauschale für eine 24-stündige Abwesenheit gekürzt werden.

Übersicht über die geltenden Pauschbeträge für Verpflegungsmehraufwendungen und Übernachtungskosten im Ausland		
Land	**bei einer Abwesenheitsdauer von min. 24 Stunden je Kalendertag**	**für den An- und Abreisetag sowie einer Abwesenheitsdauer von mehr als 8 Stunden je Kalendertag**
	Euro	**Euro**
Frankreich		
– Lyon	53,00	36,00
– Marseille	51,00	34,00
– Paris	58,00	39,00
– Straßburg	48,00	32,00
– im Übrigen	44,00	29,00

Anlage 16

Reisekostenabrechnung Medial Opec GmbH		
Name, Vorname:		
Abteilung:		
Reiseziel:		
Reisebeginn (Datum, Uhrzeit):		
Reiseende (Datum, Uhrzeit):		
Fahrtkosten		
Verkehrsmittel (mit Beleg):		Betrag
Verkehrsmittel (mit Beleg):		Betrag
Verkehrsmittel (mit Beleg):		Betrag
❑ privater Pkw	gefahrene Kilometer	Betrag
Übernachtungskosten		
Unterbringung (mit Beleg):		Betrag
Unterbringung (mit Beleg):		Betrag
Unterbringung (mit Beleg):		Betrag
Nebenkosten		
Art (mit Beleg):		Betrag
Art (mit Beleg):		Betrag
Art (mit Beleg):		Betrag
Verpflegungsmehraufwand		
Eintägige Auswärtstätigkeit ❑ mehr als 8 Std.		Betrag
Mehrtägige Auswärtstätigkeit ❑ Anreisetag		Betrag
❑ Abreisetag		Betrag
❑ 24 Std.	Anzahl Tage	Betrag
Kürzung Verpflegungsmehraufwand		Betrag
		Betrag
		Betrag
	Zwischensumme:	
	Abzüglich des vom Unternehmen bereits übernommenen Betrags:	
	Gesamtauszahlungsbetrag für den Mitarbeiter:	
Datum, Unterschrift		

2 Prüfungsaufgaben Kundenbeziehungsprozesse Sommer 2016

Aufgabe 1

Die Keramikmanufaktur e. K. in Nonnenberg ist ein mittelständisches Unternehmen, das hochwertige, handbemalte Keramikprodukte herstellt und vertreibt. Das Produktprogramm umfasst neben Kaffeeservice- und Speiseservice-Artikeln auch Accessoires für Haus und Garten. Sie haben Ihre Ausbildung als Kaufmann/Kauffrau für Büromanagement abgeschlossen und übernehmen die Sekretariatsaufgaben im Büro von Frau Gruber.

1.1 Für die Zukunft sollen die Unternehmensinformationen in einem Unternehmenshandbuch dargestellt werden. Von Frau Gruber erhalten Sie heute einen Auszug aus ihrer Rede bei der letzten Betriebsversammlung (**Anlage 1**).

1.1.1 Stellen Sie das Organigramm der Keramikmanufaktur e. K. mit Abteilungen und den jeweiligen Stelleninhabern dar.

1.1.2
- Überprüfen Sie das Weisungssystem der Keramikmanufaktur e. K. hinsichtlich möglicher Schwachstellen.
- Unterbreiten Sie einen begründeten Optimierungsvorschlag anhand eines konkreten Beispiels.

1.2 Frau Gruber bittet Sie um die Nachbereitung des Meetings vom 18.04.2016 (**Anlage 2**).

1.2.1 Sie haben einen Vollzeitarbeitsvertrag mit einer wöchentlichen Arbeitszeit von 35 Stunden.

- Erstellen Sie den Personaleinsatzplan für den Tag der offenen Tür unter Berücksichtigung des Protokolls (**Anlage 2 – TOP 1**) und den weiteren Informationen (**Anlage 3–5**).
- Begründen Sie Ihre Entscheidungen anhand vier konkreter Beispiele.

1.2.2 Begründen Sie rechnerisch, ob die Werbeaktion (**Anlage 2 – TOP 2**) für den Springtime-Design-Kaffeebecher erfolgreich war.

1.2.3 Formulieren Sie zwei Argumente, die den Standpunkt von Frau Bort unterstützen.

Aufgabe 2

Petra Schneider führt die Spielegroßhandlung Schneider-Spiele e. K. in Freiburg. In der Vergangenheit belieferte sie vor allem kleine Fachgeschäfte und Kindergärten mit Spielwaren in Süddeutschland. Die Aufträge dieser Kunden sind jedoch in den letzten Jahren kontinuierlich zurückgegangen. Seit einiger Zeit vertreibt das Unternehmen mit großem Erfolg die Spielwaren auch auf externen Onlineshops. Frau Schneider möchte diesen Vertriebsweg ausbauen und einen eigenen Webshop betreiben. Für die Umsetzung dieser Ziele ist zusätzlich zum Eigenkapital von Frau Schneider in Höhe von 708.482,00 EUR weiteres Kapital notwendig. Sie erwartet von dieser Investition bereits im ersten Jahr eine Steigerung des Gewinns um 25 %. Ein potentieller Kapitalgeber hat bereits Interesse an einer Beteiligung am Unternehmen gezeigt.

Sie sind Sachbearbeiter/-in in der Abteilung Rechnungswesen/Controlling.

2.1 Frau Schneider denkt darüber nach, Hans Harrenberg als Gesellschafter in das Unternehmen aufzunehmen und entsprechend die Rechtsform des Unternehmens in eine Kommanditgesellschaft (KG) oder in eine Gesellschaft mit beschränkter Haftung (GmbH) zu ändern (**Anlage 6 und 7**). Stellen Sie je zwei wesentliche Merkmale der KG und der GmbH dar, die aus Sicht von Frau Schneider für die jeweilige Rechtsform sprechen.

2.2 Für die Entscheidung über die zukünftige Rechtsform möchte Frau Schneider weitere Informationen zur zukünftigen Gewinnverteilung zwischen ihr und Herrn Harrenberg. Grundlage für die Gewinnverteilung sind die Regelungen im Mustergesellschaftsvertrag (**Anlage 7 und 8**) sowie die Zahlen des Jahresabschlusses 2015 (**Anlage 9**).

Außerdem geht Frau Schneider davon aus, dass sie ihre Gewinnerwartungen durch den Aufbau des Webshops realisieren wird.

Führen Sie die Gewinnverteilung für ein vollständiges Geschäftsjahr in tabellarischer Form durch.

2.3 Nach langen Verhandlungen und Abwägen aller Argumente gründen Frau Schneider (Komplementärin) und Herr Harrenberg (Kommanditist) am 01.04.2016 die Schneider-Spiele KG. Nach erfolgreicher Gründung möchte Frau Schneider eine Kommissionierungsanlage in Höhe von ca. 10.000,00 EUR zur Abwicklung der gestiegenen Aufträge kaufen. Herr Harrenberg hält dies für eine unnötige Investition.

Erläutern Sie Herrn Harrenberg seine rechtlichen Möglichkeiten, den Kauf zu verhindern (**Anlage 7**).

2.4 In der Kreditorenbuchhaltung übergibt Ihnen Frau Schneider eine Mappe mit Belegen zur Bearbeitung.

2.4.1
- Prüfen Sie die Rechnung (**Anlage 12**) unter Zuhilfenahme der Dokumente aus **Anlage 10 und 11.**
- Beschreiben Sie Ihr weiteres Vorgehen.

2.4.2 Erstellen Sie den Buchungssatz für die Rechnung (**Anlage 13**) über die erworbene Kommissionierungsanlage.

2.5 Am Ende des Geschäftsjahres 2016 werden Sie beauftragt, den Jahresabschluss vorzubereiten. Ihr Abteilungsleiter verlässt das Büro mit den Worten: „Sie wissen ja, je höher die Abschreibung, desto besser für uns!" Die Zahlung der Rechnung (**Anlage 13**) für die Kommissionierungsanlage erfolgte unter Skontoabzug.

Die Nutzungsdauer für die Kommissionierungsanlage beträgt lt. AfA-Tabelle acht Jahre.

- Erstellen Sie den Buchungssatz für die Abschreibung im ersten Geschäftsjahr.
- Beurteilen Sie die Auswirkung der Abschreibung auf das Eigenkapital und gehen Sie dabei auch auf die Aussage des Abteilungsleiters ein.

Aufgabe 3

Die Dekorationswerkstatt Panucci GmbH übernimmt Dekorationsaufträge für Schaufenster und Innenräume bei Geschäftskunden. Von Privatpersonen wird das Unternehmen für größere Feiern wie Geburtstage oder Hochzeiten beauftragt. Die Dekorationsartikel werden in der eigenen Werkstatt hergestellt und einzelne Produkte zugekauft. Als Mitarbeiter/-in im Vertrieb betreuen Sie die Privatkunden.

3.1 Mit dem Umsatz von Privatkunden ist die Geschäftsführerin, Frau Angela Panucci, nicht zufrieden. Sie arbeiten in einem Projektteam, um Werbemaßnahmen für den Privatkundensektor in sozialen Netzwerken auszuarbeiten und in einer Pilotphase zu testen. Bei der nächsten Sitzung mit Geschäfts- und Abteilungsleitung in einer Woche soll das Team mögliche Projektziele und Ideen zur Umsetzung vorstellen. Heute ist die erste Teamsitzung.

3.1.1 Formulieren Sie Ihren Teamkollegen/-innen vier Zielvorgaben mit je einem konkreten Beispiel.

3.1.2 Legen Sie dar, worauf bei der Zielformulierung zu achten ist.

3.1.3 Unterscheiden Sie zwei verschiedene Kreativitätstechniken mit Beispielen, die das Team zur Ideenfindung anwenden kann.

3.2 Die Privatkunden sollen mit einem Einladungsschreiben und dem beigelegten Flyer (**Anlage 16**) auf die Heilbronner Herbstmesse aufmerksam gemacht werden. Dort präsentieren regionale Unternehmen ihre Produkte und Dienstleistungen. Die Heilbronner Messe GmbH hat die Standbuchung bereits per E-Mail bestätigt (**Anlage 14**).

Erstellen Sie das Einladungsschreiben für einen Serienbrief ab dem Betreff. Sie unterschreiben den Brief im Auftrag. Nutzen Sie hierfür die Informationen aus **Anlage 14–16.**

Anlage 1

Auszug aus der Rede der Geschäftsführerin Frau Petra Gruber auf der letzten Betriebsversammlung:

Liebe Mitarbeiterinnen und Mitarbeiter,

ich begrüße Sie herzlich zu unserer diesjährigen Betriebsversammlung und freue mich Ihnen über die positive Entwicklung unseres Unternehmens berichten zu können. Im ersten Quartal 2016 konnten wir unser Betriebsergebnis um 15 % gegenüber dem Vorjahr steigern und unseren Marktanteil weiter ausbauen. Die Keramikmanufaktur steht mit ihren Hauptabteilungen Beschaffung/Lager, Produktion, Vertrieb und Verwaltung damit auf einer sehr soliden Basis.

Das sind alles Zahlen, die wir ohne Sie, liebe Mitarbeiterinnen und Mitarbeiter, nicht erreicht hätten. Für Ihr Engagement danke ich Ihnen von Herzen. Leider kann ich nicht die gesamte Belegschaft namentlich aufzählen – ich möchte stellvertretend allen vier Hauptabteilungsleiterinnen und Hauptabteilungsleitern mit ihren Abteilungen und deren Mitarbeiterinnen und Mitarbeitern meinen persönlichen Dank aussprechen. Beginnen möchte ich mit Frau Stefanie Bort und Frau

Marga Müller. Liebe Frau Bort, Sie sorgen für eine stets zuverlässige Bearbeitung unserer Kundenaufträge im Vertrieb. Frau Müller, Sie unterstützen mich mit Ihrer Abteilung Verwaltung stets hervorragend bei allen Belangen der Organisation.

Ohne den Einsatz von Herrn Kurt Völker in der Abteilung Beschaffung/Lager, wäre die Abteilung Produktion unter der souveränen Leitung von Herrn Michael Fischer sicherlich ab und an arbeitslos. Deshalb meine Herren gilt auch Ihnen mein Dank.

Frau Müller wird neben Frau Lotte Völker – sie kümmert sich um das Personal – auch von Frau Elena Romanova unterstützt. Frau Romanova ist für das Rechnungswesen zuständig. Auch Ihnen meine Damen danke ich für Ihren täglichen Einsatz.

Mein Dank gilt auch Herrn Fischers Abteilung, die – wie Sie wissen – in die Produktionsbereiche Töpfern, Brennen, Handbemalung und Endkontrolle unterteilt ist. Verantwortlich für die Bemalungen ist Uwe Huber, für das Brennen Sina Carle, die Töpferei steht unter der Leitung von Marlies Altenberg, die Chefin der Endkontrolle ist Eva Scholz. Ohne Ihr handwerkliches Know-how könnten wir unserer Kundschaft nicht so qualitativ hochwertige Produkte und innovative Designs anbieten, für die wir auch über unsere Stadtgrenzen hinaus bekannt sind.

In der Abteilung von Frau Bort gibt es die Unterabteilungen Marketing/Events und das Ladengeschäft. Das Ladengeschäft wird von Frau Birgit Schultz geleitet, für Marketing/Events ist Frau Lena Schmidt zuständig. Meine Damen, Sie sorgen durch Ihre qualifizierte Beratung und Betreuung für die Aufrechterhaltung und Intensivierung unserer Kundenbeziehungen und sorgen so für die notwendigen Auftragseingänge.

Ich bin stolz, so viele engagierte Mitarbeiterinnen und Mitarbeiter zu haben, und freue mich auf die weitere vertrauensvolle Zusammenarbeit mit Ihnen.

[...]

Anlage 2

Keramikmanufaktur e. K.

Klosterweg 84 • 88149 Nonnenberg • Tel.: 08382 65943-0 • Fax: 08382 65943-10
E-Mail: info@keramik-manufaktur.de • Internet: www.keramik-manufaktur.de

Ergebnisprotokoll Meeting KW 16

Datum, Ort:	18.04.2016, Keramikmanufaktur e. K., Büro von Frau Gruber
Dauer:	09:00 Uhr–10:30 Uhr
Vorsitz: Weitere Anwesende:	Frau Gruber Frau Bort Frau Müller Herr Fischer Herr Völker
Abwesende:	—
Protokoll:	Ihr Vor- und Zuname
Tagesordnung:	Top 1 Planung Tag der offenen Tür Top 2 Social Media Werbung – Rückblick

Top 1

Frau Gruber informiert, dass während des Stadtfestes am Sonntag, 22.05.2016, alle Geschäfte in Nonnenberg von 10:00 Uhr bis 20:00 Uhr geöffnet sind. Das Unternehmen wird sich in diesem Rahmen interessierten Besuchern präsentieren.

Die Anwesenden legen die Aktivitäten für diesen Tag gemeinsam fest: Neben einem Rundgang durch das Unternehmen und der Mitmachaktion „Jung und Alt töpfert" findet ein Jubiläumsverkauf im Ladengeschäft statt.

Jede/Jeder Mitarbeiterin/Mitarbeiter ist mit 4 Stunden eingeplant; durch den Tag der offenen Tür dürfen bei den Mitarbeiterinnen und Mitarbeitern keine Überstunden aufgebaut werden. Um die Besucher qualifiziert betreuen und beraten zu können, werden von 12:00 Uhr bis 16:00 Uhr bei der Mitmachaktion „Jung und Alt töpfert" und im Ladengeschäft jeweils drei Mitarbeiterinnen/Mitarbeiter eingeplant.

Frau Gruber teilt mit, dass sie an diesem Tag zahlreiche repräsentative Aufgaben und Termine, u. a. mit dem Bürgermeister, der Presse und Vertretern der Handwerkskammer, wahrnehmen wird.

Top 2

Frau Bort informiert, dass durch eine Werbeaktion in Social Media von Anfang bis Mitte April zusätzlich 250 Springtime-Design-Kaffeebecher zu einem Stückpreis von 15,00 EUR verkauft wurden. Sie möchte auch in Zukunft dieses erstmalig genutzte Onlinemarketinginstrument einsetzen. Frau Müller weist darauf hin, dass für die Werbeaktion bereits die Rechnung über 450,00 EUR beglichen und pro Springtime-Design-Kaffeebecher ein Gewinn von 6,00 EUR einkalkuliert wurde.

Herr Völker zweifelt den Erfolg der Werbung über aktuelle Kommunikationswege an und schlägt vor, das dafür vorgesehene Budget zukünftig wieder für klassische Werbung zu verwenden.

Nonnenberg, 18.04.2016

Petra Gruber — *Ihre Unterschrift*

Vorsitz — Protokollführerin/Protokollführer

Anlage 3

Notiz

Für den Tag der offenen Tür haben unsere „EhemaLigen" Beatrice Mertens und Isabell Schönwald ihre Unterstützung zugesagt.

Beatrice Mertens möchte gerne ab 14:00 Uhr eingesetzt werden. Isabell Schönwald kann – aus familiären Gründen – nur bis 16:00 Uhr helfen.

Urlaubsantrag	
Nachname: Meyer	**Vorname:** Annette
Abteilung: Laden	**Personalnummer:** 3457
Urlaubsanspruch gesamt (Tage): 30 Tage	**Bereits genommen (Tage):** 15
Ich beantrage	
☑ Erholungsurlaub	❐ Sonderurlaub/Arbeitsbefreiung
Vom (erster Urlaubstag): 17.05.2016	**Bis (letzter Urlaubstag):** 27.05.2016
Bemerkungen: –	
Ort, Datum: Nonnenberg, 19.04.2016	***Unterschrift Antragsteller/-in:*** Annette Meyer
Der Urlaub wird ☑ genehmigt	❐ nicht genehmigt
Bemerkungen: –	
Ort, Datum: Nonnenberg, 21.04.2016	***Unterschrift Vorgesetzte/-r: Petra Gruber***

Anlage 4

Aushang am Schwarzen Brett

Tag der offenen Tür im Rahmen des Stadtfestes

Liebe Mitarbeiterinnen und Mitarbeiter,

am Sonntag, 22.05.2016, findet das Stadtfest in Nonnenberg statt. Im Rahmen eines Tages der offenen Tür möchten wir unser Unternehmen präsentieren.

Eine „Schicht" dauert zwei Stunden – in der Regel betreuen Sie gemeinsam mit mindestens einer Kollegin/einem Kollegen eine Aktivität. Wie in den vergangenen Jahren sind Sie an diesem Tag insgesamt 4 Stunden eingesetzt. Bitte tragen Sie die Zeiten ein, an denen Sie nicht eingeplant werden können.

Vielen Dank für Ihre Unterstützung.

gez. Petra Gruber

Name	Wöchentliche Arbeitszeit (laut Arbeitsvertrag)	Eintrag
Altenberg, Marlies	25	
Bort, Stefanie	39	
Carle, Sina	20	
Fechner, Markus	30	*Hab' am Sonntag ab 17:00 Uhr ein Fußballspiel. Genehmigung von Frau Gruber liegt vor.*
Fischer, Michael	38	
Gruber, Petra	40	
Huber, Uwe	35	
Melcher, Paul	27	
Meyer, Annette	25	
Müller, Marga	33	
Romanova, Elena	20	
Schmidt, Lena	26	
Scholz, Eva	21	
Schultz, Birgit	31	
Seger, Irina	17	
Völker, Kurt	33	
Völker, Lotte	22	*Bitte erst ab 12:00 Uhr einteilen. Vielen Dank!*
Voss, Christine	38	
Weber, Thilo	36	
Winter, Ingo	40	

Anlage 5

Personaleinsatzplan der Gesamtabteilung Beschaffung/Lager für die KW 20					
Zeit	**Montag**	**Dienstag**	**Mittwoch**	**Donnerstag**	**Freitag**
08:00 Uhr – 13:00 Uhr	Melcher Völker	Melcher Völker	Melcher	Melcher Völker	Völker
Mittagspause					
14:00 Uhr – 17:00 Uhr	Völker	Völker	Melcher	Völker	–

Personaleinsatzplan der Gesamtabteilung Produktion für die KW 20					
Zeit	**Montag**	**Dienstag**	**Mittwoch**	**Donnerstag**	**Freitag**
08:00 Uhr – 13:00 Uhr	Altenberg Fechner Fischer Huber	Carle Fischer Huber	Carle Fechner Fischer Huber	Altenberg Fechner Fischer Huber Scholz	Altenberg Fechner Fischer Huber
Mittagspause					
14:00 Uhr – 17:00 Uhr	Altenberg Fechner Fischer Huber Scholz	Carle Fischer Huber Scholz	Carle Fechner Fischer Scholz	Altenberg Scholz	–

Personaleinsatzplan der Abteilung Marketing/Events für die KW 20					
Zeit	**Montag**	**Dienstag**	**Mittwoch**	**Donnerstag**	**Freitag**
09:00 Uhr – 13:00 Uhr	Schmidt Weber	Seger Weber	Schmidt Weber	Schmidt Weber	Seger Schmidt Weber
Mittagspause					
14:00 Uhr – 17:00 Uhr	Seger Schmidt Weber	Seger Weber	Schmidt Weber	Seger Weber	–

Personaleinsatzplan der Gesamtabteilung Verwaltung für die KW 20					
Zeit	**Montag**	**Dienstag**	**Mittwoch**	**Donnerstag**	**Freitag**
08:00 Uhr – 13:00 Uhr	Müller Völker	Müller Völker	Müller Romanova	Müller Völker	Müller Völker Romanova
Mittagspause					
14:00 Uhr – 16:00 Uhr	Müller Romanova	Müller Romanova	Romanova	Romanova	–

Personaleinsatzplan der Abteilung Geschäftsführung für die KW 20					
Zeit	**Montag**	**Dienstag**	**Mittwoch**	**Donnerstag**	**Freitag**
08:00 Uhr – 13:00 Uhr	Gruber Ihr Zuname	Gruber Ihr Zuname	Gruber Ihr Zuname	Gruber Ihr Zuname	Gruber Ihr Zuname
Mittagspause					
14:00 Uhr – 16:00 Uhr	Gruber	Gruber Ihr Zuname	Gruber Ihr Zuname	Gruber Ihr Zuname	Gruber

Personaleinsatzplan der Abteilungen Vertrieb und Ladengeschäft für die KW 20						
Zeit	**Montag**	**Dienstag**	**Mittwoch**	**Donnerstag**	**Freitag**	**Samstag**
10:00 Uhr – 13:00 Uhr	Schultz Voss Winter	Bort Schultz Winter	Bort Schultz Winter	Bort Schultz Winter	Bort Voss Winter	Bort Voss Winter
Mittagspause						
14:00 Uhr – 19:00 Uhr	Bort Voss Winter	Schultz Voss	Bort Voss Winter	Bort Schultz	Schultz Voss Winter	Bort Voss Winter

Anlage 6

Von:	hans.harrenberg@mail.de
An:	p.schneider@schneider-spiele.de
Anhang:	
Betreff:	Beteiligung an Ihrem Unternehmen

Sehr geehrte Frau Schneider,

vielen Dank für das interessante Gespräch vergangene Woche auf der Spielemesse. Schon seit einiger Zeit denke ich als sinnvolle Anlagealternative über eine Unternehmensbeteiligung nach. Aufgrund einer Erbschaft bin ich in der Lage, mich mit 600.000,00 EUR an einem Unternehmen zu beteiligen. Ihr Unternehmen interessiert mich, da ich selbst begeisterter Spieler von Brettspielen bin.

Zu meiner Person: Wie Sie bereits wissen, bin ich 52 Jahre alt und gelernter Bäcker. Seit meiner Ausbildung bin ich bei einer großen Bäckerei als Bäcker tätig. Die Arbeit als Bäcker bereitet mir nach wie vor große Freude, allerdings könnte ich mir auch vorstellen, diese Tätigkeit zugunsten einer neuen aufzugeben.

Für meine Beteiligung erwarte ich eine angemessene Verzinsung.

Sofern Sie Interesse an einer Beteiligung meinerseits an Ihrem Unternehmen haben, freue ich mich auf ein persönliches Gespräch.

Mit freundlichen Grüßen

Hans Harrenberg

Hans Harrenberg
Rötebuckweg 15 b
79104 Freiburg im Breisgau

Telefon: 0761 456385

Anlage 7: Auszug aus dem Handelsgesetzbuch (HGB)

§ 116

(1) Die Befugnis zur Geschäftsführung erstreckt sich auf alle Handlungen, die der gewöhnliche Betrieb des Handelsgewerbes der Gesellschaft mit sich bringt.
(2) Zur Vornahme von Handlungen, die darüber hinausgehen, ist ein Beschluß sämtlicher Gesellschafter erforderlich.
(3) Zur Bestellung eines Prokuristen bedarf es der Zustimmung aller geschäftsführenden Gesellschafter, es sei denn, daß Gefahr im Verzug ist. Der Widerruf der Prokura kann von jedem der zur Erteilung oder zur Mitwirkung bei der Erteilung befugten Gesellschafter erfolgen.

§ 117

Die Befugnis zur Geschäftsführung kann einem Gesellschafter auf Antrag der übrigen Gesellschafter durch gerichtliche Entscheidung entzogen werden, wenn ein wichtiger Grund vorliegt; ein solcher Grund ist insbesondere grobe Pflichtverletzung oder Unfähigkeit zur ordnungsmäßigen Geschäftsführung.

§ 118

(1) Ein Gesellschafter kann, auch wenn er von der Geschäftsführung ausgeschlossen ist, sich von den Angelegenheiten der Gesellschaft persönlich unterrichten, die Handelsbücher und die Papiere der Gesellschaft einsehen und sich aus ihnen eine Bilanz und einen Jahresabschluß anfertigen.
(2) Eine dieses Recht ausschließende oder beschränkende Vereinbarung steht der Geltendmachung des Rechtes nicht entgegen, wenn Grund zu der Annahme unredlicher Geschäftsführung besteht.

§ 119

(1) Für die von den Gesellschaftern zu fassenden Beschlüsse bedarf es der Zustimmung aller zur Mitwirkung bei der Beschlußfassung berufenen Gesellschafter.
(2) Hat nach dem Gesellschaftsvertrag die Mehrheit der Stimmen zu entscheiden, so ist die Mehrheit im Zweifel nach der Zahl der Gesellschafter zu berechnen.

§ 120

(1) Am Schluß jedes Geschäftsjahrs wird auf Grund der Bilanz der Gewinn oder der Verlust des Jahres ermittelt und für jeden Gesellschafter sein Anteil daran berechnet.
(2) Der einem Gesellschafter zukommende Gewinn wird dem Kapitalanteil des Gesellschafters zugeschrieben; der auf einen Gesellschafter entfallende Verlust sowie das während des Geschäftsjahrs auf den Kapitalanteil entnommene Geld wird davon abgeschrieben.

§ 121

(1) Von dem Jahresgewinn gebührt jedem Gesellschafter zunächst ein Anteil in Höhe von vier vom Hundert seines Kapitalanteils. Reicht der Jahresgewinn hierzu nicht aus, so bestimmen sich die Anteile nach einem entsprechend niedrigeren Satz.
(2) Bei der Berechnung des nach Absatz 1 einem Gesellschafter zukommenden Gewinnanteils werden Leistungen, die der Gesellschafter im Laufe des Geschäftsjahrs als Einlage gemacht hat, nach dem Verhältnis der seit der Leistung abgelaufenen Zeit berücksichtigt. Hat der Gesellschafter im Laufe des Geschäftsjahrs Geld auf seinen Kapitalanteil entnommen, so werden die entnommenen Beträge nach dem Verhältnis der bis zur Entnahme abgelaufenen Zeit berücksichtigt.

(3) Derjenige Teil des Jahresgewinns, welcher die nach den Absätzen 1 und 2 zu berechnenden Gewinnanteile übersteigt, sowie der Verlust eines Geschäftsjahrs wird unter die Gesellschafter nach Köpfen verteilt.

§ 161

(1) Eine Gesellschaft, deren Zweck auf den Betrieb eines Handelsgewerbes unter gemeinschaftlicher Firma gerichtet ist, ist eine Kommanditgesellschaft, wenn bei einem oder bei einigen von den Gesellschaftern die Haftung gegenüber den Gesellschaftsgläubigern auf den Betrag einer bestimmten Vermögenseinlage beschränkt ist (Kommanditisten), während bei dem anderen Teil der Gesellschafter eine Beschränkung der Haftung nicht stattfindet (persönlich haftende Gesellschafter).

(2) Soweit nicht in diesem Abschnitt ein anderes vorgeschrieben ist, finden auf die Kommanditgesellschaft die für die offene Handelsgesellschaft geltenden Vorschriften Anwendung.

§ 162

(1) Die Anmeldung der Gesellschaft hat außer den in § 106 Abs. 2 vorgesehenen Angaben die Bezeichnung der Kommanditisten und den Betrag der Einlage eines jeden von ihnen zu enthalten. Ist eine Gesellschaft bürgerlichen Rechts Kommanditist, so sind auch deren Gesellschafter entsprechend § 106 Abs. 2 und spätere Änderungen in der Zusammensetzung der Gesellschafter zur Eintragung anzumelden.

(2) Bei der Bekanntmachung der Eintragung der Gesellschaft sind keine Angaben zu den Kommanditisten zu machen; die Vorschriften des § 15 sind insoweit nicht anzuwenden.

(3) Diese Vorschriften finden im Falle des Eintritts eines Kommanditisten in eine bestehende Handelsgesellschaft und im Falle des Ausscheidens eines Kommanditisten aus einer Kommanditgesellschaft entsprechende Anwendung.

§ 163

Für das Verhältnis der Gesellschafter untereinander gelten in Ermangelung abweichender Bestimmungen des Gesellschaftsvertrags die besonderen Vorschriften der §§ 164 bis 169.

§ 164

Die Kommanditisten sind von der Führung der Geschäfte der Gesellschaft ausgeschlossen; sie können einer Handlung der persönlich haftenden Gesellschafter nicht widersprechen, es sei denn, daß die Handlung über den gewöhnlichen Betrieb des Handelsgewerbes der Gesellschaft hinausgeht. Die Vorschriften des § 116 Abs. 3 bleiben unberührt.

Anlage 8: Auszug aus dem KG-Mustergesellschaftsvertrag

§ 1 Zweck der Gesellschaft

(1) Die Gesellschafter gründen eine Kommanditgesellschaft.
(2) Zweck der Gesellschaft ist ...

§ 2 Firma und Sitz der Gesellschaft

(1) Die Gesellschaft führt die Firma ...
(2) Der Sitz der Gesellschaft ist in ...

§ 3 Beginn, Dauer

(1) Die Gesellschaft beginnt am ...
(2) Ihre Dauer ist unbestimmt (bei Befristung die jeweilige Dauer einfügen).

§ 4 Gesellschafter/Einlagen

(1) Komplementär ist der Gesellschafter A (Name, Vorname).
Kommanditist ist der Gesellschafter B (Name, Vorname).

(2) Der Komplementär A erbringt folgende Einlage: ...
Der Kommanditist B erbringt folgende Einlage: ...

§ 5 Verteilung von Gewinn und Verlust

Jeder Gesellschafter erhält eine Verzinsung seiner Einlage gemäß gesetzlicher Regelung. Der verbleibende Rest des Jahresgewinns wird im Verhältnis 4 (Komplementär) : 1 (Kommanditist) verteilt. Ein Verlust wird im Verhältnis der Kapitalanteile der Gesellschafter verteilt.

§ 6 Gesellschafterversammlungen, Gesellschafterbeschlüsse, Stimmrecht

(1) Die Gesellschafter entscheiden über die ihnen nach Gesetz oder Gesellschaftervertrag zugewiesenen Angelegenheiten durch Beschlüsse, die in Gesellschafterversammlungen gefasst werden.

(2) Eine Gesellschafterversammlung wird durch den Komplementär einberufen und geleitet. Sie ist mindestens einmal im Jahr einzuberufen.

(3) [...]

Anlage 9

vereinfachte GuV 31.12.2015

S			H
Aufwendungen Handelswaren	4.007.897,00	Umsatzerlöse Handelsware	6.048.047,00
Aufwendungen f. bez. Leistungen	210.489,00	sonstige betriebl. Erträge	6.589,00
Personalaufwand	899.048,00	Zinserträge	15.447,00
Abschreibungen	169.820,00		
Zinsaufwand	148.478,00		
sonstige betr. Aufwendungen	454.083,00		
betriebliche Steuern	30.782,00		
Gewinn	79.486,00		
	6.070.083,00		6.070.083,00

vereinfachte Bilanz 31.12.2015

Aktiva			Passiva
I. Anlagevermögen		I. Eigenkapital	708.482,00
Grundstücke u. Gebäude	854.899,00	II. Fremdkapital	
Maschinen	23.479,00	langfristige Verb. gg. Kreditinst.	645.689,00
Fuhrpark	329.484,00	kurzfristige Verb. gg. Kreditinst.	161.340,00
Geschäftsausstattung	37.894,00	Verbindlichkeiten a. LL.	223.849,00
II. Umlaufvermögen			
Handelswaren	143.620,00		
Forderungen a. LL.	304.013,00		
Kasse	12.484,00		
Bank	83.487,00		
	1.739.360,00		1.739.360,00

Anlage 10

www.schneider.de

Schneider-Spiele KG, Schwarzwaldstraße 267, 76105 Freiburg

Metz AG
Hanseatenstraße 44
18059 Rostock

Telefon:	0761 27706-0
Fax:	0761 27706-1
E-Mail:	info@schneider.de
Unser Zeichen:	EK-Ma
Kundennummer:	12121
Ihr Angebot vom:	28.04.2016
Bestell-Nr.:	16-245
Datum:	30.04.2016

Bestellung

Wir bestellen nach Ihrem Angebot vom 28.04.2016:

Nr.	Menge	Artikel-Nr.	Artikel-Bezeichnung	Einzelpreis in Euro ohne Rabatt	Rabatt in %
1	100	10-447	Max mini Kartenspiel	2,99	10
2	80	10-567	Session 4 Kartenspiel	4,99	10
3	100	10-487	Tripple X Kartenspiel	6,25	10
4	50	20-248	Klick Brettspiel Holz	15,75	

Mit freundlichem Gruß

Michaela Maurer
Michaela Maurer

Unternehmenssitz	Kontakt	Bankverbindung
Schwarzwaldstraße 267 76105 Freiburg HRA 45890 Amtsgericht Freiburg	Tel: +49 761 27706-0 Fax: +49 761 27706-1 E-Mail: info@schneider.de Internet: www.schneider.de	Bank: Privatbank Freiburg BIC: PBLADEST450 IBAN: DE28 3682 6043 0054 8438 52

Anlage 11

Spiel, Spaß und Spannung

Metz AG

Metz AG • Hanseatenstraße 44 • 18059 Rostock

Schneider-Spiele KG
Schwarzwaldstr. 267
78105 Freiburg

Telefon: 0381 20143-0
Telefax: 0381 20143-10
E-Mail: service@metz-ag.de
Internet: www.metz-ag.com
Auftrags-Nr.: 76942-A-2016
Lieferung: 03.05.2016

Datum: 03.05.2016

Lieferschein-Nr. L-76942

Pos.	Menge	Artikel-Nr	Art-Bezeichnung
1	100	10-447	Max mini Kartenspiel ✓
2	60	10-567	Session 4 Kartenspiel ✓
3	100	10-487	Tripple X Kartenspiel ✓
4	50	20-248	Klick Brettspiel Holz ✓

Lieferung erhalten:

Schneider-Spiele	
Lieferung geprüft:	Lieferung lt. Lieferschein in Ordnung
Datum:	03•05•2016
Unterschrift	Kevin Reiter

Metz AG, Hanseatenstraße 44, 18059 Rostock, Vorstand: Ines Metz-Kabowski
Sitz und Registergericht: Rostock HRB 1240, USt-IdNr.: DE 350 362 994
Bankverbindung: Privatbank Rostock, IBAN DE09 4502 6025 0069 9450 09, BIC PBROFGVOKVF

Anlage 12

Spiel, Spaß und Spannung

Metz
AG

Metz AG • Hanseatenstraße 44 • 18059 Rostock

Schneider-Spiele KG
Schwarzwaldstr. 267
78105 Freiburg

Telefon: 0381 20143-0
Telefax: 0381 20143-10
E-Mail: service@metz-ag.de
Internet: www.metz-ag.com
Auftrags-Nr.: 76942-A-2016
Lieferung: 03.05.2016

Datum: 03.05.2016

Rechnung-Nr. 76942

Pos.	Artikel-Nr.	Art-Bezeichnung	Menge	Einzel-preis in Euro	Rabatt in %	Gesamtpreis in Euro
1	10-447	Max mini Kartenspiel	100	2,99	10	299,00
2	10-567	Session 4 Kartenspiel	80	4,99	10	359,28
3	10-487	Tripple X Kartenspiel	100	6,45	10	580,50
4	20-248	Klick Brettspiel Holz	50	15,75		787,50
					Warenwert netto	2.026,28
					19 % Mehrwertsteuer	384,99
					Rechnungsbetrag inkl. Mehrwertsteuer	2.411,27

Lieferdatum entspricht Leistungsdatum.
Zahlbar innerhalb von 10 Tagen unter Abzug von 3 % Skonto, 30 Tage netto Kasse.

Metz AG, Hanseatenstraße, 44 18059 Rostock, Vorstand: Ines Metz-Kabowski
Sitz und Registergericht: Rostock HRB 1240, USt-IdNr.: DE 350 362 994
Bankverbindung: Privatbank Rostock, IBAN DE09 4502 6025 0069 9450 09, BIC PBROFGVOKVF

Anlage 13

Wir packen es an
RODECK-TECHNIK

Rodeck-Technik GmbH – Freiburger Straße 60 – 77652 Offenburg

Schneider-Spiele KG
Schwarzwaldstr. 267
78105 Freiburg

Ihr Zeichen:
Ihre Nachricht vom: 2016-04-16
Name: Frau Hannah Bauer
Telefon: 0781 45123-0
Telefax: 0781 45123-10
E-Mail: hannah.bauer@rodeck-technik.de
Internet: www.rodeck-technik.de

Datum: 2016-05-03

Rechnung-Nr. 76942-2016

Menge	Artikel	Bezeichnung	Einzelpreis	Rabatt	Gesamtpreis
1	Kommissionierungs-anlage PACKET 4	Typ AFG 3434	11.445,00	10 %	10.300,50
1	Lieferung		199,00		199,00
1	Montage und Aufbau	vor Ort	369,00		369,00
			Rechnungsbetrag netto		10.868,50
			19 % Umsatzsteuer		2.065,01
			Rechnungsbetrag brutto		**12.933,51**

Lieferdatum entspricht Leistungsdatum.

Zahlbar innerhalb von 14 Tagen unter Abzug von 2 % Skonto, 30 Tage rein netto.

Sitz und Registergericht: Offenburg HRB 45459, USt-IdNr.: DE 677 382 478

Geschäftsführung: Andreas Bucher

Bankverbindung: Privatbank Offenburg, IBAN DE09 3682 6043 0061 0750 09, BIC PBOOFGV0458

Anlage 14

Von:	stefanie.wiese@heilbronner-messe-gmbh.de
An:	NamePrüfling@panucci-deko.com
Cc:	
Betreff:	Ihre Standbuchung für die Heilbronner Herbstmesse
Anhang:	Messeplan.pdf

Guten Tag,

vielen Dank für Ihre Teilnahme an der Heilbronner Herbstmesse vom 15.10.2016 bis 16.10.2016. Ihren Stand mit einer Fläche von 20 m² haben wir in Halle C unter der Standnummer 73 reserviert.

Für die Besucher ist die Messe an beiden Tagen von 09:00 Uhr bis 18:00 Uhr geöffnet. Sie können Ihren Stand bereits am Freitag, 14.10.2016, ab 16:00 Uhr aufbauen, der Abbau ist am Sonntag, 16.10.2016, bis 23:00 Uhr möglich. Weitere Informationen finden Sie im beigefügten Messeplan.

Bei Fragen können Sie sich gerne mit mir in Verbindung setzen.

Mit freundlichen Grüßen

Heilbronner Messe GmbH

Stefanie Wiese

Tel.: 07131 2874-131
Fax: 07131 2874-100
E-Mail: stefanie.wiese@heilbronner-messe-gmbh.de
Internet: www.heilbronner-messe-gmbh.de

Anlage 15: Ausschnitt aus der Homepage

Dekorationswerkstatt Panucci GmbH

Home | Aktuelles | Service | Jobs

Geschäftskunden

Privatkunden

Heilbronner Herbstmesse 15.10.2016–16.10.2016

Hochzeiten, Geburtstage – wir sorgen mit unserer Dekoration für ein schönes Ambiente. Besuchen Sie uns auf der Heilbronner Herbstmesse und lernen Sie uns kennen.

An beiden Messetagen erhalten Sie 10 % Rabatt auf alle Dekorationsaufträge und -artikel. Nehmen Sie an unserem Gewinnspiel am Messestand teil. Das erste Los ist kostenlos.

Anlage 16

Dekorationswerkstatt Panucci GmbH

Wir planen und gestalten Ihre Dekoration – Sie feiern!

Alexanderstraße 61
74072 Heilbronn
Telefon: 07131 98064-0
Telefax: 07131 98064-10
E-Mail: info@panucci-deko.com
Internet: www.panucci-deko.com

Der erste Eindruck zählt – wir planen und gestalten für Sie Ihre Dekoration. Nutzen Sie die Gelegenheit. Wir haben für jede Veranstaltung die passende Idee.

Wir verleihen Ihnen gerne:

- Stuhlhussen
- Tischläufer
- Stretchbänder
- Satinbänder
- diverse Blütenblätter
- Kerzenständer jeglicher Art
- Teelichter in verschiedenen Variationen
- Vasen in unterschiedlichen Formen
- Luftballons in verschiedenen Farben und Größen
- Stehtische
- Stehtischhussen
- Bierzeltgarnitur-Hussen
- Tischdecken
- Namenskärtchen
- verschiedene Dekoherzen (aus Holz, Draht, Sisal, Keramik, Moos und Heu)
- Girlanden
- u. v. a. m.

Ihre Vorteile:

✓ **Flexibel**
Selbst dekorieren und abholen oder komplett dekorieren lassen. Bei uns haben Sie die Wahl.

✓ **Absolute Zuverlässigkeit**
Wir halten unser Versprechen und liefern zum vereinbarten Termin punktgenau.

✓ **Fair kalkulierte Preise**
Schöne Dekoration muss nicht teuer sein.

✓ **Große Auswahl**
Bei uns finden Sie alles, was zu einem gelungenen Fest als Dekoration beiträgt.

✓ **Hervorragende Qualität**
Wir verleihen/verkaufen nur hochwertige Markenartikel.

Wir freuen uns auf Ihren Besuch und beraten Sie gerne.

3 Prüfungsaufgaben Kundenbeziehungsprozesse Winter 2016/2017

Aufgabe 1

Sie sind Mitarbeiterin/Mitarbeiter bei der EW Elektrowerkzeuge KG in Riedlingen. Als Assistentin/Assistent der Geschäftsleitung unterstützen Sie den Geschäftsführer Herr Neumann bei allen anfallenden Tätigkeiten.

Das Unternehmen produziert Elektrowerkzeuge für die Industrie. Aufgrund der guten Auftragslage soll die Produktion ausgeweitet werden.

1.1 Durch die Ausweitung der Produktion sollen neue Mitarbeiterinnen und Mitarbeiter eingestellt werden. Eine Auszubildende hat bereits eine Stellenanzeige (**Anlage 1**) entworfen.

Prüfen Sie, ob die Stellenanzeige entsprechend der gültigen Rechtslage formuliert ist.

1.2 Frau Wilhelm, Fachkraft für Lagerlogistik, teilt Ihnen mit, dass sie schwanger sei (**Anlage 2**). Beantworten Sie unter Angabe des Gesetzes und Verwendung der **Anlage 3 und 4** die Fragen der Mitarbeiterin. Formulieren Sie Ihre Antwort per E-Mail.

1.3 Für die Erweiterung der bisherigen Produktionsstraße wird ein Drehautomat im Wert von 138.000,00 EUR benötigt. Die Nutzungsdauer des Automaten beträgt laut amtlicher AfA-Tabelle sechs Jahre, die Abschreibung erfolgt linear.

Zur Finanzierung liegt Ihnen von der Hausbank ein Angebot mit folgenden Konditionen vor:
- Darlehenssumme 138.000,00 EUR
- 4 Jahre Laufzeit bei einem Zinssatz von 4,5 % p. a.
- Auszahlung zu 100 %
- Tilgung in gleichen Raten am Ende eines jeden Kalenderjahres

Alternativ liegt Ihnen ein Leasingangebot (**Anlage 5**) vor.

1.3.1 Erstellen Sie eine Vergleichsrechnung der beiden Finanzierungsalternativen hinsichtlich der Liquiditäts- und der Aufwandsbelastung über einen Zeitraum von sechs Jahren.

1.3.2 Unterbreiten Sie Herrn Neumann einen Vorschlag für eine der beiden Finanzierungsalternativen und formulieren Sie hierfür zwei Argumente.

1.3.3 Begründen Sie, wie sich das Leasing in der Bilanz und der GuV-Rechnung der EW Elektrowerkzeuge KG auswirkt, wenn sich Herr Neumann für das Leasing entscheiden sollte.

Aufgabe 2

Die Büro-Profi GmbH in Stuttgart ist ein mittelständisches Handelsunternehmen mit einem umfassenden Angebot in den Bereichen DV-Hardware und moderne Kommunikationstechnik. Sie arbeiten als Sachbearbeiterin/Sachbearbeiter in der Büro-Profi GmbH.

2.1 Aus der Abteilung Einkauf erhalten Sie heute zwei Rechnungen (**Anlage 6 und 7**).

2.1.1 Bilden Sie die Buchungssätze zu den Vorgängen.

2.1.2 Bilden Sie den Buchungssatz für die Gutschrift (**Anlage 8**).

2.1.3 Bilden Sie den Buchungssatz für die Überweisung der Rechnung (**Anlage 7 und 8**) am 17.11.2016.

2.2 Ihr Abteilungsleiter leitet Ihnen die Anfrage von der Druckworld GmbH (**Anlage 9**) weiter. Er überreicht Ihnen die aktuelle Ergebnistabelle (**Anlage 10**) mit einer Notiz zu den betriebsinternen Verteilungsgrundlagen der Gemeinkosten. Der Kunde soll wie üblich drei Prozent Skonto erhalten.

2.2.1 Berechnen Sie für die beiden Warengruppen jeweils den Handlungskostenzuschlagsatz mithilfe eines einfachen Betriebsabrechnungsbogens.

2.2.2 Kalkulieren Sie für ein Angebot an die Druckworld GmbH den Netto-Verkaufspreis für 30 Tintenstrahldrucker Modell „Photofix" unter Berücksichtigung der Angaben in der **Anlage 7.** Verwenden Sie Ihren berechneten Handlungskostenzuschlagsatz und einen Gewinnzuschlagsatz von 10 %.

Hinweis: Falls Sie bei Aufgabe 2.2.1 keinen Handlungskostenzuschlagsatz berechnen konnten, verwenden Sie als Handlungskostenzuschlagsatz 35 %.

Aufgabe 3

Die Thiessen GmbH mit Sitz in Titisee-Neustadt ist ein Hersteller von hochwertigen Büromöbeln. In den letzten Jahren ist der Absatz kontinuierlich gestiegen. Dies führte zu einem starken Anstieg der Produktion und zu einem zusätzlichen Bedarf an qualifizierten Mitarbeiterinnen und Mitarbeitern. Mit dem Anstieg der Belegschaft sollen die Prozesse in der Personalabteilung neu strukturiert und optimiert werden.

Sie sind als Sachbearbeiterin/Sachbearbeiter in der Personalabteilung eingesetzt.

3.1 Die Arbeitszeiten der Mitarbeiterinnen und Mitarbeiter sollen in Zukunft über ein digitales Zeiterfassungssystem erfasst werden. Der Geschäftsführer hat bereits ein Team zusammengestellt, das gemeinsam an der Einführung des Zeiterfassungssystems arbeitet. Bei der heutigen Teambesprechung wurden weitere Schritte zur Implementierung des Zeiterfassungssystems festgelegt (**Anlage 11**).

3.1.1 Die Personalleiterin beauftragt Sie, die einzelnen Phasen des Projektes „Einführung der digitalen Zeiterfassung" strukturiert darzustellen.

Erstellen Sie eine Übersicht aus der die einzelnen Projektphasen ersichtlich sind und ordnen Sie die bisherigen und die bevorstehenden Aktivitäten diesen Projektphasen zu.

3.1.2 Zur optimalen Steuerung des Projektes soll der Ablauf der Teilprozesse (**Anlage 11**) übersichtlich für alle Projektteilnehmerinnen und Projektteilnehmer dargestellt werden.

Erstellen Sie einen Projektablaufplan. Sie können hierzu **Anlage 12** verwenden. Alternativ ist eine andere Darstellung möglich.

3.2 Die Geschäftsleitung möchte die starren Arbeitszeiten in Zukunft durch flexiblere Arbeitszeiten ersetzen. Die bisherigen Arbeitszeiten sind von Montag bis Freitag von 08:00 Uhr bis 17:00 Uhr inkl. Mittagspause von 12:30 bis 13:30 Uhr. Die Mitarbeiterinnen und Mitarbeiter sind laut einer aktuellen Mitarbeiterbefragung auch für eine flexiblere Gestaltung der Arbeitszeiten und für die Einführung von Arbeitszeitkonten.

- Beschreiben Sie ein flexibles Arbeitszeitmodell mit Arbeitszeitkonten.
- Unterbreiten Sie vor Einführung flexibler Arbeitszeitkonten bei der Thiessen GmbH einen begründeten Vorschlag mit drei Argumenten, der aus Sicht der Thiessen GmbH für die Einführung von flexibleren Arbeitszeiten spricht.

3.3 Sie bereiten die Lohnabrechnung des Lagermitarbeiters Henry Wanger für Oktober 2016 vor. Bisher werden die Mitarbeiterinnen und Mitarbeiter im Lager nach einem festen Stundenlohn und Überstundenzuschlägen bezahlt **(Anlage 13)**. Nach Einführung der flexiblen Arbeitszeitkonten ab Januar 2017 wird eine Mehrarbeit innerhalb von sechs Monaten abgebaut. Die Geschäftsleitung verspricht sich dadurch eine Senkung der Personalkosten.

- Berechnen Sie die Kostenersparnis im Vergleich zur bisherigen Lohnberechnung nach Einführung der flexiblen Arbeitszeit am Beispiel dieses Mitarbeiters für Oktober 2016.
- Berechnen Sie den steuer- und sozialversicherungspflichtigen Bruttolohn für Oktober 2016.

Anlage 1

EW Elektrowerkzeuge KG

Buchauer Straße 99
88499 Riedlingen
Telefon: 07371 138-100

Wir sind ein mittelständisches Unternehmen und produzieren in vollkontinuierlicher Schichtarbeit auch an Sonn- und Feiertagen Elektrowerkzeuge für die Bereiche Industrie, Handwerk, Heimwerken und Garten.

Ab sofort suchen wir Mitarbeiter für unser junges und dynamisches Team in der Produktion.

Ihre Aufgaben:
- fach- und sachgerechte Bedienung der Maschinen
- Kontrolle des Produktionsablaufs
- Endkontrolle der gefertigten Werkzeuge

Sie haben eine abgeschlossene Berufsausbildung im Bereich Technik, verfügen über Grundkenntnisse in der Datenverarbeitung und beherrschen die Muttersprache Deutsch in Wort und Schrift. Zu Ihren persönlichen Eigenschaften zählen Sie Motivation, Teamfähigkeit, Pünktlichkeit und Zuverlässigkeit. Sie arbeiten gewissenhaft und sorgfältig. Sie sind belastbar und körperlich nicht beeinträchtigt. Ordnung und Sauberkeit des Arbeitsplatzes sind für Sie selbstverständlich.

Wir bieten Ihnen eine ansprechende Vergütung und betriebliche Sozialleistungen. Sie finden weitere Informationen unter www.ew-kg.de.

Interessiert? Dann senden Sie uns bitte Ihre vollständigen Bewerbungsunterlagen unter Angabe des frühestmöglichen Eintrittstermins und Ihrer Gehaltsvorstellung vorzugsweise per E-Mail in einer PDF-Datei an

personal@ew-kg.de

Ansprechpartner: Hans Neumann

Anlage 2

Von:	katharina.wilhelm@mail.com
An:	Ihr Vor- und Zuname@ew-kg.de
Betreff:	Schwangerschaft: Auswirkung auf meine Tätigkeit im Betrieb?

Guten Tag, Herr/Frau <Ihr Zuname>,

nach meinem heutigen Arzttermin befinde ich mich in der 13. Schwangerschaftswoche. Der voraussichtliche Geburtstermin ist der 16.05.2017. Das fachärztliche Attest reiche ich nach.

Da ich mein erstes Kind erwarte, kenne ich mich überhaupt nicht aus. Wie geht es ab jetzt bis zur Geburt des Kindes im Betrieb für mich weiter? Welche Fristen gibt es? Darf ich überhaupt noch arbeiten? Bitte erklären Sie mir den weiteren Ablauf bis zur Geburt.

Für die Informationen bedanke ich mich bereits im Voraus.

Freundliche Grüße

Katharina Wilhelm

Anlage 3: Auszug aus der Stellenbeschreibung

Stellenbeschreibung: Fachkraft für Lagerlogistik		EW Elektrowerkzeuge KG
Bereich/Abteilung	Lager	
Stellenbezeichnung	Fachkraft für Lagerlogistik	
Stelleninhaber	Katharina Wilhelm	
Aufgaben und Zielsetzung der Stelle:	Der/die Stelleninhaber/-in ist im Team mit zwei Kollegen/-innen je Schicht für die Abwicklung und Überwachung aller Wareneingänge und Warenausgänge verantwortlich. Hierzu gehört auch die Buchung der Lagerbewegungen im EDV-System und die Pflege der Materialstammdaten hinsichtlich logistischer Erfordernisse.	
Tätigkeitsbeschreibung:	Die Stelle umfasst folgende Tätigkeiten: • Wareneingang: Annahme, Kontrolle u. papiermäßige Abwicklung • Interner Logistikablauf: Verteilung der Waren im Lager, Auspacken, Einlagern, Kommissionierung und Verpackung, Bereitstellung und Kennzeichnung der versandbereiten Waren inklusive papiermäßiger Abwicklung (Packzettel, Lieferscheine, Rechnungen) • Warenausgang: Übergabe an Spediteure und Paketdienste • Gelagerte Waren: Roh- u. Hilfsstoffe (Kunststoffteile, Elektronikteile, Schrauben), Endprodukte (Elektrowerkzeuge). Gefahrstoffe: keine • Heben und Transport von Waren ab 3,0 kg Gewicht mithilfe von maschinellen Hebewerkzeugen • Erstellung von Packzettel, Lieferscheinen und Rechnungen mittels Office-Anwendungen • Buchung und Kontrolle der Lagerbewegungen im EDV-System • Zusammenarbeit mit den Abteilungen Einkauf, Qualitätsmanagement, Produktion und Vertrieb • Mitwirkung bei logistischen Planungs- und Organisationsprozessen	
Arbeitszeit:	Arbeitszeit im 7-Tage-Schichtmodell Frühschicht: 06:00–14:00 Uhr, Nachmittagsschicht: 14:00–22:00 Uhr und Nachtschicht: 22:00–06:00 Uhr; auch an Wochenenden; jede Schicht umfasst 8 Stunden	

Anlage 4: Auszug aus dem Gesetz zum Schutze der erwerbstätigen Mutter (Mutterschutzgesetz – MuSchG)[1]

§ 1 Geltungsbereich

Dieses Gesetz gilt

1. für Frauen, die in einem Arbeitsverhältnis stehen,
2. [...]

§ 2 Gestaltung des Arbeitsplatzes

(1) Wer eine werdende oder stillende Mutter beschäftigt, hat bei der Einrichtung und der Unterhaltung des Arbeitsplatzes einschließlich der Maschinen, Werkzeuge und Geräte und bei der Regelung der Beschäftigung die erforderlichen Vorkehrungen und Maßnahmen zum Schutze von Leben und Gesundheit der werdenden oder stillenden Mutter zu treffen.

[1] *Alte Fassung; zum 01.01.2018 trat das Gesetz zum Schutz von Müttern bei der Arbeit, in der Ausbildung und im Studium (Mutterschutzgesetz – MuschG) in Kraft.*

(2) Wer eine werdende oder stillende Mutter mit Arbeiten beschäftigt, bei denen sie ständig stehen oder gehen muss, hat für sie eine Sitzgelegenheit zum kurzen Ausruhen bereitzustellen.
(3) Wer eine werdende oder stillende Mutter mit Arbeiten beschäftigt, bei denen sie ständig sitzen muss, hat ihr Gelegenheit zu kurzen Unterbrechungen ihrer Arbeit zu geben.
(4) und (5) [...]

§ 3 Beschäftigungsverbote für werdende Mütter
(1) Werdende Mütter dürfen nicht beschäftigt werden, soweit nach ärztlichem Zeugnis Leben oder Gesundheit von Mutter oder Kind bei Fortdauer der Beschäftigung gefährdet ist.
(2) Werdende Mütter dürfen in den letzten sechs Wochen vor der Entbindung nicht beschäftigt werden, es sei denn, dass sie sich zur Arbeitsleistung ausdrücklich bereit erklären; die Erklärung kann jederzeit widerrufen werden.

§ 4 Weitere Beschäftigungsverbote
(1) Werdende Mütter dürfen nicht mit schweren körperlichen Arbeiten und nicht mit Arbeiten beschäftigt werden, bei denen sie schädlichen Einwirkungen von gesundheitsgefährdenden Stoffen oder Strahlen, von Staub, Gasen oder Dämpfen, von Hitze, Kälte oder Nässe, von Erschütterungen oder Lärm ausgesetzt sind.
(2) Werdende Mütter dürfen insbesondere nicht beschäftigt werden

1. mit Arbeiten, bei denen regelmäßig Lasten von mehr als fünf Kilogramm Gewicht oder gelegentlich Lasten von mehr als zehn Kilogramm Gewicht ohne mechanische Hilfsmittel von Hand gehoben, bewegt oder befördert werden. Sollen größere Lasten mit mechanischen Hilfsmitteln von Hand gehoben, bewegt oder befördert werden, so darf die körperliche Beanspruchung der werdenden Mutter nicht größer sein als bei Arbeiten nach Satz 1,
2. nach Ablauf des fünften Monats der Schwangerschaft mit Arbeiten, bei denen sie ständig stehen müssen, soweit diese Beschäftigung täglich vier Stunden überschreitet,
3. mit Arbeiten, bei denen sie sich häufig erheblich strecken oder beugen oder bei denen sie dauernd hocken oder sich gebückt halten müssen,
4. mit der Bedienung von Geräten und Maschinen aller Art mit hoher Fußbeanspruchung, insbesondere von solchen mit Fußantrieb,
5. mit dem Schälen von Holz,
6. mit Arbeiten, bei denen sie infolge ihrer Schwangerschaft in besonderem Maße der Gefahr, an einer Berufskrankheit zu erkranken, ausgesetzt sind oder bei denen durch das Risiko der Entstehung einer Berufskrankheit eine erhöhte Gefährdung für die werdende Mutter oder eine Gefahr für die Leibesfrucht besteht,
7. [...]
8. mit Arbeiten, bei denen sie erhöhten Unfallgefahren, insbesondere der Gefahr auszugleiten, zu fallen oder abzustürzen, ausgesetzt sind.

[...]

§ 5 Mitteilungspflicht, ärztliches Zeugnis

(1) Werdende Mütter sollen dem Arbeitgeber ihre Schwangerschaft und den mutmaßlichen Tag der Entbindung mitteilen, sobald ihnen ihr Zustand bekannt ist. Auf Verlangen des Arbeitgebers sollen sie das Zeugnis eines Arztes oder einer Hebamme vorlegen. [...]

(2) Für die Berechnung der in § 3 Abs. 2 bezeichneten Zeiträume vor der Entbindung ist das Zeugnis eines Arztes oder einer Hebamme maßgebend; das Zeugnis soll den mutmaßlichen Tag der Entbindung angeben.

[...]

§ 6 Beschäftigungsverbote nach der Entbindung

(1) Mütter dürfen bis zum Ablauf von acht Wochen, bei Früh- und Mehrlingsgeburten bis zum Ablauf von zwölf Wochen nach der Entbindung nicht beschäftigt werden.

[...]

§ 8 Mehrarbeit, Nacht- und Sonntagsarbeit

(1) Werdende und stillende Mütter dürfen nicht mit Mehrarbeit, nicht in der Nacht zwischen 20 und 6 Uhr und nicht an Sonn- und Feiertagen beschäftigt werden.

(2) Mehrarbeit im Sinne des Absatzes 1 ist jede Arbeit, die

1. von Frauen unter 18 Jahren über 8 Stunden täglich oder 80 Stunden in der Doppelwoche,
2. von sonstigen Frauen über 8 1/2 Stunden täglich oder 90 Stunden in der Doppelwoche hinaus geleistet wird. In die Doppelwoche werden die Sonntage eingerechnet.

[...]

Anlage 5

Indus Leasing GmbH

Indus Leasing GmbH
Industriestraße 32
81245 München

Indus Leasing GmbH – Industriestr. 32 – 81245 München

EW Elektrowerkzeuge KG
Geschäftsleitung
Buchauer Str. 99
88499 Riedlingen

Ihr Zeichen:
Ihre Nachricht vom:
Unser Zeichen: mr
Unsere Nachricht vom:

Name: Gerlinde Zipper
Telefon: 089 5555
Telefax: 089 5556
E-Mail: g.zipper@indus-leasing.com
Datum: 2016-11-07

Leasingangebot Drehautomat

Sehr geehrter Herr Neumann,

wir bedanken uns für Ihre Anfrage vom 28.10.2016 und freuen uns, Ihnen ein Vertragsangebot über das Leasing eines Drehautomaten machen zu können.

Leasingobjekt: Drehautomat HighSpeed 20+
Hersteller: Maschinenfabrik Kolbe, Steinbeisstraße 13, 73728 Esslingen

Die monatliche Miete beträgt während der 3-jährigen Grundmietzeit 3.700,00 EUR. Bei Vertragsverlängerung ermäßigt sich die monatliche Gebühr auf 950,00 EUR. Alle anfallenden Kosten für Wartung und Reparatur, insbesondere Verschleiß, werden während der Mietzeit von uns übernommen. Des Weiteren gelten unsere Allgemeinen Geschäftsbedingungen.

Sollten Sie mit den angebotenen Konditionen einverstanden sein, unterschreiben und übersenden Sie uns bitte den beiliegenden Leasingvertrag.

Für Rückfragen stehen wir gerne zur Verfügung.

Mit freundlichen Grüßen

Indus Leasing GmbH

Zipper

i. A. Zipper

Anlage
Leasingvertrag

Indus Leasinggesellschaft GmbH
Industriestraße 32
81245 München
Telefon: 089 5555-0
Telefax: 089 5556-22

E-Mail: info@indus-leasing.com
Internet: www.indus-leasing.com
Raiffeisenbank München-Süd eG
IBAN DE78 7016 9466 3200 5152 08
BIC GENODEF1M03

Amtsgericht München: HRB 5212
USt-IdNr.: DE148933360
Geschäftsführer: Michael November
USt-IdNr.: DE146985369

Anlage 6

GASTRO-SERVICE GMBH

GASTRO-SERVICE GMBH * Ludwigallee 50 * 70174 Stuttgart

Büro-Profi GmbH
Südallee 12 a
70173 Stuttgart

Telefon: 0711 534-0
Telefax: 0711 534-10
E-Mail: info@gastro-service.de
Homepage: www.gastro-service.de
Auftrags-Nr.: A38776
Lieferung: 07.11.2016

Datum: 07.11.2016

Rechnung Nr. G56-6887

Pos.	Artikel-Nr.	Bezeichnung	Menge	Einzelpreis in Euro	Rabatt in %	Gesamtpreis in Euro
1	OS567	Spülmaschine „Mara"	2	1.400,00		2.800,00
2	DR651	Kaffeevollautomat „Latissima"	1	165,00		1.155,00
3	CF100	Wasserkocher „BigWater"	6	57,50		345,00
					Warenwert netto	4.300,00
					19 % USt.	817,00
					Rechnungsbetrag inkl. USt.	5.117,00

Zahlbar innerhalb von 10 Tagen unter Abzug von 3 % Skonto, 30 Tage netto Kasse.

GASTRO-SERVICE GMBH
Ludwigallee 501
70174 Stuttgart

Geschäftsführung: Brigitte Mayer
Musterbank Stuttgart
IBAN DE76 1000 4810 6754 1345 55
BIC STRRDEE0

Tel.: 0711 534-0
Fax.: 0711 534-10
E-Mail: info@gastro-service.de
Homepage: www.gastro-service.de

Gerichtsstand: Stuttgart HRB 15430
Steuernummer: 12 3473 34273
USt-IdNr.: DE 233 543 230

Anlage 7

Drucktec AG

Drucktec AG * Hauptstr. 9 * 69126 Heidelberg

Büro-Profi GmbH
Südallee 12 a
70173 Stuttgart

Telefon: 06221 411-0
Telefax: 06221 411-1
E-Mail: info@drucktec.de
Homepage: www.drucktec.de
Auftrags-Nr.: 56372-2016
Lieferung: 08.11.2016

Datum: 08.11.2016

Rechnung Nr. 12232B

Pos.	Artikel-Nr.	Bezeichnung	Menge	Einzelpreis in Euro	Rabatt in %	Gesamtpreis in Euro
1	**T485**	Tintenstrahldrucker „Photofix“	**80**	75,00	**5**	5.700,00
					Bei Lieferung ab 25 Stück Frachtanteil pauschal	100,00
					Warenwert netto	5.800,00
					19 % USt.	1.102,00
					Rechnungsbetrag inkl. USt.	6.902,00

Zahlbar innerhalb von 14 Tagen unter Abzug von 2 % Skonto, 30 Tage netto Kasse.

Aktiengesellschaft
Drucktec AG
Hauptstr. 9
69126 Heidelberg

Vorstand: Roland Huber
Musterbank Heidelberg
IBAN DE55 3604 4081 0013 4338 75
BIC HEIRDEE0

Tel.: 06221 411-0
Fax.: 06221 411-1
E-Mail: info@drucktec.de
Homepage: www.drucktec.de

Gerichtsstand: Heidelberg HRB 18230
Steuernummer: 88 777 82073
USt-IdNr.: DE 194 395 230

Anlage 8

Drucktec AG

Drucktec AG * Hauptstr. 9 * 69126 Heidelberg

Büro-Profi GmbH
Südallee 12 a
70173 Stuttgart

Telefon: 06221 411-0
Telefax: 06221 411-1
E-Mail: info@drucktec.de
Homepage: www.drucktec.de
Auftrags-Nr.: 56372-2016

Datum: 08.11.2016

Gutschrift 8232

Pos.	Artikel-Nr.	Bezeichnung	Menge	Einzelpreis in Euro	Rabatt in %	Gesamtpreis in Euro
1	T485	Tintenstrahldrucker „Photofix“	80	75,00	5	570,00
					Warenwert netto	570,00
					19 % USt.	108,30
					Rechnungsbetrag inkl. USt.	678,30

Wir bedauern diese Fehllieferung und hoffen auf eine weiterhin gute Zusammenarbeit.

Aktiengesellschaft
Drucktec AG
Hauptstr. 9
69126 Heidelberg

Vorstand: Roland Huber
Musterbank Heidelberg
IBAN DE55 3604 4081 0013 4338 75
BIC HEIRDEEO

Tel.: 06221 411-0
Fax.: 06221 411-1
E-Mail: info@drucktec.de
Homepage: www.drucktec.de

Gerichtsstand: Heidelberg HRB 18230
Steuernummer: 88 777 82073
USt-IdNr.: DE 194 395 230

Anlage 9

Senden	Von:	hans.growe@buero-profi.de		
	An:	Ihr Vor- und Zuname@buero-profi.de		
	Cc:			
	Betreff:	WG: Anfrage nach Tintenstrahldruckern	Datum:	11.11.2016

Ursprüngliche Nachricht:
Von: paul.ebert@druckworld.de
An: hans.growe@buero-profi.de
Betreff: Anfrage nach Tintenstrahldruckern
Gesendet: 11.11.2016, 09:15 Uhr

Sehr geehrter Herr Growe,

wir möchten unser Sortiment um einen hochwertigen Tintenstrahldrucker erweitern. Nach Durchsicht Ihrer Website würde uns das Modell „Photofix" sehr interessieren. Leider konnten wir keine Preisangaben finden.

Wir bitten daher um ein Angebot über 30 Drucker.

Über Ihre schnelle Antwort freuen wir uns sehr.

Mit freundlichen Grüßen

Druckworld GmbH

Paul Ebert

Anlage 10

Rechnungskreis I				Rechnungskreis II					
Erfolgsbereich				Abgrenzungsbereich				Kosten- und Leistungsrechnung	
Geschäftsbuchführung Konten der Kl. 5, 6 u. 7				Unternehmens-bezogene Abgrenzung		Kostenrechnerische Korrekturen			
Kto.-Nr.	Kontenbezeichnung	Aufw.	Erträge	neutrale		verrechnete		Kosten	Leistungen
				Aufw.	Erträge	Aufw.	Erträge		
5010	Umsatzerlöse Tintenstrahldrucker		997.820						997.820
5020	Umsatzerlöse Laserdrucker		756.987						756.987
5710	Zinserträge		17.000		17.000				
6080	Aufwendungen f. Tintenstrahldrucker	410.400						410.400	
6090	Aufwendungen f. Laserdrucker	302.122						302.122	
6300	Gehälter	220.000						220.000	
6500	Abschreibungen auf Sachanlagen	18.940				18.940	16.300	16.300	
6800	Büromaterial	65.460						65.460	
6990	periodenfremde Aufwendungen	5.120		5.120					
Summen:		1.022.042	1.771.807	5.120	17.000	18.940	16.300	1.014.282	1.754.807
Salden (Ergebnisse):		749.765		11.880			2.640	740.525	
		1.771.807	1.771.807	17.000	17.000	18.940	18.940	1.754.807	1.754.807
		Unternehmensergebnis: 749.765,00 EUR		Ergebnis aus unternehmensbezogener Abgrenzung: 11.880,00 EUR		Ergebnis aus kostenrechnerischen Korrekturen: –2.640,00 EUR		**Betriebsergebnis:** 740.525,00 EUR	

Anhang

Notiz

Verteilungsgrungrundlagen

Gehälter — *nach Umsatzerlösen*

Abschreibungen auf Sachanlagen — *2 (Tintenstrahldrucker) : 1 (Laserdrucker)*

Büromaterial — *2,5 (Tintenstrahldrucker) : 3 (Laserdrucker)*

Vielen Dank! Hans Growe

Anlage 11

Ergebnisprotokoll	
Datum, Ort:	08.11.2016, 45. Kalenderwoche (KW), Titisee-Neustadt
Vorsitz: Weitere Anwesende:	Frederic Graber, Geschäftsführer (GF) Annabell Funk, Betriebsrätin Kemal Kardal, Leiter Informationstechnik (IT-Leiter) Michaela Riester, Personalleiterin Chantal Hansen, Assistentin GF
Abwesende:	David Schirach, Datenschutzbeauftragter
Dauer:	09:00 Uhr–11:00 Uhr
Protokollführerin:	Chantal Hansen, Assistentin GF
Tagesordnung:	TOP 1: Einführung eines elektronischen Zeiterfassungssystem

TOP 1 – Einführung eines elektronischen Zeiterfassungssystems

Die einzelnen Teammitglieder berichten von ihren bisherigen Aktivitäten: Die Anforderungen an das elektronische Zeiterfassungssystem und die technischen Details wurden bereits von der Geschäftsleitung Anfang Oktober festgelegt. Zum heutigen Tag liegen zwei Angebote von Anbietern vor, die Lösungen für die Hard- und Software aus einer Hand anbieten. Herr Kardal berichtet, dass mit der Auswahl für das Programm zur Zeiterfassung und den notwendigen Geräten ab Montag begonnen wird. Es werden acht digitale Lesegräte mit Fingerprint im Haus installiert. Unter Vorgabe des Budgets von 10.000,00 EUR durch die Geschäftsleitung wird die Entscheidung für einen Anbieter in der 46. Kalenderwoche erfolgen.

Von Ende November bis Anfang Dezember (47. und 48. KW) erfolgt die Installation der Hardware: Verlegung der Kabel durch unseren unternehmenseigenen Hauselektroniker und Installation der acht Lesegeräte (zwei in den Eingangsbereichen für die Abteilungen Verwaltung, ein Gerät im Eingangsbereich zum Marketing/Vertrieb, zwei im Bereich Einkauf/Lager sowie drei Geräte in der Produktion). Im Anschluss wird in der 49. KW spätestens jedoch in der 50. KW die Software installiert und die Zugangscodes in der 50. KW durch Fingerprints für alle Mitarbeiterinnen und Mitarbeiter erstellt und angelegt.

Direkt nach Installation der Software erfolgt ab der 50. KW die Schulung der Mitarbeiterinnen und Mitarbeiter in der Abteilung Verwaltung in zwei Schritten: erste Schulung zum Kennenlernen der Funktionen und für die Eingabe der Mitarbeiterdaten. Nachdem die Mitarbeiterinnen und Mitarbeiter in der Verwaltung routiniert sind, werden diese in der 51. Kalenderwoche in einer zweiten Schulung über die Einrichtung der detaillierten Zeitmodelle und in der Auswertung der Daten geschult. In der Woche zwischen Weihnachten und Silvester können während der Betriebsschließung vorhandene Probleme beseitigt werden.

Pilotphase für die Abteilung Verwaltung: In der ersten Phase wird das Zeiterfassungssystem zum 01.01. des neuen Jahres angewendet. Aus Gründen der Sicherheit erfolgt die Erfassung der Arbeitszeiten in diesem Monat sowohl über die bisherigen Excel-Tabellen als auch über die Lesegeräte mit digitalem Fingerprint. Zweite Phase für die Abteilung Verwaltung: Zum Ende des Monates erfolgt die Abrechnung der Gehälter anhand der digital erfassten Arbeitszeiten via Fingerprint. Anwendung des Zeiterfassungssystems in den drei Abteilungen Einkauf/Lager, Marketing/Vertrieb sowie Produktion zum 01.02. (5. KW). Nach den Lohn- und Gehaltsabrechnungen Ende Februar ist eine Abschlusssitzung mit allen Projektverantwortlichen geplant. Seit Anfang Oktober führt die Geschäftsleitung mit der Betriebsrätin Frau Funk Gespräche zur Einführung der digitalen Erfassung der Arbeitszeiten und zu flexibleren Arbeitszeiten. Abschluss der Verhandlungen ist eine Betriebsvereinbarung mit Regelungen zu Flexibilisierung der Arbeitszeiten und das Erfassen der Arbeitszeiten mittels digitalem Fingerprint. Die Betriebsvereinbarung wird voraussichtlich in der 46. Kalenderwoche unterzeichnet. Einzelne Einwände und Vorbehalte der Mitarbeiterinnen und Mitarbeiter zur Neugestaltung der Arbeitszeiten werden bei der Betriebsversammlung am 17.11.2016 besprochen. Während des gesamten Prozesses steht der Datenschutzbeauftragte Herr Schirach informierend zur Seite und kontrolliert die Prozesse hinsichtlich des Schutzes der personenbezogenen Daten. Bei der Festlegung der Anforderungen und der Auswahl der Software informierte er die Geschäftsleitung bereits zu Beginn bei der Festlegung der Anforderungen an die Soft- und Hardware.
Titisee-Neustadt, 08.11.2016 *Frederic Graber* — **Chantal Hansen** Vorsitzender — Protokollführerin

Anlage 12

	Kalenderwoche (KW)																
	Jahr 2016								Jahr 2017								
Vorgangsbezeichnung (Arbeitspaketbezeichnung)	45	46	47	48	49	50	51	52	1	2	3	4	5	6	7	8	9

Anlage 13

Arbeitsstunden Henry Wanger Oktober 2016										
Wochentag	**Sa**	**So**	**Mo**	**Di**	**Mi**	**Do**	**Fr**	**Sa**	**So**	**Mo**	**Di**
Datum	**1**	**2**	**3***	4	5	6	7	**8**	**9**	10	11
Stunden	–	–	9	8	8	8	8	–	–	8,5	8

Wochentag	Mi	Do	Fr	**Sa**	**So**	Mo	Di	Mi	Do	Fr	**Sa**
Datum	12	13	14	**15**	**16**	17	18	19	20	21	**22**
Stunden	8	8	Urlaub	–	–	8	9	9	9	9	–

Wochentag	**So**	**Mo**	**Di**	**Mi**	**Do**	**Fr**	**Sa**	**So**	**Mo**
Datum	**23**	24	25	26	27	28	**29**	**30**	31
Stunden	–	10	9	9	8	9	–	–	9,5

Normalarbeitszeit	8 Stunden täglich von Montag bis Freitag
Stundenlohn	17,00 EUR
Überstundenzuschlag pauschal	20 %
vermögenswirksame Leistungen	30,00 EUR

* Tag der Deutschen Einheit

4 Prüfungsaufgaben Kundenbeziehungsprozesse Sommer 2017

Aufgabe 1

Das Autohaus Schnell GmbH ist das größte familiengeführte Autohaus in der Region mit Sitz in Karlsruhe. Zurzeit beschäftigt das Unternehmen 120 Mitarbeiterinnen und Mitarbeiter. Die Zusammenarbeit des Betriebsrates mit der Geschäftsführung ist kooperativ. Als Assistentin/ Assistent der Geschäftsleitung unterstützen Sie die Geschäftsführerin Frau Graf bei allen anfallenden Tätigkeiten. Außerdem sind Sie Ausbildungsbeauftragte und haben seit zwei Wochen die Auszubildende Juliane Weber an Ihrer Seite.

1.1 Um die Kundenbeziehungen zu pflegen, ist ein Tag der offenen Tür geplant.

1.1.1 Die Planung für den Tag der offenen Tür wurde im Protokoll vom 26. November 2016 festgehalten (**Anlage 1**).

Skizzieren Sie den zeitlichen Ablauf des Programms für den Tag der offenen Tür in übersichtlicher Form.

1.1.2 Für den multimedialen Vortrag von Herrn Bacher soll der hausinterne Veranstaltungsraum genutzt werden. Der Raum bietet Platz für ca. 40 Personen und soll von Ihnen vorbereitet werden. Entscheiden Sie sich begründet für eine Sitzordnung.

1.2 Der langjährige Hausmeister, Herr Alexander Weilert, kam heute Morgen, Donnerstag, 4. Mai 2017, zur letzten Vorbesprechung für den Tag der offenen Tür eine Stunde zu spät. Frau Graf ist empört, da Herr Weilert bereits zwei Abmahnungen wegen Zuspätkommen in den letzten vier Monaten erhalten hat. Frau Graf beabsichtigt, dem Mitarbeiter fristlos zu kündigen.

1.2.1 Prüfen Sie mithilfe des Gesetzes die Voraussetzungen für eine wirksame Kündigung (**Anlage 3**).

1.2.2 Sie haben die Auszubildende Juliane Weber beauftragt, das Kündigungsschreiben vorzubereiten.

Prüfen Sie die Richtigkeit des Kündigungsschreibens (**Anlage 4**) mithilfe des Gesetzes, nehmen Sie ggf. Korrekturen und/oder Ergänzungen vor und begründen Sie diese (**Anlage 2 und 3**).

1.3 Sie werden mit der Erstellung der Gehaltsabrechnung von Herrn Weilert für den Monat Mai beauftragt.

Erstellen Sie die Gehaltsabrechnung in tabellarischer Form (**Anlage 2**).

Aufgabe 2

Die Taschenfabrik GmbH in Stuttgart ist ein mittelständisches Unternehmen, das hochwertige, strapazierfähige Handtaschen, Rucksäcke und Reisetaschen aus Leder produziert. Zusätzlich vertreibt das Unternehmen Ledergeldbörsen. Alle Produkte sind in verschiedenen Farben erhältlich. Sie arbeiten als Sachbearbeiterin/Sachbearbeiter im Rechnungswesen bei der Taschenfabrik GmbH.

2.1 Der Leiter der Abteilung Rechnungswesen legt Ihnen Belege (**Anlage 5–7**) zur Bearbeitung vor.

Erstellen Sie für diese Belege die Buchungssätze.

2.2 Die Abteilungsleitung überreicht Ihnen die bisherige Verkaufsstatistik (**Anlage 8**).

2.2.1 Sie haben heute per E-Mail eine Anfrage erhalten (**Anlage 9**).

- Prüfen Sie mithilfe der Deckungsbeitragsrechnung, inwieweit die angefragten Artikel angeboten werden können und
- begründen Sie Ihre Entscheidung.

2.2.2 Die Leder Müller GmbH bestellt zunächst telefonisch die angefragten Reisetaschen (siehe Aufgabe 2.2.1).

Berechnen Sie das Betriebsergebnis einschließlich Zusatzauftrag.

Hinweis: Sollten Sie Aufgabe 2.2.1 nicht gelöst haben, verwenden Sie für den Zusatzauftrag einen Deckungsbeitrag in Höhe von 3.200,00 EUR.

Aufgabe 3

Das Unternehmen Blumen & Kraut e. K. in Überlingen wird von Frau Magda Alvarez geführt und handelt mit Blumen und Gemüse. Die Inhaberin möchte künftig ein zusätzliches Geschäftsfeld aufbauen, indem sie auch Gartengeräte verkauft. Herr Alvarez ist für den Einkauf zuständig und Sie unterstützen die Inhaberin als Kauffrau/Kaufmann für Büromanagement.

3.1 Bei der Sortimentsauswahl gibt es bei den einzelnen Geräten verschiedene Varianten, z. B. bezüglich der Motorleistung und des Gewichts. Um das Gerätesortiment kundenbezogen zu gestalten, möchte Herr Alvarez genauere Informationen zum Kundenverhalten. Heute findet die Besprechung zum weiteren Vorgehen bei der Entwicklung des Geschäftsbereichs Gartengeräte statt (**Anlage 10**).

In einer Tischvorlage (**Anlage 11**) haben Sie bereits wichtige Informationen zusammengetragen.

- Entwickeln Sie den gewünschten Fragebogen mit vier Fragen unterschiedlicher Frageformen.
- Nennen Sie die von Ihnen ausgewählten Frageformen und erklären Sie diese.

3.2 Vorübergehend kann für den Verkauf der Gartengeräte die bisherige Verkaufsfläche genutzt werden. Um langfristig über ausreichend Verkaufsfläche zu verfügen, ist ein Erweiterungsbau in Höhe von 190.000,00 EUR mit Ladenausstattung in Höhe von 20.000,00 EUR geplant. Die gesamte Investition soll mit einem Darlehen finanziert werden.

3.2.1 In Vorbereitung auf das Finanzierungsgespräch mit der Hausbank
- berechnen Sie die Eigenkapitalrentabilität und die Liquidität 2. Grades (**Anlage 12**) und
- bewerten die Ergebnisse.

3.2.2 Die Hausbank ist bereit, ein Darlehen zur Finanzierung der Investition zu gewähren, sofern entsprechende Sicherheiten (**Anlage 12**) vorhanden sind. Die Beleihungssätze der Bank sind wie folgt: für Grundstücke und Gebäude 70 %, für Maschinen und Forderungen jeweils 50 %.

Begründen Sie rechnerisch, ob die vorhandenen Sicherheiten zur Kreditgewährung ausreichen.

3.3 Am Eröffnungstag des neuen Geschäftsbereichs sollen die Kundinnen und Kunden auf alle Gartengeräte einen Sonderrabatt von 10 % erhalten. In der Gartengeräteabteilung wird mit einem Gewinnzuschlag von 12 % und einem Handlungskostenzuschlagsatz von 25 % kalkuliert.

Den Rasenmäher – Modell Turbo – möchte Frau Alvarez zum Bruttoverkaufspreis von 399,00 EUR anbieten. Wir erhalten von unserem Hauptlieferanten einen Wiederverkäuferrabatt in Höhe von 15 %. Die Lieferung durch den Lieferanten erfolgt immer dienstags frei Haus per Spedition. Bei Zahlung innerhalb von sieben Tagen erhalten wir 2 % Skonto.

Berechnen Sie mithilfe des Kalkulationsschemas den Nettolisteneinkaufspreis.

Anlage 1

Autohaus Schnell GmbH

Kanzlerstraße 101 • 76227 Karlsruhe • Tel.: 0721 98064-0 • Fax: 0721 98064-20
E-Mail: info@autohaus-schnell.de • Internet: www.autohaus-schnell.de

Ergebnisprotokoll

Ort, Datum	Karlsruhe, 26. November 2016
Vorsitz weitere Anwesende	Petra Graf, Geschäftsführerin Simon Bacher, Leiter der Verkaufsabteilung Bettina Schabel, Verkaufsberaterin Paul Kugler, Verkaufsberater Melanie Hasch, Sachbearbeiterin Marketing Ihr Vor- und Zuname
Dauer	08:30 Uhr–10:00 Uhr
Protokollführerin/Protokollführer	Ihr Vor- und Zuname
Tagesordnung	Planung Tag der offenen Tür

Frau Graf begrüßt alle Anwesenden und teilt mit, dass am Sonntag, 14. Mai 2017, von 11:00 Uhr bis 18:00 Uhr, ein Tag der offenen Tür im Autohaus stattfindet.

Die Anwesenden legen die Aktivitäten für diesen Tag gemeinsam fest:

Neben der ganztägigen Oldtimerausstellung findet von 11:00 Uhr bis 12:00 Uhr ein Reifenwechselkursus statt. Gleichzeitig findet die Vorführung zur Demonstration einer Notbremsung statt. Diese beiden Kurse werden nachmittags um 14:00 Uhr wiederholt. Kinder erhalten die Möglichkeit, von 13:00 Uhr bis 16:00 Uhr am Malwettbewerb mit anschließender Preisverleihung teilzunehmen. Die Kinderhüpfburg und das Karussell stehen den kompletten Tag zur Verfügung. Von 15:00 Uhr bis 18:00 Uhr spielt die Band „Red Trio Sunday" Livemusik. Der Überschlagsimulator steht den ganzen Tag zur Verfügung. Zusätzlich veranstaltet die Fitness Company von 16:00 Uhr bis 16:30 Uhr einen Einführungskurs „Zumba" und von 16:30 Uhr bis 17:00 Uhr einen „Jumping-Kurs". Die Bewirtung mit Kaffee und Kuchen findet ganztägig statt. Das neue Automodell „Chilly 3" wird um 15:30 Uhr präsentiert. Anschließend wird unter allen Besuchern dieser Vorführwagen verlost. Um 13:00 Uhr hält Herr Simon Bacher einen 45-minütigen multimedialen Vortrag zum Thema „So fahren Sie sicher" im Veranstaltungsraum.

Es wurde beschlossen, dass in der örtlichen Tageszeitung mehrmals Anzeigen geschaltet werden, um die interessierten Besucher auf den Tag der offenen Tür aufmerksam zu machen. Zusätzlich sollen alle bereits bestehenden Kunden schriftlich eingeladen werden.

Karlsruhe, 26. November 2016

Petra Graf
Vorsitzende

Ihr Vor- und Zuname
Protokollführerin/Protokollführer

Anlage 2

Nr.	630044		
Nachname	Weilert	**Anstellungsdatum**	01.09.2006
Vorname	Alexander	**Datum Beschäftigungsende**	...
Adresse	Kleiner Weg 8	**Grund Beschäftigungsende**	...
PLZ/Ort	76102 Karlsruhe	**Jahresurlaubsanspruch**	20
Telefon	0721 404894		
E-Mail	alex.weilert@mxg.de	**Steuerklasse**	1
Geburtsdatum	07.12.1980	**Kinderfreibetrag**	1,0
Sozialversicherungs-Nr.	24 071280 W 025	**Kirchensteuer Mitarbeiter/-in**	römisch-katholisch
Beitragsgruppe	1111	**Kirchensteuer Ehefrau/Ehemann**	
Krankenkassen-Nr.	1200	**Finanzamt**	Karlsruhe
Geschlecht	m	**Gehalt pro Monat**	2.500 EUR
Familienstand	geschieden		
Tätigkeitscode	2489		
Staatsangehörigkeit	1		

Registerblätter **Funktionen** **Hilfe**

Mitarbeiter 630044	**Alexander Weilert**	**Registerblatt**	**Abwesenheit**
Jahr 2017 Abwesenheitsgrund	**von**	**bis**	**Tage**
Krankheit	02.01.2017	05.01.2017	4
Urlaub	06.03.2017	10.03.2017	5
Urlaub	15.03.2017	15.03.2017	1

Anmerkungen zum Arbeitsverhältnis

Gehaltsempfänger
Arbeitszeiten: Montag–Freitag

Lohnsteuer: 335,37 EUR
Kirchensteuer: 12,07 EUR
Solidaritätszuschlag: 8,30 EUR

Aktuelle Sozialversicherungsbeiträge gesamt:
Krankenversicherung: **14,6 % + Zusatzbeitrag 1,1 % für Arbeitnehmer**
Pflegeversicherung: **2,55 % + 0,25 % Zuschlag für Kinderlose ab 23. Lebensjahr**
Rentenversicherung: **18,7 %**
Arbeitslosenversicherung: **3,0 %**

Anlage 3

Auszug aus dem Kündigungsschutzgesetz (KSchG)

§ 1 Sozial ungerechtfertigte Kündigungen

(1) Die Kündigung des Arbeitsverhältnisses gegenüber einem Arbeitnehmer, dessen Arbeitsverhältnis in demselben Betrieb oder Unternehmen ohne Unterbrechung länger als sechs Monate bestanden hat, ist rechtsunwirksam, wenn sie sozial ungerechtfertigt ist.
(2) Sozial ungerechtfertigt ist die Kündigung, wenn sie nicht durch Gründe, die in der Person oder in dem Verhalten des Arbeitnehmers liegen, oder durch dringende betriebliche Erfordernisse, die einer Weiterbeschäftigung des Arbeitnehmers in diesem Betrieb entgegenstehen, bedingt ist. [...]

§ 23 Geltungsbereich

(1) Die Vorschriften des Ersten und Zweiten Abschnitts gelten für Betriebe und Verwaltungen des privaten und des öffentlichen Rechts, vorbehaltlich der Vorschriften des § 24 für die Seeschiffahrts-, Binnenschiffahrts- und Luftverkehrsbetriebe. Die Vorschriften des Ersten Abschnitts gelten mit Ausnahme der §§ 4 bis 7 und des § 13 Abs. 1 Satz 1 und 2 nicht für Betriebe und Verwaltungen, in denen in der Regel fünf oder weniger Arbeitnehmer ausschließlich der zu ihrer Berufsbildung Beschäftigten beschäftigt werden. In Betrieben und Verwaltungen, in denen in der Regel zehn oder weniger Arbeitnehmer ausschließlich der zu ihrer Berufsbildung Beschäftigten beschäftigt werden, gelten die Vorschriften des Ersten Abschnitts mit Ausnahme der §§ 4 bis 7 und des § 13 Abs. 1 Satz 1 und 2 nicht für Arbeitnehmer, deren Arbeitsverhältnis nach dem 31. Dezember 2003 begonnen hat; diese Arbeitnehmer sind bei der Feststellung der Zahl der beschäftigten Arbeitnehmer nach Satz 2 bis zur Beschäftigung von in der Regel zehn Arbeitnehmern nicht zu berücksichtigen. Bei der Feststellung der Zahl der beschäftigten Arbeitnehmer nach den Sätzen 2 und 3 sind teilzeitbeschäftigte Arbeitnehmer mit einer regelmäßigen wöchentlichen Arbeitszeit von nicht mehr als 20 Stunden mit 0,5 und nicht mehr als 30 Stunden mit 0,75 zu berücksichtigen.
[...]

Auszug aus dem Betriebsverfassungsgesetz (BetrVG)

§ 102 Mitbestimmung bei Kündigungen

(1) Der Betriebsrat ist vor jeder Kündigung zu hören. Der Arbeitgeber hat ihm die Gründe für die Kündigung mitzuteilen. Eine ohne Anhörung des Betriebsrats ausgesprochene Kündigung ist unwirksam.
(2) Hat der Betriebsrat gegen eine ordentliche Kündigung Bedenken, so hat er diese unter Angabe der Gründe dem Arbeitgeber spätestens innerhalb einer Woche schriftlich mitzuteilen. Äußert er sich innerhalb dieser Frist nicht, gilt seine Zustimmung zur Kündigung als erteilt. Hat der Betriebsrat gegen eine außerordentliche Kündigung Bedenken, so hat er diese unter Angabe der Gründe dem Arbeitgeber unverzüglich, spätestens jedoch innerhalb von drei Tagen, schriftlich mitzuteilen. Der Betriebsrat soll, soweit dies erforderlich erscheint, vor seiner Stellungnahme den betroffenen Arbeitnehmer hören. § 99 Abs. 1 Satz 3 gilt entsprechend.
[...]

Auszug aus dem Bürgerlichen Gesetzbuch (BGB)

§ 622 Kündigungsfristen bei Arbeitsverhältnissen[1]

(1) Das Arbeitsverhältnis eines Arbeiters oder eines Angestellten (Arbeitnehmers) kann mit einer Frist von vier Wochen zum Fünfzehnten oder zum Ende eines Kalendermonats gekündigt werden.

(2) Für eine Kündigung durch den Arbeitgeber beträgt die Kündigungsfrist, wenn das Arbeitsverhältnis in dem Betrieb oder Unternehmen

1. zwei Jahre bestanden hat, einen Monat zum Ende eines Kalendermonats,
2. fünf Jahre bestanden hat, zwei Monate zum Ende eines Kalendermonats,
3. acht Jahre bestanden hat, drei Monate zum Ende eines Kalendermonats,
4. zehn Jahre bestanden hat, vier Monate zum Ende eines Kalendermonats,
5. zwölf Jahre bestanden hat, fünf Monate zum Ende eines Kalendermonats,
6. 15 Jahre bestanden hat, sechs Monate zum Ende eines Kalendermonats,
7. 20 Jahre bestanden hat, sieben Monate zum Ende eines Kalendermonats.

Bei der Berechnung der Beschäftigungsdauer werden Zeiten, die vor der Vollendung des 25. Lebensjahrs des Arbeitnehmers liegen, nicht berücksichtigt.

(3) Während einer vereinbarten Probezeit, längstens für die Dauer von sechs Monaten, kann das Arbeitsverhältnis mit einer Frist von zwei Wochen gekündigt werden. [...]

§ 623 Schriftform der Kündigung

Die Beendigung von Arbeitsverhältnissen durch Kündigung oder Auflösungsvertrag bedürfen zu ihrer Wirksamkeit der Schriftform; die elektronische Form ist ausgeschlossen.

§ 626 Fristlose Kündigung aus wichtigem Grund

(1) Das Dienstverhältnis kann von jedem Vertragsteil aus wichtigem Grund ohne Einhaltung einer Kündigungsfrist gekündigt werden, wenn Tatsachen vorliegen, auf Grund derer dem Kündigenden unter Berücksichtigung aller Umstände des Einzelfalles und unter Abwägung der Interessen beider Vertragsteile die Fortsetzung des Dienstverhältnisses bis zum Ablauf der Kündigungsfrist oder bis zu der vereinbarten Beendigung des Dienstverhältnisses nicht zugemutet werden kann.

(2) Die Kündigung kann nur innerhalb von zwei Wochen erfolgen. Die Frist beginnt mit dem Zeitpunkt, in dem der Kündigungsberechtigte von den für die Kündigung maßgebenden Tatsachen Kenntnis erlangt. Der Kündigende muss dem anderen Teil auf Verlangen den Kündigungsgrund unverzüglich schriftlich mitteilen.

[1] *Alte Fassung, seit 01.01.2019 neue Fassung.*

Auszug aus dem Bundesurlaubsgesetz (BUrlG)

§ 1 Urlaubsanspruch
Jeder Arbeitnehmer hat in jedem Kalenderjahr Anspruch auf bezahlten Erholungsurlaub.

§ 2 Geltungsbereich
Arbeitnehmer im Sinne des Gesetzes sind Arbeiter und Angestellte sowie die zu ihrer Berufsausbildung Beschäftigten. Als Arbeitnehmer gelten auch Personen, die wegen ihrer wirtschaftlichen Unselbständigkeit als arbeitnehmerähnliche Personen anzusehen sind; für den Bereich der Heimarbeit gilt § 12.

§ 3 Dauer des Urlaubs
(1) Der Urlaub beträgt jährlich mindestens 24 Werktage.
(2) Als Werktage gelten alle Kalendertage, die nicht Sonn- oder gesetzliche Feiertage sind.

§ 4 Wartezeit
Der volle Urlaubsanspruch wird erstmalig nach sechsmonatigem Bestehen des Arbeitsverhältnisses erworben.

§ 5 Teilurlaub
(1) Anspruch auf ein Zwölftel des Jahresurlaubs für jeden vollen Monat des Bestehens des Arbeitsverhältnisses hat der Arbeitnehmer

a) für Zeiten eines Kalenderjahrs, für die er wegen Nichterfüllung der Wartezeit in diesem Kalenderjahr keinen vollen Urlaubsanspruch erwirbt;
b) wenn er vor erfüllter Wartezeit aus dem Arbeitsverhältnis ausscheidet;
c) wenn er nach erfüllter Wartezeit in der ersten Hälfte eines Kalenderjahrs aus dem Arbeitsverhältnis ausscheidet.

(2) Bruchteile von Urlaubstagen, die mindestens einen halben Tag ergeben, sind auf volle Urlaubstage aufzurunden.
(3) Hat der Arbeitnehmer im Falle des Absatzes 1 Buchstabe c bereits Urlaub über den ihm zustehenden Umfang hinaus erhalten, so kann das dafür gezahlte Urlaubsentgelt nicht zurückgefordert werden.

Anlage 4: Auszug des Kündigungsschreibens

AUTOHAUS Schnell

*Autohaus Schnell GmbH * Kanzlerstraße 101 * 76227 Karlsruhe*

Alexander Weilert
Kleiner Weg 8
76102 Karlsruhe

Ihr Zeichen:	
Ihre Nachricht:	
Unsere Zeichen:	pg
Unsere Nachricht:	
Telefon:	0721 98064-12
Telefax:	0721 98064-20
E-Mail:	graf@autohaus-schnell.de
Datum:	12.05.2017

Kündigung

Sehr geehrter Herr Weilert,

hiermit kündigen wir das zwischen Ihnen und uns bestehende Arbeitsverhältnis ordentlich aus verhaltensbedingten Gründen zum nächstmöglichen Zeitpunkt. Dieser ist nach unseren Berechnungen der 30.10.2017.

Sie sind am 04.05.2017 erneut zu spät an Ihrem Arbeitsplatz erschienen. Dieses Verhalten haben wir bereits am 13.01.2017 und 19.02.2017 zum Gegenstand einer schriftlichen Abmahnung gemacht und Sie auf die Folgen einer wiederholten Pflichtverletzung aufmerksam gemacht.

Der Betriebsrat wurde über die Kündigung informiert und hat dieser zugestimmt. Ihnen stehen bis zur Beendigung des Arbeitsverhältnisses noch acht Urlaubstage zu. Diesen Urlaub erteilen wir Ihnen in der Kündigungsfrist.

Wir weisen Sie darauf hin, dass Sie nach § 38 Abs. 1 SGB III zur Arbeitssuche verpflichtet sind. Zudem sind Sie verpflichtet, sich spätestens drei Monate vor Arbeitsbeendigung persönlich bei der Agentur für Arbeit arbeitssuchend zu melden. Liegen zwischen der Kenntnis des Beendigungszeitpunktes und der Beendigung des Arbeitsverhältnisses weniger als drei Monate, haben Sie sich innerhalb von drei Tagen nach Kenntnis des Beendigungszeitpunktes zu melden. Zur Wahrung der Frist reicht eine Anzeige unter Angabe der persönlichen Daten und des Beendigungszeitpunktes aus, wenn die persönliche Meldung nach terminlicher Vereinbarung nachgeholt wird. Ein Verstoß gegen diese Pflichten kann zum Eintritt einer Sperrzeit beim Arbeitslosengeld führen.

Mit freundlichen Grüßen

Anlage 5

TASCHENFABRIK GMBH

Taschenfabrik GmbH * Industriestr. 23 * 70173 Stuttgart

Telefon:	0711 8996-0
Telefax:	0711 8996-10
E-Mail:	info@taschenfabrik.de
Homepage:	www.taschenfabrik.de
Auftrags-Nr.:	GB763-9887
Lieferung:	02.05.2017
Datum:	02.05.2017

Taschenkaufhaus Stuttgart e. K.
Königstr. 40 b
70173 Stuttgart

Rechnung Nr. GB246681

Pos.	Artikel-Nr.	Bezeichnung	Menge	Einzelpreis in Euro	Rabatt in %	Gesamtpreis in Euro
1	GB08	Ledergeldbörse, braunes Rindsleder	35	59,00		2.065,00
2	GB09	Ledergeldbörse, schwarzes Rindsleder	10	59,00		590,00
					Zwischensumme	2.655,00
					abzügl. 5 % Mengenrabatt	132,75
					zzgl. Versandkosten	4,50
					Zwischensumme	2.526,75
					zzgl. 19 % Umsatzsteuer	480,08
					Rechnungsbetrag	3.006,83

Zahlbar innerhalb von 10 Tagen unter Abzug von 2 % Skonto, 30 Tage netto Kasse. Leistungsdatum gleich Rechnungsdatum.

Gesellschaft mit beschränkter Haftung	Geschäftsleitung: Werner Baumann	Tel.: 0711 8996-0	Gerichtsstand: Stuttgart HRB 13265
Taschenfabrik GmbH	Musterbank Stuttgart	Fax: 0711 8996-10	Steuer-Nummer: 12 8765 95100
Industriestr. 23	IBAN DE89 5473 7865 0004 1322 65	E-Mail: info@taschenfabrik.de	USt-IdNr.: DE 233 531 988
70173 Stuttgart	BIC STRGEWEOCDF	Homepage: www.taschenfabrik.de	

Anlage 6

TASCHENFABRIK GMBH

Taschenfabrik GmbH * Industriestr. 23 * 70173 Stuttgart

Telefon:	0711 8996-0
Telefax:	0711 8996-10
E-Mail:	info@taschenfabrik.de
Homepage:	www.taschenfabrik.de
Auftrags-Nr.:	GB763-9887
Lieferung:	04.05.2017
Datum:	04.05.2017

Taschenkaufhaus Stuttgart e. K.
Königstr. 40 b
70173 Stuttgart

Gutschrift Nr. GB10-3

Wir bestätigen den Eingang Ihrer Reklamation vom 03.05.2017.

Wir bedauern, dass die gelieferte Ware nicht Ihren Qualitätsanforderungen entsprach.

Für die zurückgesandte Ware schreiben wir Ihnen gut:

Pos.	Artikel-Nr.	Bezeichnung	Menge	Einzelpreis in Euro	Rabatt in %	Gesamtpreis in Euro
1	GB08	Ledergeldbörse, braunes Rindsleder	15	59,00		885,00
					Warenwert netto	885,00
					zzgl. 19 % Umsatzsteuer	168,15
					Betrag	1.053,15

Gesellschaft mit beschränkter Haftung
Taschenfabrik GmbH
Industriestr. 23
70173 Stuttgart

Geschäftsleitung: Werner Baumann
Musterbank Stuttgart
IBAN DE89 5473 7865 0004 1322 65
BIC STRGEWEOCDF

Tel.: 0711 8996-0
Fax: 0711 8996-10
E-Mail: info@taschenfabrik.de
Homepage: www.taschenfabrik.de

Gerichtsstand: Stuttgart HRB 13265
Steuer-Nummer: 12 8765 95100
USt-IdNr.: DE 233 531 988

Anlage 7

Musterbank Stuttgart

Euro Girokonto 4132265

01.05.2017 Kontostand Girokonto **54.179,16 EUR**

Datum	Erläuterungen	Wert	Lastschrift	Gutschrift
04.05.2017	Finanzamt Stuttgart	04.05.	4.867,00	
	Umsatzsteuer 04/2017			
04.05.2017	SHELL Tankstelle Stuttgart Mitte	04.05.	60,69	
	EC 645890776			
04.05.2017	Fachgeschäft für Lederwaren Lahr e. K.	04.05.		761,45
	RE-NR. GB467553 über Handtaschen			
	unter Abzug von 3 % Skonto			

Kontostand 04.05.2017 50.012,92 EUR

Taschenfabrik GmbH
Industriestr. 23 BIC STRGEWE0CDF
70173 Stuttgart IBAN DE89 5473 7865 0004 1322 65

Ba = Wü

04.05.2017/07:34	0711 109-8685/-5930	16	1	54737865	41322655
Druckdatum/Uhrzeit	Ihr Servicetelefon/Fax	Auszug	Blatt	Bankleitzahl	Kontonummer

Anlage 8

Bisherige Verkaufsstatistik (zweites Quartal):

	Handtasche	Rucksack	Reisetasche	Geldbörse
variable Stückkosten	80,40 EUR	77,20 EUR	99,00 EUR	48,70 EUR
Beschäftigungsgrad	80 %	75 %	90 %	95 %
Absatzmenge	2.760 Stück	1.245 Stück	1.620 Stück	2.945 Stück
Verkaufspreis netto je Stück	99,50 EUR	89,50 EUR	149,00 EUR	59,00 EUR
Fixkosten				62.300,00 EUR

Anlage 9

Senden	Von	richard.erle@leder-mueller.de		
	An ...	Ihr Vor- und Zuname@taschenfabrik.de		
	Cc ...			
	Betreff:	Anfrage	Datum:	04.05.2017

Guten Tag, Herr/Frau <Ihr Zuname>,

wie telefonisch besprochen, haben wir Interesse an folgenden Artikeln aus Ihrem Sortiment:

- Für eine Sonderaktion benötigen wir 175 Reisetaschen zum Preis von 119,95 EUR pro Stück.
- Im Zuge einer Sortimentserneuerung möchten wir ein Konkurrenzprodukt durch Ihre Ledergeldbörse ersetzen. Bei einem Preis in Höhe von 49,95 EUR pro Stück würden wir 160 Geldbörsen bestellen.
- Gerne möchten wir auch Ihren Rucksack in unser Sortiment aufnehmen. Als Erstbestellung planen wir 400 Stück. Können Sie uns den Rucksack zum Preis von 75,00 EUR anbieten?

Bitte lassen Sie uns ein entsprechendes Angebot zukommen.

Mit freundlichen Grüßen

Leder Müller GmbH
Richard Erle

Anlage 10

José Alvarez: „Guten Morgen. Wir wollen uns heute mit unserer geplanten Geschäftsfelderweiterung Gartengeräte auseinandersetzen. Der Garten erfreut sich ja immer größerer Beliebtheit. Um das private Grün aber auf Vordermann zu bringen, benötigen die Besitzer meiner Meinung nach leistungsstarke Gartengeräte. Ich möchte, dass wir uns heute ganz kritisch mit dem Thema beschäftigen und mögliche Fragen und auch Risiken ansprechen."

Prüfling: „Wollen wir in diesem Fall als Zielgruppe Privatpersonen ansprechen?"

José Alvarez: „Überwiegend ja, wobei ich denke, dass nicht jeder, der einen Garten hat, auch gerne im Garten arbeitet. Aber es gibt viele Dienstleistungsunternehmen, die eine regelmäßige Gartenpflege anbieten. Und dafür benötigen die Unternehmen ja auch entsprechende Gartengeräte."

Magda Alvarez:	„Von welchen Gärten sprechen wir denn? Sind es eher Nutzgärten, bepflanzt mit Obstbäumen und -sträuchern, die regelmäßig zu schneiden sind? Oder sprechen wir von dem Gartengrundstück beim Eigenheim mit Blumenbeeten und Rasenflächen? Hier wird gelegentlich die Hecke geschnitten, Unkraut gejätet und Rasen gemäht. Und manchmal nicht mal das, manche lieben ihren Garten ja auch, wenn er naturbelassen ist, und wollen keinen englischen Rasen."
José Alvarez:	„Das lässt sich in Erfahrung bringen."
Prüfling:	„Ein weiterer Aspekt, den wir berücksichtigen sollten, ist die Größe der Gärten. Ich habe recherchiert und eine Statistik gefunden, die die durchschnittliche Grundstücksgröße bei einem Einfamilienhaus in einer Neubausiedlung und bei älteren Gebäuden zeigt. Bei einem kleinen Garten brauche ich doch nicht unbedingt einen leistungsstarken Akku, da komme ich ja auch mit einer Heckenschere mit Kabel weit. Und die Wohnsituation an sich ist zu beachten, jemand, der z. B. ein Haus mit Garten gemietet hat, wird sich vielleicht selbst gar keine Werkzeuge kaufen, sondern im Baumarkt mieten."
Magda Alvarez:	„Je nach Größe des Gartens werden manche tatsächlich die Arbeit nicht selbst erledigen und beauftragen einen Dienstleister."
José Alvarez:	„Mir ist auch bewusst, dass wir große Konkurrenz haben und gegen viele Anbieter auf dem Markt antreten. Wichtig ist für uns zu wissen, wie viel die Kunden bereit sind für ein gutes Gartengerät auszugeben. Auch ist der Markt ja nicht neu, das heißt, die Kunden besitzen ja durchaus auch schon Geräte. Die Frage ist, welche Geräte sind das oder wollen sie in nächster Zeit neue Geräte anschaffen?"
Prüfling:	„Da ich auch nicht so genau wusste, was Gartengeräte kosten, habe ich im Internet die Preise verglichen und einige in der Tischvorlage aufgelistet. Unsere geplanten Produkte sind ja leistungsstark und robust und doch werden sie unter Umständen sehr häufig genutzt und tatsächlich stark in Anspruch genommen. Das bedeutet ja für uns, wenn die Kunden die Geräte immer bis zum Äußersten beanspruchen, dass wir die Belastungsgrenze hoch ansetzen."
José Alvarez:	„Ich sehe, das war ein sehr produktives Gespräch. Wir haben einige Bereiche angesprochen, zu welchen wir noch Informationen benötigen, um eine solide Markteinführung zu gewährleisten. Befragen wir die geplante Zielgruppe Privatpersonen/Privathaushalte und werten die Antworten aus. Frau/Herr [*Name des Prüflings*], entwickeln Sie bitte einen Entwurf für einen Fragebogen."

Anlage 11

Blumen & Kraut e. K.

Tischvorlage

1. Recherche Grundstücksgröße bei Einfamilienhäusern

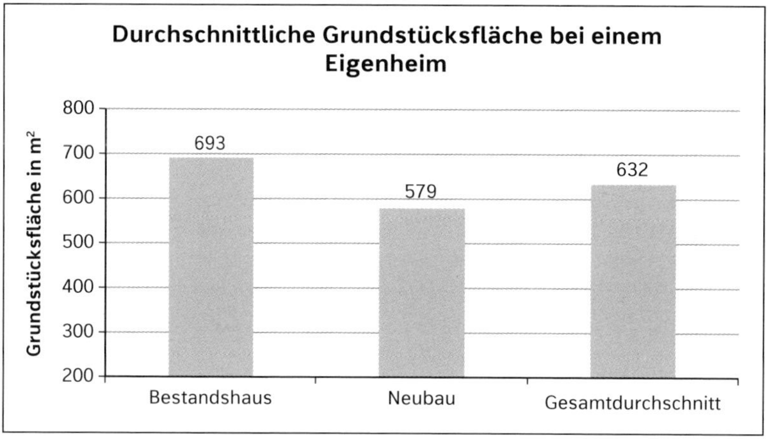

2. Recherche für durchschnittliche Preise für Gartengeräte

Gartengerät	Leistungsmerkmale	Preisbeispiel
Benzinrasenmäher	• Rasenfläche ab 250 m^2 • Benzintank 0,9 l • Füllstandsanzeige • optimierte Grasführung	320,00 EUR
Elektrorasenmäher	• Rasenfläche bis 250 m^2 • zentrale Schnitthöhenverstellung • Gewicht: 10 kg	135,00 EUR
Rasentrimmer	• Zweifadentechnik • 30 cm Teleskopstiel	45,00 EUR
Heckenschere	• Akku-Betrieb • Gewicht: 3,4 kg	90,00 EUR
Kettensäge	• Benzinkettensäge • starke Schnittleistung • Gewicht: 7,2 kg	220,00 EUR

Anlage 12

vereinfachte Bilanz zum 31.12.2016

Aktiva		**Passiva**	
Anlagevermögen		**Eigenkapital**	**314.800,00**
Grundstücke und Gebäude	280.000,00	**Fremdkapital**	
Maschinen*	71.000,00	langf. Verb. gg. Kreditinst.	75.800,00
Fuhrpark	13.000,00	kurzf. Verb. gg. Kreditinst.	17.650,00
Geschäftsausstattung	15.000,00	Verb. a. LL.	11.000,00
Umlaufvermögen			
Waren	18.000,00		
Forderungen a. LL.	4.200,00		
Kasse	3.850,00		
Bank	14.200,00		
Summe	**419.250,00**	**Summe**	**419.250,00**

*60 % der Maschinen sind sicherungsübereignet.

GuV

Soll		**Haben**	
Wareneinsatz	745.350,00	Umsatzerlöse	860.500,00
Löhne	44.000,00	Mieterträge	24.000,00
Gehälter	32.000,00		
Abschreibungen	13.600,00		
Zinsaufwendungen	5.700,00		
Gewinn	43.850,00		
Summe	**884.500,00**	**Summe**	**884.500,00**

5 Prüfungsaufgaben Kundenbeziehungsprozesse Winter 2017/2018

Aufgabe 1

Die BüroKomTech GmbH ist ein Großhändler für Schreibwaren und Bürozubehör in Freiburg. In diesem Jahr sind die Kosten des Unternehmens stark gestiegen, dadurch ist die Liquiditätslage im Unternehmen zurzeit sehr angespannt.

Als Sachbearbeiter/-in arbeiten Sie in der Abteilung Rechnungswesen/Controlling.

1.1 Der Abteilungsleiter legt Ihnen eine Mappe mit Belegen zur Kontierung vor. Erstellen Sie die Buchungssätze für die Belege **(Anlage 1–3).**

1.2 In den vergangenen Monaten kam es häufig zu verspäteten Zahlungen der Kunden, obwohl diesen bereits eine Zahlungsfrist von 30 Tagen gewährt wurde. Der Abteilungsleiter gibt ihnen die aktuelle Debitorenliste (**Anlage 4**) und wünscht ab sofort, dass die säumigen Kunden zehn Tage nach Fälligkeit schriftlich mit Verzugszinsen und Bearbeitungsgebühren eine Mahnung erhalten.

1.2.1 Die neue Auszubildende in Ihrer Abteilung, Frau Sophie Holz, erstellt heute dem Kunden Alexander Scherer e. K. ein Mahnschreiben (**Anlage 5**).

- Prüfen Sie die Berechnung der Forderung und beachten Sie dabei die gesetzlichen Regelungen (**Anlage 6**).
- Erläutern Sie Ihre Korrekturen mithilfe des Gesetzes.

1.2.2 Der Abteilungsleiter bittet Sie, für die nächste Abteilungssitzung, neben dem Mahnverfahren, weitere Vorschläge auszuarbeiten, die rechtzeitige Zahlungseingänge fördern und sichern. Beschreiben Sie zwei geeignete Maßnahmen zur Sicherung der Zahlungseingänge.

1.3 In den letzten Jahren sind die Reisekosten kontinuierlich gestiegen. Daher möchte die Geschäftsleitung den Travel-Management-Prozess standardisieren, um die Kosten zu senken.

Heute erhalten Sie von der Geschäftsführerin, Frau Brigitta Brose, eine E-Mail (**Anlage 7**).

- Modellieren Sie den Teilablauf eines effizienten Travel-Managements mit einer Ereignisgesteuerten Prozesskette (EPK).
- Geben Sie neben dem Kostenaspekt drei weitere Ziele der Prozessoptimierung an.

Aufgabe 2

Die Tierbedarf Schulz-Mathieu KG ist ein mittelständisches Unternehmen in Kehl, das Haustierbedarf herstellt.

Sie sind Leiter/-in der Abteilung Controlling.

2.1 Das vergangene Quartal endete am 30.09.2017 mit einem unbefriedigenden Ergebnis. Diese Unternehmenssituation ist zu analysieren.

2.1.1 Für die Analyse liegen Ihnen folgende Angaben vor:
In den Löhnen ist eine Nachzahlung in Höhe von 27.000,00 EUR enthalten.
Die kalkulatorischen Abschreibungen sind mit 106.000,00 EUR im Quartal zu berücksichtigen.
Der kalkulatorische Unternehmerlohn beträgt monatlich 10.000,00 EUR.
Im Betrag der Gewerbesteuer ist eine Steuernachzahlung in Höhe von 9.000,00 EUR enthalten.

- Führen Sie mithilfe der Ergebnistabelle (**Anlage 8**) die sachliche Abgrenzung für das dritte Quartal durch.
- Erläutern Sie die einzelnen Ergebnisse.

2.1.2 Bei Durchsicht der Ergebnistabelle stellt Ihnen der Auszubildende die Frage, weshalb die kalkulatorische Abschreibung von der bilanziellen Abschreibung abweicht. Erläutern Sie zwei Ursachen für die Abweichung.

Aufgabe 3

Die Profi-Büro GmbH in Stuttgart ist ein mittelständisches Handelsunternehmen, das Büromöbel und -geräte vertreibt. Das Unternehmen hat einen großen Kundenstamm in Frankreich. Seit Mai 2016 wird das Unternehmen von einer neuen Geschäftsführung geleitet – einige Umstrukturierungsmaßnahmen wurden bereits durchgeführt. Die Auftragseingänge sind seit letztem Jahr stark gestiegen.

Sie sind Assistent/-in der Geschäftsleitung.

3.1 Der Geschäftsführer der Schmidt KG hat auf dem Anrufbeantworter eine Nachricht (**Anlage 9**) hinterlassen mit der Bitte um Rückruf zu einer Bestellung.

3.1.1 Prüfen Sie die Ansprüche der Schmidt KG aus der Mitteilung auf dem Anrufbeantworter mithilfe des Gesetzes (**Anlage 10**).

3.1.2 Zur Vorbereitung auf das Gespräch liegt ihnen die Lagerkartei vor (**Anlage 11**). Formulieren Sie in direkter Rede Ihren Gesprächspart für das Gespräch mit dem Geschäftsführer der Schmidt KG in Bezug auf

- die Einhaltung der Gesprächsregeln und eine positive Gesprächsatmosphäre,
- die Ermittlung der Interessen des Gesprächspartners,
- Strategien zur Konfliktlösung.

3.2 Von Frau Lenz, Leiterin der Personalabteilung, erhalten Sie heute die Unterlagen (**Anlage 12**) mit der Bitte um Berechnung der Personalkennzahlen.

- Berechnen Sie die Fehlzeitenquote und die Fluktuationsquote für das Jahr 2016.
- Beurteilen Sie diese Kennzahlen.
- Erläutern Sie für jede Kennzahl zwei mögliche Ursachen für diese Entwicklung.

3.3 Ihr Mitarbeiter, Sergej Petrow, hat zum 31.10.2017 gekündigt und erhält ein qualifiziertes Arbeitszeugnis. Sie haben den Auszug aus der Personalakte (**Anlage 13**), die Stellenbeschreibung (**Anlage 14**) und den Vorschlag Ihres Auszubildenden für die Leistungs- und Verhaltensbeurteilung von Herrn Petrow (**Anlage 15**) vorliegen.

- Prüfen Sie den Vorschlag Ihres Auszubildenden.
- Ergänzen Sie das Dokument (**Anlage 15**) um die fehlenden Angaben für ein qualifiziertes Arbeitszeugnis.

Anlage 1

BüroKomTech GmbH
For a better office

BüroKomTech GmbH, In der Haid 260, 79116 Freiburg

COLOR Farben KG
Künstlerbedarf
Schneeburgstr. 134
79111 Freiburg

Auftrags-Nr.: 4384
Ihre Bestellung vom: 2017-10-20
Kunden-Nr.: 240889

Telefon: 0761 45723-0
Telefax: 0761 45723-10
E-Mail: info@buerokomtech.de
Internet: www.buerokomtech.de

Datum: 2017-11-03

Rechnung-Nr. 11458
Lieferung vom: 2017-10-30

Art.-Nr.	Bezeichnung	Einzel-preis	Menge	Rabatt in %	Wert in Euro
20019	Stifte-Set Deluxe bunt	30,00 EUR	200	10	5.400,00
				Warenwert netto	5.400,00
				Verpackungsbox Plastik Größe 4, Artikelnummer 104	100,00
				Zwischensumme	5.500,00
				Umsatzsteuer 19 %	1.045,00
				Rechnungsbetrag	**6.545,00**

Lieferdatum entspricht Leistungsdatum.
Zahlbar innerhalb von 7 Tagen unter 2 % Skontoabzug oder 30 Tagen netto Kasse.

Die Verpackungsbox nehmen wir bei der nächsten Lieferung gerne zurück und erstatten Ihnen 75 % des Wertes.

Sitz und Registergericht: Freiburg HRB 420 891
USt-IdNr.: DE 890 784 891
Geschäftsführung: Brigitta Brose
Bankverbindung: Privatbank Freiburg, IBAN DE78 6043 4894 0022 6400 84
BIC PBFRFGVOKVF

Anlage 2

BüroKomTech GmbH
For a better office

BüroKomTech GmbH, In der Haid 260, 79116 Freiburg

COLOR Farben KG
Künstlerbedarf
Schneeburgstr. 134
79111 Freiburg

Lieferung vom.:	2017-10-30
Rechnungs-Nr.:	11458
Rechnung vom:	2017-10-30
Kunden-Nr.:	240889
Telefon:	0761 45723-0
Telefax:	0761 45723-10
E-Mail:	info@buerokomtech.de
Internet:	www.buerokomtech.de
Datum:	2017-11-03

Gutschrift-Nr. 315
Rücknahme Verpackungsbox aus Lieferung

Bezeichnung	Artikel	Menge	Einheit	Wert in Euro
Verpackungsbox Plastik Größe 4	Nr. 104	1	Stück	75,00
			Wert netto	75,00
			Umsatzsteuer	14,25
			Gutschrift	89,25

Die Gutschrift verrechnen wir mit Rechnung Nr. 11458.

Vielen Dank für die Nutzung unserer Mehrweg-Verpackungsboxen.

Sitz und Registergericht: Freiburg HRB 420 891
USt-IdNr.: DE 890 784 891
Geschäftsführung: Brigitta Brose
Bankverbindung: Privatbank Freiburg, IBAN DE78 6043 4894 0022 6400 84
BIC PBFRFGVOKVF

Anlage 3

Privatbank Freiburg
BIC PBFRFGVOKVF

IBAN DE78 6043 4894 0022 6400 84		**Auszug 46**	**vom 02.11.2017**	**Blatt 1/1**
Kontoinhaber: BüroKomTech GmbH				
		Alter Kontostand vom 02.11.2017	Euro	118.774,85
Buchung	**Wert**	**Vorgang/Buchungsinformation**	**Soll**	**Haben**
02.11.	02.11.	Miete Lagerhalle Objekt 884, November 2017	–4.000,00	
06.11.	06.11.	Color Farben KG, Rg. Nr. 11458, verrechnete Gutschrift Nr. 315, abzüglich 2 % Skonto		6.326,64
		Neuer Kontostand vom 06.11.2017	Euro	121.101,49

Anlage 4: Auszug aus Debitorenliste

Offene Posten Debitoren (Forderungen)										
Kunde	Rechnungs-nummer	Rechnungs-datum	Nettobetrag in Euro	USt. in Euro	Bruttobetrag in Euro	Fälligkeit Skonto	Fälligkeit Ziel	Eingang in Euro	Datum Eingang	Offen in Euro
Alexander Scherer e. K.	10.984	20.09.2017	1.544,78	293,51	1.838,29	27.09.2017	20.10.2017	0,00		1.838,29
Alexander Scherer e. K.	11.149	02.10.2017	998,00	189,62	1.187,62	09.10.2017	01.11.2017	0,00		1.187,62
Amelie Kraus Office KG	11.420	24.10.2017	4.289,00	814,91	5.103,91	31.10.2017	23.11.2017	0,00		5.103,91
Bahnhof Kiosk OHG	11.199	03.10.2017	1.258,00	239,02	1.497,02	10.10.2017	02.11.2017	0,00		1.497,02
Ballert und Stefan KG	11.094	26.09.2017	10.648,12	2.023,14	12.671,26	03.10.2017	26.10.2017	5.000,00	28.11.2017	7.671,26

Anlage 5

BüroKomTech GmbH
For a better office

BüroKomTech GmbH, In der Haid 260, 79116 Freiburg

Alexander Scherer e. K.
Feldbergstraße 89
79111 Freiburg

Kunden-Nr.: 240610
Telefon: 0761 45723-0
Telefax: 0761 45723-10
E-Mail: rw@buerokomtech.de
Internet: www.buerokomtech.de

Datum: 2017-11-09

1. Mahnung

Sehr geehrte Damen und Herren,

bis zum heutigen Tag sind trotz Fälligkeit der Rechnungen keine Zahlungen zu folgenden Posten bei uns eingegangen:

RG-Nr.	Datum	Fällig	Betrag in Euro	Verzugszinsen in Euro	Gesamt in Euro
10.984	20.09.2017	20.10.2017	1.838,29	78,78	1.917,07
11.149	02.10.2017	01.11.2017	1.187,62	2,14	1.189,76
Gesamt			3.025,91	80,92	3.106,83
Bearbeitungsgebühr					40,00
Summe Gesamtforderung					**3.146,83**

Bitte begleichen Sie den noch ausstehenden Betrag bis zum 13.11.2017 auf unser Konto. Ansonsten sehen wir uns gezwungen, ein gerichtliches Mahnverfahren einzuleiten.

Sollten Sie die Zahlung bereits veranlasst haben, betrachten Sie dieses Schreiben bitte als gegenstandslos.

Mit freundlichen Grüßen

BüroKomTech GmbH

i. A. Sophie Holz

Sitz und Registergericht: Freiburg HRB 420 891
USt-IdNr.: DE 890 784 891
Geschäftsführung: Brigitta Brose
Bankverbindung: Privatbank Freiburg, IBAN DE78 6043 4894 0022 6400 84
BIC PBFRFGVOKVF

Anlage 6: Auszug aus dem BGB

§ 286 Verzug des Schuldners

(1) Leistet der Schuldner auf eine Mahnung des Gläubigers nicht, die nach dem Eintritt der Fälligkeit erfolgt, so kommt er durch die Mahnung in Verzug. Der Mahnung stehen die Erhebung der Klage auf die Leistung sowie die Zustellung eines Mahnbescheids im Mahnverfahren gleich.

(2) Der Mahnung bedarf es nicht, wenn

1. für die Leistung eine Zeit nach dem Kalender bestimmt ist,
2. der Leistung ein Ereignis vorauszugehen hat und eine angemessene Zeit für die Leistung in der Weise bestimmt ist, dass sie sich von dem Ereignis an nach dem Kalender berechnen lässt,
3. der Schuldner die Leistung ernsthaft und endgültig verweigert,
4. aus besonderen Gründen unter Abwägung der beiderseitigen Interessen der sofortige Eintritt des Verzugs gerechtfertigt ist.

[...]

§ 288 Verzugszinsen und sonstiger Verzugsschaden

(1) Eine Geldschuld ist während des Verzugs zu verzinsen. Der Verzugszinssatz beträgt für das Jahr fünf Prozentpunkte über dem Basiszinssatz*.

(2) Bei Rechtsgeschäften, an denen ein Verbraucher nicht beteiligt ist, beträgt der Zinssatz für Entgeltforderungen neun Prozentpunkte über dem Basiszinssatz*.

(3) Der Gläubiger kann aus einem anderen Rechtsgrund höhere Zinsen verlangen.

(4) Die Geltendmachung eines weiteren Schadens ist nicht ausgeschlossen.

(5) Der Gläubiger einer Entgeltforderung hat bei Verzug des Schuldners, wenn dieser kein Verbraucher ist, außerdem einen Anspruch auf Zahlung einer Pauschale in Höhe von 40 EUR. Dies gilt auch, wenn es sich bei der Entgeltforderung um eine Abschlagszahlung oder sonstige Ratenzahlung handelt. Die Pauschale nach Satz 1 ist auf einen geschuldeten Schadensersatz anzurechnen, soweit der Schaden in Kosten der Rechtsverfolgung begründet ist.

[...]

***zu verwendender Basiszinssatz: -0,88 Prozentpunkte**

Anlage 7

Von:	brigitta.brose@buerokomtech.de
An:	Ihr Vor- und Zuname@buerokomtech.de
Betreff:	Prozessoptimierung eines effizienten Travel-Managements

Guten Tag, Herr/Frau <Ihr Zuname>,

wie in der letzten Sitzung besprochen, möchten wir den persönlichen Kontakt zu unseren Lieferanten verstärken. Durch diese Maßnahme wird sich der Anteil an Geschäftsreisen erhöhen. Bisher verlief die Organisation von Geschäftsreisen in allen Abteilungen sehr unterschiedlich. Künftig möchten wir diesen Prozess standardisieren. Ich stelle mir folgenden Ablauf vor:

Die Mitarbeiterin/der Mitarbeiter legt die Rahmenbedingungen (Reiseziel, -zweck und -dauer) der bevorstehenden Reise fest und stellt im Anschluss einen Geschäftsreiseantrag bei ihrer/seiner Abteilungsleitung. Diese prüft den Antrag anhand der betriebsinternen Reiserichtlinien und genehmigt die Reise oder lehnt diese ab. Sofern die Geschäftsreise genehmigt ist, bucht jede Mitarbeiterin/jeder Mitarbeiter eigenverantwortlich die Geschäftsreise.

In der nächsten Teamsitzung der Abteilungsleiter/-innen möchte ich gerne diesen Ablauf mithilfe einer Ereignisgesteuerten Prozesskette (EPK) vorstellen. Bitte legen Sie mir einen Entwurf vor.

Herzlichen Dank!

Freundliche Grüße

Brigitta Brose

Anlage 8

Ergebnistabelle zum 30.09.2017 in Euro (3. Quartal)								
Rechnungskreis I							Rechnungskreis II	
Geschäftsbuchführung			Abgrenzungsbereich				Kosten- u. Leistungsbereich	
GuV-Konto			unternehmensbezogene Abgrenzung		kostenrechnerische Korrekturen		Betriebsergebnisrechnung	
Kontenbezeichnung	Aufwen-dungen	Erträge	neutrale Aufwendungen	neutrale Erträge	verrechnete Aufwendungen	verrechnete Kosten	Kosten	Leistungen
Umsatzerlöse		962.500,00						
Zinserträge		13.000,00						
Erträge aus dem Abgang von Sachanlagen		119.000,00						
Aufwendungen für Rohstoffe	642.000,00							
Löhne, Gehälter	210.000,00							
Arbeitgeberanteil zur Sozialversicherung	55.000,00							
Abschreibungen auf Sachanalagen	98.000,00							
Verluste aus dem Abgang von Sachanlagen	29.500,00							
Aufwendungen für Mieten	30.000,00							
Aufwendungen für Büromaterial	6.500,00							
Zinsaufwendungen	18.700,00							
Gewerbesteuer	22.600,00							
Summe								
Ergebnis								
Summe								

Anlage 9

Aufzeichnung des Anrufbeantworters der Profi-Büro GmbH **Datum: 09.11.2017** **Uhrzeit: 08:30 Uhr**
Guten Tag, Peter Schmidt ... Geschäftsführer der Schmidt KG, Stuttgart. Entsprechend Ihres Angebotes vom 02.11.2017 haben wir bei Ihnen am 03.11.2017 20 Regale „multi office“ in der Farbe Weiß, 6 Aktenvernichter „office shredder“ und 5 Laserdrucker „perfect style“ bestellt. Die Auftragsnummer lautet 234672. Die Ware wurde vor einer Stunde angeliefert. Beim Auspacken haben wir festgestellt, dass bei der Montageanleitung für die Regale die Abbildungen teilweise fehlen – und ohne die ist es uns unmöglich, die Regale aufzubauen! Darüber hinaus wurden nur 3 Aktenvernichter geliefert! Können Sie uns die vollständigen Montageanleitungen und fehlenden Aktenvernichter bitte noch liefern? Bitte rufen Sie mich unter 0711 870973 zurück. Vielen Dank – auf Wiederhören.

Anlage 10: Auszug aus dem BGB

§ 433 Vertragstypische Pflichten beim Kaufvertrag

(1) Durch den Kaufvertrag wird der Verkäufer einer Sache verpflichtet, dem Käufer die Sache zu übergeben und das Eigentum an der Sache zu verschaffen. Der Verkäufer hat dem Käufer die Sache frei von Sach- und Rechtsmängeln zu verschaffen.
(2) Der Käufer ist verpflichtet, dem Verkäufer den vereinbarten Kaufpreis zu zahlen und die gekaufte Sache abzunehmen.

§ 434 Sachmangel

(1) Die Sache ist frei von Sachmängeln, wenn sie bei Gefahrübergang die vereinbarte Beschaffenheit hat. Soweit die Beschaffenheit nicht vereinbart ist, ist die Sache frei von Sachmängeln,

1. wenn sie sich für die nach dem Vertrag vorausgesetzte Verwendung eignet, sonst
2. wenn sie sich für die gewöhnliche Verwendung eignet und eine Beschaffenheit aufweist, die bei Sachen der gleichen Art üblich ist und die der Käufer nach der Art der Sache erwarten kann.

Zu der Beschaffenheit nach Satz 2 Nr. 2 gehören auch Eigenschaften, die der Käufer nach den öffentlichen Äußerungen des Verkäufers, des Herstellers (§ 4 Abs. 1 und 2 des Produkthaftungsgesetzes) oder seines Gehilfen insbesondere in der Werbung oder bei der Kennzeichnung über bestimmte Eigenschaften der Sache erwarten kann, es sei denn, dass der Verkäufer die Äußerung nicht kannte und auch nicht kennen musste, dass sie im Zeitpunkt des Vertragsschlusses in gleichwertiger Weise berichtigt war oder dass sie die Kaufentscheidung nicht beeinflussen konnte.

(2) Ein Sachmangel ist auch dann gegeben, wenn die vereinbarte Montage durch den Verkäufer oder dessen Erfüllungsgehilfen unsachgemäß durchgeführt worden ist. Ein Sachmangel liegt bei einer zur Montage bestimmten Sache ferner vor, wenn die Montageanleitung mangelhaft ist, es sei denn, die Sache ist fehlerfrei montiert worden.
(3) Einem Sachmangel steht es gleich, wenn der Verkäufer eine andere Sache oder eine zu geringe Menge liefert.

§ 435 Rechtsmangel
Die Sache ist frei von Rechtsmängeln, wenn Dritte in Bezug auf die Sache keine oder nur die im Kaufvertrag übernommenen Rechte gegen den Käufer geltend machen können. Einem Rechtsmangel steht es gleich, wenn im Grundbuch ein Recht eingetragen ist, das nicht besteht.

§ 437 Rechte des Käufers bei Mängeln
Ist die Sache mangelhaft, kann der Käufer, wenn die Voraussetzungen der folgenden Vorschriften vorliegen und soweit nicht ein anderes bestimmt ist,
1. nach § 439 Nacherfüllung verlangen,
2. nach den §§ 440, 323 und 326 Abs. 5 von dem Vertrag zurücktreten oder nach § 441 den Kaufpreis mindern und
3. nach den §§ 440, 280, 281, 283 und 311a Schadensersatz oder nach § 284 Ersatz vergeblicher Aufwendungen verlangen.

§ 438 Verjährung der Mängelansprüche
(1) Die in § 437 Nr. 1 und 3 bezeichneten Ansprüche verjähren
1. in 30 Jahren, wenn der Mangel
   a) in einem dinglichen Recht eines Dritten, auf Grund dessen Herausgabe der Kaufsache verlangt werden kann, oder
   b) in einem sonstigen Recht, das im Grundbuch eingetragen ist, besteht,
2. in fünf Jahren
   a) bei einem Bauwerk und
   b) bei einer Sache, die entsprechend ihrer üblichen Verwendungsweise für ein Bauwerk verwendet worden ist und dessen Mangelhaftigkeit verursacht hat, und
3. im Übrigen in zwei Jahren.

(2) Die Verjährung beginnt bei Grundstücken mit der Übergabe, im Übrigen mit der Ablieferung der Sache.
(3) Abweichend von Absatz 1 Nr. 2 und 3 und Absatz 2 verjähren die Ansprüche in der regelmäßigen Verjährungsfrist, wenn der Verkäufer den Mangel arglistig verschwiegen hat. Im Falle des Absatzes 1 Nr. 2 tritt die Verjährung jedoch nicht vor Ablauf der dort bestimmten Frist ein.
(4) Für das in § 437 bezeichnete Rücktrittsrecht gilt § 218. Der Käufer kann trotz einer Unwirksamkeit des Rücktritts nach § 218 Abs. 1 die Zahlung des Kaufpreises insoweit verweigern, als er auf Grund des Rücktritts dazu berechtigt sein würde. Macht er von diesem Recht Gebrauch, kann der Verkäufer vom Vertrag zurücktreten.
(5) Auf das in § 437 bezeichnete Minderungsrecht finden § 218 und Absatz 4 Satz 2 entsprechende Anwendung.

§ 439 Nacherfüllung[1]

(1) Der Käufer kann als Nacherfüllung nach seiner Wahl die Beseitigung des Mangels oder die Lieferung einer mangelfreien Sache verlangen.
(2) Der Verkäufer hat die zum Zwecke der Nacherfüllung erforderlichen Aufwendungen, insbesondere Transport-, Wege-, Arbeits- und Materialkosten zu tragen.
(3) Der Verkäufer kann die vom Käufer gewählte Art der Nacherfüllung unbeschadet des § 275 Abs. 2 und 3 verweigern, wenn sie nur mit unverhältnismäßigen Kosten möglich ist. Dabei sind insbesondere der Wert der Sache in mangelfreiem Zustand, die Bedeutung des Mangels und die Frage zu berücksichtigen, ob auf die andere Art der Nacherfüllung ohne erhebliche Nachteile für den Käufer zurückgegriffen werden könnte. Der Anspruch des Käufers beschränkt sich in diesem Fall auf die andere Art der Nacherfüllung; das Recht des Verkäufers, auch diese unter den Voraussetzungen des Satzes 1 zu verweigern, bleibt unberührt.
(4) Liefert der Verkäufer zum Zwecke der Nacherfüllung eine mangelfreie Sache, so kann er vom Käufer Rückgewähr der mangelhaften Sache nach Maßgabe der §§ 346 bis 348 verlangen.

Anlage 11

Auszug aus der Lagerkartei 09.11.2017 = Kalenderwoche (KW) 45				
Artikelnummer	**Bezeichnung**	**Lagerbestand**	**Preis in Euro**	**Hinweis**
R 20457	Regal multi office Farbe weiß	0	240,00	
R 20458	Regal multi office Farbe hellgrau	30	240,00	
A 56789	Aktenvernichter office shredder	0	125,00	Lieferung von 50 Aktenvernichtern in KW 47
A 65738	Aktenvernichter professional shredder	50	125,00	

Anlage 12

Personaldaten der Profi-Büro GmbH 2016	
Zahl der Mitarbeiter	241
Sollstunden je Mitarbeiter	2.000 Std.
gesamte Fehlzeiten durch Krankheit	36.600 Std.
gesamte sonstige Fehlzeiten	93 Std.
Personalabgänge	23

Personalkennzahlen der Profi-Büro GmbH	2015	2014
Fehlzeitenquote	5,3	4,8
Fluktuationsquote	5,2	5,1

[1] *Alte Fassung, seit 01.01.2018 neue Fassung.*

Anlage 13: Auszug aus der Personalakte

Profi-Büro GmbH

Personalstammdaten

Personalnummer 38949704	Eintrittsdatum 01.09.2009
Name Petrow	Vorname Sergej
Straße Rosenbergstr. 95	
PLZ/Ort 70193 Stuttgart	
Telefon 0711 94794	
Geburtsdatum 25.02.1981	Geburtsort Straßburg
Familienstand ledig	Ehepartner —
Staatsangehörigkeit französisch	Konfession —
Berufsausbildung Steuerfachangestellter	
Besondere Kenntnisse Französisch in Wort und Schrift	

Personalbeurteilung vom Mitarbeitergespräch vom 25.07.2017:

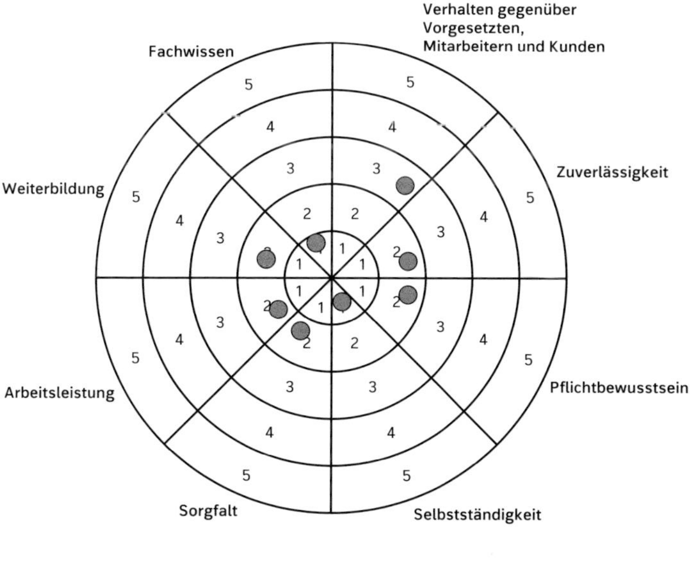

Anlage 14

Stellenbeschreibung

Profi-Büro GmbH

Stellenbezeichnung
Buchhalter/-in

Abteilung
Rechnungswesen/Controlling

Überstellung
Rein, Karl – Geschäftsführer
Name, Vorname Prüfling – Assistent/-in der Geschäftsleitung

Unterstellung
—

Handlungsvollmacht
im Auftrag

weitere Vollmachten
Postvollmacht
Bankvollmacht

Vertretung durch
Wenz, Ricarda

☒ uneingeschränkt
☐ eingeschränkt

Aufgaben
- Verwaltung und Überprüfung der gestellten Rechnungen inklusive Mahnwesen
- Klärung von Differenzen
- Buchung der Zahlungsein- und -ausgänge
- Überwachung der offenen Posten
- Zahlungsabwicklung und Zahlungsverkehr (Kreditoren/Debitoren)
- Erstellung von Monatsberichten und Statistiken

Anforderungen
- sicherer Umgang mit dem Buchhaltungsprogramm und üblicher Bürosoftware
- sehr gutes Zahlenverständnis
- fundiertes Wissen im Steuerrecht
- gute Deutsch- und Französischkenntnisse in Wort und Schrift
- sorgfältige und selbstständige Arbeitsweise
- hohe Leistungsbereitschaft

Anlage 15

Profi-Büro GmbH

Arbeitszeugnis

Er arbeitete mit großem Engagement und stets sehr selbstständig und wendete sein gutes Fachwissen erfolgreich in seiner Arbeit an. Die Arbeitsleistung von Herrn Petrow war durch sehr hohe Zuverlässigkeit, Sorgfalt und Pflichtbewusstsein geprägt. Er identifizierte sich mit seinen Aufgaben und nahm regelmäßig erfolgreich an Weiterbildungsmaßnahmen teil.

Die Arbeitsleistung von Herrn Petrow war auch bei wechselnden Anforderungen und in schwierigen Fällen stets von sehr guter Qualität. Herr Petrow erledigte die ihm übertragenen Aufgaben stets zu unserer Zufriedenheit.

Sein Verhalten gegenüber Mitarbeitern, Kunden und Vorgesetzten war stets vorbildlich.

Herr Petrow verlässt unser Unternehmen auf eigenen Wunsch zum 31.10.2017. Wir bedauern sein Ausscheiden und danken ihm für seine Arbeit. Für seinen weiteren Berufs- und Lebensweg wünschen wir ihm viel Erfolg.

Kehl, 09.11.2017

Karl Rein
Geschäftsführer

6 Prüfungsaufgaben Kundenbeziehungsprozesse Sommer 2018

Aufgabe 1

Die FRUITY KG ist ein mittelständischer Saft- und Limonadenproduzent mit Sitz in Stuttgart. In den vergangenen Jahren konnte die FRUITY KG ein starkes Wachstum verzeichnen und möchte auf internationalen Märkten expandieren. Für diese Strategie sind personelle Veränderungen notwendig.

Sie sind zurzeit als Sachbearbeiter/-in in der Personalabteilung eingesetzt.

1.1 In einer Sitzung mit den Abteilungsleitern und -leiterinnen wurden die personellen Veränderungen besprochen (**Anlage 1**). Darüber hinaus haben Sie Rückmeldungen (**Anlage 2**) aus den Abteilungen erhalten.

Ermitteln Sie für den Abteilungsleiter den quantitativen Personalbedarf für das dritte Quartal in strukturierter Form.

1.2 Für die ausländischen Märkte möchten die Komplementäre die neu geschaffene Stelle als „Vertriebsleiter/-in international" besetzen. Ihnen liegt die Stellenbeschreibung (**Anlage 3**) vor.

- Nennen Sie für die Stellenanzeige vier wesentliche Anforderungen an den/die Bewerber/-in.
- Begründen Sie jeweils Ihre Entscheidung.

1.3 Aufgrund Ihrer Zusatzqualifikation im Bereich Finanzierung werden Sie von der Geschäftsleitung beauftragt, bei der Finanzierungsplanung einer Investition mitzuwirken. Es soll eine neue Produktionsmaschine für 80.000,00 EUR angeschafft werden.

1.3.1 Die Komplementärin Frau Kasper möchte für diese Anschaffung keinen weiteren Kredit aufnehmen. Sie ist davon überzeugt, die Maschine im nächsten Geschäftsjahr mit eigenen Mitteln finanzieren zu können. Der Jahresüberschuss für das Geschäftsjahr 2018 beträgt schätzungsweise 200.000,00 EUR.

- Führen Sie die voraussichtliche Gewinnverteilung durch (**Anlage 4–6**).
- Analysieren Sie für Frau Kasper, ob das zur Verfügung stehende Kapital zur offenen Selbstfinanzierung der Maschine ausreichen würde.

1.3.2 Der Komplementär Herr Sommer hält es aufgrund des niedrigen Zinsniveaus für sinnvoller, die Maschine über einen Kredit zu finanzieren.

Erläutern Sie Herrn Sommer zwei Vorteile der offenen Selbstfinanzierung gegenüber der Kreditfinanzierung.

Aufgabe 2

Die Kick & Rush GmbH ist ein mittelständisches Unternehmen in Stuttgart. Das Unternehmen produziert Bälle und bietet darüber hinaus Sportartikel an, die von diversen Sportartikelherstellern bezogen werden. Aufgrund von Rationalisierungsmaßnahmen wurde eine neue Produktionsmaschine angeschafft.

Sie arbeiten als Sachbearbeiter/-in in der Abteilung Rechnungswesen/Controlling bei der Kick & Rush GmbH.

2.1 In Ihrer Ablage befinden sich die Rechnung der neuen Produktionsmaschine **(Anlage 7)** sowie weitere Belege **(Anlage 8 und 9)**.

2.1.1 Erstellen Sie für diese Belege die Buchungssätze.

2.1.2 Der Stammkunde Sportartikelhändler Maier e. K. hat die Rechnung mit der Nummer 2018-04-0001 am 04.05.2018 in Höhe von 2.778,00 EUR bezahlt.

- Prüfen Sie diesen Überweisungsbetrag.
- Unterbreiten Sie einen begründeten Vorschlag, wie Sie sich dem Sportartikelhändler Maier e. K. gegenüber verhalten.

2.2 Die vollautomatisierte Produktionsmaschine wird seit dem 1. April eingesetzt. Sie wurde unter anderem mit dem Ziel angeschafft, die Herstellkosten dauerhaft zu senken.

Die Abteilungsleiterin Frau Sisić übergibt Ihnen die Kostenaufstellung **(Anlage 10)** für den Monat April und bittet Sie, die Daten auszuwerten. Frau Sisić geht davon aus, dass sich bei gleichbleibender Produktionsmenge die Zuschlagsätze bei der Preiskalkulation verändern.

2.2.1 Berechnen Sie nachvollziehbar die Ist-Zuschlagsätze für den Monat April.

2.2.2 Nachdem sich die Zuschlagsätze verändert haben, wünscht Frau Sisić eine Gegenüberstellung der Normal- und Ist-Kosten. Bei einer normalen Auslastung der Kapazität liegen die Materialeinzelkosten bei 120.000,00 EUR und die bisherigen Fertigungslöhne bei 110.000,00 EUR.

- Berechnen Sie die Selbstkosten einschließlich der Kostenüberdeckungen oder Kostenunterdeckungen.
- Beurteilen Sie die Anschaffung der Produktionsmaschine unter Kostenaspekten.

Hinweis: Sollten Sie in Aufgabe 2.2.1 zu keinem Ergebnis gekommen sein, verwenden Sie folgende Ist-Zuschlagsätze:
Materialgemeinkostenzuschlagsatz: 30 %
Fertigungsgemeinkostenzuschlagsatz: 125 %
Verwaltungsgemeinkostenzuschlagsatz: 12 %
Vertriebsgemeinkostenzuschlagsatz: 15 %

Aufgabe 3

Die Schnaithahn Bürotechnik GmbH ist ein mittelständisches Unternehmen in Stuttgart. Das Unternehmen produziert und vertreibt hochwertige Bürogeräte in ganz Deutschland. Gute Kundenbeziehungen und erstklassiger Service sind wichtige Unternehmensgrundsätze. In der Vergangenheit häuften sich jedoch die Kundenbeschwerden. Die Mitarbeiter/-innen sollen deshalb im Umgang mit Beschwerden geschult werden.

Sie sind als Sachbearbeiter/-in in der Marketingabteilung tätig, die für den Bereich Kundenbeschwerden verantwortlich ist.

3.1 Für die Schulung der Mitarbeiter/-innen wurden einzelne Kundengespräche (**Anlage 11**) zur Untersuchung aufgezeichnet. Die Gespräche sollen bewertet und Vorschläge zur Verbesserung der Gesprächsführung ausgearbeitet werden. Die Ergebnisse werden als Best-Practice-Beispiele in den Leitfaden zur Gesprächsführung aufgenommen.

Analysieren Sie das Telefonat mit der Wilberlitz Bürowelt AG (**Anlage 12**).

3.2 Aufgrund der Gesprächsanalysen ist eine zweitägige hausinterne Schulung für die Kundenberater/-innen geplant. Eine Referentin für diese Veranstaltung ist bereits eingeladen.

Erstellen Sie eine Checkliste mit zehn Tätigkeiten zur Planung der Veranstaltung.

Anlage 1

FRUITY KG
fruchtig – frisch – prickelnd

Fruchtstraße 156
70176 Stuttgart
Tel.: 0711 3456-0
Fax: 0711 3456-11
E-Mail: info@fruity.de
Internet: www.fruity.de

Kurzprotokoll – Sitzung KW 16

Datum:	20.04.2018
Uhrzeit:	10:00 Uhr–12:00 Uhr
Ort:	FRUITY KG, Büro von Frau Kasper
Teilnehmer:	Simone Kasper, Geschäftsführung Franz Sommer, Geschäftsführung Axel Rümmele, Abteilungsleitung Personal Max Tender, Abteilungsleitung Produktion und Lager Marianne Drimakis, Abteilungsleitung Marketing Theodor Schuster, Abteilungsleitung Vertrieb Sven Bender, Sachbearbeiter Personal <Ihr Name>, Sachbearbeiter/-in Personal
Thema:	Personalbedarf
Protokollant:	Sven Bender

Frau Kasper und Herr Sommer begrüßen alle Beteiligten.

Starkes Wachstum und die geplante Expansion erfordern personelle Veränderungen. Der Personalbedarf muss ermittelt werden.

Der aktuelle Personalbestand liegt derzeitig bei 132 Beschäftigten. Somit sind alle aktuellen Planstellen besetzt.

Durch die geplante Expansion auf internationalen Märkten wurden neue Planstellen geschaffen. Dies betrifft verstärkt unsere Vertriebsabteilung. Für den internationalen Vertrieb müssen ein neuer/eine neue Vertriebsleiter/-in sowie drei neue Außendienstmitarbeiter/-innen eingesetzt werden.

Die Abteilung Produktion und Lager hat aktuell 60 Stellen. Es ist jedoch eine wachstumsbedingte Erhöhung um 15 Prozent vorgesehen.

Zu erledigen:

- Jede Abteilung mit personellen Veränderungen gibt bitte bis 27.04.2018 eine Rückmeldung an die Personalabteilung.
- Personalabteilung: Ermittlung des gesamten Personalbedarfs für das dritte Quartal bis 04.05.2018.

Stuttgart, 20.04.2018

Simone Kasper — *Sven Bender*
Vorsitz — Protokollführer

Anlage 2: Rückmeldung aus den Abteilungen

Interne Information

An:	Personalabteilung	**Von:**	Produktion und Lager
Betreff:	Personalveränderungen 3. Quartal	**Datum:**	25.04.2018

FRUITY KG
fruchtig – frisch – prickelnd

In unserer Abteilung werden zum 30.06.2018 drei Mitarbeiter und zwei Mitarbeiterinnen in den verdienten Ruhestand verabschiedet. Ein neuer Mitarbeiter wurde bereits zum 1. Juli eingestellt. Ende Juni beenden unsere beiden Auszubildenden ihre Ausbildung und werden aufgrund ihrer guten Leistungen auch von uns übernommen.

Max Tender

Interne Information

An:	Personalabteilung	**Von:**	Vertrieb
Betreff:	Personalveränderungen 3. Quartal	**Datum:**	25.04.2018

FRUITY KG
fruchtig – frisch – prickelnd

In der Abteilung Vertrieb gibt es im kommenden Quartal nicht nur durch die Umstrukturierung einige Änderungen. Leider ist ein geschätzter Kollege verstorben und seine Stelle muss neu besetzt werden. Ein Mitarbeiter möchte sich beruflich verändern und hat zum 30.06.2018 dieses Jahres gekündigt. Eine Mitarbeiterin kehrt aus der dreijährigen Elternzeit zurück.

Theodor Schuster

Anlage 3: Auszug aus der Stellenbeschreibung

FRUITY KG
fruchtig – frisch – prickelnd

Vertriebsleiter/-in international

Aufgaben:

- Entwicklung einer Vertriebsstrategie für den Auf- und Ausbau des internationalen Vertriebs
- Erstellung von Potential- und Marktanalysen
- Erschließung neuer Vertriebskanäle
- Auswahl, Betreuung und Entwicklung unserer Handelspartner
- Akquise und Betreuung neuer Kunden
- Führung eines Teams von Außen- und Innendienstmitarbeitern/-innen

Anlage 4: Gesellschaftsvertrag (Auszug)

Gesellschaftsvertrag der FRUITY KG

FRUITY KG
fruchtig – frisch – prickelnd

Franz Sommer, Schwabenstraße 110 in 70176 Stuttgart,
Simone Kasper, Stephanstraße 3 in 70173 Stuttgart und
Harald Fischer, Leonberger Straße 33 in 70199 Stuttgart, schließen folgenden Gesellschaftsvertrag:

§1

Firma

Wir errichten eine Kommanditgesellschaft zur Produktion und zum Vertrieb von fruchtigen Erfrischungsgetränken aller Art mit Sitz in 70176 Stuttgart unter der Firma „FRUITY KG". Die Gesellschaft beginnt am 01.03.2014. Ihre Dauer ist unbestimmt.

Franz Sommer und Simone Kasper sind als Komplementäre persönlich haftende Gesellschafter. Harald Fischer ist als Kommanditist Teilhafter der Unternehmung.

[...]

§5

Gewinn- und Verlustverteilung

Die Komplementäre Franz Sommer und Simone Kasper bekommen eine Tätigkeitsvergütung von 4.000,00 EUR monatlich. Die Gesellschafter erhalten vom erzielten Gewinn eine Eigenkapitalverzinsung von 4 Prozent des jeweiligen Kapitalanteils. Der verbleibende Restgewinn ist wie folgt zu verteilen:

Komplementär Franz Sommer erhält vier Anteile.
Komplementärin Simone Kasper erhält drei Anteile.
Kommanditist Harald Fischer erhält einen Anteil.

Der Gewinnanteil des Kommanditisten wird zum 15.02. des Folgejahres ausbezahlt.
An einem Verlust ist jeder Gesellschafter entsprechend seiner Kapitaleinlage beteiligt.

[...]

Anlage 5: Vereinfachte Bilanz

Aktiva — Bilanz der FRUITY KG zum 31.12.2017 — Passiva

Aktiva		Passiva	
A. Anlagevermögen		**A. Eigenkapital**	
Grundstücke und Bauten	410.000,00	Komplementärkapital Sommer	355.000,00
Maschinen	390.000,00	Komplementärkapital Kasper	215.000,00
Fuhrpark	150.000,00	Kommanditistenkapital Fischer	120.000,00
Betriebs- u. Geschäftsausstattung	160.000,00		
B. Umlaufvermögen		**B. Fremdkapital**	
Vorräte	70.000,00	Verbindl. ggü. Kreditinstituten	410.000,00
Forderungen a. LL.	110.000,00	Verbindlichkeiten a. LL.	290.000,00
Kasse	20.000,00		
Bank	80.000,00		
	1.390.000,00		1.390.000,00

Anlage 6: Vorlage – Voraussichtliche Gewinnverteilung Geschäftsjahr 2018

Gesell-schafter/-in	Anfangs-kapital in Euro	Tätigkeits-vergütung in Euro	Verzinsung in Euro	Restge-winn in Euro	Gesamter Gewinnan-teil in Euro	Endkapital in Euro
Summe						

Anlage 7

Maschinenbau Arti GmbH

Maschinenbau Arti GmbH – Blumenstraße 2 – 70178 Stuttgart

Kick & Rush GmbH
Hauptstraße 100
70195 Stuttgart

Tel.: 0711 2412437
E-Mail: info@maschinenbau-arti.de
Internet: www.maschinenbau-arti.de

Kundennummer: 1734

Rechnung

Rechnungsdatum: 29.03.2018
Leistungsdatum: 29.03.2018

R-Nr. 03-089-2018

Artikel	Menge	Beschreibung	Betrag in Euro
11–100	1	Vollautomatisierte Produktionsmaschine zur Herstellung von Fußbällen Leistung: 120 Spielbälle pro Stunde, 240 Trainingsbälle pro Stunde, 500 Mini-Fußbälle pro Stunde	444.900,00
	1	Überführungskosten	5.100,00
	1	Montagekosten	2.000,00
		Rechnungsbetrag netto	452.000,00
		zzgl. 19 % MwSt.	85.880,00
		Rechnungsbetrag brutto	**537.880,00**

Zahlbar innerhalb von 30 Tagen unter Abzug von 2 % Skonto, 60 Tage netto Kasse.

Maschinenbau Arti GmbH
Blumenstr. 2
70178 Stuttgart

Geschäftsführer: Arnold Timmler
Musterbank Stuttgart
IBAN DE23 5478 4081 0009 1605 23

Tel.: 0711 2412437
E-Mail: info@maschinenbau-arti.de
Internet: www.maschinenbau-arti.de

Gerichtsstand: Stuttgart HRB 10258
Steuer-Nummer: 80 34502 97769
USt-IdNr.: DE 202 798 113

Anlage 8

Kick & Rush GmbH
Ihr Partner in Sachen Sport

Kick & Rush GmbH – Hauptstraße 100 – 70195 Stuttgart

Sportartikelhändler Maier e. K.
Böblinger Str. 43
70173 Stuttgart

Telefon: 0711 6070-0
Telefax: 0711 6070-10
E-Mail: info@kickrush.de
Homepage: www.kickrush.de
Auftrags-Nr.: 754-9421
Lieferung: 26.04.2018

Datum: 26.04.2018

Kunden-Nr.: 1003

Rechnung Nr. 2018-04-1001
Bitte bei Zahlungen und Schriftverkehr angeben!

Pos.	Artikel-Nr.	Bezeichnung	MwSt.	Einzelpreis in Euro	Anzahl	Gesamtpreis in Euro
1	HW205	Phoenix 2018, Trainingshose	19 %	24,00	50	1.200,00
2	HW054	Hit 2018, Trainingsshirt	19 %	30,00	30	900,00
3	HW067	Modena 2018, Trainingsstutzen	19 %	12,00	50	600,00
					Zwischensumme	2.700,00
					abzüglich 7 % Mengenrabatt	189,00
					zzgl. Versandkosten	10,00
					Rechnungsbetrag netto	2.521,00
					zzgl. 19 % Umsatzsteuer	478,99
					Rechnungsbetrag brutto	2.999,99

Zahlbar innerhalb von 10 Tagen unter Abzug von 3 % Skonto, 30 Tage netto Kasse.

Kick & Rush GmbH
Hauptstr. 100
70195 Stuttgart

Geschäftsführer: Siegfried Lange
Musterbank Stuttgart
IBAN DE56 5478 4081 0000 1478 64

Tel.: 0711 6070-0
Fax: 0711 6070-10
E-Mail: info@kickrush.de
Homepage: www.kickrush.de

Gerichtsstand: Stuttgart HRB 19754
Steuer-Nummer: 52 8352 32000
USt-IdNr.: DE405 530 953

Anlage 9

Kick & Rush GmbH
Ihr Partner in Sachen Sport

Kick & Rush GmbH – Hauptstraße 100 – 70195 Stuttgart

Sportartikelhändler Maier e. K.
Böblinger Str. 43
70173 Stuttgart

Bitte diese Gutschrift bei Zahlung der Rechnung Nr. 2018-04-1001 berücksichtigen.

Telefon:	0711 6070-0
Telefax:	0711 6070-10
E-Mail:	info@kickrush.de
Homepage:	www.kickrush.de
Auftrags-Nr.:	754-9421
Lieferung:	30.04.2018
Datum:	30.04.2018

Gutschrift Nr. 2018-063

Kunden-Nr.: 1003

Wir bestätigen den Eingang Ihrer Reklamation vom 27.04.2018. Wir bedauern, dass die gelieferten Waren nicht Ihren Qualitätsanforderungen entsprachen.

Für die zurückgesandten Waren schreiben wir Ihnen gut:

Pos.	Artikel-Nr.	Bezeichnung	MwSt.	Einzelpreis in Euro	Anzahl	Gesamtpreis in Euro
1	HW067	Modena 2018, Trainingsstutzen	19 %	12,00	10	120,00
					Zwischensumme	120,00
					abzüglich 7 % Mengenrabatt	8,40
					Warenwert netto	111,60
					zzgl. 19 % Umsatzsteuer	21,20
					Gutschrift brutto	132,80

Wir bedauern dieses Vorkommen und hoffen weiterhin auf eine gute Zusammenarbeit.

Kick & Rush GmbH
Hauptstr. 100
70195 Stuttgart

Geschäftsführer: Siegfried Lange
Musterbank Stuttgart
IBAN DE56 5478 4081 0000 1478 64

Tel.: 0711 6070-0
Fax: 0711 6070-10
E-Mail: info@kickrush.de
Homepage: www.kickrush.de

Gerichtsstand: Stuttgart HRB 19754
Steuer-Nummer: 52 8352 32000
USt-IdNr.: DE 405 530 953

Anlage 10

Betriebsabrechnungsbogen (BAB) für April 2018						
Kontobezeichnung	Zahlen der KLR (in Euro)	Verteilungs-schlüssel	Kostenstellen			
			Material (in Euro)	Fertigung (in Euro)	Verwaltung (in Euro)	Vertrieb (in Euro)
Einzelkosten						
Fertigungsmaterial	120.000		120.000			
Fertigungslöhne	90.000			90.000		
Gemeinkosten						
Energiekosten	63.000	kwh	7.000	35.000	14.000	7.000
Gehälter	111.000	Gehaltsliste	10.000	50.000	28.000	23.000
Lagerkosten	40.000	m^2	10.000	8.000	1.000	21.000
Abschreibungen auf Sachanlagen	24.920	Anlagekartei	3.000	15.000	5.720	1.200
Summe der Gemeinkosten			30.000	108.000	48.720	52.200
Ist-Zuschlagsätze						
Normal-zuschlagsätze			**22%**	**93%**	**15%**	**14,5%**

Anlage 11

Gesprächsverlauf des Telefonats zwischen dem Kunden Herrn Abele (Wilberlitz Bürowelt AG) und der Kundenbetreuerin Frau Berger (Schnaithahn Bürotechnik GmbH):

Ziffer		
1	Frau Berger Herr Abele	„Sabine Berger, hallo." „Abele von der Wilberlitz Bürowelt AG."
2	Frau Berger Herr Abele	„Guten Morgen, Herr Abele, was kann ich für Sie tun?" „Schon wieder haben wir ein Problem mit einem Ihrer Kopiergeräte ‚Copy Max'! Regelmäßig kommt es zu Ausfällen und Funktionsstörungen und das gerade jetzt, wo die Gewährleistungsfrist abgelaufen ist. Halten Ihre Geräte nicht länger als zwei Jahre?"
3	Frau Berger Herr Abele	„Nun regen Sie sich doch nicht so auf, das ist ja nicht meine Schuld. Außerdem kann ich mir das gar nicht vorstellen. Sie sind der einzige Kunde, der sich wiederholt beschwert!" „Das ist ja unglaublich. Denken Sie, ich habe mir das ausgedacht? So bin ich noch nie behandelt worden, obwohl wir seit mehr als 15 Jahren Stammkunde bei Ihnen sind. Tatsache ist, dass so etwas nach zwei Jahren ab Kauf nicht vorkommen darf. Ich überlege ernsthaft, künftig nur noch bei Ihrer Konkurrenz zu kaufen. Das ist so ärgerlich."
4	Frau Berger Herr Abele	„Ich wollte Ihnen natürlich nichts unterstellen, Herr Abele – es tut mir leid, wenn das bei Ihnen so ankam. Tatsache ist, dass wir mit diesen hochwertigen Geräten noch nie Probleme hatten. Vielleicht sollten wir Ihre Mitarbeiter im sachgerechten Umgang mit den Geräten einmal schulen." „Ich fordere, dass mir umgehend ein Ersatzgerät kostenlos geliefert wird."
5	Frau Berger Herr Abele	„Herr Abele, wir finden für Sie als Stammkunde eine gute Lösung." „Das hoffe ich."
6	Frau Berger Herr Abele	„Da aber die Gewährleistungsfrist bereits verstrichen ist, können Sie nicht ohne Weiteres ein Ersatzgerät fordern. Stellen Sie sich vor, das würde jeder Kunde verlangen." „Sind Sie darüber informiert, wie hoch unser Umsatz bei Ihnen ist? Sie sind ja nicht der einzige Anbieter auf dem Markt."
7	Frau Berger Herr Abele	„Wir schätzen Sie als Kunden sehr. Bitte entschuldigen Sie. Inzwischen habe ich Ihre Unterlagen vor mir liegen. Es handelt sich um das Gerät ‚Copy Max 450', von dem Sie mehrere bei uns bezogen haben." „Genau – und dafür möchte ich ein Ersatzgerät."
8	Frau Berger Herr Abele	„Bitte haben Sie Verständnis dafür, dass dies leider nicht möglich ist. Was halten Sie von folgendem Vorschlag: Unser Techniker kommt heute noch bei Ihnen vorbei und wird Ihr Gerät auf unsere Kosten reparieren. Sind Sie damit einverstanden?" „Ja. Ich verlasse mich aber darauf, dass die Sache in Ordnung gebracht wird."
9	Frau Berger Herr Abele	„Na klar. Noch einen schönen Tag." „Ihnen ebenso."
10	Frau Berger	„Auf Wiederhören, Herr Abele."

Anlage 12: Phasen eines Beschwerdegesprächs/Beispiel für den Leitfaden zur Gesprächsführung

Phasen	Ziffer/-n	Prüfung der Aussagen (mit Begründung)	Verbesserungsvorschläge (in wörtlicher Rede)
Begrüßungsphase			
Spannungsphase/ „Dampfablassphase“			
Beruhigungsphase			

Phasen	Ziffer/-n	Prüfung der Aussagen (mit Begründung)	Verbesserungsvorschläge (in wörtlicher Rede)
Lösungsphase			
Ausstiegsphase			

7 Prüfungsaufgaben Kundenbeziehungsprozesse Winter 2018/2019

Aufgabe 1

Die FreshVegan GmbH ist ein mittelständisches Großhandelsunternehmen mit Sitz in Stuttgart. Es beschäftigt 52 Mitarbeiterinnen und Mitarbeiter. Die GmbH hat sich auf den Vertrieb veganer Fertiggerichte an den Lebensmitteleinzelhandel in Deutschland spezialisiert. Die FreshVegan GmbH profitiert vom Wachstumstrend des veganen Lebensmittelmarktes und plant deshalb, ihre Verkaufsaktivitäten im südbadischen Raum zu erhöhen. Aus diesem Grund besteht ein erhöhter Personalbedarf.

Sie arbeiten als Sachbearbeiter/-in in der Personalabteilung.

1.1 Für die Region Südbaden soll die Stelle des/der Vertriebsleiters/-leiterin besetzt werden. Sie sind beauftragt, die nächste Teamsitzung zum Thema Neueinstellungen vorzubereiten.

1.1.1 Stellen Sie anhand von je zwei Aspekten die Vorteile des internen und externen Personalbeschaffungsweges für diese Stelle gegenüber.

1.1.2 Die Stelle soll zum März 2019 besetzt werden. Dem/-r zukünftigen Stelleninhaber/-in wird neben einer attraktiven, erfolgsorientierten Vergütung, ein Firmenwagen der oberen Mittelklasse, der auch zur privaten Nutzung zur Verfügung steht, geboten. Bewerbungen sollen bis zum 15.01.2019 per E-Mail an die Personalabteilung gesendet werden. Ihnen liegt die Stellenbeschreibung vor (**Anlage 1**).

Erstellen Sie eine Stellenanzeige.

1.1.3 Es ist damit zu rechnen, dass auf diese ausgeschriebene Stelle mehrere Bewerbungen eingehen. Daher sollen auf die Stelle bezogene Anforderungen für die Bewerberauswahl festgelegt werden.

- Notieren Sie vier Kriterien für die Bewerberauswahl des/der Vertriebsleiters/-in.
- Begründen Sie diese Kriterien.

1.2 Bereits im Oktober wurde der Vertriebsmitarbeiter Umut Yilmaz eingestellt. Zur Einführung besuchte er eine Mitarbeiterschulung zum Thema „Vegane Ernährung“. Diese fand von Montag, 8. Oktober 2018, bis Mittwoch, 10. Oktober 2018, in Karlsruhe statt. Herr Yilmaz übergibt Ihnen heute die Unterlagen (**Anlage 2**: Belege 1–5) für die Abrechnung der Reisekosten.

Erstellen Sie die Reisekostenabrechnung mithilfe der **Anlage 2–4**.

1.3 Herr Yilmaz hat vor kurzem seine Ausbildung zum Kaufmann im Groß- und Außenhandel abgeschlossen. Die Reisekosten sollen Herrn Yilmaz mit dem Gehalt im November zusammen überwiesen werden.

Ermitteln Sie den Überweisungsbetrag in tabellarischer Form (**Anlage 5 und 6**).

1.4 Die Geschäftsleitung hat bei der Belegschaft eine Befragung zum Thema „Arbeit und Arbeitsumgebung" durchgeführt. Die Personalleiterin händigt Ihnen den Mitarbeiterfragebogen (**Anlage 7**) von Herrn Yilmaz aus.

Erarbeiten Sie drei begründete Vorschläge der Personalförderung für Herrn Yilmaz.

Aufgabe 2

Die Hartmut Eisenmann GmbH ist ein mittelständisches Großhandelsunternehmen mit Sitz in Ulm und hat sich auf den Handel mit Gartenmöbeln und Zubehör spezialisiert.

Sie sind als Sachbearbeiter/-in im Rechnungswesen/Controlling tätig.

2.1 Bilden Sie für die Belege (**Anlage 8–11**) die Buchungssätze.

2.2 Derzeit ist die Liquiditätslage des Unternehmens sehr angespannt. Es gibt viele offene Forderungen und die Zahlungsmoral der Kunden hat nachgelassen. Dem gegenüber stehen zahlreiche Verbindlichkeiten, die rechtzeitig beglichen werden müssen.

2.2.1 Das Unternehmen verfügt nicht über die flüssigen Mittel, um die Rechnung der Bürobedarf GmbH (**Anlage 8**) innerhalb der Skontofrist zu bezahlen. Bei der Hausbank könnte das Unternehmen einen Kontokorrentkredit zu einem Zinssatz in Höhe von 9,75 % p. a. in Anspruch nehmen.

Berechnen Sie, ob es sich für die Hartmut Eisenmann GmbH finanziell lohnt, den Kontokorrentkredit in Anspruch zu nehmen, um die Rechnung innerhalb der Skontofrist begleichen zu können.

2.2.2 Der Abteilungsleiter bittet Sie, Vorschläge zur Sicherung der Liquidität auszuarbeiten.

Beschreiben Sie eine kurzfristige und eine langfristige Maßnahme zur Verbesserung der Liquidität.

2.3 Der Stammkunde Baumarkt Weber KG benötigt 50 Sonnenschirme des Typs „Bella Italia" in der Farbe Rot zum Listenpreis von 26,99 EUR netto pro Stück. Dieses Produkt haben wir von der Sunshine KG bezogen. Die Rechnung liegt Ihnen vor (**Anlage 9**). Unser Unternehmen rechnet mit einem Handlungskostenzuschlagsatz von 24 % und einem Gewinnzuschlag von 16 %.

- Entscheiden Sie mithilfe einer Berechnung unter Berücksichtigung der Kundeninformationen (**Anlage 12**), ob dem Kunden der gewünschte Preis angeboten werden sollte.
- Begründen Sie Ihre Entscheidung.

Aufgabe 3

Die Snow Avalanche GmbH ist ein mittelständischer Hersteller von Wintersportgeräten in Böblingen. Sie verkauft ihre Produkte direkt über den eigenen Onlineshop und an den Sporteinzelhandel. Neu im Sortiment ist der Monoski „Wave“, der in der Wintersaison 2018/19 auf den Markt kommen soll.

Sie sind als Sachbearbeiter/-in im Vertrieb tätig.

3.1 Das Unternehmen beabsichtigt, das Marktforschungsinstitut Ma-Fo GmbH zu beauftragen, eine Marktanalyse zum Monoski „Wave“ durchzuführen.

Nennen Sie drei Vorteile, die eine Beauftragung des Marktforschungsinstituts rechtfertigen.

3.2 Vor der Markteinführung des Monoskis soll ein Verkaufspreis festgelegt werden. Heute erhalten Sie die Ergebnisse (**Anlage 13**) des Instituts. Die Geschäftsleitung erwartet einen Absatz von 600 Monoski im ersten Jahr. Vom Controlling liegen folgende Informationen zu den Kosten vor:

- Fixe Kosten pro Jahr für den Monoski: 180.000,00 EUR
- Variable Kosten je Stück: 378,00 EUR

Erarbeiten Sie für die Geschäftsleitung einen begründeten Vorschlag für den Verkaufspreis des Monoskis. Berücksichtigen Sie

- den zu erwartenden Absatz,
- die Stückkosten und
- die Preise der Konkurrenz.

3.3 Die Geschäftsleitung möchte den Monoski ausschließlich über Soziale Netzwerke am Markt einführen. Sie werden beauftragt, sich mit diesem Thema näher zu beschäftigen.

Stellen Sie je drei Vor- und Nachteile dieser Art der Markteinführung gegenüber.

Anlage 1: Auszug Stellenbeschreibung Vertrieb

FreshVegan GmbH, Ringbergstraße 171 a, 70184 Stuttgart **personalabteilung@freshvegan.com**	
Stellenbezeichnung	Vertriebsleiter/-in
Bereich/Abteilung	Vertriebsgebiet Südbaden – Abteilung Vertrieb
Stelleninhaber/-in	
Aufgaben und Zielsetzung der Stelle	Der/die Stelleninhaber/-in ist für die Führung, Steuerung und Weiterentwicklung aller Vertriebsaktivitäten im Innen- und Außendienst für das Vertriebsgebiet Südbaden verantwortlich.
Tätigkeitsbeschreibung	Die Stelle umfasst folgende Tätigkeiten: • ergebnisorientierte Planung und Steuerung vertrieblicher Maßnahmen und Aktivitäten für die Vertriebsregion in Abstimmung mit der Geschäftsführung • Personalverantwortung für sieben Mitarbeiter/-innen • Kommunikation mit und Neugewinnung von Premiumkunden • Markt-, Trend- und Wettbewerbsbeobachtung und Strategieentwicklung
Untergeordnete Stellen	• Sachbearbeiter/-innen der Vertriebsabteilung im Bereich Südbaden • Außendienst Südbaden
Übergeordnete Stellen	• Geschäftsführer/-in
Wird vertreten durch	• Vertriebsleiter/-in Württemberg
Vertritt	• Vertriebsleiter/-in Württemberg

Anlage 2

Beleg 1

Online-Ticket

Bitte auf A4 ausdrucken

IC/EC Fahrkarte

Gültigkeit am: 08.10. – 10.10.2018	
Flexpreis:	**(Retourfahrt)**
Klasse:	**2**
Erw:	**1**
Hin-/Rückfahrt:	**Stuttgart – Karlsruhe – Stuttgart**
UMTAUSCH/ERSTATTUNG KOSTENPFLICHTIG AB 1. GELTUNGSTAG	

Herr Umut Yilmaz

Zahlungspositionen und Preis

Positionen		Preis inkl. MwSt. 19 %
IC/EC Fahrkarte	1	39,80 EUR
Kreditkartenzahlung		

Beleg 2

Gasthaus zur Linde
Kaiserstraße 126
76131 Karlsruhe
Tel.: 0721 22564
Internet: ZurLinde-KA.de
09.10.2018, 20:49 Uhr

1	frische Tomaten mit Mozzarella	4,50 EUR
1	feines Lachscremesüpple	4,80 EUR
1	rosa gebratenes Roastbeef	19,80 EUR
1	Früchte Parfait	3,80 EUR
1	alkoholfreies Bier	3,30 EUR
Total		**36,20 EUR**
Inklusive 19 % MwSt.		**5,78 EUR**

Beleg 3

你好

ni hao

Hohe Straße 7
76131 Karlsruhe
☎ 0721 4999
Internet: nihao-ka.de

1	**Wan Tan Suppe**	**3,20 EUR**
1	**Saté**	**7,00 EUR**
1	**gebackene Banane**	**4,20 EUR**
1	**Jasmin Tee**	**1,80 EUR**

谢谢

Xièxiè (Danke) **16,20 EUR**
Xingqisan, 09.10.2018, 12:27 Uhr (inkl. 19 % MwSt. = 2,59 EUR)

Beleg 4

KVV

Straßenbahnticket

24-Stunden-Karte
city solo

Umut Yilmaz

6,60 EUR

Beleg 5

Hotel am Schlossplatz
Waldhornstraße 4
76227 Karlsruhe
Telefon: 0721 2468923-0
Internet: hotelamschlossplatz-ka.de

FreshVegan GmbH
Ringbergstraße 171 a
70184 Stuttgart

Karlsruhe, 10. Oktober 2018

Rechnung 56583

Aufenthalt vom: 8. Oktober 2018
Bis: 10. Oktober 2018
Zimmernummer: 5.01

Name: Umut Yilmaz

Anzahl	Leistung	Preis	Rechnungsbetrag
2	Übernachtung im Einzelzimmer	85,00 EUR	170,00 EUR
2	Frühstück	7,00 EUR	14,00 EUR

Kreditkarte 184,00 EUR

Anlage 3: Auszug aus den Reiserichtlinien der FreshVegan GmbH

1 Pauschbeträge für Verpflegungsmehraufwendungen und Übernachtungen im Inland

1.1 An An- und Abreisetagen, unabhängig davon, wie viele Stunden man beruflich unterwegs ist: 12,00 EUR

1.2 Bei einer Abwesenheit von mehr als 8 Stunden aber weniger als 24 Stunden: ebenfalls 12,00 EUR

1.3 Bei einer Abwesenheit von 24 Stunden: 24,00 EUR

1.4 Restaurantbesuche werden pro Person und Tag bis zu 60,00 EUR erstattet.

2 Kürzungen des Verpflegungsmehraufwandes

1.1 Wird für den Reisenden ein Zimmer mit Frühstück gebucht, müssen 20% der 24-Euro-Pauschale abgezogen werden.

2.2 Für Mittag- oder Abendessen des Reisenden müssen je 40% der 24-Euro-Pauschale abgezogen werden.

Anlage 4

Reisekostenabrechnung FreshVegan GmbH		
Name des Abrechnenden:		
Abteilung:		
Reiseziel:		
Beginn der Reise (Datum): Ende der Reise (Datum):	Inlandsreise: ☐ Auslandsreise: ☐	Reisemittel: Mietwagen ☐ Privat-Pkw ☐ Bahn ☐ Flugzeug ☐
Fahrtkosten		**Euro**
Verkehrsmittel (mit Beleg):		
Verkehrsmittel (mit Beleg):		
Privater Pkw (gefahrene Kilometer):		
Übernachtungskosten		
Aufwendungen für Unterbringung:		
Reisenebenkosten		
Art (mit Beleg):		
Art (mit Beleg):		
Pauschbeträge bei Verpflegungsmehraufwand		
Mehrtägige Auswärtstätigkeit Anreisetag:		
Abreisetag:		
24 Stunden: Anzahl Tage:		
Kürzung Verpflegungsmehraufwand:		
Zwischensumme:		
Abzüglich des vom Unternehmen bereits übernommenen Betrags:		
Gesamtauszahlungsbetrag		
Datum, Unterschrift		

Anlage 5

Personalstammblatt	
Personalnummer:	15867435
Name, Vorname:	Yilmaz, Umut
Geburtsdatum:	31. Mai 1980
Familienstand:	ledig, keine Kinder
Adresse:	Hauptstraße 23, 70186 Stuttgart-Untertürkheim
Kontakt:	0711-1125107
Eintrittsdatum:	1. Oktober 2018
Abteilung:	Vertrieb
Krankenkasse:	AOK Stuttgart
Religion:	islamisch
Arbeitgeberanteil VL:	20,00 EUR
Sparrate VL:	40,00 EUR

Auszug Tarifvertrag Groß- und Außenhandel

Entgelttarifvertrag (Lohn- und Gehaltstarifabkommen) ab 1. Juli 2018

Gehaltstarifvertrag	
Auszüge aus den Eingruppierungsregelungen	Monatsgehälter ab 01.07.2018
Gehaltsgruppe I (G I): **Berufliche Tätigkeitsjahre *)** Tätigkeiten, für die keine Berufsausbildung erforderlich ist (z. B. Führen einfacher Karteien und Listen, Hilfsarbeiten in der Poststelle):	
im 1. und 2. beruflichen Tätigkeitsjahr	1.810,00 EUR
im 3. und 4. beruflichen Tätigkeitsjahr	2.049,00 EUR
ab dem 5. beruflichen Tätigkeitsjahr	2.211,00 EUR
Gehaltsgruppe II (G II): **Berufliche Tätigkeitsjahre *)** Tätigkeiten, wie sie u. a. durch eine 2-jährige Ausbildung vermittelt oder durch mindestens 2,5 Jahre praktische Tätigkeit erworben werden (z. B. Ausgaben von Waren vom Lager ohne Verkaufsberatung, Auszeichnen)	
im 1. und 2. beruflichen Tätigkeitsjahr	2.053,00 EUR
im 3. und 4. beruflichen Tätigkeitsjahr	2.180,00 EUR
ab dem 5. beruflichen Tätigkeitsjahr	2.390,00 EUR
Gehaltsgruppe III (G III): Tätigkeiten, die eine abgeschlossene kaufm. Ausbildung als Kaufmann im Groß- und Außenhandel, Kaufmann für Büromanagement oder gleichwertige Ausbildung erfordern oder durch praktische Tätigkeiten vom mindestens 4 Jahren erworben werden:	
im 1. und 2. Jahr der Tätigkeit nach Ausbildung	2.370,00 EUR
im 3. und 4. Jahr der Tätigkeit nach Ausbildung	2.482,00 EUR
im 5. und 6. Jahr der Tätigkeit nach Ausbildung	2.521,00 EUR
ab dem 7. Jahr der Tätigkeit nach der Ausbildung	2.597,00 EUR

Gehaltstarifvertrag	
Auszüge aus den Eingruppierungsregelungen	Monatsgehälter ab 01.07.2018
Gehaltsgruppe IV (G IV): Tätigkeiten, wie sie durch mehrjährige einschlägige Tätigkeit nach kaufm. Ausbildung erlangt werden:	
im 1. und 2. Jahr der Tätigkeit in der Gruppe	2.490,00 EUR
im 3. und 4. Jahr der Tätigkeit in der Gruppe	2.582,00 EUR
nach dem 4. Jahr der Tätigkeit in der Gruppe	2.819,00 EUR
Gehaltsgruppe V (G V): Selbstständige und verantwortliche Tätigkeit, die gründliche Fachkenntnisse und einschlägige Erfahrungen erfordert:	
im 1. und 2. Jahr der Tätigkeit in der Gruppe	2.862,00 EUR
im 3. und 4. Jahr der Tätigkeit in der Gruppe	3.041,00 EUR
nach dem 4. Jahr der Tätigkeit in der Gruppe	3.511,00 EUR

**Berufliche Tätigkeitsjahre: Unter beruflichen Tätigkeitsjahren verstehen die Tarifvertragsparteien die Jahre, die eine/e Arbeitnehmer/-in unabhängig von der jeweiligen Betriebs- und der jeweiligen Branchenzugehörigkeit und unabhängig von der Art der jeweiligen Tätigkeit in seinem/ihrem bisherigen Erwerbsleben zurückgelegt hat. Dazu gehören auch die Jahre der Berufsausbildung.*

Anlage 6

Auszug aus der Monats-Lohnsteuertabelle:

		Kinderfreibetrag	0.0		0.5		1		1.5		2		2.5		3	
ab	**StK**	**Steuer**	SolZ	KiSt	SolZ	KiSt	SolZ	KiSt	SolZ	KiSt	SolZ	KiSt	SolZ	KiSt	SolZ	KiSt
2.385,00	I	280,41	15,42	22,43	10,82	15,74	6,49	9,44	–	3,70	–	–	–	–	–	–
	II	236,33	–	–	8,53	12,42	–	6,34	–	1,34	–	–	–	–	–	–
	III	70,66	–	5,65	–	1,41	–	–	–	–	–	–	–	–	–	–
	IV	280,41	15,42	22,43	13,08	19,03	18,82	15,74	8,62	12,54	6,49	9,44	–	6,44	–	3,70
	V	541,16	29,76	43,29	–	–	–	–	–	–	–	–	–	–	–	–
	VI	574,83	31,61	45,98	–	–	–	–	–	–	–	–	–	–	–	–
2.388,00	I	281,16	15,46	22,49	10,85	15,79	6,52	9,49	–	3,74	–	–	–	–	–	–
	II	237,08	–	–	8,57	12,47	–	6,38	–	1,38	–	–	–	–	–	–
	III	71,33	–	5,70	–	1,45	–	–	–	–	–	–	–	–	–	–
	IV	281,16	15,46	22,49	13,12	19,09	10,85	15,79	8,65	12,59	6,52	9,49	0,03	6,49	–	3,74
	V	542,16	29,81	43,37	–	–	–	–	–	–	–	–	–	–	–	–
	VI	575,83	31,67	46,06	–	–	–	–	–	–	–	–	–	–	–	–
2.391,00	I	281,83	15,50	22,54	10,89	15,84	6,55	9,54	–	3,79	–	–	–	–	–	–
	II	237,75	–	–	8,61	12,52	–	6,43	–	1,41	–	–	–	–	–	–
	III	71,83	–	5,74	–	1,48	–	–	–	–	–	–	–	–	–	–
	IV	281,83	15,50	22,54	13,16	19,14	10,89	15,84	8,69	12,64	6,55	9,54	0,16	6,54	–	3,79
	V	543,00	29,86	43,44	–	–	–	–	–	–	–	–	–	–	–	–
	VI	576,66	31,71	46,13	–	–	–	–	–	–	–	–	–	–	–	–
2.394,00	I	282,58	15,54	22,60	10,93	15,90	6,59	9,59	–	3,83	–	–	–	–	–	–
	II	238,41	–	–	8,64	12,58	–	6,48	–	1,44	–	–	–	–	–	–
	III	72,33	–	5,78	–	1,52	–	–	–	–	–	–	–	–	–	–
	IV	282,58	15,54	22,60	13,20	19,20	10,93	15,90	8,72	12,69	6,59	9,59	0,28	6,59	–	3,83
	V	544,00	29,92	43,52	–	–	–	–	–	–	–	–	–	–	–	–
	VI	577,66	31,77	46,21	–	–	–	–	–	–	–	–	–	–	–	–

Aktuelle Sozialversicherungsbeiträge 2018:

Sozialversicherungen	Rentenversicherung	Arbeitslosenversicherung	Krankenversicherung	Pflegeversicherung
Beitragssätze gesamt in %	18,6	3,0	14,6	2,55
			+ jeweiliger Zusatzbeitrag der Krankenkasse	+ 0,25 % für Kinderlose ab 23. Lebensjahr

Die AOK Stuttgart erhebt einen Zusatzbeitrag von 1,0 %.

Anlage 7

FreshVegan GmbH
Ringbergstraße 171 a
70184 Stuttgart

Mitarbeiterfragebogen *Umut Yilmaz*

Frage	trifft vollkommen zu	trifft weitgehend zu	trifft eher zu	trifft eher nicht zu	trifft kaum zu	trifft gar nicht zu
Meine Arbeit ist sinnvoll.	☒	☐	☐	☐	☐	☐
Meine Arbeit ist interessant.	☒	☐	☐	☐	☐	☐
Meine Arbeit belastet mich stark.	☒	☐	☐	☐	☐	☐
Ich wurde gut in meinen Arbeitsbereich eingearbeitet.	☐	☐	☐	☐	☒	☐
Ich werde in meinem Lern- und Entwicklungsprozess begleitet.	☐	☐	☐	☐	☒	☐
Ich bekomme Feedback für meine Arbeit.	☐	☐	☐	☐	☒	☐
Die Gestaltung meines Arbeitsplatzes entspricht meinen Erwartungen.	☐	☐	☐	☒	☐	☐
Mein Arbeitsplatz ist modern.	☐	☐	☐	☒	☐	☐
Ich bin über Strukturen und Abläufe in anderen Unternehmensbereichen, die mich betreffen, gut informiert.	☐	☐	☐	☐	☒	☐
Die Kommunikation mit anderen Abteilungen verläuft einwandfrei.	☐	☐	☒	☐	☐	☐
Ich kenne die Führungskräfte angrenzender Abteilungen persönlich.	☐	☐	☐	☒	☐	☐
Ich würde meine Arbeitssituation gerne verändern.	☒	☐	☐	☐	☐	☐

Das wünsche ich mir ...

- *einen Einblick in meine angrenzenden Bereiche z. B. in den Wareneinkauf*
- *die Unterstützung durch eine erfahrene Führungskraft bzw. jemanden, dem ich Fragen stellen kann*
- *dass ich mich im Unternehmen weiterentwickeln kann*

Anlage 8

Bürobedarf

Bürobedarf GmbH – Postfach 19 39 39 – 70178 Stuttgart

Kunden-Nummer: 29836
Lieferung vom 10. Oktober 2018

Hartmut Eisenmann GmbH
Mozartstraße 12
89075 Ulm

Name: Berna Palchenko
Telefon: 0711 99123-0
Telefax: 0711 99123-20
E-Mail: poststelle@bb-gmbh.com

Datum: 25. Oktober 2018

Rechnung Nr. 493/8795

Art.-Nr.	Bezeichnung	Menge	Einzelpreis in Euro	Gesamtpreis in Euro
C-824586	Kopierpapier Öko Plus Din A4 80 g, 6 x 500 Blatt	100 Karton	11,49	1.149,00
E-254156	Druckerpatrone XC4, schwarz	80 Stück	12,99	1.039,20
K-007007	Druckerpatrone XC5, bunt	55 Stück	27,36	1.504,80
			Warenwert netto	**3.693,00**
			19 % MwSt.	701,67
			Rechnungsbetrag	**4.394,67**

Zahlbar innerhalb von 14 Tagen unter Abzug von 3 % Skonto oder 60 Tage Ziel.

Hausanschrift:	**Kommunikationsdaten:**	**Geschäftsführer/-in:**	**Gerichtsstand Stuttgart**	**Bankverbindung:**
Bürobedarf GmbH	Telefon: 0711 99123-0	Peter Wagner	**HRB** 3380 Stuttgart	Stuttgarter Vereinsbank
Hallbrunner Str. 172	Telefax: 0711 99123-20	Isabell Schneider	**Steuer-Nr.:** 1430671722	IBAN DE89 3704 0044 0532 0130 00
70191 Stuttgart	E-Mail: poststelle@bb-gmbh.com		**USt-IdNr.:** DE 183631402	SWIFT-Code 1126 49 22 853

Anlage 9

sunshine

Sunshine KG – Postfach 30 85 10 – 74072 Heilbronn

Kunden-Nummer: 50438
Lieferung vom 15. Oktober 2018

Hartmut Eisenmann GmbH
Mozartstraße 12
89075 Ulm

Name: Herr Hermann Müller
Telefon: 07131 78534-0
Telefax: 07131 78534-20
E-Mail: hmueller@sunshinekg.com

Datum: 25. Oktober 2018

Rechnung Nr. 763-367829

Art.-Nr.	Bezeichnung	Menge	Einzelpreis in Euro	Gesamtpreis in Euro
63729	Sonnenschirm „Bella Italia“, rot	350 Stück	21,30	7.455,00
			Rabatt 10 %	745,50
			Warenwert netto	**6.709,50**
			19 % MwSt.	1.274,81
			Rechnungsbetrag	**7.984,31**

Zahlbar innerhalb von 10 Tagen unter Abzug von 3 % Skonto oder 30 Tage Ziel.
Die Lieferung erfolgt frei Haus.

Hausanschrift:	**Kommunikationsdaten:**	**Gesellschafter/in:**	**Gerichtsstand Heilbronn**	**Bankverbindung:**
Sunshine KG	Telefon: 07131 78534-0	Hermann Müller	**HRA** 3380 Heilbronn	Heilbronner Vereinsbank
Burgeisenstraße 3	Telefax: 07131 78534-20	Isolde Müller	**Steuer-Nr.:** 143063467	IBAN DE89 3756 0344 0590 0123 00
74072 Heilbronn	E-Mail: info@sunshinekg.com		**USt-IdNr.:** DE 183636784	SWIFT-Code 7822 12 22 555

Anlage 10

Hartmut Eisenmann GmbH

Hartmut Eisenmann GmbH – Mozartstraße 12 – 89075 Ulm

Kunden-Nummer: 24987

Baumarkt Weber KG
Bahnhofstraße 74
88048 Friedrichshafen

Name: Herr Luis Vogel
Telefon: 0711 99123-0
Telefax: 0711 99123-20
E-Mail: luisvogel@em-gmbh.com

Auftrag vom 19. Oktober 2018

Datum: 25. Oktober 2018

Rechnung Nr. 835-20181029

Art.-Nr.	Bezeichnung	Menge	Einzelpreis in Euro	Gesamtpreis in Euro
382956	Gartentisch „Bronx", schwarz, rund 140 cm	15 Stück	44,36	665,40
598602	Sonnenliege „Sunny Harlem", gelb, wetterfest	45 Stück	13,70	616,50
598603	Sonnenliege „Sunny Harlem", rot, wetterfest	45 Stück	13,70	616,50
124586	Gartenstuhl „Manhatten", Rattan, anthrazit	30 Stück	28,47	854,10
			Zwischensumme	**2.752,50**
			Rabatt 5 %	137,63
			Warenwert netto	**2.614,88**
			19 % MwSt.	496,83
			Rechnungsbetrag	**3.111,71**

Zahlbar innerhalb von 10 Tagen unter Abzug von 2 % Skonto oder 30 Tage Ziel.

Hausanschrift:
Hartmut Eisenmann GmbH
Mozartstraße 12
89075 Ulm

Kommunikationsdaten:
Telefon: 0731 99123-0
Telefax: 0711 99123-20
E-Mail: poststelle@em-gmbh.com

Geschäftsführer:
Hartmut Eisenmann

Gerichtsstand Ulm
HRB 3380 Ulm
Steuer-Nr.: 1430671722
USt-IdNr.: DE 183631402

Bankverbindung:
Ulmer Vereinsbank
IBAN DE89 3704 0044 0532 0130 00
SWIFT-Code 1122 49 22 123

Anlage 11

Hartmut Eisenmann GmbH

Hartmut Eisenmann GmbH – Mozartstraße 12 – 89075 Ulm

Kunden-Nummer:	24987
Name:	Herr Luis Vogel
Telefon:	0711 99123-0
Telefax:	0711 99123-20
E-Mail:	luisvogel@em-gmbh.com
Datum:	5. November 2018

Baumarkt Weber KG
Bahnhof straße 74
88048 Friedrichshafen

Gutschrift Nr. 534-20181105
Rücknahme aus Kulanz

Art.-Nr.	Bezeichnung	Menge	Einzelpreis in Euro	Gesamtpreis in Euro
382956	Gartentisch „Bronx“, schwarz, rund 140 cm	2 Stück	44,36	88,72
			Zwischensumme	**88,72**
			Rabatt 5 %	4,44
			Warenwert netto	**84,28**
			19 % MwSt.	16,01
			Rechnungsbetrag	**100,29**

Die Gutschrift verrechnen wir mit Rechnung 835-20181029.

Hausanschrift:	**Kommunikationsdaten:**	**Geschäftsführer:**	**Gerichtsstand Ulm**	**Bankverbindung:**
Hartmut Eisenmann GmbH	Telefon: 0731 99123-0	Hartmut Eisenmann	**HRB** 3380 Ulm	Ulmer Vereinsbank
Mozartstraße 12	Telefax: 0731 99123-20		**Steuer-Nr.:** 1430671722	IBAN DE89 3704 0044 0532 0130 00
89075 Ulm	E-Mail: poststelle@em-gmbh.com		**USt-IdNr.:** DE 183631402	SWIFT-Code 1122 49 22 123

Anlage 12

Debitorenkarte

Allgemeines

Debitoren Nr.	24987
Name	Baumarkt Weber KG
Ansprechpartner	Inge Weber
Adresse	Bahnhofstraße 74
	88048 Friedrichshafen
Telefon	07541 249-100
Fax	07541 249-110
E-Mail	inge.weber@baumarktweber.de

Kundenstatus

5 % Rabatt
Umsatzvolumen: 85.367,80 EUR
A-Kunde

Zahlungsbedingung

30 Tage Ziel
2 % Skonto innerhalb 10 Tagen

Lieferbedingung

frei Haus

Anlage 13

Ma-Fo

Auszug aus dem Ergebnisbericht zur Marktanalyse Monoski „Wave“

Wir haben Ihren Monoski „Wave“ in unterschiedlichen Kategorien mit dem Konkurrenzprodukt der Carving OHG und dem des aktuellen Marktführers Müller KG verglichen.

	Fahrgefühl	**Gewicht**	**Beweglichkeit**	**Qualität des Materials**	**Verkaufspreis**
Carving OHG „Race“	–	+	+	–	629,00 EUR
Müller KG „Swing“	+	++	+	++	839,00 EUR
Snow Avalanche GmbH „Wave“	++	+	++	+	

(– – sehr schlecht, – schlecht, 0 neutral, + gut, ++ sehr gut)

In Abhängigkeit der von Ihnen genannten möglichen Stückpreise ergeben sich folgende absetzbare Mengen:

Preis pro Stück (in Euro)	600,00	630,00	700,00	850,00	900,00
absetzbare Menge (in Stück)	800	700	650	600	400

1 Prüfungsaufgaben Kundenbeziehungsprozesse Sommer 2019

Aufgabe 1

Die Bürobedarf KG aus Offenburg ist ein Großhandelsbetrieb für Büromöbel sowie Büromaterial. In den letzten Monaten wurden hohe Investitionen getätigt. Aufgrund der Investitionen ist die Liquiditätslage sehr angespannt.

Als Assistent/-in unterstützen Sie die Abteilungsleiterin Rechnungswesen/Controlling Frau Abel bei allen anfallenden Tätigkeiten.

1.1 In diesem Jahr plant die Geschäftsleitung einen neuen Lkw für ca. 120.000,00 EUR anzuschaffen. Die sehr angespannte Liquiditätslage zwingt das Unternehmen, zur Finanzierung des Lkws ein Darlehen aufzunehmen. Ihnen liegen zwei Darlehensangebote der Hausbank (**Anlage 1**) vor.

- Berechnen Sie die Liquiditätsbelastung für beide Angebote (**Anlage 2**).
- Schlagen Sie begründet eine Darlehensart vor.

1.2 Die Hausbank hat das Darlehen bereitgestellt und der neue Lkw wurde angeschafft. Ihnen liegen die Belege vor.

Bilden Sie die Buchungssätze
- für die Belege (**Anlage 3–5**) und
- für die Bezahlung des Lkws am 06.05.2019.

1.3 Ihre Vorgesetzte beauftragt Sie, die Anlagenkarte für den Lkw zu führen.

- Vervollständigen Sie die Anlagenkarte (**Anlage 6**) für das Jahr 2019.
- Bilden Sie den Buchungssatz für die Abschreibung im Jahr 2019.

1.4 Sie unterstützen Ihre Vorgesetzte bei der Auswertung der Inventurergebnisse aus dem vergangenen Geschäftsjahr. Ihnen liegen Auszüge aus der Inventurliste und der Finanzbuchhaltung (**Anlage 7**) vor.

- Vergleichen Sie die Werte aus der Finanzbuchhaltung mit den tatsächlichen Bestandswerten.
- Geben Sie für die Bestandsabweichungen jeweils zwei mögliche Gründe an.

Aufgabe 2

Die Haller KG ist ein mittelständisches Unternehmen mit 50 Mitarbeiter/-innen, das Reinigungsmaschinen für Produktionsanlagen herstellt. Das Unternehmen beauftragt den Dienstleister OptiNet GmbH zur Optimierung innerbetrieblicher Prozesse mit dem Ziel, den digitalen Informationsaustausch zu verbessern. Die digitale Vernetzung der Abteilungen läuft zu Beginn nicht reibungslos. Effizienzsteigerungen sind jedoch erkennbar. Die Geschäftsleitung erwartet daher personelle Einsparungen in allen Bereichen und arbeitet vertrauensvoll mit dem Betriebsrat zusammen.

Sie arbeiten als Sachbearbeiter/-in in der Abteilung Personal und unterstützen die Abteilungsleitung.

2.1 Aufgrund der Prozessoptimierung können die Tätigkeiten im Lager vereinfacht und rationalisiert werden. Daraus resultiert, dass eine von vier Stellen im Lager eingespart wird. Es wurde bereits geprüft, ob ein Mitarbeiter des Lagers in eine andere Abteilung versetzt werden kann. Dies ist leider nicht möglich. Deshalb muss einem Lagermitarbeiter gekündigt werden.

2.1.1 Ihr Abteilungsleiter übergibt Ihnen heute die notwendigen Unterlagen.

- Unterbreiten Sie Ihrem Abteilungsleiter mithilfe der Gesetze (**Anlage 8**) einen begründeten Vorschlag, welchem Mitarbeiter (**Anlage 9**) gekündigt werden soll.
- Ermitteln Sie die Kündigungsfrist und das frühestmögliche Austrittsdatum für diesen Mitarbeiter.

2.1.2 Bis der Mitarbeiter das Unternehmen verlässt, bedarf es noch einiger abschließender Tätigkeiten. Sie bereiten die Kündigung und den Austritt des Lagermitarbeiters vor.

Nennen Sie sechs Tätigkeiten, die die Personalabteilung bis zum endgültigen Austritt des Mitarbeiters noch zu erledigen hat.

2.2 In der Zusammenarbeit mit der OptiNet GmbH gibt es häufig Probleme. Seit der Prozessoptimierung funktioniert der digitale Informationsaustausch zwischen den Abteilungen Einkauf und Lager nicht wie erwartet. Zum wiederholten Mal ruft Herr Huber, Mitarbeiter der IT-Abteilung, bei der OptiNet GmbH an.

- Notieren Sie vier Ursachen des Konfliktes in der Gesprächsführung (**Anlage 10**).
- Geben Sie sechs Gesprächsregeln an, die zu einer konfliktfreien Kommunikation beitragen.

Aufgabe 3

Die Design Möbel GmbH, ein Hersteller von hochwertigen Büromöbeln, hat in einem hart umkämpften Markt ihr Sortiment um den Schreibtisch „Elegance" erweitert. Bei der Entwicklung des Schreibtischs wird auf eine hohe Qualität und Funktionalität wert gelegt. Bei den Rohstoffen werden ausschließlich edle Hölzer aus nachhaltiger Forstwirtschaft eingesetzt. Der Schreibtisch ist für den „Design Award 2019" nominiert.

Sie arbeiten als Sachbearbeiter/-in in der Vertriebsabteilung der Design Möbel GmbH.

3.1 Herr Waldschmiedt, Abteilungsleiter Vertrieb, berichtet Ihnen heute von einer ersten Anfrage der Möbelhauskette Schwarz GmbH für den neuen Schreibtisch. Die Möbelhauskette hat sich in der Vergangenheit als hartnäckiger Geschäftspartner erwiesen, der versucht, bestmögliche Konditionen für sich zu beanspruchen. Dem Kunden soll ein wettbewerbsfähiges Angebot unterbreitet werden.

3.1.1 Für den Verkaufspreis des Schreibtisches „Elegance" kalkulieren wir mit den Gemeinkostenzuschlagsätzen (**Anlage 11**) und folgenden Größen:

Gewinnzuschlag 20 %, Kundenrabatt 15 %, Fertigungsmaterial pro Stück 235,00 EUR, Fertigungslöhne pro Stück 310,00 EUR

Berechnen Sie den Listenverkaufspreis in tabellarischer Form.

3.1.2 Bestimmen Sie einen begründeten Preisvorschlag unter Berücksichtigung der Ergebnisse aus 3.1.1 und den Informationen der Marketingabteilung (**Anlage 12**).

Hinweis: Sollten Sie in Aufgabe 3.1.1 zu keinem Ergebnis gekommen sein, legen Sie einen Listenverkaufspreis von 1.400,00 EUR zugrunde.

3.2 Die Design Möbel GmbH möchte den neuen Schreibtisch aktiv bewerben und entschließt sich, an der Möbelmesse in Köln als Aussteller teilzunehmen. Für das Projekt „Messeauftritt Köln" wurden in einer ersten Teamsitzung mittels Brainstorming Aufgaben auf Merkzetteln gesammelt (**Anlage 13**).

- Stellen Sie die Aufgaben auf den Merkzetteln in einem Projektstrukturplan dar.
- Nennen Sie vier weitere Aufgaben, die im Projektstrukturplan noch nicht berücksichtigt wurden.

Anlage 1

Bankhaus Offenburg AG

Bankhaus Offenburg AG * Astrid-Lindgren-Str. 3 * 77853 Offenburg

Telefon: 0781 1543-0
Telefax: 0781 1543-1
E-Mail: info@bankhaus.de
Homepage: www.bankhaus.de

Bürobedarf KG
Vauban 88
77656 Offenburg

Datum: 08.04.2019

Angebot Kreditfinanzierung

Sehr geehrte Frau Abel,

vielen Dank für Ihre Anfrage nach einem Darlehen für Ihre geplante Investition. Gerne unterbreiten wir Ihnen folgende Angebotsalternativen:

Angebot 1:	
Zinssatz:	3 % p. a.
Zinsverrechnung:	jährlich zum Jahresende
Tilgung:	am Ende der Laufzeit

Angebot 2:	
Zinssatz:	3 % p. a.
Zins- und Tilgungsverrechnung:	jährlich zum Jahresende
Jährlich gleichbleibende Annuität:	32.283,25 EUR

Als Angebotsgrundlage haben wir für beide Alternativen, wie von Ihnen gewünscht, eine Auszahlungssumme von 120.000,00 EUR und eine Laufzeit von vier Jahren angenommen.

Wir freuen uns auf die Zusammenarbeit mit Ihnen.

Mit freundlichen Grüßen

Bankhaus Offenburg AG
Geschäftskundenberatung

Petra Müller

Petra Müller

Anlage 2

Angebot 1:

Jahr	Darlehensschuld am Jahresanfang	Zinsen 3 %	Tilgung	Liquiditätsbelastung
1				
2				
3				
4				
Summe				

Angebot 2:

Jahr	Darlehensschuld am Jahresanfang	Zinsen 3 %	Tilgung	Liquiditätsbelastung
1				
2				
3				
4				
Summe				

Anlage 3

Autohaus Frenzel GmbH

Neu- und Gebrauchtwagen
Reparaturen * Ersatzteile

Bundesstraße 3
77749 Hohberg
Telefon: 07808 228322-76
Telefax: 07808 228322-77

E-Mail: info@auto-frenzel.de
Internet: www.auto-frenzel.de

Bürobedarf KG
Vauban 88
77656 Offenburg

Datum:	29.04.2019
Kunden-Nr.:	35090
Auftrags-Nr.:	102060
Lieferdatum:	29.04.2019
Rechnungs-Nr.:	**10100**

RECHNUNG

Bezeichnung	Menge	Betrag in Euro
Lkw - LMX 2360JTD Farbe: 345 Delphin blau metallic Fahrg.-Nr.: ZFA183974900008737 ...	1	99.950,00
	Rechnungsbetrag (netto)	99.950,00
	19 % USt.	18.990,50
	Rechnungsbetrag (brutto)	118.940,50

Zahlbar innerhalb von 8 Tagen unter Abzug von 3 % Skonto, 30 Tage netto Kasse.

Bankverbindung:
Bank Offenburg, IBAN DE23 6543 8765 1234 0009 43
USt-IdNr.: DE 102210216
Geschäftsführer: Siegfried Breit
Gerichtsstand Offenburg: HRB 65296
Homepage: www.auto-frenzel.de

Anlage 4

Einzahlungsquittung	29.04.2019
Landratsamt Offenburg KFZ-Zulassungsstelle Kinzigstraße 20 77652 Offenburg	
Gebühr Zulassung	**50,00 EUR**
Bar	100,00 EUR
Zurück	50,00 EUR

Anlage 5

Tankstelle H. Klein
Okenstraße 30
77652 Offenburg
Tankstellen-Nr.: 08154711
Tel.: 0781 133-4612
Fax: 0781 133-4919

St.-Nr.: Gesellschaft (#) 458674158
Beleg-Nr.: 257/425/0002 29.04.2019 11:12 Uhr
Es bediente Sie: Herr Zapf

Barzahlung

* 000003 Diesel	129,90 EUR	A#*
* ZP 02 100 l	1,299 EUR/l	#*

Gesamtbetrag 129,90 EUR

Typ	Netto	MwSt.	Brutto
A: 19,00 %	109,16	20,74	129,90

Vielen Dank für Ihren Besuch.

Denken Sie auch an unseren Waschservice:
Montag – Freitag: 10:00 – 18:00 Uhr

Anlage 6

Anlagenkarte Fuhrpark Nr. 14			
Bezeichnung: **Lkw - LMX 2360JTD**		Anschaffungsdatum: **29.04.2019**	
Lieferant: Autohaus Frenzel			
Anschaffungskosten:		Voraussichtliche Nutzungsdauer: **9 Jahre**	
Abschreibungsmethode: **linear**		AfA-Satz in %:	
Abschreibungsverlauf			
Datum	**Buchwert**	**Abschreibung**	**Restbuchwert**
29.04.2019			
31.12.2019			

Anlage 7

Auszug aus der Inventurliste

Tatsächliche Bestandswerte (Inventur) am 31.12.2019 (in Euro):

Art.Nr.	Artikelbezeichnung	Menge	Einstandspreis	Buchwert	Gezählt am
10003	Kugelschreiber Silverline	580	1,50	870,00	31.12.2019
10005	Kopierpapier Eco à 500 Blatt	130	2,15	279,50	31.12.2019
10007	Schreibtischlampe Office Star	89	35,00	3.115,00	31.12.2019
10012	Textmarker Highlight grün	230	0,39	89,70	31.12.2019
10013	Textmarker Highlight blau	420	0,39	163,80	31.12.2019
10014	Textmarker Highlight gelb	312	0,39	121,68	31.12.2019
10018	Klarsichthüllen à 50 Stück	180	2,50	450,00	31.12.2019

Auszug aus der Finanzbuchhaltung am 31.12.2019

Kt.Nr.	Kontobezeichnung	Wert in Euro
22105	Kopierpapier Eco à 500 Blatt	279,50
22107	Schreibtischlampe Office Star	2.975,00
22114	Textmarker Highlight gelb	585,00

Anlage 8

Auszug aus dem Kündigungsschutzgesetz (KSchG)

§ 1 Sozial ungerechtfertigte Kündigungen

(1) Die Kündigung des Arbeitsverhältnisses gegenüber einem Arbeitnehmer, dessen Arbeitsverhältnis in demselben Betrieb oder Unternehmen ohne Unterbrechung länger als sechs Monate bestanden hat, ist rechtsunwirksam, wenn sie sozial ungerechtfertigt ist.

(2) Sozial ungerechtfertigt ist die Kündigung, wenn sie nicht durch Gründe, die in der Person oder in dem Verhalten des Arbeitnehmers liegen, oder durch dringende betriebliche Erfordernisse, die einer Weiterbeschäftigung des Arbeitnehmers in diesem Betrieb entgegenstehen, bedingt ist. Die Kündigung ist auch sozial ungerechtfertigt, wenn

1. [...]
   b) der Arbeitnehmer an einem anderen Arbeitsplatz in demselben Betrieb oder in einem anderen Betrieb des Unternehmens weiterbeschäftigt werden kann und der Betriebsrat [...] der Kündigung innerhalb der Frist [...] schriftlich widersprochen hat,

[...]

(3) Ist einem Arbeitnehmer aus dringenden betrieblichen Erfordernissen im Sinne des Absatzes 2 gekündigt worden, so ist die Kündigung trotzdem sozial ungerechtfertigt, wenn der Arbeitgeber bei der Auswahl des Arbeitnehmers die Dauer der Betriebszugehörigkeit, das Lebensalter, die Unterhaltspflichten und die Schwerbehinderung des Arbeitnehmers nicht oder nicht ausreichend berücksichtigt hat [...]. In die soziale Auswahl nach Satz 1 sind Arbeitnehmer nicht einzubeziehen, deren Weiterbeschäftigung, insbesondere wegen ihrer Kenntnisse, Fähigkeiten und Leistungen [...] im berechtigten betrieblichen Interesse liegt. [...]

§ 15 Unzulässigkeit der Kündigung

(1) Die Kündigung eines Mitglieds eines Betriebsrats, einer Jugend- und Auszubildendenvertretung, einer Bordvertretung oder eines Seebetriebsrats ist unzulässig, es sei denn, daß Tatsachen vorliegen, die den Arbeitgeber zur Kündigung aus wichtigem Grund ohne Einhaltung einer Kündigungsfrist berechtigen, und daß die nach § 103 des Betriebsverfassungsgesetzes erforderliche Zustimmung vorliegt oder durch gerichtliche Entscheidung ersetzt ist. [...]

§ 23 Geltungsbereich

(1) Die Vorschriften [...] gelten [...] für Betriebe [...], in denen in der Regel fünf oder weniger Arbeitnehmer ausschließlich der zu ihrer Berufsbildung Beschäftigten beschäftigt werden. In Betrieben [...], in denen in der Regel zehn oder weniger Arbeitnehmer ausschließlich der zu ihrer Berufsbildung Beschäftigten beschäftigt werden, gelten die Vorschriften [...] nicht für Arbeitnehmer, deren Arbeitsverhältnis nach dem 31. Dezember 2003 begonnen hat; [...]

Auszug aus dem Bürgerlichen Gesetzbuch (BGB)

§ 622 Kündigungsfristen bei Arbeitsverhältnissen

(1) Das Arbeitsverhältnis eines Arbeiters oder eines Angestellten (Arbeitnehmers) kann mit einer Frist von vier Wochen zum Fünfzehnten oder zum Ende eines Kalendermonats gekündigt werden.

(2) Für eine Kündigung durch den Arbeitgeber beträgt die Kündigungsfrist, wenn das Arbeitsverhältnis in dem Betrieb oder Unternehmen

1. zwei Jahre bestanden hat, einen Monat zum Ende eines Kalendermonats,
2. fünf Jahre bestanden hat, zwei Monate zum Ende eines Kalendermonats,
3. acht Jahre bestanden hat, drei Monate zum Ende eines Kalendermonats,
4. zehn Jahre bestanden hat, vier Monate zum Ende eines Kalendermonats,
5. zwölf Jahre bestanden hat, fünf Monate zum Ende eines Kalendermonats,
6. 15 Jahre bestanden hat, sechs Monate zum Ende eines Kalendermonats,
7. 20 Jahre bestanden hat, sieben Monate zum Ende eines Kalendermonats.

[...]

Anlage 9: Auszug aus den Personalakten

Personalakte	**Winter, Klaus**		
Geb.:	17.05.1966	Familienstand:	geschieden, 2 Kinder (25, 30 J.)
Beschäftigt seit:	01.05.1995		
Als:	Fachkraft Lagerlogistik		
Hinweise/ Beurteilung:	• verfügt über Detailwissen in seinem Arbeitsbereich • langjährige Berufserfahrung • Bereitschaft zur Mehrarbeit • geringe EDV-Kenntnisse • seit 2014 im Betriebsrat		

Personalakte	**Tevez, Carlo**		
Geb.:	08.07.1978	Familienstand:	verheiratet, 3 Kinder (2, 5, 8 J.)
Beschäftigt seit:	01.08.2003		
Als:	Fachkraft Lagerlogistik		
Hinweise/ Beurteilung:	• gute Leistungen • teamfähig • sehr wenig EDV-Kenntnisse		

Personalakte	**Färber, Manfred**		
Geb.:	12.06.1988	Familienstand:	ledig
Beschäftigt seit:	01.05.2010		
Als:	Fachkraft Lagerlogistik		
Hinweise/ Beurteilung:	• sehr motiviert und leistungsfähig • sehr gute EDV-Kenntnisse • hohe Führungskompetenz • leitet die Mitarbeiterschulungen für das Lagerlogistikprogramm • zwei prämierte Verbesserungsvorschläge eingereicht		

Personalakte	**Broder, Alexander**		
Geb.:	22.08.1985	Familienstand:	verheiratet, 1 Kind (4 J.)
Beschäftigt seit:	01.09.2013		
Als:	Fachkraft Lagerlogistik		
Hinweise/ Beurteilung:	• gute Leistungen • teamfähig • ausreichende EDV-Kenntnisse		

Anlage 10

Herr Huber: „Guten Morgen, Frau Sommer. Unsere Geduld neigt sich dem Ende zu, denn die Schnittstellenprobleme treten weiterhin auf. Wir brauchen endlich eine Lösung!"

Frau Sommer: „Guten Morgen, Herr Huber. Was ist denn schon wieder los? Nach dem letzten Besuch waren doch alle Probleme beseitigt."

Herr Huber: „Von wegen beseitigt! Ich habe das Gefühl, Sie ignorieren unsere Anliegen und vertrösten uns ..."

(Frau Sommer fällt ins Wort.)

Frau Sommer: „Diesen Vorwurf, Herr Huber, muss ich mir von Ihnen nicht gefallen lassen. Mit Ihrem Vorgesetzten Herrn Michel war alles bis ins letzte Detail besprochen und abgestimmt. Vielleicht sollten Sie sich erst mal an ihn wenden."

Herr Huber: „Nein, ich will sofort von Ihnen eine Lösung. Schließlich sind Sie doch die Expertin. Unsere Einkaufsabteilung kann immer noch nicht auf aktuelle Daten aus der Lagerbuchhaltung zurückgreifen. Wie soll da eine reibungslose und optimale Warenbeschaffung funktionieren? Außerdem landen bei mir alle Mitarbeiterbeschwerden, die eine schnelle Problemlösung von mir einfordern."

Frau Sommer: „Herr Huber, ich sage es Ihnen jetzt zum letzten Mal. Wie mit Herrn Michel besprochen, werden wir noch diese Woche die Schnittstellenprobleme lösen. Diese Information liegt Ihrem Hause vor und ist wohl nicht bis zu Ihnen vorgedrungen. Ich habe nun noch wichtigere Aufgaben zu erledigen. Ich wünsche Ihnen einen schönen Tag."

(Frau Sommer legt auf.)

Anlage 11

Betriebsabrechnungsbogen (BAB)

Gemeinkosten	Zahlen KLR	Kostenstellen			
		Material	Fertigung	Verwaltung	Vertrieb
Hilfs- u. Betriebskosten	35.000,00 EUR	11.000,00 EUR	9.000,00 EUR	11.000,00 EUR	4.000,00 EUR
Gehälter und Sozialabgaben	1.336.000,00 EUR	141.000,00 EUR	631.000,00 EUR	423.000,00 EUR	141.000,00 EUR
Abschreibungen auf Sachanlagen	660.000,00 EUR	86.000,00 EUR	230.000,00 EUR	258.000,00 EUR	86.000,00 EUR
weitere Kosten	1.235.000,00 EUR	348.000,00 EUR	540.000,00 EUR	173.500,00 EUR	173.500,00 EUR
Summe	3.266.000,00 EUR	586.000,00 EUR	1.410.000,00 EUR	865.500,00 EUR	404.500,00 EUR
Gemeinkostenzuschlagssätze		46,50 %	65,00 %	16,00 %	7,50 %

Anlage 12

Materialien aus dem Marketing

I. Listenverkaufspreis (netto) wichtiger Wettbewerber

Unternehmen	Listenverkaufspreis (netto)
Büromöbel AG	890,00 EUR
König & Klever GmbH	1.200,00 EUR
Star Office KG	850,00 EUR
Streitmann OHG	1.050,00 EUR

II. Stärken-Schwächen-Analyse der Wettbewerber (Segment: Deluxe)

Stärken-Schwächen-Analyse	Büromöbel AG						König & Klever GmbH					
	mittel			gut			mittel			gut		
	1	2	3	4	5	6	1	2	3	4	5	6
Design			X								X	
Verarbeitungsqualität			X									X
Funktionalität				X						X		
Nachhaltigkeit		X							X			

Stärken-Schwächen-Analyse	Star Office KG						Streitmann OHG					
	mittel			gut			mittel			gut		
	1	2	3	4	5	6	1	2	3	4	5	6
Design		X							X			
Verarbeitungsqualität		X								X		
Funktionalität			X							X		
Nachhaltigkeit				X					X			

III. Studie zum Thema Nachhaltigkeit in der Möbelbranche

Studie: Tendenz zu nachhaltig produzierten Möbeln in Deutschland
Im Rahmen einer repräsentativen Umfrage wurden Verbraucher zu Möbeln und Nachhaltigkeit befragt. Dabei wurde neben den Faktoren Kaufverhalten und -motive, Vorlieben bei der Händler- und Möbelwahl und Gütesiegeln, ein Hauptaugenmerk auf die Preissensibilität gerichtet, sowohl bei auf konventioneller Weise hergestellten Möbeln als auch bei ökologisch und nachhaltig produzierten oder gebrauchten/aufgearbeiteten Möbeln.

Den Faktor Nachhaltigkeit bei Möbeln empfinden etwa 75 % der Befragten als wichtig oder sehr wichtig. Besonders bedeutsam ist dabei das positive Empfinden, welches durch den Erwerb solcher Produkte entsteht, die lange Lebensdauer der Möbel und wenn diese zum eigenen Lifestyle passen. Für das nächste Jahr plant knapp die Hälfte der Befragten den Kauf ökologisch hergestellter Möbel und wäre auch bereit, mehr für die Möbel zu bezahlen.

Anlage 13

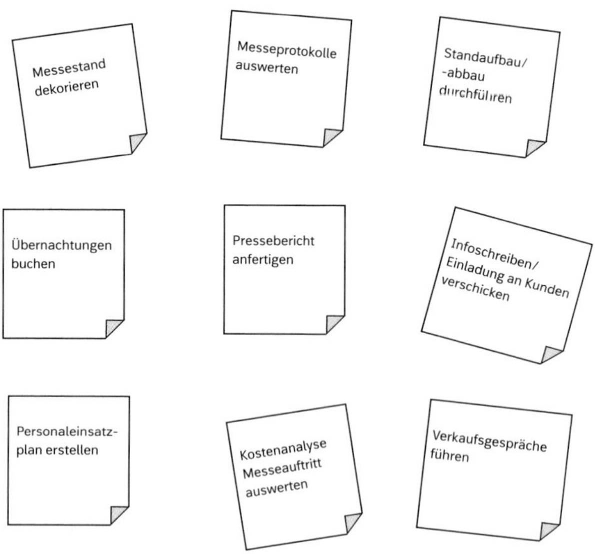

2 Prüfungsaufgaben Wirtschafts- und Sozialkunde Sommer 2019

Aufgabe 1 (verändert): In Ausbildung und Beruf orientieren

Sie sind Auszubildender/Auszubildende bei der Birnbaum GmbH, einem papierverarbeitendem Betrieb in Heilbronn. Darüber hinaus sind Sie in der Jugend- und Auszubildendenvertretung (JAV) des Unternehmens tätig.

1.1 Die Erfahrung aus der Vergangenheit zeigt, dass sich Auszubildende mit dem Thema Rente nicht auseinandersetzen. Sie haben es sich deshalb zur Aufgabe gemacht, die neuen Auszubildenden in einer Veranstaltung der Jugend- und Auszubildendenvertretung über die Rentenversicherung zu informieren.

Beschreiben Sie zwei Leistungen, die die Auszubildenden aus der Rentenversicherung erwarten können.

1.2 Sie möchten bei dieser Informationsveranstaltung die Auszubildenden für den demografischen Wandel und seine Folgen sensibilisieren.

1.2.1 Arbeiten Sie zwei Problemstellungen der sozialen Sicherung heraus, die sich durch den demografischen Wandel ergeben.

1.2.2 Ein Ergebnis des demografischen Wandels ist die Notwendigkeit, für das Alter vorzusorgen.

Notieren Sie für die Informationsveranstaltung zwei Möglichkeiten, wie eine solche zusätzliche Altersvorsorge aussehen kann.

1.3 Florian Fechner, 16 Jahre alt, wendet sich mit einer E-Mail an Sie. In Ihrer Funktion als JAV-Mitglied bereiten Sie sich auf ein persönliches Gespräch mit Florian Fechner vor (**Anlage 2**).

Prüfen Sie seine Fragen mithilfe von **Anlage 3**.

1.4 [...]

1.4.1 [...]

1.4.2 Beschreiben Sie jeweils eine negative Folge der Nichteinhaltung von Arbeitsschutzvorschriften für den Arbeitgeber und den Arbeitnehmer.

Aufgabe 2 (verändert): Wirtschaftspolitik

Die Renninger Hoch- und Tiefbau GmbH baut Straßen und Häuser. Mit ihren 250 Mitarbeitern übernimmt sie sehr viele große Aufträge von Gemeinden in Deutschland, aber auch kleinere Projekte von Privatpersonen.

Sie sind kaufmännische/-r Auszubildende/-r bei der Renninger Hoch- und Tiefbau GmbH und vier Wochen in der Abteilung eingesetzt, die die Anlagenplanung und Investitionsentscheidungen für die Geschäftsleitung vorbereitet. Sie sollen an der nächsten Sitzung der Geschäftsleitung teilnehmen. Ihr Vorgesetzter, Herr Klaus Renninger, hat Ihnen die Aufgabe gegeben, als Beitrag für diese Sitzung Informationen über die mögliche Entwicklung der deutschen Wirtschaft in den nächsten Jahren zu sammeln. Sie haben sich folgende Informationen auf einem Merkblatt notiert:

Merkblatt

1. Das Bruttoinlandsprodukt wird im Jahr 2018 um etwa 2,4 %, im Jahr 2019 um 1,9 % wachsen. Im Jahr 2017 lag das Wachstum des Bruttoinlandsprodukts bei 2,2 %.
2. Im Jahr 2019 werden die Arbeitnehmer bei der Krankenversicherung entlastet und das Kindergeld wird erhöht.
3. Im Jahr 2018 und 2019 wird die Inflationsrate bei 1,7 % liegen, im Jahr 2017 lag sie bei 1,8 %.

2.1 Begründen Sie anhand von zwei auf Ihrem Merkblatt aufgeführten Konjunkturindikatoren, in welcher Konjunkturphase sich die deutsche Wirtschaft Anfang 2018 befand.

2.2 In der Sitzung der Geschäftsleitung wird diskutiert, ob man aufgrund der prognostizierten Konjunkturphase mit mehr Aufträgen des Staates rechnen könne.

Formulieren Sie je ein Argument für und eines gegen diese Annahme.

2.3 Einer der Sitzungsteilnehmer sagt: „Unsere Aufträge von Privatkunden müssten deutlich steigen, zumal der Leitzinssatz der EZB immer noch sehr niedrig ist."

Stellen Sie diesen Zusammenhang anhand einer Wirkungskette mit vier Schritten dar.

2.4 In der Sitzung werden zusätzliche Investitionen für das Jahr 2019 thematisiert und angesichts der Konjunkturentwicklung als Risiko eingestuft.

Diskutieren Sie diese Einschätzung anhand von zwei Argumenten.

2.5 Ein weiteres Problem wird in der Sitzung angesprochen: Die Renninger Hoch- und Tiefbau GmbH sucht dringend Fachkräfte, die schwer zu finden sind.

Erläutern Sie zwei Möglichkeiten, wie in dieser Situation zusätzliche Aufträge bewältigt werden können.

Anlage 1

[...]

Anlage 2

Von:	florian@fechner.de
An:	jav@birnbaum.de
Betreff:	Jugendarbeitsschutz

Liebes JAV-Team,

ich bin seit September Auszubildender bei der Birnbaum GmbH und würde mich freuen, wenn ihr mir Antworten auf meine Fragen bezüglich des Jugendarbeitsschutzes zukommen lassen könntet:

1. Ich fange um 07:30 Uhr an zu arbeiten. Die festgelegten Pausen sind zum ersten Mal um 08:00 Uhr für 15 Minuten und zum zweiten Mal um 13:00 Uhr für 30 Minuten. Um 16:15 Uhr gehe ich dann nach Hause. Könnt ihr bitte prüfen, ob meine Pausenregelung so in Ordnung geht?
2. Um 08:30 Uhr beginnt die Berufsschule. In der Vorweihnachtszeit ist im Betrieb sehr viel los, weshalb mein Chef verlangt, dass ich vor der Berufsschule noch von 07:00 Uhr bis 08:00 Uhr im Betrieb arbeiten soll. Ist dies rechtlich zulässig?

Mit freundlichen Grüßen

Florian Fechner

Anlage 3: Auszug aus dem Jugendarbeitsschutzgesetz (JArbSchG)

§ 1 Geltungsbereich
(1) Dieses Gesetz gilt [...] für die Beschäftigung von Personen, die noch nicht 18 Jahre alt sind, [...]

§ 2 Kind, Jugendlicher
[...]
(2) Jugendlicher im Sinne dieses Gesetzes ist, wer 15, aber noch nicht 18 Jahre alt ist.
[...]

§ 8 Dauer der Arbeitszeit
(1) Jugendliche dürfen nicht mehr als acht Stunden täglich und nicht mehr als 40 Stunden wöchentlich beschäftigt werden.
[...]
(2a) Wenn an einzelnen Werktagen die Arbeitszeit auf weniger als acht Stunden verkürzt ist, können Jugendliche an den übrigen Werktagen derselben Woche achteinhalb Stunden beschäftigt werden.
[...]

§ 9 Berufsschule

(1) Der Arbeitgeber hat den Jugendlichen für die Teilnahme am Berufsschulunterricht freizustellen. Er darf den Jugendlichen nicht beschäftigen

1. vor einem vor 9 Uhr beginnenden Unterricht; dies gilt auch für Personen, die über 18 Jahre alt und noch berufsschulpflichtig sind,
2. an einem Berufsschultag mit mehr als fünf Unterrichtsstunden von mindestens je 45 Minuten, einmal in der Woche,
3. in Berufsschulwochen mit einem planmäßigen Blockunterricht von mindestens 25 Stunden an mindestens fünf Tagen; zusätzliche betriebliche Ausbildungsveranstaltungen bis zu zwei Stunden wöchentlich sind zulässig.

[...]

§ 10 Prüfungen und außerbetriebliche Ausbildungsmaßnahmen

(1) Der Arbeitgeber hat den Jugendlichen

1. für die Teilnahme an Prüfungen und Ausbildungsmaßnahmen, die auf Grund öffentlich-rechtlicher oder vertraglicher Bestimmungen außerhalb der Ausbildungsstätte durchzuführen sind,
2. an dem Arbeitstag, der der schriftlichen Abschlußprüfung unmittelbar vorangeht, freizustellen.

[...]

§ 11 Ruhepausen, Aufenthaltsräume

(1) Jugendlichen müssen im voraus feststehende Ruhepausen von angemessener Dauer gewährt werden. Die Ruhepausen müssen mindestens betragen

1. 30 Minuten bei einer Arbeitszeit von mehr als viereinhalb bis zu sechs Stunden,
2. 60 Minuten bei einer Arbeitszeit von mehr als sechs Stunden.

Als Ruhepause gilt nur eine Arbeitsunterbrechung von mindestens 15 Minuten.

(2) Die Ruhepausen müssen in angemessener zeitlicher Lage gewährt werden, frühestens eine Stunde nach Beginn und spätestens eine Stunde vor Ende der Arbeitszeit. Länger als viereinhalb Stunden hintereinander dürfen Jugendliche nicht ohne Ruhepause beschäftigt werden.

[...]

§ 13 Tägliche Freizeit

Nach Beendigung der täglichen Arbeitszeit dürfen Jugendliche nicht vor Ablauf einer ununterbrochenen Freizeit von mindestens 12 Stunden beschäftigt werden.

§ 15 Fünf-Tage-Woche

Jugendliche dürfen nur an fünf Tagen in der Woche beschäftigt werden. Die beiden wöchentlichen Ruhetage sollen nach Möglichkeit aufeinander folgen.

Anlage 4

[...]

Anlage 5

[...]

Bildquellenverzeichnis

Deutscher Industrie- und Handelskammertag e. V.: S. 359, 383, 391, 394
dpa Picture-Alliance GmbH, Frankfurt a. M.: S. 470
fotolia.com: S. 199 (SC Photo), 200 (K.C.), 220 (SC Photo),
Hild, Claudia: S. 200
Hochmann, Carmen: S. 200
stock.adobe.com, Dublin: S. 199 (PeJo, 3x), 200 (PeJo, 2x), 220 (PeJo, 2x), 221 (PeJo, 4x)
Stollfuß Medien: S. 164, 167, 168

Schulkontenrahmen Industrie

AKTIVA

Anlagevermögen

0 Kontenklasse
IMMATERIELLE VERMÖGENSGEGENSTÄNDE UND SACHANLAGEN

00 Ausstehende Einlagen
01 Aufwendungen für Ingangsetzung
Immaterielle Vermögensgegenstände
02 Konzessionen, gewerbliche Schutzrechte und ähnliche Rechte und Werte sowie Lizenzen an solchen Rechten und Werten
03 Geschäfts- oder Firmenwert
Sachanlagen
05 Grundstücke, grundstücksgleiche Rechte und Bauten einschließlich der Bauten auf fremden Grundstücken
07 Technische Anlagen und Maschinen
- 070 Technische Anlagen
- 071 Maschinen

08 Andere Anlagen, Betriebs- und Geschäftsausstattung
- 080 Andere Anlagen
- 082 Werkzeuge
- 083 Lager- und Transporteinrichtungen
- 084 Fuhrpark
- 085 Betriebsausstattung
- 087 Geschäftsausstattung
- 089 Geringwertige Wirtschaftsgüter

09 Geleistete Anzahlungen und Anlagen im Bau
- 090 Geleistete Anzahlungen auf Sachanlagen
- 095 Anlagen im Bau

1 Kontenklasse
FINANZANLAGEN

13 Beteiligungen
15 Wertpapiere des Anlagevermögens
16 Sonstige Finanzanlagen (z. B. Darlehensforderungen)

Umlaufvermögen

2 Kontenklasse
UMLAUFVERMÖGEN UND AKTIVE RECHNUNGSABGRENZUNG

20 Roh-, Hilfs- und Betriebsstoffe und Fremdbauteile
- 200 Rohstoffe und Fremdbauteile
  - 2001 Bezugskosten
  - 2002 Preisnachlässe und Rücksendungen
  - 2003 Liefererskonti
  - 2004 Liefererboni
- 202 Hilfsstoffe
  Untergliederung wie 200
- 203 Betriebsstoffe
  Untergliederung wie 200
- 204 Sonstiges Material
  z. B. Verpackungsmaterial
  Untergliederung wie 200

21 Unfertige Erzeugnisse
22 Fertige Erzeugnisse und Waren
- 220 Fertige Erzeugnisse
- 221 Handelswaren
  Untergliederung wie 200

23 Geleistete Anzahlungen auf Vorräte
24 Forderungen
- 240 Forderungen aus Lieferungen und Leistungen
- 241 Zweifelhafte Forderungen
- 245 Wechselforderungen (Besitzwechsel)

26 Sonstige Vermögensgegenstände
- 260 Vorsteuer
- 263 Sonstige Forderungen an Finanzbehörden
- 265 Forderungen an Mitarbeiter (z. B. Vorschüsse)
- 269 Sonstige Forderungen (Jahresabgrenzung)

27 Wertpapiere des Umlaufvermögens
28 Flüssige Mittel
- 280 Guthaben bei Kreditinstituten (Bank)
- 282 Kasse

29 Rechnungsabgrenzung
- 290 Aktive Rechnungsabgrenzung (Jahresabgrenzung)
- 291 Disagio

PASSIVA

3 Kontenklasse
EIGENKAPITAL, WERTBERICHTIGUNGEN UND RÜCKSTELLUNGEN

30 Eigenkapital/Gezeichnetes Kapital
Bei Einzelkaufleuten:
- 300 Eigenkapital
  - 3001 Privat

Bei Personengesellschaften:
- 300 Kapital A
  - 3001 Privat A
- 301 Kapital B
  - 3011 Privat B
- 307 Kommanditkapital C
- 308 Kommanditkapital D

Bei Kapitalgesellschaften:
- 300 Gezeichnetes Kapital (Grundkapital/Stammkapital)

31 Kapitalrücklage
32 Gewinnrücklagen
- 321 gesetzliche Rücklage
- 322 Rücklage für eigene Anteile
- 323 satzungsmäßige Rücklagen
- 324 andere Gewinnrücklagen

33 Ergebnisverwendung
- 332 Ergebnisvortrag aus früheren Perioden
- 335 Bilanzergebnis (Bilanzgewinn/Bilanzverlust)
- 339 Ergebnisvortrag auf neue Rechnung

34 Jahresüberschuss/Jahresfehlbetrag
35 Sonderposten mit Rücklageanteil
36 Wertberichtigungen
- 361 Wertberichtigungen zu Sachanlagen
- 367 Einzelwertberichtigung zu Forderungen
- 368 Pauschalwertberichtigungen zu Forderungen

37 Rückstellungen für Pensionen und ähnliche Verpflichtungen
38 Steuerrückstellungen
39 Sonstige Rückstellungen (z. B. für Gewährleistung)

4 Kontenklasse
VERBINDLICHKEITEN UND PASSIVE RECHNUNGSABGRENZUNG

41 Anleihen
42 Verbindlichkeiten gegenüber Kreditinstituten
43 Erhaltene Anzahlungen auf Bestellungen
44 Verbindlichkeiten aus Lieferungen und Leistungen
45 Wechselverbindlichkeiten (Schuldwechsel)
48 Sonstige Verbindlichkeiten
- 480 Umsatzsteuer
- 483 Sonstige Verbindlichkeiten gegenüber Finanzbehörden (z. B. abzuführende Lohnsteuer)
- 484 Verbindlichkeiten gegenüber Sozialversicherungsträgern
- 486 Verbindlichkeiten aus vermögenswirksamen Leistungen
- 489 Sonstige Verbindlichkeiten (Jahresabgrenzung)

49 Passive Rechnungsabgrenzung (Jahresabgrenzung)

ERTRÄGE

5 Kontenklasse
ERTRÄGE

50 Umsatzerlöse
- 500 Umsatzerl. f. Erzeugn. und Leist.
  - 5001 Preisnachlässe und Rücksendungen
  - 5002 Kundenskonti
  - 5003 Kundenboni
- 501 Umsatzerlöse für Handelswaren
  Untergliederung wie 500

52 Erhöhung oder Verminderung des Bestandes an unfert. und fert. Erzeugn.
- 521 Bestandsveränderungen an unfertigen Erzeugnissen
- 522 Bestandsveränderungen an fertigen Erzeugnissen

53 Andere aktivierte Eigenleistungen
54 Sonstige betriebliche Erträge
- 540 Erträge aus Vermietung und Verpachtung
- 541 Provisionserträge
- 542 Unentgeltliche Wertabgaben
- 543 Andere sonst. betriebliche Erträge
- 544 Erträge aus Werterhöhungen von Gegenständen des Anlagevermögens (Zuschreibungen)
- 545 Erträge aus der Auflösung oder Herabsetzung von Wertberichtigungen auf Forderungen
- 546 Erträge aus dem Abgang von Sachgegenständen des Sachanlagevermögens
  - 5461 Erlöse aus dem Abgang von Gegenständen des Sachanlagevermögens bei Buchgewinn (Verrechnung mit Konto 546)
- 547 Erlöse aus direkt abgeschriebenen Forderungen
- 548 Erträge aus der Auflösung oder Herabsetzung von Rückstellungen
- 549 Andere periodenfremde Erträge

55 Erträge aus Beteiligungen
56 Erträge aus anderen Finanzanlagen
57 Sonstige Zinsen und ähnliche Erträge
- 571 Zinserträge
- 573 Diskonterträge
- 578 Erträge aus Wertpapieren des Umlaufvermögens

58 Außerordentliche Erträge

AUFWENDUNGEN

6 Kontenklasse BETRIEBLICHE AUFWENDUNGEN

60 Aufwendungen für Roh-, Hilfs- und Betriebsstoffe und für bezogene Waren
- 600 Aufwendungen für Rohstoffe und Fremdbauteile (Fertigungsmaterial)
  - 6001 Bezugskosten
  - 6002 Preisnachlässe und Rücksendungen
  - 6003 Lieferskonti
  - 6004 Lieferboni
- 602 Aufwendungen für Hilfsstoffe Untergliederung wie 600
- 603 Aufwendungen für Betriebsstoffe Untergliederung wie 600
- 604 Aufwendungen für sonst. Material (z. B. Verpackungsmaterial) Untergliederung wie 600
- 605 Aufwendungen für Energie und Treibstoffe Untergliederung wie 600
- 608 Aufwendungen für Handelswaren Untergliederung wie 600

61 Aufwend. für bezogene Leistungen
- 610 Fremdleistungen für Erzeugnisse
- 613 Instandhaltung und Reparaturen
- 614 Frachten und Fremdlager
- 615 Vertriebsprovisionen
- 617 So. Aufw. für bezogene Leistungen

62 Löhne

63 Gehälter

64 Soziale Abgaben und Aufwend. für Altersversorgung und Unterstützung
- 640 Arbeitgeberanteil zur Sozialversicherung
- 642 Beiträge zur Berufsgenossenschaft
- 644 Aufwend. für Altersversorgung
- 649 Aufwend. für Unterstützung

65 Abschreibungen
- 650 Abschreibungen auf Sachanlagen
- 651 Abschreibungen auf immaterielle Vermögensgegenstände des Anlagevermögens
- 652 Abschreibungen für Aufwendungen der Ingangsetzung
- 653 Abschr. auf Vermögensgegenstände des Umlaufverm., soweit diese die übli. Abschr. überschreiten
- 654 Abschr. auf geringw. Wirtschaftsgüter

66 Sonstige Personalaufwendungen

67 Aufwendungen für die Inanspruchnahme von Rechten und Diensten
- 670 Mieten, Pachten
- 671 Leasing
- 675 Kosten des Geldverkehrs
- 677 Rechts- und Beratungskosten
- 679 Sonstige Aufwendungen für die Inanspruchnahme von Rechten und Diensten

68 Aufwendungen für Kommunikation
- 680 Büromaterial
- 682 Gebühren
- 685 Reisekosten
- 686 Bewirtung und Repräsentation
- 687 Werbung
- 688 Spenden
- 689 Sonstige Aufwendungen für Kommunikation

69 Aufwendungen für Beiträge und Sonstiges sowie Wertkorrekturen und periodenfremde Aufwendungen
- 690 Versicherungsbeiträge
- 692 Beiträge zu Wirtschaftsverbänden und Berufsvertretungen
- 693 Verluste aus Schadensfällen
- 695 Abschreibungen auf Forderungen
  - 6951 Abschreibungen auf Forderungen wegen Uneinbringlichkeit
  - 6952 Einstellung in Einzelwertberichtigungen
  - 6953 Einstellung in Pauschalwertberichtigungen
- 696 Verluste aus dem Abgang von Gegenständen des Sachanlagevermögens
  - 6961 Erlöse aus dem Abgang von Gegenständen des Sachanlagevermögens bei Buchverlust (Verrechnung mit Konto 696)
- 698 Zuführung zu Rückstellungen für Gewährleistung
- 699 Periodenfremde Aufwendungen

7 Kontenklasse WEITERE AUFWENDUNGEN

70 Betriebliche Steuern
- 702 Grundsteuer
- 703 Kraftfahrzeugsteuer
- 707 Verbrauchsteuern
- 708 Sonstige betriebliche Steuern
- 709 Steuernachzahlungen/-rückerstattungen bei betrieblichen Steuern

74 Abschreibungen auf Finanzanlagen und auf Wertpapiere des Umlaufvermögens

75 Zinsen und ähnliche Aufwendungen
- 751 Zinsaufwendungen
- 753 Diskontaufwendungen

76 Außerordentliche Aufwendungen

77 Steuern vom Einkommen und Ertrag
- 770 Gewerbesteuer
- 771 Körperschaftsteuer
- 772 Kapitalertragsteuer
- 779 Steuernachzahlungen/-rückerstattungen bei Steuern vom Einkommen und Ertrag

ERGEBNISRECHNUNG

8 Kontenklasse ERGEBNISRECHNUNG

80 Eröffnung/Abschluss
- 800 Eröffnungsbilanz
- 801 Schlussbilanz
- 802 G+V

9 Kontenklasse KOSTEN UND LEISTUNGS-RECHNUNG

Vorgesehen für die buchhalterische Abwicklung der Kosten und Leistungs- rechnung